Bassam Tibi

Islamische Zuwanderung und ihre Folgen

Wer sind die neuen Deutschen?

Der Autor:

Bassam Tibi wurde 1944 in Damaskus in die aristokratische Aschraf-Familie Banu al-Tibi geboren und durchlief dort eine streng islamische Erziehung bis 1962, als er nach Deutschland kam, wo er in Frankfurt bei Theodor W. Adorno, Max Horkheimer und Iring Fetscher studierte und auch promovierte. Die Habilitation erfolgte in Hamburg. Mit 28 Jahren wurde er auf eine Professur für Internationale Beziehungen an der Universität Göttingen berufen, wo er die Islamologie begründete und bis zu seiner Emeritierung 2009 lebte. Parallel zu Göttingen hatte Tibi zwischen 1979 und 2010 insgesamt 19 Gastprofessuren auf allen fünf Kontinenten inne, deren jüngste 2016 (als Cleveland B. Dodge Professor) an der American University of Cairo war. 1982 begann seine Harvard-Karriere in verschiedenen Funktionen, zuletzt 1998-2000 als Bosch Research Professor. Dazu kommen Fellowships in Princeton, Ann Arbor / Michigan, Berkeley, Yale und zum Schluss, 2005-2010, als Andrew D. White Professor-at-Large an der Cornell University. In Afrika lehrte Tibi u.a. in Dakar / Senegal, Yaoundé / Kamerun und Khartum / Sudan. In Asien lehrte er in Jakarta und Singapur. Davor hatte er zwei Gastprofessuren an der Bilkent University in Ankara inne. Im Jahre 2016 teilte Bundespräsident a. D. Horst Köhler Tibi mit, dass er »einstimmig und mit Freude« für sieben Jahre zum Mitglied der Deutschen Nationalstiftung zur Pflege der deutschen Identität gewählt worden ist. Bassam Tibi ist Träger des Bundesverdienstkreuzes 1. Klasse und Autor von 30 Büchern in deutscher Sprache (übersetzt in 16 Sprachen) und weiteren elf Büchern, die er in englischer Sprache schrieb, deren letztes *Islamism and Islam* bei Yale University Press erschienen ist.

Bassam Tibi

Islamische Zuwanderung und ihre Folgen

Wer sind die neuen Deutschen?

ibidem-Verlag
Stuttgart

Bibliografische Information der Deutschen Nationalbibliothek
Die Deutsche Nationalbibliothek verzeichnet diese Publikation in der Deutschen Nationalbibliografie; detaillierte bibliografische Daten sind im Internet über http://dnb.d-nb.de abrufbar.

Bibliographic information published by the Deutsche Nationalbibliothek
Die Deutsche Nationalbibliothek lists this publication in the Deutsche Nationalbibliografie; detailed bibliographic data are available in the Internet at http://dnb.d-nb.de.

Dieses Buch basiert auf der 2002 bei der Deutschen Verlags-Anstalt erschienenen Publikation »Islamische Zuwanderung. Die gescheiterte Integration«.

Coverabbildung: © Arthimedes/Shutterstock

Paperback: ISBN 978-3-8382-1003-2
Hardcover: ISBN 978-3-8382-1083-4

Printed in the EU

INHALTSVERZEICHNIS

EINLEITUNG

ERSTER TEIL

Von der verordneten Fremdenliebe zur Realpolitik. Verantwortungsethik mit Zuwanderern statt Gesinnungsethik: Grundlagen

Kapitel I

FÜNFTER TEIL

VORWORT ZUR AUSGABE 2017

Die islamische Zuwanderung nach Europa, besonders nach Deutschland, ist sowohl das Thema als auch der Titel des vorliegenden Buches, das hier in einer um aktuelle Texte erweiterten Neuausgabe der ursprünglichen, 2002 bei der Deutschen Verlags-Anstalt (DVA) veröffentlichten Ausgabe vorgelegt wird. Das hier behandelte Thema ist viel älter als die Flüchtlingskrise von 2015/2016. Um das Jahr 1950 lebten rund 800.000 islamische Migranten im gesamten Westeuropa, die überwiegende Mehrzahl von ihnen in Frankreich und Großbritannien; sie stammten aus ehemaligen französischen und britischen Kolonien. Innerhalb von fünfzig Jahren, bis zum Jahr 2000, hat sich diese Zahl verfünfundzwanzigfacht und ist auf 20 Millionen gestiegen. Heute, Anfang 2017, weitere 17 Jahre später, leben ungefähr 30 bis 35 Millionen muslimische Menschen mit Migrationshintergrund in den westlichen Ländern der Europäischen Union.

Das ist eine Entwicklung, mit der man sich auseinandersetzen muss.

Dankenswerterweise setzt sich mein neuer Verleger Christian Schön dafür ein, dass meine nicht nur vergriffenen, sondern auch aus politischen Gründen begrabenen 30 Bücher in deutscher Sprache – erschienen zwischen 1969 und 2009 – neu aufgelegt und wieder verfügbar gemacht werden. So konnte 2016 mein zentrales Buch *Europa ohne Identität?* in einer aktualisierten Neuausgabe mit dem neuen Untertitel *Europäisierung oder Islamisierung* im ***ibidem***-Verlag erscheinen. Dieses Projekt soll fortgesetzt werden; neben dem vorliegende Buch sind bereits zwei weitere aktualisierte und erweiterte Neuausgabe von vergriffenen Büchern von mir bereits fest geplant, die auf den hier vorliegenden Band *Islamische Zuwanderung* folgen sollen.

Bereits im Oktober 2016 – parallel zur Buchmesse und zum Erscheinen meines ersten ***ibidem***-Buches *Europa ohne Identität?* – ist etwas geschehen, das mich veranlasst hat, die Frage: *Wer sind die neuen Deutschen?* als neuen Untertitel zu wählen. Im Folgenden möchte ich diese Entscheidung erklären und sie begründen.

Der sachliche Hintergrund ist folgender: Im Oktober 2016 hielt ich mich in meinem Berliner Stammhotel auf, das sich einen Zeitschriftenservice für die Gästezimmer leistet. Als ich dort damals in mein Zimmer eincheckte, lag auf dem Tisch unter den Zeitschriften das Oktober-Heft 2016 der in Washington D.C. erscheinenden US-Zeitschrift *National*

Geographic. Auf dem Cover-Bild des Heftes ist folgendes zu sehen: eine Kopftuch-Frau, ein alter, bärtiger Wüsten-Araber mit traditioneller Kopfbedeckung (*Igal* und *Kufiyya*), dann zwei junge, halbmodern bekleidete Flüchtlinge mit Kind. Darunter stand als Titelthema des Heftes zu lesen: *The New Europeans. How waves of immigrants are reshaping a continent*. Die Kombination aus beschriebenem Cover-Bild und diesem Text ist herausfordernd; Europa bekommt neue Bewohner, die stärker islamisch geprägt sind. Sind das die »neuen Deutschen«?

Weiterhin fand ich unter den Zeitschriften die September-Ausgabe der Zeitschrift *Cicero* mit diesem Titelthema: *Merkels Marschbefehl. 4. September 2015: Der Tag, der Deutschland veränderte*. Bekanntlich wanderte nach der Öffnung der Grenzen an jenem Stichtag durch eine rein persönliche Entscheidung von Angela Merkel am 04.09.2015 in wenigen darauffolgenden Monaten rund eine Million Muslime aus Nahost, Afrika und Zentralasien nach Deutschland zu. »In den folgenden Wochen kommen Zehntausende ins Land, weithin unkontrolliert und unregistriert. Faktisch verliert der Staat die Kontrolle ... die geordnete Registrierung aller Zuwanderer kollabiert nun auch in Deutschland. Erst im Dezember, das wird auch im Kanzleramt heute eingeräumt, gewinnt der Staat die Steuerungsfähigkeit zurück.« – so beschreibt die *Zeit* (Nr. 35 / 2016) am 18.08.2016 in einer Spezialausgabe zum Jahrestag des 04.09.2015, was an diesem Tag im September 2015 und danach geschah.

Zu diesem Jahrestag befragte mich *The Economist* (Ausgabe vom 03.09.2016), und ich bewertete die Bilanz des *refugee anniversary* nicht nur kritisch, sondern argumentierte darüber hinaus, dass Deutschland eine Art *failed state* ist, weil es seine Grenzen nicht kontrolliert und nicht weiß, wer in sein Territorium eindringt. Im Gegensatz zu Deutschland hat Schweden während der Flüchtlingskrise laut dem oben erwähnten Bericht der *Zeit* »Grenzkontrollen wieder eingeführt, weil Flüchtlinge eine Gefahr für die öffentliche Ordnung darstellen«. Die deutsche Regierung hat dies nicht nur nicht getan, sondern in Deutschland wurde eine solche sicherheitspolitische Begründung (»Gefahr für die öffentliche Ordnung«) als populistisch und fremdenfeindlich bezeichnet.

Es gibt Schnellschreiber, und zu ihnen scheint auch das Ehepaar Herfried und Marina Münkler zu gehören, das recht schnellfingrig in wenigen Monaten ein 336 Seiten umfassendes Buch unter dem Titel *Die neuen Deutschen* verfasste und auf den Markt brachte. Erst im Oktober 2016 bin ich auf dieses Buch durch eine Buchkritik in dem genannten *Cicero*-

Heft aufmerksam geworden. Darin schreibt der Rezensent Konrad Paul Liessmann: »Das Buch kennt den Fremden nicht als selbstverantwortlich handelndes Subjekt, sondern nur als Objekt – Objekt angstbesetzter Emotionen, Objekt einer zivilgesellschaftlichen Willkommenskultur, Objekt einer kühl abwägenden deutschen Politik, Objekt sozialstaatlicher Verwaltungsakte, Objekt von Integrationsmaßnahmen.« Der Rezensent fügt noch kritisch hinzu: »Themen wie Spracherwerb oder der Islam als Integrationshemmnis werden fast vollständig ausgeblendet.« Das Ziel der Familie Münkler im Geiste von Kanzlerin Merkel ist laut Rezensent: »aus Fremden Deutsche machen«. Ich stelle die Frage, wie mit diesem paternalistischen Geist umzugehen ist.

Herfried Münkler hat als junger Wissenschaftler einen meines Erachtens als nicht besonders einfallsreich einzustufenden Aufsatz über Frantz Fanon veröffentlicht. Fanon war bekanntlich ein großer Theoretiker der postkolonialen Revolution, der die Thematik des Verhältnisses von Kolonisierten (*colonisé*) und Kolonisator (*colon*) im Hegel'schen Sinne als Knecht-Herr-Verhältnis definiert. In der Terminologie des Münkler-Rezensenten Liessmann sind dies das Subjekt (*colon*) und Objekt (*colonisé*) des Herrn Münkler, der diese Thematik beim Abfassen seines Buches verdrängt zu haben scheint. Skrupellos ordnet er in seinen Überlegungen die zugewanderten Muslime als *Objekte* ein; dieses Verhältnis *colon-colonisé* gilt eindringlich auch bei mir als betroffenem Syrer. Ich habe mir dies vergegenwärtigt, als ich las, wie Liessmann das Subjekt-Objekt-Verhältnis in Münklers Sichtweise deutlich macht. Ich habe mich unendlich empört.

Diese Empörung steigerte sich, als ich eine weitere Rezension las, die ich im Online-Magazin *The European* (01.09.2016) fand. Zuvor las ich mit anhaltend ungutem Gefühl das Buch der Münklers; auf dieser Basis gebe ich beiden Rezensenten Recht, weil sie angemessen urteilen.

Der *European*-Rezensent Ulrich Berls schreibt, das Buch *Die neuen Deutschen* sei als »Katechismus der Einwanderungsbefürwortung« und als »Apologie auf die Regierung«, in der »alle Andersdenkenden einfach [abgemeiert werden]«, zu bezeichnen. In Münklers Buch werden »Kritiker, die nicht ins Schema passen [...] mundtot« gemacht, so schreibt Berls weiter. Dies bestätigt meine Lektüre. Berls wirft den Münklers einen »arroganten Moralismus« und ein Verschließen der Augen »vor islamfaschistischen Tendenzen« vor. Besonders betrifft mich, dass die Münklers, wie Berls es auch sieht, »polemisch [vor] der schändlichen

›Islamisierung der Debatte‹« warnen; sie entfernen also aus der Debatte nicht nur den Islam, sondern alle »kritischen Stimmen«, die »nicht ins Schema« passen, und zwar vollständig.

Am 18.10.2016 wirkte ich mit als Impuls-Referent auf dem Event der Bonner Akademie für Forschung und Lehre der Universität Bonn zum Thema *Wie wir leben wollen – Werte, Kultur und Traditionen im Zuwanderungsland Deutschland.* Darauf folgte eine Podiumsdiskussion mit Frau Münkler und dem Politikwissenschaftler Werner Patzelt. Ich argumentierte hierbei in meiner Eigenschaft als Begründer der Islamologie gegen das Ehepaar Münkler, weil beide de facto den Islam aus der Debatte streichen, und wies auf den zentralen Platz des Islam hin. Außer leeren Phrasen – wie beispielsweise: »Sie stereotypisieren« und ähnlichem – hatte Frau Münkler in ihrer Erwiderung auf meine Argumente nichts zu bieten.

Es kommt noch schlimmer: Kritiker werden nicht nur mundtot gemacht und entfernt, wie bereits geschehen, sondern auch mit einem »Pathos des Absoluten« – so Adorno über solche deutsche Denkweise – schnell in die rechte Schmuddelecke abgeschoben. Die Familie Münkler ignoriert weiterhin völlig Max Webers Gegenüberstellung von Verantwortungsethik und Gesinnungsethik und ergeht sich in endlosem Moralisieren. Ich stimme mit dem Münkler-Rezensenten Berls überein, wenn er diesbezüglich weiter schreibt: »In den ersten Sätzen des Buches wird der Ton vorgegeben, der sich bis zum letzten Kapitel durchzieht: Auf der einen Seite sind die Gutwilligen, auf der anderen Seite die Böswilligen [...].« Kann man ein solches Buch noch wissenschaftlich nennen? In Münklers Buch ersetzt die ideologische Apologetik der Willkommenskultur der Kanzlerin sämtliche Migrations- und Islamforschung, die bei den Münklers völlig außen vor bleibt.

Herfried Münkler ist ein politischer Theoretiker, seine Frau vertritt die Disziplin der Literaturwissenschaft. Bekanntlich gehört die Migrationsforschung zu keiner der beiden Disziplinen, aber was soll's – es sollten, wie beim Fußball, nur die Ergebnisse gelten, nicht, wie jemand zu seinem Handwerk gekommen ist. Allerdings gilt für die Bundesliga, dass hier nur professionelle Fußballer spielen dürfen – eine sinnvolle Regel, die in der deutschen Politikwissenschaft kein unmittelbares Pendant findet. Auch ich bin, wie Münkler, als politischer Philosoph ausgebildet worden, zumal bei demselben Philosophen: Iring Fetscher. Doch habe ich im Gegensatz zu Herfried Münkler in den Jahren 1982 bis 2010 in den USA professionell *Migration Studies* gelernt und in mehreren internationalen Großprojekten betrieben sowie auch an Veröffentlichungen mitgewirkt, die daraus hervorgingen; ich bin also nicht nur syrischer Migrant, sondern auch Profi auf dem Gebiet der *Migration Studies*. In dieser Eigenschaft staune ich über *Die neuen Deutschen* des Ehepaars Münkler, ein Buch, dessen Aussagen nicht unwidersprochen stehen bleiben dürfen. Aus dieser Situation heraus habe ich mich entschlossen, meine Fach-Studie *Islamische Zuwanderung und ihre Folgen* zu einem Widerspruch und Gegenentwurf zum Buch der Münklers umzugestalten. In diesem Zusammenhang stelle ich als Untertitel die Frage: *Wer sind die neuen Deutschen?* Die Münkler-Erfindung der »neuen Deutschen« hat ihre Parallele in einem früheren Buch (*Die neuen Kriege*) von Münkler, in welchem er sich als Erfinder des Begriffes der »asymetrischen Kriege« als den neuen Kriegen darstellt. Darin werden andere Wissenschaftler, zu denen Martin van Creveld, Kalevi Holsti und meine Person zählen, die ein Jahrzehnt davor unter Begriffen wie »*wars of low intensity*«, »*wars of the third kind*« und »*irregular wars*« über »*new warfare*«, also über die »neuen Kriege«, geforscht und publiziert haben, völlig ignoriert. Ähnliches finde ich in dem Buch *Die neuen Deutschen*.

Als Herfried Münkler aus dem Hessischen Friedberg, wo er geboren wurde, aufwuchs und das Abitur ablegte, in die große Welt nach Frankfurt kam, um bei Iring Fetscher zu studieren, hatte ich gerade beim selben Professor promoviert, wurde Assistent an seinem Institut und zwei Jahre später selbst Professor für Internationale Beziehungen in Göttingen und dann ab 1982 parallel in Harvard bis 2000. Nach seinen Frankfurter Jahren wurde Münkler auf seine jetzige Professur nach Berlin berufen, wo er seitdem weilt. Wenn die Wikipedia-Angaben stimmen, war Münkler nie weit außerhalb von Friedberg, Frankfurt und Berlin. Er hat das Nest der deutschen Heimat nie verlassen, er war auch nie heimatlos. Dennoch maßt er sich in seinem Buch an, nicht nur den Platz des Islam als Religion, sondern auch die Bedeutung der Heimat für Migranten schlechthin herunterspielen, ja sogar abschaffen zu können. Mit welcher Legitimation?

Im Gegensatz zu Münkler bin ich als Syrer nicht nur tatsächlich heimatlos, sondern leide auch sehr darunter. Obwohl ich an 18 Universitäten auf vier Kontinenten gelebt, gelehrt und geforscht habe, gelang es mir nie, eine Ersatzheimat für die orientalische Metropole Damaskus – im Sinne eines *sense of belonging* – zu finden. Damaskus war und bleibt meine Heimat, die ich verlassen habe. Wie alle islamischen Zuwanderer leide ich schmerzvoll unter dem Verlust der Heimat. Als ich 2014 siebzig Jahre alt wurde und die deutsche Universität mir die Ehrung verweigerte, die ethnisch-deutschen Professoren in der Regel zuteil wird, erkrankte ich massiv. Ich werfe vielen Deutschen einen Mangel an Empathie vor. Im Stil von *J'accuse* schrieb ich in diesem Kontext den autobiografischen Text *Heimatlos zwischen den Kulturen* (im Netz nachzulesen). Das ist nicht die Welt der Münklers. Trotz 55 Jahren Leben in Deutschland mit der Produktion von 30 deutschsprachigen Büchern (mein in den USA entstandenes englischsprachiges Werk umfasst weitere elf Bücher), einer deutschen verbeamteten Professur und dem Erhalt des Bundesverdienstkreuzes 1. Klasse ist es mir nicht gelungen, als ein »neuer Deutscher« anerkannt zu werden. Ich galt stets als »Syrer mit deutschem Pass« – mit diesen Worten wurde ich beispielsweise 1991 als Redner in der Paulskirche offiziell vorgestellt. Ich bin also kein deutscher *citoyen*. Gibt es so etwas in Deutschland? Mein Leben und meine Erfahrungen in Deutschland widersprechen allem, was die Münklers schreiben, und lassen ihre Worte nicht nur zu Makulatur werden, sondern geradezu als Hohn erscheinen.

Dennoch frage ich: Sind Münklers »neue Deutsche« nun europäische *citoyens*? Münkler hat, wie bereits erwähnt, bei Iring Fetscher politische Philosophie studiert, wie auch ich. Fetscher hat 1960 das großartige Werk *Rousseaus politische Philosophie* veröffentlicht. Von Jean-Jacques Rousseau stammt die philosophisch-demokratietheoretische Bestimmung des Bürgers als *citoyen*. Fetscher schreibt dazu, dass Rousseau den Menschen als ein Individuum sieht, das »Freiheit als unaufgebbares Recht, ja, als seine Wesensbestimmung« genießt und als solches am Gemeinwesen Teilhabe hat. Die *volonté générale*, der Gemeinwille – ein Inhalt, für den ich den deutschen Begriff Leitkultur geprägt habe, welcher diese Individuen miteinander verbindet – hat mit Religion und Ethnizität nichts zu tun. Rousseau wird von Fetcher zitiert: »Der fromme Christ als solcher ist nicht der ideal-freiheitlich gesinnte Citoyen«. Gleiches muss auch für islamische Zuwanderer in einer säkularen Zivilgesellschaft gelten. Fakt ist aber: Die »neuen Deutschen« der Münklers sind strenggläubige Muslime und treten für eine islamische Gesellschaftsordnung ein. Fakt ist auch, dass die deutliche Mehrheit der Muslime die Anwendung der Scharia wünscht – im Schnitt 63% der Muslime, so das Ergebnis einer aufwendigen Studie des Pew Research Center von 2013.

Äußerlich ähneln die »neuen Deutschen« der Münklers eher dem Cover-Bild des oben zitierten *National Geographic* als den Rousseau'schen *citoyens*. Ich wurde 1944 in Damaskus geboren und lebte dort bis zum französischen Baccalauréat-Abitur 1962; niemals sah ich während dieser 18 Jahre dort solche Menschen wie die, die auf dem Cover des *National Geographic* abgebildet sind. Denn die Wohnbevölkerung der Stadt Damaskus war früher urban geprägt. Viele der heutigen neuen Bewohner von Damaskus und Aleppo kommen vom Land und sind ungebildete Bauern; sie kommen heute nach Deutschland, und deutsche Medien machen aus ihnen Ärzte und Ingenieure, und aus ihnen macht Prof. Münkler die »neuen Deutschen«.

Auf die Frage: Wie sollen die hinzugekommenen Flüchtlinge aus Nahost, Zentralasien und Afrika »neue Deutsche« werden, also integriert werden, bieten die Münklers keine Antwort. Im amerikanischen Englisch kommentiert man solche Phantastereien, die eine Formel wie *Die neuen Deutschen* zum Ausdruck bringt, mit der sarkastische Wendung: »Are you kidding me, are you joking?«

Ich möchte seriös bleiben und stelle stattdessen folgende Frage ernsthaft und ohne »kidding«: *Wer sind die neuen Deutschen?* Sind das die Menschen, die auf dem Cover des *National Geographic* abgebildet sind? Ich ziehe diese Frage heran als Untertitel für das vorliegende Buch, und sie wird alle neuen Texte dieser Neuausgabe begleiten. Die Neuausgabe enthält (abgesehen vom Entnehmen der alten Vorrede und des Nachworts zur zweiten Auflage) die alte Einführung sowie alle vier Teile und die darin enthaltenen acht Kapitel unverändert. Neu sind außer diesem Vorwort die umfangreiche neue Einführung sowie der völlig neue fünfte Teil mit den Kapiteln 9 und 10.

Ich möchte dieses Vorwort nicht abschließen, ohne mich im Sinne der von mir immer adoptierten und gepflegten US-Tradition des *acknowledgement* zu bedanken bei drei Personen, die mir nach einer jahrelangen Abwesenheit vom deutschen Buchmarkt, also von 2009 bis 2016, Kraft, Mut und Assistenz bei der Rückkehr gaben. Diese sind: mein Verleger Christian Schön, der meine Arbeit gefördert hat und mit dem ich wertvolle Gespräche über dieses Buch sowie den Vorgänger *Europa ohne Identität?* geführt habe, mein Mitarbeiter Tom Pflicke, der alle Computerarbeiten mit Enthusiasmus und großem Engagement erfüllte und bei den Formulierungen sehr wertvolle stilistische Ratschläge zur Verbesserung der Qualität des Textes gab. Die dritte Person ist meine Ehefrau

Ursula aus Göttingen; seitdem ich sie kenne (sie hat mich in den letzten 41 Jahren als meine Lebenspartnerin begleitet), habe ich von ihr in den vergangenen vier Dekaden unentwegt eine emotionale Unterstützung erfahren, ohne die ich in Deutschland nicht hätte fortexistieren können. Wir haben in Göttingen, aber auch in Harvard, Princeton, Berkeley und Cornell zusammen gelebt; sie besuchte mich in Westafrika, Kairo und Kalkutta. Wäre sie nicht in meinem Leben, dann wäre ich ganz gewiss heute nicht in Deutschland. In allen Interviews der vergangenen Monate nach meiner Rückkehr in Presse und Fernsehen habe ich klargemacht: Nur drei Motivationen binden mich an Deutschland: meine deutsche Ehefrau Ulla, die Sprache von Immanuel Kant und das deutsche Grundgesetz (bis auf dessen mangelnde Laizität). Alle drei Motive gelten auch für dieses Buch, in dem ich zur islamischen Zuwanderung verantwortungsethisch im Sinne Max Webers mit Analysen Stellung beziehe. Meine »unbequemen Gedanken« werden bestimmte Deutsche herausfordern, die meine »Abweichung« vom herrschenden Narrativ und meine Weigerung, mir eine »innere Zensurinstanz« aufzuzwingen, »gereizt ahnden«; alles Zitate von Theodor W. Adorno. Diese damit gemeinten gewissen Deutschen werden vorliegendes Buch nicht mögen. Deshalb rate ich diesem Kreis von der Lektüre ab. In der Basler Zeitung habe ich das Gelübde *Ich weigere mich, zu schweigen* als Überschrift eines Artikels publik gemacht. In der Bibel der Demokratie *On Liberty* von John Stuart Mill wird vor der »Tyrannei der herrschenden Meinung und Gesinnung« und vor der Neigung der Gesellschaft, »ihre eigenen Ideen … den Widerstrebenden aufzuzwingen«, gewarnt. Nach Mill gehört diese Neigung allgemein zu den Übeln, vor welchen die Demokratie »auf der Hut sein muss«. Die Worte Adornos und Mills begründen mein Credo, und ich habe ihnen nichts hinzuzufügen – bis auf dies: Wer diese Gefahr für die Freiheit nicht sieht, der ist – mit den Worten Max Webers – »in der Tat politisch ein Kind«.

Göttingen, Januar 2017

Bassam Tibi

VORBEMERKUNGEN

Die Veröffentlichung des Buches *Islamische Zuwanderung* in der vorliegenden Neuausgabe von 2017 enthält neu nicht nur diese umfangreiche Einführung und zum Abschluss einen zwei zusätzliche Kapitel umfassenden fünften Teil; sie trägt auch den neuen Untertitel *Wer sind die neuen Deutschen?* Ich wiederhole darin den Befund der Erstausgabe mit dem Untertitel *Die gescheiterte Integration* und behaupte, dass die Integration der Flüchtlinge in Deutschland weiterhin misslingen wird. Mit dem Hinweis auf wuchernde Parallelgesellschaften will ich die 2016 begonnene Diskussion über dieses Thema fortsetzen. Im jenem Jahr erschien die Neuausgabe meines Buches *Europa ohne Identität?* ebenfalls im ***ibidem***-Verlag. Dort habe ich das zentrale Thema der Diskussion angesprochen, nämlich, dass Europa und der Islam im Kontext der Flüchtlingskrise von 2015/2016 stehen. Die Problematik hat im Verlauf dieser Krise eine solche Dimension erlangt, dass es sich verbietet, über sie zu schweigen. Denn die absolute Mehrheit der Newcomer nach Europa besteht aus Muslimen aus Nahost, Zentralasien und Afrika, die bildungs- und berufsmäßig nicht über das verfügen, was Europa an qualitativen Arbeitskräften benötigt; zudem sind sie in einem Wertesystem sozialisiert worden, das nicht integrationskompatibel ist; sie bringen deshalb mit sich nicht nur neue Herausforderungen, sondern auch neue Probleme und Risiken. Diese dürfen nicht mit moralisierenden Floskeln abgetan oder gar tabuisiert werden. Ich lehne die deutsche Unart ab, Menschen, die vom herrschenden Narrativ abweichen, in die rechte Schmuddelecke zu schieben. Ulrich Berls, der das Buch *Die neuen Deutschen* im Online-Magazin *The European* rezensierte, stellte diese Neigung auch bei dessen Autoren, Marina und Herfried Münkler, fest. Wer dies tut, erweist sich als Gegner der offenen Gesellschaft und schadet der Demokratie, die Meinungsfreiheit garantiert.

Bei der Untersuchung der islamischen Zuwanderung nach Europa lasse ich mich von zwei Errungenschaften der westeuropäischen Zivilisation leiten, die nicht verhandelbar sind:

1. Rationalität, die Kant in seiner Bestimmung des Menschen als vernunftbegabtes Individuum für diesen zugrunde legt.
2. Meinungs- und Wissenschaftsfreiheit, wie sie in Artikel 5 des Grundgesetzes festgeschrieben sind.

Ich bin besorgt darüber, dass beide Errungenschaften heute nicht mehr als Selbstverständlichkeit gelten; sie werden nicht nur von den Newcomern missachtet, die aus vormodernen Kulturen kommen und mit sich eine Weltanschauung des ethnisch-religiösen Neo-Absolutismus nach Europa bringen, sondern auch von postmodernen Europäern, die auf diese Weltanschauung mit kulturrelativistischer Selbstverleugnung reagieren und dafür sogar auch noch um Verständnis werben. Im Unterschied dazu aber sind sie kompromisslos gegenüber Kritikern, denen sie mit Worten wie »Stereotypisierung«, »Populismus« oder »Rassismus« diffamierend entgegentreten. Europäer wie der *Cicero*-Redakteur Alexander Kissler mit seinem Buch *Keine Toleranz den Intoleranten. Warum der Westen seine Werte verteidigen muss* befinden sich in der Defensive gegen linksgrüne Zerstörer der europäischen Identität. Als ethnischer Westasiate aus Damaskus schließe ich mich Kissler an und trete ein für ein Europa der Laizität, Aufklärung und individueller Freiheit gegen Neo-Absolutisten und ihre linken Verbündeten. Wie nun erklärt sich das Verhalten und Denken solcher Deutscher?

Georg Lukács hat dieses Phänomen in seinem Buch *Die Zerstörung der Vernunft* in dem Kapitel »*Einige Eigentümlichkeiten der geschichtlichen Entwicklung Deutschlands*« untersucht, die Max Horkheimer als »*eclipse of reason*« bezeichnet und aufzeigt, wohin Geistesumnachtung führt. Ich möchte den Irrsinn des deutschen Sonderweges und seine Irrationalität in diese deutsche Tradition einordnen. Dazu gehört die manichäische Zweiteilung der Welt in »hell« (links) und »dunkel« (rechts), wie der Pastor a. D. und bis 2017 amtierende Bundespräsident Gauck dies in Bezug auf Deutschland tat. Wer »hell« und Kulturprotestant ist, gehört zu den Bessermenschen; die »dunklen« (ist das nicht Rassismus?) gehören in die rechte Schmuddelecke und werden aus der Gesellschaft der Gutmenschen ausgegrenzt.

Ich bin als syrischer Muslim aus Damaskus also ein Fremder und bekomme keine Luft zum Atmen, wenn diese deutschen Gutmenschen in ihrer Fremdeneuphorie versuchen, mich zu umarmen. Es fällt auf, dass es diesen Gesinnungsethikern gar nicht um den Schutz der Fremden, auch nicht der Juden vor Antisemitismus (vgl. Abschnitt 9) geht, sondern schlicht um die eigene »Selbstgefälligkeit« (Heinrich August Winkler) dieser deutschen Bessermenschen; wir Fremde dienen dazu nur als Vorwand bei dem gefährlichen links-grünen Unternehmen, Rationalität,

Denkfreiheit und Wissenschaft abzuschaffen oder zumindest kulturprotestantisch-gesinnungsethisch zu beschädigen.

Vom beschriebenen Irrsinn der links-grünen sowie kulturprotestantischen Ideologie distanziere ich mein in diesem Buch entfaltetes Denken und meine Analysen über islamische Zuwanderung nach Europa. Mir gelten nur zwei Leitlinien: Wissenschaft im Weber'schen Sinne von Objektivität und Verallgemeinerung von Erkenntnissen im Rahmen von *Comparative Studies* sowie Wissenschafts- und Meinungsfreiheit. Ich bitte die deutschen Leser, mir zu erlauben, dies an einem Beispiel zu erläutern.

Ich möchte gleich zu Beginn die wissenschaftliche Maxime der allgemeinen Gültigkeit wissenschaftlicher Beobachtungen und Erkenntnisse vergegenwärtigen. Ich stehe in Opposition zum herrschenden Narrativ, das generelle Aussagen und Verallgemeinerungen als »Pauschalisierungen« verbietet, alles als »Einzelfälle« einstuft und die Beschäftigung mit Phänomenen als »Stereotypisierung« ächtet. Meine Position möchte ich anhand eines Beispiels begründen, das keiner verleugnen kann, ohne als Holocaust-Leugner verurteilt zu werden.

Der NS-Mord an Juden war ein Phänomen mit Wurzeln, kein Einzelfall. Die Feststellung, dass dieser Mord von Deutschen begangen worden ist, impliziert keine Stereotypisierung der Deutschen. Dies gilt auch für das Studium anderer Phänomene. Es gehört zum Handwerk der Sozialwissenschaften, Tatsachen zu studieren und sie als ein Phänomen im Sinne sozialer Erscheinungen einzuordnen. Wenn man dies nicht darf, negiert man praktisch die Existenzberechtigung der Sozialwissenschaften schlechthin und läuft Gefahr, sich reinem Nihilismus zu verschreiben, wofür auch die den Zeitgeist zum Ausdruck bringenden 44. Römerberggespräche beispielhaft angeführt werden können. Hierauf werde ich in Kapitel 9, Abschnitt 1, noch eingehen. Diese Besorgnis muss laut ausgesprochen werden. Ich finde die Leisetreterei in Merkels Deutschland unerträglich.

Die Methode, die ich auf den NS-Mord an Juden anwende, ist so allgemein wie die Sozialwissenschaft selbst. Sie gilt für das Studieren aller anderen sozialen Erscheinungen. Natürlich gibt es Einzelfälle, aber der Sozialwissenschaftler interessiert sich nicht sonderlich dafür. Selbst der Psychologe, der sich mit Einzelfällen befasst, ist ein Sozialwissenschaftler, weil das Studium und die Behandlung psychischer Einzelfälle oft in einen generellen Kontext allgemeiner Krankheiten (wie beispielsweise

Neurosen) eingeordnet wird; Einzelfälle indizieren stets etwas Allgemeines.

Der Untertitel der alten Ausgabe von 2002 – *Gescheiterte Integration* – bezieht sich auf das Vorhandensein von Parallelgesellschaften; diese sind als eine allgemeine soziale Erscheinung einzuordnen. Es handelt sich also nicht um Einzelfälle.

Das Scheitern der Integration hat nicht nur mit dem Islam und der Unwilligkeit gläubiger Muslime zu tun, sich in eine säkulare Gesellschaft zu integrieren, sondern auch mit der Unfähigkeit der Deutschen, über das Moralisieren hinaus Fremde als Bürger zu integrieren und ihnen eine Bürgeridentität zu geben. Das ist eine wissenschaftliche Erkenntnis, keine Polemik. In meinem Beitrag zum Forschungsprojekt der Stanford University 2007–2010 *Ethnicity in Europe* (erschienen 2010 als Buch unter dem Titel *Ethnic Europe* bei Stanford University Press) habe ich den Nachweis erbracht, dass in der deutschen Tradition der Bürger als ein stofflich-ethnischer Mensch und nicht als *citoyen* bestimmt wird. Das ist eine Eigenschaft, die nicht auf Nicht-Deutsche übertragen werden kann. »Sie sind deutscher Staatsbürger, kein Deutscher«, sagt man mir. Meine Biografie in Deutschland ist ein Beleg hierfür. Ich weiß also ehrlich nicht, was mit den »neuen Deutschen« gemeint ist und kann die Logik des Ehepaars Münkler nicht nachvollziehen.

1. Der Ausgang des Erkenntnisprozesses: Islamische Zuwanderung als ein Problem, welches ohne Fremdeneuphorie wahrzunehmen und ohne Tabus zu erkennen ist

Die islamische Zuwanderung nach Europa ist nicht neu, denn sie begann bereits im 19. Jahrhundert, wenn auch in einem kolonialen Kontext, der fast ausschließlich Frankreich und Großbritannien betraf. Dann haben europäische Staaten im Zuge des wirtschaftlichen Aufbaus Europas nach 1945 damit begonnen, ihren Bedarf an Arbeitskräften durch ausländische Gastarbeiter zu decken. Deutschland hat sich diesem europäischen Prozess Anfang der 1960er Jahre angeschlossen. Was jedoch seit 2015/2016 geschieht, ist ein völlig neuer Prozess. Diese Neuartigkeit lässt sich durch vier Gründe erklären:

1. Das Volumen der Zuwanderung: Es kommen nun nicht Individuen, sondern ganze Großfamilien, ja sogar ganze Clans aus

Nahost, Zentralasien und Afrika. Das ist eine Völkerwanderung, keine individuelle Migration.

2. Europäische Zivilisationskrise: Die neue Zuwanderung erfolgt parallel zu einer zivilisatorischen Krise im Selbstverständnis Europas, bei der Europäer an ihrer eigenen Identität zweifeln. Araber und Afrikaner, die eine stärkere Identität haben, werden zu den »neuen Europäern« bzw. zu »neuen Deutschen« erklärt, wie im Vorwort erläutert.
3. Die Newcomer kommen mit dem Anspruch, Geltung für den Islam in Europa – gleichsam Islamisierung – zu verlangen. Das haben frühere islamische Migranten nie getan.
4. Migration, »*security*« und kriminelle Schleuserbanden: Nicht der Rechtsstaat, sondern die kriminellen Schleuserbanden bestimmen, wer nach Europa kommen darf, und sie kassieren hierfür sehr viel Geld. Diese Banden erzielen hierdurch jährliche Einnahmen im geschätzt mittleren zweistelligen Milliardenbereich. Das ist weit mehr als das, was kriminelle Banden mit Drogen, Prostitution und Schmuggel verdienen.

In der Neuausgabe dieses in seiner alten Fassung zuerst 2002 veröffentlichten Buches benenne ich die neuen Probleme ohne Zensur und ohne Polarisierung. Ich denke als ein Muslim, der stets für den Brückenbau zwischen dem Islam und dem Westen eintritt, über mögliche Lösungen nach. Wie ich schon im Jahre 2012, lange vor der Flüchtlingskrise, im Untertitel meines in London und New York erschienenen Buches *Islam and Global Politics*, nämlich *Conflict and Cross-Civilizational Bridging*, argumentiert habe, hat es nur dann Sinn, über eine Vermittlung im Sinne einer Mediation zwischen den Zivilisationen zu reden, wenn man bereit ist, über den Zivilisationskonflikt als Wertekonflikt zu reden. Ich benenne drei höchst zentrale Bereiche der Konfliktlösung in Bezug auf islamische Migranten, die nach Europa kommen:

1. Teilhabe an europäischer Identität als *citoyenneté*,
2. Europäisierung des Islam durch religiöse Reformen,
3. Bildung eines interzivilisatorischen Wertekonsenses, den ich *Leitkultur* nenne.

Diese Agenda erfordert nicht nur harte Arbeit, sondern die Bereitschaft zum Wandel auf beiden Seiten. Man kann diese Menschen verantwortungslos mit einem Federstrich zu »neuen Deutschen« erklären und über Realitäten hinwegblicken. Wer jedoch die benannte Problematik ausblendet, ist dann doch besser beraten, das aufgezeigte Projekt, den Dialog, *conflict resolution* und *mediation* ganz aufzugeben. Es hat dann schlicht gar keinen Sinn.

Die Urfassung dieses Buches lag schon vor 9/11, also 2001, im Manuskript vor; ich fertigte es damals mit der im Untertitel formulierten Grundthese *Die gescheiterte Integration* an, aber es war noch nicht veröffentlicht. Mein damaliger Verlag, die DVA, bat mich im Lichte der Erfahrung von 9/11, den Zusammenhang von Sicherheit und Einwanderung noch stärker zu beleuchten als bereits geschehen. Dieser Topos war schon im Text enthalten. Nach meiner Rückkehr aus den USA habe ich daraufhin 2002 eine weitere Post-9/11-Fassung des Textes angefertigt, die dann auch im selben Jahr als die Buchfassung erschienen ist. Darin stand die Sicherheitsproblematik gleichrangig mit der »Integration« im Mittelpunkt; dieser Schwerpunkt bleibt auch aufgrund der Zentralität der *security* in dieser neuen Ausgabe erhalten.

Gleich hier zu Beginn möchte ich die Tatsache nicht unerwähnt lassen, dass Funktionäre des organisierten Islam in Deutschland sich bis heute stur und unbelehrbar weigern, die Problematik der Sicherheit in ihrem Dialog mit dem Staat zuzulassen; sie täuschen (*iham*) den deutschen Staat durch Manöver und Spielchen, um ihre Islamisierungspolitik zu verdecken (siehe hierzu meinen Artikel *Die verdeckte Islamisierung Europas* in der Basler Zeitung vom 11.10.2016). Es ist peinlich, zu sehen, wie sich deutsche Politiker an der Nase herumführen lassen und sich ducken vor den Islam-Funktionären, wenn diese die Keule »Islamophobie« schwenken. In Deutschland ist das Wort »Sicherheit« geradezu verpönt. Dagegen wird in Frankreich der Begriff Sicherheit gleichwertig mit Integration verwendet (vgl. auch den Leitartikel von Michaela Wiegel in der *Frankfurter Allgemeinen Zeitung [FAZ]* vom 08.04.2016). Anders als in Deutschland stimmen französische Imame dieser französischen Sicherheitspolitik zu; ähnlich verhält sich die Islamgemeinde in den USA. Das deutsche Sonderweg-Denken wird opportun von Islam-Funktionären in Deutschland übernommen.

Als dann 2016 die Terroranschläge stattfanden, an denen Islamisten, die als Flüchtlinge kamen, beteiligt waren, blieben Politiker zunächst stumm und reagierten dann in Begleitung der Medien mit dümmlichen Phrasen wie »kein Generalverdacht«, »keine Stereotypisierung«, »das sind Einzelfälle«, »das hat mit Islam nichts zu tun«, »man darf die Flüchtlinge nicht verteufeln« usw. Es ist aber geboten, gemeinsam verantwortungsethisch über Probleme nachzudenken und frei darüber zu sprechen, nicht propagandistisch zu moralisieren. Nicht anders als mit »Verantwortungsgefühl« denke ich über das Thema Sicherheit nach, das eines der großen Probleme Europas ist.

Wenn man über den Tellerrand blickt, also über Deutschland hinaus schaut, dann sieht man, welchen Rang die Sicherheits-Problematik in der Migrationsforschung hat. Myron Weiner hat pionierhaft in seinem 1995 erschienenen Standardwerk *The Global Migration Crisis* die Probleme dargelegt; er widmet dieser Problematik das ganze sechste Kapitel (S. 131–149). Darin steht an zentraler Stelle die Erkenntnis: »A large influx of refugees or unwanted migrants can strain the economy, upset a precarious ethnic balance, generate internal violence or threaten a political upheaval at the national or local level … immigration has become recognized as affecting a country's security and stability« (S. 131). Dies sind die Realitäten in Deutschland seit 2015. Wer so redet wie die MIT-Autorität Myron Weiner (selbst jüdischer Migrant aus dem Baltikum), riskiert den Vorwurf des Populismus. Die Forschung erkennt, dass Migrationsschübe »have generated conflicts« (ebd.).

In diesem Sinne erkennt die internationale Forschung, wie Myron Weiner ausführt, vier Bedrohungen in folgenden Bereichen:

1. Missbrauch der Aufnahmegesellschaft zur Logistik für Opposition gegen *home regimes*. Ich kann aus meiner eigenen Forschung dieses Beispiel anführen: Islamistische Bewegungen, die in ihren eigenen Ländern verfolgt werden, kämpfen von Deutschland aus für einen Scharia-Staat, den sie in ihren Ländern errichten wollen; sie missbrauchen Europa für ihre Logistik auf allen Ebenen.
2. Eine Gegnerschaft zum Gastland *(host country)*, etwa durch antiwestliche Islamisten in Europa. Sie nehmen das europäische Asylrecht in Anspruch, um gegen die »Ungläubigen« in Europa zu kämpfen.
3. Bedrohung der kulturellen Identität *(threat to cultural identities,* Weiner, S. 140–142). In Deutschland ist dieses Thema tatsächlich tabu, und wer dieses Tabu bricht, gilt als »rechtsradikal«.

4. Soziale und wirtschaftliche Belastungen *(social and economic burdens),* d.h. die Belastungen für den Sozialstaat (die Flüchtlinge kosten Deutschland jährlich 28–30 Milliarden Euro).

Ich möchte zu diesen vier Bedrohungen ergänzend noch folgende Informationen geben: Zu Punkt (1): Nach einem Bericht der Zeitung *Die Welt* vom 17.12.2016 haben Afghanen ihre Mitgliedschaft bei den Taliban, also einer Terrororganisation, als Asylgrund angegeben. Es ist ein Irrsinn, dass Deutschland militärische Truppen nach Afghanistan schickt, um die Taliban-Terroristen zu bekämpfen, diesen aber parallel Asyl in Deutschland gewährt. Zu Punkt (3): Zum Thema Identität möchte ich die Diskussion auf die 44. Römerberggespräche lenken, bei denen jeder, der von Identität redete, als »identitärer Populist« beschimpft wurde.

Generell führen Migrationsschübe, so Weiner, als »unwanted and uncontrollable flows of migrants and refugees« zu Gewaltförmigkeit und Destabilisierung. »Liberal Democracies« sollten nach Weiner das Recht haben, »to determine which migrants will be permitted to enter«, und auch verhindern dürfen, dass bestimmte »refugees and unwanted immigrants«, die ein Sicherheitsrisiko darstellen, einreisen. Von diesem Recht macht die demokratisch gewählte britische Regierung heute 2016/2017 in Calais Gebrauch bei der Verweigerung der Einreise von 10.000 afrikanischen, in Frankreich nicht verfolgten Flüchtlingen und wird deshalb von »Pro Asyl« verfemt. Die Antwort dieser Flüchtlinge ist abscheuliche Gewalt, von Brandstiftung bis zu gewalttätigen Angriffen auf die Polizei. Das darf nicht sein. Was das demokratische Großbritannien tut, müssen auch anderen europäische Länder tun dürfen.

Nach den Terroranschlägen Anfang 2016 in Frankreich und Belgien und im Juli auch in Deutschland konnte das Thema Sicherheit nicht mehr ausgeblendet werden. Bei einer weiteren Einhaltung von Tabus kann keine Diskussion über die Probleme, die mit der Zuwanderung aus der Welt des Islam sowie mit der Integration zusammenhängen, rational geführt werden. Ich beuge mich nicht der deutschen Tradition der »inneren Zensurinstanz«, die Adorno anprangert, weil sie nicht nur die Äußerung »unbequemer Gedanken«, sondern auch das Denken »selbst verhindert« (Adorno). Das deutsche Grundgesetz gewährt Meinungs- und Wissenschaftsfreiheit, und hiervon mache ich beim Verfassen dieses Buches Gebrauch. Ich weiß bestens, dass die Verfassungswirklichkeit, die durch eine Form von Meinungstyrannei des vorherrschenden Narrativs bestimmt wird, nicht in Einklang mit der Verfassungsnorm steht. In meinem letzten ***ibidem***-Buch *Europa ohne Identität?* (erschienen 2016) habe ich diese Problematik sachlich erläutert und ausgeführt, dass es in Deutschland keine *Debating Culture* gibt; dies ist das große Manko der deutschen Post-1945-Demokratie.

Ist Integration unter solchen Bedingungen möglich? Ist sie die Zauberlösung? In den Jahren 2000–2002, als ich an der ursprünglichen Fassung dieses Buches arbeitete, stelle ich mit dem Untertitel *Die gescheiterte Integration* nicht eine Behauptung, sondern eine soziale Tatsache fest. Damals war die Sachlage der islamischen Migration nach Europa mit allen konfliktbeladenen Folgen zwar besorgniserregend genug, aber in ihrem Ausmaß bei weitem nicht so dramatisch, wie sie sich heute, 2017, darstellt. Damals, 2002, gehörten nur rund 4 Millionen Muslime zur Wohnbevölkerung Deutschlands. Mehr als 60% davon waren damals Türken, der Rest kam aus der ganzen Welt, jedoch vor allem aus Nahost und Afrika. In dem folgenden Jahrzehnt und bis zum Beginn der Flüchtlingskrise stieg diese Zahl auf 5 Millionen. Etwa ein Jahr nach der Krise beträgt die islamische Wohnbevölkerung Deutschlands heute rund 6,5 Mio. Ich räume ein, dass diese Zahlen auf Schätzungen beruhen. Denn die Zahlen, die uns Behörden und Presse präsentieren, sind ungenau bis zur Unbrauchbarkeit; oft frisiert, ja, manchmal sogar leider bewusst gefälscht. Ich bringe ein Beispiel für die einander widersprechenden Zahlen der Libyen-Route afrikanischer Flüchtlinge: Die *Süddeutsche Zeitung* spricht am 07.10.2016 von 160.000 Flüchtlingen, dann, am 08./09.10.2016, jedoch plötzlich von 280.000; der Spiegel gibt am 24.09.2016 nur 130.000 Flüchtlinge an. Diese Zahlen stimmen alle nicht. Die *FAZ*-Journalistin Karen Krüger gibt in ihrem Buch *Eine Reise durch das islamische Deutschland* die Zahl der Muslime in Deutschland mit 4 Millionen an; es sind aber um die 6,5 Millionen. Weiß sie das nicht?

Warum dieses Spiel mit den Statistiken? Der einfache Grund hierfür ist die Gutmenschen-Intention, Migranten vor Vorurteilen zu schützen und gegenüber der Bevölkerung alles herunterzuspielen, um sie nicht zu beunruhigen, statt sie über steigende Flüchtlingszahlen zu informieren; es soll keine Angst vor der steigenden Präsenz des Islam und den damit verbundenen Problemen entstehen. Alles, was als »*bad news*« einzustufen ist, wird nach dieser »Logik« in Deutschland gleichsam verboten oder ausgeblendet. Die Medien sind von einer Maxime der Priorität für »*good news*« geleitet, wie etwa Berichte über gelungene Integration zu verbreiten, und wenn es keine »*good news*« gibt, werden sie eben erfunden. Wer widerspricht, wird des Populismus bezichtigt, mithilfe der Keule »Rechtspopulismus« inkriminiert und dann ausgegrenzt. Zu den Opfern dieses eher totalitären als islamfreundlichen bzw. demokratischen Zeitgeistes gehörte auch über Jahre hinweg das vorliegende Buch über *Islamische Zuwanderung*. Zu der Tatsache, dass ich damals im Untertitel empirisch korrekt eine gescheiterte Integration feststellte, kam noch eine weitere Tatsache hinzu, nämlich der Irak-Krieg, der mich Deutschland erheblich entfremdete.

Nachweislich gehörte ich nicht zu den Befürwortern des Irak-Krieges (s. beispielsweise auch mein Kapitel über den Irak-Krieg in der Festschrift *Politik als Wissenschaft* für Wilfried Röhrich [S. 571–594]), aber damals war ich nicht bereit, den dominierenden, von mir als äußerst widerlich empfundenen deutschen Anti-Amerikanismus mitzumachen; ich lehnte diesen Hang vehement ab. Der Preis hierfür war Ausgrenzung. Beide Umstände – mein Buch über gescheiterte Integration und meine ablehnende Haltung zum Irak-Krieg – haben zu einer über Nacht vollzogenen totalen Verbannung meiner Person aus allen deutschen Medien geführt, die bis 2016 anhielt. In meinem Artikel in der Basler Zeitung *Ich weigere mich, zu schweigen* (auf meiner Homepage zu finden) habe ich diese Geschichte erzählt. Alle großen deutschen Verlage, die mich zwischen 1973–2002 veröffentlichten, verschlossen mir ihre Türen. Die DVA, die 2002 die erste Fassung dieses Buches herausbrachte, war der letzte große deutsche Verlag, der mich veröffentlichte. Danach und bis 2009 verblieb einzig und allein die Wissenschaftliche Buchgesellschaft (WBG), die mir die Tür offen hielt und hierfür meine Ehrerbietung erhält. Es war ein Glück, dass ich Anfang 2016 den Verleger Christian Schön kennenlernte, der mich seitdem als Autor auf den deutschen Buchmarkt zurück bringt, zuerst mit *Europa ohne Identität?* (2016), dann zum zweiten Mal mit dem vorliegenden Buch. Wir beide planen, dieses Unternehmen fortzusetzen.

Die vorliegende Neuausgabe erscheint also im Rahmen meiner Rückkehr auf die öffentliche Bühne als ein Aufklärungs-Muslim, der sich zum Europa der Aufklärung von Kant bekennt. Wie *Europa ohne Identität?* erfuhr auch dieses Buch durch die Flüchtlingskrise eine Umgestaltung. Ich stelle empirisch eine Gleichzeitigkeit fest: nämlich die einer millionenstarken Zuwanderung aus der Welt des Islam parallel zur Unfähigkeit von Staat und Gesellschaft in Deutschland, diese Muslime als Bürger im

Sinne von *citoyens* einzugliedern, d.h. zu integrieren. Ich wiederhole meinen »Unglauben« in Bezug auf das Märchen von den »neuen Deutschen«, das vom Ehepaar Münkler im »Geiste ihrer Kanzlerin« (so *The European*, s.o.) geschriebene Buch, das unter auffälliger medialer Steuerung so gut von Staatsjournalisten propagiert und vermarktetet wird, dass es auf die *Spiegel*-Bestseller-Liste befördert wurde. Ich begründe diesen »Unglauben« an die Münkler-Botschaft wie folgt:

In einem Gespräch mit dem britischen Magazin *The Economist*, das in der Ausgabe vom 03.09.2016 anlässlich von *Germany's refugee anniversary* veröffentlich wurde, habe ich, ohne Münklers Buch über *Die neuen Deutschen* zu kennen, eine entgegengesetzte Position im europäischen Ausland vertreten (nachlesbar auf meiner Homepage). Gegenüber *The Economist* habe ich argumentiert, dass die deutsche Integrationspolitik auch weiterhin scheitern wird. Die ursprüngliche Ausgabe dieses Buches trug den Untertitel *Die gescheiterte Integration*. Integration kann nicht durch Alimentierung und Unterbringung und erst recht nicht durch »teaching refugees German and getting them jobs« erreicht werden, »it is really about identity«, sagte ich und fügte hinzu: »This is where German society fails.« Hier versagt die deutsche Gesellschaft. Das ist zugleich die Wahrheit und die Art von »bad news«, die Vertreter des herrschenden Narrativs absolut nicht hören wollen und sie deshalb unterdrücken.

In meiner gesamten Laufbahn als deutscher Professor für Politikwissenschaft seit 1973 habe ich es nicht erlebt, dass ein Buch wie das der Münklers auf so aggressive und gelenkte Weise von den Hauptmedien dermaßen befördert wurde, dass es zum *Spiegel*-Bestseller avanciert. Wie kommt dies zustande? Es ist nicht seine Qualität; der Grund ist, dass das Buch dem herrschenden Narrativ entspricht und die Autoren ihr Pamphlet »im Geiste ihrer Kanzlerin« geschrieben haben. Im Gegensatz hierzu wurde mein Buch über *islamische Zuwanderung* von 2002 von den Leit-Medien total verschwiegen, weil es in seinem Untertitel die Tatsache einer *gescheiterten Integration* verlautbart.

Im Gegensatz zur Naivität von Merkels Willkommenskultur und zu ihren Anhängern bin ich laut *The Economist* »less sanguine«. Gegenüber *The Economist* habe ich die Befürchtung geäußert, dass Merkels Willkommenskultur von 2015 »could even turn Germany into a ›failed state‹«. *The Economist* zitiert mein Konzept vom Euro-Islam als Integrationskonzept sowie meine Zweifel an der Umsetzbarkeit dieser Vision in eine *policy*. Im 7. Kapitel erläutere ich den »Euro-Islam« als »kulturelle

Grundlage für die Integration islamischer Migranten aus Asien und Afrika«. Das darauf folgende 8. Kapitel hat »Europäische Leitkultur und Integration für muslimische Migranten als Perspektive« zum Inhalt. Beide Kapitel schrieb ich vor 15 Jahren, also 2002, und stehe heute, 2017, unverändert und felsenfest zu jeder Zeile und zu jedem Wort von damals. Deswegen wiederhole ich hier meine Auffassung: *Ohne Bürger-Identität und zivilgesellschaftliche Leitkultur kann es keine Integration islamischer Zuwanderer als citoyens geben.*

Die Probleme der islamischen Zuwanderung nach Europa sind heute wie gestern dieselben geblieben, so, wie sie in der Erstausgabe dieses Buches von 2002 im Einzelnen dargestellt und analysiert werden. In dieser Einführung werde ich die neue Sachlage nach der millionenstarken »demografischen Lawine« von 2015/2016 sowie die daraus resultierenden Probleme näher berücksichtigen. In diesem Kontext fallen mir zehn Problemfelder auf, die ich im Folgenden aufliste. In dieser Einführung kann ich jedoch nur die allerwichtigsten fünf hiervon in je einem Abschnitt einer genaueren Analyse unterwerfen (Abschnitte 4–6, 8 und 10). Die anderen fünf Problemfelder wurden bereits in der Erstausgabe von 2002 untersucht. So wird der Unterschied zwischen Ein- und Zuwanderung in Kapitel 2, Integration in Kapitel 3, Parallelgesellschaft in Kapitel 4 usw. untersucht. Die anstehenden zehn Problemfelder sind die folgenden:

1. Die fehlende Unterscheidung zwischen Ein- und Zuwanderung: Diese Differenz erkläre ich in Kapitel 2; sie muss jedoch im Lichte der Flüchtlingskrise neu erläutert werden. Einwanderung basiert auf einem Verfahren mit einem gesellschaftlichen Konzept bzw. einer *policy*, so, wie dies in den traditionellen Einwanderungsländern USA, Kanada und Australien praktiziert wird. Zuwanderung ist dagegen unreguliert und naturwüchsig. Die USA gelten demnach als ein Einwanderungsland, wohingegen Deutschland ein Zuwanderungsland ist; beide Begriffe dürfen nicht synonym verwendet werden, wie dies in der öffentlichen deutschen Diskussion getan wird. Obwohl diese begriffliche Differenzierung alles andere als neu ist, wurde sie in der aktuellen Debatte nicht beachtet, weil viele wie die Münklers Bücher schreiben, ohne die einschlägige Forschung zu berücksich-

tigen; sie ignorieren, was andere zuvor gedacht und veröffentlicht haben.

2. Seit Beginn des 21. Jahrhunderts, besonders seit der Flüchtlingskrise, bestimmen die Schleuserbanden die organisierte illegale Migration nach Europa. Diese Schleuserbanden dirigieren die demografische Lawine auf beiden Routen (Balkan und Mittelmeer), nicht der Rechtsstaat. Die EU assistiert mit der Sophia-Rettungsmission den Schleuserbanden, indem sie den Transfer der Flüchtlinge von der libyschen Küste nach Europa »wie ein Taxiunternehmen, das die Kundschaft sicher und kostenlos kurz vor der libyschen Küste abholt« (*Spiegel* vom 24.09.2016, S. 83), organisiert. Dies geschieht im Namen der Rettung aus Lebensgefahr. Ich betrachte Seenotrettung als humanitäre Maßnahme. Warum muss sie aber mit einer Zugangsgarantie in die EU verbunden sein? So entsteht ein Zusammenhang von Mafia und illegaler Zuwanderung – leider mit Unterstützung der EU. Dies ist das Thema des 4. Abschnittes.
3. Der überwiegende Teil der Zuwanderer hat weder eine Berufsqualifikation noch eine höhere Schulbildung; dieser bleibt wirtschaftlich arm und eine Last für den Sozialstaat. Die Zuwanderer bilden dann, im Sinne des britischen Soziologen Anthony Giddens, die Basis von »ethnischer Armut« als Ursache von sozialen Konflikten, die ethnisiert und religionisiert werden. Dieser Aspekt ist das Thema von Abschnitt 5.
4. In diesem Rahmen entstehen Parallelgesellschaften, die gleichsam Enklaven sind. Diesen Begriff habe ich entscheidend mitgeprägt und mit diesem Buch 2002 in die deutsche Debatte (siehe hierzu Teil 2, Kapitel 3 und 4) eingebracht. Parallelgesellschaften sind gesellschaftliche Realität – das ist ein unabweisbarer Fakt. Es ist daher empörend, wenn Klaus Bade, bis zu seiner Emeritierung einflussreichster deutscher Professor für Migration, das Reden hierüber als »Populismus« verfemt. So verläuft leider die deutsche Diskussion. Auf dem Boden von Parallelgesellschaften erfolgt die Bildung von mafiösen Banden, etwa die der libanesischen Mafia in Berlin-Neukölln (vgl. auch Abschnitt 4 dieser Einführung). Es ist nicht möglich, dieses Problem zu lösen, wenn es tabuisiert wird.

5. Die in den Unterpunkten 1 bis 4 beschriebenen gesellschaftlichen Erscheinungen gehen einher mit dem vollständigen Fehlen eines Regierungskonzepts im Sinne einer *policy*, um die Zuwanderung etwa durch Grenzkontrollen zu regulieren. Ebenfalls fehlt ein Konzept für Integration dieser Newcomer. Durchhalteparolen wie »Wir schaffen das« und falsche Versprechungen der »Bekämpfung von Fluchtursachen« können über das Fehlen solcher Konzepte nicht hinwegtäuschen. Unten in Abschnitt 8 sowie in der Konklusion werde ich erläutern, warum der Kampfbegriff »Fluchtursachen« keine *policy* ist.
6. Die fehlende Integration bildet den Nährboden für die Radikalisierung der Jugendlichen, denen die Aufnahmegesellschaft keine Identität gibt. Hiervon handelt Abschnitt 6.
7. Auf der Basis dieser Analyse argumentiere ich, dass ohne europäische Leitkultur im Sinne eines Wertekonsens und ohne Identität im Sinne von *citoyenneté* Integration nie gelingen kann. Sowohl Kapitel 7 und 8 der alten Ausgabe als auch Abschnitt 10 der Neuausgabe behandeln dieses Thema.
8. Eine Integrationspolitik erfordert nicht nur eine *policy;* sie muss auch mit einer erheblichen Reduktion der Zahl der Newcomer unter Rücksicht auf die Kapazität der Gesellschaft zur Integration verbunden werden. Ich sage es klar und deutlich: Bei den 2015/2016 massenhaft Eingereisten geht es nicht um legitimes Suchen von Asyl zum Schutz gegen politische Verfolgung – dies zeigt auch die Anerkennungspraxis des Bundesamts für Migration und Flüchtlinge (BAMF) –, sondern es handelt sich um eine Völkerwanderung. Die Regulierung dieser demografischen Lawinen kann nur im Land selbst und an seinen Grenzen erfolgen. Wenn ein Staat dazu nicht in der Lage ist (Merkel: »Wir können Grenzen nicht sichern«), dann ist dieser nach allen wissenschaftlichen Kriterien ein »*failed state*« (s. auch S. 42); dies muss klar ausgesprochen werden.
9. Die Argumentation, dass die Zuwanderung durch Bekämpfung der Fluchtursachen aus Nahost und Afrika vor Ort begrenzt werden kann, erweist sich als eine reine Illusion. Im neuen Kapitel 9 der vorliegenden Neuausgabe weise ich im Einzelnen nach, dass der Syrienkonflikt nicht von außen reguliert, geschweige denn gelöst werden kann. Syrien bleibt also minde-

stens für die nächste Dekade eine Quelle der Zuwanderung nach Deutschland. Ähnliches gilt für Libyen. Syrien ist die Quelle der Balkan-Route; Libyen ist ein wichtiges Transitland für afrikanische Flüchtlinge, die über die Mittelmeerroute nach Europa migrieren.

10. Schließlich: Gerade in Deutschland mit seiner beschämenden NS-Vergangenheit müssen sich die Exponenten der Willkommenskultur vorhalten lassen, dass sie Judenhasser aus der Welt des Islam willkommen heißen. Diese Problematik wird in Abschnitt 9 genauer untersucht.

Nach dieser Klärung der zentralen Problematik gehe ich über zu den Abschnitten 2 und 3, worin der Gegenstand abzugrenzen und festzulegen ist, um dann der Debatte über die islamische Zuwanderung ein Design zu geben. Auf dieser Grundlage spreche ich dann drei zentrale Problemfelder der islamischen Zuwanderung nach Europa an.

2. Worüber reden wir? Festlegung und Abgrenzung des Gegenstandes in der Praxis einer freien *Debating Culture*

Wie bereits ausgeführt, setze ich hier die in meinem Buch *Europa ohne Identität?* begonnene Diskussion im Rahmen meiner Rückkehr auf die Bühne als Autor fort – nach mehr als einer eine Dekade der andauernden Verbannung als »Ahndung« meiner »unbequemen Gedanken« durch hegemoniale Meinungsmacher. Der Kontext ist folgender: Meine vergriffenen Bücher werden seit 2016 als aktualisierte Neuausgaben wieder auf den Markt gebracht. Dies geschieht mit dem Anspruch, durch authentische Informationen Aufklärung zu betreiben, um Einfluss auf die Debatte zu nehmen. Das Projekt begann mit der Neuausgabe meines Buches *Europa ohne Identität?* von 1998. Auch dort habe ich in einem zentralen Abschnitt die US-amerikanische Frage gestellt: *What are we talking about?* / Worüber sprechen wir? Dies tue ich hier ebenfalls, nicht um zu wiederholen, sondern um kristallklar dies zu schreiben: In der Realität des heutigen Europas geht es um eine Völkerwanderung aus der Welt des Islam nach Europa. Diese wird begleitet von Problemen der unkontrollierten illegalen Zuwanderung, die in der Entstehung von Sicherheitsproblemen, »ethnischer Armut« und Parallelgesellschaften als kulturell-politischen Enklaven mündet. Das ist der Gesamtkontext.

Die ungesteuerte Zuwanderung von inzwischen ca. zwei Millionen Muslimen aus Nahost und Afrika seit 2015 schließt das Nachholen von Verwandten, sprich Großfamilien-Clans, nach Europa im Zeitraum 2015/2016 ein, wodurch die Zahl der Zugewanderten mindestens verfünf- bis verzehnfacht wird. Es muss Tacheles hierüber geredet werden, wie eine demografische Lawine – nicht mehr und nicht weniger – bewältigt wird, die von Schleuserbanden und der Mafia organisiert wird; diese beherrschen alle Strukturen der Völkerwanderung; sie tun dies als Wirtschaftsunternehmen der organisierten Kriminalität mit einem Volumen im jährlich zweistelligen Milliardenbereich.

Unter den vielen Flüchtlingen befinden sich Jugendliche bzw. junge Männer, die ein Phänomen mit sich bringen. Dieses nennt der deutsche Forscher Gunnar Heinsohn in seinem Buch *Söhne und Weltmacht* (2003) *youth bulges*, welche in Nahost und Afrika gedeihen. Heute wird dieses Phänomen durch die demografischen Lawinen eine Alltagsrealität auch in Westeuropa. Was indiziert dieser Begriff *youth bulges*, der ins Deutsche nur sehr unzureichend mit »Jugendblasen« übersetzt werden kann?

youth bulge bezieht sich auf die Verjüngung der Gesellschaft durch hohe Geburtenraten – mit der Folge, dass Jugendliche, die bei Vorhandensein einer *youth bulge* rund ein Drittel der Bevölkerung bilden, als *trouble makers* agieren. Dieser Begriff kann wiederum nur unzulänglich ins Deutsche übersetzt werden. Das Phänomen, das der Begriff umschreibt, kommt mit dem angesprochenen demografischen Zustrom und wird zu einer gesellschaftlichen Realität einer »No-Future-Generation« mitten in Europa.

Der Zusammenbruch des Kommunismus bedingte kleine Migrationsschübe aus dem Osten Europas. Diese jedoch waren ein »Klacks« im Vergleich zu der seit 2015 stattfindenden Zuwanderung, bei der es um das Schicksal und die Zukunft Europas geht. Ganze Clans kommen aus Nahost, Zentralasien und Afrika. Sind das »die neuen Deutschen« bzw. »The New Europeans«, die im Vorwort erwähnt worden sind?

Unbegleitete männliche Jugendliche kommen in die Bundesrepublik, nachdem diese offiziell ihre Grenzen für Flüchtlinge aufgemacht und am 04.09.2015 fast vollständig die Kontrollen an den Grenzen aufgegeben hat. Diese allein kosten den Staat jeden Monat 2,1 Milliarden Euro. Es kommen Flüchtlinge ohne Ausweispapiere oder mit gefälschten Papieren, sie wurden registriert und in die sozialstaatlichen Leistungen einbezogen. Der Staat wirkt somit als Vollzugsorgan illegaler Massenmigration.

Die *Süddeutsche Zeitung* vom 22.11.2016 (S. 6) führt an, dass 10% der unbegleiteten minderjährigen Flüchtlinge in die Kriminalität abdriften. Konkret bedeutet das, dass von den vermutlich 100.000 jugendlichen Flüchtlingen rund 10.000 Kriminelle werden, die in den Genuss der deutschen Willkommenskultur kommen, parallel aber die Gesellschaft bedrohen und die Sicherheitsbehörden vor neue Aufgaben stellen. Die Tatsache, dass es sich als leicht erwiesen hat, in das deutsche Sozialsystem zuzuwandern, ging in den neuen Medien als motivierende Nachricht um die Welt und hat weitere demografische Schübe nach sich gezogen, von denen alle europäischen Staaten, nicht nur die Bundesrepublik Deutschland, betroffen sind. Die Grenzen sind heute, 2017, formell wieder geschlossen, aber die Bilder der Willkommenskultur gehen weiter durch die Medien und ziehen weiterhin Hunderttausende Flüchtlinge an. Dies führte zu einer Spirale, die mittlerweile unkontrollierbar ist. Die Schleuserbanden sind kreativ und finden immer einen Weg für ihre Klienten in die EU, wenn eine Route geschlossen wird. Die EU erweist sich als unfähig angesichts dieses Zustroms von Flüchtlingen. Sie hat kein Politikkonzept, um die Lage in den Griff zu bekommen. Zudem beanspruchen die schon hier Gelandeten, ihre Familien nachzuholen. Ich habe bereits oben angeführt, wie sich die Zahlen – um das Fünf- bis Zehnfache – vervielfachen. Das ist Statistik, kein Populismus. Diese Tatsachen dürfen in einer Demokratie nicht im Namen der politischen Korrektheit unterdrückt werden.

Das Jahr 2015 endete ebenso dramatisch, wie es begann. In Köln, Düsseldorf und Hamburg drangen in der Silvesternacht jeweils ca. tausend jugendliche arabische Flüchtlinge, vorwiegend aus Nordafrika, aber auch aus Nahost und Zentralasien (Afghanistan), in die Neujahrsfeierlichkeiten dieser Städte ein. Zunächst haben sie in größeren Gruppen Frauen umzingelt und dann in separaten kleineren Gruppen eingekesselt. Die derart eingekesselten Frauen wurden sexuell missbraucht und in einigen Fällen sogar vergewaltigt und ausgeraubt. Die Polizei glänzte durch Abwesenheit und Versagen. Trotz dieser Gewalt bleibt die deutsche Gutmenschen-Einstellung unerschüttert. Die Argumente lauten so: Man müsse Flüchtlinge vor Vorurteilen schützen, sogar diese Leute. Die Übergriffe seien nur Einzelfälle, auch wenn sie tausendfach stattfänden. Mehrere Hundert Anzeigen von geschundenen Frauen in Köln, Düsseldorf, Hamburg etc. stellen dieses Verhalten in Frage; aber sie versanden in der deutschen Justiz und der medialen Öffentlichkeit. Die Frauenrechtlerin Alice Schwarzer hat mit kritischen Autoren, mich eingeschlossen, das Buch *Der Schock. Die Silvesternacht von Köln* veröffentlicht. In meinem Kapitel *Syrien und Deutschland* habe ich argumentiert, dass jugendliche Syrer die Gewaltkultur des dortigen Krieges mit nach Deutschland bringen. Ich wurde daraufhin heftig attackiert und diffamiert, ja von einem Linksgrünen öffentlich aus der »Wertegemeinschaft des Grundgesetzes« exkommuniziert.

Worüber reden wir hier? Wir reden über Probleme und über Bedrohungen. Dies ist alles andere als das, was linksgrüne Meinungsmacher als »Populismus« verfemen, um ein Reden über reale Probleme und Bedrohungen für Demokratie und ein friedliches Gemeinwesen zu verbieten. Die islamische Zuwanderung nach Europa ist eine Herausforderung, nicht Friede, Freude, Eierkuchen.

3. Ein Design für die Debatte über Europa und die islamische Zuwanderung

Zur Debatte um die islamische Zuwanderung nach Europa und ihre Folgen gehört die Frage der zivilisatorischen Identität Europas. Deshalb empfehle ich meinen Lesern zum besseren Verständnis der hier anstehenden Problematik, parallel die in der Neuausgabe meines Buches *Europa ohne Identität?* enthaltene neue umfangreiche Einführung zu lesen. Dort werden der Charakter und die Folgen der »millionenstarken Zuwanderung aus der Welt des Islam« nach Europa erläutert, was ich hier nicht wiederholen möchte. Hier will ich die Debatte fortsetzen und im Folgenden einen Bezugsrahmen dafür entwerfen.

Vorab – vor Wiederaufnahme der Debatte – möchte ich zwei Fragenkomplexe klären. Hierbei lehne ich jede Links-Rechts-Polarisierung ab und folge Anthony Giddens' Buch »*Jenseits von Links und Rechts*« (Suhrkamp 1997; Original *Beyond Left and Right* 1994). Der erste Fragenkomplex hiervon betrifft die Möglichkeit, objektive Erkenntnisse über den anstehenden Gegenstand zu erlangen, und der zweite bezieht sich auf das Recht auf Meinungsfreiheit in der Diskussion über die zivilisatorische Identität Europas im Kontext des demografischen Drucks von Millionen Flüchtlingen aus aller Welt. Allen, die frei Erkenntnisse über die vorstehenden Themen suchen sowie offen darüber sprechen, wird heute vom herrschenden Narrativ »populistische Panikmache« vorgeworfen, mit dem Ziel, dass »unbequeme Gedanken« gleichsam verboten werden. Was ist der Grund hierfür?

Ich spreche es frei aus: Die Feinde Europas und seiner offenen Gesellschaft sind heute die linksgrünen Postmodernisten; sie behaupten im deutschen »Pathos des Absoluten«, dass es weder eine Objektivität noch einen universell gültigen Rationalismus gebe. Es wird unterstellt, dass jede Erkenntnis nicht mehr als eines unter zahlreichen Narrativen sei. Nach dieser Logik gibt es kein Europa mit eigener zivilisatorischer Identität mehr, sondern nur noch eine multikulturell undefinierbare Bevölkerung, gezeichnet von Vielfalt und zahllosen Minderheiten mit Respekt für Wertebeliebigkeit. Ich bin als ein syrischer Muslim aus Damaskus nach Europa gekommen, wo ich die kulturelle Moderne kennengelernt habe und in Frankfurt ein Linker der '68er wurde. Ich hatte das Glück, in den sechziger Jahren bei großen europäischen akademischen Lehrern in Zeiten zu studieren, als es den Unsinn der soeben zitierten Postmoderne noch nicht einmal gab. Die *FAZ* hat in der Glosse zu ihrem von Marcel Proust entworfenen »Fragebogen«, den ich in der Ausgabe vom 04.10.1995 ausfüllen durfte, über mich dies geschrieben: Tibi staune darüber, dass er die Europäer »nicht alleine über den Islam, sondern auch über die Grundlagen und Vorzüge ihrer eigenen westlich-säkularen Zivilisation aufklären« müsse. Mir scheint, dass tatsächlich vielen Europäern diese Grundlagen und Vorzüge der westlich-säkularen Zivilisation weder bewusst noch bekannt sind. Man trifft auf wenig Wissen um die Aufklärung, um die Geschichte der mühsam über Jahrhunderte errungenen Emanzipation der Menschen vom Gottesgnadentum, ihre Entwicklung von Leibeigenen und Untertanen in der feudalistischen Ordnung, über die der Fürst und Herrscher nach Belieben gottgewollt verfügen kann (soweit auch, dass er ihnen vorschreibt, welcher Religion sie anzugehören haben), hin zu freien Bürgern, die unveräußerliche Grundrechte besitzen (einschließlich dem Recht, ihre Religion frei zu wählen) und sich in einem säkularen Gemeinwesen zusammengeschlossen haben, das seine Legitimität gerade nicht aus einer Religion bezieht, sondern auf Vernunftbasis errichtet ist und demzufolge demokratischen Regeln der Mitbestimmung durch alle Bürger folgt. Auch in der Schule scheint dies keinen allzu breiten Raum zu finden.

Die *FAZ* zitiert meine Zurückweisung der gesinnungsethischen Weltanschauung jener Europäer, die »eine Postmoderne auch gegenüber Diktatoren in Asien oder Afrika vertreten«. Dies geschieht unter dem Vorwand des Propagierens von Pluralismus und Werterelativismus; in Wirklichkeit handeln die Leute, die ich kritisiere, gegen Europa.

In meiner Forschung über die islamische Zivilisation und über die globale Zuwanderung trete ich gegen die Postmoderne auf und stelle fest, dass es eine wissenschaftliche Methodik gibt, Beobachtungen zu objektivieren; das ist das, was Wissenschaft im Wesenskern ausmacht. Diese rationale Methode ist das wichtigste, was ich als Syrer in Europa gelernt habe. Ohne diese Methode wären die Erkenntnisse, die ich in meinen Büchern vermittle, undenkbar. Europäischer Nihilismus lässt heute die Menschen dermaßen erblinden, dass postmoderne Europäer objektives Wissen verleugnen und Gefahren wie die anstehende millionenstarke demografische Lawine aus der Welt des Islam nach Europa und deren Folgen nicht mehr als solche wahrnehmen. In meinem Buch *Europa ohne Identität?* konstatiere ich daher bei linken Postmodernisten kulturrelativistische Selbstverleugnung.

Stets verweise ich auf mein Leben als syrischer Migrant, Sozialwissenschaftler und Mensch, der gerne das Europa der Freiheit als *citoyen* gegen die »Feinde der offenen Gesellschaft« (Popper) verteidigen will. Als Sozialwissenschaftler stelle ich anhand unabweisbarer Zahlen fest, dass rund zwei Millionen Flüchtlinge 2015/2016 nach Europa zugeströmt und kaum integrierbar sind. Ich habe bereits oben das zentrale Buch der Forschung über diesen Gegenstand angeführt, nämlich Myron Weiners *The Global Migration Crisis*, worin er Sicherheitsaspekte als Gegenstand wissenschaftlicher Erkenntnis der Migrationsforschung vorträgt (Kapitel 6). Dieses Thema – Sicherheitsaspekte im Zusammenhang mit Migration öffentlich zu diskutieren – ist in Deutschland tabu.

Es gibt zentrale Probleme, die mit illegaler Zuwanderung, »ethnischer Armut« und Parallelgesellschaften zusammenhängen. Die erforderliche Diskussion hierüber kann nur dann ergiebig geführt werden, wenn

1. eine Frontstellung gegen die Postmodernisten bezogen wird, die Wahrheit und Objektivität abschaffen wollen,
2. Redefreiheit gewährt wird; in der Neuausgabe von *Europa ohne Identität?* habe ich vor der Tyrannei einer sich ausbreitenden Kultur der Angst gewarnt, die eigene Meinung frei auszusprechen (dort Abschnitt 5 der Einführung);

3. die manichäische Aufteilung Links/Rechts überwunden wird. Ich greife nochmals auf den renommierten britischen Soziologen Anthony Giddens zurück, der den Bedarf nach einem *Beyond Left and Right* im Titel seins oben erwähnten Buches hervorgehoben hat.

Die im letzten Punkt angeführte manichäische Dualität von gut (links) und schlecht (rechts) steht einer tabufreien Analyse im Wege und ersetzt rationale Argumente; auf diese antworten Linksgrüne mit Totschlagargumenten und argumentativen Keulenhieben, ja sogar mit Verbalinjurien. Eine politische Kultur, die solche Dinge zulässt, verhindert jede demokratische *Debating Culture.* Im Geiste der Freiheit und Rationalität werden in den folgenden Abschnitten 4–6 drei zentrale Problemfelder untersucht, ohne davor zurückzuschrecken, offen zu sagen, dass die islamische Zuwanderung nach Europa mit Konflikten und Bedrohungen verbunden ist.

4. Islamische Zuwanderung – Problemfeld 1: In Deutschland erfolgt eine naturwüchsige, von kriminellen Schleuserbanden gesteuerte Zuwanderung, aber keine regulierte Einwanderung

Das zentrale Problem der heutigen Migration nach Europa wird durch die soziale und politische Tatsache erzeugt, dass dies als Zuwanderung, nicht als Einwanderung erfolgt. Was ist der Unterschied? Diesen erkläre ich auch unten, in Kapitel 2. Die traditionellen Einwanderungsländer wie USA, Kanada und Australien sind davon geprägt, dass dort der Staat die Einwanderung auf allen Stufen bestimmt, er unterwirft diesen Prozess einem strengen Verfahren, das auf strikten Regeln fußt. Die heutige illegale Migration aus der Welt des Islam nach Europa ist nun genau das Gegenteil hiervon. Bei dieser unkontrollierten Zuwanderung gibt nicht der Rechtsstaat, sondern geben kriminelle Schleuserbanden die ›Regeln‹ vor. Der Rechtsstaat kapituliert vor diesen Machenschaften, indem er sie mehr oder minder als gegeben oder unabänderlich hinnimmt. Man kann diese folgenschwere Beobachtung nicht oft genug wiederholen. Also: Die USA sind ein Einwanderungsland, Deutschland ist dagegen ein Zuwanderungsland. Das ist kein Spiel mit der Sprache, sondern der politische und soziale Inhalt. Wenn eine solche inhaltliche Differenzierung mit moralischer Gesinnung abgewiesen wird, dann ist jede rationale Debatte zwecklos.

Merkels Deutschland hat am 04.09.2015 alle Kontrollen über seine Grenzen verloren und damit auch Gesetze und europäische Verträge außer Kraft gesetzt. Im Dezember 2015 wurde offiziell bekanntgegeben, dass auch Flüchtlinge mit gefälschten oder gar keinen Papieren eingelassen werden, darunter zahlreiche Islamisten und Kriminelle aus Aleppo und Damaskus. Ich habe bereits im Vorwort die Ausgabe der Wochenzeitung *Die Zeit* zitiert, wonach der deutsche Staat monatelang, von September bis Oktober 2015, die Kontrolle seiner Grenzen vollständig aufgab. Ich fragte dort: »Ist Deutschland ein *failed state?«*

Parallel zu diesem als humanitäre Politik verkauften Außerkraftsetzen von rechtsstaatlichen Regeln wird ein Propaganda-Krieg geführt, unter anderem mit von Journalisten arrangierten oder manipulativ ausgewählten Bildern von Kindern und Frauen, um jede Kritik als inhuman oder als Populismus abzustempeln und somit zu ersticken. Der neu-linke Begriff »Populismus« hat alle Standards des Inflationären übertroffen. Hierbei ist es empörend zu sehen, wie Meinungsmacher die kriminellen Schleuserbanden als Retter oder gar Helden zelebrieren. In einer großen deutschen Zeitung wurden während der Flüchtlingskrise kriminelle Schleuser mit denjenigen verglichen, die während des Kalten Krieges Menschen aus Osteuropa vor dem Kommunismus in die Freiheit des Westens retteten. Nach Berichten von Sicherheitsexperten beträgt das Volumen der Jahreseinkünfte dieser Schleuserbanden 50 bis 60 Milliarden Euro. Diese Zahl liegt auf dem Niveau der europaweiten kriminellen Einnahmen aus Drogengeschäften und organisierter Prostitution. Übel ist, dass die Mafia, die diesen Schleuser-Konflikt mitträgt, das auf diese Weise erworbene Geld in Deutschland wäscht. Roberto Saviano, weltbekannter Mafia-Experte und Autor des Buches *Gomorrha,* antwortete auf die Frage: »Ist Deutschland ein herrlicher Ort für die Mafia?« der *Bild*-Zeitung (16.09.2016) parallel zum zwölften *M100 Sanssouci Colloquium* in Potsdam folgendes: »Ja, denn in Deutschland sind die Gesetze nicht hart genug, die Polizei übt zu wenig Druck aus, Geldwäsche wird nicht gestoppt, und Ermittlungsergebnisse werden nicht offengelegt. Deutschland ist ein Eldorado für Mafiosi. Das ist die Wahrheit«.

Zu dieser Aussage des Mafia-Experten passt auch die Empfehlung eines libyschen Offiziers: »Einen Ratschlag an die blauäugigen Freunde im Norden […]: Ihr müsstet eure Gesetze ändern, die Schlepper benutzen euch […].« (*Spiegel* vom 24.09.2016).

Es gibt nun nicht nur die Moralisten, die diese Dinge nicht begreifen wollen und sich weigern zu erkennen, dass mit ihrer Gesinnungsethik einer Willkommenskultur die Mafia und Kriminelle unterstützt werden. Es gibt auch andere, die scheinbar Sachargumente vortragen und beispielsweise auf das demografische Defizit verweisen. Ich werde mich mit diesen auseinandersetzen.

Das Argument, dass Europa demografische Defizite habe und Einwanderer benötige, verwarf Prof. Hans-Werner Sinn vom IFO-Institut in einem Interview mit dem Berliner Tagesspiegel; darin hat er darauf hingewiesen, dass ein Gros der Zuwanderer aus Analphabeten bzw. beruflich nicht oder nur schlecht ausgebildeten Personen besteht; diese werden langfristig vom Sozialstaat leben – oder, wie Prof. Sinn es ausdrückte: »Der Sozialstaat wird lädiert«. Er berechnete auch die Sozialkosten für eine Million Menschen mit dieser Bestimmung zu 21 Milliarden Euro pro Jahr. Dies könnte das reiche Europa kompensieren. Es geht aber nicht primär um die Kosten, sondern darum, dass kriminelle Banden durch das Schleusen von Millionen Muslimen nach Europa die Zukunft des Kontinents bestimmen. In Abschnitt 5 werde ich die Diskussion über »ethnische Armut«, die zu dieser Problematik gehört, aufgreifen. Unter den zahlreichen Syrern, die ich 2015–2017 in vielen deutschen Städten traf, war kein einziger Arzt und kein einziger Ingenieur. Bei vielen dieser Syrer, mit denen ich sprach und die angaben, aus Damaskus zu stammen, hörte ich das bäuerliche Syrien-Arabisch, nicht den Akzent und die Vokabeln des Damaszener Arabisch, in dem ich sprachlich sozialisiert wurde. Deutsche staatliche Verlautbarungen und diesen folgende Journalisten erzählen Märchen über die hochgebildeten Syrer, die Deutschland bitter benötige. Ich traf einige wenige syrische Studenten mit abgebrochenem Studium, aber die ganz überwiegende Mehrheit der syrischen Flüchtlinge, denen ich hier begegnet bin, besteht aus jungen Menschen ohne Arbeit und Alten mit nichts als Armut und einer Sozialisation auf dem syrischen Land oder in städtischen Slums. Ich kenne das mir hier vorgehaltene Gegenargument gegen meine Beobachtung: Die Sprache habe sich gewandelt, meine Kenntnisse syrischer Dialekte seien veraltet und nicht mehr anwendbar. Der entsprechende Artikel in der *Süddeutsche Zeitung,* in dem dies vorgetragen wurde, wurde allerdings von Leuten geschrieben, die davon keine Ahnung haben und noch nicht einmal des Arabischen mächtig sind, geschweige denn in der Lage sind, Dialekte des syrischen Arabisch zu unterscheiden. In meinem Buch *Der Islam und das Problem der kulturellen Bewältigung sozialen Wandels* habe ich mich als Sprachforscher mit Aufenthalten in fast allen arabischen Ländern über die Entwicklung der arabischen Sprache betätigt. Darin räume ich den – selbstverständlich überall stattfindenden – Sprachwandel ein, dieser ändert jedoch nichts an sprachlichen dialektalen Färbungen. Zum Vergleich: Sicher hat das Bairisch, das heute in Bayern gesprochen wird, in den letzten vier Jahrzehnten einen Sprachwandel erfahren. Doch niemand würde auf die Idee kommen, dass es deswegen von einem deutschen Muttesprachler verwechselt werden könnte mit beispielsweise Deutsch mit Hamburger Akzent. Ich kann – im Gegensatz zu den Autoren der *Süddeutschen Zeitung* – als muttersprachlicher Araber noch immer jeden Araber nach zwei bis drei Sätzen lokal zuordnen.

Die illegalen Zuwanderer werden nicht überprüft. Es ist ein Fakt, dass nicht die Menschen nach Europa kommen, die hier als Arbeitskräfte benötigt werden. Es kommen Sozialstaats-Konsumenten auf Dauer, darunter viele somalische Nomaden, aber auch Kriminelle und Terroristen sowie Banden von Jugendlichen des *Youth-Bulge*-Phänomens, das die Sicherheit Europas gefährden wird. In der internationalen Forschung (s. beispielsweise Myron Weiners *The Global Migration Crisis*) werden diese Personen als *unwanted immigrants* eingestuft. An den Terroranschlägen in Paris im November 2015 waren zwei Djihadisten mit syrischen Pässen beteiligt, die sogar in Griechenland registriert wurden und über Deutschland nach Frankreich kamen. Dasselbe wiederholte sich bei den Terroranschlägen von 2016 in Frankreich, Belgien und Deutschland. In Abschnitt 1 habe ich im Anschluss an Myron Weiner gezeigt, dass der Kontext Migration – Sicherheit international ein etabliertes Forschungsfeld ist, das in Deutschland aber als streng gehütetes Tabu behandelt wird.

Ich habe bereits die Behauptung der 2015/2016 amtierenden Bundeskanzlerin, Deutschland könne seine Grenzen nicht kontrollieren und auch nicht bestimmen, wer hinein kommt, empört zitiert. Im Fach Internationale Beziehungen lernen Studenten, dass ein Staat mit *statehood* durch die Fähigkeit und Praxis, seine Souveränität zu bewahren, definiert wird. Alles andere gilt als *failed state*. Wenn das so ist, dann stellt sich die Frage, ob die Bundesrepublik unter der Regierung Merkel ein *failed state* geworden ist, der, machtlos gegenüber Schleuserbanden, seine Grenzen nicht mehr kontrollieren kann. Nicht die Bundesregierung, sondern islamistische Milizen in Libyen und die internationale Mafia beherrschen das Schleuser-Geschäft. Auch der *Spiegel* vom 24.09.2016 schreibt (S. 34), dass »die Bundesregierung im Kampf gegen die Mafia versagt« hat.

Im abschließenden Kapitel 10 im fünften Teil formuliere ich Lösungen. Ich antizipiere hier die Lösung zum Problemfeld 1: Deutschland muss eine *policy* (das meint nicht nur »Politik«) für einen politischen und rechtlich-kulturellen Wandel vom »Zuwanderungsland« hin zum »Einwanderungsland« im Sinne der Grundidee dieses Abschnittes erarbeiten und durchsetzen.

5. Islamische Zuwanderung – Problemfeld 2: Neue illegale Armutsflüchtlinge als »ethnische Unterklasse«, die »ethnische Armut« in Parallelgesellschaften generiert

Im ersten Abschnitt zitiere ich aus dem Kapitel *Security* des Standardwerks *The Global Migration Crisis* von Myron Weiner die Gefahren, die »*refugees and unwanted immigrants*« für die Aufnahmegesellschaft mit sich bringen. An vierter Stelle stehen die »*social and ecnonomic burdens*«, d.h. nicht nur die sozialstaatlichen Kosten, als Belastung. Dazu kommt das, was mit den Begriffen »Unterklasse / *underclass*« und »ethnischer Armut« umschrieben wird, die der britische Soziologe Anthony Giddens für eine bestehende gesellschaftliche Realität geprägt hat. Ist es erlaubt, über diesen Gegenstand nachzudenken?

Als im Denken Max Webers geschulter Sozialwissenschaftler unterscheide ich zwischen Gesinnungs- und Verantwortungsethik und antworte mit *Ja.* In den Vorbemerkungen zur neuen Einführung der 2016er-Neuausgabe meines Buches *Europa ohne Identität?* habe ich die Relevanz der angeführten Weber'schen Unterscheidung für die anstehende Problematik erläutert. Ich möchte daher hier nur dies sagen: Als Verantwortungsethiker finde ich den Kampf gegen die Armut ehrenvoll, aber eine verantwortungsethische Politik erfordert eine rationale *policy*, die von der Realität – und nicht von Wunschdenken – ausgeht. Reiche Industriegesellschaften können Armut und Überbevölkerung in Nahost und Afrika nicht durch Flüchtlingsaufnahme politisch lösen. Solche gesinnungsethischen Vorstellungen wie etwa die »Abschaffung der Armut« in der Welt durch eine Willkommenskultur und Migration nach Europa sind aus verantwortungsethischer, soziologischer und ökonomischer Perspektive purer Unsinn.

Armut ist ein Welt-Übel, jedoch gibt es unterschiedliche gesellschaftliche Stufen der Armut, die von einem Land zum anderen variieren. In Europa gelten Sozialhilfeempfänger aus der Welt des Islam als arme Menschen, aber die sozialstaatlichen Leistungen, die sie ohne Arbeit erhalten, bewirken für sie einen Lebensstandard, der im Vergleich zu Menschen aus ihren Ursprungsländern höher ist als der dortiger Mittelklassen.

Was ist Sozialhilfe? US-Präsident Clinton hatte während seiner Amtszeit eine Sozialhilfereform als »*Welfare Bill*« eingeführt mit der Begründung, Sozialhilfe sei eine Hilfe in Not und kein Dauerzustand. Soziologisch ist es ein *fait social*, d.h. eine soziale Tatsache, dass der Großteil der Armutsflüchtlinge aus Afrika und Nahost, die in Europa leben, dauerhaft Sozialhilfeempfänger bleiben. So bilden sie eine soziale *underclass,* die jedoch durch die Herkunft ethnisch und religiös definiert wird, d.h., sie steht außerhalb der Aufnahmegesellschaft und kann niemals integriert werden. Die in diesem Kontext stehende ethnisch-religiöse Bestimmung der Armut birgt in sich – zusätzlich zu ihren sozialstaatlichen Kosten – einen erheblichen sozialen Sprengstoff. Das klassische Beispiel hierfür sind die Banlieues von Paris, die fast ausschließlich von muslimischen Nord- und Westafrikanern bewohnt werden. Anthony Giddens will mit seinem Begriff der »ethnischen Armut« wertfrei eine soziale Realität bestimmter Minderheiten begrifflich erfassen. Dieser Gegenstand lässt sich jedoch nur dann angemessen wissenschaftlich untersuchen, wenn dem Forscher keine Zensur – sei es im Namen von *Political Correctness* oder was politisch auch immer sei – im Nacken sitzt. Ohne Denkfreiheit kann keine Wissenschaft gedeihen. Fakt ist diese Tatsache als Quelle sozialer Unruhen:

Ein ungebildeter Muslim, der zur Gruppe der ethnisch Armen gehört, würde selten die sozialen Ursachen seiner gesellschaftlichen Situation gelten lassen; man gefällt sich in der Opferrolle und verdammt die *Kuffar,* die Ungläubigen, als Ursache allen Übels. Das Argument dieses Abschnittes lautet, dass die ungeregelte Zuwanderung solchen Menschen eine »ethnische Armut« bringt und diese wiederum Parallelgesellschaften generiert, also genau das Gegenteil von Integration. Im Gegensatz zum gesinnungsethischen Denken interessiert sich ein Verantwortungsethiker weniger für den moralischen Unterschied zwischen Arm und Reich, dafür mehr für den sozialen Sachverhalt der Armut, der gesellschaftliche und politische Konflikte bedingt. Im Rahmen von naturwüchsiger Zuwanderung kommen Millionen Armutsflüchtlinge bar jeder Berufsqualifikation nach Europa und sind bzw. bleiben somit ohne jegliche Zukunftsperspektiven. Die Folge hiervon ist, dass diese Menschen in den Dauerzustand geraten, ausschließlich Empfänger von sozialstaatlichen Leistungen, als Lebensform, zu sein und ohne Aussicht auf eigene Arbeit zu leben. In Berlin gibt es bekannte Stadtteile, die einen erdrückenden Beweis hierfür bieten. Deutschland ist zwar reich und kann eine Alimentierung von Armutsflüchtlingen verkraften, nicht jedoch die sozialen Konflikte, die aus dieser ethnischen Armut hervorgehen. Giddens schreibt in seinem Buch »Jenseits von Links und Rechts«:

> »Die mit der ethnischen Zugehörigkeit verbundenen Ungleichheiten sind oft Ursachen von Spannungen oder von gegenseitiger Feindschaft und spielen daher eine Rolle bei der Auslösung von Konflikten, die zum Zusammenbruch der sozialen Ordnung führen können.«

Es ist widersinnig, diese soziologische Aussage mit Verbalkeulen wie »Populismus« oder »Fremdenfeindlichkeit« abzutun oder gar zu verfemen. Giddens ist ein Wissenschaftler von Weltrang; es wäre vollkommen unangemessen, ihn mit solchem Schmutz zu bewerfen. Was er tut, ist nur, eine Realität von Konflikten im Zusammenhang mit der Zuwanderung von Armutsflüchtlingen festzustellen. Noch gefährlicher und folgenreicher als diese Konflikte ist die Tatsache, dass diese ethnische Armut zur Segregation in Parallelgesellschaften führt und das bestehende Gemeinwesen europäischer Gemeinschaften graduell, aber sicher zerstört. Giddens schreibt weiter,

> »es gibt, analytisch gesprochen, nur eine begrenzte Anzahl von Möglichkeiten der Koexistenz verschiedener Kulturen oder Ethnien. Eine dieser Möglichkeiten ist die Segmentierung durch geografische Trennung oder kulturelle Abschottung.«

Kulturelle Abschottung ist in unserem Kontext ein anderer Begriff für Selbstethnisierung in Parallelgesellschaften, in denen eine *underclass* unter den Bedingungen ethnischer Armut lebt. In islamischen Parallelgesellschaften in Europa siegt der Kopftuch-Scharia-Islam über den Euro-Islam, wie ich in meinem Aufsatz *Warum ich kapituliere* (*Cicero,* Juni-Heft 2016) meine Lebenserfahrung der enttäuschten Vision einer Europäisierung des Islam beschreibe. Ich halte an der Vision fest, weil sie eine Chance für die Integration bietet. Als Sozialwissenschaftler, der von sozialen und politischen Fakten ausgeht, muss ich aber leider die weitgehende Chancenlosigkeit einer Umsetzung meiner Vision eines Euro-Islam in die Realität einräumen.

Die Kultur der Armut, die ethnisiert wird, ist eine der größten Gefahren für Europa, die aus den demografischen Lawinen von Armutsflüchtlingen seit 2015/2016 herrühren. Giddens berichtet in seinem Buch *Jenseits von Links und Rechts* von der sozialen Erfahrung, dass Zuwanderer, die zur *underclass* gehören, »wirtschaftlich an den Rand gedrängt werden, Anpassungsreaktionen ausbilden, die von einer Generation an die andere weitergegeben werden: die Kultur der Armut.« Zu diesen Reaktionen gehören Kriminalisierung und religiöse Radikalisierung gleichermaßen.

In Berlin kenne ich Türken und Libanesen, die diese »Kultur der Armut« in der dritten Generation teilen und nichts dagegen tun; sie gefallen sich in der Opferrolle, für die sie die Schuld bei den *Kuffar* suchen. Giddens ist nicht nur Wissenschaftler, sondern auch Humanist, der für einen »zivilen Kosmopolitismus« eintritt. Dieser ist aber mit Gruppen, die durch ethnische Armut sozial gekennzeichnet sind, faktisch nicht möglich. Menschen, die zu den Gruppen ethnischer Armut gehören und in den europäischen Sozialstaaten auf Kosten anderer leben, sind durch »Verknüpfung von Sozialstaatsabhängigkeit und Armutskultur« gekennzeichnet. Ich habe in Göttingen und anderen deutschen Städten mit vielen Armutsflüchtlingen geredet, die kein Deutsch können. Zu den zehn oder zwanzig deutschen Vokabeln, die sie beherrschen, gehört die Abkürzung des Sozialamtes zu »Sozial«. Syrische oder afrikanische Flüchtlinge sagen zu mir »Ich gehe zu Sozial«. Anfangs verstand ich nicht, was sie meinen, aber nach der Erklärung leuchtete mir ein, dass diese Leute auf das Sozialamt als eine Art Wundertüte Bezug nehmen. Die Integration klappt nicht, weil diese Menschen unerreichbar sind und nur Forderungen stellen. Giddens schreibt: »Doch häufig bilden sie eine kulturelle Diaspora von außerordentlicher Reichweite«, was gegen jede zivilgesellschaftliche Kultur steht. Einerseits bilden sie in der Empfängergesellschaft eine Art *gated community*, andererseits sind sie in globale Verbindungen zur eigenen ethnisch-religiösen Kulturgruppe verlinkt.

Diese Thematik motivierte mich zu Forschungen, deren Ergebnisse ich in der Fachzeitschrift *SENA* (*Studies in Ethnicity and Nationalism*) der London School of Economics publizierte. Diese Forschungsergebnisse, angewandt auf den Islam, führten zum Begriff *Ethnicization of the*

Islam diaspora. Zudem habe ich meine Forschungsergebnisse in dem Buch *Ethnic Europe* (hrsg. von Roland Hsu) publiziert, das mit einem großen Kapitel von mir 2010 bei Stanford University Press erschienen ist. Ich weiß aus diesen Forschungsarbeiten (2007–2010), dass die muslimischen ethnisch Armen die Schuld – wie bereits angemerkt – für ihre Armut in der Spannung zwischen Muslimen und Ungläubigen suchen. Diese Beschreibung ist kein Narrativ, sie beruht auf wissenschaftlichen Erkenntnissen und Forschung mit diesem Ergebnis: Ethnisch arme Migranten sind nicht oder sehr schwer integrierbar; sie sind eher anfällig für religiösen Fanatismus wie den islamischen Djihadismus oder für Kriminalität bzw. für eine Kombination von beidem. Darüber zu sprechen ist keine Diskriminierung von Minderheiten.

In aller Kürze stelle ich fest, dass die beschriebene ethnische Armut das zentrale Merkmal von islamischen Enklaven ist, die sich in Europa als Parallelgesellschaften konstituieren und durch demografische Lawinen erheblich anwachsen. Gesinnungsethiker bestreiten diesen Befund. Max Weber hat dies bedauert und folgendes über Leute geschrieben, die die Augen vor sozialen Tatsachen verschließen: »Der Gesinnungsethiker erträgt die ethische Irrationalität der Welt nicht«; er sieht »Unrecht«, aber keine »ethnische Armut«, die ihre soziale Entsprechung als Realität in europäischen Großstädten in »Parallelgesellschaften« findet.

Der US-amerikanische Islamwissenschaftler John Kelsay hat in seinem Buch *Islam and War* diese Parallelgesellschaften als Enklaven bezeichnet, die in Europa existieren, aber nicht dazu gehören (»but not of it«). Kelsay weiß, dass jede Zivilisation ihre eigene Weltanschauung hat, die sie prägt. In seinem angeführten Buch von 1993 macht er auf S. 117 eine Aussage, die heute Realität geworden ist, nämlich die Feststellung eines weltanschaulichen Krieges zwischen der westlichen und der islamischen Zivilisation. Nach Kelsay glauben Muslime, »eine universelle Mission« zu erfüllen, und beanspruchen hierfür Religionsfreiheit. Migranten aus der Welt des Islam, die in den Westen kommen, bringen diesen Glauben an die »universelle Mission« mit sich. »In encounters between the West and Islam, the struggle is over who will provide the primary definition to world order.« In einem späteren, 2009 bei Harvard University Press veröffentlichten Buch unter dem Titel *Arguing the Just War in Islam* interpretierte Kelsay islamisches Denken als »Sharia Reasoning«. Wenn die Mehrheit der in Deutschland lebenden Muslime der Scharia vor dem Grundgesetz den Vorzug gibt, dann haben Multikulti-Ideologen ein Problem mit ihrer Ideologie der *Diversity* und dem Schutz der Minderheiten.

Empirisch hat der Franzose Gilles Kepel die genannten Enklaven als *Banlieues de l'Islam* am Pariser Beispiel untersucht. Das ist auch der Titel seines entsprechenden Buches (1991). In meiner Forschung über Migration habe ich hierfür den Begriff *Parallelgesellschaft* entscheidend mitgeprägt. Ich weise dabei Klaus Bades ideologische Beschuldigung heftig zurück, dass dieser Begriff »Populismus« zum Ausdruck bringe. Die Parallelgesellschaften sind nicht nur in Paris, sondern auch in Brüssel, London, Berlin und Köln soziale Realität. »Wer das nicht sieht, ist in der Tat politisch ein Kind.« So schreibt Weber über Menschen mit gesinnungsethisch beschädigter Wahrnehmung.

Meine Schlussfolgerung lautet: Die bereits vorhandene »ethnische Armut« und die Ghetto-Bildung in Parallelgesellschaften sind seit 2015/2016 durch die unkontrollierte und illegale millionenstarke Zuwanderung nach Europa aus Afrika und Nahost erheblich gewachsen. In meinem Buch *Europa ohne Identität?* habe ich deshalb für die Neuausgabe den Untertitel *Europäisierung oder Islamisierung* gewählt.

Ich befürchte dies: Die ungehemmte Ausbreitung der Parallelgesellschaften überall in Europa wird einen Zerstörungsprozess des Gemeinwesens bestehender Gesellschaften einleiten. Osteuropäische Länder, die dieses Schicksal nicht hinnehmen wollen, werden in westlichen Medien beschimpft und mangelnder Solidarität bezichtigt. Es ist beängstigend, wie die Bundesrepublik Deutschland in diesem Kontext einen moralischen Imperialismus gegenüber anderen Europäern praktiziert.

Zu der angesprochenen befürchteten Zerrüttung des Gemeinwesens europäischer Gesellschaften gehört das Bild der vermehrt anzutreffenden Kopftuchfrauen, die – laut meiner türkisch-islamischen Kollegin Nilüfer Göle – mit ihrem Schleier Folgendes zum Ausdruck bringen wollen: »Die zeitgenössische Verschleierung der Frauen dient der Unterstreichung, dass die Grenzen zwischen der islamischen und der westlichen Zivilisation [...] unüberwindbar sind.« Als Emblem der Parallelgesellschaft dient daher das islamistische Kopftuch. Der Kopftuch-Islam gehört heute zum äußeren Bild der deutschen Städte, gleich, ob groß oder klein. Hierzu gehört die Verbindung von Kopftuch, Sozialhilfeempfang und Zugehörigkeit zur *underclass*. Die Selbstausgrenzung, die symbolisch durch das Emblem des Kopftuchs zum Ausdruck gebracht wird,

wird verbunden mit der Bildung von Parallelgesellschaften, in denen ethnisch-religiöse Armut und *youth bulges* dominieren.

Neben den angeführten Problemen kommt es zu Sicherheitsproblemen und zu Kriminalität: Ein Beispiel hierfür sind die Jugendbanden der *youth bulges* sowie Islamisten, die ihr Unwesen in Großstädten wie Berlin treiben. Dies sind die Folgen der entstehenden Parallelgesellschaften. Exponenten dieser *gated communities* kultivieren ein anderes Narrativ sowohl für die Zukunft als auch für die Identität Europas.

Ich behaupte, dass Politiker und mediale Bestimmer des herrschenden Narrativs sich gegen ein Verstehen dieser Entwicklungen sperren. Mich erinnern die Debatten deutscher Politiker über Asyl und Obergrenzen der Zuwanderung an die Geschichte des alten Byzanz vor seinem Untergang. Während dort im Jahre 1453 christliche Mönche Debatten über religiöse Formeln führten, belagerte ein islamisch-osmanisches Heer die Stadt und nahm sie schließlich unter Führung Mehmed II. ein, der dann den Titel *Fateh* / Eroberer bekam. Die islamischen Djihad-Krieger haben Konstantinopel eingenommen und in Istanbul verwandelt. Heute diskutieren europäische Politiker über »Obergrenzen« für Flüchtlinge und deren Verteilung; sie übersehen die Zahl von 65 Millionen Flüchtlingen, die vor den Toren Europas warten. Es ist Aufklärung und keine Panikmache, wenn hierüber informiert wird. Muslime nennen solche wertlosen Debatten mit Rückblick auf den Fall Konstantinopels 1453 »byzantinisches Geschwätz«. Mich besorgt die Existenz von Moscheen in Deutschland, wie beispielsweise in Pforzheim, die den Namen *Fateh* / Eroberer tragen, sich also direkt nach jenem Sultan benennen, der 1453 Konstantinopel erobert hat. Angesichts solcher *Fateh*-Moscheen lehne ich in Europa jeden Scharia-Kopftuch-Islam ab. Ich mache keinen Hehl daraus: Nur ein Reform-Islam ist mit Europa kompatibel, weil dieser kein Eroberungsislam ist. Ich kann eine Islamisierung in Europa nicht dulden.

Polemiken gegen den Gebrauch des Begriffs *Islamisierung* muss man mit Folgendem entgegentreten: Der Ursprung der Formel »Islamisierung Europas« ist faktenmäßig nicht die fremdenfeindliche Propaganda der deutschen »Pegida«-Bewegung. Der Begriff bringt einen islamischen Glauben zum Ausdruck, zu dem die Utopie gehört, die Menschheit durch *Da'wa*-Missionierung unter dem Banner des Islam als *Dar al-Islam* zu vereinigen. Zeitgeschichtlich beschloss der von Saudi-Arabien dominierte arabische Weltkongress im Juli 1993 (laut der Tageszeitung *al-Scharq al-Ausat* vom 28.07.1993) auf seiner Arbeitstagung in Kairo, die in Europa lebenden Muslime im Rahmen einer »neuen Strategie der Da'wa« zur Verbreitung des Islam zu mobilisieren. *Da'wa* dient als Instrument zur Verbreitung des Islam, also der *Islamisierung*. Das ist das Narrativ der islamischen Parallelgesellschaften, und dies stellt ein Sicherheitsrisiko dar.

Mich als ehemaligen Linken erschüttert es, wie DDR-Linke und West-Grüne heutzutage Islamisten im Namen des Respekts für fremde Kulturen flankieren und Islam-Kritiker der »Islamophobie« bezichtigen. Von diesen linken und grünen Einschüchterungen lasse ich mich als Euro-Muslim in meiner Rede- und Wissenschaftsfreiheit nicht einschränken. In der Wahlfrage *Europäisierung oder Islamisierung* – auch Untertitel meines Buches *Europa ohne Identität?* (2016) – bezieht sich die erwogene Europäisierung auf ein Euro-Islam-Szenario, das der Islamisierung entgegengesetzt ist. Ich erachte die Gefahr der Islamisierung Europas als eine reale Bedrohung der zivilisatorischen Identität des Kontinents. Dennoch verachte ich wie andere Muslime das »byzantinische Geschwätz« mancher Europäer. Statt des »byzantinischen Geschwätzes« bietet eine europäische Leitkultur ein besseres Szenario für ein Zusammenleben von Muslimen und Europäern in einer offenen, laizistischen Gesellschaft.

6. Islamische Zuwanderung – Problemfeld 3: Die Aufnahmegesellschaft bietet keine inklusive Identität; dies bedingt eine Radikalisierung der muslimischen Jugendlichen

Eines der großen Probleme der islamischen Welt, das mit den demografischen Lawinen illegaler Armutsflüchtlinge nach Europa kommt, ist das bereits erwähnte Phänomen der *youth bulges*, das in Abschnitt 8 weiter ausgeführt wird; auch Muslime, die in Europa geboren sind oder schon lange hier leben, tragen durch entsprechend hohe Geburtenraten dazu bei. Der statistische Beweis hierfür ist, dass Migrantenkinder heute tendenziell die Mehrheit in den unteren Schulklassen, nicht nur in Großstädten, sondern sogar auf dem Land bilden, obwohl der Anteil der muslimischen Bevölkerung an der Gesamtbevölkerung noch nicht mehr als 5 bis 6 % beträgt. Was geschieht mit diesen Jugendlichen?

Junge in Europa geborene Muslime haben ein Identitätsproblem, worin ich eine Hauptursache für die religiöse Radikalisierung sehe. Dies ist mein Thema in diesem Abschnitt, den ich mit der Frage einleite: Was passiert, wenn diese Kinder und Jugendlichen nicht durch Einbeziehung in eine inklusive Identität der Gesellschaft eingegliedert werden können? Und mehr: was geschieht, wenn die Aufnahmegesellschaft trotz aller Rhetorik der Willkommenskultur gar keine inklusive Identität zu bieten hat?

Es ist sehr besorgniserregend, wenn Meinungsmacher allein das Aufwerfen solcher Fragen und jede Diskussion hierüber schlicht mit der Keule »Populismus« verbieten; auch unterbinden sie eine Debatte über die Entstehung und die Folgen des Fehlens von Integration, nämlich Radikalisierung. In seinem Aufsatz *Auf die Frage: Was ist deutsch?* schreibt Adorno, dass Deutsche »unbequeme Gedanken« verbieten und dass »jede Abweichung gereizt geahndet« wird. Eine solche Zensur *unbequemer Gedanken* erfolgt durch zwei verfälschende Annahmen des vorherrschenden Narrativs: Erstens wird die Radikalisierung nicht als gesellschaftliches Phänomen betrachtet, sondern auf Einzelfälle reduziert. Zweitens wird behauptet, dies habe mit dem Islam nichts zu tun. Ohne Generalisierung von Befunden ist jede Sozialwissenschaft undenkbar; aber Vertreter des herrschenden Narrativs verbieten Verallgemeinerungen als Populismus bzw. als »Pauschaldenken«.

In diesem Abschnitt will ich beide angeführten Annahmen als verzerrte Darstellungen der Wirklichkeit und als Fehlwahrnehmung der Natur der stattfindenden islamischen Zuwanderung bloßstellen und sie inhaltlich und faktenbasiert widerlegen. Zu argumentieren, Radikalisierung bringe nur Einzelfälle zum Ausdruck, die mit dem Islam nichts zu tun hätten, ist eine verderbliche Sichtweise, die jede verantwortungsethische Lösung des Problems blockiert.

In später folgenden Kapitel 9 werde ich an einem Frankfurter Beispiel die linksgrüne Ideologie veranschaulichen, die jede Diskussion über Identität und Islam als »identitären Populismus« verfemt. Damit will ich illustrieren, dass Gesinnungsethiker nicht in den Realitäten dieser Welt, sondern in ihrem Wunschdenken leben.

Hier beginne ich mit der Herstellung eines engen Zusammenhangs zwischen Identitätspolitik und Radikalisierung und fahre fort mit der Hypothese, dass die Radikalisierung der Jugendlichen in der Islam-Diaspora in Europa nicht aus einer Ansammlung von Einzelfällen besteht, sondern ein allgemeines gesellschaftliches Phänomen ist. Ferner nehme ich an, dass dies sehr viel mit dem Islam, nicht als Glaube, sondern als gelebte Realität, zu tun hat. Wenn ich hier vom Islam spreche, dann tue ich dies also weniger im Sinne des religiösen Dogmas, vielmehr beziehe ich mich hierauf als Bezugsrahmen für eine Identität in einer gesellschaftlichen Realität.

Wir müssen uns also auf diesem Boden offen und ehrlich die Frage stellen, warum sich der Salafismus unter jugendlichen Muslimen erfolgreich verbreitet und weshalb diese Jugendlichen sich für den IS-Djihadismus mobilisieren lassen. Hierbei ist die Suche nach Identität ein Schlüsselbegriff.

Durch einen bemerkenswerten Artikel von Sonja Zekri in der *Süddeutschen Zeitung* vom 27.07.2016 wurde eine Debatte eingeleitet über islamische Jugendliche, die aus Europa stammen. Die von ihr gestellte Frage lautet: »Kampf oder Wahn?« Ich greife diese Debatte auf und setzte sie hier fort. Der von Zekri eingeführte Begriff »Instant-Radikalisierung« ist vielversprechend, bedarf jedoch der weiteren Vertiefung. Zekri hat in zwei Punkten recht:

Erstens, heutige djihadistische Islamisten gehen nicht mehr wie bisher – etwa unter al-Qaida – aus professionell bzw. gleichermaßen ideologisch sowie militärisch ausgebildeten Zellen hervor; die neuen Terroristen führen einen »*leaderless jihad*«, sie sind also eher als Spontan-Täter einzuordnen.

Zweitens, viele jugendliche Djihadisten handeln aus psychologischen, wenn auch religiös artikulierten Motiven; viele unter ihnen sind auch »psychisch labil« oder sogar im klinischen Sinne psychisch krank. Ich ordne diese Erkenntnisse in den übergeordneten Kontext der islamischen Zuwanderung ein: Die islamischen Migranten verwenden den religiösen Begriff *Muhadjirun* (von *Hidjra* / Migration; der Prophet migrierte 622 von Mekka nach Medina; das ist das erste Jahr des islamischen heiligen Kalenders, vgl. das Kapitel *Hidjra nach Europa* in *Europa ohne Identität?*). Das ist ein Beispiel dafür, wie aktuelle Migrations-bezogene Probleme *religionisiert* werden: Durch die islamische Zuwanderung nach Europa entstehen zahlreiche Probleme. Einige davon haben etwas mit der islamischen Werteorientierung zu tun, andere aber nicht, weil sie sozial, politisch oder ökonomisch bedingt sind. Wenn in diesem Kontext nicht-religiöse Vorgänge mit religiösen oder mit religiös konnotierten Begriffen, Schlagwörtern und Slogans besetzt werden, dann findet das statt, was der von mir geprägte Fachterminus der *Religionisierung* der Probleme beschreibt.

Auf der Grundlage von Zekris zutreffendem Befund muss die Frage gestellt werden, wie diese jungen Muslime über den individuellen Fall hinaus krank werden, eine Radikalisierung durchlaufen und in diesem Kontext in die islamistische Szene geraten. Ich möchte die Tiefenursachen dafür suchen und vermute, dass die bereits angeführte Identitätsproblematik als eine der zentralen Quellen der Radikalisierung gilt. Die vorläufige Schlussfolgerung lautet: Wenn die Aufnahmegesellschaft keine kulturelle, an die Bürger-Identität gebundene Identifikation der Migranten mit dem Aufnahmeland, in diesem Fall Deutschland, bieten kann, dann gibt es schlicht und einfach nicht nur keine Integration, sondern auch die schwerwiegenden Folgen hiervon: gewaltbereite Radikalisierung.

An dieser Stelle scheint es mir als Einschub erforderlich, die Frage des Verhältnisses von Islam und Islamismus zur Gewalt in Bezug auf die Radikalisierung zu thematisieren. Die Grundlage meiner Analyse dieses Gegenstandes ist meine Forschungsarbeit in den Jahren 2008–2010 an der Yale University und parallel am Center for Advanced Holocaust Studies in Washington D.C. Dort habe ich auf der Basis meiner zuvor in 22 islamischen Ländern in Nahost, Asien und Afrika gesammelten Daten und Erfahrungen (1980–2007) das Buch *Islamism and Islam* (Yale University Press, 2012) verfasst. Darin (Kapitel »*Islamism and Violence*«) deute ich das Phänomen des islamistischen Neo-Djihad wie folgt als religionisierte Gewalt: »Jihadist Islamism is highly appealing to young socially marginalized Muslims in the Islamic diaspora. They are susceptible to recruitment […] because it provides comfort and meaning in a dreadful situation of hopelessness." Mit diesem auf solider empirischer Grundlage ruhenden Befund wird erklärt, warum der islamistische Djihad zum Bezugsrahmen für Menschen wird, die auf der Suche nach Identität sind.

In *Islamism and Islam* biete ich eine Analyse der als »Djihadismus« neu gedeuteten Gewalt des Islamismus; darin gehe ich auf Distanz gleichermaßen zu Gilles Kepel und zu Olivier Roy. Es ist für uns nicht weiter interessant, dass die beiden französischen Islam-Experten bitter miteinander verfeindet sind und oft mit ihrer persönlichen Fehde einen scheinwissenschaftlichen Disput austragen. Das fällt Zekri im zitierten *SZ*-Artikel als »schwer zu begreifen« auf. Mein Befund jenseits des von Kepel und Roy angezettelten Streits ist die Beschäftigung mit einer Krisenerscheinung, aus der die Religionisierung der Gewalt und der Politik als Legitimation von religionisierter Gewalt hervorgeht. Der Diaspora-Salafismus ist kein Salafi-Traditionalismus, sondern eine der Spielarten des Phänomens des Islamismus. Diaspora-Salafisten sind nicht die anderen religiösen Muslime, sondern schlicht und einfach Gewaltmenschen, die auf ihrer Suche nach Identität und nach dem Sinn des Lebens brutalisiert werden; sie glauben, in einem gewaltförmig politisierten Islam Identität zu finden. Die gut gemeinte Formel: »Das hat mit dem Islam nichts zu tun« ist in ihrer Wirkung verheerend, verhindert sie doch zu verstehen, wie und aus welcher Lage heraus diese jugendlichen Muslime eine Religionisierung ihrer Probleme betreiben; man lässt ihre Identitätssuche und die damit für sie verbundenen psychologischen Probleme völlig außer Acht, wenn man den Rückgriff auf den Islam in diesem Prozess streicht. In der Schweizer SRF-Fernsehsendung »*BaZ*-Standpunkte« vom 28.08.2016 zu diesem Gegenstand habe ich die Contenance verloren, als ein teilnehmender Journalist wortwörtlich und tatsächlich »Sex«, nicht Religion, als die Attraktion angab, die islamische Jugendliche dazu motiviert, zum IS zu gehen: Ich schrie: Der IS ist kein Sex-Club, diese Jugendlichen haben Identitäts- und keine Sex-Probleme; sie suchen Sinn-Stiftung. Warum verstehen Europäer dies nicht? Natürlich stehen Identität und Sexualität bei Jugendlichen in einem engen wechselseitigen Verhältnis. Es ist jedoch absurd, bei der Rekrutierung zum IS sexuelle Motive als primär zu betrachten.

Auf der Basis meiner Forschung sehe ich die zentralen Ursachen für das Phänomen der Radikalisierung in folgenden Bedingungsfaktoren:

1. Die Anziehungskraft des djihadistischen Islamismus auf die in Europa lebenden muslimischen Jugendlichen hängt oft mit einer Identitätskrise zusammen. Ohne die religiöse Motivation im Geringsten zu unterschätzen, sehe ich hier keinen »Islam«, sondern das, was man in der US-Migrations-Forschung *identity politics* nennt; jedoch wird diese im religiösen Gewand vorgetragen, und damit ist der Bezug auf den Islam wieder gegeben.
2. Diese Suche jugendlicher Muslime nach Identität trifft auf ein Angebot des IS in einer Situation der Unfähigkeit westeuropäischer Gesellschaften – besonders stark in Deutschland –, islamischen Zuwanderern eine *citoyen*-Identität anzubieten.

Den nächsten Schritt will ich an beiden Ursachen elaborieren und gehe zunächst von folgenden Fakten aus: Nach Angaben des Bundeskriminalamts kämpfen ca. 550 deutschstämmige Muslime für den IS im Nahen Osten; sie kommen aus der deutschen salafistischen Szene. Diese ist im Zeitraum 2015–2016 von 3.800 auf 8.000 Mitglieder angewachsen. Das ist mehr als eine Verdoppelung in nur einem Jahr und scheint einen besorgniserregenden Trend für die Zukunft anzuzeigen.

Es stellt sich in diesem Zusammenhang die Frage: Wie kommt es, dass junge Menschen mit Migrationshintergrund eine gesicherte Existenz in Europa aufgeben und sich in die Todesgefahr der Hölle des IS begeben? Nicht nur wegen des Bedarfs nach einer differenzierten Denkweise, sondern auch und vor allem wegen der Notwendigkeit zu verstehen, wie es dazu kommt, muss man monokausale und simple Erklärungen verwerfen. Dieses Verstehen ist eine Grundvoraussetzung dafür, präventiv der angesprochenen Radikalisierung vorzubeugen. Worin liegt die Anfälligkeit junger Muslime für die religiös-politische Ideologie des IS? Der IS hat mit der Mobilisierung vieler der islamischen Jugendlichen aus Europa sowie ihrem Einsatz in einem Gewaltprozess, dem der IS den Namen Djihad gibt, viel Erfolg. Es trifft zu, dass sich darunter psychisch labile junge Muslime befinden, die besondere Opfer der angesprochenen Mobilisierung sind; doch müssen wir weitere Faktoren suchen. Für eine Gesamteinschätzung müssen wir einräumen, dass eine Komplexität von Bedingungsfaktoren vorliegt. Aus diesem Katalog von Faktoren selektiere ich die Identitätsproblematik, in die die psychische Labilität eingebaut ist, um zu erklären, wie es zur Rekrutierung muslimischer Jugendlicher für den Djihad kommt. Obwohl es sich bei der Identitätsproblematik nur um einen Einzelfaktor handelt, ist dieser für die Radikalisierung islamischer Jugendlicher aus Europa doch zentral.

Die islamische Zuwanderung nach Europa erfolgt vorwiegend aus wirtschaftlichen und nur manchmal auch aus politischen Gründen, sie hat jedoch eine interkulturelle Dimension. Menschen haben verschiedene Stufen ihrer Identität, darunter die personelle und die kollektive Identität. Ich erkläre diese anhand meiner eigenen Biografie: Bevor ich als 18-Jähriger nach Deutschland kam, habe ich auf die Frage »Wer bist du?« stets mit Hinweis auf die Zugehörigkeit zum Kollektiv geantwortet, worauf sich meine damalige Identität bezog. Auf der Mikroebene war das der Clan und auf der Makroebene die Umma, d.h. die Gemeinschaft. Heute kann ich nach einem Studium und mit der Qualifikation eines Migrationsforschers viele Dinge besser verstehen, insbesondere, wie schwer die Menschen aus Nahost, besonders aus meiner Heimat Syrien, es haben, sich in eine kulturell fremde Umwelt einzufügen und darin zurechtzufinden. Ich verstehe nicht, wie Münkler aus diesen Menschen »die neuen Deutschen« machen will.

In der Fremde, also hier in Europa, wird der Mensch als ein Individuum bzw. als ein Rechtssubjekt, nicht als Mitglied eines ethnischen oder religiösen Kollektivs eingeordnet. Die jugendlichen Migranten, die aus der psychologischen Sicherheit des ethnisch-religiösen Kollektivs herausgerissen werden, bekommen von der Aufnahmegesellschaft keinerlei Substitut angeboten für das, was sie eingebüßt haben. Die Folge sind akute Identitätsprobleme. Es ist genau das, was ich hier anspreche. Wie oft muss ich dieses Staunen zum Ausdruck bringen? Deutsche scheinen diese ihnen kulturell fremde Problematik der Identität kaum zu verstehen; deshalb wissen sie auch nicht, wie sie damit umgehen sollen. Daher wage ich es, im folgenden Abschnitt Empfehlungen zu unterbreiten.

Deutsche linksgrüne Gesinnungsethiker sind kreativ in ihren Wortschöpfungen, die ihren Nihilismus und die ideologische Abschaffung der faktisch-objektiven Welt noch steigern. Ein Denken, das generell Symptome abschafft und objektive Erscheinungen auf Einzelfälle reduziert, ist verzerrend genug. Doch gibt es noch eine Steigerung zur Reduktion von Symptomen auf Einzelfälle: Der totale Nihilismus, den ich bei den 44. Römerberggesprächen in Frankfurt beobachtet habe. Die Gespräche trugen den Titel »Sehnsucht nach Grenzen. Identitätssuche in Zeiten des Populismus«. Nach der dort propagierten Ideologie hat Europa weder Identität noch Grenzen. Jeder, der dies anders sieht, ist dem Populismus verfallen. Ich war dort als Referent und vertrat eine verbindliche konsensuelle Werteordnung, die ich Leitkultur nenne. Ein dort referierender Philosophie-Professor nannte seine Rede »Phantasma Leitkultur« und beleidigte mein Denken, wissend, dass ich im Publikum saß, als »Hirngespinst in Krisenzeiten«. Mir verschlägt es die Sprache, und ich führe zu meinem Schutz Francis Fukuyama an, der in seinem Aufsatz *Identity, Immigration, and Liberal Democracy* (2006) sich mit meinem Begriff der Leitkultur auseinandersetzt mit dem schmeichelnden Urteil: »Tibi's original notion was exactly on the mark.« Er hebt dabei die Bedeutung der Leitkultur hervor »precisely as a nonethnic, universalist conception of citizenship that would open up national identity to nonethnic Germans.«

7. Empfehlungen für eine mögliche Lösung der Probleme: Nur eine Inklusion in eine europäische Bürger-Identität kann Integration ermöglichen

Ich erlaube mir zum besseren Verständnis diesen Vergleich: Ich habe lange Jahre beruflich in den USA verbracht und dort beobachtet, dass jugendliche amerikanische Muslime weit weniger Identitätsprobleme als Muslime in Europa haben; sie sprechen von sich freiwillig und ohne Vorbehalte als *Americans*, ja, sie identifizieren sich mit dem Land. Woran liegt dieser Unterschied und wie kann abgeholfen werden?

In einem Gespräch mit *The Economist* (Ausgabe vom 03.09.2016) habe ich gesagt, das zentrale Problem der Integration »is really about identity«, und fügte hinzu: Die deutschen Politiker verstehen dies überhaupt nicht: »This is where German society fails«. Dies hat zur Folge, dass muslimische Zuwanderer »will never integrate instead retreating and segregating themselves in radicalized enclaves«. Das ist bitter, aber wahr. Warum ist es so?

Ehe ich mich um eine Antwort auf diese Frage bemühe, möchte ich mit allem Nachdruck hervorheben, dass zur gesellschaftlichen Eingliederung von Menschen aus anderen Kulturkreisen in ein Gemeinwesen die Erfüllung einer dualen Aufgabe gehört:

1. Man muss diesen Menschen ein Gefühl der Zugehörigkeit geben, damit sie sich mit dem Aufnahmeland identifizieren können. Die beste sprachliche Formel hierfür lautet im Englischen: *sense of belonging*. Bei der Übersetzung dieses Begriffes ins Deutsche mit »Zugehörigkeitsgefühl« geht viel Sinn verloren, denn es geht um eine Identitätsfindung als Sinnstiftung, ein Inhalt, den der englische Begriff impliziert – deshalb ziehe ich diesen Sprachgebrauch vor.
2. Parallel dazu, d.h. dass die Aufnahmegesellschaft Identität im Sinne von *sense of belonging* gibt, müssen auch die Zuwanderer selbst eine Voraussetzung erfüllen, nämlich die ihrer Bereitschaft zur Integration; beide sind also in der Bringschuld. Damit will ich sagen, dass Integration keine Einbahnstraße ist.

Es ist politisch nicht korrekt, aber dennoch politisch erforderlich, darauf hinzuweisen, dass islamische Migranten eine »Kopftuchkultur« nach Europa mitbringen, mit der sie ihre Integrationsverweigerung zum Ausdruck bringen. Das islamistische Kopftuch – also nicht jedes Kopftuch! – dient als Form zivilisatorischer Abgrenzung. Nilüfer Göle als türkische Soziologin schreibt in ihrem wichtigen Buch *The Forbidden Modern: Civilization and Veiling* (1996): »Kein anderes Symbol kann mit solcher Wucht so schlagkräftig das Anderssein des Islam gegenüber dem Westen demonstrieren wie das Kopftuch [...] [Es] dient der Unterstreichung, dass die Grenzen zwischen der islamischen und westlichen Zivilisation unüberwindbar sind.« Damit sagt Göle, dass hier eine Identitätsfindung gegen die Integration stattfindet. Anders formuliert: Das Kopftuch ist ähnlich wie die djihadistische Gewalt nur äußerlich religiös; es erfüllt primär eine Funktion der Identitätsstiftung – ebenso wie der islamistische Bart für Männer. Es ist daher auf beklagenswerte Weise lächerlich, wenn deutsche Politiker ausgerechnet in der Förderung einheimischer Identität der Zuwanderer (also beispielsweise islamischer, türkischer, arabischer Identität) eine »Integrationsmaßnahme« sehen. Genau das Gegenteil ist der Fall: Abgrenzung und Segregation.

Als islamischer Aufklärer (vgl. mein Beitrag im Feuilleton der *Süddeutschen Zeitung* vom 09.08.2016) übertrage ich Karl Poppers Formel von der *offenen Gesellschaft und ihren Feinden* auf den Islam und präge bei dieser Übernahme die Formel: »Der offene Islam und seine Feinde«. Nicht nur aus der Islamophobie, sondern auch aus dem »Kopftuch-Islam« werden Feinde des offenen Islam rekrutiert. Damit Integration der jugendlichen Muslime in Europa gelingen kann, gilt es, politisch unzensiert diese Problematik der Identität anzugehen sowie einzutreten für einen offenen und gegen einen »ethnisierten Islam« – zum Begriff siehe meine erstmalige Verwendung desselben in *Ethnic Europe* (Standford University Press, 2010).

Die Tyrannen des vorherrschenden Narrativs erzwingen eine »innere Zensurinstanz«, verbieten auf diese Weise »unbequeme Gedanken« und bemühen sich, »jede Abweichung gereizt zu ahnden« (Adorno) – und verhindern auf diese Art und Weise nicht nur eine Lösung der Probleme, sondern bereits deren Erörterung. Ich berufe mich in meiner Einführung zur Neuausgabe meines Buches *Europa ohne Identität?* von 2016 auf das, was ich im angelsächsischen Sinne *Debating Culture* nenne. Nach der von mir in Deutschland erfahrenen *deutschen* Leitkultur antworten sowohl Linke als auch Rechte mit Keulen statt mit Argumenten, was eine Missachtung des Andersdenkenden bedeutet. Dagegen respektiert die angelsächsische *Debating Culture* das Denken des Anderen und reagiert auf ein Argument mit einem Argument. Die erste Regel der *Debating Culture* lautet: *We agree to disagree, with respect.* Diese Regel gibt es in der deutschen Leitkultur nicht.

Ich fasse meine Argumentation mit dem Satz zusammen: In Deutschland lässt sich eine Kombination von deutscher Unfähigkeit zur Integration und islamischer Unwilligkeit, sich in Europa im Sinne von *citoyenneté* zu integrieren, beobachten. Ein unwiderlegbarer Beweis für diese Aussage ist die Demonstration von 40.000 Türken am 31.072016 in Köln für die islamistische AKP, für Erdogan und für die Todesstrafe. Ein Großteil der Demonstranten besitzt einen deutschen Pass und spricht fließend Deutsch. Diese Türken betrachten jedoch Erdogan als ihren Präsidenten. Auf unser Thema bezogen, stelle ich fest, dass die AKP diesen Menschen eine starke Identität gibt, wozu Deutschland offenbar nicht imstande ist. Leser seien an die Worte erinnert, mit denen ich diesen 7. Abschnitt eingeleitet habe; ich schrieb, dass alle Muslime, die ich in den USA traf, nicht nur bewusst eine *US-Citizen Identity* vertraten, sondern auch verinnerlicht hatten. Dies gibt es in Deutschland noch kaum; deshalb ist zu hoffen, dass sich ein Wandel in diese Richtung abzeichnet, natürlich bei beiden Parteien: Deutschen und Zuwanderern.

Aus der angegebenen Kombination von deutscher Integrationsunfähigkeit und islamischer Integrationsunwilligkeit erwachsen die Parallelgesellschaften mit ihrer zunehmenden Zahl von Jugendliche mit Identitätsproblemen sowie Anfälligkeit für Radikalisierung. Oft sind radikalisierte Jugendliche keine frommen Muslime, die fünf Mal am Tag beten. Dennoch überwiegt das religiöse Vokabular in ihrer Sprache, sie verwenden die Schlagworte *kufr* (Unglaube), um die Aufnahmegesellschaft abzustempeln, berufen sich auf die Scharia (Gottes Gesetz) als Bezugsrahmen und bekennen sich zum Djihad als Instrument der Gewalt. An dieser Stelle ist eine wissenschaftliche Klärung vonnöten: Auch im Koran bedeutet Djihad nicht nur seelische Anstrengung, wie im Dialog falsch behauptet und gelogen wird, denn Djihad schließt auch im Koran-Text *Qital* ein. Dieser koranische Begriff bedeutet eindeutig Gewaltanwendung, weil *Qital* einen Aufruf zur Gewaltförmigkeit miteinschließt – siehe dazu das Kapitel »Jihad« in meinem Buch *Political Islam, World Politics and Europe* (Routledge, 2007 und 2014).

Wenn Terroristen mit islamischem Hintergrund ihre Gewalttaten religiös legitimieren, dann ist es falsch, ja sogar eine Ablenkung von der Problematik, wenn bestimmte Leute diesen Rückgriff auf den Islam als

Instrumentalisierung, d.h. als nur vordergründig herabsetzen. In zahlreichen Interviews mit Islamisten habe ich mich davon überzeugen lassen, dass ich es mit »wahren Gläubigen« im Sinne von Eric Hoffers *True Believer* (1951, deutsche Ausgabe 1999 mit unglücklich übersetztem Titel *Der Fanatiker*) zu tun hatte. Es ist richtig, dass ein Großteil der Probleme, die diese islamischen Jugendlichen in eine Identitätskrise hineintreiben, nicht religiöser Natur ist. So haben Arbeitslosigkeit, Schulabbruch sowie Ausgrenzung mit der Religion des Islam nichts zu tun. Aber die betroffenen jugendlichen Muslime gefallen sich in der Opferrolle in einer Umgebung, die sie religiös mit Schuldzuweisung als Welt der Ungläubigen (*dar al kuffar*) feindselig wahrnehmen. Hieraus entsteht die Bereitschaft zu Gewalt gegen die *Kuffar* / Ungläubigen. Die Suche nach Sinnerfüllung mischt sich hier mit persönlichen Krisen und bedingt eine Identitätssuche. Diese Probleme werden in religiösen Begriffen wahrgenommen, also – mit einem Wort – religionisiert. Der Terminus der *Religionisierung* eignet sich für gesellschaftliche Situationen des – wohlbemerkt: – gläubigen, nicht instrumentellen Rückgriffs auf den Glauben, um nicht-religiöse Belange sozialer, politischer, ökonomischer oder psychologischer Natur zu artikulieren. In der *Süddeutschen Zeitung* vom 25.08.2016 habe ich mit einigem Erfolg und gewissermaßen als *Wake-up Call* einen Artikel über die Identitätssuche islamischer Jugendlicher mit folgender Frage im Titel eingeleitet: *Wenn ich kein Deutscher bin, was dann?* Diese Frage bringt eine Identitätskrise zum Ausdruck und erklärt den Erfolg des Identitätsangebots des IS: Dieser bietet die Zugehörigkeit zu einem durch den Islam definierten Kollektiv, die das Fehlen des *sense of belonging* in der europäischen Diaspora erfolgreich ersetzen kann. Darin besteht die Faszination des IS für muslimische Jugendliche der Islam-Diaspora in Europa.

Als ein in Deutschland lebender muslimischer Migrant kenne ich das Problem der Identitätssuch und -findung von Migranten nicht nur unbeteiligt aus der Forschung, sondern auch aus dem eigenen Leben in der Diaspora. In meinem Falle, als nunmehr 72-jähriger Pensionär, der nichts mehr zu verlieren hat, räume ich ein, dass ich die aufgeworfenen Fragen mit den islamischen Jugendlichen teile, jedoch mit folgendem Unterschied: Durch Bildung und die Fähigkeit zur Differenzierung reagiere ich anders auf die migrationsbedingte Identitätskrise. In einer Sendung des Hessischen Rundfunks Anfang 2016 habe ich diese Identitätskrise in meinem Fall öffentlich eingeräumt und Folgendes gesagt: »Als ein Muslim mit Identitätsproblemen, der bei Adorno, Horkheimer und Mitscherlich Psychoanalyse studiert hat, gehe ich zum Psychotherapeuten, dagegen gehen junge Muslime zum ›Islamischen Staat‹, also zu einer Bewegung, die ihnen das gibt, worin die Aufnahmegesellschaft versagt.« Bereits im Vorwort zu diesem Buch habe ich dies beklagt: Als ich 70 Jahre alt wurde – ein Geburtstag, zu dessen Anlass deutsche Professoren üblicherweise gebührend gefeiert werden – hat mir bundesweit nicht ein einziger deutscher Professor gratuliert. Durch diese negative Geste wurde mir deutlich, *wie* ausländisch und fremd ich im ethnischen Deutschland doch nach wie vor bin, auch wenn ich mich hier als beheimatet zu fühlen versucht habe. Ich verrate dies: Ich erkrankte daraufhin sehr schwer. Das verstehen die meisten Deutschen überhaupt nicht – mit Ausnahme meiner deutschen Frau, die ich im Vorwort zu diesem Buch gebührend zu ehren versuche.

Statt eines *sense of belonging* als genuine Integration bietet die deutsche Aufnahmegesellschaft Integrationsfloskeln wie »Die neuen Deutschen«. Es wird in moralinsaurer Art gesinnungsethisch wertloses Geschwätz geboten. Entscheidungsträger müssen die gesellschaftlichen Fakten, die ich in diesem Buch über islamische Zuwanderung in aller Offenheit angesprochen habe, zur Kenntnis nehmen und auf dieser Basis Politikkonzepte entwickeln. Ich behaupte zugleich – persönlich als Muslim und beruflich als Wissenschaftler –, dass der deutsche Staat bislang über keine Konzepte zur Integration islamischer Zuwanderer in ein Gemeinwesen, verstanden als *citoyenneté,* verfügt. Im amerikanischen Englisch fragt man in einem solchen Kontext: *What is going wrong?* Die Antwort ist: Alles.

Ich fasse zusammen: Generell ist Identität ein Bestandteil seelischer Gesundheit. In der Diaspora ist Identität ein Ausdruck gesunder Integration in das Gemeinwesen der Aufnahmegesellschaft. Deshalb ist Identität ein zentrales Element in jedem großen Komplex der Integration, sie steht also auf derselben Stufe der Relevanz wie wirtschaftliche Eingliederung, berufliche Bildung, Chancengleichheit und juristische Einbürgerung. Integrationstechnokraten, Gesinnungsethiker und andere Ideologen in diesem Deutschland behaupten, sie könnten wegen seiner NS-Vergangenheit keine Identität haben oder bieten, und streichen in der Folge diese maßgeblich für Integration erforderliche Leistung aus dem Katalog der Integration heraus. Ich widerspreche dieser Haltung nachdrücklich und bezeichne dieses Argument als puren Unsinn. Denn die

Nazi-Verbrechen fanden in einem Zeitraum von 12 Jahren statt, die deutsche Geschichte darf die NS-Morde nie vergessen, zugleich aber ist deutsche Geschichte und Identität nicht mit der Zeit von 1933 bis 1945 gleichzusetzen. Ich schreibe dies als muslimischer Syrer. Deutschland hat auch das Grundgesetz und den Humanismus von Immanuel Kant.

Mit dieser Einstellung bin ich der im Geiste Helmut Schmidts gegründeten »Deutschen Nationalstiftung« beigetreten. Bundeskanzler Helmut Schmidt, den ich – neben Adenauer – für den größten Nachkriegspolitiker halte, hat den Grundgedanken der deutschen Nation im Aufruf zur Gründung der *Deutschen Nationalstiftung* 1993 so formuliert: »Die Idee der deutschen Nation und die Bestimmung unserer nationalen Identität in einem geeinten Europa dürfen wir weder extremen politischen Kräften noch den Gegnern der europäischen Integration überlassen.« Ich stimme mit ihm überein, und schließe hiermit meine der Thematik dieses Abschnittes gewidmete Argumentation ab in der Hoffnung, dass demokratische verantwortungsethische Leser diesem Gedankengang folgen können.

8. Die Realität des Staatszerfalls und die *youth bulges* im Lichte des Merkel-Slogans »Bekämpfung von Fluchtursachen« parallel zum Fehlen einer Migrations-*Policy* und eines Grenzschutzes in Europa

Die irrsinnige deutsche und einen Sonderweg in Europa indizierende Willkommenskultur hat sowohl diesem Land als auch uns deutschen Ausländern Schaden zugefügt. In meinem Buch *Europa ohne Identität?* setze ich mich zur Genüge mit der Flüchtlingskrise (dort S. 13–122) auseinander; hier möchte ich dies nicht wiederholen. Auf diese Problematik komme ich daher nur en passant zurück, stets im Kontext des vorliegenden Buches über die Probleme der Zuwanderung und Integration.

Der von mir in diesem Abschnitt entwickelte Gedanke ist, dass es Deutschland ehrt, wenn das Land Menschen in Not hilft, wie beispielsweise Menschen aus meiner Heimat Syrien. Aber Deutsche scheinen nicht zu differenzieren zwischen Not- und Armutsflüchtlingen, die ein besseres Leben in Europa haben wollen. Nirgendwo in Afrika gibt es Demokratie, nicht nur in Eritrea. Weshalb lässt Deutschland dann im Namen der Demokratie eine ganze Generation von *youth bulges* aus Eritrea zu sich, die eine Belastung auf allen Ebenen darstellen?

Wenn diese deutsche Hilfsbereitschaft der Sache nach konsequent auf alle global anstehenden, vergleichbaren Probleme weltweit ausgeweitet würde, dann könnte Deutschland auseinanderfallen, ja zusammenbrechen. Die Überbelastung auf andere Europäer abzuwälzen ist gleichfalls keine Lösung. Man denke nur daran, dass die von der UN angegebene Zahl der Flüchtlinge 65,3 Millionen (UNHCR-Angabe zum Zeitpunkt des Abfassens dieser Zeilen) beträgt, die allesamt hilfsbedürftig sind. Weltweit gab es 2015 nach UN-Angaben 244 Millionen Migranten (Resolution der Generalversammlung, verabschiedet am 19.09.2016); 795 Millionen Menschen weltweit haben gegenwärtig nicht genug zu essen (gemäß Schätzung des World Food Programme).

Keine Diskussion über diese Problematik darf an der Tatsache vorbeigehen, dass sich unter der Wohnbevölkerung Deutschland mindestens 20 % befinden, die keine ethnischen Deutschen sind – zu denen auch ich gehöre. Wir arbeiten, zahlen Steuern und sind bereit, eine Verantwortungsethik gegenüber der deutschen NS-Vergangenheit mitzutragen, sind aber weder Katholiken noch Protestanten und wollen auch kein kulturprotestantisches Schuldgefühl haben; wir lehnen es ab, sühnen zu müssen. Wir fürchten zudem die Folgen der labilen Deutschen für unsere wacklige Integration. Hellmuth Plessner schreibt, dass Deutsche daran scheitern, »ein rechtes Maß« zu finden, und zu einem »Pendeln zwischen den Extremen« neigen, die immer entweder nur Gut oder nur Böse heißen – ein fataler Manichäismus, vor dem wir »Deutschländer« Angst haben. Kulturprotestantismus ist eine deutsche Art des Denkens, die die Welt manichäisch in Gut und Böse spaltet. Dieses kulturprotestantische Denken verfährt krankhaft moralisierend, indem es eine Gesinnungsethik predigt, um die Welt – wohl irrational – zu erklären.

Es liegt auch im Interesse dieser Wahldeutschen, zu denen ich gehöre und die keine »neuen Deutschen« im Sinne der Münklers sein wollen, dass das Land durch Völkerwanderung nicht in den Kollaps getrieben wird. Ich als Syrer freue mich, wenn Deutschland syrische Kriegsflüchtlinge aufnimmt; es gibt davon zur Zeit allerdings insgesamt 12 Millionen; und ich lehne es ab, von Deutschen den Vorwurf zu hören, ich sei herzlos, wenn ich lediglich feststelle, dass es verantwortungslos wäre, wenn Deutschland diese 12 Millionen Syrer sämtlich aufnähme. Schließlich gibt es auf dieser Welt nicht nur den Syrien-Krieg, sondern zurzeit dutzende weitere Länder, in denen Krieg herrscht. Deutschland kann auf seinem kleinen Territorium nicht alle Probleme der Welt lösen, wie Gesinnungsethiker zu wissen glauben. In diesem Abschnitt will ich Fluchtursachen in Nahost und Afrika erläutern und die Schwere der Problematik vermitteln, dass Deutschland entgegen der Ankündigung von Merkel niemals Fluchtursachen wirksam bekämpfen kann.

Die zentralen Ursachen islamischer Zuwanderung nach Deutschland sind sowohl der Zerfall von nominellen Staaten in Afrika und Nahost als auch das demografische Phänomen der youth bulges. Die Region des Nahen Ostens und Nordafrikas (Middle East and North Africa, kurz: MENA-Region) – simplifiziert auch die arabische Welt genannt – gehört nicht nur zu den problematischsten, sondern auch unglücklichsten Gegenden der Welt. Seit ihrer Entstehung ist sie mit Kriegen, Diktaturen, Armut, Überbevölkerung und vor allem orientalischer Despotie sowie vielen weiteren Übeln belastet. Der Nahost-Experte David Fromkin nannte die Friedensordnung nach dem Ersten Weltkrieg, aus dem die MENA-Region in ihrer heutigen Gestalt hervorging, »a peace to end all peace«. Menschen, die an Wunder glauben, dachten, dass mit der Rebellion des Arabischen Frühlings die Heilslösung der Demokratisierung nach der langen Durststrecke eintreten würde. Dies ist der Hintergrund:

Früher schob man im Westen dem Kommunismus den Rang zu, Ursache aller weltpolitischen Übel zu sein. Nach dem Zusammenbruch des Kommunismus in der Folge des Falls der Berliner Mauer bildeten sich Westler ein, die Idee von Kants ewigem Frieden – als einem Frieden zwischen demokratischen Staaten, d.h. als *democratic peace* – könne die gesamte Welt positiv verändern. In dem 2016 von Yakub Halabi herausgegebenen Band *Democratic Peace Across the Middle East. Islam and Political Modernization*, zu dessen Mitautoren ich gehöre, wird hierauf rekurrierend die Hoffnung thematisiert, dass der Arabische Frühling eine Demokratie für die MENA-Region herbeiführe, die nicht nur zu einem demokratischen Frieden zwischen den Staaten der Region führe, sondern auch bessere Beziehungen der Region zu ihrer internationalen Umwelt mit sich bringe. Zu dieser Problematik gehört auch die im Untertitel des zitierten Bandes angesprochene Problematik, nämlich die Fähigkeit des Islam zur Modernisierung und somit zur Akkommodation von demokratischem Frieden. Und was ist aus diesen Erwartungen und Hoffnungen hervorgegangen?

In dem von mir zu dem angeführten Band von Halabi beigetragenen Kapitel (*The Consonance of the Islamist Shari'a-State with Democratic Peace in the Context of the Arab Spring*) wird der Einfluss des Islamismus und seiner Bewegungen auf den Arabischen Frühling thematisiert und untersucht. Das Ziel der Islamisten ist eindeutig die Errichtung eines Scharia-Staates. Ist dieser kompatibel mit Demokratie? Das ist die Frage, der ich in meinem Beitrag zum Halabi-Band nachgehe; ich argumentiere, dass die »Schariatisierung des Islam« kulturübergreifende friedliche Lösungen und globale Kompromisse verhindert; kurz: Die Rückkehr der Scharia in die Politik stellt ein Hindernis für den demokratischen Frieden dar. Dies ist ein Umstand, der nicht durch *political correctness* tabuisiert werden darf, sondern offen thematisiert werden sollte. Die Erörterung dieser Erkenntnis wird in Deutschland dümmlich als »Islamophobie« abgetan.

Statt Demokratie und Prosperität trat nach dem Arabischen Frühling der Staatszerfall in Nahost und Afrika besonders deutlich zutage. Begleitet war dieser Staatszerfall von neuen Phänomenen der *youth bulges*, von Armut und von Überbevölkerung. Diese – und nicht die politische Verfolgung – sind die wesentlichen Ursachen für die demografischen Lawinen, die nach Europa kommen. Diese wurden unmittelbar nach dem Scheitern des Arabischen Frühlings ausgelöst; es kommen aber nicht nur Araber, sondern auch Afrikaner und Zentral- bzw. Südostasiaten. Diese Fluchtursachen können weder von Berlin noch von Brüssel beseitigt werden. Eine verantwortungsethische Reaktion auf diese demografischen Lawinen erfordert eine EU-*policy* dazu, und eine solche fehlt schlichtweg. Auch der Grenzschutz gegen illegale Migration zugunsten einer Regulierung der Zu- bzw. dann Einwanderung muss gewährleistet werden.

Neben dem Staatszerfall ist die Verjüngung der Bevölkerung parallel zu Armut und demografischer Explosion – die genannten *youth bulges* – als eine Hauptfluchtursache anzugeben. Diese *youth bulges* sind ein Unruhefaktor in Nahost, Asien und Afrika, den keiner in den Griff bekommen kann. Mit der außer Kontrolle geratenen Zuwanderung gelangen *youth bulges* aus Nahost und Afrika in alle deutschen Städte. Jugendcliquen aus Eritrea, Nahost und Zentralasien prägen das Bild der Innenstädte überall in Deutschland. Wie lange es dauern wird, bis aus diesen Cliquen ethnische kriminelle Jugendbanden hervortreten, ist nur eine Frage der Zeit. Einen Hinweis darauf mit dem Populismus-Vorwurf zu unterbinden ist hier völlig fehl am Platz. Es geht um Identität, Sicherheit und die Existenz Europas. Dies habe ich bereits in der Neuausgabe meines Buches *Europa ohne Identität?* mehr als deutlich gemacht.

Beim Thema Staatszerfall möchte ich mit einem Hinweis auf ein Buch aus dem Jahr 2000 beginnen, das unter dem Titel *Harenberg Staatenlexikon. Die Geschichte aller Staaten im 20. Jahrhundert* erschienen ist. Dieses Standardwerk enthält je einen Artikel über alle staatlich verfassten Länder dieser Erde. Es endet mit einem umfangreichen Essay von mir mit der Prognose aus dem Jahr 2000 im Titel: *Die Gefahr des Zerfalls der Staatengemeinschaft im 21. Jahrhundert*. Diese 17 Jahre alte Prognose ist heute schon voll eingetreten – sie ist die Realität unserer Gegenwart geworden.

Mein Heimatland Syrien dient hier als ein Paradebeispiel für dieses politische Phänomen. Im abschließenden fünften Teil werde ich in Kapitel 9 näher darauf eingehen. Aus diesem ca. 25 bis 30 Millionen Einwohner starken Land sind nach dem Staatszerfall, also seit 2011, bisher rund 12 Millionen Menschen innerhalb des Landes, dann innerhalb der Region des Nahen Ostens und schließlich global in aller Welt, jedoch besonders nach Europa, zerstreut auf der Flucht. Staatszerfall ist auch in Libyen politische Realität; auffälligerweise kommen selten Libyer der 8 bis 10 Millionen Menschen umfassenden Bevölkerung mit Hilfe krimineller Banden übers Mittelmeer nach Europa. Dafür kommen von dort in der Regel überwiegend Subsahara-Afrikaner aus dem gesamten afrikanischen Kontinent, jedoch vorwiegend aus Somalia, Eritrea, Nigeria und dem restlichen islamischen Westafrika nach Europa. Diese Armutsflucht kann Europa zerstören, wenn die EU sie nicht in den Griff bekommt.

Die Syrer stellen aktuell die Hauptgruppe der Menschen dar, die sich auf der Flucht befinden. Bis Mitte 2015 flüchteten Syrer vorwiegend in den Libanon, in die Türkei oder nach Jordanien. Seit der Verkündung Merkels, »ein freundliches Gesicht zu zeigen«, wissen vor allem jugendliche Syrer über ihre elektronischen Kommunikationsmedien von der uneingeschränkten Willkommenskultur des gelobten Sozialstaates Deutschland. Wie alle anderen aus aller Welt will auch die Mehrzahl der Syrer nach Deutschland gelangen, nicht in ein anderes europäisches Land. Das ist ein deutscher Sonderweg, den die Bundesregierung auf eine unerträgliche Weise anderen Europäern im Namen von Solidarität aufzwingen will. Wer sich weigert, dies gutzuheißen, wird des Populismus bezichtigt. Deutschland allein hat inzwischen ca. eine Million Syrer aufgenommen, Frankreich dagegen nur wenige Hundert. Ich war im November 2016 in Prag und habe die Tschechen in den Medien und bei

Publikums-Vorträgen ermuntert, gegen die Merkel-Politik Widerstand zu leisten.

Die wesentliche Ursache für den Staatszerfall sind ethnisch-religiöse und tribalistische Fragmentierungen der Bevölkerungen in den meisten MENA-Ländern, also in Nahost und Afrika. Wenn diese grundsätzlich demografische Fragmentierung in Staaten ohne Staatsvolk mit unmittelbaren Konflikten zusamentrifft, dann folgt Staatszerfall. Die demografische Explosion durch Überbevölkerung erzeugt Armut, die die Menschen zur Flucht veranlasst. Es sind also zwei entscheidende Faktoren, die die Flucht von Millionen Menschen bedingen: 1. Staatszerfall und 2. *youth bulges*.

Youth bulges resultieren aus einer Verjüngung der Bevölkerung, woraus eine Generation von Jugendlichen entsteht, für die die Gesellschaft weder Platz noch Zukunftsperspektiven bietet. Von meinen Forschungsaufenthalten zwischen 1980 und 2010 in vielen afrikanischen und arabischen Ländern ist mir der Anblick von furchterregenden, da gewaltbreiten und frustrierten Jugendlichen bestens vertraut, die mittellos sind, nichts zu tun haben, in den Straßen der Innenstädte lauern und herumvagabundieren. Für diesen Überhang an Jugendlichen, die je nach Land etwa 30 bis 35 Prozent der Gesamtbevölkerung ausmachen, ist der Begriff *youth bulges* eingeführt worden. In Deutschland muss jeder, der dazu schreibt, hinweisen auf die zentrale Arbeit von Gunnar Heinsohn in seinem Buch *Söhne und Weltmacht. Terror im Aufstieg und Fall der Nationen* aus dem Jahr 2003. Das beste Beispiel in Europa sind die Pariser *Banlieues de l'Islam*, so auch der Titel eines Buches von Gilles Kepel. Seit 2015/2016 sind *youth bulges* auch in den meisten deutschen Städten deutlich zu sehen, so in München, Hamburg, Köln und Frankfurt, ja selbst im kleinen Göttingen; eritreische, somalische, arabische, afghanische Jugendliche bilden Gangs, die aggressiv auf sich aufmerksam machen und als *trouble maker*s auftreten. Vor ihrer Flucht haben diese Jugendlichen dies als Einheimische auch in ihren Herkunftsländern getan. Die negativen Erscheinungen dieser Entwicklung werden in absehbarer Zukunft Folgen zeitigen, sofern es dem deutschen Staat nicht gelingt, diese Jugendlichen von den Straßen zu holen, sie zu integrieren und ihnen nicht nur eine sinnvolle Aufgabe zu übertragen, sondern auch Lebenssinn zu geben. Der deutsche Staat ist jedoch auf eine derart immense Aufgabe nicht auch nur ansatzweise vorbereitet, und das Scheitern ist damit beinahe vorprogrammiert.

Ich möchte die Problematik der *youth bulges* am Beispiel meiner Heimat Syrien veranschaulichen: Als ich Syrien 1962 als 18-Jähriger verließ, hatte das Land eine Bevölkerung zwischen 3 und 4 Millionen Menschen. Heute wird die Bevölkerung Syriens von der Weltbank mit 20 Millionen Menschen beziffert. Das ist jedoch eine reine Schätzzahl, tatsächlich dürfte es nach meiner Einschätzung zwischen 25 und 30 Millionen Syrer geben, von denen sich rund 12 Millionen auf der Flucht befinden. 30 bis 35 Prozent dieser Syrer sind Jugendliche zwischen 14 und 18 Jahren, also Teil des syrischen *youth bulge*. Viele davon sind heute in Deutschland gelandet.

Meine sunnitischen Eltern in Damaskus litten unter panischer Angst vor der Kriminalität dieser jugendlichen Gangs, hatten aber deshalb keine Bedenken um ihre Sicherheit, weil ein alawitischer Geheimdienstoffizier des Assad-Regimes, also ein Feind, in das Erdgeschoss unseres Hauses (Tibi-Building 37 in der Tibi-Straße in Damaskus) einzog. Denn die Anwesenheit dieses hohen Offiziers mit seinen vielen Bodyguards bedeutete Schutz und Sicherheit auch für meine Eltern. Ein Teil der Jugendbanden aus Aleppo und Damaskus hat mittlerweile diese Städte verlassen, sie befinden sich heute in Deutschland; ich sehe sie auf den Straßen als Folge der Willkommenskultur und nehme einen Umweg, wenn ich sie sehe. Man darf dieses Thema nicht tabuisieren, wenn man nicht will, dass rechtsradikale Kräfte sich eben dieses Terrains annehmen und damit Erfolge bei den Wahlen erzielen.

Der Eritreer Alem Tedla, der nach seinen eigenen Angaben in Deutschland als Zuwanderer lebt, hat das Buch *Friedenskodex* über die *youth bulges* geschrieben und im Selbstverlag herausgebracht; darin merkt er auf S. 65 an: »Europa hat dieses Thema verschlafen.« Ferner schreibt er, er habe als Flüchtling das Buch als »Ausdruck der Dankbarkeit für Deutschland« geschrieben, das ihn als 14-Jährigen aufnahm; er will es »als Warnung und Hilfestellung für die BRD« vor *youth bulges* verstanden wissen. Alem Tedla führt Statistiken an über die größten Staaten der *youth bulges* (er übersetzt den Begriff mit »Jugendblasen«). Tedla erkennt die Autorität von Gunnar Heinsohn in Deutschland zu dem Phänomen und seinen Folgen an. Es ist jedoch authentischer, wenn ich den Eritreer Tedla und nicht den Deutschen Heinsohn zitiere, weil man jenen nicht mit der Keule *Rechtspopulismus* zum Schweigen bringen kann. Unter den Staaten mit den größten *youth bulges* befinden sich nach Tedla vorrangig Länder aus Afrika und Nahost, woher auch 2015/2016 die meisten Flüchtlinge nach Europa kamen. Wie lautete doch gleich der Titel des Sonderheftes der *National Geographic*? *The New Europeans. How waves of immigrants are reshaping a contintent.* Im amerikanischen Englisch reagiert man auf eine solche provokante Formel mit dem Kommentar: *What a telling title!*

Demografische Lawinen nach Europa resultieren aus diesen *youth bulges*. Diese können Europa zerstören, davor warnt auch der Alem Tedla. Dies hat mit Asyl und Flucht wenig zu tun. Warum hat Europa, wie Tedla anmerkt, dieses Problem verschlafen? Warum liefern Soziologen keine Diagnosen hierfür, wie beispielsweise in der Medizin Unterschiede zwischen Krankheiten untersucht werden? Migrationsforscher leiden an Myopie für Ursachen und haben Angst davor, des Rassismus geziehen zu werden. Tedla als Eritreer und ich als Syrer sind von dieser Angst frei und sprechen von den zuwandernden *youth bulges* als große Gefahr für den inneren Frieden, auch für uns »integrierte« Ausländer. Jeder nichtintegrierte muslimische Jugendliche ist ein potentieller Rekrut für die djihadistischen Terrorgruppen.

Für die Bewältigung der anstehenden Situation müssten Politiker eigentlich Max Webers Kriterien von »Politik als Beruf« erfüllen können: Die drei von Max Weber angeführten Qualitäten sind Augenmaß, sachliche Leidenschaft und Verantwortungsgefühl. Merkels Parole »Wir schaffen das« zeigt keine Spuren von Webers Qualitäten. Politik erfordert nach Weber das »Bohren starker Bretter«. Um nun Fluchtursachen zu verstehen, muss man begreifen, dass der Grund hierfür der Staatszerfall in Afrika und Nahost ist. In vielen Ländern dieser zwei Teile der Welt habe ich in den vergangenen dreißig Jahren regelmäßig vor Ort gearbeitet und auf diese Weise vor Ort Wissen erworben, also nicht nur aus Büchern, sondern aus eigener, unmittelbarer Erfahrung und Anschauung. Ich war nie ein *arm chair political scientist*. Mit diesem Vorverständnis setze ich mich mit Gegenständen wie Staatszerfall und *youth bulges* auseinander.

Mancher Experte wird mir zutreffend entgegenhalten, die heutigen Staaten in Asien und Afrika seien in der Folge kolonialer Grenzziehungen entstanden. Gesinnungsethiker ziehen hieraus ihren Schluss wie folgt: Europa ist schuld und muss zahlen. Dieses Buch beschäftigt sich mit der islamischen Zuwanderung nach Deutschland – und nicht mit der Entkolonialisierung und Staatsbildung in Nahost und Afrika, die mit dem Ziel von *Nation Building* sowie der Entstehung moderner politischer

Ordnungen vorgenommen worden ist. Nun ist es eine Tatsache, dass aus dem Scheitern des *Nation Building* der Staatszerfall folgt und aus diesem die Migrationsschübe nach Europa erwachsen. Dies zwingt dazu, sich damit auseinanderzusetzen, jedoch hilft es für eine objektive Analyse und Lösung der gegenwärtigen Probleme nicht weiter, pauschale Schuldzuweisungen zu geben und in der Folge Denkverbote zu erteilen.

Es gibt nicht nur koloniale Grenzziehungen, sondern auch inneres Versagen. Das zentrale Problem der MENA-Region, aus der die Flüchtlinge kommen, besteht darin, dass sich bis auf zwei Staaten in der arabischen Welt, nämlich Ägypten und Marokko, nirgends historisch gewachsene stabile staatliche Strukturen entfaltet haben. Somit fehlt es diesen *nominellen Staaten* an *statehood.* Dieses Wort wäre lexikalisch-formal mit »Staatlichkeit« zu übersetzen; ich bleibe aber bei der Verwendung des englischsprachigen Fachbegriffs, der viel mehr meint als nur Staatlichkeit.

In meinem Fach unterscheiden Wissenschaftler zwischen historisch gewachsenen Staaten, die die institutionellen und wirtschaftlichen Voraussetzungen als Kriterien für *statehood* erfüllen, einerseits und rein formaljuristischen Einheiten andererseits, die lediglich nominell Staaten sind. Der Fachausdruck, den ich im Rahmen des MIT-Harvard-Projekts *Tribes and State Formation in the Middle East* entwickelt habe (veröffentlicht 1990 bei California University Press; mein Beitrag trägt den Titel: *Old Tribes and Imposed Nation-State*), lautet *nominal nation state.* Bis auf Ägypten und Marokko sind alle anderen arabischen Staaten (und fast alle afrikanischen Staaten) solche, die zur Kategorie der nominellen Staaten gehören, also Staaten ohne *statehood* wie beispielsweise Libyen als eine Ansammlung von Stämmen, die aber weder ethnisch ein Volk bilden noch eine geschichtlich-kulturelle Einheit darstellen.

Den nominellen Staaten fehlt es an staatlichen Strukturen sowohl in Politik als auch in der Gesellschaft; es ermangelt jedweden Musters für eine nationale Identität, für eine Identität als Gemeinwesen. Es ist postkolonialen politischen Eliten nicht gelungen, das anvisierte *nation-building* in die Realität umzusetzen.

Hinzu kommen Ressourcenkämpfe in den nominellen Staaten, die zwischen Clans bzw. zwischen religiösen und ethnischen Kollektiven ausgetragen werden; diese Kämpfe fragmentieren den nominellen Staat und tragen zu seinem Zerfall bei. Libyen und Syrien stellen heute keine Gemeinwesen mehr dar. Die Ressourcenkämpfe in Syrien finden zwischen Sunniten und Alawiten und in Libyen zwischen den zahlreichen Stämmen statt. Dies sind die tiefen Ursachen für die islamische Zuwanderung nach Europa. Kann Europa oder gar Deutschland allein diese im Rahmen der »Bekämpfung von Fluchtursachen« eliminieren? Ich fürchte, nein.

Die Länder, aus denen die Armutsflüchtlinge kommen, sind nach westlicher Denkweise durch Unterentwicklung charakterisiert, die primär aus ökonomischen Ursachen resultiere. Doch gibt es *cultural change*, d.h. einen Kulturwandel, der ebenso wichtig ist wie der politische Wandel der *Institutionenbildung*. Dieser Begriff *(institution building)* ist in den 1990er Jahren im Rahmen der Theoriebildung des *nation-building* im Prozess der Entkolonialisierung entstanden. Ein nomineller Staat soll durch die Bildung von Institutionen eine Infrastruktur bekommen.

Das wichtigste Buch der Comparative Politics des vergangenen Jahrhunderts über diese Problematik stammt von Samuel P. Huntington und trägt den wegweisenden Titel *Political Order in Changing Societies*. Darin hat er den Prozess der Institutionenbildung in Asien und Afrika als Institutionalisierung der politischen Strukturen definiert. Staaten, die in Bezug auf ihre *statehood* schwach entwickelt und für Staatsverfall anfällig sind, haben eine schwache Stufe von Institutionalisierung, die auch damit zusammenhängt, dass sie nur nominelle Nationalstaaten sind. Ihre Staatlichkeit ist mehr oder weniger ein Transplantat aus dem Westen; sie ist brüchig und anfällig für Zerfall. Und genau das passiert heute, nach dem Scheitern des Arabischen Frühlings.

Die anstehenden Probleme in den nominellen Staaten, die kausal sind für die Flucht nach Europa, sind struktureller Natur. Die EU kann keinen Einfluss darauf nehmen. An vier Beispielen lässt sich heute empirisch einwandfrei aufzeigen, wie nominelle Nationalstaaten in der MENA-Region zusammengebrochen sind: Syrien, Irak, Libyen und der Jemen. In Afrika ist dieser Prozess noch weitaus dramatischer, weil dort die Institutionalisierung von Staatlichkeit bei weitem schwächer ist als in der arabischen Welt. Paradebeispiel für den extremen Verfall eines Nationalstaates ist das bereits angeführte Somalia, wo es praktisch seit dem Sturz der Diktatur von Siad Barre 1991 keinen Staat mehr gibt. Seitdem kämpfen dort in einem endlosen Prozess die ca. dreizehn größten Stämme mit großem Blutzoll um die Macht. Alle Versuche, eine Regierung der nationalen Einheit zu bilden, scheiterten bisher. Auch externe militärische Interventionen durch die UN, die USA, Äthiopien und Kenia haben die

Lage nur noch verschlimmert. Von dort kommen analphabetische Nomaden als Flüchtlinge nach Deutschland. In einer Vorstadt Stockholms, wo ich 1997 zu Besuch war, leben, und zwar bis heute, Zehntausende somalische Nomaden im modernen Staat Schweden, und sie sind unverändert Nomaden geblieben. Ihre Integration zu neuen Schweden ist genauso eine Floskel wie die Verkündung zur Integration der Flüchtlinge in Deutschland zu »neuen Deutschen«, wie es uns der politische Theoretiker Herfried Münkler gemeinsam mit seiner Ehefrau heute predigt. Sind die Nomaden aus Somalia die »neuen Deutschen«? Ich kenne mehrere liebenswerte und kinderreiche Familien somalischer Nomaden, mit denen ich auf Arabisch kommuniziere, die nach Jahren des Lebens in Göttingen weder Deutsch sprechen noch die urbane Kultur annehmen noch einen Beruf erlernt haben. Diese »neuen Deutschen«, die das Ehepaar Münkler konstruiert, sind Armutsflüchtlinge, die zwar vom Sozialstaat getragen werden, aber in »ethnischer Armut« leben, wie ich sie im Anschluss an Anthony Giddens in Abschnitt 5 beschrieben habe.

Schon an dieser Stelle kann ich auf der Basis meines Wissens über Staatsbildung in Nahost und Afrika behaupten, dass die Rede von der Bekämpfung von Fluchtursachen vor Ort durch den Westen eine pure Illusion von Politikern ist, die kein Wissen über den Gegenstand haben. Die tribalistisch und religiös motivierten Ressourcenkonflikte, die nach dem Zerfall staatlicher Strukturen dramatische Dimensionen erreichen, resultieren in *protracted conflicts*. Diese sind andauernd, scheinbar unlösbar und gewaltförmig, und sie schaffen so aussichtslose Zustände, dass sie Menschen veranlassen, eine für Leib und Leben hochgefährliche, durch Schleuserbanden organisierte Flucht nach Europa zu wagen. Die Flüchtlinge, die vor ihrer Flucht in einer solchen Gewaltkultur lebten, bringen diese mit ins Aufnahmeland.

Für die Beantwortung der Frage: *Warum zerfallen Staaten in Afrika und Nahost?* muss man auf die Hintergrundgeschichte zurückgreifen. Die hohen Erwartungen in den 1950er und 1960er Jahren in Asien und Afrika hinsichtlich des *Nation Building* sind nicht erfüllt worden. Die Entkolonialisierung erforderte es, die ehemaligen Kolonien zu Staaten umzubilden. Diese Staatsbildung war eine Voraussetzung dafür, die ehemaligen Kolonien in das bestehende internationale System souveräner Staaten zu integrieren. *Nation Building* bedeutete beispielsweise für die ehemalige britische Kolonie Nigeria die Bildung einer staatlichen Entität aus Hausa- (muslimische Nordstämme), Yoruba- und Igbo-Stämmen – neben weiteren ca. 60 kleineren Stämmen –. Diese Entität sollte eine nigerianischen Nation konstituieren. Diese Nation jedoch existierte und existiert nur auf dem Papier. In aller Kürze: Das *Nation Building* ist gescheitert, Staaten zerfallen, es gibt hohe Geburtenraten, die *youth bulges* und schließlich Flucht bedingen. Dies alles hat gar nichts mit politischem Asyl zu tun. Warum muss Europa die Zeche zahlen?

Die Schlussfolgerung für diesen Abschnitt lautet, dass Staatszerfall in Asien und Afrika eine zentrale Quelle der Flucht als Zuwanderung nach Europa ist; sie resultiert aus einem Mix von sozialen, demografischen, politischen und ökonomischen Faktoren mit Konfliktpotenzialen auf interner und externer Ebene. Externe Mächte, also die USA, die EU und Russland, verfügen nicht über die Instrumente, um dem Staatszerfall Einhalt gebieten zu können.

Um *protracted conflicts* in den Griff bekommen zu können, müssten Lösungen für folgende Problembereiche gefunden werden:

1. Verfeindete religiöse Gemeinschaften (beispielsweise Sunniten und Schiiten im Irak, in Syrien und im Jemen) sowie verfeindete Stämme (beispielsweise in Somalia, Nigeria und Libyen) müssten pluralistische Gemeinwesen bilden oder in einer politischen Föderation zusammengebracht werden.
2. *Youth bulges*: In all diesen Ländern explodiert die demografische Entwicklung durch die Verjüngung der Bevölkerung, verbunden mit der Entstehung einer No-Future-Generation der *youth bulges*.

Beides wird vor Ort als »Bekämpfung von Fluchtursachen« für die absehbare Zukunft nicht zu bewältigen sein. Europa kann nicht unbegrenzt als ein Fluchtort für viele Millionen Menschen dienen, die aus Ländern mit Staatszerfall und *youth bulge* kommen; dies hat absolut nichts mehr mit dem verfassungsrechtlich garantierten Recht politisch Verfolgter auf Asyl zu tun. Asyl und Völkerwanderungen sind zweierlei.

Die Europäer haben die Wahl zwischen Verantwortungsethik und Gesinnungsethik. Was tun sie?

In Deutschland wird die diesbezügliche Debatte ideologisch und gesinnungsethisch dominiert, ein Paradebeispiel dafür ist das Münkler-Buch *Die neuen Deutschen*. Dass ein solches Buch zum Bestseller werden kann, ist ein Beweis für die Popularität kulturprotestantischer Gesinnungsethik in Deutschland. In der *Bild*-Zeitung schrieb ich anlässlich des Jahrestages des Grundgesetzes im Kontext der Flüchtlingskrise den Artikel *Ich habe Mitleid mit den Deutschen*. Mehr möchte ich nicht sagen.

9. Deutsche Widersprüche: Die Gleichzeitigkeit einer Willkommenskultur als Sühne für den NS-Morde und das Schweigen über den Import des neuen Antisemitismus aus Nahost durch die »neuen Deutschen«

Das Thema dieses Abschnitts lautet: Zugewanderter Judenhass. Es ist – im Widerspruch zu den Normen des Grundgesetzes – in Deutschland tabu, hierüber offen zu sprechen. Das ist gerade angesichts der schändlichen deutschen Geschichte des NS-Mordes an 6 Millionen Juden in den Gaskammern von Konzentrationslagern verwunderlich. Der neue Antisemitismus unter den Flüchtlingen müsste eigentlich jeden Deutschen erschüttern, dies geschieht jedoch unverständlicherweise nicht. In diesem Abschnitt breche ich dieses Tabu und spreche vom islamistischen Antisemitismus und weise zugleich in demokratischem Geist den verlogenen Vorwurf der Islamophobie zurück.

Für meine Feststellung, dass Flüchtlinge aus der Welt des Islam Judenhass und Antisemitismus (die Begriffe werden nicht synonym verwendet, wie noch zu erklären ist) mit sich bringen, brauche ich keine Autorität zu zitieren, weil diese Aussage auf solider Forschung basiert, wie ich noch nachweisen werde. Weil ich aber für Deutsche, also nicht allgemein schreibe, scheint es mir dennoch angebracht, auf die Äußerungen eines grünen Politikers hinzuweisen, nämlich Daniel Cohn-Bendits, der wahrscheinlich wegen seiner jüdisch-französischen Wurzeln klarer als ethnisch-deutsche Grüne denkt. Ich kenne Cohn-Bendit aus Frankfurt, wo er Anfang der 1970er Jahre Erzieher in der Uni-Kita war, in die mein Sohn Fabian ging. In einem Gespräch mit der Zeitung *Die Welt* (Ausgabe vom 13.07.2016) bestätigte er, dass es im Zusammenhang mit den Flüchtlingen einen Anstieg von Antisemitismus gibt – »das ist ein Problem und damit müssen wir uns auseinandersetzen.«

Wird diese Sorge Cohn-Bendits allgemein in Deutschland geteilt? Als ich auf dem Podium der Bonner Akademie Mitte Oktober 2016 ähnlich wie Daniel Cohn-Bendit sprach, erwiderte die Mitautorin des Buches *Die neuen Deutschen* dazu nicht mit einem Argument, sondern mit diesem Vorwurf: »Herr Tibi, Sie stereotypisieren die Flüchtlinge.« Ich reagierte auf diese Keule mit Staunen und Empörung darüber, wie eine Dresdner Literaturwissenschaftlerin das Fachwissen eines durch Herkunft und Lebenswerk ausgewiesenen Nahostexperten mit 50 Jahren Erfahrung auf diesem Gebiet so geringschätzen und ohne jedes sachliche Argument verwerfen kann. Ich enthalte mich eines Kommentars.

Als ein in Damaskus geborener muslimisch-sunnitischer Syrer habe ich keine Eltern oder Großeltern, an deren Händen das Blut ermordeter Juden klebt. Dennoch räume ich ehrlich ein, dass ich in einer Gesellschaft aufgewachsen bin, die durch Judenhass belastet ist. In meinem Heimatland wird Judenhass nicht nur durch die Medien tagtäglich verbreitet, sondern auch in der Schule gelehrt. Ich verdanke es meinen jüdischen Frankfurter Lehrern Theodor W. Adorno und Max Horkheimer, dass ich von der arabischen Krankheit des Judenhasses in Frankfurt geheilt wurde, einer Krankheit, die meine Landsleute – heute also die sogenannten »neuen Deutschen« der Münklers – mit nach Deutschland bringen. Als Nahost-Experte sowie Antisemitismus-Forscher, der unter anderem im Rahmen der *Yale Initiative for the Interdisciplinary Study of Antisemitism* (YIISA) an der Yale University sowie am Center for Advanced Holocaust Studies (CAHS) am Holocaust Museum in Washington D.C. geforscht hat, und als Mitautor des vierbändigen, von Charles Asher Small herausgegeben Werkes *Global Antisemitism. A Crisis of Modernity* sowie der ebenfalls von ihm betreuten *Yale Papers on Antisemitism* weiß ich, wovon ich spreche.

Jenseits der Polemik der »Stereotypisierung« sollten wir bei den Erkenntnissen der Geschichtswissenschaft und bei den Fakten bleiben. Einer meiner Mentoren und Freunde an der Princeton University ist der heute mit 101 Jahren noch lebende weltgroße Historiker Bernard Lewis, mit dem ich 1986 seinen 70. Geburtstag feierte und anschließend ein Jahr lang mit ihm in Princeton eng zusammenarbeitete. Für mich ist Bernard Lewis einer der größten Historiker des 20. Jahrhunderts. Zu seinem Werk gehört die wertvolle Studie *The Jews of Islam*. Ebenso wie ich unterscheidet Bernard Lewis – wie übrigens auch Hannah Arendt – zwischen Judeophobie und Antisemitismus. Judenhass ist ein Vorurteil, ja, Rassismus gegenüber den Juden. Aber Antisemitismus ist noch viel mehr, er ist eine *genocidal ideology*, die die Forderung nach Ausrottung der Juden vertritt.

Bernard Lewis räumt ein, dass es im Islam und im Koran Judenhass, jedoch früher keinen Antisemitismus gegeben hat. Erst Anfang des 20.

Jahrhunderts, als arabische Studenten aus Paris in die Heimat zurückkamen, brachten sie den Virus des Antisemitismus mit. Nach Bernard Lewis hat diese importierte Krankheit durch den völkisch-arabischen Nationalismus und den mit dem Nahost-Konflikt zusammenhängenden Israel-Hass Nahrung bekommen. Es handelt sich wohlgemerkt nicht um Einzelfälle, sondern um ein Phänomen. Diese Krankheit bringen die Nahost-Flüchtlinge heute mit sich nach Deutschland.

Ich kann es kaum fassen, wie das in Deutschland vorherrschende Narrativ, das auch die Münklers vertreten, es verbietet, über diese Thematik zu sprechen. Welchen Sinn hat es dann und wie glaubwürdig ist es, wenn Deutsche das »Nie wieder«-Gelübde gebetsmühlenartig wiederholen? Bernard Lewis hat einen Aufsatz in *The American Scholar* über den *New Antisemitism* veröffentlicht, zu dem auch der arabische Antisemitismus gehört. Beim Nachdenken über diesen Gegenstand muss ich wieder auf Adorno zurückgreifen, diesmal auf seinen Aufsatz *Erziehung nach Auschwitz*. Adorno würdigt die deutsche Debatte, wonach es zu den Erziehungsidealen nach 1945 gehören sollte, »dass Auschwitz sich nicht wiederhole«. Adorno räumt aber ein, dass »die Barbarei fortbesteht, solange die Bedingungen [...] fortdauern«. Zu dieser Barbarei, die »die Gefahr einer Wiederholung« beinhaltet, zählt Adorno »blinde Identifikation mit dem Kollektiv [, ...] blinde Vormacht aller Kollektive«. Diesen Satz muss man fett gedruckt als Emphase zitieren!

Glücklicherweise verbieten sich Deutsche heute die eigene Einordnung in ein Kollektiv. Das ist ein Fortschritt. Zu den deutschen Widersprüchlichkeiten gehört jedoch, dass sie eben den muslimischen Flüchtlingen und Migranten erlauben, als Kollektiv aufzutreten, und zulassen, dass Israel für »das jüdische Kollektiv« bestraft wird. Es ist einfach unglaublich, dass Deutsche nach Auschwitz antisemitische Übergriffe der Flüchtlinge als Protest gegen die Handlungen Israels gegenüber den muslimischen Palästinensern, wohlgemerkt als Kollektiv, dulden. In Bonn erwiderte die Literaturwissenschaftlerin Marina Münkler auf meine Argumentation, solche antisemitischen Handlungen seien kein Antisemitismus, sondern nur Protest gegenüber Israel. Ich werde später noch über die linksgrüne und islamistische Verdeckung des Antisemitismus mehr zu sagen haben. Das ist allgemein, erst recht aber in Deutschland, nicht tragbar.

Sträflich nach Adornos *Erziehung nach Auschwitz* ist eine doppelte Einordnung in ein Kollektiv. Antisemitische Araber rächen sich als Kollektiv an einem jüdischen Kollektiv, wofür der Judenstaat steht.

Um jedes Missverständnis auszuräumen möchte ich einleitend auch noch folgendes klarstellen: Ich bin als Syrer meiner Wahlheimat Deutschland unendlich dankbar dafür, dass es über eine Million meiner Landsleute Zuflucht aus der Hölle der schiitisch-alawitischen Despotie des Assad-Regimes gewährt. Diese Dankbarkeit blendet jedoch nicht meine Vernunft aus bewirkt kein Abschalten meines Verstandes. Ich weiß, jede Willkommenskultur ist zu begrüßen, nicht aber, wenn sie krankhaft als »Irrsinn« (*Die Zeit*) betrieben wird, wie manche Deutsche dies tun. Ich werde dies noch näher begründen, betreibe also keine Polemik, und es liegt mir fern zu »stereotypisieren« bzw. mit Keulen zu hantieren.

Ich bezweifle nicht, dass die vielen Menschen, die die Willkommenskultur vertreten, auch wenn sie diese in einem Pathos des Absoluten vortragen, durchaus einen guten Willen haben, der honorig sein kann. Aber aus der Realität, auch nach Max Weber, wissen wir: »Es ist nicht wahr, dass aus Gutem nur Gutes« kommt. Weber fügt hinzu: »Wer das nicht sieht, ist in der Tat politisch ein Kind«. Der »gute« Wille der deutschen Willkommenskultur übersieht in erschütternder Naivität, dass mit den »neuen Deutschen« eine Zuwanderung des islamischen Antisemitismus stattfindet.

Das soeben angeführte Weber-Zitat ist seinem Aufsatz *Der Beruf zur Politik* entnommen; es bringt eine Auseinandersetzung mit Gesinnungsethikern zum Ausdruck. Diese können »die ethische Irrationalität der Welt nicht ertragen«, schreibt Weber. Hierbei verstricken sie sich in peinliche Widersprüche, die aus der eigenen Irrationalität resultieren. Ein Beispiel dafür ist, wie deutsche Gesinnungsethiker die Flüchtlinge aus der Welt des Islam willkommen heißen, ja sogar veredeln, um den deutschen Mord an Juden zu sühnen. Hierbei schließen sie die Augen davor, dass gerade diese Menschen aus einer Region dieser Welt kommen, wo die gefährlichste Gestalt des neuen Antisemitismus im 21. Jahrhunderts gedeiht.

Diese sogenannten »neuen Deutschen« bringen einen neuen Antisemitismus aus Nahost nach Deutschland. Wie reagiert Deutschland hierauf? Mit Verleugnung. Zur demokratischen politischen Kultur im Post-Nazi-Deutschland gehört die Ächtung aller Formen des Antisemitismus, auch der verdeckten Form des Antizionismus, der Anfeindung des Judenstaates Israel. Es scheint zum Respekt vor den Fremden zu gehören, die zu »neuen Deutschen« avancieren sollen, über diese Probleme zu schweigen. Im Post-Nazi-Deutschland muss man heute taub und blind sein, wenn man den neuen Antisemitismus übersieht. Selbst der *Spiegel* veröffentlichte (Heft 31/2016) mit der Überschrift *Antisemitismus. Übergriffe auf Juden mehren sich, von der Polizei werden sie aber oft nicht erfasst* einen Bericht hierüber. Warum werden diese Täter nicht erfasst? Weil diese arabische Flüchtlinge sind, die zu *bons sauvages* veredelt werden und die man beschützen muss. Und wer schützt die Juden vor ihnen? Der *Spiegel* berichtet, dass arabische Antisemiten von deutschen Richtern nicht als solche verurteilt werden; ihre antisemitischen Übergriffe werden verharmlost: »Der Richter befand, die Angeklagten hätten nicht aus antisemitischen Motiven gehandelt [...] Sie hätten die Aufmerksamkeit auf den Gaza-Konflikt lenken wollen«, so der *Spiegel*-Bericht. Der Geist dieses Urteils ist nach Adorno ein Nazi-Geist. Wie eben argumentiert, begegnen sich hier zwei Kollektive, die einander bekämpfen. Es ist beschämend, wie der deutsche Richter Verständnis für den arabischen Antisemiten zeigt. Ähnlich argumentierte auch die Literaturwissenschaftlerin Marina Münkler auf der erwähnten Veranstaltung in Bonn und behauptete sogar (ohne Fachwissen über den Nahen Osten zu haben), die Israelis seien kurz davor gewesen, die Golan-Höhen an Syrien zurückzugeben, womit der Grund des Judenhasses in Syrien behoben worden wäre. Ich verlor daraufhin die Contenance, stand vor dem Publikum auf, fasste mir an den Kopf und sagte laut: »Ich bin Syrer und arbeite seit 50 Jahren über Nahost-Politik, weiß aus Forschungsaufenthalten in Israel von israelischen Sicherheitsexperten, dass aus einer Reihe von Gründen (geostrategisch, Wasserpolitik etc.) die Golan-Höhen niemals aufgegeben werden.« Zudem sind die Besetzung der Golan-Höhen und Antisemitismus zweierlei. Leider ist in Deutschland bei dieser Problematik Fachkompetenz nichts und Gesinnung alles.

Die Angst vor Verleumdung (etwa mit der Keule der Islamophobie), wenn man den neuen Antisemitismus mit Arabern und Muslimen in Zusammenhang bringt, überfällt leider selbst die Betroffenen. Rabbi Jonathan Sachs spricht politisch korrekt in seinem Artikel in der *Frankfurter Allgemeinen Sonntagszeitung* vom 02.11.2016: »Der Antisemitismus ist zurück.« Er beklagt zwar, dass »Hass auf die Juden sich als Hass auf Israel tarnt«, gibt aber die Quelle nicht an. Nicht nur linke Europäer tarnen ihren Antisemitismus als Antizionismus, auch muslimische Migranten tun das. Wer dieses Übel anspricht, läuft Gefahr, sich dem Vorwurf auszusetzen, muslimische Migranten zu stereotypisieren.

Langsam, aber stetig wachen Menschen in Europa auf und erkennen, dass die unkontrollierte naturwüchsige demografische Lawine, die aus Nahost mit vielen Millionen Menschen in Richtung Europa rollt, nicht nur die zivilisatorische Identität des Kontinents und seine Stabilität infrage stellt, sondern auch Dinge nach Europa bringt, von denen man glaubte, sie gehörten zu den überwundenen Lasten der Vergangenheit. Der Antisemitismus ist nur eines dieser Dinge, es gibt noch andere, beispielsweise die Unterdrückung von Frauen.

Die Wochenzeitung *Die Zeit* hat die Frage über die deutsche Willkommenskultur so gestellt: »Warum das Land sich diesem Unsinn zunächst willig ergeben hat?« *Die Zeit* antwortet darauf mit dem Hinweis auf die »an ihrer traumatischen Vergangenheit leidenden Deutschen« und fügt hinzu, die Deutschen »wollen sich von ihrem Makel befreien und haben sich darum in eine völlig irrationale Willkommenskultur gestürzt. Gewissermaßen von Auschwitz direkt zum Münchner Hauptbahnhof« (*Die Zeit* vom 28.01.2016). Ganz Europa wird von diesem deutschen Sonderweg belastet, der »von Auschwitz direkt zum Münchner Hauptbahnhof« führt. Das ist anerkanntermaßen »das Gute«, aber kommt wirklich »Gutes« heraus? Nein, das tut es nicht! Sehen dies die Gesinnungsethiker? Nein, sie tun das nicht! Hat Weber Recht, dass diese »verrückten Deutschen« »politisch ein Kind« geblieben sind? Sicher! Sie haben aus der Entwicklung, die sie auslösten, wenig oder gar nichts gelernt!

Ich habe 2008 und nochmal 2010 als *The Resnick Senior Fellow for the Study of Antisemitism* (CAHS) am Forschungsinstitut des US Memorial Holocaust Museum in Washington als erster Muslim über den islamistischen Antisemitismus geforscht. Zuvor, im Jahr 2007, habe ich dort schon am jüdisch-christlich-islamischen Trialog-Projekt gearbeitet. In den angeführten drei Jahren (2007 bis 2010) war ich – parallel zu meinen Gastprofessuren in Cornell und Yale – mit Unterbrechungen in Washington D.C. am Center for Advanced Holocaust Studies. Vor meiner Forschung dort über den islamistischen Antisemitismus habe ich drei Jahrzehnte lang über den Islamismus gearbeitet. Hierzu gehören Beobachtungen und Erfahrungen in 22 islamischen Ländern. Ich möchte nochmals das Buch *Yale Papers* (hrsg. von Charles Small) über den *globalen Antisemitismus* (2015) sowie mein Buch *Islamism and Islam* (Yale University Press, 2012) anführen. Letzteres enthält in Kapitel 3 (S. 54–93) anhand von Original-Quellen den Nachweis, dass der gefährlichste Antisemitismus heute in der Welt des Islam gedeiht. Nochmals: Dieser Judenhass kommt zumeist mit den islamischen Flüchtlingen als eine große Last nach Europa, und dies wird von den Vertretern der »Willkommenskultur« nicht nur bewusst übersehen, sondern auch tabuisiert. Wie aufrichtig können Menschen sein, die dies tun?

Im direkten Gespräch mit syrischen, palästinensischen und somalischen Flüchtlingen vernehme ich regelmäßig den Gedanken, dass ganz Deutschland »von Juden regiert« werde, die »gegen den Islam sind.« Diesen Satz habe ich auch Dutzende Male in Gesprächen mit irakischen, pakistanischen und afghanischen Flüchtlingen vernommen. Kürzlich sagte mir ein Syrer in einer auf Arabisch in einem Göttinger Bus geführten Unterhaltung: »Die Juden dominieren Göttingen«. Ich wandte ein, dass ich seit fünfzig Jahren in Göttingen lebe und mir noch nie ein Hinweis auf eine solche jüdische Vorherrschaft untergekommen ist, und stellte die Frage, wie er denn auf die Idee komme, dass Juden Göttingen regieren. Prompt kam diese Antwort: »Warst du nicht in der Jüdenstraße, von wo die Juden die ganze Stadt beherrschen?« Nach meiner Kenntnis wohnen keine Juden in der Göttinger Jüdenstraße, die aus einer Mischung von Wohnungen und kleinen Geschäften besteht. Meinem syrischen Gesprächspartner im Bus genügte offenbar bereits der Straßenname, um sich in seiner antisemitischen Meinung bestätigt zu sehen. Nun sind Judenhass und Antisemitismus nicht nur eine Krankheit, sondern auch irrational; dagegen helfen keine rationalen Argumente. Diese Krankheit aber bringen islamische Flüchtlinge nach Europa mit, und sie werden dennoch im Rahmen des Irrsinns der deutschen Willkommenskultur in Deutschland willkommen geheißen.

Zum Irrsinn gehört auch, dass Deutsche ihr Trauma des Judenmords durch die Flüchtlingspolitik sühnen wollen. Bei diesem Irrsinn frage ich, wie es mit der deutschen Zusicherung in Hinblick auf die NS-Morde: »Nie wieder!« steht. Nun ist das »deutsche Pathos des Absoluten« auch bei der Willkommenskultur am Werk. Dieses ist genauso irrational wie der islamische Judenhass. Auf das deutsche Bekenntnis des »Nie wieder!« reagiere ich mit Goethe: »Die Botschaft hör' ich wohl, allein mir fehlt der Glaube.« Ich habe Anlass dazu, in dieser Hinsicht ungläubig zu sein.

Deutsche kulturprotestantische Gesinnungsethik ist, wie Helmuth Plessner und andere schreiben, von den Absolutismen der Extreme des Bösen und des Guten des »deutschen kollektiven Narzissmus« geprägt. Die Deutschen wollen anderen Europäern ihren Sonderweg der »irrationalen Willkommenskultur« als »Solidarität« aufzwingen, und dies macht mir Angst. Ich bin ein Deutschland-Kritiker und habe in Frankfurt bei Adorno und Horkheimer, meinen deutsch-jüdischen Lehrern, studiert, die der Naziherrschaft in die USA entflohen waren. Nach der Rückkehr aus Zuneigung zu Deutschland beschrieb Adorno in seinem Essay »Auf die Frage: Was ist Deutsch?« seine Ambivalenz in der Haltung zu Deutschland, die ich als Wahldeutscher voll teile.

Hitler war in Deutschland kein Unfall, weil er in der deutschen Geschichte verankert war. Eine bis heute anhaltende deutsche Krankheit ist das von Adorno diagnostizierte *Pathos des Absoluten*, sowohl im Schlechten als auch im Guten. Adorno will nicht »Hitler als Schicksal dem deutschen Nationalcharakter« zuschreiben, betont aber dennoch, dass es nicht zufällig war, dass Hitler in Deutschland hinaufgelangte: »Allein schon ohne den deutschen Ernst, der vom Pathos des Absoluten herrührt [...], hätte Hitler nicht gedeihen können. In den westlichen Ländern, wo die Spielregeln der Gesellschaft den Massen tiefer eingesenkt sind, wäre er dem Lachen verfallen. Der heilige Ernst kann übergehen in den tierischen, der mit Hybris sich buchstäblich als Absolutes aufwirft und gegen alles wütet, was seinem Anspruch nicht sich fügt.« Das von Adorno beanstandete *Pathos des Absoluten* lebt in Deutschland auch nach Hitler fort, auch bis heute noch, sowohl links als auch rechts; ich sehe diesen Ungeist auch und gerade im Willkommensmantra der linken und grünen »Selbstgefälligen« (Heinrich August Winkler) als Gesinnung deutscher, global besorgter Gutmenschen, die heute mit Hybris einen moralischen Imperialismus in Europa betreiben.

Die zentrale Idee dieses Abschnittes lautet: Die auf die Spitze getriebene Irrationalität dieser Gesinnung, die als Propaganda der Indoktrination von den meisten deutschen Medien verbreitet wird, besteht darin, für den Mord an den Juden, also für den Holocaust, sühnen zu wollen, und zwar durch die Aufnahme von Flüchtlingen, aber dabei zu verschweigen, dass eben diese Personen einen neuen Antisemitismus mit sich nach Europa bringen. Welche Sühne? Welche Irrationalität!

Der Irrationalismus der deutschen Gutmenschen hat seinen Ursprung in der deutschen Tradition des *Pathos des Absoluten*. Dazu gehören gleichermaßen die Absolutismen des Bösen und des Guten. Lassen sich beide vergleichen? Hitler war ein Charakter, der in Deutschland zu jeder Zeit wieder auftreten kann. Der reale Hitler war ein Judenmörder als Ausdruck des bösen Absolutismus. Die Negation von Hitler innerhalb der Tradition der deutschen »Selbstvergötzung« im »Pathos des Absoluten« geschieht diesmal nicht bösartig, sondern in einem Geist der Gutmenschen. Diese haben auch ihren Absolutismus, den sie dem Rest der Menschheit als moralischen vorschreiben. Beide Absolutismen des Bösen und des Guten sind Extreme, und das Pendeln zwischen beiden kennzeichnet zwei Seiten derselben Medaille in Geschichte und Gegenwart Deutschlands. Eine Jury aus deutschen Sprachwissenschaftlern hat 2015 beschlossen, den Begriff »Gutmensch« als »Unwort des Jahres« anzuprangern. Wie? Ist es anstößig, über den Antisemitismus deutscher Gutmenschen aufzuklären? Vor 17 Jahren, also im Jahr 2000, hat dieses deutsche Gremium den von mir damals geprägten Begriff »Leitkultur« als »Unwort des Jahres« verfemt und moralisch gebrandmarkt. Statt Leitkultur als Wertekonsens grassiert seitdem die Wertebeliebigkeit der Gutmenschen. Der Widerspruch besteht darin, dass die kulturrelativistische Willkommenskultur in einem Pathos des Absoluten vorgetragen wird – eine weitere Irrationalität.

In den 2016 neu verfassten Teilen meines Buches *Europa ohne Identität?* kritisiere ich die deutsche Tyrannei der Gutmenschen, die hegemonial ein Narrativ aufzwingt und eine innere Zensur aufoktroyiert. Dies verhindert eine Aufklärung über den Import des Nahost-Antisemitismus als »zugewanderten Judenhass«: Es wird sofort der Vorwurf erhoben, fremdenfeindlich gegenüber den Flüchtlingen zu sein. Die sowohl islamischen als auch islamistischen Antisemiten werden als Antizionisten verharmlost, die vermeintlich nur Widerstand gegen politische Ungerechtigkeiten Israels in Bezug auf Palästina leisten wollen.

In Deutschland gibt es zwei konträre Traditionen: Einerseits die deutsche Aufklärungstradition mit Kants Begriff von der »Autonomie der Selbstverantwortung des vernünftigen Individuums«, so die Worte Adornos für die kantische Philosophie als Grundlage der westlichen Demokratie; andererseits gibt es ebenso die deutsche Tradition des *Pathos des Absoluten*, die sich heute in Form des absolutistischen Gutmenschen manifestiert.

In meiner oben zitierten Forschung brandmarke ich alle Formen des Antisemitismus ohne Ausnahme als Rassismus und übe auf diese Weise auch Kritik an kulturellen Aspekten des Islam, nämlich der Tendenz vieler Muslime zu einer antisemitischen Haltung. Im vorherrschenden deutschen Narrativ wird der Begriff *Kritik* negativ mit Anfeindung und Phobie, nicht mehr mit Reflexion und Vernunftgebrauch (man denke beispielsweise an die drei Kritiken Kants) verbunden. Hierdurch wird »Kritik« in Deutschland vielfach kontaminiert. So wird Islamkritik in diesem Rahmen mit Islamophobie gleichgesetzt. Eine Kritik am islamischen Judenhass wird als Islamkritik, d.h. als Islamophobie, abgewiesen.

Dieser deutsche Ungeist kommt auch in den Titeln einflussreicher Bücher zum Ausdruck, die da etwa lauten: »Die Panikmacher« über Islamkritiker und »Kritik und Terror«. Eine türkischstämmige Berliner Senatorin hat mit Impertinenz die Feststellung zurückgewiesen, dass der Antisemitismus tief in der Berliner Islam-Gemeinde verankert ist; sie bestreitet dies und argumentiert: »Antisemitismus ist deutsch und rechtsradikal«. Dies veranlasst mich zur Frage: Was haben die Deutschen aus ihrer Vergangenheit gelernt? Wollen wir diese Frage anhand des folgenden Berichts stellen und uns dabei das Gelübde »Nie wieder!« vergegenwärtigen.

In einem Artikel in der *Zeit* von Giovanni di Lorenzo aus dem Jahr 2015 berichtet er, dass seine Journalisten in Berlin folgendes herausfanden: Fünfzig Prozent der interviewten Syrer gaben sich als Hitler-Bewunderer aus. Das wundert mich als Syrer nicht. Di Lorenzo berichtet über eine Debatte in der Redaktion, bei der *Zeit*-Journalisten für eine Nichtveröffentlichung dieser Fakten plädierten, um die syrischen Kriegsflüchtlinge als »Minderheit« zu schützen. Und wer schützt die Juden vor dem neuen Antisemitismus? Glücklicherweise hat di Lorenzo sich nicht daran gehalten und die Fakten veröffentlicht. Ist also Hitler-Bewunderung nur verwerflich, wenn sie von einem Deutschen kommt? Gilt das Gelübde »Nie wieder!« nicht allgemein, also nicht für alle? Wie steht es mit den antisemitischen Armuts- und Kriegsflüchtlingen aus der Welt des Islam?

Nicht nur aus meiner oben angeführten Forschung über den Islamismus, sondern auch aus meiner Schulzeit in Damaskus, wo Judenhass zum Schulunterricht gehörte, weiß ich, dass die hunderttausenden Nahost-Flüchtlinge mehrheitlich Antisemiten sind. Es ist weder »Terror« noch »Panikmacher«, wenn man dies anspricht, darüber aufklärt und Kritik übt. Der Vorsitzende des Zentralrates der Juden in Deutschland, Josef Schuster, hat die Sorgen der deutschen Juden vor dem neuen arabischen Antisemitismus der eingewanderten Islamisten zum Ausdruck gebracht. Dies kam als eine Nachricht im ZDF, jedoch verbunden mit einem anschließenden Interview-Statement der Organisation Pro Asyl, bei dem ein Pro-Asyl-Funktionär unwidersprochen und unverschämt die deutschen Juden über Moral und Recht belehrte. Meine Reaktion ist schlicht: Pfui! Ich stehe dazu, dass Deutsche angesichts ihrer historischen Belastungen keine Legitimität haben, andere über Moral und Recht als Pflicht zu belehren, erst recht Juden nicht. Auch haben Deutsche kein Recht, ihren deutschen Sonderweg in der globalen Flüchtlingskrise anderen Europäern als »Solidarität« aufzuzwingen.

Die unkontrollierte Zuwanderung aus der Welt des Islam führt zur Zerstörung des europäischen Gemeinwesens. Ich wiederhole die Frage der Titelseite der *Zeit* vom 28.01.2016: *Sind die Deutschen verrückt? Oder ist es der Rest der Welt, der keine Flüchtlinge aufnimmt?* Das ist eine Frage, die das Schicksal Europas im 21. Jahrhundert betrifft.

In diesem Zusammenhang möchte ich eine Fachtagung des Sigmund-Freud-Instituts in Frankfurt am Main über »Migration, Flucht und Trauma« (März 2016) erwähnen. Dort habe ich ein Fachreferat gehalten, in dem ich einerseits Traumatisierung einräume, aber andererseits Fakten über drei Gefahren für Europa anführte. Diese Gefahren habe ich illustriert am Gegenstand der Flüchtlinge aus der Welt des Islam, die nach Europa folgendes mitbringen:

1. Judenhass,
2. eine Kultur der Gewalt, die keine klaren Linien zwischen Opfer und Täter kennt, eben deswegen, weil alle Akteure Gewalt anwenden,
3. eine patriarchalische, frauenfeindliche Kultur, von der Europäer in der Silvesternacht 2015/2016 einen Vorgeschmack erhalten haben.

Als Humanist und auch als Syrer lasse ich das Argument zu, dass viele dieser Flüchtlinge traumatisiert kommen und therapiebedürftig sind, lehne es aber strikt ab, aus der Anerkennung dieses Notstandes das Verständnis deutscher Gutmenschen für Judenhass, Gewalt und patriarchalische Frauenfeindlichkeit zu teilen. Mit dem Hinweis auf Traumatisierung darf man weder verharmlosen noch entschuldigen. Ein Trauma ist kein Freibrief für Judenhass. Flüchtlinge sind keine Engel, und ihr Fehlverhalten ist spezifisch gruppenkulturell und nicht als Einzelfall herunterzuspielen.

Meine Vorbehalte gegen demografische Lawinen aus der Welt des Islam artikuliere ich als ein muslimischer Syrer aus Damaskus, der sich alle Vorurteile gegenüber dem Islam verbittet, es aber für fahrlässig hält, die Augen vor den drei angeführten Gefahren zu verschließen, wie dies nur zu viele Europäer tun.

Der Antisemitismus-Forscher Manfred Gerstenfeld hat festgestellt: Im 21. Jahrhundert wurden alle in Europa begangen Morde an Juden, die getötet wurden, weil sie Juden waren, von Muslimen begangen. Auch diese Tatsache zeigt, dass es hier ein Problem gibt, das ernstgenommen werden muss. Gegen den islamischen Antisemitismus zu sein darf nicht als eine Haltung der Islamophobie diffamiert werden.

Ich schließe ab mit der Wiederholung der Auffassung meines jüdischen Lehrers Max Horkheimer von Europa »als einer Insel in einem Ozean der Gewaltherrschaft«. Auch wiederholte ich meine bereits in meinem Buch *Europa ohne Identität?* artikulierte Präferenz: Selbst Muslim, ziehe ich Europäisierung jeder Islamisierung vor. Zur Leitkultur Europas müsste die Ächtung *jedes* Antisemitismus gehören, egal, von wem er ausgeht. Wer sich diese Haltung nicht zu eigen macht, der erweist sich wahrlich als Holocaust-Leugner.

10. Konklusionen: Drei Voraussetzungen einer genuinen Integration: Erstens: Teilhabe an einer inklusiven europäischen *Citoyen*-Identität; zweitens: Eine europäische Leitkultur als ein auf einer Werteorientierung basierender zivilgesellschaftlicher Wertekonsens; und drittens: Förderung eines laizistischen Euro-Islam als Reform-Islam gegen die integrationsunwilligen Islam-Verbände

Dieser Abschnitt schließt an Abschnitt 7 mit den dort gemachten Empfehlungen an. Diese betreffen auch die europäische Leitkultur und den Euro-Islam. Um den von mir eingeführten Begriff *Leitkultur* fanden bereits zweimal unzulängliche Debatten statt, einmal mit großer medialer Aufmerksamkeit im Jahr 2000 und dann noch einmal in medial kleinerer Form 2015. Beide endeten weder mit einem Ergebnis noch mit einer Erhellung des Gegenstandes. In dem vorliegenden Buch argumentiere ich, dass ohne Bürgeridentität und europäische Leitkultur eine Integration zum Scheitern verurteilt ist. In diesem die Einführung abschließenden

Abschnitt will ich die Problematik der europäischen Leitkultur im aktuellen Kontext dieses Buches, das sich in Kapitel 8 mit dieser Thematik befasst, noch einmal aufgreifen.

Trotz aller bisherigen Kontaminierungen des Begriffes *Leitkultur* halte ich daran als Plädoyer für eine europäische Bestimmung fest. In diesem Kontext wird die Frage: »Wieviel Islam verkraftet Deutschland bzw. ganz Europa?« gestellt; dazu kommt eine weitere Frage, nämlich, ob ein demokratisches Gemeinwesen generell ohne einen Konsens über zentrale Werte, also gewissermaßen ohne Hausordnung, funktionieren kann. Für beide Fragen habe ich als islamischer Migrant zwei Konzepte entwickelt, die von vielen von der europäischen Wertebeliebigkeit befallenen Gesinnungsethikern verworfen werden. Diese Konzepte heißen: *europäische Leitkultur* und *Euro-Islam*, beide – wenn sie gelingen – könnten eine Basis für eine kulturelle Bürger-Identität als *citoyen* bieten. Europa kann nur mit einem europäisierten Reform-Islam, nicht mit einem auf der Scharia basierenden Kopftuch-Islam leben.

Als Islamforscher und bekennender, jedoch reformerisch und religionskritisch orientierter Muslim, der anstrebt, europäischer *citoyen* zu werden, weiß ich, dass nicht nur die religiös-politische Ideologie des Islamismus, sondern auch jeder schriftgläubige, an der Scharia orientierte orthodoxe Islam diametral entgegengesetzt zu allen europäischen Wertvorstellungen von laizistischer Demokratie, Pluralismus und individuellen Menschenrechten in einer Zivilgesellschaft steht. Weil es jedoch keinen Eintopf-Islam gibt, stellen sich Fragen: zum einen nach der Leitkultur, zum anderen danach, welcher Islam für Europa der richtige ist.

Gegen Multikulti-Ideologen argumentiere ich, dass Europa als Aufnahmekontinent, der seine Identität bewahrt, ein Recht darauf hat, Neuankömmlinge zu verpflichten, europäische Werte zu respektieren. Zudem sind diese Fragen nicht akademischer Natur; sie betreffen die Zukunft Europas und sein Schicksal: Bleibt Europa demokratisch auf der Basis des säkularen Rechts und der individuellen Freiheit, oder wird dieser Kontinent durch Islam-Respekt ein Scharia-Europa? Europäer sollten auf einem Mitbestimmungsrecht bei der Entscheidung über diese beiden Alternativen bestehen, von denen zudem ganz Europa – und nicht nur Deutschland –betroffen ist. Die Vehemenz der Problematik wird von den Zahlen über die Zuwanderung aus der Welt des Islam nach Europa 2015/2016 untermauert.

Die Zahl der Zuwanderer, die das Asylrecht instrumentalisieren – diejenigen, die abgelehnt werden, erhalten dennoch häufig ein Bleiberecht oder subsidiären Schutz – wird größer. Ende Juni 2016 lebten nach Angaben der Bundesregierung 550.000 abgelehnte Asylbewerber in Deutschland (s. *Zeit* vom 22.09.2016). Mit dem Recht auf Familienzusammenführung für Bleibeberechtigte (Familie bedeutet im Nahen Osten: Clan) werden Millionen folgen. In nur wenigen Jahren wird es hierdurch eine starke Vervielfachung dieser Zahl geben. Der *Spiegel*-Kolumnist Jan Fleischhauer hat zu Recht eine Verdoppelung der Größe der islamischen Gemeinde in Westeuropa in kurzer Zeit prognostiziert. Zurzeit umfasst diese Gemeinde EU-weit ca. 30 Millionen Muslime. Das stärkste Segment befindet sich in Frankreich mit acht Millionen, an zweiter Stelle kommt Deutschland mit fünf Millionen, die sich 2016 auf 6,5 Millionen erhöht haben.

Im Kontext dieser rasanten Entwicklung, auf die die Europäer nicht vorbereitet sind, stellt sich zwingend die Frage: Welche Werte bestimmen die Hausordnung für das Zusammenleben von ursprünglichen Bewohnern Europas und den neu hinzuströmenden Millionen muslimischer Flüchtlinge? Mit dieser Frage sind wir bei dem von mir in meinem Buch *Europa ohne Identität?* entwickelten Integrationskonzept der europäischen Leitkultur angelangt. Ich habe dabei den Begriff Leitkultur mit dem Adjektiv europäisch verbunden, weil es um die Identität Europas geht.

Was ist unter Leitkultur zu verstehen, und warum verbinde ich dieses Konzept mit kultureller Bürger-Identität? Leitkultur bedeutet nichts anderes als eine auf Wertvorstellungen basierende Hausordnung für ein Gemeinwesen in Europa. Mit Gemeinwesen meine ich eine vielfältige *citoyenneté / citizenry* und nicht das, was man in der deutschen Sprache »Volk« oder Staatsbürgerschaft nennt. Ohne das Vorherrschen einer solchen Leitkultur ergäben sich automatisch eine Wertebeliebigkeit und ein Verlust des inneren Friedens, auch und gerade, weil Muslime dann ihre eigenen Werte mitbringen, für die sie Geltung beanspruchen. Leider kultivieren viele Multikulti-Europäer im Namen von Toleranz und Vielfalt eine Werterelativierung, die nicht nur europäische Werte, sondern sogar die Identität Europas infrage stellt, ja sogar bedroht. Diese Problematik habe ich detailliert in *Europa ohne Identität?* besprochen.

Mein US-amerikanischer Kollege und Freund Francis Fukuyama hat in diesem Kontext die Frage gestellt: *Wer sind wir?* und folgendes geschrieben: Wenn Europäer eine Diskussion über die positiven Werte, die ihre Identität bestimmen, im Namen von Multikulturalismus unterbinden, dann werden sie verlieren. Wenn Europäer ihre Identität im Rahmen der Frage: *Wer sind wir?* nicht bewahren, dann werden sie, so Fukuyama weiter, »überwältigt werden von Menschen, die genau wissen, wer sie sind.« Die muslimischen neuen Bewohner Europas sind noch keine *citizens*; sie wissen genau, wer sie sind, und verfügen auch über eine Leitkultur, die sie in ihrem Neo-Absolutismus vertreten. Für viele dieser neuen muslimischen Migranten heißt diese Leitkultur Scharia, und sie fordern für sie im Namen von Multikulturalismus und Vielfalt Geltung in Europa. Die Scharia-Leitkultur basiert auf einem schriftgläubigen und orthodoxen Islam, der die islamische Identität wesentlich bestimmt. Nur ist diese Scharia-Leitkultur mit den Wertvorstellungen eines demokratischen Europas unvereinbar. Das ist ein Faktum und keine Meinung.

Daraus folgt ein Zivilisationskonflikt, und dieser ist alles andere als Huntingtons *Clash of Civilizations*, der dazu noch falsch mit »Kampf der Kulturen« ins Deutsche übersetzt wurde. In dem von Roman Herzog mitverfassten Buch *Preventing the Clash of Civilizations* (1999; deutsche Ausgabe: *Wider den Kampf der Kulturen* [2000]) argumentiere ich für kulturübergreifenden Brückenbau, jedoch ohne die europäischen Werte preiszugeben und den Zivilisationskonflikt zu übersehen. Durch einen kulturübergreifenden Wertekonsens, jedoch auf einer europäischen Grundlage als Leitkultur, ist es unumgänglich, dass islamische Migranten viele Konzessionen machen und einen reform-islamisch zu begründenden Verzicht auf das islamische Recht *(Scharia)* auf Gewalt *(Djihad Qital)* und auch auf aggressive Missionierung *(Da'wa)* ausdrücklich akzeptieren und so den inneren Frieden finden. Geschieht dies nicht, landen die neuen Migranten in den bereits bestehenden Parallelgesellschaften, die ich oben in Abschnitt 5 diskutiert habe.

In dem seit 2015/2016 hervorgetretenen Prozess der Völkerzuwanderung aus der Welt des Islam wirke ich als Vermittler und Mahner und betreibe Aufklärung, die weder Panikmache ist noch sein soll. Hierzu gehört mein Einsatz für die Trennung von Religion und Politik, die Akzeptanz der Werte der politischen Kultur der Demokratie wie etwa Pluralismus, individuelle Menschenrechte und säkulares Recht. Demokratie besteht nicht nur aus Wahlen; sie ist weit mehr als dies. Man muss sich in diesem Zusammenhang verdeutlichen: Hitler und Erdogan gelangten an die Macht durch Wahlen. Muslime müssen verstehen, dass Demokratie *eine politische Kultur* ist. Auch dies ist Inhalt der europäischen Leitkultur, die, ich betone es nochmals, in einem diametralen Widerspruch zur Scharia-Leitkultur sowohl des schriftgläubigen Islam als auch des Islamismus steht. Das ist genau der weltanschauliche Konflikt, ja, der Krieg der Weltanschauungen, von dem John Kelsay spricht, den ich oben in Abschnitt 5 zitiert habe.

Ich bin gegen Polarisierung und Konfrontation und stelle deshalb die Frage, wie der Islam mit der europäischen Werteordnung kompatibel gemacht werden kann. Ich bin ehrlich und räume ein, dass dies einen Wandel in der islamischen Weltanschauung durch religiöse Reformen unbedingt erfordert. Dazu gehört unter anderem die Akzeptanz der Geschlechtergleichheit zwischen Mann und Frau sowie die Gleichstellung von Nichtmuslimen und Muslimen. Muslime fühlen sich in ihrer Weltanschauung allen anderen moralisch überlegen. Die Scharia untermauert diese moralische Überlegenheit, und dies darf in Europa nicht zugelassen werden. Das islamische Scharia-Recht und seine Weltanschauung sind schlicht inkompatibel mit europäischen Grundideen; sie dürfen nicht schleichend eingeführt und zugelassen werden.

Für die islamischen Migranten nach Europa habe ich bereits im Jahre 1992 in Paris in meinem Policy Paper *Les Conditions d'une Euro-Islam* einen Ausweg aus dem Dilemma empfohlen. Dieses Paper wurde in dem Buch *Islams d'Europe* (1995) veröffentlicht. Man beachte hier die Pluralform von Islam, die betont, dass es einen Eintopf-Islam, einen einheitlichen, weltweit gleichförmigen Islam, *den* Islam, nicht gibt. Europa benötigt einen Islam der Integration – also einen Euro-Islam. Der Untertitel des Buches *Islams d'Europe* lautet: *Intégration ou Insertion communautaire*. Dies bedeutet Wahl zwischen Integration oder Bildung von Parallelgesellschaften. Eine genuine Integration erfordert eine europäische Leitkultur als Wertekonsens. Dies kann nicht erreicht werden allein durch Sprachkenntnisse, formale Beachtung der Gesetze und den Erwerb eines europäischen Passes. Es muss sich ein europäischer Islam herausbilden. In meinem in der *FAZ* im Dezember 1992 erschienenen Bericht über das oben angegebene Pariser Projekt habe ich in der Überschrift die sprachliche Formel für die Alternativen geprägt, nämlich: *Euro-Islam oder Ghetto-Islam.*

Einen Ghetto-Islam bilden die ca. 25 *Banlieues de l'Islam* um die Stadt Paris. Diese sind die markantesten Beispiele einer Parallelgesellschaft. Die dort lebenden jugendlichen Muslime sprechen fließend Französisch, besitzen französische Pässe und sind dennoch Anhänger des djihadistischen Islamismus und hassen Europa. Nur die Einbeziehung in eine europäische Leitkultur und in einen europäisch gedeuteten Islam kann eine Werteordnung bieten, die Integration in ein demokratisches Gemeinwesen garantiert. Multikulti-Europäer und Kulturrelativisten, die dies ablehnen, fördern die bestehenden Parallelgesellschaften und dulden ihr sprunghaftes Wachstum durch die neue »demografische Lawine« nach Europa. Das Erstaunliche ist, dass diese kulturrelativistischen Europäer den Forderungen der Islamisten in genau diesem Punkt zustimmen: Ihre eigene politische Kultur soll in Europa als Rahmen für Identitätsbildung gepflegt und bewahrt werden. Das ist ein Widerspruch gegen die zivilisatorische Identität Europas, der nicht zugelassen werden darf, wenn man zu dieser Identität stehen will.

Die linken und grünen Argumente gegen eine europäische Leitkultur unterstellen eine Hegemonie der Kultur der Aufnahmegesellschaft, verbunden mit Zwang und Bevormundung. Das ist gleichermaßen falsch wie kontraproduktiv. Es geht einzig und allein um die Inklusion der Muslime in Europa als *citoyens*. Das ist Inklusion, also genau der Gegensatz zu Exklusion. Eine angestrebte Inklusion ist jedoch nur durch eine Europäisierung des Islam im Rahmen einer europäischen Leitkultur möglich. Zur Integration islamischer Migranten als *citoyens* eines europäischen Gemeinwesens bedarf es eines Wertekonsenses. Gemeinsam geteilte Werte ermöglichen den Muslimen, zu Europa zu gehören. Mit dieser Argumentation ist der Zusammenhang zwischen europäischer Leitkultur und dem auf dem Reform-Islam beruhenden Euro-Islam deutlich geworden.

Wenn deutsche linksgrüne Ideologen eine europäische Leitkultur sowohl für Deutsche als auch für islamische Migranten als »Hirngespinst« abweisen, wie ein Frankfurter Philosophieprofessor es bei den 44. Römerberggesprächen tat, dann übersehen sie, dass muslimische Migranten ihre eigene Leitkultur mit sich bringen und auch im Namen der Religionsfreiheit Geltung hierfür in Europa fordern. Diese Ideologen rechnen zum Minderheitenschutz auch den Schutz ihrer Gesinnung und somit praktisch ihrer eigenen Leitkultur. Das bedeutet im Geiste Horkheimers den Niedergang Europas als »Insel der Freiheit in einem Ozean der Gewaltherrschaft«. Auf diese Weise erweist sich der kritisierte Kreis als »Feind der offenen Gesellschaft«, um den Begriff von Popper heranzuziehen. Zusammenfassend möchte ich festhalten, dass eine Integration auf der Basis einer europäischen Leitkultur nur dann möglich ist, wenn muslimische Migranten bereit sind, Europäer zu werden. Auch Europäer müssen sich verändern und Muslime als Mitbürger behandeln, also nicht als Fremde ausgrenzen. Muslime können hierzu beitragen, indem sie die Bereitschaft erbringen, als europäische Bürger und nicht als Vorkämpfer der missionarischen Islamisierung zu agieren. Beide Parteien müssen die eigenen Selbst- und Fremdbilder einem Wandel unterziehen. So müssen Muslime nicht nur ihr Feindbild vom »Europa der Dekadenz« aufgeben, sondern auch ihre Selbstbilder der moralischen Überlegenheit. Genuine Integration im Rahmen einer europäischen Leitkultur ist die Friedenslösung. Daran müssen Europäer und Muslime gemeinsam arbeiten. Gelingt dies nicht, wird Europa einen hohen Preis zahlen, nicht nur finanziell. Ich bin kein Panikmacher, aber ich warne davor, dass eine Verdopplung der Größe der islamischen Gemeinde in Europa bei zugleich fehlender Integration beängstigende sicherheitspolitische Konsequenzen für diesen Kontinent zeitigen wird. In Europa könnte ein Staatszerfall entstehen, also das, was heute in Syrien, im Irak oder in Libyen passiert. Diese Länder haben zerrüttete Gemeinwesen, dort gibt es keine Leitkultur mehr außer jener der Gewalt. Muslime töten einander, weil das Gemeinwesen ihrer Gesellschaft fragmentiert ist. Europa sollte Entwicklungen unterbinden, die in Europa im Namen der Multikulti-Ideologie in diese Richtung bringen.

Eine Vielfalt im Rahmen von Kulturrelativismus ist zugunsten eines Kulturpluralismus abzulehnen, um Europa zu retten. Respekt für andere Kulturen ist nur im Rahmen einer europäischen Leitkultur zuzulassen, weil Wertebeliebigkeit in Verbindung mit massiver islamischer Zuwanderung das Ende Europas bedeuten würde. Lassen wir alle Sprachspielchen beiseite und sprechen klar und deutlich: Der postmoderne Begriff *Diversity* meint nicht Vielfalt im Rahmen eines Pluralismus, sondern die Abschaffung der Aufnahmegesellschaft im Rahmen der Reduktion der Bevölkerung auf einen Zusammenschluss von Minoritäten, die je ihre eigene Kultur haben. Die Folge lautet klar: nicht nur keine Leitkultur, sondern auch kein Gemeinwesen.

EINLEITUNG

Muslime im Westen nach der Kriegserklärung vom 11. September: Globalisierung, Migration, Terrorismus und Sicherheitspolitik im 21. Jahrhundert

Als der Kriegsakt islamischer Fundamentalisten in New York und Washington stattfand, war dieses Buch fast fertiggestellt. Es wurde danach in Teilen neu geschrieben. Seine zentrale These lautet, dass die Globalisierung in ihrer neuen Form seit dem Ende des Ost-West-Konfliktes Entgrenzung mit sich bringt, wodurch sie unkontrollierte Migrationsströme von Süd nach Nord zur Folge hat. Ich bezeichne diese Ströme als Zuwanderung, das heißt ungesteuerte Migration, zu deren Begleiterscheinungen die Einfuhr von Sicherheitsrisiken und Konfliktpotentialen gehört. Die Ereignisse in New York und Washington haben meine Einschätzung bestätigt. Gegen viele Migrationsforscher argumentiere ich in allen Teilen dieses Buches, und besonders im ersten Kapitel, dass es möglich ist, die Migration politisch zu steuern und somit die unkontrollierte Zuwanderung in eine auf allen Ebenen regulierbare und sicherheitspolitisch ausbalancierte Einwanderung zu verwandeln.

Die Terroranschläge vom 11. September in New York und Washington wurden – wie von amerikanischen Einwanderungsbehörden eingeräumt – auch durch die großzügigen Bestimmungen der Migration und entsprechenden Gesetze sowie durch die Freiräume, die der Multikulturalismus[1] bietet, ermöglicht. Hierdurch erhält die Perspektive dieses Buches zusätzliche Untermauerung. Wie in der Vorrede angeführt, wurde die Struktur des vorliegenden Buches beibehalten, wenngleich alle Kapitel im Lichte des 11. Septembers aktualisiert wurden und diese Einleitung neu entstand. Die nach der Tragödie verbreitete und auch hier verwendete Formel »die Welt ist nach dem 11. September 2001 nicht mehr dieselbe« betrifft vor allem die Beziehungen zwischen den Kulturen und Zivilisationen in einer entgrenzten Welt, zu der auch Migrationsströme gehören. An diesem Tag ist ein Angriff auf die westliche Zivilisation erfolgt. So war er von der islamistischen Bin Laden-Connection konzipiert, und so ist er von den USA und ihren Verbündeten verstanden worden. Bundestagspräsident Thierse hat in Harvard in einer öffentlichen

Rede gesagt, dass in New York »ein Angriff auf das Herz unserer Zivilisation, gegen unsere Werte« erfolgte.

Neue Erkenntnisse über Migration, Terrorismus und Sicherheit

In Anbetracht einer durch Terror herausgeforderten westlichen Zivilisation, zu deren wesentlichen Merkmalen Demokratie und Säkularität zählen, wird Migration in den Westen aus nichtwestlichen Kulturen nicht mehr wie bisher verlaufen können. Der Anschlag durch die global vernetzte islamistische Bin Laden-Connection war mehr als ein einfacher Akt des Terrorismus; er war grundsätzlich als eine Kriegserklärung des Islamismus an die westliche Zivilisation gedacht. Bin Laden nannte ihn in seiner vom Sender *al-Jezira* in Qatar ausgestrahlten *Djihad*-Rede einen Krieg zwischen *Iman*/Glauben und *Kufr*/Unglauben. Die Begriffe stammen von Sayyid Qutb und bedeuten: Islam gegen Westen.[2]

In diesem Buch – und in allen meinen Schriften – unterscheide ich stets zwischen Islam als Religion und Zivilisation auf der einen Seite und Islamismus als politischer Ideologie des religiösen Fundamentalismus auf der anderen. Der geistige Vater von Bin Laden, der zitierte Qutb, ist der Vordenker dieser politisch-religiösen Strömung innerhalb der islamischen Zivilisation seit Mitte des 20. Jahrhunderts.[3] Bin Laden ist kein einzelner Psychopath oder religiöser Fanatiker; er repräsentiert eine Strömung, die auch in der Diaspora der Migration ihr Netz besitzt. Das Bin Laden-Netz des Islamismus[4] hat in zweifacher Weise die bestehenden Strukturen der Migration ausgenutzt: 1. die offenen Grenzen des Westens, die die Mobilität der Terroristen erleichtern und 2. den Multikulturalismus. Letzterer bedeutet nicht, wie von seinen Befürwortern in Deutschland behauptet wird, »kulturelle Vielfalt«. Diese wäre unter den Begriff des kulturellen Pluralismus (vgl. Kapitel 5 und 6 unten) zu fassen und versteht sich eben gerade nicht als Multi-Kulti. Wie die amerikanischen Urheber des Multikulturalismus argumentieren, geht es um *»free space/*Freiraum*«* für Diasporakulturen der Migranten. Genau in diesem Freiraum bewegten sich die islamistischen Terroristen wie Fische im Wasser. Dies sowie die offenen Grenzen machten es möglich, dass die Operation der Bin Laden-Connection vorbereitet und mit großem Erfolg durchgeführt wurde. Wer diese Fakten nicht anerkennt, versteht die sich seitdem verändernde Welt nicht und hat keinen Sinn für die Wirklichkeit! Vor allem können jene, die sich gegen diese Erkenntnis sperren, sich nicht aufrichtig dem Kampf gegen den Terrorismus anschließen.

Dieses Buch lag schon Anfang September in seinen zentralen Aussagen vor; der 11. September hat seine Thesen bestätigt. Nach der Kriegserklärung an die westliche Zivilisation durch die Islamisten musste ich nur gewisse Aktualisierungen vornehmen, aber an keiner Stelle inhaltliche Änderungen bei meinen Schlussfolgerungen vornehmen. Beim oberflächlichen Leser könnte der Eindruck entstehen, dieses Buch wäre erst nach der Tragödie von New York und Washington geschrieben worden. Dies trifft nicht zu. Der Text mit den Thesen ist nämlich im Zeitraum von 1999 bis 2000 entstanden. Darin spreche ich unter anderem den Bedarf nach politischer Steuerung der Migration für Deutschland an; dieser ist heute noch erheblich größer bei uns als in den USA. Denn Deutschland ist im Gegensatz zu dem traditionellen Einwanderungsland USA nichts anderes als ein Zuwanderungsland. Das ist auch der Grund dafür, warum islamistische Terroristen – wie eine große amerikanische Zeitung anklagend schreibt – *»a haven in liberal and open Germany«*[5] für ihre Arbeit gefunden haben. Im Bericht ist zu lesen:

»Das allgegenwärtige Bewusstsein der totalitären Vergangenheit im Nachkriegsdeutschland hat zu einer Offenheit und Lockerheit im Hinblick auf Gefahren der Sicherheit beigetragen, die Deutschland zu einem idealen Ort für ›Schläfer‹ gemacht hat, an dem diese sich integrieren und andere rekrutieren können. Im Gegensatz dazu ist Frankreich scharf gegen den Terrorismus vorgegangen.«

Der Kriegsakt vom 11. September wurde von Deutschland aus mitvorbereitet. Es wird generell nach der Feststellung der Rolle Mohammed Attas als mutmaßlichem Anführer und Terrorpiloten berichtet, »dass das FBI mittlerweile davon ausgeht, dass die Selbstmordanschläge hauptsächlich in Deutschland geplant wurden«[6]. Ich habe mehrfach mit Deutschen gesprochen, die dies anzweifeln. Meinungen kann man bestreiten, nicht aber Fakten. Diese veranlassen mich in dieser – nach dem 11. September geschriebenen – Einleitung, davon auszugehen, dass die europäische Bin Laden-Zentrale sich in Deutschland befindet. Wie oft bin ich als liberaler Muslim von deutschen Gesinnungsethikern angefeindet worden, weil ich schon sehr früh vor den Gefahren der Multi-Kulti-Toleranz gegenüber dem Islamismus gewarnt habe. Nur wenige waren bereit, mir zuzuhören. Heute werde ich von den Ereignissen und entsprechenden Befunden mehr als bestätigt. Ich verteidige den Islam gegen den Islamismus. Deutsche Multi-Kulti-Gesinnungsethiker haben vor dem 11. September den Islamismus gegen meinen Euro-Islam verteidigt.

Bestimmte Deutsche, die Andersdenkenden lieber mit Keulen, statt mit Argumenten antworten, werden es nach dem 11. September 2001 schwerer haben. Ich verhehle meine Genugtuung darüber nicht, dass es nicht mehr möglich sein wird, die Mahner zu verfemen, nachdem islamistische Terroristen im Rahmen einer irregulären Kriegsführung der westlichen Zivilisation den Krieg erklärten. Es ist zu hoffen, dass die angesprochenen Gutmenschen nicht mehr länger die Migrationsdebatte bestimmen und damit erfolgreich sind, Andersdenkende auszugrenzen. Durch den Kriegsakt von New York und Washington wurde eine logistische Verbindung zwischen dem Land der fundamentalistischen Taliban, also Afghanistan, und Teilen der Islam-Diaspora im Westen offensichtlich. Diese noch weitere Länder einbeziehende Verbindung hat den Namen Bin Laden-Connection bekommen. In allen westlichen Ländern – und hier ist die Bundesrepublik Deutschland keine Ausnahme – wird ein Zusammenhang zwischen Migrations- und Sicherheitspolitik bei der Revision bisheriger Einwanderungsbestimmungen sowie bei jeder Legislation neuer Gesetze im Bereich der Migration erkannt. Bundesinnenminister Schily hat ohne Rücksicht auf ideologische Schelte die Verknüpfung zwischen Sicherheit und Einwanderung als Richtlinie zukünftiger Gesetzgebung entworfen.[7] Diese Zusammenhänge bestimmen den Aufbau dieses Buches. International, wenngleich nicht in Deutschland, war der *Zu*sammenhang zwischen Migration und Sicherheit auch schon vor dem 11. September anerkannt.

Bereits in einem 1995 erschienenen und laut Vorwort vor der Publikation im Grundriss an der Abteilung für Internationale Beziehungen der Universität Göttingen vorgestellten Buch unter dem Titel *The Global Migration Crisis* hat der einige Jahre später verstorbene renommierte MIT-Politikwissenschaftler Myron Weiner argumentiert, dass Migration die Aufnahmegesellschaften nicht nur – auf allen Ebenen – bereichere; diese sei auch mit Problemen der Sicherheit verbunden. Myron Weiner stammt selbst aus einer jüdisch-baltischen Migrantenfamilie, die durch die Flucht in die USA dem Holocaust entkommen ist. Weiner kritisiert die Konzentration der Migrationsstudien auf Ökonomie und Demographie, während alle politischen Fragen, vor allem die der Sicherheitsproblematik, ignoriert würden. Myron Weiner ist der erste Migrationsforscher, der dem Zusammenhang von Migration und Sicherheit ein ganzes Kapitel widmet. Diese Studie wirkt heute im Nachhinein beinahe prophetisch. Myron Weiner definiert Sicherheit so: *»Security«* gehöre zu den Aufgaben einer Regierung, um das Territorium und die Bevölkerung des eigenen Staates gegen Gefahren zu schützen. Dabei gehe es um »Stabilität ..., das Wohlergehen sowie die zentralen Werte eines Landes«[8].

In diesem Sinne ist die Zuwanderung islamischer Fundamentalisten nach Europa eine Bedrohung der Sicherheit, für Europa und Nordamerika gleichermaßen. Weiner führt eine Fülle von Beispielen weltweit an, um seine These zu veranschaulichen und dann zu schlussfolgern, dass Zuwanderer in den angeführten Fällen »terroristische Attacken in den Gastländern ausgeführt, illegal Waffen geschmuggelt haben, ... sich gegen die Politik des Gastlandes zusammengeschlossen haben und in Drogenhandel verwickelt waren« (Seite 139).

Eine konzeptuell abgesicherte und somit gesteuerte Einwanderungspolitik, die sich diese Gefahren bewusst macht, stellt Sicherheitspolitik an die oberste Stelle ihrer Belange und ist somit in der Lage, die angeführten Begleiterscheinungen präventiv zu verhindern.

Deshalb gehört zur Sicherheitspolitik eines jeden Migranten aufnehmenden Landes, die Zuwanderer und Asylanten bei »ihrem Asylantrag« in zweierlei Hinsicht zu überprüfen, also nicht nur »ob sie eine wohlbegründete Angst vor Verfolgung haben, sondern auch ob ihre Anwesenheit möglicherweise eine Gefahr für das Gastland darstellt ... Diese Befürchtungen sollten zur Kenntnis genommen werden und sind nicht unbegründet, besonders im Kontext des zunehmenden internationalen Terrorismus« (S. 139–140).

Ich weiß nicht, ob Bundesinnenminister Otto Schily Weiner gelesen hat. Seinen Kritikern, die sich mehr Sorgen um das »Feindbild Islam« als um die Sicherheit ihrer Demokratie gegen den Terrorismus machen, sei die Lektüre empfohlen.

Am 11. September 2001 wurde der Zusammenhang zwischen Einwanderungs- und Sicherheitspolitik empirisch auf dramatische Weise veranschaulicht. Heute können wir diesen Zusammenhang nicht mehr übergehen. Er muss und wird in Zukunft jede Migrationspolitik entscheidend mitbestimmen.

Zu den in New York und Washington agierenden Terroristen, die alle arabische Islamisten aus der *al-Qaida*-Bin Laden-Connection waren, gehörten drei, die aus Deutschland kamen und sogar die entführten Flugzeuge als Terrorpiloten steuerten. Ich habe seit Jahren auf die Gefahren des Islamismus aufmerksam gemacht und war bemüht, über die Versuche der Islamisten, die Islam-Diaspora zu »hijacken«, aufzuklären. Durch diesen Missbrauch wollten sie die Diaspora-Kultur und ihre Moschee--Vereine für sich nutzen, um sich frei wie ein Fisch im Wasser zu bewegen. Statt meiner Aufklärung zuzuhören und meiner Alternative zum Islamismus, also Euro-Islam statt Taliban-Islam[9] zu beherzigen, bin ich massiv angefeindet, ja sogar verfemt und in die »rechte« Schublade der Ausgrenzung und Einordnung Andersdenkender gesteckt worden. Zu den Verfemungen gehörten Vorwürfe wie »Generalverdacht gegen Muslime« (*F.A.Z.* vom 8. Januar 2001) und »Fußkranke und Ein-Mann-Sekte Bassam Tibi« (*Süddeutsche Zeitung,* 15. Februar 1999); beide Zeitungen haben meine Bücher über den Islamismus ignoriert. Zur Gesinnungsethik deutscher Gutmenschen gehörte auch die Einordnung meiner Ideen in Huntingtons »Kampf der Kulturen«, obwohl weder mein Harvard-Kollege noch ich diesen Begriff je verwendet haben. Huntington spricht von »Clash of Civilizations«, also vom »Zusammenprall der Zivilisationen«. In meinem Buch zur Thematik der Zivilisationskonflikte beschäftige ich mich in einem ganzen Kapitel damit, die Unterschiede zwischen Huntington und mir deutlich zu machen.[10] Kurz: Das auf Werte und Anschauungen unterschiedlicher Kulturen bezogene Konfliktpotential ist alles andere als ein Kampf der Kulturen. Und dieser Zivilisationskonflikt wird in dem vorliegenden Buch über islamische Zuwanderung beleuchtet, weil dieser Gegenstand zu jeder tabufreien Debatte über Migration gehört. Der 11. September 2001 ist der Scheidepunkt.

In dieser Einleitung und den daran anschließenden Kapiteln will ich im Lichte der Tragödie von New York und Washington den Terrorismus im Zusammenhang von Migration und Diaspora-Kultur näher erläutern. Ich will zeigen, wie ernst die Frage der Integration der Einwanderer zu nehmen ist. Integrierte Muslime würden sich nicht in solche *Djihad*-Abenteuer des Terrorismus verwickeln lassen. Integriert sein heißt allerdings nicht das, was deutsche Politiker darunter verstehen: nur Deutsch sprechen und formaljuristisch durch die Ausstellung eines Passes eingebürgert sein. Zwei Piloten der Todesflugzeuge, die das World Trade Center zerstörten und etwa 3400 unschuldige Menschen töteten, kamen aus Hamburg und sprachen fließend Deutsch. Zwei ihrer Hintermänner, so der Deutsch-Marokkaner Said Bahaji, waren sogar Inhaber von echten deutschen Pässen, also formaljuristisch deutsche Bürger, die dem Westen den Krieg erklären, weil sie seine europäische Leitkultur ablehnen. Integration heißt, eine säkulare Bürgeridentität und die dazugehörige Leitkultur als Werteorientierung zu akzeptieren.

Nach dem 11. September wird auch der Multikulturalismus in neuem Licht gesehen (vgl. Anm. 1). In den USA ist er schon totgesagt worden. Multi-Kulti-Ideologen irren, wenn sie Multi-Kulti mit kultureller Vielfalt verwechseln, ja gleichsetzen. Das ist falsch, wie ich in den Kapiteln 6 und 7 zeige. Nichts anderes als die Gewährung eines Grundrechts auf *»free space for migrant cultures/*freier Raum für Migrantenkulturen« innerhalb westlicher Gesellschaften meinen die Urheber des Konzepts, das in Amerika entstand. In der amerikanischen Multi-Kulti-Debatte vor dem 11. September 2001 wurden die Grundrechte der Kollektive großgeschrieben auf Kosten des westlichen Konzepts der individuellen Menschenrechte. Aber genauso wie der Multikulturalismus in Amerika geboren wurde, fand er dort am 11. September sein Ende; islamistische Terroristen haben mitgeholfen, sein Ende herbeizuführen. Sie missbrauchten die Migration, die ihnen Freiraum für politische Aktivitäten bot, sowie auch die Islam-Diaspora. Sie nahmen westliche Freiheiten in Anspruch, um der westlichen Zivilisation, die ihnen Schutz bot, den Krieg zu erklären.

Die Selbstverleugnung[11] der Multi-Kulturalisten nahm die Form der Wertebeliebigkeit an, die aber nach dem 11. September jeden Bestand verloren hat. In diesem Licht müssen wir erneut über alles, und zwar ohne multi-kulturelle PC-Zensur nachdenken. Bin Laden wollte eine zivilisatorische Konfrontation zwischen der westlichen und der islamischen Zivilisation herbeiführen. Kurzfristig gesehen haben die *Djihad*-Soldaten der Bin Laden-Connection großen Schaden angerichtet, aber sie haben dabei den Ast, auf dem sie saßen, abgesägt. Denn in Zukunft scheint es nicht mehr möglich zu sein, dass die Islamisten im Westen einen Freiraum als Grundrecht beanspruchen können. Weltweit, und besonders in Europa, werden ihre »Zellen« erkundet und hoffentlich ausgeräumt. Es mag sein, dass Deutschland seine Sonderwege pflegt und einen Kalif der Muslime, nämlich Metin Kaplan, wie zuvor seinen Vater Cemalettin Kaplan duldet. Andere westliche Länder tun dies nicht.

Trotz einer islamischen Diaspora-Kultur von vier Millionen Migranten in Frankreich scheint die Bin Laden-Connection dort im Gegensatz zu fast allen europäischen Ländern, in denen ansässige Islamisten mit den Anschlägen in New York in Verbindung gebracht wurden, kaum Fuß gefasst zu haben. Die Franzosen haben stets eine klare Position bei der

Alternative *»intégration ou insertion communitaire/*Integration oder Ghettobildung«[12] eingenommen. In Paris 1992 habe ich mit meinem Konzept des »Euro-Islam« zu der Beantwortung dieser Frage beigetragen.[13] So hat auch das britische *Time Magazin* in der Ausgabe vom 24. Dezember 2001 mich als Urheber des Konzeptes vom Euro-Islam ausgegeben. Im Umgang mit dieser Problematik kommt in Europa Großbritannien an zweiter Stelle. Nach jahrelangen Versäumnissen hat man dort im Frühjahr 2001 den *British Terrorism Act* verabschiedet, der zu einer strafrechtlichen Verfolgung islamistischer Terroristen autorisiert. Auf dieses Gesetz werde ich in dieser Einleitung noch näher eingehen. Nach dem 11. September 2001 kam dieses Gesetz zur Geltung, als der Migrant Lotfi Raissi verhaftet wurde, der den Terrorpiloten Logistik und Ausbildung in Großbritannien ermöglicht hatte. Auch Belgien ist aktiv: »Die belgische Polizei hat mögliche Verbindungen zum terroristischen Netzwerk von Osama bin Laden in ganz Europa aufgedeckt.«[14]

Derjenige, der allen Erkenntnissen zufolge die gesamte Operation leitete und selbst als Terrorpilot wirkte, war der Ägypter Mohammed Atta, der aus der Hamburger Islam-Diaspora kam. Wie stets in der Geschichte, waren die Deutschen auch hier die »verspätete Nation«[15]. Ihre Sicherheitsbehörden und Justiz waren bei der Entdeckung der »Schläfer« selbst Schläfer, wie ich in dem Nachrichtenmagazin *Focus* verdeutlichte.[16]

Anklage gegen »Feindbild Islam« als Aufklärung oder Schutzschild für Islamisten?

Natürlich gibt es im Westen ein »Feindbild Islam«[17], ebenso wie es unter Muslimen ein »Feindbild Westen«[18] gibt. Den Islamisten diente die Keule »Feindbild Islam« als Waffe bei den historisch belasteten Deutschen, um einen Freiraum für sich zu schaffen und ihre Kritiker zum Schweigen zu bringen. In den westlich-islamischen Beziehungen gibt es Fremd- und Selbstbilder auf beiden Seiten, die ausgewogen angesprochen werden müssen.[19]

Wie können wir dies, ohne dem »Feindbild Islam« zu verfallen, erreichen? Welche europäische Perspektive benötigen wir gegen den Missbrauch Europas als Hinterland für die politischen Aktivitäten des Islamismus? Der erste Schritt wäre, zwischen Islam und Islamismus zu unterscheiden, um aufklären zu können. Toleranz dem Islam, aber wehrhafte Demokratie dem Islamismus.[20] Ist das möglich?

Folgende Anekdote veranschaulicht das Problem: Einem deutschen Doktoranden der Rechtswissenschaften, der zum Thema Menschenrechtsverletzungen arbeitet und mich um Rat ersuchte, gab ich den folgenden Kommentar: »Die Islamisten verletzen Menschenrechte, verbieten sich aber jegliche Kritik, indem sie Andersdenkende verdächtigen, ein Feindbild vom Islam zu schüren, und diesen vermeintlichen Antiislamismus dem Antisemitismus gleichstellen.« Und dann habe ich die Frage hinzugefügt: »Mit welchem Recht instrumentalisieren diese Islamisten die Leiden der Juden unter NS-Verbrechern für sich, obschon viele von ihnen selbst Antisemiten sind?« Daraufhin antwortete der junge und unbescholtene, ja sehr aufgeschlossene deutsche Doktorand: »Sie sind ein Muslim und können so frei sprechen; wenn ich dieselben Worte wie Sie verwende, werde ich von diesen Leuten als ›Nazi-Schwein‹ beschimpft.«

Oft werden Juden und Muslime in Deutschland als Minderheiten auf die gleiche Stufe gestellt – nicht immer in guter Absicht; dabei werden oft falsche Schlussfolgerungen mit politischer Motivierung gezogen. Richtig ist an diesem Vergleich nur, dass die Deutschen vor 1933 es nicht geschafft haben, die Juden als gleichberechtigte deutsche Bürger im Sinne von *citoyen* zu integrieren. Das Ergebnis waren die NS-Verbrechen. Genauso gelingt es den Deutschen heute nicht, die Muslime zu integrieren. Aber die Bundesrepublik Deutschland ist im Gegensatz zum Dritten Reich eine westliche Demokratie; diese bietet auch den Muslimen Schutz. Dieser darf aber im Lichte der Lehren des 11. September nicht dazu dienen, dass die in der Diaspora lebenden Islamisten Religionsfreiheit als Schutzschild missbrauchen.

Ich wiederhole die Feststellung: Bisher diente der Vorwurf »Feindbild Islam« als Schutzschild für die Islamisten. »Feindbild Islam« und Antisemitismus werden auf die gleiche Stufe gestellt. Die Fakten stehen im Widerspruch zum Vergleich der Situation von Juden und Muslimen in Europa. An erster Stelle ist die Tatsache zu nennen, dass die Bundesrepublik im Gegensatz zu Weimar eine stabile, voll in den Westen integrierte Demokratie ist, die Schutz für Muslime und Juden gleichermaßen bietet; außer dem peripheren Rechtsradikalismus der Neonazis besteht für Minderheiten im demokratischen Deutschland keine Gefahr, weil der Rechtsstaat sie schützt. Außerdem ist zu berücksichtigen, dass die Juden vor 1933, im Gegensatz zu den muslimischen Migranten, kulturell deutsche Europäer waren. In Israel habe ich viele deutsche Juden kennengelernt, die deutsche Sitten und Umgangsformen intensiver pflegten als die mir in Deutschland vertrauten Deutschen. Deutsche Juden waren 1933 keine Fremden, erst die Nazis haben sie zu solchen gemacht.

Damals gab es in der jüdischen Gemeinde Deutschlands auch keine Rechtsradikalen, die mit den Islamisten unter den heute in Deutschland lebenden Muslimen vergleichbar gewesen wären; Juden hatten bekanntlich zudem auch keine Vision von einer Judaisierung Deutschlands. Die Islam-Diaspora in Deutschland so wie im Rest Westeuropas stellt sich ganz anders dar; sie stammt kulturell aus einer Vielzahl unterschiedlicher Lokalkulturen in Asien und Afrika. Entsprechend haben muslimische Migranten völlig andere Werte und Normen sowie zivilisatorische Weltbilder als die Deutschen oder andere Europäer. Hieraus erwachsen Zivilisationskonflikte; diese werden von den Islamisten politisiert.

Trotz des latenten Antisemitismus der Deutschen waren die etwa 566 000 deutschen Juden vor 1933 kulturell Teil des Gemeinwesens in Deutschland. Dies trifft für die 3,5 Millionen Muslime, die heute in der Bundesrepublik leben, zu einem überwiegenden Teil nicht zu.[21] Sie sind untereinander kulturell sowie religiös fragmentiert; ihre Zahl wird sich, Vorhersagen zufolge, bis Mitte des Jahrhunderts verdreifachen. Was ist zu tun, damit diese Diaspora nicht als multi-kultureller »Freiraum«, sprich als ein trojanisches Pferd zur Islamisierung Europas von den Islamisten missbraucht wird?

Zur Begriffsbestimmung müssen wir erst einmal zwischen Islam und Islamismus unterscheiden. Der Islam ist eine – wenn auch leider nur in Grenzen – tolerante Religion; nach Aufgabe ihrer theologischen Dominanzansprüche gegenüber anderen Religionen kann sie im Rahmen eines religiösen Pluralismus einen gleichberechtigten Platz in Europa einnehmen. Eine unabdingbare Voraussetzung des Pluralismus ist das Gleichheitsprinzip als unwiderrufbare Spielregel und zugleich Norm (vgl. den dritten Teil). Nur ein Reform-Islam wird diese Voraussetzung erfüllen können.

Der Islamismus dagegen ist eine politische und rechtsradikale Ideologie, die weder Toleranz noch Säkularität anerkennt. Auch ein orthodoxer Islam ist mit seinen *Schari'a*-Vorstellungen schwer mit dem Grundgesetz vereinbar. Islamisten sind bestrebt, jede auf Reform abzielende Religionskritik am Islam sowie die Unterscheidung zwischen Islam und Islamismus als »Feindbild Islam« zu verfemen. Vor allem protestantische

Kirchenväter tappen naiv in diese Falle. Es ist zu hoffen, dass dies nach dem 11. September nicht mehr geschieht.

Vor den Anschlägen in New York und Washington waren die Schänder der Synagogen in Düsseldorf und Essen im Oktober 2000 Islamisten wie die Terroristen von New York und Washington 2001. Als zunächst vermutet wurde, die Täter von Düsseldorf seien deutsche Rechtsradikale, reiste der Bundeskanzler an und rief zu einem »Aufstand der Anständigen« auf. Als die deutschen Behörden ermittelten, dass die Täter keine Deutschen, sondern Islamisten waren, wurde der Aufruf des Kanzlers nicht wiederholt. Der Angriff durch Islamisten auf den Berliner Reform-Rabbiner Rothschild, der mit mir den jüdisch-islamischen Dialog führt, veranlasste die CDU-Ausländerbeauftragte in Berlin in einem Interview (*SZ* vom 16. Januar 2001) zu der Aufforderung, den Fall nicht hochzuspielen, weil sonst »Islam-Feindbilder« entstünden. Damals wie heute spielt der deutsche Gutmensch mit seiner Warnung vor dem »Feindbild Islam« der Taktik der Islamisten in die Hände, jede Aufklärung über ihren Rechtsradikalismus zu unterbinden. Ich hatte es damals sehr schwer, einen Artikel mit der Aufforderung zu veröffentlichen, dass der »Aufstand der Anständigen« sich auch gegen Islamisten richten müsse.[22]

Islamisten vertreten auf ihre Art einen Antisemitismus, scheuen aber aus politischem Kalkül nicht davor zurück, eine Parallele zwischen Antisemitismus und Antiislamismus zu konstruieren. Die Mehrheit der in Europa lebenden Muslime gehört natürlich nicht zu den Islamisten und ist von einer Kritik am Islamismus ausgenommen, solange der Unterschied zwischen dem Islam als Religion und dem Islamismus als demokratiefeindlicher Ideologie klargemacht wird. Die Kritik am Islamismus ist eine demokratische Position und hat mit einem oft entweder propagandistisch von Islamisten oder gesinnungsethisch von deutschen Gutmenschen unterstellten »Islam-Feindbild« nichts zu tun. Als Reform-Muslim bin ich gegen den Islamismus und wehre mich mit aufgeklärt-islamischen Argumenten gegen den rufschädigenden Vorwurf, »Angst vor Muslimen in Deutschland« zu schüren; ich kläre über die ideologische Waffe der Islamisten, für die sie sogar manche Deutsche als »nützliche Idioten« gewinnen können, auf. Nach dem 11. September wird es für Islamisten und ihre deutschen Verbündeten schwerer werden, den Vorwurf »Feindbild Islam« für die Schaffung eines Freiraums für ihre politischen Aktivitäten zu instrumentalisieren.

Andere westliche Länder, vor allem Frankreich, bieten den Deutschen bei ihrem Bestreben der demokratischen Bewältigung ihrer Vergangenheit bessere Modelle an. Von den Mutterländern der Demokratie, vor allem von Frankreich und Großbritannien, könnten die Deutschen viel lernen. Bisher war Frankreich das einzige Land Westeuropas, das sich gegen die Strategie der Islamisten, Europa als Hinterland für die Aktivitäten ihrer totalitären Bewegungen in der Welt des Islam zu missbrauchen, mit Erfolg gewehrt hat. Zu Beginn des Jahres 2001 hat auch die Blair-Regierung in Großbritannien Lehren aus der Vergangenheit gezogen. Noch vor dem 11. September wurde der *British Terrorism Act* als Gesetz angenommen und trat im Frühjahr 2001 in Kraft. Dadurch wurden die lockeren Bestimmungen, die den Missbrauch Großbritanniens als Hinterland für die Islamisten ermöglichten, aufgehoben. Nach der Kriegserklärung der Islamisten vom 11. September wurde dieses Gesetz bereits in mehreren Fällen angewandt. Im Vergleich lässt sich folgendes feststellen: Die deutsche Polizei hat im Dezember 2000 und Januar 2001 mehrere Terror-Projekte des Bin Laden-Netzes, unter anderem in Frankfurt, enthüllt. Die deutsche Justiz konnte angesichts des Fehlens rechtlicher Grundlagen nichts unternehmen. Die deutschen Politiker und Behörden verhielten sich vor dem 11. September selbst wie Schläfer (vgl. Anm. 16), so dass der Islamismus und seine Terroristen eine sichere Basis in Deutschland gewinnen konnten[23]; andere europäische Länder haben solche Aktivitäten nicht mehr geduldet. Der deutsche Sonderweg einer Fremdenliebe aus schlechtem Gewissen im Umgang mit islamistischen Migranten wird nach dem 11. September nur noch schwer zu praktizieren sein. Weder die USA noch die europäischen Nachbarländer werden dergleichen im Interesse ihrer Sicherheit tolerieren.

Von den europäischen Nachbarn lernen? Der *British Terrorism Act* gegen die Diaspora-Freiräume für Islamisten

Geschichtlich war Deutschland im Vergleich zu den europäischen Nachbarn stets eine »verspätete Nation« (Helmuth Plessner, Anm. 15). Dies gilt auch für den gegenwärtigen Umgang mit dem Islam[24] und erklärt, warum Islamisten Deutschland als Basis für die Logistik ihrer Aktivitäten bevorzugen (vgl. Anm. 5). Im Umgang mit dem Diaspora-Islam ist die rasche Aneignung einer Doppelstrategie erforderlich. Diese besteht darin, die Mehrheit der muslimischen Einwanderer durch Integration zu europäischen Bürgern zu machen und den Islamisten unter ihnen das Handwerk zu legen.

Der *British Terrorism Act* bietet ein Modell für ganz Europa im Umgang mit dem Islamismus. Das Inkrafttreten dieses Gesetzes im Frühjahr 2001 markierte schon vor dem 11. September einen schwarzen Tag für islamische Extremisten, die von Europa aus gegen die angeblich vom Glauben abgefallenen säkularen Ordnungen in der Welt des Islam agieren. Mit dem neuen Gesetz endete für Islamisten der Freiraum, der es ihnen bis dahin ermöglichte, die Inselmonarchie als Hinterland für ihre Aktivitäten in der islamischen Welt zu instrumentalisieren. Vor den Anschlägen von New York und Washington war es nicht leicht, über dieses Thema in Europa, wo fast nur Klischees über den Islam kursieren, zu schreiben. Als liberaler Muslim und zugleich Experte über den politischen Islam habe ich stets versucht, die deutschen Leser darauf aufmerksam zu machen, dass die Religion des Islam streng von der politischen Ideologie des Islamismus zu unterscheiden ist und beide keinesfalls gleichgesetzt werden dürfen. Dies stellt eine Grundvoraussetzung für den Umgang mit der Islam-Diaspora dar, wenn man vermeiden möchte, dass sie von Terroristen als Basis in Anspruch genommen werden kann. Mit einem Mal berichten die Medien nahezu ununterbrochen darüber, nachdem sie zuvor diesbezüglich geschwiegen haben. Damit meine ich keineswegs, dass die Selbstzensur der *political correctness* aufgehört hat. Sie besteht weiterhin.

Nun zum britischen Experiment: In den vergangenen Jahren ist London zum Zentrum vieler islamistischer Bewegungen von den Muslimbrüdern über den *Djihad,* die algerische *GIA, Hamas* bis zur *al-Qaida* geworden. Warum? Jede politische Bewegung, die dort, wo sie wirksam werden will, nicht legal wirken kann, benötigt ein Hinterland, um ihre Infrastruktur aufzubauen; andernfalls kann sie nicht funktionieren. Das liberale London bot sich als logistische Basis für islamistische Gruppen an. Bei ihnen handelt sich um eine Minderheit, die teils offen, teils verdeckt innerhalb der Mehrheit der dort zugewanderten Muslime wirkt. Alle 19 Islamisten, die durch ihren Terrorakt in den USA symbolisch eine Kriegserklärung aussprachen, hielten sich zuvor in London als Transitstation auf. Alle waren Vertreter des politischen Islam, der beansprucht, eine globale Gottesordnung zu errichten. Dieser Anspruch auf eine islamische Ordnung gilt auch für Deutschland.

Was ist nun eine islamische Ordnung? Bekanntlich ist die traditionelle Ordnung im Islam das Kalifat. Die 56 islamischen Staaten bekennen sich aber nicht mehr zur Ordnungsvorstellung des Kalifats, das seit seiner Auflösung 1924 durch Kemal Atatürk nicht mehr existiert.[25] Es ist schon merkwürdig, dass ein Türke, der sich Kalif der Muslime nennt, von Köln aus – also aus der Nähe von Aachen, wo einst der Begründer Europas, Karl der Große, residierte – seine Botschaften an die Welt des Islam verkündet. Dieser selbsternannte Kalif heißt Kaplan. Der Verfassungsschutz hat die deutschen Politiker stets darüber aufgeklärt, dass dieser Kalif – zunächst der Vater Cemalettin Kaplan, dann, nach dessen Ableben, sein Sohn Metin Kaplan – nicht einfach ein Muslim, also ein Angehöriger eines anderen Glaubens, sondern vor allem ein Terrorist ist. Vater und Sohn Kaplan sind zu den Islamisten zu zählen. Heute wissen wir es genau: Ihre Organisation pflegte nachweislich Kontakte zur Bin Laden-Connection.[26] Ich möchte nebenbei anmerken: Der Gottesstaat, den diese Kaplan-Islamisten anstreben, ist eine neue Auffassung islamischer Ordnung; sie unterscheidet sich vom traditionellen Kalifat. Das ist aber nicht unser Thema. Hier soll es um den Terrorismus der Islamisten gehen.

Von Europa aus versuchen die Islamisten, ihre Vision von Ordnung in den Ländern, aus denen sie stammen, durchzusetzen. Eine rechtliche Grundlage, auf deren Basis ihre extremistischen Aktivitäten in Europa zu verhindern wären, hat bis auf den *British Terrorism Act* nicht existiert. Nach dem 11. September heißt die Antwort auf die Kriegserklärung der Islamisten: Kampf dem Terrorismus. Dieser muss gesamteuropäisch und zugleich global geführt werden. Die Islam-Diaspora, sofern sie sich als Terrorismus-Basis missbrauchen lässt, muss in die Auseinandersetzung miteinbezogen werden.

Erster Schauplatz ist Westeuropa, wo die Islamisten ihre »Schläfer« und die entsprechende Logistik unter Missbrauch von Migration und Diaspora aufgebaut haben. Europa bietet sich den in ihren eigenen Ländern, etwa in Nahost, verfolgten Islamisten nicht nur als Zufluchtsort an, sondern auch als Hinterland für ihre Bemühungen. Bisher wurde vor allem Großbritannien als Hinterland für diese extremistischen Aktivitäten der Islamisten genutzt. Deutschland sowie Schweden, die Niederlande und Belgien stehen heute ebenso an vorderster Stelle, weil es, insbesondere in Deutschland, den Gutmenschen gelungen ist, jede Terrorismusbekämpfung als Fremdenfeindlichkeit zu stigmatisieren. Aus denselben

Kreisen erfahren wir heute die Stigmatisierung der Sicherheitspakete zur Bekämpfung des Terrorismus als polizeistaatliche Maßnahmen.

Ich möchte meine Behauptung an einem Beispiel illustrieren: Als 1998 die Bewegung des selbsternannten Kalifen von Köln einen Hubschrauberangriff auf die Gedenkfeier der säkular-türkischen Republik am Atatürk-Mausoleum in Ankara plante, wurde dies von der logistischen Basis Deutschland aus vorbereitet. Der Terrorakt, der in der Türkei, wo damals Staatspräsidenten und andere hochrangige ausländische Gäste versammelt waren, in einem Blutbad hätte enden können, misslang, weil die türkischen Nachrichtendienste den Plan enthüllt und vereitelt hatten. Die türkischen Behörden wandten sich an Deutschland mit der Bitte um Mitarbeit und Auslieferung der Terroristen, bislang jedoch ohne Ergebnis. Als gut informierter Experte bedauerte ich damals, dass die deutschen Medien der Propaganda der Islamisten aufsaßen, bei der »Enthüllung« handele es sich lediglich um eine »Verfemung der islamischen politischen Opposition« durch kemalistische Säkularisten und ihre Sicherheitsdienste.

In einem anderen Zusammenhang konnte der Kalif von Köln 1999 verhaftet werden. Hierfür bedurfte es des Aufrufs zu einem Mord in Deutschland durch Metin Kaplan. Ein Gericht verurteilte ihn zu nur vier Jahren Haft. Gegen dieses Gerichtsurteil haben 2000 potentielle Terroristen der Kalifatbewegung auf deutschem Boden ungenehmigt demonstriert; sie haben ungestraft die deutsche Justiz verfemt.

Deutschland diente bisher als Hinterland der Islamisten. Einen Beweis dafür lieferten die militanten Anhänger dieses Kalifen, als sie überall in Deutschland auf die Straße gingen, um den Deutschen ein »Feindbild Islam« und »Kreuzzüglertum« zu bescheinigen, vor allem aber, um Flagge zu zeigen: Wir sind hier und machen weiter! Die Unterstellung eines »Feindbilds Islam« ist, wie bereits angezeigt, instrumentell. Deutschland macht Großbritannien als Hinterland der Islamisten Konkurrenz, bleibt aber bisher hinter der britischen Demokratie in punkto Gesetzgebung zurück. Ich habe mir nach dem 11. September, analog zum *British Terrorism Act,* auch deutsche Gesetze gegen den islamistischen Terrorismus gewünscht. Otto Schily machte dies möglich, trotz der Blockade der Grünen und der PDS; zwei Sicherheitspakete wurden als Gesetze verabschiedet. Eine Erweiterung des Strafgesetzbuchartikels 129 zur rechtsstaatlichen Regelung der Verfolgung von Terroristen ist dringend geboten, steht aber noch aus; Islamisten und Terroristen sollen ihre politischen Aktivitäten nicht mehr unter dem Mantel der Religionsfreiheit verstecken können. Hierfür könnten die beiden vom Bundestag verabschiedeten Sicherheitspakte mit der Reform des Vereinsrechts als Vorbild dienen.

Propaganda der Islamisten gegen Blair und der *British Terrorism Act*

Als im Frühjahr die britische Regierung und das Parlament an der Verabschiedung des *British Terrorism Act* wirkten, waren sie dem Vorwurf ausgesetzt, ein »Feindbild Islam« aufzubauen. Auf der anderen Seite haben die islamischen Regierungen dem britischen Staat Tatenlosigkeit gegenüber dem islamischen Terrorismus vorgeworfen. Jeder britische Muslim weiß, dass kein Premier der Inselmonarchie vor Blair so große Offenheit gegenüber dem Islam und seiner britischen Diaspora gezeigt hat. Toleranz aber hat ihre Grenzen (vgl. Kapitel 5); weder bedeutet sie Selbstaufgabe, noch besteht sie darin, islamischen Extremisten die Freiheit zu gewähren, ihre Aktivitäten im europäischen Hinterland zu betreiben. Im Jahr 1996 fand der Anti-Terror-Weltgipfel im ägyptischen Scharm al-Scheikh statt, an dem fast alle westlichen Regierungschefs teilnahmen. Als Jahre danach der britische Premier Blair Ägypten eine Staatsvisite abstattete, sagte ihm Präsident Mubarak einer arabischen Informationsquelle zufolge wörtlich: »Bitte hören Sie auf, uns Lektionen über die Bekämpfung des Terrorismus zu erteilen! Die Banden der Extremisten wie *Djihad* agieren doch von Ihrer Hauptstadt London aus gegen uns.« Natürlich konnte Blair dem nicht widersprechen, weil der ägyptische Präsident recht hatte. Direkt nach dem 11. September sprach Mubarak im Sender *CNN* mit Genugtuung davon, er habe stets vor dem islamistischen Terrorismus gewarnt, dass ihm aber bisher keiner der westlichen Politiker zuhören wollte. Statt Unterstützung gegen die Logistik von *Djihad,* also der Partnerorganisation der *al-Qaida* zu erhalten, bedachte man ihn mit dem Vorwurf der Verletzung von Menschenrechten.

Seinerzeit lautete die hilflose Antwort Blairs an Mubarak: »Wir verfügen leider über keine Gesetze, mit deren Hilfe wir solche Aktivitäten unterbinden können; wir werden dies ändern.« Dies erfolgte im Frühjahr 2001 durch Inkrafttreten des *British Terrorism Act.* Aber nach dem September 2001 wissen wir, dass auch dies nicht ausreichend ist. Die islamischen Extremisten achten zumeist streng darauf, sich nicht strafbar zu machen oder überhaupt aufzufallen; sie befolgen formal die britischen und deutschen Gesetze. Die Politik gegen den Terrorismus als Form des irregulären Krieges erfordert umfassendere Konzepte.

Westliche Politiker sind aufgefordert zu verhindern, dass die westliche Demokratie im Namen der Inanspruchnahme europäischer Toleranz als Hinterland von islamistischen Terroristen missbraucht wird; sie wird missbraucht von Menschen, die diese Werte im Grunde nicht nur ablehnen, sondern sogar verabscheuen. Ist es deshalb richtig zu sagen: »Bestimmte Europäer sind die nützlichen Idioten islamischer Extremisten?« Die Antwort muss »ja« lauten. Aber mancher Europäer ist lieber Antiamerikaner als Antiterrorist.

Der islamistische Terrorismus hat in Europa regionale und ethnische Schwerpunkte. Vor dem *British Terrorism Act* zum Beispiel hatte die ägyptische Organisation des *Djihad* von Ma'mun Zawahiri ihre Basis in London. In Deutschland haben die türkischen Islamisten ihre Basis, von wo aus sie gegen die kemalistische Republik operieren. Es gibt noch weitere ethnische Verzweigungen des Terrorismus. Die Islamisten, die aus Hamburg kamen und den Terrorakt von New York mitgetragen haben, waren alle Araber.

Bleiben wir noch bei Blair und dem Vorwurf der Islamophobie an das historisch unbelastete Großbritannien. Nach Inkrafttreten des *British Terrorism Act* lautete die Propaganda der Islamisten auch dort: »Ein ›Feindbild Islam‹ geht um, und eine Neubelebung des Kreuzzüglertums/*Salibiyya* gegen den Islam ist am Werke.« Dabei richtet sich das neue britische Gesetz nicht nur gegen den politischen Islam, sondern gegen alle Extremisten, insofern, als nunmehr auch solche terroristischen Aktivitäten nicht länger straffrei sind, die auf britischem Territorium geplant, aber in einem anderen Land ausgeführt werden. Großbritannien soll es nun nicht mehr möglich sein, brav und gesetzestreu im Mutterland der Demokratie zu leben, aber terroristisch in der Welt des Islam zu wirken. Wenn ein Islamist in Großbritannien lebt, soll er beides nicht mehr vereinbaren können. Obwohl das neue Gesetz sich generell gegen alle Terroristen richtet, trifft es in der Konsequenz vor allem vierzehn islamistische Bewegungen, die von London aus agieren: Dazu gehören u.a. der ägyptische *Djihad,* die saudische *al-Qaida* von Bin Laden und die algerische *GIA,* die tunesische *al-Nahda* sowie die syrische *al-Muhadjirun* von Scheich Badri. Die Führung im Kampf gegen diesen Missbrauch der Demokratie übernahmen nach dem 11. September die USA. Mit dem

British Terrorism Act als Vorbild benötigen wir in Deutschland die Erweiterung des Artikels 129 des Strafgesetzbuches.

Die aus der europäischen Diaspora agierenden Islamisten bedienen sich der Doppelzüngigkeit: Untereinander sprechen sie die antiwestliche Sprache des politischen Islam, der nach einer Gottesordnung strebt; mit den anderen – oft naiven Europäern und besonders den deutschen Gutmenschen – sprechen sie die Sprache der Toleranz und stellen sich als Opposition dar, die für Grundrechte kämpft, die sie natürlich nur für sich selbst einfordern, anderen aber verwehren. Die Islamisten haben gelernt, jede rechtsstaatliche Verfolgung ihrer Aktivitäten durch den Vorwurf des »Feindbilds Islam« zu inkriminieren. Auf diese Weise waren sie bisher in der Lage, die säkulare Rechtsstaatlichkeit, wann immer sich diese gegen sie richtete, mit dem Vorwurf der Islamophobie zu verfemen.

Angesichts der Vergangenheit der Deutschen bleibt der Propagandakrieg der Islamisten nicht ohne Wirkung. Erst wenn sich Deutschland in die erhoffte westlich-islamische Allianz gegen den Terrorismus der Islamisten einfügt, wird es in der Lage sein, den hier wirkenden Islamisten das Handwerk zu legen. Ich sehe schon Kirchenväter und Grüne, die über Menschenrechte sprechen, und frage mich, ob sie diese mit dem Freiraum für Islamisten verwechseln. Wichtiger als das Gewissen dieser Gutmenschen ist die westlich-islamische Front gegen den Terrorismus, um den Zivilisationskonflikt nicht nach den Vorstellungen von Bin Laden verlaufen zu lassen.

Der Kalte Krieg der Islamisten

Nach dem 11. September scheinen die Islamisten vorsichtig geworden zu sein. Doch dieser Eindruck trügt, denn die »Schläfer«-Zellen waren bisher vor jeder Aktion still. In ihrer rührenden Unschuld beanspruchen die Islamisten, als Exil-Opposition von Europa aus gegen despotische Regime anerkannt zu werden und agieren zu können. Einzuräumen ist, dass die Regierungen, gegen die sich die Islamisten richten, nicht demokratisch sind. Aber sind dies die Islamisten?

Die Taliban Afghanistans, die Mullahs im Iran und die Anhänger Turabis im Sudan, also jene Islamisten, die es geschafft haben, an die Macht zu gelangen, haben sich gegenüber jeder Opposition als Despoten erwiesen. Auch in der Diaspora sind sie nicht besser: Der Kalif von Köln rief dazu auf, seinen Rivalen zu ermorden und sitzt deshalb im Gefängnis. Selbst in der europäischen Islam-Diaspora, die sie »hijacken« wollen, lassen die Islamisten also keine Vielfalt innerhalb der islamischen Gemeinde zu.

Schaut man sich die *Iham*/Täuschung der Ungläubigen übenden Islamisten an, dann erkennt man in ihnen die Träger eines (bis zum 11. September) »neuen Kalten Krieges«[27], der den Gottesstaat gegen die bestehende Ordnung des säkularen Nationalstaats stellt. In der Diaspora betreiben sie eine langfristig angelegte Politik der Islamisierung. In der Welt des Islam selbst wollen sie bestehende Regime stürzen.[28]

Vor dem 11. September unterschied ich zwischen friedlichen Fundamentalisten und solchen, die für Terrorismus eintreten. Ich trat gegen das algerische Modell der exklusiven Politik in Bezug auf den politischen Islam ein und plädierte für inklusive Politik. Dies steht jedoch nicht im Widerspruch dazu, sich gegen die Duldung der *Groupes Islamiques Armées* oder der Anhänger Bin Ladens in Europa auszusprechen. Trotz dieser Differenzierung bin ich von Islamisten verfemt worden.

Auch in Ägypten habe ich bei Aufenthalten dort öffentlich gefordert, die von Islamisten der Muslimbrüder angestrebte legale *Wasat*-Partei nach türkischem Muster zuzulassen. In der Türkei sitzen Vertreter des politischen Islam seit Jahren im Parlament. Damals war ich der Ansicht, man sollte nur Extremisten verbieten, denn die Bekämpfung des islamischen Terrorismus sei keine Behinderung politischer Opposition. Heute weiß ich, die Islamisten, auch wenn sie friedlich sind, bilden keine demokratische Opposition. Nach dem 11. September und dem Bekanntwerden von Verbindungen zwischen Muslimbrüdern und der *al-Qaida* Bin Ladens bin ich in dieser Differenzierung unsicher geworden; alle rechtfertigen »Terror im Geiste Gottes«[29].

Islamisten haben sich gegenüber ihren liberal-islamischen Kritikern stets auf unglaubliche Weise intolerant verhalten. Dies schließt sogar Morddrohungen und eine entsprechende Praxis gegenüber Andersdenkenden ein. Wie oft haben Islamisten – glücklicherweise ohne Erfolg – meine öffentlichen Auftritte in Deutschland als Reform-Muslim durch Verfemung und Androhung physischer Gewalt zu verhindern versucht. Dankbar kann ich dafür sein, dass meine deutschen Gastgeber meist Zivilcourage gezeigt haben, indem sie argumentierten, jede an Demokratie orientierte islamische Position solle in Deutschland zur Geltung kommen. Leider gibt es aber noch genügend Deutsche, die sich weiterhin von den Islamisten instrumentalisieren lassen. Demokratische Toleranz muss stets auf Gegenseitigkeit beruhen, und sie bedeutet keinesfalls Selbstaufgabe. Dies zu Ende denken heißt, »ja« zu sagen zum demokratischen, also europäischen Islam und »nein« zu den islamischen Extremisten und ihren Ordnungsvorstellungen, auch wenn sie sich durch Lippenbekenntnisse zu Dialog und Frieden bekennen.

Es ist kein Widerspruch, den Islam in Europa durch Integration islamischer Migranten willkommen zu heißen und zugleich den muslimischen Extremismus zu verbieten. Islamisten verfemen richtige Integration – wie ich noch in dieser Einleitung zeigen werde – als Assimilation. Unter Integration verstehen die Islamisten, Rechte für ihre Aktivitäten im Rahmen islamistischer Logistik zu erlangen. Dagegen verstehe ich unter Integration die Entfaltung von Bürgeridentität, die sich auf die säkulare Verfassung bezieht.

Durch ihren offenen oder versteckten Einsatz für die Gottesordnung, gegen Säkularität, betreiben Islamisten den angesprochenen Kalten Krieg. Die Diaspora-Kultur der Migranten gehört zu ihrer Arena.

Migration und islamistischer Terrorismus: Warum gerade Europa als Hinterland?

Islamisten verwenden Europa als Hinterland für ihre politischen Aktivitäten. Seit dem 11. September wissen wir genau, dass der Terrorismus dazugehört. Der orthodox-islamische Imam Scheich Abd al-Aziz Siddiq hat Europa in einer *Fetwa* über die Bedeutung der *Hidjra* (Migration) im Islam als Mittel der weltweiten Verbreitung dieses Glaubens gewürdigt und dabei ausgeführt:

»Die Migration nach Europa und Amerika als *Bilad al-kufr* (Haus des Unglaubens) ist für die Muslime nicht nur erlaubt, sondern eine Pflicht ... In der Tat sind die Rahmenbedingungen für die Ausübung des Islam sowie für den Aufruf/*Da'wa* zum Islam in Europa und Amerika besser als in den meisten islamischen Ländern.«

In Kapitel 6 werde ich die *Hidjra*-Thematik erneut aufnehmen. Als Muslim, der mindestens dreißig islamische Länder aus eigener Erfahrung kennt, ist mir nicht bekannt, dass in der Welt des Islam Muslime an der Ausübung ihres Glaubens durch bestehende Regierungen gehindert werden. In allen diesen Ländern kann jeder Muslim unbehindert alle fünf Säulen des Islam, also die *Schahada* (Bekenntnis zur Einheit Gottes und zu der Prophetie Mohammeds) aussprechen, beten, fasten, die Armensteuer/*Zakat* zahlen und nach Mekka/Medina zur *Hadj*/Pilgerfahrt reisen. Warum dann nach Europa migrieren, wenn es nicht doch andere Gründe gibt?

Müssen Muslime nach Europa kommen, um beten zu können, also ihre Religion frei auszuüben, oder erliegt der würdige Imam einer Verwechslung von Islam und Islamismus? Offensichtlich geht es nicht um die Religionsfreiheit in Europa, die die Islamisten anzieht; es ist die gefährliche politische Toleranz gegenüber Militanten und Extremisten. Islamisten können in Europa dem politischen Islam, der in der Welt des Islam unerwünscht ist, nachgehen. Es ist zu hoffen, dass seit dem Schock vom 11. September eine Ernüchterung eintritt, die diese falsche Toleranz beendet. Europa darf nicht mehr als Hinterland der Islamisten dienen.

Und noch etwas fällt bei dem zitierten Imam auf: sein Verständnis von *Hidjra* (Migration). Nach islamischer Zeitrechnung befinden wir uns im Jahr 1422 nach der *Hidjra,* womit die Migration des Propheten von Mekka nach Medina im Jahre 622 christlicher Zeitrechnung gemeint ist. Muslime sind nach ihrer Religion verpflichtet, *Da'wa*/Aufruf zum Islam als Mission zur Verbreitung des Islam zu betreiben. Das Mittel dazu ist der *Djihad,* was im Islam Anstrengung, nicht, wie im Westen falsch verbreitet, »heiliger Krieg« bedeutet. Diese Anstrengung zur Verbreitung des Islam kann friedlich erfolgen, und die *Hidjra* nach Europa ist in unserer Zeit ein Beispiel hierfür. Doch die *Djihad*-Pflicht darf in Notsituationen auch mit Mitteln des *Qital* (Kampf), also mit Gewalt ausgeübt werden.[30] Die Islamisten greifen auf diese frühmittelalterliche Doktrin zurück und betreiben dabei, was Eric Hobsbawm eine *»Invention of Tradition«,* einen Rückgriff auf die Geschichte zur Erfindung neuer Traditionen, genannt hat.[31] Islamisten verkaufen dabei völlig neue Inhalte als Traditionen, die in Wirklichkeit nicht Bestandteil der islamischen Geschichte sind. Die Terroristen von New York und Washington vertreten einen Neo-*Djihad* gegen den Westen als neueste Praxis der *Djihad*-Doktrin.[32] Dieser bedeutet nicht Anstrengung, sondern Gewalt in Form des irregulären Krieges.[33] Anstelle der westlichen Weltordnung wollen sie eine islamische Ordnung. *Djihad* und *Hidjra* deuten sie in ihrem Sinne und missbrauchen hierbei die Islam-Diaspora sowie die Zuwanderung schlechthin.

Langfristig ist die Vision der Islamisten ein »islamisches Europa«, das Karl Martell und sein Enkel Karl der Große verhindert haben. Wir können die Geschichte gesinnungsethisch nicht abschaffen, denn Islamisierung ist für die Islamisten verbindlich. Von türkischen und marokkanischen Migranten habe ich es mehrfach gehört: »Wir werden einmal die Mehrheit in Europa bilden.« Entsprechend brachte es ein belgischer Islamist auf einem öffentlichen Treffen an der niederländischen Universität von Leiden mit folgenden Worten zum Ausdruck: »Wir als Muslime befolgen die geltenden Gesetze in Europa«, nicht aber ihren Geist. Dann folgte der einschränkende Nebensatz: »... und dies, solange wir in der Minderheit sind.« Das vorrangige Ziel der Islamisten in der kurzfristigen Perspektive liegt aber in der Welt des Islam selbst, also außerhalb Europas. In diesem Zusammenhang interessiert Europa nur als Hinterland. Integration ist mehr als Pass, Sprache und Gesetzestreue! Deutsche Politiker, die während der Leitkulturdebatte die Befolgung der Gesetze als ausreichend empfanden, verstehen die Zusammenhänge nicht.

Nun gibt es Diaspora-Muslime, wie den in London wirkenden ägyptischen Imam Zaki Badawi, der Westeuropa auf dem World Economic Forum 2001 in Davos wohlwollend nicht mehr als Haus des Krieges/*Dar al-harb* bezeichnete. Die islamische Alternative dazu ist, Europa in das *Dar al-Islam*/Haus des Islam einzuordnen, weil es eine islamische Bevölkerung hat. Er hat meinen Einwand nicht verstehen wollen, dass Europa eine eigene Identität[34] besitzt und durch islamische Migranten nicht islamisch wird. Ohne Islamisierung des Kontinents reicht es für den Londoner Imam Badawi bereits aus, dass 15 Millionen Muslime hier leben, um Europa in die Territorialität und Kultursphäre der Welt des Islam einzubeziehen. Ob die Europäer, die ja eine eigene zivilisatorische Identität haben, dies akzeptieren, interessiert den Imam nicht; er ist kein Islamist, aber an seinem Beispiel zeigt sich, dass die Grenzen zwischen dem orthodoxen Islam und dem Islamismus fließend sind.

Fairerweise muss hinzugefügt werden: Islamisten haben eine andere Sichtweise als Badawi. Europa ist für sie primär logistisches Hinterland für ihre Aktivitäten in der Welt des Islam sowie den internationalen Terrorismus. Diese Aktivitäten werden in der islamischen Welt durch die – wenngleich nur oberflächlichen – säkularen Ordnungen verboten. Formal säkular sind zwar nur die Türkei, Malaysia und Indonesien, aber bis auf Iran, Afghanistan und Sudan besitzen alle muslimischen Länder nichtfundamentalistische Regierungen, von denen Islamisten als Kriminelle verfolgt werden. Daher suchen die Islamisten Europa zunächst als Zufluchtsstätte und dann als logistische Basis für ihre Arbeit im Untergrund auf. Von hier aus haben sie die Aktionen vom 11. September vorbereitet.

Manche Linke deuten diesen Terror als Antwort auf die Globalisierung, klagen die USA statt die Islamisten an und beweisen damit, dass sie nichts verstanden haben.

Vor dem 11. September haben Islamisten in Europa stets sorgfältig darauf geachtet, nicht in Konflikt mit geltenden Gesetzen zu geraten, um nicht die logistische Basis, die für ihre Aktivitäten in der Welt des Islam unentbehrlich ist, zu gefährden. Zwischen Dezember 2000 und Frühjahr 2001 wurden jedoch davon abweichend kriminelle Aktivitäten von Anhängern Bin Ladens in Europa festgestellt – etwa ein von Deutschland aus geplantes Massaker in Straßburg. Dann folgte der 11. September von New York und Washington. Haben die Islamisten ihre bisherige Strategie geändert? Wenn ja, warum? Bisher konnte keine schlüssige Erklärung dafür gefunden werden. Fest steht, der neue Trend schließt Krieg auf westlichem Territorium ein, das heißt, Islamisten steuern auf eine Polarisierung und einen globalen Zivilisationskonflikt hin.

In der Vergangenheit wurde von Islamisten in Europa zweierlei verfolgt: Erstens, illegal einen Untergrund des politischen Islam in der europäischen Diaspora für geheime Operationen in ihren Ursprungsländern aufzubauen –jedoch stets ohne durch offene kriminelle Aktivitäten auffällig zu werden. Parallel zu diesem geheimen Vorgehen wurde aber zweitens ganz unverblümt und legal die Bildung von Institutionen wie zum Beispiel bestimmten Moscheevereinen unter Nutzung der Religionsfreiheit zur Unterwanderung der Islamgemeinden der Einwanderer vorangetrieben. Diese Politik wurde Hand in Hand mit Gelderpressungen und angeblichen Sammlungen zu Wohlfahrtszwecken finanziert. So wird nach einem Bericht der *F.A.Z.* zum Beispiel für *Hamas* in Deutschland Geld zu Wohlfahrtszwecken von Muslimen gesammelt, das auf dem Schwarzmarkt landet, wo Waffen für den Neo-*Djihad* (vgl. Anm. 32) in Palästina angeschafft werden.[35]

Einzig in Belgien haben es die Islamisten im Rahmen der legalen Strategie bisher geschafft, einen *Conseil Général* (Rat) aufzubauen (auf Arabisch nennen sie diesen unter Verwendung der Sprache der *Schari'a* einen *Schura*-Rat*)*. Gegenüber dem belgischen Staat vertritt dieser *Conseil Général* (also *Schura*-Rat*)* die Muslime und erhält hierfür massiv öffentliche Mittel. In Belgien ist es zum Beispiel möglich, dass der Staat Gehälter an Islamisten, zu denen die *GIA*-Terroristen gehören, zahlt, die als Imame wirken. Welch europäische Toleranz! Berlin ist ein anderes Beispiel: Indoktrination durch Islamisten der »Islamischen Föderation«

auf Kosten der Steuerzahler. Selbst der 11. September scheint bestimmte, für »Ausländer« zuständige Berliner Behörden nicht zum Umdenken bewegt zu haben.

Trotz dieser Toleranz wollen belgische Politiker nicht den »blauäugigen Europäer« spielen; so bestehen sie darauf, dass im *Conseil Général* islamische Vielfalt herrschen müsse – nicht immer mit Erfolg. Aus diesem Grunde werden die Ratsmitglieder von Sicherheitsdiensten durchleuchtet, um zu verhindern, dass Extremisten – wie nachweislich im Fall eines *GIA*-Terroristen – als Vertretung der Islamgemeinden auftreten. Auf dieses Vorgehen reagierten die Islamisten mit der routinierten Propaganda des instrumentalisierten Vorwurfs vom »Feindbild Islam«. Auch in Deutschland lehnen bestimmte Grüne Anfragen beim Verfassungsschutz ab. Der Schutz des Islamismus scheint für manche wichtiger als der Schutz der Verfassung zu sein.

Schon vor dem 11. September war bekannt, dass Islamisten in Deutschland, Belgien, Schweden und den Niederlanden – bisher auch Großbritannien – sowohl Terroristen als auch Waffen einschleusen. Waffenschmuggel und Geldwäsche erpresster Abgaben sind Teil der Aktivitäten, deren Bekämpfung nach dem 11. September zum Krieg des Westens gegen den islamistischen Terrorismus gehört. Dazu zählt auch der Missbrauch von Zuwanderung und Asyl. Nicht nur in Deutschland, sondern auch in Schweden fiel mir auf, dass parallel dazu in bestimmten Kreisen der Antiamerikanismus – und zwar links wie rechts –gedeiht. Es wird unterstellt, dass die USA den Europäern den Kampf gegen den Terrorismus aufzwingen, als läge Europa auf dem Mond und wäre davon nicht betroffen.

Die Heuchelei: Antisemitische Hetze der Islamisten bei paralleler Gleichsetzung von Antiislamismus und Antisemitismus

Auch Schweden ist ein Zentrum des Islamismus, wo die Verbindung der Inanspruchnahme von Asyl und Ehe mit einer Schwedin vielen Islamisten die gesetzliche Grundlage für ihr Recht auf Verbleiben im Land bietet. Von dort strahlt bekanntlich auch ein islamistischer Radiosender seine Propaganda aus, zu deren Inhalten antisemitische und ähnliche Ideologien gehören.

Propagandistisch setzen Islamisten den Antiislamismus mit dem Antisemitismus gleich. Ignatz Bubis, dem ich sehr verbunden war, schrieb mir einmal, um Rat bittend, nachdem Islamisten an ihn herangetreten waren, um ihn für die Bildung eines jüdisch-islamischen Bündnisses zu gewinnen. Der kluge Bubis war weniger blauäugig als viele seiner Mitbürger und ließ einen Mitarbeiter recherchieren, der prompt den Namen jener Gruppe im Jahresbericht des Bundesamtes für Verfassungsschutz entdeckte. Bubis verstand die Welt nicht mehr und bat mich als liberalen Muslim und Dialogpartner um Klärung. Ich habe ihm erläutert: Wie die Islamisten Europa als Hinterland instrumentalisieren und islamische Zuwanderung für sich missbrauchen, wollen sie durch ein Scheinbündnis auch die jüdische Gemeinde für sich nutzen. Dies können sie erreichen, wenn es gelingen sollte, die falsche Parallele Antisemitismus/Antiislamismus durchzusetzen.

In Vorahnung der Gleichsetzung von Antisemitismus und Antiislamismus riet ich Bubis, von einer Unterstützung der Islamisten Abstand zu nehmen, und er befolgte diesen Rat. Denn wären die Islamisten darin erfolgreich, eine solche Koalition zu schließen, dann könnte keiner auch nur ein Wort gegen sie sagen und keine Behörde in Europa gegen sie handeln. Nach Bubis' Tod, aber vor dem 11. September ließen sich leider einige Mitglieder der jüdischen Gemeinde von den Islamisten missbrauchen, weil ihnen Informationen fehlten und sie diese Zusammenhänge nicht durchschauten. Die Anschläge der Islamisten auf die Synagogen von Düsseldorf und Essen haben ernüchtert, aber wenig bewirkt. Bei einem Solidaritätsbesuch und Vortrag bei der Essener Synagoge teilte mir die jüdische Leiterin mit, dass bestimmte Deutsche ihr »Fremdenfeindlichkeit« vorwerfen, weil sie sich über die Islamisten beschwerte, die unverschämt auf deutschem Boden antisemitische Parolen in das Gästebuch der Synagoge eingetragen hatten. Nach dem 11. September kann keiner mehr den Islamismus und seinen Missbrauch der Zuwanderung verniedlichen. Eine Ablehnung des Islamismus ist keine Fremdenfeindlichkeit.

Die Taktik der Islamisten, ihre Gegner als Feinde des Islam zu verfemen, wurde auch auf Blair und seine Labour-Regierung nach der Verkündung des *British Terrorism Act* angewandt. Das Gesetz wurde als Ausdruck des Antiislamismus bezeichnet. Dabei richtet sich der neue *Act* auch gegen Tamilen, Kurden, christliche Basken und sogar gegen jüdische Fundamentalisten. Sie alle dürfen nicht mehr von britischem Territorium aus agieren. Blair und das britische Parlament haben Zivilcourage gezeigt und ließen sich vom Propagandakrieg nicht beeindrucken. Wie einst die Demokratie von der Insel auf den Kontinent übertragen wurde, sollte nach dem 11. September das neue Gesetz anderen europäischen Ländern, vor allem Deutschland, als Orientierung dienen. Der Krieg gegen den Terrorismus ist nicht gegen den Islam gerichtet und alles andere als der böswillig unterstellte »Kampf der Kulturen«.

Die vorläufige Schlussfolgerung lautet: Zu den demokratischen Mitteln der Bekämpfung des Missbrauchs Europas als Hinterland islamistischer Aktivitäten gehört die Aufklärung über den Unterschied zwischen Islam als Religion und Islamismus als politischer Ideologie sowie die Steuerung der Zuwanderung, damit sie zu regulierter Einwanderung wird. Gelten sollte die Formel: Toleranz gegenüber dem Islam und wehrhafte Demokratie gegen den Islamismus. Die heute 15 Millionen Menschen umfassende islamische Gemeinde in Europa wird in nur wenigen Jahrzehnten voraussichtlich auf 40 Millionen anwachsen. Es gehört zum inneren Frieden, den Islam in Europa durch religiöse Toleranz und Integrationspolitik aufzunehmen, aber ihn im eigenen Interesse vom Islamismus abzugrenzen. Nach dem 11. September darf den Islamisten kein multikultureller Freiraum im Namen der Religionsfreiheit für ihren Terrorismus mehr gewährt werden.

Deutschland als Freiraum für den Islamismus

Es beruhigt, dass Menschen in diesem Lande nach dem 11. September begonnen haben, die Augen aufzumachen. Viele Medien, die bisher jede Aufklärung über demokratiefeindliche Aktivitäten der Islamisten mit Fremdenfeindlichkeit verwechselten, berichten nun ausführlich über die Nester der Islamisten in Deutschland, das ihnen als Ruheraum oder multikultureller Freiraum für ihre Aktivitäten diente. Mit der Ausnahme von Unbelehrbaren werden sich Menschen im Westen nach der Kriegserklärung vom 11. September der Werte ihrer Zivilisation bewusster. Doch sollte dies niemals konfrontativ erfolgen, weil jede Polarisierung in einem weltanschaulichen oder gar militärischen »Krieg der Zivilisationen« kulminieren könnte. Genau dies wollen die Terroristen. Wir müssen Alternativen dazu bieten.

Schon bei der ersten, vor dem 11. September angefertigten Fassung dieses Buches diente mir Amerika als ein Modell für die Verwandlung der Zuwanderung in eine Einwanderung. Auch nach den Terroranschlägen bleibt diese Perspektive erhalten. Im Gegensatz zu dem Moralismus des Durchschnittsdeutschen neigen die Amerikaner zu einer pragmatischen Weltsicht, sie moralisieren also nicht. Obwohl sie die etwa 3 400 Opfer vom 11. September zu beklagen haben, bleiben ihre Kommentatoren nüchtern. Im Leitartikel *Terror and Immigration* der *New York Times*[36] wird kein Widerspruch darin gesehen, *»American people's commitment to keeping their doors open to the world«* weiterhin zu erhalten und gleichzeitig genau hinzuschauen, wer in das Land kommt, um Feinde des Westens fernzuhalten, zu denen vorrangig die islamischen Fundamentalisten gehören. Der Leitartikler hebt dann den Bedarf hervor:

> »... die unzureichende Durchsetzung des Einwanderungsgesetzes mit Dringlichkeit zu unterbinden ... Kongress und Regierungsvertreter werden Wege zur Überwachung Fremder finden müssen ... Die Regierung sollte in der Lage sein, fremde Besucher zu identifizieren ... (und) den Zugang zu Geheimdienstdatenbanken ermöglichen.«

Wer dies nicht haben will, muss sich fragen lassen, wie er den aus der Welt des Islam in den Westen eingeführten Terrorismus zu bekämpfen gedenkt! Mir ist bekannt, dass bestimmte Deutsche in solcher Politik gleich »Rassismus und Fremdenfeindlichkeit« wittern.

Bereits 1994 habe ich in meinem Buch über Islam und Menschenrechte die deutsche Form der multikulturellen Toleranz kritisiert und gefordert, die im Rahmen der Zuwanderung praktizierte Intoleranz der Islamisten nicht länger zu dulden.[37] Die *Süddeutsche Zeitung* vom 17./18.9.1994 veröffentlichte daraufhin die Attacke eines deutschen Orientalisten gegen mich. Darin machte man sich lustig über meine Forderung, islamische Fundamentalisten nicht als Zuwanderer zuzulassen.[38]

Terrorismus ist eine Form des Krieges; er ist irregulär und seine Krieger agieren weitgehend im Untergrund. Deshalb ist er nicht mit konventionellen militärischen Mitteln zu besiegen. Man trifft seine Urheber am härtesten, wenn man ihre logistischen Strukturen aufdeckt und sie austrocknet. Machen wir uns keine Illusionen: Diese Strukturen befinden sich in der europäischen Diaspora-Kultur der Migranten, und hier liegt die Problematik. In den Medien wurde berichtet, dass Bundeskanzler Schröder auf dem Labour-Parteitag dazu aufgerufen habe:

> »... die Quellen trockenzulegen, aus denen sich der internationale Terrorismus finanziere.«[39]

Diese Quellen befinden sich auch in Deutschland. Die deutschen Behörden überwachen die Islamisten, aber aus ihren Warnungen werden keine Konsequenzen gezogen. *Der Spiegel* schreibt in der Überschrift eines Berichts:

> »Deutsche Behörden wollten schon frühzeitig ein Ermittlungsverfahren gegen das Bin Laden-Netz einleiten. Doch das deutsche Recht kam den Terroristen zugute und lähmte die Ermittler« *(Der Spiegel* vom 1. Oktober 2001, S. 27).

Das Bundeskriminalamt enttarnt Terroristen, aber der Generalbundesanwalt kann aus »Rechtsgründen« nicht gegen sie vorgehen *(Die Welt* vom 6. Oktober 2001). Sowohl Grüne als auch Liberale sind gegen Initiativen für entsprechende Rechtsgrundlagen. Fest steht, die Terroristen agieren in Deutschland als einem *»save haven«,* so die *New York Times*, und die Deutschen rühmen sich ihrer Toleranz. Die Grünen-Vorsitzende Claudia Roth meint:

> »Anfragen beim Verfassungsschutz« sollen zum Beispiel nicht »bei jeder Anfrage auf Erteilung eines Visums« erfolgen. »... Regelanfragen bei Asylbewerbern lehnte Roth grundsätzlich ab.«[40]

Bekanntlich kommen Islamisten nicht immer mit Visum nach Deutschland, sondern in der Regel als Asylbewerber. In Deutschland bauen sie ihre *»supporting systems«* zur Finanzierung des Terrorismus auf, die als »gemeinnützige Vereine« sogar vom Finanzamt anerkannt werden (vgl. Anm. 35). Die Observierung durch den Verfassungsschutz bleibt wirkungslos, weil Politiker nicht handeln und die derzeitige Rechtslage kein Vorgehen ermöglicht.

Der »Finanzminister« Bin Ladens, Mamduh Salim war 1998 in Deutschland, um Transaktionen vorzunehmen. Er wurde verhaftet. Aber eine Rechtsgrundlage für eine Anklageerhebung gegen ihn gab es nicht. Drei der 19 Terroristen von New York kamen aus der Islam-Diaspora Deutschlands: Mohammed Atta, Marwan al-Shehhi und Ziad Jarrah. Einer ihrer Hintermänner, der Marokkaner Said Behaji, der neben Ramzi Binalshib *(Stern,* Heft 40 vom 27.9.2001) agierte, war Inhaber eines deutschen Passes. Atta war einer der Terrorpiloten von New York und auch mutmaßlicher Anführer der gesamten Operation; er kam aus Hamburg. Der Verfassungsschutz weiß auch, dass die Kalifatbewegung von Köln (Metin Kaplan) Verbindungen zu Bin Laden hat *(Die Welt* vom

2.10.2001, S. 4, auch *F.A.Z.* vom 2.10.2001). Nach der Aufdeckung geplanter terroristischer Anschläge im Oktober 1998 (anläßlich des 75. Jahrestages der Gründung der türkischen Republik) wurde die Kalifatbewegung in Deutschland als Urheber enthüllt:

> »Einen Auslieferungsantrag der Türkei hat die Bundesregierung Mitte Juli 1999 abgelehnt ... Kaplan ist seit 1992 in Deutschland als Asylberechtigter anerkannt.«[41]

Aus einem anderen Grund (Aufruf zum Mord am Gegen-Kalifen von Berlin) ist er ins Gefängnis gewandert. Wie will der Bundeskanzler die Quellen des Terrorismus in Deutschland bei dieser Politik austrocknen?

Kampf gegen den Terrorismus: Deutsche Schläfer – Islamisten-»Schläfer«

Bei der gesamten Debatte über den Missbrauch der Diaspora stehen die islamischen Migranten im Mittelpunkt, dabei muss man stets zwischen Islam und Islamismus unterscheiden. Der Islam ist, gemessen an der Zahl der Gläubigen, die drittgrößte Religion in Deutschland und weder für die Gesellschaft noch für die Demokratie eine Bedrohung. Die Gefahr kommt von anderswo, nämlich vom Islamismus, das heißt von der politisierten Form dieser Religion, die die Gestalt des religiösen Fundamentalismus annimmt und sich in der Diaspora-Kultur einnistet. Ein Muslim ist ein religiöser Mensch, ein Islamist hingegen ist ein politischer Aktivist. Zudem ist nicht jeder Islamist zwangsläufig auch ein Terrorist. Bei diesen Differenzierungen dürfen wir aber weder übersehen, dass der Terrorismus nicht außerhalb des Islamismus beziehungsweise Fundamentalismus steht, noch dürfen wir unterstellen, dass er mit *Djihad* nichts zu tun habe. In diesem Sinne ist die globale, in 60 Ländern verankerte Bin Laden-Connection kein Verein von Psychopathen oder Kriminellen, sondern Ausdruck einer politisch-religiösen Strömung, die mit Anhängern innerhalb der islamischen Zivilisation rechnen kann. Gemäßigte Muslime machen Front gegen den Bin Laden-Terrorismus und ergreifen Partei für den Westen im Kampf gegen dieses Netzwerk. Aber auch nicht zum Terrorismus gehörende Islamisten und die islamische Orthodoxie haben sich in einer Art Kollektivsolidarität gegen Amerika und hinter Bin Laden gestellt. In Dutzenden von *Fetwas* (religiöse Gutachten) haben orthodoxe *Ulema* (Schriftgelehrte) jedem Muslim und jedem islamischen Land, das mit den USA zusammenarbeite, mit Ausgrenzung aus der islamischen Gemeinschaft gedroht. Dies dürfen wir nicht herunterspielen.

Auch in der westlichen Islam-Diaspora treten diese Solidaritätseffekte unter Migranten auf. Im Kampf islamischer und westlicher Demokraten gegen den Islamismus im Westen müssen diese Solidaritätseffekte in Schach gehalten werden, und darüber müssen wir in aller Aufrichtigkeit und ohne Tabus aufklären. Zur Aufklärung gehört auch, über die Existenz von Terrorzellen und deren Mitgliedern sowie anderen Einrichtungen des Islamismus im Westen zu berichten. Die Angehörigen dieser Zellen innerhalb des Diaspora-Islamismus sind zur Gewalt neigende Fundamentalisten und werden als »Schläfer« bezeichnet; sie können als »Infrastruktur« des Terrorismus bei Bedarf jederzeit aktiviert werden, wie die Anschläge in New York und Washington auf schreckliche Art und Weise gezeigt haben. Die von diesen »Schläfern« ausgehende Gefahr ist in Deutschland, wie überall in Europa, präsent – vielleicht mit Frankreich als einziger positiver Ausnahme. In Frankreich zeigt man dem Islam und dem Islamismus selbstbewusst die Grenzen der Toleranz auf. Was aber wissen die deutschen Behörden über diese Terrorzellen? Und was haben sie für die westliche Sicherheit vor dem islamischen Fundamentalismus in seiner terroristischen Ausformung bisher getan? Dies sind wichtige Fragen, auf die man meist nur peinliche Antworten bekommt! Viele deutsche Behörden wissen nämlich sehr wenig, in manchen Fällen gar nichts.

Wenn Sicherheitsbehörden in der Lage wären, »Schläferzellen« aufzudecken, müsste man sie selbst nicht als »Schläfer« bezeichnen. Mit dieser doppelten Bedeutung des Begriffs »Schläfer« lässt sich zunächst feststellen, dass es »Schläfer« auf beiden Seiten gibt: Auf der Seite der Islamisten verfügt die Bin Laden-Connection über Hunderte von »Schläfern«, von denen einige am 11. September aus ihrem Schlaf erwachten und sogar als Piloten an Bord der »Bomber-Flugzeuge«, die das World Trade Center zerstörten, agierten. Auf der Seite der deutschen Behörden gibt es »Schläfer« in dem Sinne, dass sie verschlafen, was um sie herum passiert.

Ich habe bereits angemerkt, dass im Jahre 1998 der Sudanese Mamduh Salim von Deutschland aus Transaktionen in Millionenhöhe zur Finanzierung der »Connection« Bin Ladens vorgenommen hat. Durch

Hinweise amerikanischer Sicherheitsbehörden konnte er verhaftet werden. Die deutschen »Schläfer«, hier das Bundeskriminalamt und die Bundesanwaltschaft, kooperieren offenbar nicht besonders gut, und eine Anklageerhebung war nicht möglich. Ich erinnere mich, wie damals parallel zur Verhaftung die gesinnungsethischen Deutschen die Warnung vor dem »Feindbild Islam« ausgaben, als repräsentierten der Terrorist Salim und sein Ziehvater Bin Laden den Islam schlechthin. Zu dieser Gesinnungsethik kam noch der deutsche Antiamerikanismus hinzu. Einige deutsche Publizisten und Intellektuelle unterstellten, man wolle die deutsche Justiz zum »Handlanger der Amerikaner« degradieren. Das Versagen der deutschen Justiz lag aber auch im Fehlen einer Rechtsgrundlage für eine Anklageerhebung begründet. Als im Dezember 2000 sowie zu Beginn des Jahres 2001 mehrere Bin Laden-Terroristen verhaftet wurden[42], gegen die auch belastendes Beweismaterial vorlag, konnte aufgrund fehlender Rechtsgrundlage dennoch keine Anklage erhoben werden. Am deutschen Rechtsformalismus scheitert der Kampf gegen den Terrorismus.

Die in Frankfurt und Berlin verhafteten islamischen Fundamentalisten wollten das Europa-Parlament in die Luft sprengen; sie blieben in Haft, aber eine Anklage war aus den angeführten Gründen nicht möglich. Die symbolische Kriegserklärung der Bin Laden-Islamisten vom 11. September fand in New York und Washington statt, aber sie ist in Deutschland von den »Schläfern« der Islamisten geplant worden; die deutschen »Schläfer« in den zuständigen Behörden haben das alles verschlafen! Wachen sie nun nach diesen weltweit schockierenden Ereignissen und dem daraus erwachsenden Handlungsdruck auf? Wie zum Beispiel Bundesinnenminister Otto Schily. Seine nüchterne Sicherheitspolitik beschreibt der *Stern* in empörender Weise als »Schilys Polizeistaat-Pläne« (*Stern* 42/2001, S. 28).

Bei manchen Kommentaren und Zuschriften von deutscher Seite bekomme ich allmählich den Eindruck, dass ernsthaft die Meinung vertreten wird, die Amerikaner und nicht die Islamisten betrieben Terrorismus. Deutschland ist ein Teil der westlichen Zivilisation und darf sich nicht erlauben, aus der Anti-Terror-Koalition auszuscheren. Selbstverständlich soll dieses Land in Frieden auch mit der Welt des Islam leben. Aber zu dieser Friedenspolitik gehört ebenso, den Kampf gegen den Terrorismus global zu führen, also auch im islamisch-westlichen Bündnis. Die Islamisten haben es geschafft, Teile der Diaspora-Kultur des Islam im Westen für sich zu missbrauchen. Um dies zu beenden, müssen die »Schläfer« bekämpft werden. Die Verknüpfung von Migration und Sicherheitspolitik ist eine in den USA gewonnene Erfahrung, die kein westlicher Staat nach dem 11. September mehr ignorieren darf. In Deutschland muss Schluss sein mit den »Schläfern« des Islamismus, aber auch mit denjenigen in den deutschen Sicherheits- und Justizbehörden und natürlich mit Medienmenschen, die den Unterschied zwischen demokratischer Sicherheit und Polizeistaat offen ignorieren. Will Deutschland nicht das bleiben, was die *New York Times* einen *»save haven«* für Extremisten aus aller Welt nannte, die durch ungesteuerte Zuwanderung Deckung finden, muss Zuwanderung in Einwanderung verwandelt werden. Dies schließt Integration und Sicherheitspolitik ein.

Integration zwischen Ein- und Zuwanderung

Diese Einleitung über islamische Migration nach Europa schrieb ich im Lichte der Ereignisse um den 11. September. Darin versuche ich mit einem Rückgriff auf die in Deutschland von allen Parteien geführte Debatte über »Zuwanderung« und Integration deutlich zu machen, dass dieses Land ein »Zuwanderungsland« ist, worüber sich auch die Parteien einig sind. Aber darüber hinaus ist bei den Debatten neben der Verwechslung von Ein- und Zuwanderung nur Dissens und Konfusion festzustellen. Mit Schilys Referentenentwurf, aus dem ein Einwanderungsgesetz hervorgehen soll, liegt trotz allem erstmalig eine ernst zu nehmende Vorlage zu diesem Gegenstand vor. Doch findet sie weder die Zustimmung des grünen Koalitionspartners noch die der Opposition. Die grüne Politikerin Claudia Roth stellt nur Dissens fest. Aber worüber? Es wird behauptet, es gehe im Wesentlichen um das Nachzugsalter für Kinder und um die im Schily-Entwurf enthaltenen Einschränkungen. Doch da steckt mehr dahinter. Außer ihren naiven Anschauungen scheint Frau Roth kein politisches Konzept zu haben. Es herrscht vollständige Konfusion über den Gegenstand; selbst der als kritischer Geist gepriesene Bundesinnenminister erweist sich als ein Politiker, der der verankerten deutschen Tradition der Gesetzesgläubigkeit völlig verschrieben scheint. Er redet von Integration und verfällt wie alle anderen einer Lebenslüge. Es gibt große Probleme, die mit der fehlenden Integration und der zunehmend ungesteuerten Zuwanderung zusammenhängen; mit einem Gesetz allein kann Schily diesen Problemen nicht beikommen, auch wenn dieses

Gesetz die Zustimmung der Koalitionspartner und der Opposition fände! Nach der auch von Deutschland aus durch als Terroristen agierende Islamisten erfolgten Kriegserklärung an die westliche Zivilisation kann niemand mehr behaupten, dass Fragen der Zuwanderung nicht auch Sicherheitsfragen sind.

Die Konfusion über den Gegenstand beginnt mit der Sprache. Die deutsche Sprache ist so nuanciert, dass sie die Unterscheidung zwischen Zu- und Einwanderung ermöglicht. Auf diesen Unterschied habe ich bereits aufmerksam gemacht (vgl. Vorrede). Aber die Politiker machen von diesem Reichtum der Sprache keinen Gebrauch. Einwanderung ist ein konzeptuelles, rechtlich und institutionell geregeltes, also auch politisch gesteuertes Verfahren, wodurch Staat und Gesellschaft die Migration steuert. Dies ist der Fall in traditionellen Einwanderungsländern, zum Beispiel den USA und Australien. Dagegen verläuft Zuwanderung chaotisch, weil sie ungeregelt ist. Weder Staat noch Gesellschaft bestimmen, wer ins Land kommt, und ein Konzept dafür sowie für Integration fehlt; also erfolgt Migration ungesteuert, sei es illegal – zum Beispiel durch Schleuserbanden – oder durch Missbrauch von Asyl. Deutschland ist von den Realitäten her ein Zu- und kein Einwanderungsland. Schily artikuliert die Notwendigkeit der Steuerung der Migration, spricht aber selbst von Zuwanderung, statt von gesteuerter Einwanderung. In seinen Bemühungen um Steuerung wird er gleichermaßen von dem Koalitionspartner und der Opposition behindert; beide haben keine klaren Vorstellungen. Die Grünen möchten fast jeden hereinlassen, der nach Deutschland will, wohingegen die CDU/CSU am liebsten die Grenzen dichtmachen möchte. Beide reden aber von Integration, die es allerdings nicht gibt, denn noch liegt dafür kein Konzept vor; dies passt genau in das Bild der Konfusion und der Lebenslüge von der Integration.

Wer von Einwanderung redet, der muss ein Integrationskonzept haben. Keine der deutschen Parteien verfügt über ein solches politisch klares und umsetzbares Konzept. Auch hier herrschen Lebenslügen vor, zum Beispiel die Illusion, dass alleine Gesetze und Sprachkurse die Integration ermöglichten. Der Autor dieses Buches ist selbst Migrant und betrachtet seine 40 Jahre in Deutschland als ein Beispiel »gescheiterter Integration«[43] ohne Selbstverschulden. Dieses Urteil fällte die lokale Zeitung der Stadt, an deren Universität der Autor lehrt. Dennoch wäre es falsch, den Zeigefinger zu heben und Beschuldigungen auszusprechen. Es ist besser, den bestehenden Zustand festzustellen und danach ernsthaft über mögliche Handlungsstrategien nachzudenken. Grob formuliert, sieht der Ist-Zustand so aus: Weder ist die deutsche Gesellschaft integrationsfähig, noch ist ein Großteil der Zuwanderer integrationswillig. Die Kenntnis der deutschen Sprache allein ist kein Zeichen der Integration. Bevor neue Zuwanderer ins Land kommen, empfiehlt es sich, erst den Engpass Integrationsunfähigkeit und Integrationsunwilligkeit zu durchbrechen. Weder der Referentenentwurf zur Zuwanderung von Schily noch die Rückmeldungen durch Grüne und CDU tragen dazu bei. Keiner scheint die Folgen der Entstehung von Parallelgesellschaften zu durchschauen, die durch fehlende Integration entstehen. Aus einer dieser islamischen Enklaven, nämlich aus Hamburg, kamen die Terroristen vom 11. September 2001.

Konkret kann man am Beispiel der größten Migrantengemeinde in Deutschland zeigen, wie verfahren die Situation ist: Es wird von allen Politikern behauptet, dass der Islam-Unterricht ein Beitrag zur Integration sei. Ab September 2001 darf laut Gerichtsurteil die extremistische Organisation »Islamische Föderation« in Berlin hier geborene Kinder in ihren fundamentalistischen Islam einführen. Damit wird Integration behindert, statt gefördert. Das ist auch kein Beitrag zum Entstehen einer Bürgeridentität bei den Migranten, sondern eher zu einer Verankerung der separatistischen Diaspora-Kultur von zugemauerten Parallelgesellschaften. In einer Zivilgesellschaft ist die Bürgeridentität eine Bindeklammer aller Mitglieder des Gemeinwesens. Deutschland bietet dies den Migranten nicht. Weder Frau Süssmuth noch Herr Schily und noch weniger ihre grünen oder konservativen Kritiker scheinen zu verstehen, dass sie von der Lebenslüge Integration reden und sich den Realitäten verschließen, die sich genau in die entgegengesetzte Richtung entwickeln. Es ermutigt nicht zu einem Miteinander, wenn man in einigen Ghetto-Wohnvierteln im Rheinland, also auf dem Territorium der Bundesrepublik, die türkische Fahne gehisst sieht. Das sollte man nicht als exotisch verniedlichen, es besteht eher Anlass zur Sorge, weil dies ein Zeichen der Ethnisierung und parallel der kulturellen Balkanisierung ist. Es ist das genaue Gegenteil von Integration.

Statt der Rhetorik der Integration als Lebenslüge benötigt die Bundesrepublik einen gesellschaftlichen und politischen Konsens darüber, wie Zuwanderung in Einwanderung verwandelt werden kann und wie Migranten durch Integration zu Bürgern, also nicht nur zu Inhabern deutscher Pässe werden. Mag die Tragödie von New York und Washington dazu beitragen, dass die Deutschen nüchtern und ohne Tabus über die Zuwanderung von Migranten und die damit verbundenen Sicherheitsaspekte nachdenken.

Deutsche Islam-Diaspora, die Kriegserklärung von New York und Washington und die nicht erfolgte Integration

Jene Muslime, die in der deutschen Gesellschaft integriert sind, haben mit Schrecken über und Anteilnahme für die Opfer des Kollektivmordes an ungefähr 3 400 Menschen in New York und Washington reagiert und sich zugleich dafür geschämt, dass die Terroristen aus ihrer Glaubensgemeinschaft kamen. Ich gehöre zu dem Kreis trauernder Muslime und schäme mich, meinen deutschen Lesern den unerfreulichen Umstand mitteilen zu müssen, dass es sich bei unserem Kreis um eine Minderheit in dieser Gemeinschaft handelt. Daran ist abzulesen, dass es kaum erfolgreiche Integration gibt. Die nicht-integrierten Muslime haben diesen Traum nie geteilt, und unter ihnen gab es solche, die Bin Laden als Held bejubelten.

Den Terrorakt erlebte ich in einem islamischen Land, Usbekistan, wo ich in Taschkent mit einem Teil meiner Mit-Muslime um die Opfer von New York und Washington trauerte. Danach war ich für nur eine Woche in Deutschland auf dem Wege in die USA, wo ich zum ersten Mal in meinem Leben aus Solidarität das Sternenbanner am Revers trug. In Deutschland war ich bei einem Vortrag im Rahmen der »interkulturellen Woche« in Rüsselsheim beschämt zu erfahren, dass türkische und marokkanische Arbeiter in einem Industriegroßbetrieb Bin Laden und seine »Heldentat« bejubelt haben. Darauf wurden sie zu Recht vom Management fristlos entlassen. Es gab aber Muslime, die wie ich dachten. Wir sind aber nicht die Mehrheit, wie meine Erlebnisse in Berlin, Frankfurt und Köln mich wiederholt belehrten. Die Reaktion muslimischer Zuwanderer in Deutschland auf die Kriegserklärung der Islamisten in New York an die westliche Zivilisation lassen sich nach diesem Muster einordnen:

1. Eine Minderheit, die nicht nur mit den Lippen, sondern auch mit dem Herzen trauerte.
2. Antiamerikanismus: Freude über die Demütigung der USA als »Patron der Juden« (so das USA-Feindbild) durch den »Helden des Islam« Bin Laden.

3. Verschwörungstheorie: Es sollen, so die Mundpropaganda: »4 500 Juden, die im World Trade Center arbeiteten, am 11. September nicht zur Arbeit erschienen sein. Dies belegt, dass die Tat eine Verschwörung der Juden gewesen ist, um sie den Muslimen in die Schuhe zu schieben. Damit sollten die Amerikaner einen Vorwand bekommen, *dar al-Islam*/das Haus des Islam anzugreifen. Die Stationierung ihrer Truppen in Pakistan soll dem Ziel dienen, das einzige islamische Land mit einer Atombombe zu entwaffnen. Dies soll unter dem Vorwand des Kampfes gegen Bin Laden geschehen.« Diese Verschwörungstheorie machte mich – selbst Autor über Verschwörungen[44] – sprachlos, als ich diese Legende hörte: Taxifahrer, Kellner, Studenten und andere muslimische Migranten erzählten mir dieses Märchen unabhängig voneinander Dutzende Male in Köln, Berlin, Frankfurt a.M. und schließlich selbst in New York.
4. Heuchelei: Hierüber berichtete die *Welt am Sonntag* unter dem Titel »Heuchelei in der Moschee«[45]. Damit ist gemeint, dass jene von Islamisten getragenen Moscheevereine nach außen Krokodilstränen vergossen, nach innen klammheimliche Freude empfanden. Selbst der »Kalif von Köln« hat nach einem Bericht in der Zeitung *Die Welt* vom 12.10.2001 solche Tränen im Gefängnis vergossen.

Einer der wichtigsten Vereine des organisierten Islam in Deutschland ist *Milli Görüş,* der vom Verfassungsschutz observiert wird und im Verfassungsschutzbericht von 2000 als »extremistisch« eingestuft wird. Es ist nicht mein Anliegen, über diesen Verein zu urteilen. Es geht mir nur darum herauszuarbeiten, wie die *Milli Görüş*-Funktionäre zur Integration stehen.

Wie ich in diesem Buch unterscheidet *Milli Görüş-Chef* Mehmet Erbakan, Neffe des bekannten türkischen Fundamentalisten Necmettin Erbakan, zwischen Integration und Assimilation. Der Unterschied zwischen uns ist jedoch, dass er beide Begriffe inhaltlich völlig anders ausfüllt. Unter Integration verstehe ich, dass Muslime europäische Bürger und Verfassungspatrioten werden. Das ist für Erbakan bereits Assimilation. Erbakan akzeptiert nach einem Bericht, der auf einem Interview mit ihm beruht – erschienen in der Zeitung *Die Welt* –, dass ein islamischer Migrant »zwar die Gesetze des Staates respektiert, aber nicht beherzigt«.

Erbakan fährt fort und lehnt jede Anpassung als »Weg der Assimilation« ab, und hebt hervor: »Wir alle wollen nur eines: ... nach den Gesetzen des Koran in Deutschland leben.«[46] Das ist wohl die *Schari'a*[47], die in der Türkei verboten ist. Ich stelle fest: Die *Schari'a* steht auf allen Ebenen im Widerspruch zum deutschen Grundgesetz sowie zu allen anderen europäischen Verfassungen. Wer »Leben nach der *Schari'a*« in Deutschland fordert, der erteilt dadurch jeder Politik der Integration eine Absage. Man schürt auch einen Zivilisationskonflikt auf der innereuropäischen Ebene zwischen dem säkularen Europa und der Islam-Diaspora. Im Nachrichtenmagazin *Der Spiegel* nannte ich das Verhältnis der *Schari'a* zum Grundgesetz »wie Feuer und Wasser«. Die zitierten Äußerungen zeigen, dass die Vertreter des angesprochenen Kreises keine Integration wollen, auch wenn sie dazu ein Lippenbekenntnis ablegen. Ihr Ideal ist auf türkisch: *din-ü-devlet* – die Einheit von Staat und Religion, also Gottesherrschaft. Dies können sie in Deutschland nicht durchsetzen, aber mit Sicherheit können sie die Integration hier geborener Kinder von Migrantenfamilien behindern.

Am Ende dieser Einleitung, die in die islamische Migration nach Deutschland und in die Ursachen gescheiterter Integration der Migranten einführen wollte, betone ich meine Auffassung, dass Integration nach dem 11. September 2001 in der gesamten westlichen Zivilisation nicht mehr nur als Angebot zu verstehen sein kann. Wer die Werte der westlichen Zivilisation nicht akzeptiert, wird in Zukunft Probleme bekommen, weil – besonders in den USA – nunmehr die Entschlossenheit besteht, nicht mehr wie bisher den Migranten aus islamischen Ländern einen *free space*/Freiraum zu gewähren. Diese Einleitung begann mit einem Bericht aus den USA »Der Multi-Kulturalismus ist tot« (Anm. 1). Die Integration der Migranten gehört zu den Geboten der Sicherheitspolitik nach dem 11. September 2001

ERSTER TEIL

Von der verordneten Fremdenliebe zur Realpolitik. Verantwortungsethik mit Zuwanderern statt Gesinnungsethik: Grundlagen

Einführung

Nach dem 11. September 2001 steht Deutschland unter dem Druck, sich wie jedes andere westliche Land zu verhalten. In Deutschland benötigen wir in diesem Zusammenhang eine auf Fakten und Objektivität basierende Debatte über die Problematik der Migration. Fruchtbare Debatten können nur dann stattfinden, wenn die Menschen, die sich daran beteiligen, sich nicht nur über die verwendeten Begriffe und deren Inhalte einigen, sondern auch über den Gegenstand gut informiert und natürlich frei von Scheuklappen und Tabus sind. Deutschland und die Migration ist ein Thema der Zukunft, das nicht von deutschem Selbstmitleid (Alfred Grosser) in Bezug auf die deutsche Vergangenheit belastet werden darf. Vor allem müssen die Fakten dabei vor den Anschauungen stehen. Von dem bedeutenden deutschen Denker Max Weber stammt die Unterscheidung zwischen *Gesinnungs-* und *Verantwortungsethik,* die für die anstehende Problematik von zentraler Bedeutung ist. Bisher war die deutsche Diskussion von der Romantisierung des Fremden und einer »protestantischen Weltfrömmigkeit« (H. Plessner) geprägt. Dies schuf islamischen Terroristen Freiraum, so dass sie von deutschem Boden aus die Taten in New York und Washington vorbereiten konnten.

Gesinnungsethiker moralisieren in der Regel die Probleme, wobei die Substanz verlorengeht. Im Mittelpunkt gesinnungsethischen Denkens stehen keine auf die Fakten bezogenen Problemlösungen, sondern ein moralisiertes Weltbild. Dagegen setzt die Verantwortungsethik das Problem selbst in den Mittelpunkt; zentral ist hierbei die Bemühung, die Zusammenhänge rational, nicht weltanschaulich zu durchschauen und die Probleme entsprechend einzuordnen. Für einen Verantwortungsethiker dominiert statt Moralisierung das Bestreben, das Problem zu verstehen und realisierbare Lösungen zu finden.

Verantwortungsethik und Gesinnungsethik verhalten sich zueinander wie Rationalität und Weltfrömmigkeit. Der renommierte Philosoph Helmuth Plessner, der sein bedeutendes Werk über die Deutschen »Die verspätete Nation« (1959) ursprünglich in den Migrationsjahren 1933 bis 1945 schrieb, hat für das deutsche Denken den Begriff »protestantische Weltfrömmigkeit« geprägt. Diese befähigt weder dazu, Probleme zu verstehen, noch dazu, sie zu lösen. Warum diese Kontrastierung von Gesinnungs- und Verantwortungsethik gleich zu Beginn? Ich denke, dass die Ernüchterung nach dem 11. September 2001 die Antwort vermittelt.

Als Fremder in Deutschland, der fast zwei Drittel seines Lebens unter Deutschen verbracht hat und mit der protestantisch-deutschen Weltfrömmigkeit als Ausdruck einer Gesinnungsethik bestens vertraut ist, halte ich diesen kritischen Vorspann zum ersten Teil dieses Buches für dringend erforderlich. Es schadet nicht, wenn Deutsche zur Kenntnis nehmen, wie sie von anderen gesehen werden. Das Recht, eine »Gesinnung« zu haben, spreche ich niemandem ab, aber es erscheint mir wichtig, bei der Diskussion über Einwanderung die Fakten vor diese Gesinnung zu setzen. Als Ausländer und Semit kann ich mir – in Abgrenzung zu manch deutschen Selbsthassern – erlauben zu sagen, dass ich dieses Land und seine Kultur sowie die deutsche Sprache liebe – sonst würde ich hier nicht leben wollen und in dieser Sprache schreiben. Doch ebenso darf ich kritisch anmerken, dass ich die deutsche Gesinnungsethik bei der Problematik der Ein- und Zuwanderung gleichermaßen für uns Fremde wie für Deutsche, die europäisiert und westlich denken, für sehr schädlich halte. Zu bedenken gebe ich, dass jene Islamisten, die die Kriegserklärung an die westliche Zivilisation am 11. September zum Ausdruck brachten, diese deutsche Mentalität massiv ausnutzten, um sich Freiraum in Deutschland zu schaffen. Im Lichte dieser Tatsachen biete ich meinen Lesern eine alternative verantwortungsethische Denkweise, die zudem von einem Betroffenen, einem liberalen Muslim-Migranten und Freund der Deutschen stammt. Vorab stelle ich fest, dass es drei Gründe gibt, die die Migranten nach Europa führen: *erstens,* die demografische Entwicklung, *zweitens* die demokratischen Freiheiten und die hierbei gewährten Grundrechte und schließlich *drittens* die durch die Medien global zur Schau gestellte Prosperität des Westens. In diesem Rahmen kommen nicht nur die sehr erwünschten Einwanderer nach Deutschland, sondern auch Zuwanderer, wie Islamisten, ethnische Nationalisten und andere Feinde der Demokratie.

Aus den vorangegangenen Texten, also aus der Vorrede und der Einleitung, geht deutlich hervor, dass Migration nicht nur Deutschland betrifft, da diese eine Begleiterscheinung der Globalisierung ist. Dies gilt ebenso für die damit verbundenen sicherheitspolitischen Aspekte. Keiner kann nach dem 11. September 2001 diese Erkenntnis bestreiten.

Eine Hauptursache der Migration ist also der demografische Faktor, vor allem seine unproportionale Gewichtung in unserer Welt. Zu Beginn des 20. Jahrhunderts, ungefähr um das Jahr 1900, lebten auf dem Globus eine Milliarde Menschen. Als das zweite Jahrtausend zu Ende ging, hatte sich die Menschheit versechsfacht. Die Unproportionalität besteht darin, dass in Europa die Bevölkerung schrumpft, in Asien und Afrika verdoppelt sie sich dagegen alle zehn bis maximal zwanzig Jahre, und der europäische Kontinent zieht Migranten aus diesem Raum an. Damit wird ethnische Armutskultur miteingeführt, die große Sicherheitsprobleme mit sich bringt: Kriminalität, Fundamentalismus.

Es gibt jedoch noch weitere Gründe, die Europa attraktiv machen. Max Horkheimer, der die Jahre 1933 bis 1945 im US-Exil verbrachte, hielt trotz Hitler-Faschismus und Stalinschem Totalitarismus Europa sowohl »räumlich als zeitlich« für eine »Insel« in unserer Welt. Deshalb sei diese Insel gegenüber freiheitsfeindliche Ideologien und Bestrebungen »zu bewundern und zu verteidigen«. Eben wegen dieser Freiheit nimmt Westeuropa die politisch, religiös und ethnisch Verfolgten aus aller Welt auf und bietet ihnen Schutz. Nicht zu übersehen ist aber auch die Tatsache, dass Menschen angezogen werden, die einfach nur besser leben wollen. Gewiss: Das ist ein Recht, wenngleich kein Menschenrecht. Europa, und schon gar nicht Deutschland allein, kann die Probleme der Welt – Armut und Verfolgung – auf seinem Territorium lösen. Seit Jahren setze ich mich dafür ein, dass Europa sich anderen Kulturen und Zivilisationen bei gleichzeitiger Bewahrung der europäisch-zivilisatorischen Identität öffnet. In diesem Buch gehe ich einen Schritt weiter und betrachte Europa – einschließlich Deutschland – als Einwanderungskontinent. Und füge hinzu: Europa hat das Recht, seine Einwanderer nach einem Migrationskonzept auszusuchen.

In dem Zusammenhang bleibt festzuhalten, dass Westeuropa begrenzte Kapazitäten hat; deshalb kann es nicht alle Menschen, die in den Westen wollen, aufnehmen. Europa – einschließlich Deutschland – muss bei dem globalen Phänomen der Migration in doppeltem Sinne an sich denken: Es muss parallel zur Aufnahmebereitschaft für viele Millionen fremde Menschen seine zivilisatorische Identität als »Insel der Freiheit« bewahren, und es muss dafür sorgen, sein westlich-demokratisches Gemeinwesen dadurch intakt zu halten, dass es die Migranten politisch-kulturell als Wahleuropäer integriert; es kann nur dann dazu in der Lage bleiben, wenn es seine Aufnahmekapazitäten nicht überschreitet, da ansonsten das Gemeinwesen balkanisiert wird (vgl. Teil 2). Europa hat eine westliche Identität und darf nicht zu einem werteneutralen multiethnischen Wohngebiet oder – ich schreibe dies als Reform-Muslim – einem Teil des *Dar al-Islam* werden. Muslimische Migranten sollten auf der Basis der europäischen Werte integriert werden und nicht umgekehrt die Bestrebung haben, Europa zu islamisieren. Nach dem 11. September ist es leichter geworden, in Europa und in Amerika diese Selbstverständlichkeit auszusprechen: Jede kulturelle, aus der Migration erwachsene Differenz ist den universalistischen Werten westlicher Verfassungen unterzuordnen. Anders formuliert: kein Freiraum zugunsten von Diaspora-Kulturen wie zum Beispiel den Islamisten.

In zwei Schritten gehe ich diese Problematik an: Im ersten Kapitel erörtere ich die Migration in globaler Perspektive, auch anhand internationaler Beiträge. Dort zeige ich die Konflikte zwischen Soziologie sowie Romantikern des Multikulturalismus und den anderen Migrationsforschern – wie Myron Weiner und James Hollifield – auf, die die Migrationsproblematik verantwortungsethisch angehen. Nach dieser internationalen Perspektive gehe ich in Kapitel 2 auf die deutsche Diskussion ein und beleuchte ihre Schwächen im Lichte des 11. September 2001.

KAPITEL I

Die Turbulenzen der Migration: Eine globale Erscheinung im 21. Jahrhundert und ihre Sicherheitsrisiken

Mein zuvor bei DVA erschienenes Islam-Buch habe ich mit einem Hinweis auf die bestehende Weltzeit eingeleitet. Diese global anerkannte Zeitrechnung christlich-europäischen Ursprungs bildet den Rahmen für das Leben im 21. Jahrhundert und in diesen sind auch meine Überlegungen zum Islam und Deutschland[1] eingebettet. In diesem Zusammenhang argumentierte ich, dass die globale Migration ein von kultureller Vielfalt gekennzeichnetes Gemeinwesen in westlichen Gesellschaften zur Folge hat. Im vorliegenden Buch greife ich diese Problematik erneut auf und betrachte sie aus einer anderen Perspektive. Zunächst werde ich sowohl den geschichtlichen Hintergrund als auch die zentralen Themen der Migration erläutern. Erst in den folgenden Kapiteln werde ich sie in Bezug auf die islamische Zuwanderung konkretisieren und vertiefen.

Es ist kein Widerspruch, wenn ich von der Migration einerseits als Beiprodukt der neuzeitlichen Globalisierung spreche und andererseits behaupte, dass Migration als Wanderung von Menschen keine Erscheinung des modernen Zeitalters, sondern so alt wie die Menschheit selbst ist. Die zeitgenössische Einund Zuwanderung, so wie wir sie in unserer Weltzeit seit dem späten 20. Jahrhundert beobachten, findet allerdings in einem anderen, bisher unbekannten historischen Rahmen statt. Insofern ist sie nur formal mit den klassischen Formen der Migration vergleichbar.

Im 21. Jahrhundert entwickelt sich die Migration unter den Bedingungen der Globalisierung, die sich durch Entgrenzung intensiviert, zu einem interkontinentalen Phänomen. Im Folgenden werde ich das Phänomen in historischer Perspektive erläutern und dabei auf die internationale Diskussion eingehen, in der die Steuerung der Migration unter Gesichtspunkten der Sicherheitspolitik im Mittelpunkt steht. Diese sicherheitspolitische Dimension bestand bereits vor dem 11. September 2001, aber nach den Terroranschlägen in New York und Washington, die von einer Diaspora-Kultur ausgingen, hat sie an Brisanz gewonnen.

Positive und negative Begleiterscheinungen

Die Wellen der Migration unserer Zeit sind mit Turbulenzen[2] vergleichbar. Das bedeutet, dass die Migration außer Kontrolle geraten und mit erheblichen Konfliktpotentialen verbunden ist. Auch der Terrorismus gehört zu diesen Turbulenzen. Die Zuwanderung weist gleichermaßen positive wie negative Aspekte auf. Sie bietet zum einen Gesellschaften mit demografischer Stagnation Abhilfe, zum anderen, was den illegalen Menschenhandel betrifft, arbeitet sie der international organisierten Kriminalität zu. Gesteuerte Migrationspolitik sichert eine Einwanderung, die das Land auf allen Ebenen bereichern kann. Jede Migration ist aber zugleich mit Risiken verbunden. So wird der Handel mit Drogen und Waffen, ja selbst mit Menschen als Objekten der Schleuserbanden im Rahmen von Zuwanderung betrieben. *Die Woche* berichtete auf der Grundlage einer Schätzung der Polizeibehörde Europol:

> »Etwa eine halbe Million Menschen werden jährlich illegal nach Europa eingeschleppt. Dafür kassiert das organisierte Verbrechen 17,6 Milliarden DM (9 Mrd. Euro).«[3]

In der *Tagesschau* vom 22. April 2001 wurde über einen BND-Bericht informiert, demzufolge Schleuser-Banden jährlich 150 000 illegale Zuwanderer aus Nahost, Afrika und China gegen ein Kopfgeld von bis zu 6 000 Dollar über die Türkei nach Deutschland bringen. In denselben Nachrichten wurde über Schiffe mit auf diese Weise nach Süditalien geschmuggelten Kurden berichtet. Im Kreis dieser illegalen Zuwanderer befinden sich auch ethnische Nationalisten und religiöse Fundamentalisten, die Sicherheitsprobleme für die Länder, in die sie immigrieren, schaffen.

Migration findet heute weltweit von ärmeren in wirtschaftlich erfolgreichere und von politisch unsicheren in sichere Länder statt. Die global vernetzten Medien bieten Informationen über alle Länder und machen auf diese Weise die Kluft zwischen arm und reich transparent, womit sie ungewollt Anreize für die Zuwanderung in ökonomisch und politisch gefestigte Länder schaffen. Diese Erscheinung gilt nicht nur für Europa, sondern auch für Afrika (zum Beispiel die Migration von ärmeren Ländern Westafrikas zur Elfenbeinküste, nach Nigeria oder Südafrika) und Asien (zum Beispiel nach Malaysia), doch steht Europa aus mehreren Gründen im Mittelpunkt dieser neuen Entwicklung. Es kommen nicht einfach Menschen, die sich eingliedern, so wie dies bei den klassischen Einwanderungsländern Nordamerika und Australien der Fall war. Die Herkunft dieser Menschen aus anderen Zivilisationen bedingt vielmehr, dass sie andere zivilisatorische Weltanschauungen und Ordnungsvorstellungen sowie ein anderes Rechts- und Gesellschaftsverständnis mitbringen. Für diese Werte und Normen kultureller und religiöser Kollektive wird im Namen von Minderheiten- beziehungsweise Menschenrechten Geltung beansprucht. Unter Berufung auf kollektive Menschenrechte wird irrtümlich ein Freiraum für Diaspora-Kulturen eingeräumt. Im Rahmen der Migration verlagern sich die Menschenrechte von individuellen zu Rechten von Kollektiven. Dies betrifft die Aufnahmegesellschaften, die ihre eigene Identität haben. So entstehen Konflikte[4], die ich als Zivilisationskonflikte bezeichne. Auch die Terroranschläge von New York und Washington bringen diese Konfliktart, allerdings in militarisierter Form, zum Ausdruck.

Zunächst will ich das zeitgenössische Phänomen der Migration sowohl in der Welt insgesamt als auch in Europa im Besonderen von früheren Erscheinungen dieser Art abgrenzen.

Klassische Migration in der Weltgeschichte

Es sei nochmals dar an erinnert, dass die Erscheinung der Migration so alt ist wie die Menschheit selbst. Auf Europa sowie die neuere Geschichte (des 18. und 19. Jahrhunderts) bezogen, können wir von innereuropäischen Wanderungen von Menschen sprechen, die seinerzeit von den Aufnahmegesellschaften gut bewältigt wurden. Auch in anderen Teilen der Welt haben ähnliche innerkontinentale Wanderungen, oft als Folge von Armut, Plagen und Kriegen stattgefunden. Klassische Wanderungen, in der Regel als Konsequenz sozialer oder natürlicher Katastrophen, hatten stets kollektive Formen. Sieht man von der zivilisatorisch-spezifischen *Hidjra*-Migration zur Verbreitung des Islam ab, waren die klassischen Wanderungen weder organisiert, noch stellten sie ein Dauerphänomen dar. Die zeitgenössische Migration dagegen ist eine Auswirkung der Globalisierung und somit eine anhaltende Erscheinung. Abweichend von der klassischen kollektiven und anders als die heutige oft organisierte Migration (zum Beispiel nach Nordamerika) stoßen wir im Studium der Geschichte auf den Sonderfall der religiös legitimierten Massenwanderung ganzer Stämme im Rahmen der islamischen Expansion; sie umfasste eine dauerhafte Umsiedlung dieser Stämme. Auf diese Weise war die islamische *Hidjra*-Migration vom 7. bis 9. Jahrhundert, wie ich dieses Phänomen aus der Perspektive der Aktualität und Relevanz für Europa später gesondert in Kapitel 6 ansprechen werde, ein Instrument zur Verbreitung des Islam. Zunächst nur kurz das historische Problem:

Nach dem Vorbild der Wanderung des islamischen Propheten Mohammed von Mekka nach Medina im christlichen Jahr 622 (1. islamisches *Hidjra-Jahr)* predigt der historische (in Abgrenzung zum Offenbarungs-) Islam die *Hidjra*/Migration als Mittel zur Verbreitung des Islam. Diese religiöse Auffassung wurde mit einer anderen, nämlich der *Djihad*-Doktrin verbunden. Sie kann als ein Beispiel für den Unterschied zwischen historischem und Offenbarungs-Islam angeführt werden. Im Gegensatz zu der populären Übersetzung mit »heiliger Krieg« heißt *Djihad* laut Koran »Anstrengung«, auch zur Verbreitung des Islam. In der Geschichte war *Djihad* dagegegen gleichbedeutend mit Eroberungskrieg. Historisch waren die *Djihad*-Krieger während der islamischen Expansion zugleich *Muhadjirun*/Migranten. Das erste islamische Welteroberungsprojekt wurde durch das *Umaiyyaden*-Reich (661 bis 750) auch mit Mitteln der Migration als ein *Djihad*-Staat umgesetzt und getragen. Es bestand also ein enger Zusammenhang zwischen *Djihad*-Eroberung und *Hidjra*-Migration.[5]

Das islamische Expansionsprojekt mittels der Verbindung von *Djihad* und *Hidjra* wurde auch in der darauffolgenden Geschichte, vor allem von den türkischen Osmanen in Südosteuropa fortgesetzt. Zwar wurden im Rahmen des islamischen Expansionsprojektes territorial große Gebiete erobert, die angestrebte Islamisierung der Welt konnte jedoch nicht erreicht werden. Europa betraf dieses Projekt zweimal: als die Muslime im Jahr 711 Spanien eroberten und mit muslimischen Migranten besiedelten und dann nach den osmanischen Eroberungskriegen in Südosteuropa ab dem 15. Jahrhundert, denen ebenfalls eine Besiedlung des Gebietes durch Muslime folgte. Vergleichbar mit der Politik anderer Eroberer vor und nach ihnen war das Ziel der Muslime, die eroberten Gebiete mit Hilfe der eigenen Besiedlung dauerhaft zu sichern. Diese Siedlungspolitik hatte die Migration vieler Muslime zur Folge. Migrationbewegungen gab es allerdings auch schon vor dem Aufstieg der Osmanen. Die Turkvölker wanderten im Übergang vom ersten zum zweiten Millennium von Zentralasien westwärts zunächst in den Orient, dann nach Europa[6]; ihre Historie ist eine Geschichte der Völkerwanderung.

Natürlich weiß jeder Historiker, dass vor dem Islam auch frühere Imperien Eroberungen betrieben, die von Zuwanderungen begleitet wurden. Besonders hervorzuheben ist hier die Erweiterung des Römischen Reiches auf die gesamte Mittelmeerregion. Diese beinhaltete aber kein Welteroberungsprojekt, wie die historische Vision der Erweiterung des *Dar-al-Islam*/Haus des Islam auf die gesamte Welt. Das islamische Reich des Kalifen stellt den ersten Versuch in der Weltgeschichte dar, eine Globalisierung herbeizuführen. Der islamische Rechtshistoriker Armanazi berichtet uns, dass die islamische dichotome Aufteilung der Welt in *Dar al-Islam*/Haus des Islam und *Dar al-harb*/Haus des Krieges, welches die Territorien außerhalb der Einflusssphäre des Islam umfasst, nie revidiert wurde[7]; sie wird von bestimmten Muslimen bis heute vertreten. Eine vom Islam getragene Globalisierung, bei der diese Aufteilung hinfällig und ein islamischer Weltfriede verwirklicht wird, ist den Muslimen jedoch nie gelungen. Das Bulletin der islamischen Migranten in London *(al-Ikhwan)* führt im Logo der Titelseite folgende Worte: *»Muhimatuna: Siyadat ala al-alam*/unser Ziel ist Herrschaft über die gesamte Welt«. Die in London ansässige extremistische Gruppe von Scheich al-Badri nennt sich *al-Muhadjirun*/die Migranten. Damit wird die historische Bedeutung der Bindung der Migration an die Islamisierungsvision neu belebt. Erst nach dem 11. September interessieren sich für diese Diasporastrukturen nicht mehr nur die Experten.

Genauso wie die Muslime haben auch die Europäer in ihrer Geschichte Eroberungen betrieben, zu deren Durchführung eine Siedlungspolitik gehörte, die die Migration vieler Europäer zur Folge hatte. Doch nur ihnen bleibt in der Neuzeit vorbehalten, was den Muslimen nicht gelang, nämlich durch das eigene Welteroberungsprojekt eine globale Vernetzung einzuleiten. Mit anderen Worten: Die Muslime haben ihre Expansion nicht in einem solchen Maß erweitern können, dass sie als Globalisierung zu bezeichnen wäre. Die europäische Expansion resultierte in einer bis heute anhaltenden und sich noch intensivierenden Globalisierung. In den frühen Abschnitten war die westliche Eroberung ebenso wie die islamische Expansion von Migration begleitet. Heute findet diese in umgekehrter Richtung statt, indem viele Nicht-Europäer nach Europa – wenn auch aus anderen Beweggründen – wandern. Islamisten würden jedoch gerne die Zuwanderung von Muslimen nach Europa in eine

Djihad-Hidjra-Islamisierung nach dem bereits beschriebenen Vorbild verwandeln.

Ein Bestandteil der europäischen Expansion war die geographische Entdeckung der Welt. Auf diese folgten dann Eroberungen und große Zuwanderungsbewegungen. So führte die Entdeckung Amerikas zu europäischen Völkerbewegungen dorthin. Die Europäer kamen freiwillig, um sich ein besseres Leben aufzubauen. Aus wirtschaftlichen Gründen wurden aber noch mehr Menschen gebraucht, und deshalb betrieb man Sklavenhandel aus Afrika als »erzwungene Migration« (S. Sassen, vgl. Anm. 13). Südamerika und das südliche Afrika haben eine vergleichbare Geschichte insofern, als dort nach deren Entdeckung und Eroberung eine ähnliche Siedlungspolitik betrieben wurde. Migration erfolgte also auch in den vor der Entdeckung des amerikanischen Kontinents bekannten Regionen der Erde. Zwei Beispiele lassen sich hier anführen: die Zuwanderung von Franzosen im kolonialen Kontext unter anderem nach Algerien und der Zuzug verschiedener Europäer nach Südafrika. Das erste Beispiel endete mit einer dramatischen, eindeutig als rassistisch zu wertenden Vertreibung der Algerien-Franzosen, nachdem Algerien 1962 die Unabhängigkeit erlangte. In Südafrika verlief die Migrationsgeschichte glücklicherweise anders: Nach dem Zusammenbruch des Apartheidregimes hat der tolerante Nelson Mandela eine Politik der Versöhnung betrieben. Auf diese Weise sind die weißen Südafrikaner, deren Vorfahren aus den Niederlanden kamen und die sich zu der Volksgruppe der Afrikanar (mit *a* im Gegensatz zu schwarzen Afrikanern) rechnen, wie auch die rund zwei Millionen zählende Englisch sprechende, ursprünglich britische Bevölkerungsgruppe, im Land geblieben. Ebenso verhält es sich mit den aus Asien stammenden Südafrikanern (vor allem Inder). Aus der Erfahrung meiner Auslandsaufenthalte in Südafrika weiß ich aber, dass militante schwarze Afrikaner die europäisch-stämmigen Afrikanar gerne nach dem algerischen Modell vertrieben hätten. In der Tradition der Toleranz und Versöhnung von Nelson Mandela ist zu hoffen, dass dieser umgekehrte Rassismus keine Realitäten im südlichen Afrika, wie seinerzeit in Algerien, schaffen wird.

Auch Asien hat eine Migrationsgeschichte, zu der die Zuwanderung von Hindus und Chinesen nach Malaysia gehört. Obwohl die Hindus und Chinesen heute zusammen die Malayen zahlenmäßig überwiegen, gelten sie dort dennoch offiziell als Minderheit. Die Chinesen sind außerdem in das Inselreich Indonesien gewandert, wo sie heute von Islamisten ausgegrenzt und diskriminiert werden.

Wodurch unterscheidet sich die moderne globale Migration?

Nach diesem historischen Überblick über Migration stellt sich die Frage, ob die Ein- beziehungsweise Zuwanderung nach Europa im 21. Jahrhundert sich von der soeben beschriebenen Gewaltgeschichte der Menschheit, bei der die Migranten entweder Eroberer oder Sklaven waren, unterscheiden wird. Trotz der Turbulenzen (dies ist ein in der Fachliteratur verwendeter Begriff), die von der außer Kontrolle geratenen Migration ausgehen, denke ich, dass diese – im Rahmen einer Neubestimmung Europas – ohne Aufgabe der eigenen Identität tolerant und demokratisch, also in Frieden bewältigt werden kann. Voraussetzung dafür ist, sie richtig zu verstehen, was allerdings mit einer Tabuisierung vieler der mit ihr verbundenen Themen nicht einhergehen kann. Wie soll man Migration verstehen, wenn man über ihre Folgen nicht frei reden kann? Gilt *political correctness* auch für diese Thematik?

Als Fremder und Migrant in diesem Lande akzeptiere ich nicht alle deutschen Sitten und stelle die mit der Migration verbundenen Probleme, obwohl sie in Deutschland aus historischen Gründen stark tabuisiert werden, in den Mittelpunkt dieses Buches. Teil der Tabuisierung vor dem 11. September 2001 war das informelle Verbot, zwischen Ausländern, die dem Gemeinwesen nützen, und solchen, die es belasten, zu unterscheiden. Doch wir müssen zwischen rechtschaffenen muslimischen Bürgern und Islamisten unterscheiden.

Zurück zu den Unterschieden zwischen der heutigen und der klassischen Zuwanderung. Der wichtigste besteht darin, dass die moderne Form dieser Erscheinung keine Eroberung einschließt, sondern mit friedlichen Mitteln, zum Beispiel unter Nutzung der Entgrenzung der Welt und der Erweiterung der demokratischen Freiheiten auf die Zuwanderer erfolgt. Wenn wir die frühe Zuwanderung nach Amerika noch zur klassischen Migration rechnen und anerkennen, dass Migranten aus ethnischen und/oder religiösen Kollektiven stammten, unterscheidet sie sich dennoch von der alten Völkerwanderung und der Siedlungspolitik in der Folge von Eroberungen dadurch, dass sie eine Bewegung von Individuen darstellt. Heute bestehen große Herausforderungen an die Integration der Zuwanderer im Sinne ihrer Transformation zu Bürgern in der Bedeutung von *citoyen/citizen* als Mitglied eines bestehenden demokratischen Gemeinwesens. Das ist weit mehr als Integration im Sinne des deutschen Verständnisses von Staatsbürgerschaft mit der Bedeutung, im Besitz eines deutschen Passes zu sein. Die Frage lautet heute vielmehr, ob Zuwanderer Fremde bleiben, sich zu *citizens* entwickeln oder zu dem werden, was Amerikaner »*in between*/Zwischending«[8] nennen. Wenn sie fremd bleiben und die Ideologie des Multikulturalismus unwidersprochen fortbesteht, bilden sie eine Enklave innerhalb der Aufnahmegesellschaften, die sie als »Freiraum« beanspruchen können. Dies ist eine Entwicklung, die nach dem 11. September aus sicherheitspolitischen Erwägungen nicht mehr erwünscht ist.

Migration nach Europa erfolgt heute unter den Bedingungen des sozialen Wohlfahrtsstaates. Die Zuwanderer nach Europa und Nordamerika sind oft arme Menschen. Während für die Migranten in Amerika der Zwang bestand, sich im harten Leben durchzusetzen, gibt es in Europa Wohlfahrtsstaaten, die arme Menschen in manchen Fällen lebenslang mit Sozialleistungen versorgen können.[9] Auf diese Weise entstehen in den europäischen Aufnahmeländern Parallelgesellschaften mit dem Charakter einer ethnischen Armutskultur. Auf diese besorgniserregende Entwicklung werde ich in Kapitel 3 näher eingehen. Innerhalb dieser Parallelgesellschaften wird Armut in der Realität mit Religion und Ethnizität verbunden und damit Integration verhindert. Diese Art der Migration nimmt also die Form der Ethnisierung von Armutskultur an[10] und schafft große Konfliktpotentiale, die die Sicherheit der Aufnahmegesellschaften substantiell bedrohen.[11]

Innereuropäische Migration im 19.Jahrhundert

In diesem Buch interessiert uns vorrangig die Gegenwart. Dennoch ist die historische Perspektive von zentraler Bedeutung. Es ist daher von Belang anzuführen, dass Europäer selbst an bisher drei Migrationsbewegungen beteiligt waren:

1. Europäer wanderten in den Orient im Rahmen der Kreuzzüge.
2. Europäer wanderten in ihre Kolonien (Amerika, Afrika, Australien).
3. Europäer wanderten innerhalb Europas von Osten nach Westen.

Die ersten beiden Erfahrungen sind nicht wiederholbar, weil in unserer Zeit der Komplex der Erscheinungen Eroberung/Siedlung/Zuwanderung nicht mehr wahrscheinlich ist. Zwar finden leider noch immer Vertreibungen statt, aber heute sind Völkerwanderungen im Rahmen von friedlicher Migration die Regel. Dennoch können sich die verschiedenen Volksgruppen in der Diaspora abschotten und eine Parallelgesellschaft bilden. Minderheiten wie zum Beispiel die Kurden ziehen im Rahmen von Völkerwanderungen nach Europa und bilden als Volksgruppe eine Art Parallelgesellschaft mit den entsprechenden sicherheitspolitisch relevanten Konfliktpotentialen.

Auf der Tagesordnung steht der Migrationstyp, welcher dem dritten, also der innereuropäischen Wanderung ähnelt, wenngleich sie heute aus anderen Kontinenten erfolgt. Der wichtige Unterschied besteht also darin, dass nach Westeuropa nicht nur andere Europäer, zum Beispiel aus dem Osten oder vom Balkan als Zuwanderer kommen, sondern auch Asiaten und Afrikaner, deren Migration ebenfalls friedlich erfolgt. Natürlich wandern auch Osteuropäer und Westeuropäer innerhalb des Westens zu, aber dies ist langfristig insignifikant, obwohl es in der postbipolaren Zeit nach der Auflösung des Ostblocks und auch Jugoslawiens statistisch von großer Bedeutung ist.

Im Gegensatz zu den klassischen Migrationswellen, wie zum Beispiel den islamischen *Hidjra*-Völkerwanderungen, den Kreuzzügen und dem klassischen europäischen Siedlungskolonialismus (Nordamerika, Australien, Algerien, Südafrika), resultierte Zuwanderung in der neueren Geschichte des 19. Jahrhunderts aus wirtschaftlichen Bedürfnissen. Hierzu gehört nach Sassen die innereuropäische Migration, zum Beispiel von Italienern nach Frankreich und in die Schweiz sowie später nach Deutschland und Schweden. Wichtig ist die Migration aus Osteuropa, vorwiegend aus Polen, in den Westen und dort vor allem in das Rhein-Ruhrgebiet. Wie K.-J. Bade nachwies, hat Deutschland sich dabei von einem Auswanderungs- in ein Zuwanderungsland gewandelt.[12]

Als Menschen aus Deutschland in den neuen Kontinent auswanderten, stellten im Jahr 1890 Deutsche 30 % der US-Bevölkerung, 1930 nur noch 11,3 %. Die Migrationsforscherin Saskia Sassen beschreibt die Situation Anfang des 20. Jahrhunderts, als sich Deutschland bereits zu einem Zuwanderungsland entwickelt hatte, mit den Worten:

> »Juden waren ein Teil der demografischen Strömung von Ost nach West in Richtung Deutschland ... Ungefähr 700 000 Juden kamen zwischen 1905 und 1914 nach Deutschland ... Zudem wanderten legal saisonale Landarbeiter von Italien und Skandinavien nach Deutschland ... ebenso aus Weißrussland. Zusätzlich kamen andere, Russen, Polen und Österreicher. Allein 1914 betrug die Zahl der Zuwanderer eine halbe Million.«[13]

Saskia Sassen fügt hinzu, dass Deutschland eine Tradition in der Ausgrenzung dieser Zuwanderer hat; sie schreibt:

> »Lange bevor die Türken die deutsche Szene betraten, wurden diese zugewanderten osteuropäischen Massen als die ›Gastarbeiter‹ der Nation behandelt« (ebd.). Der deutsche ethnische – im Gegensatz zum westlichen zivilgesellschaftlichen – Nationsbegriff, der im Staatsangehörigkeitsgesetz von 1913 seine Fixierung erhielt, war die Grundlage dieser Ausgrenzung, indem er die Integration der Zuwanderer verhinderte. Abstammung *(ius sanguinis)* war das Kriterium für die Zugehörigkeit zur Nation, und das ist auf kultureller Ebene im Sinne von Kulturgemeinschaft bedauerlicherweise noch immer der Fall. Es war ein Gesetz, das »kulturelle Separierung förderte und Kulturgeschichte in Biologie verwandelte ... Der Staat führte einen Unterschied zwischen jenen, die permanent zur Nation gehören, und jenen, die nur auf Zeit sich aufhalten dürfen, ein.« (ebd.)

Anders war es im Frankreich des 19. Jahrhunderts und ist es bis heute.[14] Rechtlich bildet dort nicht die Abstammung, sondern bilden der Geburtsort *(ius soli)* sowie die Akzeptanz gemeinsamer Werte die Kriterien für die Zugehörigkeit zum Gemeinwesen. Ein solcher Wertekonsens ist es, den ich als Basis der Leitkultur fordere.[15] Frankreich zählt in Europa zu den Ländern mit den längsten, bis in das 18. Jahrhundert zurückgehenden Erfahrungen mit Migration. Es war vom 19. bis Anfang des 20. Jahrhunderts im europäischen Vergleich der Hauptempfänger von Zuwanderern. Frankreich bot und bietet in der Eingliederung von Migranten noch immer das Gegenmodell zu Deutschland.[16] Das neue Staatsangehörigkeitsgesetz von 1999 ist gewiss ein Fortschritt, doch fehlt parallel die entsprechende kulturelle Einstellung bei vielen Bürgern. Ein Gesetz allein verändert noch nicht die Wirklichkeit. Die Vorstellung, die Realität von oben, per Dekret und Gesetz, verändern zu können, hat eine Geschichte in Deutschland.

Ebenso wie im Deutschland des 19. Jahrhunderts waren die Migranten in Frankreich vorwiegend Europäer, wenn auch nicht allein aus Osteuropa, sondern bis 1896 auch aus Italien, Belgien und Spanien. Natürlich waren und sind die Franzosen keine Engel. Der erste europäische

Denker, der 1853 von der *Inégalité des Races Humaines*/Ungleichheit der menschlichen Rassen sprach und die Arier an die höchste Stelle setzte, war ein Franzose und kein Deutscher, nämlich Graf Arthur de Gobineau.[17] Es waren auch die Franzosen, die »Fremde« – wie beispielsweise ab 1905 Polen – in ihr Land holten, um Schmutzarbeiten (zum Beispiel in Minen) zu verrichten, für die sich keine Franzosen fanden.

Im Gegensatz zu Deutschland und Frankreich blieben andere europäische Länder wie Italien und Spanien bis gegen Ende des 20. Jahrhunderts vom Zudrang von Nordafrikanern und illegalen Migranten durch Schleuserbanden verschont. Stattdessen handelte es sich bei ihnen um Länder, die Bevölkerung exportierten, nicht empfingen. Heute betrifft die Zuwanderung aus Asien und Afrika ganz Westeuropa, also auch Italien und Spanien. Die Zuwanderer bewegen sich nach ihrer Ankunft auf europäischem Boden in Richtung Norden, weil die Sozialhilfeleistungen in den südeuropäischen Staaten geringer sind. Dies belegt die Statistik.

Die beschriebenen europäischen Erfahrungen mit Migration vom 18. Jahrhundert bis Mitte des 20. Jahrhunderts sind durch zwei Merkmale zu charakterisieren:

1. oft ist sie saisonal, also Arbeits-Migration (in der Schweiz bis heute), und
2. es handelt sich um innereuropäische Wanderungen.

Die Geographie der Migration ändert sich seit der sich intensivierenden Globalisierung, die Entgrenzung hervorruft. Nun kommen nicht nur ost- und südeuropäische Migranten, die mit »Billiglohn« zufrieden und zu »Schmutzarbeit« bereit sind und nach dem Motto »der Mohr hat seine Schuldigkeit getan, der Mohr kann gehen« nach dem Ende der Saison das Land wieder verlassen. Heute kommen zusätzlich zu denen, die Westeuropa benötigt, auch jene, die zu Empfängern großzügiger Zahlungen des Sozialstaates werden. Letztere stellen eine Belastung für das Sozialsystem dar, weil sie keine entsprechende Gegenleistung erbringen.[18] Diese Gruppe »unerwünschter Zuwanderer« (M. Weiner) verursacht große Probleme, zu deren wichtigsten die Verstärkung der Fremdenfeindlichkeit gehört.

Erschwert wird das Problem durch die von den Gerichten als nicht politisch verfolgt – abgewiesenen Asylsuchenden, die oftmals als geduldete Empfänger von Sozialleistungen bleiben. Solche Erscheinungen sind nicht nur in Europa zu beobachten. In den USA hat dieser Missbrauch des Sozialstaates zu dem neuen Gesetz der *Welfare Bill* von 1996 geführt, wonach Migranten – gleich ob legal oder illegal – von der Gewährung von Sozialhilfeleistungen für die ersten zehn Jahre ihres Aufenthaltes ausgeschlossen sind. Die von einem Konsens der beiden großen Parteien – Demokraten und Republikaner – getragene Erkenntnis, die hinter dem Gesetz steht, ist, dass Sozialstaat und Migration voneinander abzukoppeln sind. Migration soll Amerika bereichern, nicht sein Sozialhilfesystem belasten. Die Erfahrungen mit dem im Oktober 1996 in Kraft getretenen *Welfare Bill* sind bislang positiv.

Wie können Migranten integriert werden?

Integration gehört zu den zentralen Themen, die mit Migration in Verbindung stehen. Wirtschaftliche Integration durch einen festen Arbeitsplatz ist eine zentrale Voraussetzung. Ebenso wichtig ist die kulturelle und politische Dimension der Integration, die hier im Mittelpunkt steht. Einbürgerung und Beherrschung der deutschen Sprache sind kein Garant für eine gelungene Eingliederung der Migranten in das Gemeinwesen. Einige der irregulären Krieger vom 11. September kamen aus Hamburg und sprachen fließend Deutsch. Zwei der islamistischen Attentäter hatten sogar die deutsche Staatsangehörigkeit. Die Diskussion muss neu beginnen.

Im Fall der klassischen Einwanderungsländer kamen die Migranten früher aus Ländern der westlichen Zivilisation, weshalb deren Integration leichter fiel; dies hat sich geändert. Saskia Sassen spricht von veränderter »Geopolitik der Migration« und führt an, dass zum Beispiel in Großbritannien 60 % der Zuwanderer aus Asien und Afrika stammen. Natürlich kamen auch früher Commonwealth-Angehörige aus Asien und Afrika in das britische Mutterland, aber niemals in dem Ausmaß, wie es heute der Fall ist. Anders als die früheren Migranten aus dem Süden und Osten Europas stammen die heutigen Zuwanderer nach Europa größtenteils aus anderen »überseeischen« Zivilisationen. Als einer von ihnen weiß ich, wovon ich spreche, wenn ich die Schwierigkeiten in diesem Zusammenhang problematisiere. Menschen aus nicht-westlichen Zivilisationen sind deshalb schwieriger zu integrieren, weil sie andere Wert- und Ordnungsvorstellungen haben. Es gibt Lösungen. Aber wie sehen diese aus?

Multikulturalisten bieten als Alternative zur Integration kulturelle Kollektivrechte inklusive der Berechtigung zum »Freiraum der Diaspora« an. Das wird uns später näher beschäftigen (vgl. Teil 3). An dieser Stelle beschränke ich mich auf die Aussage, dass kultureller Pluralismus kulturelle Vielfalt gewährt, die Wertebeliebigkeit des Multikulturalismus aber entschieden zurückweist. Die Diskussion über Integration, welche im Lichte der Tragödie von New York und Washington am 11. September geführt werden muss, unterstreicht die Notwendigkeit, die Migranten als vollwertige Bürger mit allen Rechten in das Gemeinwesen einzugliedern. Zum Recht auf ihre kulturelle Identität im Rahmen eines Kulturpluralismus, nicht aber als »*free space*/Freiraum«, gehört jedoch auch die Pflicht seitens der Migranten aus Asien und Afrika, die zivilisatorische Identität der Aufnahmeländer, also hier Europas beziehungsweise Amerikas, eindeutig zu akzeptieren. Vom Multikulturalismus unterscheidet sich dieser so verstandene Kulturpluralismus durch verbindliche Werte wie säkulare Demokratie, Menschenrechte, Zivilgesellschaft und Toleranz der Aufklärung. Diese Integrationspolitik bedeutet Abschied von der Vorstellung des Fremden als Gastarbeiter aus zwei Gründen: 1. weil sie auf Dauer bleiben und 2. weil sie dieselben Rechte und, nach dem 11. September müssen wir hinzufügen, auch dieselben Pflichten gegenüber dem Gemeinwesen haben.

In diesem Buch trete ich für europäische Toleranz ein, die zum Beispiel der islamischen Toleranz gegenüber Juden und Christen als *Dhimmi* (Schutzbefohlene, also Gläubige zweiten Ranges) weit voraus ist. Die europäische Toleranz der Aufklärung begreift die Angehörigen aller Religionen sowie Andersdenkende als gleichberechtigt, verweist den Glauben aber in die private Sphäre; der öffentliche Raum ist säkular. Wenn Multikulturalisten gegen eine umfassende Integration dadurch eintreten, dass sie die kulturelle Identität der Einwanderer als universell gültiges Gruppenrecht anerkennen, verraten sie ihren eigenen Universalismus, der in ihrem Relativismus verborgen ist. Parallel aber stellen sie die Universalität der europäischen Werte, ja selbst ihre Geltung für Europa in Frage und geben damit die zivilisatorische Identität Europas preis. Hier verfangen sie sich nicht nur in Widersprüchen, sondern kehren den Universalismus einfach nur um. David Gress schreibt hierzu:

> »Obwohl es den Eindruck erwecken mag, dass Multikulturalismus dem Universalismus widerspricht, sind beide Denktraditionen tatsächlich miteinander vereinbar,

zumal der Multikulturalismus nichts anderes ist als ein auf kulturelle Politik angewandter Universalismus ... Der Universalismus hat niemals sein zentrales Dilemma gelöst, das darin besteht, zugleich eine westliche Idee – die Idee, dass Verwestlichung global und unaufhaltsam war – und eine anti-westliche Idee – die Idee, dass die westliche Identität glücklicherweise ihr Ende gefunden hatte – zu sein ... Das Dilemma des Universalismus ist ein Produkt der Zweideutigkeit, die dem Neuen Westen zu eigen ist: War er eine neue Zivilisation, die sich durch ihr Abweichen von der eigenen und sämtlichen anderen Vergangenheiten definierte, oder war er das Ergebnis einer historischen Identität? ... Dieses Dilemma wirft die Frage nach der westlichen Identität für das dritte Jahrtausend auf.«[19]

Der renommierte Kulturanthropologe Ernest Gellner weiß zwar, dass Multi-Kulti-Relativisten keine Fundamentalisten sind, kennt aber ihre Probleme sehr gut. Er kann das Geheimnis der scheinbaren Konfrontation zwischen dem Relativismus der Multi-Kulti-Ideologie und dem Absolutismus der Fundamentalisten lüften:

»In der Realität kommt diese Konfrontation nicht augenscheinlich zum Ausdruck. Denn die Fundamentalisten erkennen und verachten zugleich die Unverbindlichkeit und den Relativismus im Allgemeinen, von denen die westlichen Gesellschaften derart durchdrungen sind. Doch interessieren sie sich wenig für die philosophischen Grundprinzipien des Relativismus (und versuchen ihn für ihre Zwecke zu instrumentalisieren; B.T.). Die Relativisten wiederum richten ihre Angriffe allein gegen diejenigen, die sie als »Positivisten«, das heißt als Nicht-Relativisten verfemen, beschränken ihre Attacken jedoch auf ihre Gegner innerhalb ihrer eigenen aufgeklärten Tradition. Die Unstimmigkeiten, die sie logischerweise vom religiösen Fundamentalismus trennen, spielen sie herunter. Ihre Einstellung lässt grob gesagt zu, dass Absolutismus zu tolerieren sei, solange dieser kulturell nur ausreichend fremd daherkäme.«[20]

In diesem Buch plädiere ich, wie die Multikulturalisten, für die Öffnung Europas für Fremde, verbinde dies jedoch mit dem Appell zur Bewahrung der zivilisatorischen Identität Europas. Es ist an der Zeit, das von manchen bewusst gesäte Missverständnis auszuräumen: Kritik am Multikulturalismus bedeutet nicht Ablehnung der Einwanderung, sondern der Wertebeliebigkeit und Verneinung des Anspruchs auf Freiraum, sprich auf Enklaven für Diaspora-Kulturen. Das ist eines der Tabus, die in diesem Buch gebrochen werden. In den USA ist dies nach dem 11. September geschehen und dem Multikulturalismus abgeschworen worden. In der »verspäteten Nation« (H. Plessner) Deutschland steht dies noch bevor.

Migration regulieren!

Im Umgang mit der Migration bietet kein europäisches Land, mit Ausnahme von Frankreich, ein Modell für die Integration von heutigen Migranten. Dennoch bin ich bisher aus mehreren Gründen auf frühere Form der Migration nach Europa eingegangen. Einmal wollte ich zeigen, dass Migration kein Novum ist, wenngleich Unterschiede im Ausmaß der Erfahrung mit ihr, zum Beispiel zwischen Deutschland und Frankreich, bestehen. Dann lag mir daran, die kennzeichnenden Merkmale der Arbeitsmigration hervorzuheben, und schließlich wollte ich unterstreichen, dass die Migranten, die heute nach Europa kommen, vorwiegend aus Asien und Afrika stammen, weshalb sie neue Herausforderungen an die zivilisatorische Identität westlicher Gesellschaften stellen. Daraus folgt ein Bedarf an Integration, die nicht mit Assimilation zu verwechseln ist. Ebenso wie ich Assimilation ablehne, weise ich die in Segregation resultierende Integrationsunwilligkeit islamischer Zuwanderer zurück. Diese nimmt in radikalen Fällen stark antiwestliche Züge an, welche die Aufnahmegesellschaft, wenn sie zu ihrer Zivilisation steht, nicht hinnehmen kann.

Der wichtigste Unterschied zu früheren Migrationsformen ist jedoch, dass die heutigen Wanderungsbewegungen im Kontext von Globalisierung und Entgrenzung stehen. Zu den negativen Erscheinungen in diesem neuen Zusammenhang gehört sowohl der Missbrauch von Asyl als auch die illegale, von Schleuserbanden getragene Zuwanderung: Es wird heute offen von demokratischen Politikern, wie zum Beispiel Otto Schily, eingeräumt, dass die illegale Migration eindeutig Bestandteil der organisierten Kriminalität geworden ist. Nach bekannten Recherchen – zum Beispiel vom *Wall Street Journal* und Europol – handelt es sich sogar um ein gewinnbringenderes Geschäft als der Drogenhandel.

Das Ausnutzen der illegalen Migration durch Schleuserbanden beinhaltet, ein schmutziges Geschäft mit den Migrationssehnsüchten von Menschen zu machen. Für Europa wird in diesem Zusammenhang deutlich, dass die Migrationspolitik nur transnational erfolgreich zu regeln ist. Auf der Ebene der Europäischen Union redet man viel darüber, aber von politischem Handeln fehlt bislang jede Spur. Durch die Teilnahme an einem Europol-Projekt über diesen Gegenstand erfuhr ich, dass die Institutionen der EU lediglich Informationen sammeln und Empfehlungen abgeben, die allerdings kein Politiker befolgt. Ob dies auch vor dem

Hintergrund der Geschehnisse am 11. September so weitergeht? Das Vorurteil von der EU als einem bürokratischen *Talking Club* wird dadurch nur gestärkt. Die aus der Globalisierung resultierende Entgrenzung der Welt und der Rückgriff, den illegale Zuwanderer auf den Rechtsformalismus der Gerichtsbarkeit nehmen, setzen den einzelnen europäischen Staaten deutlich Grenzen für ihr Handeln gegenüber ungesteuerter Zuwanderung.

Eine Einflussnahme ist nur auf der transnationalen Ebene denk- und umsetzbar. Am Ende dieses Kapitels werde ich die Diskussion über die Kontrollierbarkeit der Migration[21] wieder aufnehmen. Für mich existiert ein Zusammenhang zwischen der Integration der Migranten und der Kontrolle der Migration, zu der die nach dem 11. September 2001 veränderte Sicherheitspolitik zwingt. Würde die Migration nach Europa kontrolliert als Einwanderung und eben nicht als ungesteuerte Zuwanderung erfolgen, dann würde die Zahl und das Qualifikationsprofil der Migranten mit dem Bedürfnis des Landes übereinstimmen. Dies hätte zur Folge, dass Migranten eher das Gefühl hätten, willkommen zu sein, und die Menschen der Aufnahmegesellschaften eher gewillt wären, sie zu integrieren. Es handelt sich hierbei also um einen reziproken Prozess. Das Aussortieren der Islamisten als potentielle Terroristen würde auch die Islamgemeinde vor jedem Generalverdacht schützen. Anders formuliert: Es liegt auch im Interesse der in Europa lebenden Muslime, Migration stärker zu regulieren.

Die Turbulenzen und die sinnstiftende Identität

Angesichts des Fehlens von erforderlichen transnationalen Regelungen im Zeitalter der Globalisierung scheint in Bezug auf Migration die Metapher von der Turbulenz, die Nikos Papastergiadis verwendet, zutreffend zu sein. Ihm zufolge fliegen wir um die Erde ohne einen Flugkapitän, der in der Lage wäre, vorauszuschauen und im richtigen Moment aufzurufen: »*Fasten your seat belts*«. Entsprechend gefahrvoll ist die Reise in dieser an Turbulenzen reichen Welt.[22] Die wichtigsten darunter sind die »Turbulenzen der modernen Migration«, die alles destabilisieren können, wenn sie außer Kontrolle geraten.

Papastergiadis spricht in diesem Zusammenhang von einem *»Twin Process*/Zwillingsprozess« von Globalisierung und Migration. Die zeitgenössische Migration ist in jeder Hinsicht anders als frühere Formen, die auf Eroberung und Herrschaft gerichtet waren. Gewollte Wanderungsbewegungen wie etwa der Siedlungskolonialismus (einschließlich der islamischen *Djihad*-Eroberungen) der Herrscher sowie unfreiwillige Migration, beispielsweise die erzwungene Umsiedlung durch Vertreibung (Palästinenser aus ihrer Heimat) oder der Sklavenhandel (10 Millionen Afrikaner nach Nordamerika), gehören in den Bereich der Geschichtswissenschaft. In der Forschung wird der Ortswechsel von Menschen – gleich aus welchen Gründen – als Migration bezeichnet. Im 21. Jahrhundert stellt sich daher die Frage, ob die Turbulenzen der Migration wirklich unkontrollierbar sind. Ist die Globalisierung gleich einem Naturphänomen nicht steuerbar? Ist der Terrorismus, wie er in den Anschlägen von New York und Washington zum Ausdruck kam, das unentrinnbare Schicksal des Westens im 21. Jahrhundert?

Die moderne Migration entsteht durch die politisch unkontrollierte freie Bewegung von Menschen in einer globalisierten und entgrenzten Welt. Sie ist nicht mehr nur ein Forschungsgegenstand exklusiv für Soziologen, sondern die Migration betrifft vor allem auch die internationale Politik und findet mittlerweile Berücksichtigung in einem Forschungszweig, den man »kulturelle Analyse«[23] nennt. Trotz oder vielleicht gerade aufgrund unserer von Entgrenzung gekennzeichneten Welt ist die Problematik der kulturellen Identität von zentraler Bedeutung. Eine adäquate Auseinandersetzung mit ihr ist allerdings im Rahmen eines kulturrelativistischen und daher wertebeliebigen Multikulturalismus, der mit der Ersetzung des Individuums durch das Kollektiv in die Vormoderne zurückfällt, nicht möglich. Natürlich gibt es viele Schulen des Multikulturalismus, aber alle sind nach dem 11. September verstärkter Kritik ausgesetzt. Zumindest der Zweig der multikulturellen Ausrichtung, der Freiraum für Diaspora-Kulturen der Migranten fordert, hat durch die Terroranschläge in den USA seine Berechtigung eingebüßt.

Multikulturalisten und die Identität Europas

Nach dem 11. September 2001 ist die westliche Zivilisation nicht mehr dieselbe. Nun werden die in der gesamten Literatur des Multikulturalismus vorherrschenden Fehlperspektiven über Migration in Bezug auf Kollektive korrigiert. Es ist berechtigt, für die kulturelle Identität der Einwanderer einzutreten. Es ist aber einseitig, wenn bei den Multikulturalisten die zivilisatorische Identität des Aufnahmelandes oder -

kontinents, hier Europas, auf der Strecke bleibt. Die Kritik an der ethnischen Exklusivität des Aufnahmelandes ist ebenfalls berechtigt; genauso negativ ist es allerdings, wenn sich Einwanderer als Volksgruppe, also ethnisch definieren und eine Parallelgesellschaft aufbauen, die exklusiv ist und Ansprüche auf Freiraum stellt. Als ein Beispiel kann ich türkische oder kurdische Ghettos anführen. Auf diese Weise gibt es nur Öffnung aufseiten des Aufnahmelandes, aber exklusive Parallelgesellschaften gedeihen auf der anderen. In einem anderen Buch verwies ich auf diese besorgniserregende Entwicklung mit dem Ausdruck Gleichzeitigkeit von Kulturrelativismus und Neo-Absolutismus.[24]

Der bereits angeführte Migrationsforscher Papastergiadis argumentiert zu Recht gegen universalistische Multi-Kulti-Ideologien und bietet als Ersatz einen kritischen Multikulturalismus. Auch wenn dieser ebenso zu beanstanden ist, unterstütze ich Papastergiadis in seiner Bestimmung der Identität als *»an ongoing process of negotiating differences/*fortwährender Prozess der Verhandlung von Unterschieden«. Auch teile ich sein Eintreten für *»a dialogical approach/*einen dialogischen Ansatz«.[25] Dieser Dialog hat aber nur Sinn, wenn er in Richtung Wertekonsens gestaltet wird, also einer Wertebeliebigkeit abschwört. Wir müssen der Erkenntnis, dass sich kulturelle Identität durch Migration stets wandelt, also nicht statisch ist, Rechnung tragen. Kulturelle Identität als ein fortwährender Prozess der Verhandlung von Unterschieden ist steuerbar, zum Beispiel in Richtung multiple Identität, die Integration zulässt. Diese flexible Identität können wir gegen die Verweigerer der Integration anführen, die uns eine essentialisierte Identität als Vorwand vorhalten.

Multikulturalisten verfahren ebenso wie Islamisten und Ethnonationalisten, wenn sie die Identität der Einwanderer essentialisieren. Sie bestimmen Identität damit zu etwas Unveränderlichem und verleugnen außerdem die westliche zivilisatorische Identität. Wird die Gestaltung der Migration mit dem Ziel, die Fremdheit des Migranten zu verringern, ernst genommen, und gilt es parallel dazu, kulturelle Identität in ihrem Wandel zu beachten, müssen wir für einen kulturellen Pluralismus eintreten.

Gesetztes Ziel muss es also sein, Migranten und Einheimische in einem Gemeinwesen zu vereinigen, um ein vielfältiges Miteinander, statt eines multikulturellen Nebeneinander zu erreichen. Gelingt dies nicht, dann obsiegt die multikulturelle Rhetorik, die einer Essentialisierung der

Kultur zum Opfer fällt. Kultureller Essentialismus bedeutet, Stereotype zu haben, etwas als statisch in Bezug auf Kultur darzustellen. Man essentialisiert zum Beispiel die Deutschen, wenn man sie als »Volk der Täter« abstempelt, die Südländer, wenn sie als »heißblütig« beschrieben werden, oder die Amerikaner, wenn man sie als »dollarsüchtige Business-Leute« bezeichnet. Islamisten, die den Islam essentiell verherrlichen und traditionelle Orientalisten, die im Gegenteil den Islam orientalisieren, verfahren ähnlich, insofern sie den Islam kulturell konstant bestimmen, wenngleich in entgegengesetzter Richtung. Also kurz: Es gibt keine einheitliche, nicht wandelbare islamische Identität. Dies ist ein Märchen oder wissenschaftlich ausgedrückt, eine Konstruktion. Islamische Einwanderer aus unterschiedlichen Teilen der islamischen Zivilisation können ein konstruiertes Kollektiv bilden und doch bestehen sie aus sehr verschiedenen Individuen. Die Gefahr der Entstehung eines solchen Kollektivs unter den Bedingungen der Diaspora-Kultur ist allerdings konkret gegeben. Diaspora-Kultur ist stets ethnisch bestimmt, gegen Integration gerichtet, anfällig für den Fundamentalismus und bildet daher auch ein Sicherheitsrisiko!

Migration und Ethnizität

Gegen Globalisten und Multikulturalisten argumentiere ich, dass es möglich ist, politisch Einfluss im Sinne von Steuerung auf die Migration auszuüben. Dazu gehört die Politik der Integration, die eine Festlegung der Zahl der Migranten einschließt. Die Folge fehlender Integration ist die Bindung von Kultur an Ethnizität in der Diaspora, wobei ein Wir-Gefühl verstärkt auftritt. Die ethnische Kultur wird zur konstruierten Diaspora-Kultur. Der Weg zu einer kulturübergreifenden Verständigung oder gar zur Integration der Migranten im Zeitalter der Globalisierung wird somit völlig versperrt.

Die kulturelle Differenz ist anzuerkennen, ohne dass daraus eine Ontologie der unveränderbaren Kulturen entwickelt wird. Auch ist besonders vor dem Hintergrund der Geschehnisse am 11. September 2001 jede kulturelle Differenz der Migranten in Europa den Werten westlicher Verfassungen unterzuordnen. Migranten können eine multiple nicht-ethnische Identität entfalten und ihre Kultur mit westlichen Werten harmonisieren. Die Multikulturalisten zeigen wenig Verständnis für diese Problematik, weil sie in ihrem Drang nach Verteidigung der »kulturellen

Identität« der Migranten als Kollektive diese in einem Maße essentialisieren, dass eine Anpassung undenkbar wird. Mit Recht schreibt Papastergiadis:

»Die Spannung zwischen dem Status der kulturellen Differenz innerhalb einer Nation und dem Druck, der von der Globalisierung ausgeht, wird evident bei der Bemühung, diasporisierte Kulturen zu redefinieren. ... Wo können wir kulturübergreifende Kommunikation plazieren? ... Es gibt wenig Achtung hierfür bei den Multikulturalisten ... weshalb sie den dynamischen Wandel aller kulturellen Identitäten nicht beachten. Stattdessen neigen sie dazu, essentialistische Ansichten im Rahmen ihres multikulturellen Bezugsrahmens zu pflegen ..., wobei sie einer Zusammenfassung zwischen Ethnizität und Kultur zum Opfer fallen.«[26]

Die Schlussfolgerung der Multikulturalisten in der Diskussion über die neue Form der Migration aus Asien und Afrika nach Europa, die sie als »Postkolonialismus« vernebeln, ist ein Plädoyer für die Geltung afrikanischer und asiatischer Kulturen in der Diaspora auf Kosten der Identität Europas. An der Bestimmung des Menschen als Individuum sowie an der Ablehnung des Anspruches auf Freiraum für Kollektive halte ich fest und definiere Rechte daher als solche des Individuums, nicht als Rechte von kulturellen und/oder ethnischen Gemeinschaften der Diaspora. Auch ein kritischer Multikulturalismus wie der von Papastergiadis bietet keine Alternative zur einseitigen Diskussion über kulturelle Identitäten, die in eine Sackgasse führt.

Papastergiadis, der bemüht ist, Migration und kulturelle Vielfalt unter den Bedingungen der Globalisierung in einem Konzept des kritischen Multikulturalismus in Einklang zu bringen, ist klug genug, um die lauernde Gefahr zu erkennen. Ihm entgeht nicht, dass Migration in einer Ansiedlung von ethnischen Gruppen in den Aufnahmegesellschaften resultieren würde, falls die Vision der Multikulturalisten zur Realität wird. Freiraum für Kollektive der Diaspora-Kulturen ist dann ein Euphemismus für Siedlungen der Migranten. Papastergiadis schreibt deutlich:

»Eine genauere Untersuchung des dominierenden Verständnisses von Multikulturalismus zeigt, wie sehr dieser dem klassischen Denken der Siedler-Migration sowie der politischen Mobilisierung von ethnischen Gemeinschaften ähnelt. Das entspricht nicht dem für globale Migration erforderlichen Muster« (S. 205).

Wir müssen uns vergegenwärtigen, dass die klassische Siedler-Migration (zum Beispiel *Hidjra* der Muslime) ein Zurückdrängen der eroberten

Kulturen bedeutet: Siedlung ist eine Form des Kolonialismus. Dies ist kein Vorbild für die moderne Migration. Kurz: Das Ergebnis von Kollektiv-Identitäten sind Parallelgesellschaften (vgl. Kapitel 3 und 4). Sie dürfen bei der modernen Migration nicht Alternative zur Integration werden. Deshalb warne ich vor einem solchen Multikulturalismus in Europa, weil er in eine Balkanisierung und Zerstörung der europäischen Identität und des entsprechenden Gemeinwesens mündet. Für die Vereinigten Staaten nennt Schlesinger diesen Prozess: *Disuniting of America.*[27] Die Schlussfolgerung lautet also: Ja zur Migration, nein zu ethnischen Parallelgesellschaften und Siedler-Migration. Kultureller Pluralismus der Individuen ist die Alternative zum multikulturellen Nebeneinander essentialisierter Kollektive, die in einer Demokratie westlichen Musters keine Existenzberechtigung haben dürfen.

Globalisierung und Migration als Naturereignis? Von apolitischen Ansichten zur Politik der Steuerung

In den Beiträgen der Soziologen zur Migration ebenso wie in den populären Arbeiten über dieses Thema spürt man die Tendenz der Autoren, die unaufhaltsame Globalisierung als ein unsteuerbares Naturereignis wahrzunehmen. Zu dieser Erkenntnis gelangen sie in Anbetracht der Tatsache, dass die moderne Migration in einer entgrenzten Welt als Begleiterscheinung der Globalisierung erfolgt. James Hollifield kritisiert deshalb zu Recht die »apolitischen Ansichten« als das zentrale Charakteristikum der westlichen Veröffentlichungen über Migration.[28]

Sowohl in der Einleitung zu diesem Buch als auch in diesem Kapitel habe ich bereits Bezug auf den Migrations-Forscher Myron Weiner genommen, der selbst aus einer jüdisch-baltischen Migrantenfamilie stammt. Dabei habe ich argumentiert, dass trotz Globalisierung der Staat noch immer existent sei und politischen Einfluss auf die Migration nehmen müsse, weil mit dieser Problematik Gefahren verbunden sind, die in den Bereich der Sicherheitspolitik gehören. Anders als die meisten Deutschen sieht Weiner diese Probleme und erblickt nicht nur Engel unter den Fremden. Im Einklang mit Weiner und Hollifield bin ich der Auffassung, dass es nur auf einer sachlich-wissenschaftlichen Ebene möglich ist, gleichermaßen die Vorzüge wie auch die Risiken und Gefahren der Migration zu erkennen. Am 11. September mussten wir schmerzlich erfahren, dass Terrorismus auch aus der Migration erwachsen kann. Dies schrieb Weiner schon 1995; die entsprechende Stelle habe ich bereits in der Einleitung zitiert.

Der Staat kann auf die Entwicklung und den Verlauf der Migration Einfluss nehmen, indem er eine Auswahl der Migranten trifft und so politisch die Vorzüge der Migration erhöht und die Risiken minimiert. In Deutschland lehnt man diese unter anderem in den USA und Frankreich vertretene Position mit der Begründung ab, dass man nicht zwischen den für das Gemeinwesen »nützlichen« und »unnützen« Ausländern (Sozialhilfeempfänger oder Ausländer, die zur organisierten Kriminalität gehören) unterscheiden dürfe. Myron Weiner, der bis zu seinem Tod am MIT (Massachusetts Institute of Technology) gelehrt hat, war dagegen der Auffassung, dass eine politisch nicht gesteuerte Migration große Destabilisierungseffekte auf jedes politische System und jede Gesellschaft haben würde[29] und ordnete Migrationsfragen daher dem Bereich der Sicherheitsstudien zu.

In der Wissenschaft scheint eine nicht abgesprochene Arbeitsteilung zwischen Ökonomen und Soziologen als Propheten der Globalisierung und Kulturanthropologen als Anwälten der kulturellen Identität zu bestehen. Die ersteren freuen sich über den Verlust der Souveränität der Staaten durch die Globalisierung, und die letzteren wollen – in der Regel essentialisierte – kulturelle Identitäten bewahren, gleichsam den Schutz bedrohter Völker. Beide genannten Parteien sehen in der Migration einen Segen und verleugnen die Möglichkeiten der politischen Einflussnahme. Politik bedeutet aber Steuerung, und wer sich dieser verweigert, wird apolitisch. Der Politikwissenschaftler hat in dieser Hinsicht eine Sonderstellung, eben weil die Beschäftigung mit Politik seine Profession ist.

In diese Richtung argumentiert Hollifield, der in einem inhaltlich reichen Band Beiträge zum Thema Migration von Vertretern aller Wissenschaftsdisziplinen im Rahmen eines Dialoges *»across the disciplines«* gesammelt hat. Ich fasse im Folgenden die Positionen dieser Dialogparteien zusammen:[30]

- Der Kulturanthropologe fragt, wie Migration den Kulturwandel beeinflusst und wie sie die kulturelle Identität aus der Perspektive der kulturellen Differenz bestimmt.
- Der Demograph interessiert sich dagegen nur für die Größe der Bevölkerung eines Landes und vermutet einen positiven Einfluss der Migration insofern, als sie die Geburtenrate erhöht.

- Nun folgt der Ökonom, der primär am wirtschaftlichen Wohlstand interessiert ist und die Migranten nicht so sehr als Menschen, sondern als das menschliche Kapital (Arbeitskraft) sieht.
- Der Historiker greift auf die geschichtlichen Erfahrungen mit der Migration zurück und hat keinen Sinn für nützliche oder operative Empfehlungen, weil er nur auf Zurückliegendes schaut.
- Anders der Rechtswissenschaftler, der an die rechtliche Regelung der Migration denkt und vermutet, dass die Gewährung von Rechten die Migration fördert; seine Sicht bleibt stets formalistisch und prozedural.
- Der Soziologe ist mehr inhaltlich interessiert, bemüht sich, das Leben der Migranten in einer ihnen fremden Welt zu verstehen, und fragt, wie diese inkorporiert werden können. Ebenso wie die Kulturanthropologen setzen sich die neueren Soziologen für den Multikulturalismus ein.
- Allein der Politikwissenschaftler, der unter Politik nicht nur leeres Gerede versteht, wie dies leider bei Vertretern dieses Faches in Deutschland häufig der Fall ist (als Professor für dieses Fach weiß ich dies im internationalen Vergleich), sondern nüchternes Nachdenken und Forschen über die Möglichkeiten der Steuerung von Prozessen und Erscheinungen, bringt den Staat als Träger der Politik in die Diskussion über Migranten ein.

Hollifield ist – wie Weiner – einer dieser wenigen Wissenschaftler, die so arbeiten, und seine Annahme lautet nüchtern, unzensiert und schlicht: Die Aufnahmestaaten seien bisher wenig aktiv bei der Politik der Steuerung der Migration, weil sie von den »Pro-Immigranten-Interessen« oft »*captured*/gefangengenommen« seien. In den Fußstapfen der Harvard-Professorin Theda Skocpol plädiert er dafür, »den Staat (als Politikmacher/B.T.) zurückzubringen/*bring back the state*«. Es versteht sich von selbst, dass der Amerikaner James Hollifield den »demokratischen und an die Verfassung gebundenen Staat« meint. Diese Klarstellung ist nicht überflüssig, sondern nötig, damit keine Missverständnisse entstehen. Der Ruf nach dem Staat ist in Deutschland oft von Misstrauen begleitet.

Hollifield schließt sich der Forschung von M. Weiner an, der für staatliche Regulierung der Migration als demokratischer Politiker eintritt und schreibt: »Im Anschluss an dieses Denken lässt sich feststellen, dass die Nationalstaaten unserer Welt einerseits durch die Globalisierung von oben und den Multikulturalismus von unten bedroht werden.«[31]

Es ist wichtig – für die Sache – darauf aufmerksam zu machen, dass man in den USA und auch international etwas anderes unter Nationalstaat versteht als in Deutschland, nämlich ausschließlich einen Staat, der nach außen und innen Souveränität besitzt. Diese interne und externe Souveränität wird von der Bevölkerung des entsprechenden Territoriums durch demokratische Prozeduren erlangt beziehungsweise legitimiert. In diesem Sinne bedeutet die politische Bindung von Staat und Migration, dass Aufnahmestaaten Einfluss auf die Migration ausüben. Das ist die Position von Hollifield, welche auch den Inhalt dieses Buches prägt. Einerseits erkenne ich wie Soziologen und Demographen, dass in Europa ein großer Bedarf an Migration besteht, und gleich einem Kulturanthropologen habe ich – besonders als Migrant – Sinn für die Frage der kulturellen Identität der Zuwanderer, allerdings weder in einer essentialisierten Ausprägung noch exklusiven Praxis (Selbstabschottung). Das gleiche Recht auf Bewahrung gilt auch für die Identität Europas. Andererseits sehe ich als Politikwissenschaftler und Angehöriger des Faches Internationale Beziehungen die Migration nicht als unsteuerbares Naturereignis, sondern als einen Prozess, der politisch gesteuert und beeinflusst werden kann und muss. Die Migrationsforscher Michael Teitelbaum und Jay Winter nennen diesen Prozess »Migration und die Politik der nationalen Identität«[32]. Mögen Deutsche für sich eine nationale Identität verleugnen[33], andere westliche und vor allem nicht-westliche Nationen tun dies nicht.

Zugegebenermaßen stehen kulturelle Fragen – jedoch stets aus der Perspektive des Staates mitsamt seinen politischen Steuerungsmöglichkeiten – im Mittelpunkt aller folgenden Kapitel. Seit dem Ende der Bipolarität spricht man international von *»the cultural turn/*der kulturellen Wende«[34]. Dies allerdings nicht, um vom Ökonomismus zum Kulturalismus überzuwechseln, wie es oft aus Mangel an Fachwissen unterstellt wird. Vielmehr geht es darum, der zunehmenden Bedeutung der Kultur – nicht aber ihrer Exklusivität – Rechnung zu tragen. Dies gilt in einem besonderen Maße für Fragen, welche die Migration betreffen. Menschen aus verschiedenen Kulturen haben stets unterschiedliche, für sie sinnstiftende Werte. Daher entstehen Wertekonflikte, wenn sie in einer Gesellschaft zusammenleben. Werden unterschiedliche Wertvorstellungen politisiert, kann von ihnen eine Gefahr ausgehen. Diese Konfliktpotentiale habe ich in friedenspolitischer Absicht in meinem Buch *Krieg der Zivilisationen* untersucht. In seinem Vorwort zu der nach dem 11. September 2001 erschienenen Neuausgabe habe ich die Kriegserklärung der Islamisten an den Westen als Ausdruck eines Zivilisationskonfliktes gedeutet.[35] Es gibt Deutsche, die diese Sicht ablehnen. Aber wer die Realität des Krieges nicht erkennt, der kann nicht erfolgreich für den Frieden eintreten.

KAPITEL 2

Was ist Einwanderung? Was ist Zuwanderung? Ernüchterung nach dem 11. September 2001?

Wenn Themen und Fragestellungen tabuisiert werden, ist zwangsläufig inhaltliche Verwirrung sowie zunehmende Orientierungslosigkeit die Folge. Dies ist jedenfalls in der Bundesrepublik Deutschland der Fall, zumindest in Bezug auf das Thema Migration vor dem 11. September. Kritikern des Islamismus wurde ein »Islam-Feindbild« unterstellt, oder sie wurden gleich in die Schublade der »Rechten« eingeordnet.

In der Regel herrscht in der deutschen Diskussion Unkenntnis über Tatsachen und Zusammenhänge, jedoch parallel zu einer lautstarken Rhetorik, bei der moralisiert wird und Gesinnungen verkündet werden. Es gibt kaum ein anderes Thema, dessen Behandlung dermaßen von Unsachlichkeit, Konzeptlosigkeit sowie mangelnder Information geprägt ist wie die Frage der Einwanderung; eine Überfrachtung durch Tabus kennzeichnet den Umgang mit der Problematik. Ich möchte in Bezug auf den Islam dieses Urteil noch pointierter wiederholen. Die deutsche Diskussion beschränkt sich in der Regel auf das Niveau Pro und Contra. So gibt es »die Freunde und die Feinde des Islam«. Dies ist auch der Titel eines Buches von Siegfried Kohlhammer (Göttingen 1996). Folgenreich ist, dass in keinem Beitrag zwischen Zu- und Einwanderung differenziert wird. Dies gilt sogar für den Bericht der Süssmuth-Kommission, auf den ich am Ende dieses Kapitels näher eingehen werde. Auch unterscheiden Frau Süssmuth und ihre Mitstreiter in ihrem Bericht nicht zwischen Islam und Islamismus, wenn sie über islamische Zuwanderung sprechen und schreiben.

Klarheit über Migration schaffen

In der politischen Diskussion sowie den Medien wird die Frage der Einwanderung allzu oft auf eine »Ausländerproblematik«[1] reduziert. Es ist keineswegs im Interesse der hier lebenden Ausländer und dient nicht dem Ziel des inneren Friedens, wenn dieser Gegenstand chronisch nur zur Füllung des jeweiligen Sommerlochs dient oder gar aus rein wahltaktischen Motiven heraus zur parteipolitischen Profilierung missbraucht wird. Es ist schon ein Fortschritt, wenn eine Tabuzone inzwischen dadurch aufgebrochen ist, dass eingeräumt wird, die Bundesrepublik sei ein Zuwanderungsland geworden. Dies geschieht jedoch, ohne den Unterschied zwischen Ein- und Zuwanderung zu erkennen oder gar zur Kenntnis zu nehmen. Aber genau diese Unterscheidung ist wichtig, denn nur auf diese Weise wird es möglich, klar zu definieren, welche Migranten Deutschland braucht. Auf keinen Fall etwa die islamischen Terroristen, die Deutschland als logistische Basis für ihre Taten in New York und Washington am 11. September missbrauchten. Fest steht, dass Deutschland sowohl aus demografischen als auch ökonomischen Gründen Einwanderer benötigt, aber welche? Das ist der zentrale Punkt der ganzen Debatte. Und nach dem 11. September dürfen keine Tabus mehr die Debatte bestimmen.

Migration ist ein neutraler Begriff, der die Bewegung der Menschen von einem Ort zu einem anderen umschreibt, gleich wie diese geartet ist. Die im vorangegangenen Kapitel formulierte zentrale These lautet, dass der Staat die Migration steuern und somit ihre Qualität bestimmen kann. Zunächst konkretisiere ich dies mit einem Plädoyer, die bestehende Zuwanderung in Einwanderung zu verwandeln. Ich werde beides erklären. Im Folgenden argumentiere ich, dass Migration keine Sozialpolitik als Instrument des Kampfes gegen globale Armut ist. Zweifelsohne muss die Weltgesellschaft etwas gegen die Weltarmut unternehmen, aber Einwanderungspolitik ist kein geeignetes Instrument hierfür.

Einwanderer ins Land holen muss heißen, qualifizierte Menschen, nicht Slums aus ärmeren Ländern einzuführen. In der Tat gilt es zwischen Einwanderungspolitik und der Neigung von Gesinnungsethikern zu unterscheiden, die Probleme der Welt zu moralisieren. Die falsch verstandene christliche Nächstenliebe, die darin besteht, »weltfromm« zu glauben, dass die Armut in der Welt und die politische, ethnische und religiöse Diskriminierung in Asien und Afrika durch die Öffnung der europäischen Grenzen für eine ungezügelte Zuwanderung gelindert oder gar gelöst werden kann, geht an der Realität vorbei: Die Bundesrepublik kann die Probleme der Armut und Verfolgung in dieser Welt nicht auf ihrem Territorium lösen.

In der deutschen Debatte fehlt die Einsicht, dass zwischen Migration und Sozialpolitik gegen globale Ungerechtigkeiten zu unterscheiden ist. Die Bundesrepublik ist nach Lage der Fakten ein Zuwanderungsland geworden. Nach Angaben, die Bundesinnenminister Otto Schily in einem *Spiegel*-Interview machte, sind alleine zwischen 1989 und 1999 10,7 Millionen Menschen neu ins Land gekommen. Das ist Zuwanderung als ein nicht durch die Politik bestimmter und daher wildwüchsiger Zuzug von unter Armut leidenden Bevölkerungsgruppen aus allen Teilen der Welt. Einwanderung bereichert ein Land, Zuwanderung belastet das Sozialsystem, und es bedroht den inneren Frieden, wenn sich darunter Islamisten und ethnische Nationalisten befinden, die keine Scheu vor Gewalt haben. Einwanderung erfordert politische Konzepte, um gestaltend das Phänomen zu steuern. Ich wiederhole: Deutschland braucht Einwanderung, keine Zuwanderung.

Wenn von *Ein*wanderung die Rede ist, dann gilt es, endlich über den eigenen Tellerrand hinauszuschauen und von den Erfahrungen der traditionellen Einwanderungsländer zu lernen. Die Migration in den USA, Kanada und Australien ist primär Ein- und keine Zuwanderung, weil sie in ein rechtlich geregeltes individuelles Verfahren eingebettet ist, das nach den Kriterien des Bedarfs von Arbeitsmarkt und Landespolitik abgewickelt wird. Es ist bekannt, dass die Einwanderung in diesen Ländern fast frei von moralischen Verpflichtungen und Quoten gehandhabt wird. Von Einwanderung können wir also nur sprechen, wenn es ein entsprechendes Konzept der Politik und ein rechtlich geregeltes Verfahren gibt. Andernfalls liegt Zuwanderung vor, bei der es sich um einen chaotischen und ungeregelten Zustrom von »Möchtegern-Einwanderern« handelt; angesichts des Fehlens eines institutionellen und rechtlichen Einwanderungsverfahrens können diese sich durch Missbrauch des legalen und sozialen Systems Zugang zum begehrten Land verschaffen. Ich behaupte: *Zuwanderung ist praktisch illegale Einwanderung.* Diese Art der Zuwanderung ist zudem ein Sicherheitsrisiko für das Land.

So liegt die Schlussfolgerung nahe, dass die Bundesrepublik ein *Zu*wanderungsland – kein *Ein*wanderungsland geworden ist. Letzteres muss ein politisches Ziel für die nahe Zukunft sein, das durch Steuerung erreicht werden kann. Nicht nur fehlen hierfür zur Zeit die gesetzlichen Regulierungsmechanismen, auch herrscht in der deutschen Migrationsdebatte keine Klarheit über die Begriffe Ein- und Zuwanderung; diese werden sogar gleichbedeutend verwendet, so zum Beispiel von der Süssmuth-Kommission, die Autoritatives zur Thematik und uns Orientierung bieten sollte, aber das Minimum, das heißt die angeführte Unterscheidung, nicht erfüllt.

Auf der praktischen Ebene sind den zuständigen Behörden die Hände gebunden, vor allem durch die bisher uninformiert und inkompetent miteinander streitenden Politiker aller Parteien. Integrierten Ausländern wird mit diesen Debatten nicht geholfen und noch schwerwiegender: Sie werden kaum gehört oder in die Debatte miteinbezogen. Mehrfach habe ich in der Öffentlichkeit argumentiert, dass die illegale Zuwanderung die bestehende Fremdenfeindlichkeit zu Lasten der integrierten Ausländer fördert. Die Tatsache, dass deutsche Behörden im Rahmen falscher Toleranz vor dem 11. September Islamisten in das Land ließen, hat nur zu einem Feindbild bei der deutschen Bevölkerung beigetragen.

Bis jetzt haben deutsche Politiker das Einwanderungsproblem in seinen Dimensionen vielfach nicht verstehen wollen. Selbst der mir sehr sympathische und als Mitstreiter geschätzte grüne MdB Çem Özdemir nimmt die Erfahrungen klassischer Einwanderungsländer nicht zur Kenntnis. Zwar will er nicht, wie viele Grüne, die ungehemmte Öffnung der Grenzen – sein kultureller Hintergrund schützt ihn vor solcher Blauäugigkeit –, doch will er die Verpflichtungen zu einer Quote zusätzlich zu der bestehenden Familienzusammenführung sowie zu Asylbewerbern und Kriegsflüchtlingen einführen. Vor dem 11. September hatte er es wiederholt abgelehnt, Differenzierungen innerhalb der Gruppe der Ausländer zuzulassen. Dennoch gilt die Unterscheidung: Es gibt Ausländer, die dieses Land bitter benötigt, andere aber braucht es nicht! Wir sind doch nicht alle »Heilige«! Konservative Politiker sprechen dagegen von dem »Zuzug von Ausländern« und wollen ihn stark begrenzen. In beiden Positionen kommt der Hang der Deutschen zum Ausdruck, Pro- und Contra-Positionen zur Einwanderung einzunehmen, wobei sie an der Wirklichkeit und den internationalen Erfahrungen mit Migration völlig vorbeigehen.

In den USA, Kanada und Australien beantragen die Migranten ein Einwanderungsvisum. Über diese Anträge wird nach Interessenlage des aufnehmenden Landes anhand von sachlichen Kriterien positiv oder negativ entschieden. Der Antragsteller muss erstens eine Berufsqualifikation nachweisen, für die auf dem Arbeitsmarkt des Einwanderungslandes Bedarf besteht; zweitens muss er gesund und arbeitsfähig sein und darf keine Vorstrafen haben. In Deutschland gilt die Anwendung dieser Kriterien manchen als Diskriminierung. Die Auswahl nach solchen Kriterien ist in den traditionellen Einwanderungsländern gängige Praxis. Einwanderer dürfen weder politisch noch sozial zu einer Last für das Einwanderungsland werden. Aus diesem Grund haben die beiden Häuser des amerikanischen Kongresses die im Oktober 1996 in Kraft getretene *Welfare Bill* (Sozialhilfegesetz) verabschiedet.[2] Danach können Migranten, die in die USA eingewandert sind, in den ersten zehn Jahren keine sozialstaatlichen Leistungen erhalten; erst wenn sie nachweislich zum Wohlstand des Landes durch *Social Security*-Abgaben und entsprechende besteuerte Arbeit beigetragen haben, qualifizieren sie sich für den Erhalt von Sozialhilfe. In den USA erhalten die anerkannten Einwanderer im Gegensatz zu den Asylbewerbern in Deutschland eine Arbeitserlaubnis. Asylbewerber gelten hier aufgrund des Asylgesetzes nicht als Einwanderer und dürfen nicht arbeiten. Die wirklich Verfolgten unter ihnen haben Recht auf Schutz, aber diejenigen, die – laut Gerichtsurteil – nicht in die Kategorie der politischen Verfolgung gehören, sind Armutsflüchtlinge oder Zuwanderer. Zu ihnen gehören Islamisten, die sich als Terroristen betätigen und deshalb strafrechtlich in ihren Ländern verfolgt werden: Sie dürfen in Deutschland nach dem 11. September keine Aufnahme mehr finden!

Auch für die Familienzusammenführung bestehen in den USA Regelungen, die beinhalten, dass eine solche Zusammenführung nicht auf Kosten der Steuerzahler erfolgen darf. Abgesehen von Kranken und Behinderten, darf kein US-Bürger länger als fünf Jahre in seinem Leben Sozialhilfe beziehen, und dies nie länger als zwei Jahre hintereinander (vgl. Anm. 2). Auf diese Weise hat der amerikanische Kongress in dem im Jahre 1996 von Präsident Clinton unterzeichneten Gesetz verfügt, dass Sozialhilfe nicht mehr als Lockmittel für Migration und Familienzusammenführung dient; damit schließt er aus, dass die Kosten der Familienzusammenführung durch den Steuerzahler finanziert und somit für das Gemeinwesen zur Belastung werden. Die Labour-Regierung von Tony Blair hat eine ähnliche Gesetzgebung zum Umbau des Sozialstaats im Zeitalter der Einwanderung vorbereitet. Wichtigste Erkenntnis: Sozialhilfe muss von der Migration abgekoppelt werden.[3] Andernfalls wirkt das Sozialsystem als Anziehungskraft für Zuwanderung, die zudem oft illegal erfolgt.

Vorschläge zum Ausschluss der Zu- und Einwanderer von Sozialhilfeleistungen werden in Deutschland, etwa im Gegensatz zu den USA, als »Rassismus« verfemt. Nur wer unter tatsächlichem Rassismus[4] gelitten hat, weiß, was rassistische Diskriminierung wirklich ist. Wir sollten diesen Begriff vor Verwässerung schützen; andernfalls wird sein Inhalt, nämlich Entmenschlichung, also »Barbarei«, verwischt.

Im April 2001 wagte Bundeskanzler Gerhard Schröder, eine Debatte über den Missbrauch der Sozialhilfe und des Arbeitslosengeldes anzuregen; die Moralapostel erklärten dieses Denken als »Faulenzer-Debatte« für politisch inkorrekt und haben sie abgewürgt. Die Deutschen pflegen stets ihre Sonderwege, die oft mit Gesinnungsethik legitimiert werden. Nach dem Angriff auf die westliche Zivilisation am 11. September kann es sich Deutschland nicht mehr länger leisten, eigene Wege zu gehen. In den USA sagte man mir mehrfach im September und Oktober 2001: Die Deutschen haben nicht die Freiheit, auf ihrem Gebiet »Schläfer« zu beherbergen, die in New York 4 000 Menschen umbringen; sie haben recht.

Gegenüber Ein- und Zuwanderung, ja Fremden allgemein herrscht in Deutschland oft eine hysterische politische Stimmung, die eine sachliche Diskussion über diese Fragen, wie sie etwa in den USA und Großbritannien möglich ist, ausschließt. Dort erfolgt die Debatte pragmatisch und wird berechtigterweise von Eigeninteressen geleitet. Bei der Arbeit an diesem Buch musste ich mit Bedauern feststellen, dass die Standardwerke über Einwanderung, Integration, Multikulturalismus sowie religiösen und kulturellen Pluralismus überwiegend *nicht* in deutscher Sprache vorliegen, obwohl diese Problematik Deutschland schicksalhaft betrifft. Es scheint, dass nur ein von der deutschen Vergangenheit unbelasteter, nicht-europäischer Migrant in Deutschland – wie dieser Autor – die Möglichkeit hat, sich zu diesen Fragen frei zu äußern und in aller Klarheit die Beobachtung offen auszusprechen, dass die Bundesrepublik im Zeitalter der Globalisierung Arbeitsplätze ins Ausland exportiert, auf der anderen Seite aber Terroristen importiert, die Sozialhilfe empfangen. Die Statistiken belegen, dass ein Großteil der Zuwanderer aus Sozialhilfeempfängern besteht. Es ist unerwünscht, dass darüber geredet wird. Ich muss an dieser Stelle darauf hinweisen, dass auch ich in meinem Recht auf Redefreiheit über diese Thematik hehindert werde, so dass ich manchmal an der Demokratie in diesem Land zweifle. Ich beginne aus diesem Grunde dieses Kapitel mit der Forderung, Klarheit über die Migration zu schaffen. Ich denke, dass die nach dem 11. September erforderliche Ernüchterung nicht mit einer Aufrechterhaltung von Tabus vereinbar ist.

Zur Klarheit gehören die Fakten. Laut Statistischem Bundesamt hat die Bundesrepublik Deutschland einen Ausländeranteil von 7,5 % an der

(Gesamt-)Bevölkerung, der seit den neunziger Jahren aber jährlich ca. 20,7 % des Sozialhilfeetats in Anspruch nimmt. Im Jahre 1980 betrug dieser Anteil nur 8,7 %. Diese Statistiken und die mit ihnen verbundenen Realitäten sind auch für integrierte Ausländer, die von ihrer Arbeit leben, eine Belastung. Uns wird nicht nur von Rechten vorgehalten, dass wir die Sozialkassen plündern. Eine Differenzierung innerhalb der Gruppe der Ausländer sollte möglich sein. Unter Fremdenfeindlichkeit leiden auch die integrierten Ausländer, und sie nimmt bei dem Transfer von ethnischer Armut in dieses Land im Rahmen ungeregelter Zuwanderung zu.

Zur Demokratie in Deutschland gehört, dass die Deutschen lernen, die Fremden zu respektieren und mit ihnen in Frieden zu leben, indem sie sie als ebenbürtig behandeln. Die ungelenkte Einfuhr von Armut im Rahmen von Zuwanderung des Bevölkerungsüberschusses aus dem Mittelmeerraum, Afrika und Osteuropa läuft diesem Ziel zuwider, eben weil ethnische Armutskultur den sozialen Frieden gefährdet. Zur Klarheit über den Gegenstand gehört die Erkenntnis: Migration ist keine globale Sozialpolitik der Umverteilung.

Es hat lange gedauert, bis Politiker der demokratischen Parteien erkannten, dass die sehr hohen Sozialhilfeleistungen des deutschen Sozialstaates Wirtschaftsflüchtlinge, die weder in der Gesellschaft noch in der Ökonomie gebraucht werden, aus aller Welt anlocken. Erst sehr spät folgte die Verabschiedung von entsprechenden Gesetzen im Bundestag. Zunächst wurde das Asylbewerberleistungsgesetz (AsylbLG) vom 5. August 1997 verabschiedet, das für Asylbewerber Leistungen festlegt, die 20 Prozent niedriger sind als die Leistungen des Bundessozialhifegesetzes. Im Juli 1998 folgte das bitter nötige Gesetz, das unglaubwürdige Asylbewerber betrifft, die ihre Identität gegenüber den deutschen Behörden verschleiern, indem sie Whiskeymarken oder CocaCola als Namen angeben und ihre Papiere vernichten. Das Zweite Gesetz zur Änderung des Asylbewerberleistungsgesetzes vom 25. August 1998 reduzierte die Leistungen für Asylbewerber, bei denen »verhaltensbezogene Missbrauchstatbestände«, wie etwa Identitätsverschleierungen, festgestellt werden. Solche Gesetze dokumentieren einen Fortschritt von der Gesinnungs- zur Verantwortungsethik; diese Gesetze haben mit rassistischer Diskriminierung nichts zu tun. Nach dem 11. September benötigen wir weitere Gesetze, die den Missbrauch der Migration sowohl im Rahmen der Ausnutzung des Sozialstaates als auch des Terrorismus verhindern.

Wir leben im Zeitalter der Globalisierung nicht nur von Ökonomie und Arbeitsplätzen, sondern auch von Information durch die Medien. Die Leistungen des Sozialstaates in Westeuropa für »Möchtegern-Einwanderer« sind weltbekannt. Im Mittelmeerraum und auch in Asien und Afrika verdoppelt sich die Bevölkerung fast in jedem Jahrzehnt (Beispiel Algerien) bei entsprechender Zunahme der Armut. In den Medien erfährt man dort, dass ein Zuwanderer (wohl gemerkt, ich spreche *nicht* von *Ein*wanderern) in einigen Ländern Europas, an deren Spitze die Bundesrepublik steht, ohne Gegenleistung ein monatliches Einkommen erhält, volle Krankenversicherung eingeschlossen. Dagegen kann sich in den USA bedauerlicherweise ein Drittel der US-Bevölkerung die privatisierte Krankenversicherung nicht leisten. Unter diesen Bedingungen darf man sich nicht wundern, dass Europa vielen paradiesisch erscheint. Im *Wall Street Journal* wurden mehrfach Berichte veröffentlicht, nach denen neben dem Drogenhandel der Menschenschmuggel durch Schieberbanden zu einem Milliardengeschäft geworden ist – eben mit der Verheißung, »den Gang nach Westeuropa« erkaufen zu können. Im Dezember 1999 hat das Europaparlament darüber Informationen veröffentlicht. Auch Europol zeichnete nach, dass Schieberbanden jährlich rund eine halbe Million illegale Zuwanderer nach Europa bringen und dafür 17,6 Milliarden DM kassieren.[5]

Wie reagiert man in Deutschland auf diese unkontrollierte Zuwanderung, in deren Rahmen Terroristen ins Land kommen? Es gibt zwei Extreme: Das eine kommt in dem Wunsch zum Ausdruck, aus Europa eine Festung zu machen, das andere wird von den deutschen Gutmenschen vertreten, die aus Europa eine Art Flüchtlingslager für Arme und Verfolgte aus aller Welt machen wollen. Für eine verantwortungsethische Bestimmung einer Einwanderungspolitik eignet sich keines der beiden Extreme, denn beide sind gleichermaßen kontraproduktiv, auch für das friedliche Zusammenleben zwischen Deutschen und Ausländern in diesem Land. Statt Stammtischparolen und Gesinnungsethik bedarf die Bundesrepublik eines nüchternen Einwanderungskonzeptes, das die Umgestaltung der Zuwanderung in Einwanderung zum Ziel hat. Die Migration nach Deutschland muss durch ein Gesetz der politischen Steuerung untergeordnet werden, um an dem jeweiligen Bedarf orientiert werden zu können. Es muss möglich sein, nach Deutschland wie nach Australien, die USA und Kanada legal einzuwandern und hierbei durch Regeln der Integrationspolitik ein deutscher Bürger zu werden. Hierfür muss es aber

– wie in den USA – allgemein anerkannte Kriterien geben. Deutsche Sonderwege, auch wenn sie noch so gut gemeint sind, erweisen sich stets als schädlich. Mancher »Gutmensch« erwachte nach dem 11. September. Andere erwachen und betreiben lieber Antiamerikanismus: Gutmensch gegen das »böse Amerika«.

Parallel zu der benötigten Einwanderungspolitik muss oft als illegale Migration erfolgte Zuwanderung beendet oder zumindest auf ein Minimum beschränkt werden. Einwanderung bedeutet nicht bloße Einführung von Quoten, sondern die Institutionalisierung von gesetzlichen Mechanismen zur Regulierung und Bestimmung nach dem jeweiligen Bedarf. Es ist dringend erforderlich, dass deutsche Politiker aller Parteien diese Problematik angemessen und überparteilich verstehen. Ich stimme Otto Schily zu, dass hierfür ein Konsens über ein Gesamtkonzept für deutsche und europäische Einwanderungspolitik – jenseits der Extreme von Stammtischparolen und Moralisierung – entwickelt werden muss. Er sagte in einem Interview, bei Einwanderung handle es sich »um ein Thema, bei dem es sich empfiehlt, einen breiten Konsens zu suchen«[6]. Das Thema ist weder für Parteipolitik noch für den Wahlkampf geeignet.

Eine Einwanderungspolitik ist nicht »Ausländerpolitik«; sie ist eher ein im europäischen Kontext[7] zu entwickelndes Konzept als Bestandteil der Integration. Für solche Forderungen sagt man im Englischen: *»Easier said than done* (Leichter gesagt als getan).« Dieser Satz gilt für die Forderung nach einem europäischen Rahmen für Einwanderung und macht ebenso deutlich, wie schwer es ist, einen europäischen Rahmen statt nationale Wege, die sich bisher als untauglich erwiesen haben, zu beschreiten. Dennoch hat Europa keine bessere Alternative. Die Tragödie vom 11. September hat einen unerfreulichen Schatten auf die gesamte Problematik der Migration geworfen und wird zu neuen Fragestellungen und Perspektiven zwingen.

Zuwanderung und der Transfer von Slums: Importierte »ethnische Armutskultur«

Damit mein Argument, dass Einwanderung nicht mit einer Sozialpolitik zur Bekämpfung von Armut in der Welt zu verwechseln ist, nicht als eine Polemik missverstanden oder falsch eingeordnet wird, möchte ich eine Berliner Sachdebatte bei der Friedrich-Ebert-Stiftung wiedergeben, bei der ich mit anderen Experten mitgewirkt habe.[8] Fachleute haben auf dieser Tagung wiederholt darauf hingewiesen, dass etwa in Berlin Familien von Zuwanderern leben, die vor mehreren Jahrzehnten als Flüchtlinge oder Asylanten ins Land kamen und deren Kinder heute bereits in der zweiten oder in der dritten Generation als Dauersozialhilfeempfänger leben. Natürlich ließe sich in solchen Fällen Diskriminierung finden, aber ob das alleine als Erklärung dafür ausreicht, dass diese Menschen trotz der langen Zeit nicht im Berufsleben stehen? Hier wäre sicher auch eine mangelnde Integrationswilligkeit festzustellen.

Ein Schulleiter aus Berlin-Kreuzberg berichtete, dass eines der Probleme bei der Integration von Kindern ausländischer Zuwanderer darin bestehe, dass die Eltern sehr oft dauerhafte Empfänger von Sozialhilfe seien, also nicht in der Arbeitswelt stehen; sie bieten somit keine Vorbilder für wirtschaftliche Integration (vgl. Anm. 8). Diese Aussagen beruhen auf statistisch gesicherten Fakten. Die ausländischen Schüler würden selbst nach Schulabschluss einem Schicksal ausgesetzt, bei dem sie, ebenso wie ihre Eltern, sehr oft eine Zukunft als dauerhafte Empfänger von Sozialhilfe vor Augen hätten. Die Schulpraktiker führen an, dass der Grund hierfür nicht allein in der mangelhaften Beherrschung der deutschen Sprache zu suchen ist. Die Kinder wachsen oft in ihrem Ghetto-Milieu auf. Die Integration kann aufgrund des Status der Eltern als dauerhafte Sozialhilfeempfänger nicht über die praktische Vermittlung der Werte der Arbeit erfolgen; die Last bleibt bei der Schule – so argumentieren die Schulvertreter –, die die Erziehungsaufgabe der Vermittlung der Wertigkeit von Arbeit alleine durch theoretische Unterweisung nicht leisten kann. Mit anderen Worten: Ohne wirtschaftliche Integration über die Arbeitswelt ist gesellschaftliche Integration unmöglich. Jede Einwanderungspolitik muss sich an dieser Erkenntnis orientieren. Es ist an dieser Stelle angebracht, die Unterscheidung zwischen folgenden Formen der Integration vorzunehmen: Erstens, wirtschaftlich in der Arbeitswelt, zweitens, politisch-rechtlich durch Einbürgerung als Aufnahme in das Gemeinwesen und schließlich drittens, kulturell, nicht nur durch Erlernen der Sprache, sondern auch und vor allem durch Annahme der Werte der entsprechenden Gesellschaft im Rahmen der Gewährung von Bürgeridentität. Alle drei Voraussetzungen machen die gesellschaftliche Integration aus, die keineswegs mit Assimilation gleichzusetzen ist. Ich betone besonders die dritte Komponente: Zwei Hintermänner der von Deutschland nach New York gereisten Terroristen besaßen deutsche

Pässe und sprachen fließend Deutsch, begriffen sich dennoch als *Djihad*-Kämpfer und nicht als deutsche Bürger. Dies sollte zu denken geben.

Ich komme nochmals auf die bereits zitierte Tagung der Friedrich-Ebert-Stiftung zurück, auf der ein Berliner Richter über Supermarktüberfälle berichtete, die »ausschließlich von ausländischen Jugendlichen und Heranwachsenden begangen werden«. Ein erheblicher Teil davon kommt aus arabisch-libanesischen Familien, »von denen eine Reihe eingebürgert sind, wo kein Mensch versteht, warum die eingebürgert worden sind, obwohl ... alle erheblich strafrechtlich belastet gewesen sind und auch Strafen verbüßt haben« (wie Anm. 8, S. 75f.).

Ein anwesender libanesischer Wissenschaftler, der über diese Problematik ein Buch vorgelegt hat[9], klassifizierte diese Einwanderer als vormalige Slum-Bewohner aus dem Libanon, die während des Bürgerkrieges illegal durch Schieberbanden über Ost-Berlin nach Deutschland gekommen seien. Oft kommen sie aus der untersten Schicht der libanesischen Gesellschaft und sind Analphabeten. Ghadban sagte in Berlin, er kenne als Sozialarbeiter den zitierten Richter aus Neukölln.

> »Er hat mir viele Jugendliche geschickt. Es war allgemein feststellbar, dass die Jugendlichen, die zu mir kamen, kein Bewusstsein davon hatten, dass sie eine Straftat begangen hatten. Sie waren alle fest davon überzeugt, dass man hier als Jugendlicher Straftaten begehen kann und nicht bestraft wird. Die Strafmündigkeit ist im Libanon 12 Jahre. Wenn einer straffällig erwischt wird, kriegt er einen auf den Deckel. Hier kommt die Gerichtsverhandlung erst einmal zwei, drei Jahre später, und die Jugendlichen begreifen nicht, warum sie jetzt plötzlich zum Gericht sollen. Die Erziehungsmaßregeln, die das Jugendgerichtsgesetz vorsieht, sind den Jugendlichen unbekannt, deshalb denken sie, man wird hier nicht bestraft. Es gibt Straftaten, die auch ethnisch bedingt sind. Wenn in einem ethnischen Milieu eine bestimmte Kultur entsteht, die eine feindselige Haltung gegen die Gesellschaft enthält, dann überlegen sich Jugendliche, wie sie die Gesellschaft ausplündern können. Sie entwickeln bestimmte Strategien, und dann gibt es das Nachahmungs-Problem. Ich habe von den tribalen Verhältnissen gesprochen, von Familien. Wenn Sie die Akten lesen, dann werden Sie feststellen, dass aus dem Libanon bestimmte Familien betroffen sind. Und wenn die eine Familie sieht, die können das, dann können wir das auch« (wie Anm. 8, S. 78f.).

Von diesen Tatsachen der Herkunft von Zuwanderern aus sozial unterprivilegierten Schichten und ihrer mangelnden Qualifikation spreche ich, wenn ich die Einfuhr der Armutskultur[10] aus außereuropäischen Slums mit der beschriebenen Kriminalität als Folge von Zuwanderung kritisiere.

Für eine breite öffentliche Debatte

Bundespräsident Rau hat in seiner Berliner Rede vom Mai 2000 die Aufforderung formuliert, dass »eine breite öffentliche Debatte« über Einwanderung geführt werden muss.[11] Ich verstehe meine hier vorgelegte Analyse als Beitrag dazu. Mir dient Raus Berliner Rede als Vorbild, weil sie relativ tabufrei war; sie bietet einen Rahmen für die Debatte, den ich als Einwanderer, der seit mehr als einem Jahrzehnt oft als Rufer in der deutschen Wüste eine rationale Diskussion dieser Problematik fordert, für sehr geeignet halte. In seiner Berliner Rede sagte Rau offen, dass die Probleme dieser Welt – zum Beispiel Armut und politische beziehungsweise religiöse Verfolgung – nicht auf deutschem Boden gelöst werden können. Auch Bundesinnenminister Otto Schily forderte zu Recht wiederholt in Interviews eine Steuerung der Zuwanderung im Rahmen einer konzeptualisierten Einwanderungspolitik. Steuerung bedeutet eben, politischen Einfluss auf den Prozess zu nehmen. Dazu gehört die Auswahl der Einwanderer, die ins Land kommen. Dies heißt in aller Deutlichkeit, vorwiegend qualifizierte Fachkräfte als Migranten auszuwählen, die von der deutschen Gesellschaft und Wirtschaft benötigt und gesellschaftlich integriert werden können. Der Transfer von Armut aus dem Mittelmeerraum (zum Beispiel aus dem Libanon, siehe oben), Asien und Afrika nach Deutschland ist weder Einwanderung noch eine Lösung für das Problem der globalen Armut. Traurig aber wahr: Die Tragödie vom 11. September hat mehr zur Debatte als die Rede von Rau beigetragen. Heute wissen Deutsche, dass durch Sicherheitsbehörden auch eine politische Selektion der Einwanderer erfolgen muss.

Die Angaben des Statistischen Bundesamtes zeigen, dass aufgrund des Fehlens eines Einwanderungsgesetzes wildwüchsige Zuwanderung stattfindet, welche die Zahl der Sozialhilfeempfänger ansteigen lässt; darunter befinden sich auch dauerhafte Sozialhilfeempfänger – wie die von Kreuzberg. Im Jahre 1967 waren die angeworbenen türkischen »Gastarbeiter« vorwiegend erwerbstätig, und auf Ausländer entfielen nur 1,3 % des Sozialhilfebudgets. 30 Jahre später, 1997, waren es 20,7 %, Tendenz steigend; 1998 betrug der Anteil 23,3 %, obwohl Ausländer nach der offiziellen Statistik nur ca. 7 % der Bevölkerung ausmachen.[12]

Dass integrierte Ausländer fürchten, in diesen Sog hineingezogen zu werden, habe ich bereits angeführt. Ich habe auch den Anstieg der Sozialhilfeempfänger unter den Zuwanderern als eine Quelle der Fremdenfeindlichkeit in Deutschland angesprochen. Die integrierten und erwerbstätigen Ausländer leiden besonders unter dieser Entwicklung. Als Migrant lehne ich die Gleichsetzung der Ausländer mit ungebetenen Zuwanderern, die Sozialhilfeempfänger werden, ab. Wie können Menschen, vor allem Politiker, aus der Vergangenheit lernen und den Trend zur Ethnisierung der Arbeitslosigkeit – also Bindung der sozialen Probleme an zugewanderte ethnische Gruppen – und dessen soziale Folgen unterbinden, und wie kann man die hieraus erwachsenden sozialen Probleme vermeiden? Die Antwort heißt auch hier: Steuerung der wildwüchsigen Zuwanderung und deren Umwandlung in regulierte Einwanderung.

Ich bin mir bewusst, dass ich ein Tabu breche, wenn ich anführe, dass die bisherige wildwüchsige Zuwanderung nach Deutschland zu einem nicht unerheblichen Teil über das Asylrecht verlief. Der vom Bundespräsidenten in der zitierten Berliner Rede mit 4 % angegebene Prozentsatz der anerkannten Asylanten zeigt, dass 96 % der Asylbewerber Zuwanderer und rechtlich nicht als politisch Verfolgte einzustufen sind. In der eben angeführten Diskussion bei der Ebert-Stiftung wurde deutlich, dass die auf diese Weise Zugewanderten mehrheitlich ungelernt, ja sogar Analphabeten sind und aus dem untersten Teil der sozialen Pyramide etwa aus der Türkei und dem Libanon kommen. Kurz: Zuwanderung fördert den Transfer von Slums von armen Ländern nach Deutschland, wodurch eine ethnische Armutskultur entsteht. Erschwerend kommt hinzu, dass Islamisten als Asylbewerber ins Land kommen, die diese ethnisch-religöse Armutskultur für sich instrumentalisieren.

Ich habe schon auf Diskriminierung und Rassismus hingewiesen, die ich aus meinem Alltagsleben in Deutschland nur zu gut kenne.[13] Aber damit allein kann man nicht erklären, dass bestimmte Zuwanderer auf Dauer arbeitslos und Sozialhilfeempfänger und somit außerhalb jeder Integration bleiben. Die Ursachen sind in der mangelnden Berufsqualifikation vieler Zuwanderer zu suchen. Deutsche sind an vielem schuld, aber man sollte einige der Mängel auch bei den Zuwanderern suchen. Jugendarbeitslosigkeit bei Zuwanderern hängt auch damit zusammen, dass sie kaum eine Berufsqualifikation vorweisen können. Aufgrund schlechter Sprachkenntnisse können viele selbst ungelernte Arbeiten nicht verrichten.

Die Erkenntnis, dass ein Einwanderungsgesetz für Deutschland erforderlich ist, bleibt nicht nur inkonsequent, sondern auch wertlos, wenn sie nicht mit der Einsicht verbunden wird, dass Art. 16a Grundgesetz Zuwanderung, wie sie hier beschrieben wird, begünstigt. Es bedarf der Anpassung an europäische rechtliche Standards, die die Gewährung von Asyl regulieren, um einen Missbrauch als Hintertür für Zuwanderung zu unterbinden. Ohne dies ist gesteuerte Einwanderung nicht möglich, und so würde die wildwüchsige Zuwanderung parallel zu ihr weitergehen. Auch integrierte Ausländer befürworten eine solche Steuerung der Politik, weil kein Interesse dar an bestehen kann, stets mit steigender Kriminalität und der Belastung des Sozialhaushaltes in Verbindung gebracht zu werden. Auch der in Deutschland als Migrant lebende Durchschnittsmuslim möchte nicht stets in den Sog des Islamismus gezogen werden. Es liegt im Interesse der deutschen Islam-Diaspora, Islamisten nicht mehr als Asylbewerber zuzulassen.

Der geistige Urheber des »Dritten Weges«, Anthony Giddens, der auch den britischen Premier Blair berät, hat eindringlich vor der Einfuhr von hier »ethnisch« bestimmten Armutskulturen im Rahmen von Migration gewarnt.[14] Das eigentliche Problem besteht nicht darin, dass arme Menschen – etwa wie oben gezeigt aus dem Libanon – nach Deutschland kommen. Vielmehr besteht es darin, dass Armut ethnisiert wird. Mit Ethnisierung ist gemeint, dass soziale Probleme (etwa Armut oder Kriminalität) an eine ethnische Gruppe gebunden werden und ethnischen Konflikten den Boden bereiten. Ein arbeitsloser Zuwanderer sieht in seiner Erwerbslosigkeit nicht ein wirtschaftsbedingtes Marktproblem, sondern ethnische Ausgrenzung. Hier liegt ein ungeheures Konfliktpotential, das im Vorfeld friedlich bewältigt werden kann, wenn es frühzeitig erkannt wird. Ausgegrenzte Zuwanderer erliegen leicht der Verführung fundamentalistischer Agitation.

In unserer Zeit ist es überfällig, die Tabuzone Sozialstaat anzutasten und – mit Giddens – zu urteilen, dass dieses Projekt »missglückt« ist.[15] Der Ursprung des Sozialstaates bestand darin, »Armut, Arbeitslosigkeit, Krankheit und dergleichen mehr« (ebd., S. 186) zu bekämpfen. Heute aber ist der Sozialstaat bei einigen die Quelle der Erwartung, ein Einkommen zu beziehen, ohne erwerbstätig zu sein, also ohne eine Gegenleistung zu erbringen. Ich nenne den hier angesprochenen Personenkreis Sozialstaatskonsumenten. Für unseren Zusammenhang von Migration und multikultureller Gesellschaft ist die schon dargestellte »Verknüpfung von Sozialstaatsabhängigkeit und Armutskultur« (Giddens) von Bedeutung. Die »Sozialhilfeempfänger-Mentalität« ersetzt das Ethos, wonach der Mensch von seiner bezahlten Arbeit leben muss. Diese Einstellung erzeugt Abhängigkeit vom Staat als Geldgeber und fördert eine relativ arme Subkultur der Sozialstaatskonsumenten, die mit stets wachsenden Ansprüchen auftreten. Gefährlich für den inneren Frieden wird diese Armutskultur, wenn sie durch die Migration eine ethnische Dimension annimmt.

»Ethnische Unterschiede zwischen ihnen (den Migranten) und der Mehrheitsbevölkerung ... können zum Kennzeichen der kulturellen Ausschließung werden ... Bei Einwanderern kann dergleichen dazu dienen, ... eine kulturelle Diaspora von außerordentlicher Reichweite« (wie Anm. 14, S. 204) zu entfalten.

Am Beispiel des Ghetto-Islam der Diaspora lassen sich die Gefahren einer solchen ethno-religiösen »Armutskultur« veranschaulichen. Das Ghetto ist nicht nur eine kulturelle, sondern angesichts der Armutskultur auch eine sozio-ökonomische und politische Größe und Ursache von Unfrieden und Instabilität. Wenn Armutskultur und Parallelgesellschaften (vgl. Kapitel 4) zu einer Einheit werden, kann Unfriede eine reale Gestalt annehmen. Was am 11. September geschehen ist, sollte eine Vorwarnung sein und der Ernüchterung dienen.

In der erforderlichen öffentlichen und breiten Debatte über Einwanderung gilt es, folgende Erkenntnis wahrzunehmen: In Zuwanderergesellschaften werden im binnenstaatlichen Rahmen »die mit der ethnischen Zugehörigkeit verbundenen Ungleichheiten oft Ursachen von Spannungen oder von gegenseitiger Feindschaft«, so Giddens in seinem zitierten Buch; er fügt hinzu, dass diese Kombination von Ungleichheit und ethnischer Zugehörigkeit »eine Rolle bei der Auslösung von Konflikten, die zum Zusammenbruch der zivilen Ordnung führen können, spielt«[16]. Nach Giddens kann in einer solchen Situation globale »dialogische Demokratie« im Verbund mit »Abwehr des Fundamentalismus« (ebd.) einen Ausweg aus der Krise bieten. Aber auch das Gegenteil ist hierbei möglich, nämlich »negative Spiralen emotionaler Kommunikation« (ebd.). Darunter versteht Giddens »einen Vorgang ..., bei dem Antipathie von Antipathie und Hass von Hass zehrt«[17]. In Deutschland gibt es nicht nur ein Feindbild Islam bei den Deutschen; es gibt auch bei den Migranten ein »Feindbild Westen«, das ich nur allzu gut kenne. Beide Feindbilder gehören zu den von Giddens angeführten Spiralen. Diese sozialen Erscheinungen erwachsen zwangsläufig nicht nur, aber auch – aus dem Transfer von Slums und der Entstehung ethnischer Armutskultur im Rahmen von Zuwanderung. Daraus wird erkennbar, wie wichtig es ist, Zuwanderung durch Steuerung in Einwanderung zu verwandeln.

In einer Gesellschaft, die mit ihrem Wohlstand prahlt, kann die Sozialhilfe für Jugendliche aus einer ethnischen Armutskultur nicht ausreichen, um mithalten zu können. Der Drang nach Konsum treibt die Jugendlichen in die Kriminalität, so wie dies bei der bereits geschilderten Supermarkt-Kriminalität in Berlin und bei ähnlichen, in der Regel ethnischen Banden der Fall ist. Der bereits zitierte Berliner Jugendrichter Walter Jentsch beschrieb die Situation von Jugendlichen, die der Versuchung, Straftaten zu begehen, nicht widerstehen konnten und die auch nach Bestrafung als Wiederholungstäter erneut auffällig wurden, folgendermaßen:

> »Wenn sich Jugendliche aufgrund von Arbeitslosigkeit und anderen Benachteiligungen in einer erhöhten Streßsituation befinden, ist das eine Konsequenz, die sich in verstärktem Maße deutlich macht. Die Antwort von Jugendlichen – und das will ich Ihnen nicht verhehlen – war durchweg: ›Wir sind zusammen und einer kommt und sagt, passt auf, ich lade euch alle zur Pizza ein, und er macht sein Portemonnaie auf, und was sehen wir, zahllose Fünfhundert-Mark-Scheine darin. Und uns fielen fast die Augen aus dem Kopf. Und dann hat er gesagt, das ist kein Problem, das könnt ihr auch haben. In zehn Minuten, das geht ganz schnell!‹ So ist die Verlockung, in ganz kurzer Zeit ganz viel Geld zu machen, unheimlich groß und lässt alle anderen Bedenken in den Hintergrund treten. Es gibt bei diesen Straftaten eine zunehmende Organisierung, aber nicht in Form von Banden, sondern in der Weise, dass man cleverer wird.«[18]

In den Zusammenhang von ethnischer Armutskultur, fehlender Integration und Kriminalisierung der aus Zuwanderern bestehenden sozialen Randgruppen gehört auch das Problem des Fundamentalismus als Politisierung der Religion.[19] Professor Heitmeyer aus Bielefeld hat in einer aufgrund der deutschen Fixierung auf tagespolitische Aktivitäten leider in Vergessenheit geratenen Untersuchung gezeigt, dass der politische Islam, sprich Fundamentalismus, eine starke Anziehungskraft auf arbeitslose türkische Jugendliche ausübt.[20] Über diese Probleme offen zu sprechen muss die Konsequenz aus Raus Berliner Aufforderung zu einer »breiten öffentlichen Diskussion« sein. Diese ist nach dem 11. September überfällig geworden.

Verantwortungsethisch formuliert heißt die Lehre: Ja zu gesteuerter Einwanderung, nein zu Wildwuchszuwanderung. In der gegenwärtig vorherrschenden politischen Kultur der Bundesrepublik scheint alles auf

Aktualität zu basieren, das heißt zu einem flüchtigen Eintagesereignis zu verkommen. Davon bleiben die wichtigen Erkenntnisse, die in Raus Berliner Rede zum Ausdruck kommen, und die Warnungen von Professor Heitmeyer nicht verschont. Die Einwanderungsproblematik ist eine Schicksalsfrage Europas, und es ist an der Zeit, sich dieser Herausforderung verantwortungsethisch in der benötigten öffentlichen und breiten sowie tabufreien Debatte, zu der dieses Buch einlädt, zu stellen. Nach dem 11. September kommt nun ein starker Druck aus den USA auf die Europäer zu, ihr Haus in Ordnung zu halten.

Das Erfordernis: Einwanderung tabufrei – keine deutschen Sonderwege

Es gibt viele Gründe dafür, auf die Berliner Rede des Bundespräsidenten Johannes Rau zurückzugreifen und sich ihre Themen im Lichte des 11. Septembers zu vergegenwärtigen. Zu bedauern ist, dass niemand auf die Idee kommt, dass auch den Einwanderern selbst eine Stimme in der Diskussion zusteht. Als ein Migrant, der seit vier Jahrzehnten in der Bundesrepublik lebt, ohne ethnisch »Deutscher« werden zu können – dies geht ja nicht –, kann ich mich nicht entsinnen, in diesem Lande je so viel Fremdenfeindlichkeit wie in den vergangenen zehn Jahren erfahren zu haben. Es gibt die primitive offene, also handgreifliche Form und zudem die subtile Fremdenfeindlichkeit des Alltags (vgl. Anm. 13). Dennoch verteidige ich dieses Land gegen den im Ausland pauschal erhobenen Vorwurf, »die Deutschen« seien generell fremdenfeindlich. Wie oft habe ich dies im Ausland getan bei der Antwort auf die Frage: »Wie halten Sie es unter den Deutschen aus?« Meine Antwort war stets, die Bundesrepublik Deutschland garantiert den Fremden demokratische Freiheiten und Schutz. Auf dem Harvard-Symposium vom September 2001 über *»Reimagined Identities«,* auf dem Bundestagspräsident Wolfgang Thierse die Keynote-Rede hielt, habe ich neben Dan Diner und Çem Özdemir, also einem Juden und einem Muslim, über *»Being German«* gesprochen und in kritischer Distanz diese Identität bestätigt.

Aber wie kann Deutschland den chaotisch ins Land zugewanderten Millionen eine Identität bieten? Ohne Anerkennung von Tabus hat Bundesinnenminister Schily im *Spiegel*-Interview vom 12. Juni 2000 die Zahl der Zuwanderer für die Zeit zwischen 1989–1999 mit 10,7 Millionen angegeben. Nicht nur bleiben diese fremd, auch bieten sie eine der

Erklärungen für die Zunahme der Ausländerfeindlichkeit. Ihre Zahl entspricht fast der Bevölkerung anderer Länder, zum Beispiel in Nordeuropa oder Westafrika. Keine Gesellschaft, die deutsche erst recht nicht, kann eine solch große Zahl von Zuwanderern in einem so kurzen Zeitraum integrieren. Nicht nur die Zahl, sondern auch die Qualifikation der Zuwanderer, vor allem auch die Tatsache, dass das Land seine Migranten als Einwanderer nicht aussuchen darf – hierfür fehlt das erforderliche Einwanderungsgesetz –, ist am gegenwärtigen Zustand schuld. Solange dieses Gesetz fehlt, erfolgt Migration als Zuwanderung auf diese Weise: Wer nach Deutschland einwandern will, der greift auf das Asylrecht zurück oder beruft sich auf »deutsche Herkunft«, um als sogenannter »Spätaussiedler« zu gelten, gleich ob eines davon zutrifft oder nicht. Nach dem wissenschaftlichen Verständnis sind auch »Spätaussiedler« Migranten. Nach Berichten gehört der in vielen Fällen gefälschte Nachweis einer deutschen Herkunft – vergleichbar mit den Schleuserbanden – zur organisierten Kriminalität.

Vor dem 11. September wurde jeder, der es riskierte, über diese Probleme zu reden, gleich in die rechtsradikale, fremdenfeindliche Szene eingeordnet und dadurch mundtot gemacht. Ich kann mich dagegen wehren, viele Deutsche nicht. Auf der Medienmesse in Köln (Juni 2001) haben Journalisten auf einem Panel von *EuroNews* dieses Problem offen angesprochen und festgestellt, dass die Predigten der Medien über »verordnete Fremdenliebe« bei den Bürgern nicht ankommen. Mich als semitisch-arabischen Migranten und zudem ehemaligen Achtundsechziger kann man weder mit der Keule der Fremdenfeindlichkeit noch der Gesinnung der verordneten Fremdenliebe treffen; doch gibt es andere Methoden, jemanden zum Schweigen zu bringen. Als ich mit meinem Buch *»Europa ohne Identität?«* 1998 eine Debatte über Einwanderung auslösen wollte, wurde jenes Buch von den Medien in einer sehr auffälligen Weise zunächst totgeschwiegen. Unter den großen überregionalen Tageszeitungen war die einzige Ausnahme der Berliner *Tagesspiegel*. Dort hat eine aufgeschlossene Rezensentin über mich geschrieben:

> »Ein Ausländer nimmt sich das Recht, die Befindlichkeit Europas zu untersuchen, ... wirft Fragen auf und verlangt eine Auseinandersetzung. Bleibt sie aus, hat er mit seinem Buch ins Schwarze getroffen ...«[21] Und dies war der Fall. Die Situation änderte sich nur oberflächlich, als die deutsche Leitkulturdebatte ausbrach. Der Begriff wurde eben in diesem Buch entfaltet, und der CDU-Politiker Merz nahm den Begriff aus dem Buch *»Europa ohne Identität?«* auf, jedoch ganz offensicht-

lich, ohne es gelesen zu haben.[22] Doch Frau Merkel gab öffentlich zu, ich sei »der Ursprung des Begriffes ... Leitkultur. Bassam Tibi hat ihn in Bezug zu den Werten der europäischen Aufklärung und Demokratie im Gegensatz zur Idee einer multikulturellen Gesellschaft gesetzt.«[23] Die »hysterisch« geführte – so der Chefredakteur des *Tagesspiegel,* Giovanni di Lorenzo, auf dem *EuroNews* Panel der Kölner Medienmesse im Juni 2001 –deutsche Leitkulturdebatte war bisher der beste Beweis dafür, wie besorgniserregend es um die deutsche »Zuwanderungsdebatte« bestellt ist. Ich fasste sie zunächst in der *Welt am Sonntag* unter dem Titel »Die neurotische Nation« zusammen und bewertete sie dann wissenschaftlich in der Festschrift zu Ehren des jüdischen Freundes und Kollegen Alexander von Bormann[24]; ich werde sie auch in diesem Buch wieder im Schlusskapitel aufnehmen; sie war kein Vorbild für die von Bundespräsident Rau geforderte »öffentliche und breite Debatte« über diesen Gegenstand. Seit dem 11. September pflege ich zu sagen: Wenn die Deutschen keine Leitkultur wollen, überlassen sie es den Islamisten, ihre eigene durchzusetzen.

In der allgemein vorherrschenden deutschen Atmosphäre der Denkverbote war die noch vor der Leitkulturdebatte gehaltene Berliner Rede von Bundespräsident Johannes Rau zunächst vielversprechend, weil sie aus dem gesinnungsethischen Rahmen fiel. In ihren Aussagen finde ich mich als Migrant und Autor des Buches *»Europa ohne Identität?«* völlig wieder. Und ich fordere für uns Migranten das Recht, mitreden zu dürfen. Doch Rau ging darauf nicht ein. Uns Fremde in Deutschland ordnet man in der Regel unausgesprochen in drei Kategorien ein. Ausländer werden in der Regel als:

1. ungelernte (Gast-)Arbeiter,
2. Asylbewerber oder
3. Sozialhilfeempfänger

angesehen. Eingebürgerte Ausländer wie zum Beispiel mich nennt man »Syrer mit deutschem Pass«. Hinter diesem für uns Ausländer gewiss nicht schmeichelhaften Image stehen zwei Einwanderungswellen: Die erste – sie war gewollt – hat während der sechziger und siebziger Jahre stattgefunden, als überwiegend ungelernte Arbeiter aus den ländlichen Teilen der Türkei ins Land geholt wurden, die Hilfsarbeiten verrichteten, die Deutsche nicht tun wollten, da sie lieber Sozialhilfe beziehen, als solche Arbeiten anzunehmen. Die zweite in dem von Otto Schily angegebenen Zeitraum erfolgte Welle – die im Gegensatz zur ersten ungewollt war –bestand aus Asylbewerbern, Flüchtlingen und Spätaussiedlern, die trotz der rechtlichen Klassifizierung als Volksdeutsche doch

Zuwanderer sind. Auch die letztgenannten sind Fremde, weil sie ethnisch und kulturell anders sind und viele unter ihnen kaum Deutsch sprechen. Es hat bisher weder eine Steuerungsmöglichkeit noch eine Anpassung der Zahl der Einwanderer an die Bedürfnisse des Landes und seine Integrationsfähigkeit gegeben.

Unter diesen Bedingungen hatte plötzlich der deutsche Bundeskanzler Gerhard Schröder bei mehreren Anlässen von einem Mangel an »Internationalität« in Deutschland gesprochen und dabei gefordert, beruflich kompetente Ausländer per *Greencard* ins Land zu holen. Um es deutlich zu sagen: Jene Debatte war nicht nur eine Eintagsfliege, sondern auch eine Flucht vor der erforderlichen Debatte über Migration. Zu keinem Zeitpunkt wurde diese seriös geführt. Der Bericht der *Zu*wanderungs-Kommission ändert nichts an diesem Urteil.

Als Migrant, der mehr für den internationalen Ruf deutscher Wissenschaft im Ausland beigetragen hat als manche, ihr eigenes Süppchen kochende deutsche Professoren und der es daher ablehnt, als Gastarbeiter inferiorisiert (vgl. Anm. 13 oben), ja in eine der drei oben angegebenen Kategorien eingeordnet zu werden, fordere ich wiederholt in diesem Buch eine tabufreie Debatte über Einwanderung sowie praktische Lösungsansätze. Bedingt durch die Ereignisse um den 11. September konzentriere ich mich auf die islamische Zuwanderung nach Deutschland und breche mit allen Tabus.

Bereits wiederholt habe ich vorgeschlagen, Einwanderung vom Asylkomplex abzukoppeln. Das ist ein Standard der Internationalität, um den Bundeskanzler beim Wort zu nehmen. Genau heißt das, den Artikel 16a des Grundgesetzes an europäische Standards anzupassen und Abschied von deutschen Sonderwegen zu nehmen. Ansonsten nützt ein Einwanderungsgesetz wenig. Denn wer als Einwanderer mangels Berufsqualifikation und Bedarf am deutschen Arbeitsmarkt abgelehnt wird, der kann sich auf Artikel 16a Grundgesetz berufen und durch die Hintertür des Asyls Zugang finden. Die meisten in Deutschland agierenden Islamisten sind auf diesem Wege in das Land eingedrungen.

Es ist international bekannt, dass Deutschland, im Gegensatz zu den USA und europäischen Nachbarländern, die Mehrheit der abgelehnten Asylbewerber nicht ausweist. Somit besteht Sicherheit für Zuwanderer auf dem Asylweg. In der Regel bleiben abgelehnte Asylbewerber als »Geduldete« doch im Land. Auf einer Tagung für Kommunalpolitik in Hannover sagte ein hochrangiger Politiker, auf Erfahrungen zurückgreifend: »Deutsche Behörden schikanieren hochqualifizierte Ausländer, die auf normalem Wege zu uns kommen, um hier zu arbeiten, bis sie freiwillig das Land verlassen. Dagegen sind diese Behörden machtlos bei Asylbewerbern, die keine politisch Verfolgten sind.« Von führenden Kommunalpolitikern habe ich bei jenem Niedersächsischen Landkreistag 2000 die Information bekommen, dass abgelehnte Asylbewerber mehrheitlich nicht abgeschoben werden, vor allem die Islamisten unter ihnen nicht! Tritt nach dem Schock vom 11. September endlich Ernüchterung ein?

Bundespräsident Rau und die Einwanderung

Nach meinem Dafürhalten zwingt die neue, nach dem 11. September 2001 sich aufdrängende Perspektive zu einem neuen Denken über Migration. In diesem Rahmen will ich die Aktualität der schon im Mai 2000 gehaltenen Berliner Rede des Bundespräsidenten Rau hervorheben; ihr Inhalt eröffnet immer noch die Möglichkeit, die bisherige Verhinderung einer rationalen Diskussion, die eine Orientierung bieten könnte, zu überwinden. Ich bin bisher in diesem Kapitel der Aufforderung Raus, eine »möglichst offene« Debatte über Einwanderung zu führen, gefolgt. Im Lichte des 11. September 2001 möchte ich vor allem zwei Punkte hervorheben: Erstens: Die Migration in den Westen aus der Welt des Islam muss nach folgenden Kriterien gesteuert werden: a) Wirtschaftliche Interessen des westlichen Aufnahmelandes. Die Einfuhr von islamischen Sozialhilfeempfängern im Namen von »Einwanderung« ist schädlich für das Land und auch für integrierte Ausländer. Es erzeugt *Dijhad*-Militante, die sich einer Ausgrenzung ausgesetzt fühlen. Dagegen sind integrierte Muslime, die die Bundesrepublik und ihr Sozialsystem mittragen, europäische Bürger; das ist ein Zusammenleben von Fremden und Deutschen. Einwanderungspolitik ist nicht mit Sozialpolitik zu verwechseln. Die Zuwanderungskommission empfiehlt in diesem Sinne ein Punktesystem, sagt aber nicht, wie die Einreise und der Daueraufenthalt von potentiellen Sozialhilfeempfängern verhindert werden kann. b) Humanitäre Politik. Hier sollte jedoch die Erkenntnis, dass Deutschland die Probleme der Welt nicht lösen kann, berücksichtigt werden. Es darf nicht verschwiegen werden, dass der organisierte Zuzug von Minderheiten – zum Beispiel Yeziden aus dem Irak, Ahmadiyya aus Pakistan und so weiter – zu einem Geschäft von Schleuserbanden geworden ist. Unabhängig davon betone ich, dass *wirklich* politisch Verfolgte in Deutschland Aufnahme finden müssen. Terroristen und Islamisten sind müssen lernen, den Schutz von politisch Verfolgten von der Schleuserbanden-Migration abzukoppeln und genau hinzusehen, wer Opfer ist und wer Terrorist.

Zweitens: Einwanderung ist nicht identisch mit dem Charme einer Multi-Kulti-Gastronomie oder solchen unterstellten Idyllen; sie bringt Probleme mit sich. Multikulturalismus bedeutet nicht kulturelle Vielfalt, sondern »*free* space/Freiraum« für Diasporakulturen. Parallelgesellschaften entstehen. In diesem »Freiraum« ist in Hamburg der Anschlag auf New York vorbereitet worden.

a) Die Belastung des Sozialsystems ist unausweichlich, wenn die berufliche Qualifikation der Zuwanderer, so wie sie bisher zwischen 1985 und 1999 war, weiter besteht. Ich wiederhole: 1967: Anteil der Ausländer an Sozialhilfeempfängern 1,3 %, 1997: 20,7 %, 1998: 23,3 %. Die zitierte Statistik verrät einen unverhältnismäßig hohen Anteil der Ausländer an den Sozialausgaben; dies ist eine Folge fehlender Steuerung. Einwanderung ist ein Gegenstand der Politik und hat weder mit Fremdenliebe noch mit Fremdenfeindlichkeit zu tun.

b) Unter den Migranten befinden sich nicht nur Demokraten, sondern beispielsweise auch Islamisten, die im Namen sogenannter religiöser Toleranz, die sie selbst für andere nicht gelten lassen, Europa als Hinterland für ihre politischen Aktivitäten missbrauchen. Zwei der Terrorpiloten von New York kamen aus der bundesrepublikanischen Islam-Diaspora. Deutsche müssen verstehen, dass die politischen Vorstellungen der Islamisten mit individuellen Menschenrechten, Demokratie und Zivilgesellschaft nicht vereinbar sind. Bundespräsident Rau hat in seiner Berliner Rede deutlich gesagt, dass die Einwanderung »in manchen Punkten bis an den Kern unserer Verfassungsordnung ... reicht«, und er hat verlangt: »Wer nach Deutschland ... kommt, der muss die demokratisch festgelegten Regeln akzeptieren. ... Diese Regeln setzen auch Grenzen.«[25] Eben dies nenne ich europäische Leitkultur. Deshalb war ich befremdet, als Rau bei der deutschen Leitkulturdebatte hinter seine eigene Forderung zurückfiel. »Leitkultur gegen Rechts«, gleich ob deutsch oder ausländisch, gehört zu den Antworten auf die durch die islamische Zuwanderung auftretenden Herausforderungen: Toleranz gegenüber der Religion des Islam, aber wehrhafte Demokratie gegen die Ideologie des Islamismus und ihre Realitäten.

Viele Deutsche wollen nicht wahrhaben, wie sehr Zuwanderung in den vergangenen Jahrzehnten die deutsche Gesellschaft bereits verändert hat: »Zu wenig denken wir darüber nach ... und wir handeln zu wenig« (ebd.), schätzt Rau ein. Wer keine gewalttätigen Konflikte riskieren will, muss die oft eingeforderte Zivilcourage haben, offen über diese Problematik und ihre Implikationen nachzudenken und hierfür friedliche Lösungen anzustreben – dies füge ich als ein Ausländer hinzu. Ich bin kein Panikmacher, ganz im Gegenteil, ich trete gegen solche ein; ich bin oft Opfer von Deutschen gewesen, die nicht zwischen Aufklärung und Panikmache unterscheiden können. Nun ist Aufklärung auch über unerfreuliche Dinge keine Panikmache. Als Aufklärer, der keinen Sand in die Augen streut, und als Dialogbefürworter bin ich dafür, dass wir über die vielen ethnischen Auseinandersetzungen in der Welt, auch in Europa, informieren, um im Vorfeld der Ethnisierung der Konfliktpotentiale beziehungsweise deren religiöser Färbung durch Politisierung der Religion entgegenzuwirken. Der Islamismus, der hieraus hervortritt, ist eine Gefahr für Europa. Aus dem Prinzip der Religionsfreiheit darf keine Duldung für politisierte Religionen abgeleitet werden. So ist es keine Lösung, die Augen zuzumachen, wenn Islamisten auf deutschem Boden Synagogen anzünden und Rabbiner zusammenschlagen. Ich war sehr befremdet, dass vom »Aufstand der Anständigen« keine Rede mehr war, als feststand, dass die Täter von Düsseldorf Islamisten und keine Neonazis waren.[26] Dann kam der 11. September, und viele konnten die Augen nicht länger verschließen.

Islamisten kommen auch als Asylantragsteller nach Deutschland. Rau sagte in seiner Berliner Rede, dass 50 % aller Anträge innerhalb der EU in Deutschland gestellt werden, aber »nur 4% werden anerkannt« (ebd.). Gleich, auf welcher Grundlage die Justiz in Asylverfahren entscheidet, keiner kann die Augen davor verschließen, dass die Zuwanderung nach Deutschland über das Asylrecht erfolgt. Als Bundesinnenminister Schily im November 1999 laut über die Abkopplung von Asyl und Einwanderung nachdachte und sagte: »Deutschland kann sich aus dieser Debatte nicht heraushalten« (*Spiegel* vom 15.11.1999), wurde er – symbolisch gesprochen – geknebelt; mit dem Erfolg, dass er seitdem über diese Thematik schweigt. Und doch musste dieses Schweigen nach dem 11. September gebrochen werden. Ein neues politisches Denken nahm seinen Anfang (vgl. den Bericht in *Die Welt* vom 17. Oktober 2001, S. 2).

Als Ausländer weiß ich, vor allem von Publikumsaktivitäten außerhalb der Universität, dass das Thema Einwanderung in Deutschland bei der Bevölkerung nicht gerade populär ist. Die Medien versuchen das Thema »schmackhaft« zu machen, indem sie Zuwanderung in den buntesten Farben beschreiben; jedoch tun sie dies mit geringem Erfolg, wie namhafte Journalisten auf der Kölner Medienmesse im Juni 2001 eingestehen mussten. Nach meinen Beobachtungen haben die Grünen es geschafft, bei der Bevölkerung ein Unbehagen verursachendes Verständnis von Einwanderung zu verbreiten. Manche ihrer Abgeordneten sprechen unspezifisch von Einwanderung, einmal als quasi uneingeschränkte Öffnung der Grenzen, dann fast im selben Atemzug mit der Verpflichtung zu einer allerdings nicht an die Bedürfnisse und Kapazitäten der Integration angepassten Aufnahmequote. Das erweckt den Eindruck, das Land müsse zur Aufnahme von Einwanderern unabhängig vom Eigenbedarf und der Fähigkeit der Gesellschaft zur Integration verpflichtet werden. Das Gegenextrem zu dieser permissiven Position besteht in der Forderung der Konservativen nach einem »Zuwanderungsbegrenzungsgesetz«. Ich habe bereits argumentiert: Beide Vorstellungen von offenen und geschlossenen Grenzen sind falsch. Der international respektierte und anerkannte Migrationsforscher Myron Weiner vom MIT – selbst aus einer baltisch-jüdischen Migrantenfamilie stammend – hat vor seinem Tod in einer bedeutenden Schrift empfohlen, die Einstellung der Bevölkerung in Bezug auf die Auswirkungen der Zuwanderung, also auch »die Wahrnehmungen sowie die Ängste, die damit zusammenhängen, ernst zu nehmen und nicht als irrational und fremdenfeindlich abzukanzeln«[27]. Denn es gibt eine »globale Migrationskrise«, und damit müssen wir – durch politische Steuerung und Aufklärung – rational umgehen und die Probleme tabufrei debattieren. Im Anschluss an Weiner habe ich in der Einleitung dieses Buches den Zusammenhang zwischen Migration und Sicherheitspolitik aufgezeigt.

Zu den Steuerungsinstrumenten gehört Sicherheitspolitik sowie ein Einwanderungsgesetz; es soll nicht nur der Regulierung dienen, es richtet sich auch stets nach dem Bedarf, das heißt nach Marktbedingungen, und unterliegt nicht der Verpflichtung zur Erfüllung einer Quote. Auch muss dieses Gesetz der Fähigkeit der Gesellschaft und ihren Kapazitäten zur Aufnahme Rechnung tragen. Um es offen zu sagen: Ein Einwanderungsgesetz ist nicht mehr als ein rechtliches Verfahren mit einer gesellschaftspolitischen Orientierung, mit dessen Hilfe Migration berechenbar wird; weder öffnet es noch verschließt es. Solange wir in Deutschland dieses rechtliche Instrumentarium der politischen Steuerung nicht haben, bleibt es in diesem Land bei der chaotischen Zuwanderung statt einer gesteuerten Einwanderung. In diesem Sinne vollzieht sich die Migration nach Deutschland anarchisch, also ungeregelt, und die »Migrationskrise« sowie ihre auf Sicherheit bezogenen Nebenerscheinungen (Weiner) bleiben unbewältigt. Eines der Themen der internationalen Debatte lautet jedoch: *»controlling migration«,* was aus einer *»global perspective«*[28] geschehen muss. Zu dieser Perspektive muss die Abkopplung des Asyls von der Migration gehören, so dass Asylanten zwar als politisch Verfolgte anerkannt, aber Migranten von Möchtegern-Zuwanderern unterschieden werden können. Bei Asyl und Migration handelt es sich um völlig unterschiedliche Gegenstände, und daher ist Asylpolitik nicht Einwanderungspolitik. Die Einwanderung ist wirtschaftlich zu bewerten. Asylpolitik muss an Sicherheitspolitik gebunden werden; sie ist nicht nur ein Gegenstand der Grundrechte.

Bei gleichzeitiger Respektierung des Asyls als Grundrecht – ich betone dies mit allem Nachdruck – trete ich für die soeben formulierte »globale Perspektive« ein, die anerkennt: Wer wirklich und nachweislich verfolgt wird, bekommt Asyl –das ist ein Menschenrecht. Nun werden gewaltbereite Islamisten auch in ihren Ländern verfolgt. Soll Europa diese Verfolgung anerkennen und auch diesem Personenkreis Asyl gewähren? Ich weiche hier von der etablierten Meinung ab und trete für eine Einschränkung des Asylrechts für Islamisten ein, wie dies bereits in Frankreich übliche Praxis ist. Wer *Djihad* gegen den Westen führen will, ist nicht willkommen. Darüber hinaus darf Asyl nicht als Instrument der Zuwanderung missbraucht werden. Einwanderer sind weder »Gastarbeiter« noch »Asylanten«, sondern Menschen, deren Berufsqualifikation das Aufnahmeland, hier Deutschland, braucht und die durch Integration zum Gemeinwesen gehören sollen; ihr Aufenthalt ist dauerhaft, und sie sind nicht nach dem Prinzip im Land: »Der Mohr hat seine Schuldigkeit getan, der Mohr kann gehen.« Keine Politik der Migration darf diese Degradierung der Einwanderer zulassen.

Der Bericht der Süssmuth-Kommission über »Zuwanderung«: Ein radikaler Wandel oder die Paraphrasierung von Selbstverständlichkeiten?

Wer die vorangegangenen Teile dieses Buches aufmerksam gelesen hat, der verfügt über eine dreifache Grundlage zur Beurteilung der Arbeit und des Ergebnisses der Süssmuth-Kommission zur Migrationsproblematik. Diese besteht aus folgenden Komponenten:

- Erstens, die Erkenntnis, dass Migration im 21. Jahrhundert in einer entgrenzten Welt mit umfassenden Migrationsschüben und mit sicherheitspolitischen Risiken verbunden ist.
- Zweitens, die Erkenntnis, dass Migration im Westen und auch in Deutschland benötigt wird, es sich hierbei jedoch nicht um ein »Quasi-Naturphänomen« der Globalität, sondern um eine steuerbare gesellschaftliche Erscheinung handelt; die Politik ist herausgefordert, die Instrumente hierfür zu schaffen.
- Drittens, in Deutschland ist weder die Gesellschaft und ihre Bevölkerung noch die Politik auf die Migration und die damit verbundenen Veränderungen angemessen vorbereitet. Die deutsche Diskussion über diesen Gegenstand erschöpft sich in Pro und Contra und lässt jede sachliche Beurteilung vermissen.

Von diesen drei Grundlagen ausgehend, analysiere ich den Süssmuth-Bericht und finde Fortschrittliches darin, jedoch auch gleichzeitig erhebliche Lücken, deren besorgniserregendste das Festhalten an Tabus und die Ignoranz gegenüber dem Islam in Bezug auf islamische Zuwanderung und Integration sind. Myron Weiner nennt die Erscheinungsform des Phänomens »Globale Migrationskrise«, weil er es in seiner Ganzheit sieht.[29] Für Aufnahmeländer ist Migration eine demografische und wirtschaftliche Bereicherung, sie ist aber auch mit »Sicherheitsrisiken« wie Terrorismus (vgl. den 11. September 2001), ethnischen Konflikten, illegalen Formen, kultureller Balkanisierung und Missbrauch der offenen Grenzen mit dem Ergebnis der Internationalisierung der Kriminalität verbunden. Zu einer verantwortlichen Politik gehört es, alle Aspekte einzubeziehen und offen darüber zu sprechen; aber genau darin liegt das Versagen der Süssmuth-Kommission.

Die Mängel des Süssmuth-Berichts lassen sich gleich zu Beginn feststellen. Es ist eigenartig, wie die »Zuwanderungskommission« an manchen Stellen zwischen Zu- und Einwanderern unterscheidet. So sind die *»Greencard-Holders«* als »Engpassarbeitskräfte« im Gegensatz zu den »dauerhaften Einwanderern« einzuordnen. Ich halte diese Differenzierung für unbrauchbar. *»Greencard Holders«* sollten nicht bloß geduldete Arbeitskräfte sein, die im Rahmen eines begrenzten Aufenthalts zur Verfügung stehen. Dies wäre eine Fortsetzung der scheußlichen »Gastarbeiter«-Tradition unter neuem Namen. Einwanderer möchten keine »Gastarbeiter« mit begrenztem Aufenthalt sein. Es gilt der Grundsatz: Wer arbeitet, ist kein Gast. Geduldete Asylbewerber, denen vor Gericht abgesprochen wird, Asylant zu sein, sind weder politisch Verfolgte noch Migranten, sondern eine Belastung für das Land und sein Sozialsystem. Wenn sie mit Kriminalität und Terrorismus zu tun haben, müssen sie als ein Sicherheitsrisiko gelten und sind abzuschieben. Es müssen Ausnahmen bei den Menschen zugelassen werden, die aus humanitären Gründen nicht abgeschoben werden können; dies darf aber nicht die Regel sein, sonst wäre Migration nicht steuerbar. Als Asylbewerber mit den entsprechenden Rechten gilt nur einer, der seine Identität als politisch Verfolgter und den Sachverhalt der Verfolgung nachweisen kann und zudem weder Islamist noch Terrorist ist. Auf diese Weise fallen alle Menschen mit Whisky-Marken als Namen sowie sogenannte *Djihad*-Kämpfer durch. Der Süssmuth-Bericht[30] räumt der Asylproblematik sehr unkritisch großen Raum ein, obwohl es gilt, Gewährung von Asyl als ein zu respektierendes Menschenrecht und am Bedarf des Landes orientierte Einwanderungspolitik auseinanderzuhalten! Um Sicherheitspolitik kümmert sich der Bericht nicht. Man müsste den Kommissionsmitgliedern das Standardwerk von Myron Weiner als Lektüre empfehlen.

Mit der Erwartung, ohne Tabus, ohne Gesinnungsethik und ohne Emotionen über Einwanderung zu debattieren, lese ich den Bericht der »Zuwanderungskommission«, um ihn im Lichte der hier bisher problemorientiert geführten tabufreien Diskussion zu bewerten. Wenn deutsche Politiker und Kirchenvertreter die Demokratie in Deutschland vor dem Makel der zunehmenden Fremdenfeindlichkeit schützen wollen, müssen sie diese Debatte ohne einschränkende Vorgaben führen und entsprechend auf der Basis der zu gewinnenden Erkenntnisse rational handeln. Es stellt sich die Frage: Werden diese Voraussetzungen von der Süssmuth-Kommission erfüllt? Meine Antwort muss nach der Lektüre leider negativ ausfallen. Schon der Name »Zuwanderungs-Kommission« wird meine Leser auf der Basis der bisher in den vorangegangenen Teilen gebotenen Informationen und Klärungen veranlassen zu verstehen, warum meine Einschätzung des Kommissionsberichtes eher kritisch ist.

Es beginnt eben mit dem Titel der Kommission: *Zuwanderung*. Meine Leser kennen schon den Unterschied zwischen Ein- und Zuwanderung. Ich erinnere mich an eine persönliche Begegnung mit Frau Süssmuth, deren Wertschätzung ich dankenswerterweise genieße, bei der ich ihr meinen *Focus*-Artikel vom 18. September 2000, »Einwanderung statt Zuwanderung«, überreicht habe. Das war im Januar 2001. In jenem Artikel ist die zentrale, bereits in diesem Buch formulierte These enthalten. Die Begegnung erfolgte im Rahmen unseres gemeinsamen Auftritts im Göttinger Theater im Januar 2001 unter dem Motto »Leitkultur gegen Rechts«, wo ich ebenfalls den Unterschied zwischen Ein- und Zuwanderung erläuterte. Konkret geht es um zwei völlig unterschiedliche Erscheinungen: Zuwanderung ist chaotisch und ungeregelt, Einwanderung ein durch Konzept und Gesetz gesteuerter Vorgang. Dieser Unterschied wird jedoch in dem Süssmuth-Bericht sehr eigenartig gefasst: »Unter Zuwanderung versteht die Kommission alle Arten der Migration, auch diejenigen, die nur vorübergehenden Charakter haben, unter Einwanderung die dauerhafte Niederlassung« steht auf S. 2 der publizierten Zusammenfassung (wie Anm. 30) des Berichts.

Um möglichen Missverständnissen, die aus falschen Schlussfolgerungen aus meiner pointiert formulierten Kritik gezogen werden könnten, aus dem Weg zu gehen, betone ich die gegenseitige Wertschätzung. Zu der Wertschätzung meiner Arbeit durch Rita Süssmuth gehört ihr Telegramm vom 19. Januar 1996 anläßlich der Verleihung des Bundesverdienstkreuzes 1. Klasse an mich mit dem Hinweis: »Ihr vorbildliches Engagement und Ihre Verdienste, zu einem besseren Verständnis des Islam in Deutschland und zu einer Vermittlung der Kulturen beizutragen, verdienen die heutige Ehrung.« Diese Worte haben mich damals sehr bewegt, und deshalb wundert mich sehr, warum dieses positive Urteil nicht auch für meine durch Publikationen öffentlich zugängliche Arbeit als Migrant über Ein- und Zuwanderung gilt.

Ich fasse meine Position in einem kurzen Satz zusammen: Den Erkenntnissen des Berichts ist trotz aller Kritik im Wesentlichen zuzustimmen. Die zentralste davon: Die Bundesrepublik ist ein »Zuwanderungsland« geworden. Das ist eine Erkenntnis der Lebenswirklichkeit in diesem Lande, die nur von bestimmten ideologisch voreingenommenen Politikern und ethnisch denkenden Deutschen nicht wahrgenommen wird. Ich empfand das Urteil des Bevölkerungswissenschaftlers Rainer Münz über den Bericht – einschließlich der Konfusion beziehungsweise der falschen Deutung von Ein- und Zuwanderung – zitierenswert, nämlich dass dieser zum »Konsens darüber (beitrage), dass Zuwanderung notwendig ist. Deutschland soll ein Einwanderungsland werden.«[31]

Gewiss, wir müssen durch Debatten und Aufklärung diesen Konsens anstreben, aber worüber, frage ich: Benötigen wir einen Konsens über Deutschland als ein Zu-oder ein Einwanderungsland? Beides zusammen geht wohl nicht!

Das wichtigste an dem Bericht der Süssmuth-Kommission ist die Anerkennung von Realitäten und das Eintreten dafür, dass das Bewusstsein der deutschen Bevölkerung sowie ihrer Politiker an diese Fakten angepasst wird. Tatsächlich nimmt Deutschland sogar mehr Fremde als das traditionelle Einwanderungsland USA auf, ohne dass sich die hier lebenden Menschen dies bewusst machen und ihr Land entsprechend neu definieren. So leben in den USA mit einer Bevölkerung von 283 Millionen Bürgern inklusive der *»Greencard-Holders«* nur 9 % im Ausland geborene Menschen, während diese Zahl für Deutschland nicht weniger als 12 % beträgt. Rainer Münz führt diese Fakten an und kommentiert dies in seinem Statement zu dem von ihm als Mitglied mitverfassten Süssmuth-Bericht mit den richtigen Worten:

> »Aber das Bewusstsein in Deutschland stimmt mit dieser Realität nicht überein. In unserer Gesellschaft dominiert die Vorstellung: Zuwanderung ist die Ausnahme ... Der Süssmuth-Bericht ... plädiert für ... eine Öffnung der Gesellschaft gegenüber Zuwanderern« (ebd.).

Positiv an dem Bericht ist auch die Anführung des Bedarfs an »Maßnahmen zur Förderung der Integration«, um »gleichberechtigte Teilhabe zu ermöglichen«. Der Bericht stellt allerdings keinerlei Forderungen an die Migranten und steht somit treu zur traditionellen Multi-Kulti-Einstellung.

In diesen positiven Punkten erschöpfen sich die Vorzüge des Berichts. Wenn ich den als Leitmotiv für dieses Buches formulierten Maßstab »Eine Debatte ohne Tabus« anwende, dann kommen die Schwächen des Berichts deutlich zum Vorschein. Der Bericht hält sich getreu an alle Tabus und übergeht die in der Sache klaren Unterschiede zwischen Asyl, Flucht und Einwanderung. Zudem herrscht die blauäugige Vorstellung:

Es gibt keine Probleme. Von Sicherheit ist keine Rede. Ich bin der Ansicht, dass in diesem Bericht Begriffsverwirrung betrieben wird.

Jedes Land dieser Welt mit Anspruch auf Demokratie und Menschenrechte hat *wirklich* Verfolgten Asyl zu gewähren und Flüchtlinge, an eigene Kapazitäten angepasst, aufzunehmen. Aber diese sind doch keine Einwanderer, die nach den eigenen Bedürfnissen des Landes auszuwählen sind. Zudem ist weder der Status von »politisch verfolgt« noch »Flüchtling« dauerhaft. Politische Verfolgung ist temporär und situativ, wohingegen Einwanderung auf die Dauer zu sehen ist. Die Regel bisher ist, dass dem politisch Verfolgten das Asyl dauerhaft gewährt wird. Innenminister Schily hat den Vorschlag eingebracht, im Abstand von zwei oder drei Jahren die Sachlage dahingehend zu überprüfen, ob die Asylgründe immer noch vorliegen, denn politisch Verfolgter zu sein ist an eine Situation gebunden und nicht Ausdruck eines Status auf Lebenszeit. Nach dem 11. September hat Priorität: Kein Asyl für Vertreter antiwestlicher Ideologien wie den Islamisten. Das ist auch im Interesse der islamischen Länder, die der Westen im Kampf gegen den Terrorismus als Verbündete gewinnen will.

Es ist wahr, dass die Süssmuth-Kommission durch das Punktesystem als Kriterienkatalog für die Aufnahme von Einwanderern einen Schritt in die richtige Richtung unternimmt. Dies kann aber nur dann Konturen gewinnen, wenn Einwanderungspolitik von Asyl- und Flüchtlingspolitik streng getrennt wird, weil es sich um zwei getrennte Bereiche handelt. Ein Zusammenhang zwischen beiden entsteht jedoch dann, wenn Armutsflüchtlinge, die keine politisch Verfolgten sind, das Asylrecht als Instrument der Zuwanderung missbrauchen. Die Kopplung beider Bereiche entsteht auch in einem weniger erfreulichen Kontext: dem der Schleuserbanden als einer Form der organisierten Kriminalität. Eine klare, im Bericht nicht vorhandene Unterscheidung zwischen Ein- und Zuwanderung würde der Politik helfen, die richtigen Erkenntnisse bei politischen Entscheidungen zu gewinnen, und somit dazu beitragen, dass richtig gehandelt wird: Einwanderung fördern, Zuwanderung in Schranken halten, ja, verhindern soweit es geht. All das fehlt im Süssmuth-Bericht, den eine deutsche Kommission, der nur ein einziger Migrant, Vural Öger, angehören durfte, verfasste. Die Kommissionsarbeit ging an den in Deutschland lebenden Einwanderern schlicht vorbei und war eine Arbeit von Deutschen für Deutsche[32] mit einem gehörigen Maß entsprechendem Gutmenschentum.

Der Süssmuth-Bericht lässt eine Fülle von Inhalten vermissen. Wenn der Bericht konkret wird – zum Beispiel in den Ausführungen über den Islam –, findet sich bedauerlicherweise nur Ignoranz und Inkompetenz. Münz hat trotz allem recht, wenn er von der Sorge spricht, »dass die Debatte über Zuwanderung (er meint wohl Einwanderung, B.T.) ... als Asyldebatte geführt werden wird. Das könnte den Blick von der Notwendigkeit einer Öffnung der deutschen Gesellschaft ... ablenken.«[33]

Nach der vorgenommenen Evaluierung des Süssmuth-Berichts möchte ich dieses Kapitel mit folgenden Erkenntnissen abschließen:

1. Wir müssen an der Praxis, politisch Verfolgten Schutz zu bieten, jedoch ohne Tabuisierung des Asylrechts als Instrument der Zuwanderung, festhalten. Asyl soll nicht von Terroristen in Anspruch genommen werden.
2. Aktive Einwanderungspolitik bedeutet Steuerung der Migration und Umwandlung der Zuwanderung in Einwanderung.
3. Wenn der Missbrauch von Asyl bestimmte Deutsche zu einem eigenen Missbrauch veranlasst, wenn sie also den Missbrauch für fremdenfeindliche Argumente instrumentalisieren, dann dürfen wir diesen Stimmen nicht dadurch das Feld überlassen, indem wir verbieten, über dieses Thema zu reden. Wenn Demokraten dieses Thema nicht ansprechen, dann überlassen sie es den »Haiders« & Co.
4. Die Erkenntnis, dass Migrationspolitik sich an den demografischen Bedürfnissen der Aufnahmeländer, nicht jedoch an denen in der Welt insgesamt orientieren muss. Europa kann die Überbevölkerungsprobleme Afrikas und Asiens nicht auf seinem Territorium lösen.

In Deutschland gibt es zwei Formen der Fremdenfeindlichkeit: die offene, primitive von Rechtsradikalen und die von sogenannten »feinen Deutschen« als Diskriminierung der Fremden im Alltag und Beruf; ich kenne beides aus meinem Leben, verstehe dennoch nicht, warum das Rederecht über diese Problematik mit der Begründung beschnitten wird, dies würde der Fremdenfeindlichkeit dienen. Ganz im Gegenteil: Tabubildung – wie bereits angedeutet – führt dazu, dass Rechtsradikale Probleme vereinnahmen und für sich instrumentalisieren. Bei diesem Anlass möchte ich folgende Parallele anführen: Als Achtundsechziger erinnere ich mich an Debatten seinerzeit in Frankfurt in unseren damaligen linken Zirkeln über den Einmarsch der sowjetischen Panzer in Prag. Es gab manche unter uns, die jede Kritik mit dem Argument verbieten wollten, dies könne zu Zwecken des Antikommunismus missbraucht werden. Ich gehörte zu denjenigen, die sich dieses Verbot nicht gefallen ließen. Ebenso sehe ich heute keinen Widerspruch darin, gegen Fremdenfeindlichkeit zu sein, aber gleichzeitig für eine Steuerung von Einwanderung, Asyl und die Aufnahme von Flüchtlingen. Damit trete ich gegen Zuwanderung als ungesteuerten Vorgang ein, besonders, wenn diese in die Hände organisierter Schleuserbanden fällt.

Schließlich muss jede Einwanderungspolitik – trotz der Verpflichtung zu humanitären Prinzipien – sich von der Illusion befreien, dass sie Weltprobleme lösen kann; dies führt uns zu der Erkenntnis, dass wir die demografische Entwicklung in der Welt in unserem Jahrhundert wahrnehmen müssen. Im 20. Jahrhundert entwickelte sich die Weltbevölkerung von im Jahr 1900 einer auf sechs Milliarden Menschen im Jahr 2000. Bereits für die Mitte dieses neuen Jahrhunderts wird ein weiteres Anwachsen der Weltbevölkerung auf 7,9, bei einigen Voraussagen sogar auf 10,9 Milliarden Menschen erwartet. Auf einem internationalen Symposium in Bern, auf dem auch Rita Süssmuth in ihrer Funktion als Vorsitzende der »Zuwanderungskommission« anwesend war, sprach der Hauptreferent Joseph Chamie[34], der selbst aus dem Libanon in die USA emigrierte, in seiner Eigenschaft als Direktor der Abteilung »Bevölkerung« der UNO. Er legte nüchterne Analysen und Zahlen vor: 80 Prozent der gesamten Weltbevölkerung leben 2000 in Entwicklungsländern, 2050 wird dieser Anteil auf 88 Prozent ansteigen. Dabei stagniert das Bevölkerungswachstum in den Industriegesellschaften weiterhin, so dass hier weiterer Bedarf an Migration entstehen wird. Dagegen steigt die Bevölkerung in Asien und Afrika rapide an (Indien 21 %, China 12 %, Pakistan 5 %, Nigeria 4 %) und wird danach drängen, außerhalb der überbevölkerten Ursprungsländer ein besseres Leben zu finden. Dadurch wird ein globaler Migrationsdruck entstehen. Die genauen Zahlen sind:

> »1950 kamen zwei Personen in einem unterentwickelten Teil der Welt auf eine Person, die in einem entwickelten Land lebte. Jetzt (2000) steht dieses Verhältnis 4 zu 1, im Jahr 2050 dürfte es 7 zu 1 stehen.«[35]

Aus diesen und anderen in Bern vorgetragenen Zahlen schlussfolgerte Chamie:

»Migration wird in Zukunft vor allem die Wanderbewegung der Habenichtse sein, die es wegdrängt aus den zurückgebliebenen ländlichen Gebieten Richtung der städtischen Ballungsräume« (ebd.).

Auf den globalen Charakter der Migrationsbewegung bezogen, bedeutet diese Wanderung eine Bewegung von Süd, also Asien und Afrika, nach Nord, also Europa und Nordamerika, aber auch von Osteuropa nach Westeuropa. Auch Myron Weiner sieht die Lage so und nennt sein bereits mehrfach zitiertes Buch deshalb: Die globale Migrationskrise.[36] Denn hierbei geht es nicht alleine darum, Nutzen für die Industrieländer zu ziehen, es müssen auch Konfliktpotentiale bewältigt werden. Auch hat Europa begrenzte Kapazitäten zur Aufnahme des globalen Andrangs der Migration.[37]

Die Politik ist in diesem Zusammenhang herausgefordert, die Migration zu steuern, und deshalb besteht folgender Bedarf in Europa, zu dem Deutschland zivilisatorisch gehört, das daher auch keine Sonderwege braucht:

1. Sich für Migration zu öffnen, sich jedoch an eigenen Interessen – zum Beispiel wirtschaftlichen – und eigenem Bedarf an hochqualifizierten Kräften sowie demografischem Bedarf, das heißt Ausgleich der stagnierenden Bevölkerungsentwicklung im eigenen Land, zu orientieren.
2. Sich kulturell für die Migranten aus anderen Kulturen zu öffnen, jedoch bei legitimem Recht, die eigene zivilisatorische Identität – hier also auch die europäische Leitkultur – zu bewahren.[38] Man muss den islamischen Migranten deutlich machen, dass Europa eine eigene zivilisatorische Identität hat, also nicht Teil des *Dar al-Islam* sein kann. Es gibt friedliche Muslime, die diese Position vertreten. Europäer, die sich ihrer Zivilisation bewusst sind, müssen sagen dürfen: »Nein, danke!«
3. Außer den wirtschaftlichen und demografischen Interessen sind auch humanitäre Überlegungen miteinzubeziehen, jedoch ohne die Illusion, dass die Migration aus humanitären Gründen als eine globale Sozialpolitik betrieben werden kann. Die Migration darf nicht zu einer erheblichen Belastung der Sozialsysteme[39] werden, und somit ergibt sich, was Migrationsforscher »*a question of numbers*«[40] nennen.

In den folgenden Teilen dieses Buches werde ich diese Problembereiche ansprechen, wenngleich die soziokulturellen Fragen als Fokus mehr als andere im Mittelpunkt stehen werden. Im Europa des 21. Jahrhunderts geht es um Integration und Formen des friedlichen Zusammenlebens von Menschen aus verschiedenen Kulturen und Zivilsationen. Die Perspektive hierfür wird in Zukunft entscheidend vom 11. September 2001 geprägt. Jener Tag stellt einen Wendepunkt in der Weltsicht der westlichen Zivilisation dar.

ZWEITER TEIL

Strategien für den Umgang mit der Integration islamischer Zuwanderer durch die westlichen Aufnahmegesellschaften. Integration statt multikulturell legitimierter Enklaven als Parallelgesellschaften

Einführung

Neu in unserer Zeitgeschichte ist nicht die Migration, sondern der globale Prozess, in den sie heute eingebettet ist; sie geschieht im Rahmen sich intensivierender Globalisierung. Diese neue Form der Migration macht Strategien erforderlich, die eine friedliche Lösung entstehender Konflikte ermöglichen. Die fast wie eine Binsenwahrheit klingende Tatsache, dass das Zusammenleben von Menschen aus unterschiedlichen Kulturen mit Wertekonflikten verbunden ist, beleuchtet den Bedarf an solchen Strategien. Ich kritisiere oft den Vergleich dieses Zusammenlebens mit einem Gang in ein Restaurant zum Genuss fremder exotischer Speisen, weil eine Interaktion von Menschen, die kulturell nicht dieselben Werte teilen, nicht auf diese »genüssliche« Weise verläuft. Exotische Sehnsüchte und gesellschaftliche Realitäten sollten auseinandergehalten werden. Im Gegensatz zu dieser Einstellung befasse ich mich mit globalen Problemen und spreche gemeinsam mit dem Migrationsforscher Myron Weiner von einer aufkommenden *»Global Migration Crisis«*. Insbesondere in Bezug auf muslimische Migranten ist die Herausforderung zentral, weil Muslime andere Wertevorstellungen haben, deren Gedeihen in Parallelgesellschaften als Enklaven Konfliktherde schafft.

Für ein friedliches Leben in einer interkulturellen »Seinslage« (Karl Mannheim) im 21. Jahrhundert müssen sich beide, Einwanderer und Menschen der Aufnahmegesellschaften, verändern; beide haben eine Bringschuld, um die benötigte interkulturelle Kompetenz für den Umgang miteinander zu erlangen und auch um in der Lage zu sein, Probleme nüchtern anzusprechen. Dieser Bedarf an Veränderung gilt für verschiedene Bereiche, vor allem in Bezug auf kulturelle Einstellungen sowie Selbst- und Fremdbilder. Zunächst muss das gesamte Bildungssystem radikal von einem monokulturellen in ein interkulturelles verändert werden. Ich begnüge mich an dieser Stelle mit der Feststellung: Hier in Deutschland ist außer viel Rhetorik bisher kaum etwas in Schule und Universität getan worden, um den Realitäten gerecht zu werden; außer Predigten des guten Willens finde ich nichts vor. Vor der interkulturellen Öffnung des Bildungssystems muss noch ein Schritt vollzogen werden. Dieser besteht darin, dass Menschen beider Konfliktparteien, Einheimische und Zuwanderer, eine Vorleistung erbringen müssen, nämlich in Bezug auf kulturelle Differenz ihre Bereitschaft zu zeigen, miteinander und nicht nebeneinander zu leben. Hier reicht es nicht aus, Forderungen aufzustellen; nötig ist ein umfassendes Programm, das eine Palette von Handlungen beinhaltet.

Im Lichte des 11. September 2001 kann keiner im Westen mehr unwidersprochen dem Schutz der kulturellen Differenz ohne entsprechende einschränkende Vorgaben huldigen, so wie dies bisher mit einer Monopolstellung im öffentlichen Diskurs von den Multikulturalisten gepflegt worden ist. Jede kulturelle Differenz muss den universalistischen Verfassungsprinzipien – vor allem säkular-liberale Demokratie, individuelle (also nicht kollektive) Menschenrechte sowie Pluralismus in allen Lebensbereichen –untergeordnet werden. Diese Prinzipien machen eine europäische Leitkultur aus und bieten als Richtschnur die benötigte Orientierung für die Integration. Die Terroristen von New York und Washington, die aus der deutschen Islam-Diaspora kamen, sprachen fließend Deutsch; wichtige Hintermänner besitzen deutsche Pässe, aber ihre Tat zeigt, dass sie dennoch nicht integriert waren, ja den Westen hassen. Heute kann keiner mehr behaupten, dass alleine das Beherrschen der deutschen Sprache sowie die Einbürgerung für eine Integration ausreichen, ohne sich lächerlich zu machen. Ohne die Annahme einer Bürgeridentität, die auf ein Gemeinwesen zugeschnitten ist – sowie ohne Leitkultur –, kann keine Integration gelingen. Das Gegenteil von Integration ist eine Islam-Diaspora, die für den Fundamentalismus anfällig ist. Dies muss ungeschminkt gesagt werden.

Wenn es nicht zur Integration kommt, dann entstehen kulturelle Demarkationslinien zwischen Zu- beziehungsweise Einwanderern und Menschen der Aufnahmegesellschaften; diese kommen durch die Bildung von Parallelgesellschaften zum Ausdruck. Wird die Wirklichkeit hiervon geprägt, dann sind die Chancen für ein Miteinander sehr gering und ein Nebeneinander ist die Folge. Die Konsequenz habe ich soeben tabufrei genannt. Bei diesem Gegenstand gilt es zu unterscheiden zwischen den Fakten, die die Realität ausmachen, und der Wahrnehmung dessen, worauf ideologische Konstruktionen basieren; diese werden oft von einer kleinen Minderheit innerhalb der Diaspora-Kultur, also von selbsternannten Wortführern der Migranten, vorgenommen und kultiviert. Dazu gehören religiöse Fundamentalisten ebenso wie ethnische Nationalisten. Das Stichwort, auf das sich diese Konstruktionen konzentrieren, lautet in der Regel: kulturelle Identität. Was ist das?

In einem süddeutschen Bundesland fordern Islamisten im Namen des Schutzes der Identität ihrer hier geborenen Kinder, dass islamische Kindergärten zugelassen werden. Wenn diese Forderung nach exklusiven Kindergärten Realität würde, dann würden diese islamischen Kinder nie Gelegenheit bekommen, mit deutschen Kindern oder Kindern von Migranten anderer Kulturen oder Religionen zu spielen. Die Folge wäre, dass hier geborene Muslime schon in ihrer Kindheit monokulturell und verschlossen in einer Ghetto-Mentalität erzogen würden. Einen Unterschied zu den Kindern der Koranschulen, zum Beispiel in Nord-Pakistan, die im *Djihad*-Geist des Hasses aufwachsen, sehe ich nicht. So etwas können wir nicht zulassen, denn es kann niemals im Interesse des Schutzes der kulturellen Identität von Minderheiten sein. Der deutsche Innenminister Otto Schily, der sich als Ziel ein »neues und weltoffenes modernes Deutschland« setzt (so die *Süddeutsche Zeitung* vom 10. Juli 2001), verteidigt lobenswerterweise die Rechte der Migranten, schützt sich aber dabei vor der traditionell-deutschen Blauäugigkeit, denn er weiß:

> »Es ist nicht günstig, wenn Eltern ihren Lebensmittelpunkt nach Deutschland verlegen und dann ihre Kinder in die Türkei zurückschicken und sie dort erziehen lassen ... Integration funktioniert um so besser, je früher sie beginnt... Dass ein Kind ausländischer Herkunft in Deutschland geboren wird, aufwächst, schon sehr frühzeitig in Sprachkontakt mit deutschen Kindern kommt, erleichtert die Integration« (ebd.).

Durch exklusive islamische Kindergärten entziehen Islamisten hier geborene Kinder jeder gesellschaftlichen Strategie der Integration. Es entsteht dann in der Folge eine abgeschottete Diaspora-Kultur, die es überflüssig macht, die Kinder in die Türkei oder anderswo in die Welt des Islam zu senden, um sie vor europäischen Einflüssen zu bewahren. Aber bleiben wir bei Schilys zitierter, rationaler und richtiger Ansicht. Er hat folgende entscheidende Beobachtung und Erkenntnis gemacht:

> »Es gibt Leute, die wollen auf Dauer hier ein Minderheitenrecht begründen. Am Schluss stünden dann zweisprachige Ortsschilder herum. Das kann ich nicht gutheißen« (ebd.).

Und hier sind wir beim Thema der beiden Kapitel dieses zweiten Teils, in deren Mittelpunkt die kulturellen Ghettos, die in diesem Buch als Parallelgesellschaften analysiert werden, stehen. Die Frage lautet: Sind sie, positiv formuliert, wünschenswert, wie dies Multikulturalisten behaupten, oder einfach, wie manche argumentieren, nur zu dulden? Im Gegensatz zu solchen Einstellungen geht es mir nicht um etwas Passives, sondern um Strategien. Ich muss weit ausholen, um eine angemessene Antwort in Bezug auf die Optionen zu geben. Diese sind: Förderung, Duldung oder Verhinderung. Wir müssen uns entscheiden!

Meine Leser wissen es schon: Migration im Sinne der Bewegung von Menschen von einem Ort zu einem anderen und somit eventuell auch von einer Kultur in eine andere – individuell oder im Kollektiv, freiwillig oder forciert – ist so alt wie die Geschichte der Menschheit. Klassische Formen kollektiver Migration – gleich ob islamisch oder europäisch – gingen oft mit Siedlungskolonialismus einher. Die Europäer waren nicht die ersten, die dies in Nord- und Südamerika, Australien, Südafrika und Algerien unternommen haben. Lange vor ihnen haben Muslime dies vom 7. bis zum 16. Jahrhundert getan, als sie den *Djihad* zur Verbreitung des Islam mit der Migration, also mit der *Hidjra* ganzer Stämme und Völker verbunden haben. Diese in Kapitel 1 erläuterten Zusammenhänge sind der Hintergrund der Frage, ob *Hidjra* als ein Modell für das 21. Jahrhundert hinzunehmen ist. Wird die Welt des Islam um islamische Enklaven in Europa als Bestandteil des *Dar al-Islam* erweitert, oder können islamische Migranten europäische Bürger werden? Dies sind die Alternativen, und in dieser Frage gibt es keine Zwischenlösungen.

In Kapitel 1 habe ich einen kritischen Vergleich des fundiert argumentierenden Multikulturalisten Nikos Papastergiadis zitiert, der die Bildung von »*gated communities*/abgeschotteten Gemeinschaften« der Diaspora-Kulturen den klassischen Formen des Siedlungskolonialismus gegenüberstellt. Bei diesem Vergleich muss man korrigierend den Unterschied zu unserer Gegenwart anführen. Dieser besteht darin, dass arabische beziehungsweise türkische Muslime in der alten Zeit und Europäer in der neueren Geschichte als Eroberer handelten und ihre Siedlung mit einer dominanten Kultur verbunden haben, sei es – je nachdem – durch

Islamisierung oder Europäisierung. Im Gegensatz dazu handelt es sich in einer Zu- beziehungsweise Einwanderungsgesellschaft bei den neu hinzukommenden Menschen nicht um Eroberer, sondern eher um *underdogs,* das heißt Unterprivilegierte, die ethnisch und zugleich sozial schwache Randgruppen bilden. Zudem sind die Migranten-Kulturen zahlreich und vielfältig. Für diese große Fülle der Kulturen führe ich das Beispiel Frankfurt an: 30 Prozent der Bewohner Frankfurts sind Zuwanderer aus 165 Nationen. Es versteht sich, dass es unter diesen Bedingungen zur Bildung einer durch zahlreiche abgeschottete Gemeinschaften fragmentierten Gesellschaft kommt, eine von allen geteilte politische Kultur im Sinne von *civic culture* fehlt.

Ohne dem Inhalt der folgenden Kapitel vorzugreifen, möchte ich vorläufig meine Bedenken gegenüber einer solchen Fragmentierung, die mystifiziert als »multikulturelle Gesellschaft« und damit verfälschend als Idyll beschrieben wird, äußern. Über ethnischen Zwist und Wertekonflikte wird von Multikulturalisten schlicht hinweggeschaut. Gegen diese Fragmentation schlage ich eine Politik der Integration vor. Mit Schily teile ich daher die Ansicht, dass Integration die Gegenstrategie zur Bildung von Parallelgesellschaften ist. Es besteht die Gefahr, dass die Gewährung von Minderheitenrechten in einem dauerhaften Recht auf die Bildung von *gated communities* der jeweiligen Diaspora-Kulturen resultiert. Dies wäre keine Integration, sondern eine Legitimation für kulturelle Balkanisierung. Multikulturalisten werden zu Ideologen, wenn sie sich weigern, diese Fakten rational wahrzunehmen, und kulturelle Rechte von Kollektiven mit Menschenrechten verwechseln. Nach dem 11. September sagt man in den USA, also dem Land, in dem der Multikulturalismus entstanden ist, dass Amerika weiterhin eine offene Gesellschaft bleiben, jedoch kulturelle Vielfalt von einem unbegrenzten Freiraum/*free space* für Diaspora-Kulturen streng unterschieden werden müsse. Antiwestliche Diaspora-Kulturen im Westen sind nach dem 11. September nicht erwünscht, und Toleranz bedeutet nicht Selbstaufgabe. Die Gegen-Option zu *gated cultures* der Diaspora ist nicht die »Festung Westen«, sondern eine selbstbewusste Zivilisation, die Migranten aufnimmt, aber ihre Identität als Maßstab der Integration setzt.

KAPITEL 3

Für Integration und gegen Assimilation, aber auch gegen Ghetto-Bildung als Freiraum für den Islamismus. Sind islamische Parallelgesellschaften ein Sicherheitsrisiko?

Wenn Menschen von einer Kultur in eine andere migrieren, dann ergeben sich unterschiedliche Optionen. Es gibt Deutsche, die ihre romantischen Vorstellungen, ihre exotischen Sehnsüchte und ihre Gutmenschen-Mentalität auf das, was sie als »multikulturelle Gesellschaft« bezeichnen, projizieren, das heißt voreingenommen an die Problematik der Migration ohne Beachtung der Fakten herangehen. Als Beispiel wird von diesen Romantikern oft die Gastronomie angeführt, um die Multi-Kulti-Idylle zu veranschaulichen. So wird die »multikulturelle Gesellschaft« als Paradies dargestellt, in dem jeder nach eigenem Gusto an jeder Ecke beliebig italienische, chinesische, arabische oder auch indische Speisen verzehren kann. Das irdische Glück geht hier wie bei der Redewendung »Liebe geht durch den Magen« beim interkulturellen Frieden über die Gastronomie. Was ist das für eine »Verweltlichung« des himmlischen Glücks? Doch die Fakten sind anders als Phantasien und Sehnsüchte. Der 11. September 2001 war ein Schock, und viele beginnen neu nachzudenken, andere beharren auf ihren Positionen und stellen ihre Unbelehrbarkeit zur Schau.

Erneuter Aufruf: Die Probleme ansprechen, ohne Tabus!

In der Realität sind Probleme ein typisches Charakteristikum jeder Multi-Kulti-Gesellschaft; sie ernüchtern und entfernen uns von der romantisch konstruierten Idylle der unbegrenzten kulturellen Vielfalt. Natürlich gibt es nichts Schöneres als eine reale kulturelle Vielfalt. Aber bei der romantischen Wendung zur Gastronomie oder bei westlichen Phantasien vom Harem handelt es sich um eine Mystifizierung fremder Kulturen. Nun ist die reale Welt von einem anderen Schlag; die multikulturelle Gesellschaft beinhaltet zweifellos Konfliktpotentiale, die in eine solch romantisierte Vorstellung nicht hineinpassen, aber für die weitere Entwicklung der Gesellschaft von eminenter Bedeutung sind und deshalb zu einem »Nachdenken über den Multikulturalismus« zwingen.[1]

Nun ernsthaft, jenseits von Gastronomie und Harem: Vielfalt ist entschieden jeder Monokultur oder Standardisierung, etwa orientiert an der Konsumwelt einer McWelt/*McWorld*[2], vorzuziehen. Es gibt Amerikaner, die als Angehörige der einzig verbliebenen Weltmacht glauben, die heutige Welt sei nach den Maßstäben ihrer *Pax Americana* vereinheitlicht. Dieses amerikanische Modell einer *McWorld*/McWelt gibt es in der Realität ebensowenig wie die multikulturelle Idylle der Romantiker und des deutschen Gutmenschen. Gleich bei der Zitierung der Begriffe »Djihad gegen McWorld« von Barber, die aus dem Jahr 1996 stammen, möchte ich mich von ihrem Gebrauch als Deutung der Anschläge vom 11. September distanzieren. Der Bin Laden-*Djihad* ist nicht gegen Globalisierung, sondern wie er sagt, gegen *al-Kufr al-alami*/internationalen Unglauben gerichtet.

Es gibt Grenzen für die Globalisierung. Sie umfasst nicht Normen und Werte und auch nicht Weltbilder; diese Aspekte sind vielmehr von einer Fragmentierung gekennzeichnet. In diesem Sinne spreche ich von der Gleichzeitigkeit einer Globalisierung der Strukturen und einer Fragmentation der Kulturen, die zu einer neuen Welt*un*ordnung führt.[3] Bezogen auf Einwanderung bedeutet dies, dass es stets Probleme gibt, wenn Menschen aus verschiedenen Kulturen in ein und derselben Gesellschaft zusammenleben. Im Gegensatz zu den konstruierten Multi-Kulti-Vorstellungen sind diese Probleme real und führen zu Konflikten, die friedlich gelöst werden müssen. Man macht es sich zu einfach, wenn man die Reaktionen auf kulturelle Differenzen allein mit Fremdenfeindlichkeit und Rassismus erklärt. Ich habe im Einwanderungsland Argentinien im Juli 2001 beobachten können, dass Argentinier sich fremdenfeindlich gegenüber anderen Lateinamerikanern, die als Migranten aus den Nachbarländern kommen, wie zum Beispiel Peruaner oder Paraguayer, verhalten. In diesem Falle handelt es sich um Menschen, die dieselbe Kultur, Religion und Sprache teilen, so dass Ablehnung des Fremden in diesem Fall nicht mit Rassismus erklärt werden kann.

Menschen, die unterschiedliche Werte und Normen haben, können oft nicht konfliktfrei zusammenleben. Bei wachsender globaler Migration aus nicht-westlichen Kulturen, insbesondere nach Europa, besteht Bedarf an Mitteln der Konfliktlösung, um ein friedliches Zusammenleben mit dem jeweils *Anderen* zu ermöglichen. Es wäre also nicht nur zu einfach, diese Konflikte, die aus dem Zusammentreffen und folglich dem Zusammenprall unterschiedlicher Normen und Werte resultieren, allein mit Fremdenfeindlichkeit zu erklären; diese Verdrängung der Probleme ist dem inneren Frieden sehr abträglich, ja sogar gefährlich. Die Thematisierung der Konflikte und ihre Lösung sind jeder Rhetorik der verordneten Fremdenliebe vorzuziehen. Ich betone: Wertekonflikte resultieren aus der kulturellen Differenz und sind kein »Kulturkampf«.

Einer der modernen Theoretiker des Multikulturalismus, Jacob Levy, räumt ein, dass Menschen kulturell und ethnisch in dem Sinne vielfältig sind, als sie auf ethnische Identitäten bezogene, also kulturelle und ethnische Kollektividentitäten besitzen. Im Zuge seiner Beschäftigung mit der Fachliteratur über den Multikulturalismus stellt Levy[4] zwei sich gegenseitig ausschließende Denkschulen gegenüber: Zum einen gibt es diejenigen, die die Forderung erheben, ethnische und kulturelle Kollektive mit entsprechenden Grundrechten, also Kollektivrechten (anstelle von Individualrechten), auszustatten und diese sozusagen zu verherrlichen. Auf der anderen Seite stehen Idealisten, die sich der Illusion hingeben, die bestehenden ethnischen und kulturellen Kollektividentitäten einzelner Gruppen im Rahmen der Zivilgesellschaft auflösen zu können. Levy ist Realist und weiß, dass ethno-kulturelle Zugehörigkeiten sich nicht abschaffen lassen; als Realist lässt er sich nicht von Wunschdenken leiten und betont, dass nur die Übel, die ethnische Gruppen, unter anderem in Form von Gewalt, gegeneinander als Kollektive begehen können, zu verhindern sind. In einer Gesellschaft, in der Menschen unterschiedlichen Kollektiven angehören, heißt eine solche Politik »Multikulturalismus der Angst/*Multiculturalism of Fear*«. Das ist auch der Titel des Buches von Levy, dessen Denken sich auf das zentrale Anliegen bezieht, Möglichkeiten der Abwehr von Multi-Kulti-Übeln, das heißt von Gewalt und Ungerechtigkeiten, zu eruieren. Diese Übel erwachsen aus dem Zusammenleben von Menschen unterschiedlicher Kulturen. Es wird unterstellt, dass Kollektive Rechte, ähnlich wie es auch bei den individuellen Grundrechten in Bezug auf Staat und Gesellschaft der Fall ist, haben.

In Bezug auf den kulturell *Anderen* heißt die Maxime: Du darfst dem *Anderen* nichts antun! Bei der praktischen Umsetzung dieses Vorhabens bleiben die kulturellen Unterschiede jedoch bestehen; so werden nach Levy lediglich ethnische Übel des jeweils *Anderen* parallel zur Verteidigung der eigenen Identität verhindert. Letzten Endes wird hier anstelle eines auf Konsens ausgerichteten Dialoges Abschottung gegenüber dem Fremden betrieben. Diese Politik des »Multikulturalismus der Angst/*Multiculturalism of Fear*« ist im Gegensatz zur Multi-Kulti-Romantik von Realismus geprägt, aber sie löst keine Probleme, und so bleiben wir auf der Suche. Diese Suche wurde nach dem 11. September erleichtert: Keine kulturelle Differenz darf Vorrang vor westlichen Verfassungen haben.

In diesem Kapitel folge ich Levy lediglich in der Erkenntnis, dass man ethnische Kollektividentitäten nicht abschaffen kann. Aber durch eine Politik der Integration können Menschen auf der Basis eines Minimalkonsenses einander kulturell näherkommen. Auf diese Weise unterstelle ich die Möglichkeit eines dritten Weges zwischen Assimilation und der Abschottung in Parallelgesellschaften, und ich nenne diesen dritten Weg Integration. Der kulturelle Konsens bezieht sich gleichermaßen auf die Sprache als Mittel der Kommunikation wie auf Normen und Werte. In Deutschland wird deutsch, in Frankreich französisch und in England englisch gesprochen. In dem Land, in dem man lebt, gilt dies jeweils als die vorhandene Kommunikationssprache. Aber die Sprache allein als Gemeinsamkeit reicht nicht aus. Die angeführten Länder gehören zu Europa, und dieser Kontinent hat eindeutig eine zivilisatorische Identität, die Migranten aus nicht-westlichen Kulturen zu akzeptieren haben. Nach dem 11. September wagen viele, dies ohne Zögern auszusprechen. Ich habe es immer gewagt.[5]

Das zentrale Problem der zivilisatorischen Identität des Aufnahmelandes ist bei der Einwanderungsdebatte nicht zu verschweigen. Wenn ein Muslim aus Ägypten oder dem Iran in ein europäisches Land migriert, kann er im Rahmen der Integration das Fremdsein nur dann überwinden, wenn er diese zivilisatorische Identität annimmt. Erfolgt dies nicht, dann entstehen kulturelle Enklaven, die wir Parallelgesellschaften nennen können. Aus diesen kommen die Terroristen von New York und Washington. Ich trete für Integration ein und meine damit keineswegs, dass ein Muslim seine gesamte Identität aufzugeben hat, sondern nur die grundlegenden Normen und Werte der europäischen Identität annehmen soll. Als ein Muslim, der der Freiheit verbunden ist, fordere ich, dass es in Europa keinen Platz für die *Schari'a* im Namen multikultureller Toleranz der Kollektivrechte geben darf, da sie ihrem Geiste nach den europäischen Grundwerten, wie etwa der Säkularität und individuellen Menschenrechten, zuwiderläuft. Deshalb bricht positives europäisches Recht die Rechtsvorstellungen der Migranten. In einem *Spiegel*-Essay[6] verglich ich das Verhältnis von *Schari'a* und Grundgesetz mit dem von Feuer und Wasser! Ich denke, ein Muslim kann *individuell* seine Religion bewahren und praktizieren – dazu gehört allerdings nicht die *Schari'a* –, ohne in Konflikt mit der laizistischen europäischen Identität zu geraten; es sei denn, er versteht unter Religionsfreiheit, das Recht zu haben, Europa zu islamisieren. Hierüber zu sprechen, war bisher ein streng gehütetes Tabu, aus dem Islamisten Nutzen gezogen haben. Ich hoffe, dies gehört nach dem 11. September der Vergangenheit an.

Alle europäischen Verfassungen gewähren Religionsfreiheit. Hierzu gehört jedoch nicht, dass ein Muslim in der Diaspora eine Gottesordnung für sich fordern kann oder eine antiwestliche politische Kultur pflegt. Hier liegt die Grenze der Toleranz; Europa hat eine zivilisatorische Identität und auch das Recht, diese zu bewahren. Diese Identität ist säkular. Auch andere grundlegende Werte wie etwa individuelle Menschenrechte, zu denen auch die Glaubensfreiheit gehört, sind nicht verhandelbar. In der Multi-Kulti-Diskussion über Einwanderung scheint nur die Identität der Migranten im Mittelpunkt zu stehen, parallel wird die europäische Identität *ad acta* gelegt, als hätte sie schon »ausgedient«. Toleranz heißt jedoch nicht Aufgabe der eigenen Identität. Dieses Tabu ist nach dem 11. September gebrochen. Doch scheinen die Amerikaner schneller als Europäer klare Lehren zu ziehen. Trotz aller Tragik ist es bedauerlich, immer wieder zu beobachten, dass mancher Europäer nach Entschuldigungen für die Taten des Terrors sucht.

Integration und Interkulturalität

Einhergehend mit der Migration können Parallelgesellschaften entstehen, und dies geschieht tatsächlich. Es stellt sich die Frage: Ist dies eine Lösung für die aus den unterschiedlichen Wertvorstellungen hervorgehenden Konflikte innerhalb einer Zuwanderungsgesellschaft?

Es gibt deutsche Professoren, die den politischen Pluralismus der Parteien auf das Nebeneinander von Parallelgesellschaften übertragen und deren Existenz mit Parteiendemokratie gleichsetzen, ohne auf die konsensuellen Grundlagen der Parteiendemokratie einzugehen.[7] Die Integrationsproblematik hat mit Multikulturalität und nicht mit Verbandsdemokratie zu tun. Um eine sachliche Beschäftigung mit der aufgeworfenen

Frage zu ermöglichen, gilt es aber, die Begriffe, die diesem Kapitel zugrunde liegen, inhaltlich zu bestimmen, um auf einer klaren Basis argumentieren zu können: Identität und Integration in der Spannung zwischen Assimilation, Multikulturalismus und parallelgesellschaftlicher Ghettoisierung. Das sind die anstehenden Begriffe. Um es klarzustellen: Keineswegs geht es hier um akademische Fachsimpelei. Es steht fest, ohne definierte Begriffe ist weder klares Denken noch rationale Diskussion möglich. Allein diese Erkenntnis leitet meine Bemühungen, die verwendeten Begriffe inhaltlich zu klären! Wir sollten uns gegen Verflachung des Denkens in unserer Medienwelt wehren!

In diesem Buch bin ich stets um eine sachliche Diskussion bemüht, jedoch ohne die deutsche Trennung von Person und Sache hinzunehmen. Ich bin selbst ein Einwanderer und möchte auch hier, wie bereits in der Einleitung geschehen, mit einer persönlichen Bemerkung sowie einer Vorüberlegung beginnen, um anschließend über vier zentrale Begriffe nachzudenken. Die persönliche Bemerkung bezieht sich darauf, dass ich in diesem Buch insofern nicht nur als Wissenschaftler unberührt ein Objekt abhandle, als der anstehende Gegenstand meine Lebensgeschichte angeht. Ich bin mit 18 Jahren aus Damaskus nach Deutschland gekommen, also in einer islamischen Umwelt aufgewachsen und im Hinblick auf meine Werte entsprechend sozialisiert worden. Lesen und Schreiben etwa habe ich in der Damaszener Omaiyyaden-Moschee anhand des Korantextes gelernt. Deutsche Leser denken hier vielleicht an die Fernsehbilder vom Mai 2001, als erstmalig ein Papst eine Moschee betrat und dort betete; es war dies die Omaiyyaden-Moschee, meine erste Bildungsstätte.

Trotz dieses positiven Hintergrundes kam ich mit einer gespaltenen Beziehung zum islamischen Orient nach Europa, weil ich schon als Junge unter den dortigen autoritären Strukturen litt. Als Teenager betrat ich daher 1962 mit rebellischem Geist und vielen Illusionen in Bezug auf Europa Deutschland. Der Drang nach Freiheit verführte mich dazu, mich zunächst weitgehend zu assimilieren, also zu verwestlichen. Die ersten zwanzig Jahre meines Lebens in Deutschland von 1962 bis 1982 dokumentieren diese vollzogene Assimilation. Selbstkritisch räume ich rückblickend ein: Im Resultat wurde ich auf vielen Ebenen deutscher als die Deutschen selbst.

Der Bruch mit meiner Assimilation begann 1982 in Harvard mit einem unvergesslichen und einschneidenden Erlebnis: Es war ein Schock in Harvard, der in meiner Lebensgeschichte vergleichbar ist mit dem Schock von 1962, als ich nach Deutschland kam. Seit 1982 habe ich mein wissenschaftliches ParallelLeben in den USA aufgebaut. Dieser Schock ereilte mich nach der Antrittsvorlesung, als meine Harvard-Gastgeber mir etwas sagten, das ich nie vergessen werde: »*We know your Middle Eastern background, so why do you behave and speak like a German professor?* (Wir wissen um ihre nahöstliche Herkunft. Warum verhalten Sie sich und sprechen wie ein deutscher Professor?)« Doch das war nicht nur ein Schock, sondern zugleich auch ein Impuls.

Jeder Mensch, der zwischen unterschiedlichen Kulturen hin- und herpendelt, ist stets Identitätskrisen ausgesetzt. Entsprechend hat mir der Schock von 1982 Anreiz gegeben, zu versuchen, mich zu entgermanisieren. Zuvor habe ich mich freiwillig germanisieren lassen, und ich weiß, wie negativ der Begriff belegt ist. In diesem Sinne sind die im Folgenden zu erläuternden Begriffe Integration und Assimilation Teil meiner eigenen Lebensgeschichte, also nicht nur abstrakte Begriffe über den anstehenden Gegenstand.

Mein bisheriges Leben gliedert sich in drei Abschnitte: Der erste reicht von meiner Geburt bis zum 18. Lebensjahr in Damaskus, danach verbrachte ich – unterbrochen von nur zwei Besuchen in Damaskus 1963 und 1965 und sehr wenigen Auslandsaufenthalten – zwanzig Jahre bis 1982 durchgehend in Deutschland. Es waren zwei Dekaden meines Lebens reinster Assimilation. Der dritte Abschnitt umfasst die Jahre der De-Assimilation, bis heute verbunden mit einem aufrechten Willen zur Integration. Ich stehe dazu und ich kämpfe dafür, dass ich als deutscher Bürger in der Bedeutung von *citoyen* Anerkennung finde; dies zu erreichen, ist eines meiner Lebensziele. Bisher bin ich gescheitert. Ich wohne in Göttingen, und die dortige Lokalzeitung *Göttinger Tageblatt* schrieb in einem Bericht über mich: »…seinen Werdegang in Göttingen muss man paradoxerweise wohl als die Geschichte einer gescheiterten Integration bezeichnen« *(Göttinger Tageblatt* vom 6. Juli 2001, S. 11). Das ist nicht meine Schuld, sondern die meiner integrationsunwilligen Umwelt!

Integration bedeutet, dass wir Fremde hier in Deutschland nicht mehr als Gastarbeiter inferiorisiert sowie – in meinem Fall – als »Syrer mit einem deutschen Pass« aus dem Gemeinwesen ausgegrenzt werden. Ausgrenzung ist die Zusammenfassung meiner Göttinger Lebensgeschichte. Als ich etwa zwei Wochen nach dem 11. September 2001 auf einer Konferenz in Harvard neben dem jüdischen Gelehrten Dan Diner und dem schwäbisch-türkischen Bundestagsabgeordneten Çem Özdemir über »*Being German*« sprach, benannte ich diese Schranke. Die Lehre ist: Nicht nur Migranten müssen integrationswilliger werden, ebenso müssen Deutsche von ihrer hohen Kanzel herabsteigen und integrationsfähig werden. Ich sage es offen: Dies sind sie heute nicht. »Mitbürger« als Begriff ist neutral, wird aber durch den Zusatz »ausländische« kritikwürdig. Diese unsinnigen Ausweichbegriffe sind nicht das, was wir Einwanderer uns wünschen. Wir wollen als *citoyens, citizens,* also gleichberechtigte Bürger gelten und auch so behandelt werden. Im Deutschen bezieht sich der juristische Status »Staatsbürger« auf eine formale Rechtskategorie der Zuordnung – nicht auf eine Zugehörigkeit zum Gemeinwesen. Dagegen konzipiert der Begriff *citoyen* den Menschen als einen gleichberechtigten Bürger. Aus diesen Ausführungen wird deutlich: Nicht nur die integrations*un*willige deutsche Islam-Diaspora, sondern auch die integrationsunfähige deutsche Gesellschaft trägt Mitverantwortung an der »gescheiterten Integration«.

Nach diesem persönlichen Exkurs wende ich mich den vorangestellten Fragen zu. Im amerikanischen Englisch reagieren Menschen auf langatmiges Gerede stets mit der Frage: Worüber sprechen wir? Dies zu beantworten erfordert, die vier anstehenden Begriffe zu klären. Hinter diesem Drang zur Klarheit steht nicht nur die amerikanische Gepflogenheit, sondern auch mein Philosophiestudium in Frankfurt bei Adorno und Horkheimer. Seit dem Erlebnis von 1982 in Amerika verbinde ich den Wunsch nach klaren Begriffen mit der Praxis, sehr konkret, also nicht vergeistigt zu reden. Ich versuche einen Mittelweg zwischen beiden Denkweisen – der rein begrifflichen und der sehr konkreten – zu finden. Im Gegensatz zu der Ich-feindlichen, sehr vergeistigten deutschen Denkweise besteht die angelsächsische Art zu denken darin, konkret am Gegenstand zu argumentieren. Der Gegenstand, den ich hier behandle, ist die Migration am Beispiel der Muslime in Deutschland.

Die Muslime sind in Deutschland, statistisch gesehen, die größte »*single community*/Einzelgruppe« unter den Migranten und aus kulturell-religiösen Gründen die schwierigste in Bezug auf ihre Integration. Trotz aller Versuche der De-Assimilation gibt es etwas, was ich mir im europäischen Deutschland angeeignet habe und nie aufgeben möchte, weil es das Wertvollste ist, was mir die Frankfurter Schule vermittelt hat: das Denken als Subjekt, also Individuum, nicht als Angehöriger eines Kollektivs, und zudem noch in klaren Begriffen. Erst einmal muss man die

Begriffe klären, damit man weiß, worum es geht. Amerikaner reagieren auf Geschwätz mit der bereits oben angeführten Frage: »*What are we talking about?*« Dies bringt Schwätzer in Verlegenheit. Ernst Bloch schreibt in seinem Hegel-Buch, dass der schlimmste Tag eines Schwätzers der sei, an dem er nach Substanz in wenigen Worten ausgedrückt gefragt werde.

Nach diesem orientalisch erzählerischen Umweg gehe ich zu der genauen, im deutschen Denken üblichen Begriffsklärung über, um sicherzustellen, dass – trotz aller Interkulturalität – nicht aneinander vorbeigeredet wird. In diesem Sinne – und das ist der Inhalt der Vorüberlegung – ist Folgendes von Bedeutung: Wenn wir über den Islam, Migration und die Islam-Diaspora in Deutschland reden, müssen wir zwischen *Islam* und *Islamismus* unterscheiden. Die europäische zivilisatorische Identität ist universell durch säkulare Werte, also weder ethnisch noch religiös definiert. Der Islam als Euro-Islam kann in die europäische Identität integriert werden. Der Islamismus tritt für Parallelgesellschaften ein, die ethnisch und religiös definiert werden, wodurch Integration tatkräftig verhindert wird. Nach dem 11. September ist es nun eine Pflicht, diese Unterscheidung zwischen Islam und Islamismus vorzunehmen. Die Täter waren Islamisten, die Mehrheit der Migranten besteht aus einfachen Muslimen.

Islam als Religion, Islamismus und Parallelgesellschaften

Der in Deutschland wenig geläufige Unterschied zwischen Islam und Islamismus ist folgender: *Islam ist eine Religion, eine Zivilisation und ein kulturelles System. Der Islamismus hingegen ist eine politische Ideologie.* Islamismus ist ein anderer Begriff für religiösen Fundamentalismus im Islam.[8] Einer der größten islamischen Reformer unserer Gegenwart lebt in Kairo und heißt Said M. al-Ashmawi; er verwendet für Islamismus den Begriff »*al-Islam al-siyasi* (politischer Islam)«.[9] Eine seiner Schriften über den politischen Islam ist in das Französische übersetzt worden und trägt den inhaltlich richtigen Titel: »*L'islamisme contre l'islam* (Der Islamismus gegen den Islam)«. Erst durch Schaffung dieser Klarheit, die Aufdeckung der Spannung zwischen Islam und Islamismus, ist der Weg für Propaganda und Täuschung verschlossen, jede Kritik am Islamismus mit der Keule »Feindbild Islam« unterbinden zu wollen. Der Islamismus ist eine Ideologie gegen Integration und für die Schaffung von Parallelgesellschaften. Vor dem 11. September haben Islamisten mit Hilfe der deutschen Wächter der *political correctness* die Keule des »Feindbilds Islam« gegen jede Kritik eingesetzt.

Die angeführte Unterscheidung gilt nicht nur für die islamische Migration nach Europa, sie deutet auch auf einen Konflikt innerhalb der islamischen Zivilisation hin. Hier in Deutschland, aber auch in aller Welt erstarken Islamisten. Vor dem 11. September erhielten sie leider auch von deutschen Gutmenschen von christlich-kirchlicher Seite Unterstützung. Islamisten weisen die angeführte Unterscheidung mit der Begründung zurück: »Es gibt nur einen Islam.« Zudem präsentieren sie sich als Sprecher des »wahren Islam« und beanspruchen in dieser Eigenschaft in ihren Anträgen die Autorität, als Vertreter aller muslimischen Migranten anerkannt zu werden. Diese Anträge, die mir als Gutachter vorgelegt werden, möchte ich aus Gründen der Vertraulichkeit nicht näher erläutern.

In der europäischen Islam-Diaspora versuchen die Islamisten, die eben aufgeführte Unterscheidung zwischen der Religion des Islam und der von ihnen vertretenen politischen Ideologie des Islamismus zu verbieten; sie versuchen jeden, der sie kritisiert, als einen Menschen zu diffamieren, der das »Feindbild Islam« verbreitet und damit die Angst vor dem Islam schürt.[10] Ich selbst, als Nachkomme einer der ältesten islamischen Familien in Damaskus, des Banu al-Tibi, bin davon nicht verschont geblieben. Ich bin mit dem von deutscher Seite gegen mich wiederholt erhobenen Vorwurf der Selbstdarstellung bestens vertraut, wage dennoch anzuführen, dass ich international im französischsprachigen, englischsprachigen aber natürlich auch im arabischen Schrifttum als Islam-Reformer gelte; aber bei manchen Leuten hier in Deutschland werde ich mit der »Islam-Feind«-Keule, sogar von atheistischen Deutschen, diffamiert, weil ich dazu aufrufe, keine Toleranz gegenüber der Intoleranz des Islamismus walten zu lassen. Verständnis, Dialog und das Reden mit allen Vertretern des Islam ist erstrebenswert, nicht aber mit den Islamisten, weil diese eine totalitäre Ideologie vertreten, Dialogbereitschaft nur suggerieren, täuschen und mit gespaltener Zunge sprechen. Wer den Unterschied zwischen Islam und Islamismus nicht kennt oder nicht anerkennen will, der kann an einem rationalen Gespräch über diesen Gegenstand nicht teilhaben. Wer die gespaltene Zunge der Islamisten nicht durchschaut, dokumentiert seine Naivität.

Es geht einfach an den Tatsachen vorbei, wenn die CDU-Politikerin Barbara John den Islamismus für eine »gedankliche Konstruktion« hält und hinzufügt, »es hat keinen Sinn, über so etwas zu reden«[11]. Das ist eine massive Vulgarisierung des postmodernen Konstruktivismus, der jede Objektivität als »konstruiert« charakterisiert. Die zitierten Worte stammen von vor dem 11. September. Auch danach hält Barbara John daran fest.

In die Debatte über Parallelgesellschaften und die Integration der Muslime sowie über die Integrationsunwilligkeit der Islamisten gehört die Problematik der Anpassung und Abgrenzung. Hierbei steht immer wieder der Vergleich zwischen Juden und Muslimen an. Interessant ist, dass Islamisten diesen Vergleich mit dem Ziel anstellen, den von ihnen unterstellten Antiislamismus mit Antisemitismus gleichzusetzen. In meinen Arbeiten zeige ich, dass dieser Vergleich jeder Grundlage entbehrt. Denn deutsche Juden waren vor 1933 in jeder Hinsicht – bis auf ihre religiöse Zugehörigkeit – als Deutsche zu bezeichnen. Der Vater meines Lehrers Horkheimer soll stets gesagt haben: »Ich bin mehr Deutscher als dieser Hurensohn Hitler, aber ich soll als Deutscher das Land verlassen?« Die deutschen Juden waren assimiliert und deutscher als so mancher Deutsche. Wer das nicht glauben will, soll nach Israel reisen und sich dort von der deutschen *Jeken*-Gemeinschaft ein Bild machen. Im Vergleich zu den assimilierten deutschen Juden sind Muslime in Deutschland zivilisatorisch fremd. Die ersten dieser inzwischen 3,5 Millionen Menschen zählenden Gemeinschaft kamen in den sechziger Jahren und waren, wie auch die nachfolgenden, aus einer anderen Zivilisation. Aus diesem Grund ist es eine größere Herausforderung für die deutsche Demokratie, uns Muslime zu integrieren, nachdem die Katastrophe von 1933 bis 1945 die unzureichende Integration der Juden in das deutsche Gemeinwesen deutlich gemacht hat.

Anpassung und Abgrenzung

Bei jeder Debatte über Integration stellt sich die Frage, wieviel Anpassung, wieviel Abgrenzung ist notwendig? Führt Abgrenzung letztendlich nicht doch zur Bildung von Parallelgesellschaften? Zur Beantwortung dieser Fragen möchte ich von einer nicht-europäischen Erfahrung berichten.

Mein erster Aufenthalt in einem nicht-arabischen islamischen Land führte mich nach West-Afrika, in den Senegal. Dort verweilte ich im Sommer 1982 und lernte hierbei erstmals die vielen Spielarten des Afro-Islam kennen. Der Islam ist ursprünglich – also bei seiner Stiftung – arabisch, aber im Senegal, wohin der Islam aus dem arabisierten Nordafrika gelangte, ist diese Religion dennoch nicht fremd. Dort ist der Islam afrikanisch geprägt worden und kein arabischer Islam mehr, weil er an die lokalen afrikanischen Kulturen angepasst worden ist.[12] Im Vergleich dazu ist der Islam in Deutschland[13] noch sehr fremd, eben weil eine Integration der Muslime bisher ausgeblieben ist. Dagegen hat der Islam im Senegal afrikanische Züge angenommen und wird deswegen als Afro-Islam bezeichnet. In den darauffolgenden Jahren habe ich andere außerarabische Spielarten des Islam kennengelernt, unter anderem in Indonesien und auch in Indien. Diese sind dort ebenfalls durch erfolgte Anpassung nicht fremd. Wie kann der Islam in Deutschland und Europa sein Fremdsein überwinden? Warum sollte er nicht europäisch werden? Ist diese europäische Anpassung des Islam in Form eines Euro-Islam – etwa analog zum Afro- oder Indo-Islam – möglich?

Anpassung heißt nicht Preisgabe der Religion des Islam, denn die afrikanische Spielart des Islam im Senegal ist auch ein authentischer Islam. Die größte islamische Nation in der Welt ist Indonesien mit 210 Millionen Einwohnern. Selbst in jenem Land gibt es keinen einheitlichen indonesischen Islam, sondern vielmehr lokal-kulturelle Spielarten des Islam. Ein Euro-Islam wäre ein Reform-Islam, und hier ist der indonesische Islam als Beispiel von Interesse. Mein Freund und Mitstreiter, der Islam-Reformer und ehemalige Präsident Abdurahman Wahid, hat – wie er mir in Jakarta sagte – veranlasst, dass zwei meiner Bücher über den Islam in die indonesische Sprache, also in Bahasa Indonesia übersetzt wurden. Dort wird mein Konzept eines Reform-Islam positiver als im Iran oder in Saudi-Arabien aufgenommen. Warum sollte der Islam in Deutschland durch Reformen nicht auch heimisch, also europäisch werden? Warum wird mein Reform-Islam zum Beispiel in der Süddeutschen Zeitung als »Ein-Mann-Sekte« bezeichnet (*SZ* vom 15.2.1999)? Ziehen diese deutschen Medien die Islamisten und ihren Taliban-Islam vor?

Im vorliegenden Zusammenhang ist zu unterstreichen, dass *Anpassung durch Reformen nicht Assimilation heißt.* In unserem Kontext bedeutet Anpassung, dass der Islam mit dem deutschen Grundgesetz, also einer europäischen Verfassung vereinbar wird. Meine These lautet: *Der*

Islam ist das, was man daraus macht. Der Islam ist mit demokratischen Prinzipien vereinbar. Ein europäischer Muslim, der zugleich ein Demokrat ist, vertritt den Euro-Islam. Totalitaristen, d.h. Fundamentalisten, ziehen den Islamismus als Ideologie der Parallelgesellschaft vor! In Bezug auf den ersten Begriff lautet die Formulierung: Ein an Europa und seiner Verfassungstradition angepasster Islam muss ein Euro-Islam sein und ist, vergleichbar dem Afro-Islam in Westafrika, Europa nicht mehr fremd.

Ich denke, dass dies möglich ist, weil der Islam in seiner Verbreitungsgeschichte viel Flexibilität und Anpassungsfähigkeit bewiesen hat. Auf alle Fälle steht fest: Ein orientalischer Islam oder gar ein Taliban/Bin Laden-Islam kann in Europa nur im Rahmen einer Parallelgesellschaft gedeihen; hierdurch würden muslimische Einwanderer durch Selbst-Ethnisierung und somit Selbstausgrenzung fremd bleiben. Ein europäischer Islam ermöglicht ihnen dagegen, europäische Bürger zu werden.

Bekanntlich bestimmen fünf Säulen den Islam: der Glaube an Gott und seinen Propheten, das Beten, das Fasten, das Pilgern und das Zahlen der Almosensteuer. Dies sind die einzigen, für alle Muslime gültigen Grundsätze; alles andere ist vielfältig interpretierbar. Der Islam ist offen, eben weil er unterschiedlich interpretierbar ist; das ist also die eigentliche Stärke des Islam und eine Quelle seiner Anpassungsfähigkeit. Die Islamisten sowie orthodoxe Muslime anerkennen diese reale Vielfalt aber nicht und halten ihre Deutung des Islam für die einzig richtige, lehnen also die kulturelle Spielart eines Euro-Islam sowie Reform-Denken strikt ab. Warum darf diese Flexibilität nach ihrem Dafürhalten nicht für Europa gelten?

In Deutschland leisten Islamisten ein Lippenbekenntnis zur Demokratie, aber in der Sache lehnen sie Integration ab. Die logische Folge ist dann Abgrenzung. Dies ist der zweite zu klärende Begriff als Gegenbegriff zu Anpassung und Integration. Es ist sehr wichtig, dass viele Deutsche endlich verstehen, dass nicht nur deutsche Rechtsradikale gegen eine Integration der Einwanderer sind; auch die Islamisten sind dagegen, weil dies bedeuten würde, dass die Muslime, die hier leben, sich dem Zugriff des Islamismus entziehen. Unter meinen Studenten in Göttingen befinden sich deutsche Muslime vorwiegend türkischer Herkunft; von ihnen weiß ich, dass der *Hodja* in Göttingen keinen Einfluss auf sie hat, weil sie wissen, was offener Islam ist. Aufgeklärte Muslime können den

Islamisten Paroli bieten. Nur ein Islam-Unterricht, der an Aufklärung anknüpft, kann zur Integration beitragen. Alles andere ist Abgrenzung. Es ist daher empörend, wenn Islamisten mit Hilfe deutscher Gerichte das Recht bekommen, Islam-Unterricht zu erteilen und praktisch islamistische Indoktrination zu betreiben.

Abgrenzung folgt aus einer gescheiterten Integration. Die Islam-Diaspora wird von den Islamisten als ein Gewässer betrachtet, in dem sie sich wie Fische tummeln und ihre Aktivitäten und Ziele verdeckt verfolgen können. Dies war jedenfalls vor dem 11. September möglich. In Parallelgesellschaften konnten die »Schläfer« unauffällig agieren. Es ist bedauerlich zu sehen, dass Kirchenvertreter und Politiker oft blind gegenüber dieser Bestrebung und den parallel dazu betriebenen Täuschungen sind. Wir können hier von Frankreich lernen. Ich kenne die französische Erfahrung, und meinen Begriff vom Euro-Islam habe ich in Paris am »Institut du Monde Arabe« entwickelt. Der Imam der größten europäischen Moschee, der Moschee von Paris, Dalil Boubakir, ist von der Herkunft her Algerier, von seiner Denkweise her aber Europäer. Auf dem Weltwirtschaftsforum in Davos 2000 trat er neben mir auf und sagte: »Wenn der Islam für Migranten nicht europäisch werden kann, wird der Islam in Europa nicht einheimisch werden können.« Mein Konzept vom Euro-Islam ist eine Vision von der Integration islamischer Migranten als Alternative zur Bildung von Parallelgesellschaften des Islam in Europa.[14]

Was ist Identität?

Von Gegnern der Integration hören wir das Scheinargument von einheitlicher und einer angeblich unveränderbaren islamischen Identität der Migranten, die es zu bewahren gelte. Was ist diese islamische Identität? Können 1,4 bis 1,5 Milliarden Menschen, also alle Muslime der Welt, dieselbe monolithisch strukturierte Identität teilen? Heißt islamische Identität, Schleier zu tragen, nach der *Schari'a* zu leben – also ein angeblich unveränderbares Gerüst von als göttlich unterstellten Normen und Werten anzuerkennen, nach denen die Hand eines Diebes abgehackt wird, Ehebrecher gesteinigt und Ungläubige hingerichtet werden? Islamisten und orthodoxe Muslime behaupten, dass ein Einwanderer nur dann als Muslim gelten kann, wenn er die *Schari' a* bejaht. Verhält er sich dazu kritisch, dann wird er von Islamisten und Orthodoxen als ungläubig ausgegrenzt. Was ist das für eine Identität, die den Wandel ablehnt?[15]

Dem pauschalen Gerede ist entgegenzuhalten: Identität[16] befindet sich unentwegt im Wandel und ist dazu noch kulturell vielschichtig. Bei der Diskussion über Migration und die kulturelle Identität der Migranten lohnt es sich, einen Blick nach Australien zu werfen, wo eine ähnliche Problematik bei starker asiatischer Einwanderung zu beobachten ist. Dort wird diskutiert, ob Australien von den asiatischen Einwanderern asiatisiert wird oder, umgekehrt, die europäischen Australier die Asiaten australisieren. Beide Fragen sowie ihre Optionen sind falsch. Ich habe dort den Begriff der *multiple identity*[17] entwickelt, und dieser ist mittlerweile auch in die Politik eingegangen. Wenn man diesen Begriff nun auf islamische Migranten in Europa überträgt, lässt sich sagen, dass Islamisten den Traum aufgeben sollten, Europa durch die Ausweitung ihrer Parallelgesellschaft eine muslimische Identität zu geben. Auch muslimische Einwanderer können multiple Identitäten haben: Muslim und europäischer Bürger; beide Identitäten sind zudem ethnisch und lokalkulturell untergliedert.

Mein Argument lautet: Ein Mensch kann verschiedene Segmente in seiner Identität vereinen, die durchaus miteinander harmonieren können. Ich veranschauliche dies an meiner Person: Meine religiöse Identität ist islamisch, nach meiner ethnischen Identität bin ich Damaszener aus dem *Banu al-Tibi* – die Herkunft aus Damaskus ist Bestandteil meiner Persönlichkeit und damit auch meiner Identität –, aber politisch und zivilgesellschaftlich beanspruche ich, zivilisatorisch ein deutscher Bürger im Sinne von *citoyen* Europas zu sein, obwohl manche ethnisch Deutschen mir dies absprechen. *citoyen* ist eine Bestimmung, die sich in deutschen Gesetzen findet, die aber nicht Teil der politischen Kultur Deutschlands ist; sie muss durchgesetzt werden. Ich glaube, diese drei Segmente können in einer Identität vereinigt werden, um zu ermöglichen, miteinander in Frieden zu leben. Ich denke, in der Arbeit an sich selbst und im Dialog mit den *Anderen* ist es möglich, konfligierende Identitätsmuster miteinander zu versöhnen. Natürlich ist dies auch die Aufgabe des Erziehungswesens für hier geborene Kinder; diese brauchen keinen Islam-Unterricht, sondern Unterricht in Demokratie und Ethik. Eine multikulturelle Gesellschaft als eine Addition von Parallelgesellschaften führt nur zu ethnischem Nebeneinander, gewiss nicht zu einem zivilgesellschaftlichen Miteinander.

Viele Europäer scheinen die Problematik nicht zu verstehen: Im Islam gibt es beispielsweise keine *Individualidentität.* Das ist vielmehr ein europäisches Konzept der kulturellen Moderne.[18] Als ich noch in Damaskus lebte, antwortete ich auf die Frage: »Wer bist du?« in der Regel folgendermaßen: »Ich bin von Banu al-Tibi, ich bin ein Muslim, ich bin ein Araber.« Vielleicht an zehnter Stelle sagte ich: »Ich bin Bassam«, wenn überhaupt! Nach meinem Philosophiestudium in Frankfurt habe ich auf die Frage nach meiner Identität mit dem Satz geantwortet: »Ich bin Bassam Tibi.« Erst danach folgte die Angabe: Ich bin ein Muslim, ich bin aus Damaskus, ich bin deutscher Bürger. Diese individuelle Identität hat es auch in Europa nicht immer gegeben, sie ist erst als ein Produkt der kulturellen Moderne entstanden. Habermas' Werk *Der philosophische Diskurs der Moderne* (Anm. 18) bietet eine große Hilfe, um dies alles besser zu verstehen und zu verarbeiten. Für mein Leben ist dieses Werk zentral, und ich denke, auch für viele Europäer sollte es Pflichtlektüre im Zeitalter der Migration sein.

Im Islam lässt sich eine *kollektive Identität* der Menschen feststellen, die Zugehörigkeit zur *Umma,* das heißt der Religionsgemeinde des Islam; sie weist religiöse und ethnische Züge auf. Ich stamme aus Damaskus, das ist meine ethnische Identität, eine Kollektividentität, die ich mit anderen Damaszenern teile. Die Alawiten um den al-Assad-Clan beherrschen die Stadt seit dem Putsch von 1970, aber die Damaszener zählen sie nicht zu sich. Innerhalb von Damaskus ist es wiederum wichtig, aus welcher *Hara,* also aus welchem Stadtviertel man kommt und ob man wirklich den Namen einer Damaszener Familie trägt. Auch dies gehört zur ethnischen Identität; sie ist also partikular. Die religiöse *Umma*-Identität bezieht sich auf eine kulturübergreifende Größe und ist daher übergeordnet. In der Realität wird sie jedoch von ethnischer Identität – die untergeordnet ist – überlagert. Beide Muster kultureller Identität bringen jedoch kollektive Identitäten zum Ausdruck. Das ist ein Problem bei der Erziehung der islamischen Migranten und bei dem Versuch, sie individuell auf zivilgesellschaftlicher Ebene zu integrieren. Zivilgesellschaftliche Integration setzt individuelle Identität vorus, aber in ihrem Elternhaus sowie in der Koran-Schule von einem Islamisten-*Hodja* wird eine kollektive Identität vorgegaukelt, die ihre Integration verhindert; somit haben sie Schwierigkeiten, beides miteinander zu verbinden. Am stärksten abzulehnen ist die von Islamisten angestrebte Institution des islamischen Kindergartens, die islamische Kinder in ihrer Entfaltung behindert und sie von der europäischen Umwelt abgrenzt, ja abschirmt. Deutsche Gutmenschen können weder diese Erscheinung noch die Konfliktpotentiale, die daraus erwachsen, wegreden, denn sie sind Realität. Konflikte kann man nur lösen, wenn man über sie offen reden darf. Daher halte ich die deutsche Spielart der *political correctness* für ebenso fatal wie folgenreich. Kurz: Der Prozess der Bildung von Identität ist beeinflussbar. Nach dem 11. September sollte man die im Namen des Identitätsschutzes betriebene Propaganda der Selbstabgrenzung nicht mehr dulden.

Integration als Alternative zur Assimilation und Parallelgesellschaften

Über das vierte Begriffspaar: *Integration* versus *Assimilation* habe ich auf persönlicher Ebene einleitend gesprochen. Mein Vorbild ist hierbei Heinrich Heine. Seine Biographie ist ein Stück deutscher Geschichte und spiegelt den Kampf um Anerkennung und Integration wider. Dafür kämpfte er seinerzeit genauso, wie wir Muslime und andere in diesem Land es heute tun. Anerkennung erfolgt aber nicht durch Wahrnehmung als »Syrer mit einem deutschen Pass«, sondern durch Akzeptanz als Bürger, also auch als *citoyen.* Hierzu gehört die Befähigung der Deutschen, mit den Migranten eine Identität zu teilen; die Deutschen scheinen in unserer Gegenwart dazu nicht in der Lage. Dieser Mangel führt zur Bildung von Parallelgesellschaften mit starker Diaspora-Identität. Ich denke, der Begriff »ausländischer Mitbürger« ist kein Weg aus der Sackgasse, er ist für mich eine Diskriminierung. An anderer Stelle habe ich polemisch gefragt, ob ein *Mit*bürger auch *mit*reden dürfe. Ich habe die Erfahrung gemacht, dass dies nicht gewünscht wird.[19]

Heinrich Heine hat sein ganzes Leben lang gegen die Assimilation und für Integration gekämpft und hat am Ende aufgegeben, indem er sich christlich taufen ließ. Assimilation hieß im 19. Jahrhundert, das Jude-Sein aufzugeben und deutscher Christ zu werden. Marcel Reich-Ranicki sagte einmal im Fernsehen, im 19. Jahrhundert habe es nur wenige Deutsche gegeben, die im Deutschen eine Stufe der Artikulation wie Heine erreicht hätten. Heine war Deutscher, genauso wie der zitierte Vater von Horkheimer, und dennoch wurde ihm das Deutsch-Sein aus einer ethnischen Perspektive abgesprochen. Er hat sich dann christlich taufen lassen, was zu einer Entfremdung von seiner eigenen Gemeinde führte. Die zu ziehende Lehre lautet: Assimilation ist abzulehnen.

Natürlich hat jeder Einwanderer das Recht, sich assimilieren zu lassen, wenn er dies wünscht; eine Bedingung für die Eingliederung in ein Gemeinwesen darf dies aber nicht sein. Doch dürfen wir die Gleichsetzung von Assimilation und Integration durch *Milli-Göriş* (vgl. Einleitung) nicht zulassen. Islamisten fördern bewusst große Unklarheit hinsichtlich der Bestimmung des Begriffes Assimilation. Bei einem Dialog in Wien, an dem Mitglieder der dortigen islamischen Gemeinde beteiligt waren, sagte mir eine als Islamistin gekleidete Österreicherin türkischer Herkunft: »Was verlangen Sie von mir? Wollen Sie von mir, dass ich einen Weihnachtsbaum zu Hause aufstelle?« Die Erfüllung dieses christlichen Brauchtums war für sie gleichzusetzen mit Integration. Islamisten propagieren, jede Integration sei Christianisierung. Muslime müssten dann Schweinefleisch essen und Wein trinken. Dazu verwischen Islamisten bewusst die Unterscheidung zwischen *Integration* und *Assimilation;* sie sagen den einfachen Leuten ihrer Gemeinde: »Die Deutschen wollen euch mit Integration durch die Hintertür christianisieren.« Damit fördern sie die Unsicherheit unter den Migranten. Die Folge ist Angst, Abgrenzung und Abwehr. Schließlich führt diese Einstellung in einer fremden Umwelt zu den beanstandeten Parallelgesellschaften, wodurch Islamisten und andere Fundamentalisten sowie ethnische Nationalisten ihr Ziel erreichen.

Trotz des Rückgriffs auf den Fall Heine aus dem 19. Jahrhundert weiß ich, dass sich seitdem vieles verändert hat. Heute bedeutet Assimilation nicht mehr Christianisierung. Und doch gibt es eine parochiale Bestimmung von dem, was »deutsch« ist. Als ein Beispiel hierfür läßt sich das Stereotyp des deutschen Professors anführen, der nur unpersönlich und ohne Witz dozieren kann. Ich rebelliere gegen solche Konventionen und nehme es in Kauf, dass manch »Teutone« unter den Professoren mir Wissenschaftlichkeit abspricht. Es gab Zeiten, da habe ich nach dem gehandelt, was ich gelernt habe – also wie ein deutscher Professor vom Text abzulesen, ohne Regung, mit einem regungslosen Gesicht. Ich wiederhole, was man mir in Harvard sagte: »*Why are you so stiff, why are you so Germanic?*« Diese schockierenden Worte klingen immer noch in meinen Ohren und rufen in mir eine große Abneigung gegen Assimilation hervor.

Bin ich kein Wissenschaftler mehr, weil ich einen anderen Diskurs praktiziere? Ich möchte nicht mehr assimiliert sein, auch wenn meine deutschen Kollegen mich als »Erzähler« deswegen aus ihrer »Gemeinschaft« ausgegrenzt haben. In der *F.A.Z.* schrieb ich einmal im Zusammenhang mit Rechtsradikalismus »Vor den Dumpfbacken kann ich die Straßenseite wechseln«. Vor dieser Fremdenfeindlichkeit des Alltags – zum Beispiel in meinem beruflichen Leben -kann ich mich nicht schützen. Es kostet viel Beherrschung, hier keine härteren Worte zu verwenden. Es reicht das Zitat aus dem *Göttinger Tageblatt:* »Ein Fremder, der dazugehören möchte.« Die entsprechende Stelle über mein Göttinger Leben als »gescheiterte Integration« habe ich schon oben zitiert.

Meine Vernunft bewahrt mich vor irrationalen Reaktionen, und ich bleibe bei der Ansicht, dass eine konsensuelle *Wertegemeinschaft* die Alternative zur Parallelgesellschaft in Deutschland ist. Ich blicke auf das Grundgesetz als Vorbild. Ich sage es als Ausländer, der gegen alle Formen der Fremdenfeindlichkeit eintritt, in aller Klarheit: Wer das Grundgesetz nicht akzeptiert, hat in einem demokratischen Deutschland nichts zu suchen. Zum Vergleich: Wenn ein Europäer in Ägypten leben will und den Islam ablehnt, dann würde man ihm sehr eindringlich die Tür weisen! Die Kultur des Grundgesetzes muss man nicht nur Einwanderern, sondern auch noch vielen Deutschen beibringen. So ist etwa die exklusive deutsche Professorengesellschaft in mancher Hinsicht bei weitem diskriminierender als jede religiöse oder ethnische Parallelgesellschaft der Migranten. Ich kenne beide Muster und weiß, wovon ich rede, wenn ich die Worte Aus- und Abgrenzung verwende. Es ist dadurch klar: Bei dieser Einstellung und in meiner Kritik am *Multikulturalismus* sowie durch meinen Einsatz für *kulturellen Pluralismus*[20] sitze ich zwischen allen Stühlen. Obwohl ich im dritten Teil dieses Buches (Kapitel 5 und 6) die Pluralismus-Problematik näher beleuchten werde, halte ich die Kontrastierung beider Begriffe schon hier für angebracht.

Multikulturalismus und Kulturpluralismus

Ich trete für kulturelle Vielfalt ein, unterscheide dabei jedoch zwischen Multikulturalismus und Kulturpluralismus. Die Frage, was eine *multikulturelle Gesellschaft* sei, lässt sich dahingehend beantworten, dass verschiedene Kulturen nebeneinander als Multi-Kulti-Gemisch existieren. Wir haben es also mit Parallelgesellschaften zu tun, die nicht durch die

Bindeklammer der Zivilgesellschaft miteinander verbunden sind. Diese ethnisierten Kulturen in Form von Parallelgesellschaften existieren nebeneinander als Multi-Kulti-Gemisch. Die Silbe »Multi« ist hierbei als Ausdruck einer Addition zu interpretieren, vergleichbar mit Multi-Vitamin, welches keine neue Vitamin-Qualität bedeutet.

In einem multi-ethnischen Wohngebiet lassen sich kaum Gemeinsamkeiten feststellen. Jeder lebt nach seinem Gusto. Und so gilt praktisch eine Wertebeliebigkeit auch in Bezug auf Demokratie und demokratische Konfliktaustragung. Das ist der genaue Inhalt von Multikulturalismus, in dessen direkter Folge eine Wertebeliebigkeit auftritt. Ich bin Gegner des Multikulturalismus, weil ich Gegner der Wertebeliebigkeit und der ethnisierten Parallelgesellschaften bin.

In der in Deutschland oft gleichermaßen ideologisch und polemisch geführten Diskussion wird von Multi-Kulturalisten behauptet, wer gegen ihre Multi-Kulti-Ideologie sei, sei damit auch gegen Einwanderung. Viele Leute fragen mich deshalb: »Wieso bist du als Migrant gegen den Multikulturalismus?« Hinter der Frage steht – wie gesagt – die Unterstellung: Eine ablehnende Haltung gegenüber dem Multikulturalismus ist gleichbedeutend mit der Ablehnung der Einwanderung. Wenn ich gegen Einwanderung wäre, dann wäre ich gegen meine eigene Existenz als Einwanderer. Hierdurch wird deutlich, wie absurd diese Unterstellung ist.

Alternativ trete ich für einen kulturellen Pluralismus ein; mit diesem Begriff meine ich, dass Angehörige der unterschiedlichen Kulturen – in Frankfurt kommen 30 % der Bevölkerung aus 165 Nationen – auf der Basis eines Werte-Konsens friedlich miteinander leben. Ganz einfach ausgedrückt: Multi-Kulturalismus bedeutet ein Leben *nebeneinander,* also eine Aneinanderreihung von Parallelgesellschaften. Dagegen heißt kultureller Pluralismus ein Leben *miteinander* durch wertebezogene Gemeinsamkeiten. Die Migranten können ihre kulturellen Identitäten, wobei der Begriff Identität hier flexibel und näher zu bestimmen ist, im Rahmen einer *Leitkultur* neu bestimmen. Ich betone erneut die Möglichkeit von multiplen Identitäten.

Genauso wie in der deutschen Demokratie die CSU und die Grünen, also zwei Parteien, die weitgehend unterschiedliche Standpunkte vertreten, doch die Gemeinsamkeit, sich zum Grundgesetz zu bekennen, aufweisen, können Migranten aus unterschiedlichen Kulturen den Geist des Grundgesetzes und seiner Werte teilen. Trotz aller Differenzen setzt

Pluralismus eine Wertegemeinsamkeit und Grenzen voraus.[21] Der Islam als Religion kann im Rahmen des Pluralismus zugelassen werden, nicht aber die totalitäre Ideologie des Islamismus.

Analog zum politischen Pluralismus spreche ich von kulturellem Pluralismus. Jede Kultur hat das Recht, ihre Normen und Identitäten zu pflegen, aber innerhalb eines Rahmens. Dieser Rahmen ist in Deutschland die Leitkultur des Grundgesetzes. Die Werte des Grundgesetzes sind europäisch ebenso wie die »Leitkultur«, für die ich eintrete. Jede kulturelle Differenz ist den Verfassungsnormen unterzuordnen.

Die Neubestimmung der eigenen Identität gilt nicht nur für die Migranten, sondern auch für die Deutschen selbst. Bei Konflikten gibt es zwei Verfahren zur Beilegung: Erstens den Dialog, wenn Werte-Konsens möglich ist. Bei Inkompatibilität (zum Beispiel *Schari'a* und Grundgesetz) muss man – und dies ist die zweite Möglichkeit – sagen können: »Nein danke!« Mit Befürwortern des Gottesgesetzes der *Schari'a* (etwa Tötung der Ungläubigen) gibt es ebensowenig einen Dialog wie mit deutschen Rechtsradikalen.

Eine Integration in ein Gemeinwesen ist für ein Zusammenleben von Menschen aus verschiedenen Kulturen unausweichlich. Dieses Zusammenleben wird nie funktionieren, wird nie in Frieden verlaufen, wenn eine Leitkultur nicht einen Minimalkonsens über Werte enthält: Diese Werte sind Demokratie, Toleranz, die individuellen Menschenrechte, Zivilgesellschaft, Säkularität und religiöser Pluralismus; sie in Frage zu stellen, heißt die Identität Europas zu verleugnen! Mit der europäischen (nicht deutschen) Leitkultur meine ich nichts anderes als diesen Wertekanon. Ich kann es mir als Muslim, als Araber semitischer Abstammung und als Migrant erlauben, auf diese Weise, also offensiv, für europäische Werte einzutreten. Wenn ein ethnisch Deutscher so redete wie ich, würde man ihn oder sie gleich in der rechtsradikalen Ecke verorten. Hierbei müssen wir uns dann natürlich die Frage stellen: Was ist rechtsradikal an der Verteidigung der europäischen Werte der Freiheit gegen Unfreiheit und Despotie? Ich stelle diese Frage an einen bestimmten Kreis von deutschen Gesinnungsethikern!

Dank gebührt hier dem Bundespräsidenten Johannes Rau, der durch seine Berliner Rede vom Mai 2000 demokratische Maßstäbe für die Enttabuisierung der Einwanderungsproblematik gesetzt hat (vgl. Kapitel 2). Er machte klar, dass ein Einwanderer sich nicht auf seine Religion oder Kultur berufen kann, um das Grundgesetz abzulehnen. Hierbei steht

Rau in der Tradition von Altbundespräsident Herzog, der im Bereich des kulturellen Dialogs wichtige Impulse gegeben hat.[22] Seine Dialogbemühungen blieben aber auf die Außenpolitik beschränkt und berührten die Einwanderung nicht. Ich habe zu Herzogs Buch *Preventing the Clash of Civilizations* beigetragen und für einen Wertekonsens argumentiert. Öffnung gegenüber anderen Kulturen kann und darf nicht wahllos sein, weil auch das Fremde vielfältig ist; Fremde sind keine Heiligen. Und wie bei den Deutschen befinden sich auch unter ihnen Rechtsradikale. Wer nach Europa kommt, muss ja zur Demokratie als Identität Europas sagen, ja zur Toleranz – aber die Toleranz hat verbindliche Spielregeln sowie Grenzen. Wie ich in Kapitel 5 zeigen werde, darf Toleranz nicht in Selbstaufgabe und Selbstverleugnung enden. Für Islamisten, wie jene aus Hamburg, die in New York als Terrorpiloten die Todesmaschinen gegen das World Trade Center flogen, darf es keine Toleranz geben.

Genauso wie ich einen Neo-Nazi niemals tolerieren würde, würde ich einem radikalen Islamisten, der eine säkulare Ordnung ablehnt und eine Gottesordnung sogar mit Mitteln der Gewalt fordert, keinen Persilschein ausstellen, nur weil er »fremd« und Öffnung gegenüber anderen Kulturen eine Tugend ist. Ebenso würde ich nicht jede Norm einer anderen Kultur tolerieren, nur weil sie der Migrantenkultur entspringt. Ich wiederhole: Es gibt Grenzen der Toleranz, um sie selbst zu schützen. Eine Demokratie, die »gegen sich selbst« ist[23], ist untragbar! Der 11. September hat aufgerüttelt und dieser Eindruck soll bleiben.

Nun beziehe ich diese Problematik auf die *Parallelgesellschaften* und argumentiere, dass diese zu einer Balkanisierung führen. Deshalb sind sie eine Gefahr für die Demokratie, ja sogar für die innere Sicherheit und somit auch für den inneren Frieden in einem Gemeinwesen; sie sind nicht, wie Dieter Oberndörfer (vgl. Anm. 7) unterstellt, mit Parteien oder Verbänden vergleichbar, weil sich diese an einem demokratischen Wertekonsens orientieren. Im Namen von Toleranz sind Parallelgesellschaften nicht zu akzeptieren. Ihrem Wesen nach sind sie weder Verbände noch Parteien, sondern soziale Gebilde, deren Mitglieder eigene, sich voneinander abgrenzende Wertvorstellungen vertreten. Im Falle einer an der *Schari'a* orientierten islamischen Parallelgesellschaft haben wir ein Paradebeispiel für ein Gegengebilde zum demokratischen Gemeinwesen.

Der modische, aus dem Multikulturalismus erwachsene Begriff für die Bildung von solchen Parallelgesellschaften ist Kommunitarismus. Verbunden mit Multikulturalismus führt dies zu Multi-Kulti-

Kommunitarismus, das heißt zu einer *community,* die unabhängig von der zentralen Gesellschaft nach ihren eigenen Werten lebt. In einer anderen Arbeit gehe ich in einem Kapitel auf das Beispiel der islamischen Gemeinde in Indien ein, die ein auf der *Schari'a* basierendes *Personal* Law/Zivilrecht durchgesetzt hat.[24] Ich bin nach Indien gereist und habe hierfür vor Ort recherchiert. Indien ist eine säkulare Demokratie, wenn auch nicht mit der Bundesrepublik Deutschland vergleichbar. Rajiv Gandhi hat als Ministerpräsident aus opportunistischen Gründen gehandelt. Er wollte islamische Stimmen für die Kongresspartei gewinnen. Deshalb stimmte er dem Wunsch der islamischen Orthodoxie zu, die *Schari'a* als Basis für Gerichtsbarkeit und Rechtsprechung für die indischen Muslime zuzulassen. Die Folge war: In der in Indien existierenden islamischen Parallelgesellschaft gilt seitdem für indische Muslime das angeführte *Muslim Personal Law.* In Indien besteht ein Dual-Recht, säkulares Recht für Nicht-Muslime und religiöses *Schari'a-Recht* für die Muslime. Damit gelten für die nicht-muslimische Bevölkerung weiterhin die säkularen Bestimmungen, für die Muslime aber Gottesrecht. Kann dies ein Modell für Europa sein? Ein »ja« wäre das Ende der westlich-säkularen Identität Europas. Deswegen zog ich in der zitierten Veröffentlichung den Buchtitel»Europa ohne Identität?« heran und habe durch das Fragezeichen das Ergebnis offengelassen. Der Westen hat sich nach dem 11. September seine zivilisatorische Identität bewusstgemacht.

Bleiben wir noch bei dem warnenden Beispiel der islamischen Minderheit in Indien: Ein Artikel der indischen Verfassung schreibt für alle Inder einen *Civil Code* vor. Doch haben die orthodoxen Muslime und die Islamisten mit Rajiv Gandhis Hilfe durchgesetzt, dass für sie das angeführte *Muslim Personal Law* gilt, das sich ausschließlich an der *Schari'a* orientiert, und haben damit ein Kollektivrecht erhalten. Ich kenne den Text des Koran sehr gut und weiß, das Wort *Schari'a* kommt nur ein einziges Mal im Koran vor; die entsprechende Stelle heißt: »Wir haben Dir eine *Schari'a* gegeben, dann leb' danach.«[25] Somit ist die *Schari'a* hier als Ethik und moralische Orientierung zu verstehen und nicht als ein Rechtssystem. Die *Schari'a* als Rechtsordnung wurde erst einhundert Jahre nach Abschluss der islamischen Offenbarung entwickelt, und diese ist für Europa im Namen des Respekts vor *Anderen* nicht verbindlich. Das Argument, die *Schari'a* sei göttlich und gehöre zur kulturellen Identität der Muslime, ist nicht haltbar. Jeder *Schari'a*-Experte weiß, dass es keine einheitliche *Schari'a* gibt. Denn die *Schari'a* ist interpretativ. So gibt es kein *Schari'a*-Gesetzesbuch, das mit dem Bürgerlichen Gesetzbuch (BGB) vergleichbar wäre.

Man muss als Demokrat den Befürwortern der *Schari'a* unter den islamischen Einwanderern in Europa sagen, dass demokratische Grundrechte jedem anderen Recht vorrangig sind. Die *Schari'a* kennt zum Beispiel keine Gleichheit zwischen Mann und Frau. So kann ein Muslim, der seine Frau nicht mehr mag, sie nach der *Schari'a* verstoßen. Für eine islamische Scheidung genügt es, im Beisein von Zeugen dreimal das Wort *Talaq* auszusprechen, dann ist die Ehe geschieden und die Ehefrau hat, sofern keine Schwangerschaft vorliegt, nur drei Monate Recht auf Unterhaltszahlung beziehungsweise auf die Kinder. In diesem wie auch in anderen Fällen (zum Beispiel keine Gleichheit der anderen Religionen) steht die *Schari'a* in krassem Gegensatz zu Menschenrechten, wie der muslimische Reformer An-Na'im gezeigt hat.[26] Ein Hindu in Indien kann nicht tun, was sich ein Muslim erlauben kann. Dieses Dual-Recht des *Muslim Personal Law* hat große Spannungen zwischen Hindus und Muslimen hervorgerufen und hat weitgehend auch zum Ende der Regierung von Rajiv Gandhi und dem Niedergang der Kongresspartei sowie zur Stärkung der von der *Baratija Janata Party*/BJP vertretenen Hindu-Fundamentalisten beigetragen. Diese extreme Hindu-Partei regiert in Indien seit Jahren. Dies wäre ohne dieses *Muslim Personal Law* und die damit verbundene Polarisierung zwischen den Muslimen und Hindus nicht möglich gewesen.

Wir in Deutschland benötigen Internationalität und sollten nicht so provinziell sein. Bundeskanzler Schröder pflegte zu Beginn seiner Regierungszeit einen schönen Satz zu verwenden. »Wir haben einen Mangel an Internationalität hier in der Bundesrepublik.« Über diese Rhetorik hinaus bedeutet Internationalität, über den Tellerrand hinauszuschauen, sich also zum Beispiel auf die Erfahrungen mit der islamischen Minderheit in Indien zu stützen, um »Nein« zu den *Schari'a*-Befürwortern zu sagen. Aus diesen Erfahrungen in Indien können Deutsche lernen, dass Parallelgesellschaften mit eigenen Rechtsordnungen in keiner Weise wünschenswert sind, ja die Gesellschaft fragmentieren!

Ich hoffe, dass dieses Kapitel eine begriffliche Klarheit für die Fortsetzung der Diskussion in den verbleibenden Kapiteln dieses Buches geschaffen hat. Die klare Sprache auf dem Boden inhaltlich gefüllter Begriffe sowie die pointiert formulierten Thesen erleichtern den Zugang zu den Strategien und den Umgang mit der Migration in einer tabulosen

Debatte über die Möglichkeiten, diese Erscheinung politisch zu steuern, um Zuwanderung in Einwanderung und Migranten in *citoyen* – nicht Mitglieder von Parallelgesellschaften – umzuwandeln.

KAPITEL 4

Wie entstehen Parallelgesellschaften? Nachdenken über Multikulturalismus als Ideologie der Balkanisierung

Parallelgesellschaften entstehen durch die Bildung von kulturellen Kollektiven aus Migranten, die sich nicht in das Gemeinwesen der Aufnahmegesellschaft integrieren. Nach außen und oberflächlich betrachtet können diese folkloristisch, ja exotisch wirken, im Inneren – und dies besonders, wenn sie politisiert werden – bergen aber ein ungeheures Balkanisierungs- und Konfliktpotential. Wir kennen den Fall der Parallelgesellschaft der Albaner im ursprünglich serbischen Kosovo; daraus entwickelte sich ein Bürgerkrieg, der die Weltgemeinschaft beschäftigte. Weder die Serben noch die Albaner waren in der Lage, den Geist eines Gemeinwesens zu teilen, und das Ergebnis war ein Sezessions-Krieg. Wird dies in einem halben Jahrhundert in Deutschland passieren, wenn die Integrationspolitik scheitert? Ich denke an diese Perspektive, wenn ich in Nordrhein-Westfalen in quasi-türkischen Enklaven die türkische Fahne als ein fremdes Staatssymbol auf deutschem Territorium gehisst sehe. Die Deutschen verstehen dies nicht! Es gibt, wie ich zeigen werde, hiervon Superlative: Deutsche Politiker hissen selbst die türkische Fahne.

Das Unverständnis erreicht einen Höhepunkt, wenn aus einem Konfliktpotential Folklore wird. Dies veranschaulicht ein Kommentar von Johann Michael Möller in *Die Welt* vom 30. Oktober 2001, S. 8, unter dem Titel »Keine Döner-Buden-Seligkeit«:

»Der Düsseldorfer Parlamentspräsident Ulrich Schmidt von der SPD hat den Integrationsbemühungen türkischer Zuwanderer wahrhaft einen Bärendienst geleistet. Pünktlich zum vierzigsten Jahrestag des deutsch-türkischen Anwerbeabkommens 1961 ließ er vor dem Düsseldorfer Landtag die türkische Fahne hissen. Das ist Symbolpolitik der törichtsten Form und wirkt eher anbiedernd und peinlich. ... Es gehört doch gerade zu den Problemen der türkischen Gemeinden in Deutschland, dass sie noch immer stark auf ihr Herkunftsland fixiert sind und von ihrer deutschen Umgebung nur das Allernotwendigste wahrnehmen. ... Man muss nicht deutsche Fahnen vor türkischen Moscheen hissen. Aber die Rede von den deutschen Mitbürgern türkischer Herkunft endlich einmal ernst nehmen.«

Parallelgesellschaften sind Sozialgebilde mit einem eigenen gesellschaftlichen Leben; sie werden von eigenen Wertvorstellungen geleitet; sie entstehen, wenn es nicht zu einer Integration der Ein- beziehungsweise Zuwanderer in die Aufnahmegesellschaft kommt. Bezogen auf den Zuzug von Migranten aus aller Welt bedeutet dies die Abkoppelung der jeweiligen Migranten-Diaspora von der Hauptgesellschaft mit der Folge der Balkanisierung eines Gemeinwesens. Vergessen wir nicht: In einer solchen Parallelgesellschaft ist der Anschlag vom 11. September 2001 auf die westliche Zivilisation vorbereitet worden.

Schauen wir uns ein Beispiel außerhalb Deutschlands an: Nikos Papastergiadis verweist auf die Existenz von Parallelgesellschaften als »*gated communities* (abgeschottete Gemeinschaften)« in Aufnahmegesellschaften in Sydney, Johannesburg und Los Angeles; es handelt sich um »*mini-fortresses* (kleine Festungen)« von Kulturen der Diaspora, die »den Enklaven der Fremden im imperialen Shanghai ähneln und sich zugleich von ihnen unterscheiden«[1]. Wie lässt sich dies deuten? Ich denke, dass es sich angesichts der Tatsache, dass eines der bedeutendsten Vorzeichen des neuen Millenniums eine weltweit fortschreitende massive Migration von Süden nach Norden und von Osten nach Westen ist, empfiehlt, die Entstehung von Parallelgesellschaften als Erscheinungsform der kulturellen Fragmentation sowie politischen Balkanisierung zu verhindern.

Zuwanderer kommen sowohl aus sozialer Not als auch in der Hoffnung auf ein besseres Leben, und verständlicherweise bringen sie ihre Kultur mit. Die globalisierten Medien erwecken den berechtigten Eindruck, dass der Lebensstandard in Europa höher ist als in Asien oder Afrika, also auch als in der Welt des Islam. Dies bewirkt eine massive Zuwanderung vor allem aus dem Mittelmeerraum nach Europa. Nach dem Ende des Zweiten Weltkrieges lebten etwa 800 000 Muslime in Westeuropa, zu Beginn des 21. Jahrhunderts sind es bereits weit mehr als 15 Millionen. Schätzungen zufolge wird sich die Zahl der Muslime in Westeuropa bis zur Mitte des neuen Jahrhunderts verdreifachen.

Die zentrale Frage, die sich im Zusammenhang mit den erläuterten Veränderungen in Bezug auf die Geltung von Demokratie und Menschenrechten stellt, lautet: Wird eine Integration dieser muslimischen Zuwanderer gelingen und können sie somit durch die Annahme einer europäischen Identität Bürger Europas werden? Oder wird die bestehende Ghettoisierung, also die Entstehung von Wohngebieten mit überwiegend islamischer Bevölkerung, zur Bildung von Siedlungen einer islamischen Diaspora-Kultur führen, die praktisch Enklaven entsprechen? Die Folge dieser Entwicklung wäre eine Balkanisierung des bestehenden Gemeinwesens.

Europäische Identität oder kulturelle Lokalidentitäten von Parallelgesellschaften?

In Bezug auf seine ethnisch, religiös und kulturell fragmentierten Gesellschaften, in denen »islamische Enklaven«[2] bestehen, ist Europa nicht nur ein Pulverfass, sondern auch, wie ich es einmal als Frage formulierte, ein *Europa ohne Identität.*[3] Die Alternative dazu wäre die Anerkennung der jeweiligen säkularen Verfassungen durch die in Europa lebenden Muslime und, von seiten der Aufnahmegesellschaft, die Integration der Migranten als Bürger der bestehenden Ziviligesellschaft.

Die Integration muslimischer Migranten erfordert, dass diese das westeuropäische zivilisatorische Verständnis von Religion, Recht und Politik auch in Zukunft anstelle der *Schari'a*/Gottesrecht akzeptieren. Als ich dieses Erfordernis der Integration in einem langen Interview mit dem Wiener Magazin *Format* nach dem 11. September 2001 formulierte (Ausgabe 4/2001, S. 50–55), bekam ich Post von einigen wütenden Muslimen mit der Frage: »Verlangen Sie von uns, Schweinefleisch zu essen und Wein zu trinken?« – als würde die europäische Identität darin bestehen. Gelingt die Integration der Migranten nicht, werden die Weltanschauungen der unterschiedlichen Parallelgesellschaften (türkisch, kurdisch, arabisch, bengalisch etc.) die Zukunft der europäischen Demokratien verändern und die ihnen zugrunde liegenden Werte unterminieren. Über diese Problematik habe ich Debatten in Kairo und in Harvard geführt, die ich dem europäischen Leser in diesem Kapitel vermitteln möchte, da sie für die Zukunft Europas von eminenter Bedeutung ist. Ich will zunächst den allgemeinen Rahmen dieser Diskussion erklären.

Obwohl ich andere Akzente als Huntington bei der Untersuchung der zivilisatorischen Konflikte setze, möchte ich mich – trotz der in Deutschland reflexartig eingesetzten Huntington-Keule – an dieser Stelle auf eine seiner Arbeiten beziehen. Hierbei lasse ich mich von deutschen Klischees und Verfemungen in Bezug auf Huntington nicht beeindrucken. In Harvard leitete Prof. Samuel Huntington in einem mehrsemestrigen Kolloquium eine Diskussion über *Culture and Globalization,* an der in einem pluralistischen Geist wichtige Experten partizipierten. Der Ausgangspunkt war folgender: Der auf der Idee des Staatsbürgers – im Sinne von *citoyen* – basierende Nationalstaat befindet sich im Zeitalter von Ethnizität und politisierter Religion in der Krise. *Citoyennité* geht von Individuen aus, Ethnizität von Kollektiven. Anders formuliert: *Citoyennité* ist Bestandteil der europäischen Identität der kulturellen Moderne, Kollektive sind dagegen Zeichen vormoderner Kulturen. Die Folgen der Bildung von ethnischen oder religiösen Kollektiven sind uns unter anderem seit den Konflikten im Kosovo, in Tschetschenien, Ost-Timor und Kaschmir bekannt, auch wenn diese nicht unmittelbar die Folge von Migration sind; doch dienten sie uns in unserer im Frühjahr 2000 geführten Diskussion in Harvard als Beispiele für den Zerfall des Nationalstaats durch das ethnische Bewusstsein partikularer Kollektive seit dem Ende der Bipolarität. Diese ethnischen Gruppen berufen sich auf religiös-kulturelle Identitäten. Auf dieser Basis fordern sie die bestehende territoriale Integrität des Nationalstaats heraus und begünstigen die Bildung von Parallelgesellschaften, die in einem fortgeschrittenen Stadium letztendlich zur Sezession führen können.[4]

Die Globalisierung unserer Welt schließt Fragmentation[5] ein; sezessionistische Bewegungen stehen heute in aller Welt auf der Tagesordnung. In diesem Zusammenhang muss die Zukunft der Minderheiten in der Welt gesehen werden. Auf Deutschland bezogen geht es also um die Zukunft der Muslime als einer Minderheit in einer ihnen fremden Zivilisation. Es stellt sich die Frage, ob die Bildung von Parallelgesellschaften in diesem Rahmen zu befürworten oder abzulehnen ist. Gilt auch hier das Selbstbestimmungsrecht?

In Bezug auf die Islam-Diaspora in Europa kann das Recht auf Selbstbestimmung nicht zur Anwendung kommen, weil es sich bei der Gruppe der Muslime um ein religiöses Kollektiv handelt, dem das Selbstbestimmungsrecht nicht zusteht. Nicht jede zugewanderte Minderheit kann ein Recht auf Selbstbestimmung in Anspruch nehmen. Wenn ethnische Kollektive von Migranten solche Kollektivrechte im Namen des Multikulturalismus für sich beanspruchen, muss man sie, vor allem im Lichte des 11. September, im Bewusstsein der möglichen Folgen zurückweisen. Bestimmte Muslime in der Diaspora sind bestrebt, sich selbst zu ethnisieren, also ihre Religionsgemeinschaft als ethnisches

Kollektiv zu definieren und so zur Geltung zu kommen. Es bleibt aber die Frage, wie mit einer solchen Berufung auf das Selbstbestimmungsrecht beziehungsweise mit der Selbstethnisierung umgegangen werden kann, um das darin enthaltene Konfliktpotential zu entschärfen. Die von mir für Europa vorgeschlagene Lösung ist der Status des *citizen* für Migranten.[6] Integration kann nur auf individueller Ebene erfolgreich sein; die Integration von Kollektiven ist nicht möglich.

In der angeführten Harvard-Diskussion sind wir im Gegensatz zu den in Deutschland vorherrschenden Debatten (zum Beispiel zwischen den »Freunden und Feinden des Islam«[7]) von Fakten und nicht von Gesinnungen ausgegangen. Zu den Fakten gehört die verstärkt auftretende Erscheinung der auf Minderheiten bezogenen Gruppen-Identitäten sowie ihre Politisierung mit den Folgen der Entstehung separatistischer Bewegungen. Nach Habermas gehört das Subjektivitätsprinzip zur kulturellen Moderne[8] als zivilisatorischer Identität Europas. Gefährden Kollektividentitäten der Migranten diese Basis? Diese und andere Fragen wurden vor dem 11. September tabuisiert. Heute werden sie aufgeworfen, und eine Antwort wird gesucht.

In Harvard stellten wir uns folgende Frage: Führt Zuwanderung zwangsläufig zur Bejahung von Parallelgesellschaften, also praktisch zur Entstehung ethnisch-religiöser Siedlungsgebiete von Zuwanderern, die, gestützt auf eine Multi-Kulti-Ideologie, die Anerkennung ihrer Werte und Normen sowie der dazugehörigen Anschauungen als Grundrecht einfordern? Oder gibt es andere Optionen?

Es ist zweitrangig, ob man die Erscheinung der Bildung von ethnischen und religiösen Kollektiven in Gesellschaften befürwortet oder nicht, denn sie existieren nun einmal; jeder verantwortungsethisch orientierte Beobachter auf diesem Gebiet muss lernen, sie unvoreingenommen zu erklären, und stets auch bemüht sein, nach Lösungen für die daraus entstehenden Probleme zu suchen. Zwar ist dieses Phänomen vorwiegend in außerwestlichen Zivilisationen zu beobachten, aber es gibt Spielarten auch im Westen. Als Beispiel für das Auftreten sezessionistisch wirkender Bewegungen können etwa Kanada (Quebec), Spanien (Basken), Belgien, ja Frankreich (Korsen) angeführt werden. Diese Problematik hängt auch mit einer Verschiebung in der Diskussion, was Identität ist, im Westen selbst zusammen. So entwickelt sich die Gruppen-Identität im Westen im Rahmen der gepflegten Mode der postmodernen Vergötterung des Kollektivs und der mit ihr verbundenen Verschiebung des Fokus von individuellen auf kollektive Menschenrechte als Grundrecht.[9] Überall werden hierbei kulturelle Kollektiv-Identitäten konstruiert, und sie gedeihen vor allem in Kulturen der Diaspora, die eine fortschreitende Fragmentation bestehender Gemeinweisen fördern. Der 11. September wird den Kurs dieser Diskussion entscheidend verändern.

Die Sensationshascherei der westlichen Medien verleiht dem angesprochenen Phänomen erheblichen Auftrieb. Was hat dies alles mit den Muslimen in Europa, besonders in Deutschland zu tun? Folgende Feststellung des Islam-Experten John Kelsay macht den Zusammenhang deutlich:

> »Die Geschwindigkeit der muslimischen Immigration und das Phänomen der Konversion zum Islam (besonders in Nordamerika) deuten darauf hin, dass wir schon bald gezwungen sein könnten, nicht nur vom Islam und dem Westen, sondern vom Islam *im* Westen zu sprechen.«[10]

An anderer Stelle informiert Kelsay darüber, dass Muslime die Welt in ein Haus des Islam/*Dar al-Islam* und ein Haus des Krieges/*Dar al-harb* separieren und fügt hinzu:

> »...in einigen Fällen haben muslimische Migranten in Europa und Nordamerika das Prinzip des abgeschotteten Lebens akzeptiert: Islamische Gemeinschaften bilden eine Art sektiererische Enklaven im Kontext einer größeren, westlichen Kultur. Im Westen, aber nicht zu ihm gehörig« (ebd.).

In dieser Enklave – dies wiederhole ich unentwegt – ist der Anschlag vom 11. September vorbereitet worden. Die Antwort auf diese Herausforderung kann nicht die Ausgrenzung der Muslime sein, sondern muss Integration heißen. Ein Jahr zuvor waren wir uns in Harvard darüber einig, dass für das mit dem angeführten Phänomen verbundene Konfliktpotential bereits im Anfangsstadium Lösungen möglich sind. In Einwanderungsgesellschaften lautet sie Integration, in gewachsenen multiethnisehen Gesellschaften kulturelle Autonomie. Durch die Gewährung von Autonomie im Rahmen der bestehenden Territorialität kann ein Konflikt entschärft werden. Bei zunehmender Gewalt – so wie im Kosovo und in Tschetschenien – ist es schwer denkbar, dass Separatismus, das heißt Ablösung vom Staatsverband, noch zu vermeiden ist. Diese für angestammte ethnische und religiöse Minderheiten gültige Debatte haben wir in Harvard dann auf die durch Migration entstandenen Minoritäten – so die Islam-Gemeinde in Deutschland – erweitert. Hier steht Integration, nicht kulturelle Autonomie auf der Tagesordnung. Eine multikulturelle Ideologie lässt auch hier Autonomie zu, eine Leitkultur nicht. Die Multi-Kulti-Romantik wird es nach dem 11. September schwer haben fortzubestehen.

Die Prävention von Separatismus kann nur in bestimmten Fällen durch die Gewährung von »kultureller Autonomie« erfolgen, das heißt durch die Gewährung des Rechts, die eigene Sprache und Kultur in selbständigen Institutionen und Medien zu pflegen. In Einwanderungsgesellschaften darf das nicht geschehen, weil dies im Widerspruch zu jeder Politik der Integration steht. Denn das Recht auf freie Ausübung der Religion ist innerhalb der Verfassungsrechte, nicht aber durch eine »kulturelle Autonomie« und ein Recht auf Anwendung der *Schari'a* zu gewähren. Als Grundlage für die Integration islamischer Einwanderer kann eine europäische Deutung des Islam zur Harmonisierung mit der demokratisch-säkularen Verfassung dienen.

Bei einem Aufenthalt in Kairo im Rahmen eines Dialoges, der unmittelbar anschließend an die angeführte Harvard-Diskussion stattfand, konnte ich beobachten, wie viele religiöse Autoritäten in Ägypten über diesen Gegenstand denken; nach ihrer Auffassung gibt es nur einen Islam, zu dem elementar die *Schari'a*[11] gehöre. Folglich bestehen sie darauf, die Geltung der *Schari'a* auch für Europa zu beanspruchen. Wenn an dieser Auffassung festgehalten wird, wird der Islam in Europa für immer fremd bleiben, es sei denn, Europa wird langfristig islamisiert; und dies wollen nicht nur die Islamisten, auch orthodoxe Muslime streben dies an. Ein *Schari'a*-Islam kann nur in Parallelgesellschaften mit eigener Rechtsprechung gedeihen; bei ethnisch-religiösen Ballungen kann dies langfristig auch zu separatistischen Bestrebungen führen.

Mein Konzept des Euro-Islam geht von individuellen Menschenrechten aus, wonach auch das europäische Grundrecht auf Religionsfreiheit ein individuelles Recht ist. Als liberaler Muslim sehe ich keinen Widerspruch zwischen meiner Zugehörigkeit zum Islam und der Übernahme einer europäisch-säkularen Identität. Menschen können multiple Identitäten haben. Dagegen behaupten Islamisten und orthodoxe Muslime, gleichermaßen in Kairo und in Deutschland, dass ein Muslim eine unveränderbare Identität habe, zu der es nicht gehöre, nach den Regeln einer säkularen Ordnung zu leben. Das ist eine essentialisierte Identität.[12]

In einem mir zur Begutachtung vorliegenden Antrag einer islamistischen Gruppierung in Süddeutschland auf Anerkennung als Körperschaft des öffentlichen Rechts steht:

»Die einzige Quelle bei der Auswahl der Mittel und Wege zur Erfüllung der Aufgabe des Vereins ist die islamische Lehre. Die Gemeinde ... wird nicht erlauben, ihre islamische Natur durch irgendwelche Richtung beeinflussen zu lassen ... Die Vertretung der wahren (sic!) islamischen Meinung und aktiv für den Islam ein(zu)treten,« werden als Heilmittel angegeben. »Wahr« ist in diesem Fall, was Islamisten und orthodoxe Muslime denken, falsch dagegen ist ein Euro-Islam. Also: Es besteht *kein* Wille zur Integration.

Über das Verhältnis islamischer Migranten zur westlichen Demokratie fand innerhalb der britischen Islam-Diaspora vor den britischen Wahlen vom Juni 2001 eine heftige Debatte statt: Demokratische Reform-Muslime riefen die Muslime mit britischem Pass zur Wahlbeteiligung auf. Dagegen haben Islamisten argumentiert, dass die Demokratie, die auf Volkssouveränität basiert, im Widerspruch zum Islam stehe, weil nur Allah Recht auf Souveränität habe. So behaupten die Islamisten: »Demokratie ist ein Unglaube!«[13] Können es sich die Europäer leisten, sich aus solchen Debatten innerhalb ihrer Zivilisation herauszuhalten?

Besonders schwer wiegt, dass die *Schari'a* als unterstellter Bestandteil der kulturellen Gruppenidentität muslimischer Migranten in Deutschland ausgegeben wird. In vielen Beiträgen habe ich jedoch gezeigt, dass sich *Schari'a* und Grundgesetz wie Feuer und Wasser zueinander verhalten.[14] Was bedeutet es für Deutschland, wenn ein Euro-Islam als Lösung abgelehnt und den muslimischen Migranten kulturelle, eine eigene Rechtsprechung beinhaltende Autonomie zugestanden wird?

Ich gehe davon aus, dass die europäischen Rechtsnormen auch für islamische Migranten gelten, dass es etwa in der Rechtssphäre keine kulturelle Autonomie gibt. Einfach gesagt: Eine Integration wäre nicht mehr möglich, wenn die *Schari'a* zugelassen würde. Parallelgesellschaften würden gedeihen und die Konflikte wären immens und nicht lösbar, Gewalt wäre an der Tagesordnung, auch gegen Muslime, die sich der *Schari'a* nicht beugen würden. Islamisten und orthodoxe Muslime würden sie als Ungläubige rechtlich verfolgen, und europäische Werte blieben auf der Strecke.

Ein Vertreter der Europäischen Union, der als Fellow Harvard besuchte, machte in der Diskussionsrunde deutlich, dass die *Schari'a across Europe* eine Antithese zur europäischen Identität sei. Ich fügte hinzu, dass auch ich als liberaler Muslim gegen die Geltung der *Schari'a* in Europa bin, weil dadurch die zivilisatorische Identität Europas in Frage gestellt wird. Die Ablehnung der Geltung der *Schari'a* in Europa hat entgegen allen Multi-Kulti-Moden, die vormoderne Kollektividentitäten glorifizieren und ihre Gegner zum Beispiel mit Vorwürfen wie »Rassismus« beschmutzen, nichts mit einer Beschneidung der Grundrechte der Migranten zu tun. Es besteht kein Grundrecht auf die Bildung von Parallelgesellschaften. Die Einführung der *Schari'a* würde die Entwicklung von Parallelgesellschaften fördern. Dann stünde eine *Schari'a*-orientierte »kulturelle Autonomie« für Muslime in Europa im Konflikt mit individuellen Menschenrechten, die ein Verfassungsrecht sind. Dies ist eine Gefahr für den inneren Frieden. Zudem würden auf dieser Grundlage eine Vielzahl von Parallelgesellschaften entstehen, weil es eine einheitliche *Schari'a* einfach nicht gibt. Hinzu kommt, dass die *Schari'a* der säkularen Identität Europas diametral widerspricht.

Wir kamen im Verlauf der Harvard-Debatte zu dem Schluss, dass die Gewährung von Autonomie für Migranten in Bezug auf Eindämmung der Gewalt nur oberflächlich präventiv wirken kann. Denn auf lange Sicht ist dies der Nährboden für sezessionistische Bestrebungen wie im Kosovo, in Kaschmir und Tschetschenien. Eine solche Gefahr scheint für Deutschland unter heutigen Bedingungen nicht zu bestehen. Aber man muss in größeren Zeiträumen denken, und hier besteht durchaus die Möglichkeit, dass ethnische oder religiöse Gruppen auf Abspaltung drängen, wenn die demografische Zusammensetzung der Bevölkerung dies fördert. Wir dürfen – besonders im Lichte der Herausforderung an die westliche Zivilisation vom 11. September – dieses Balkanisierungspotential nicht mehr wie bisher tabuisieren.

Im Lichte der vor dem 11. September geführten und hier wiedergegebenen Harvard-Diskussion komme ich zu dem Schluss, dass eine Integration der Muslime diesen Entwicklungen vorbeugen kann, indem sie Alternativen sowohl zur »kulturellen Autonomie« als auch zum Separatismus bietet. Anders ausgedrückt: Integration ist die Gegenstrategie zur Gewährung einer auf der *Schari'a* basierenden Parallelgesellschaft für muslimische Zuwanderer, die eine Gefahr für die Demokratie und den inneren Frieden sowie eine negative Herausforderung an die Identität Europas darstellt. Wären die muslimischen Terrorpiloten von New York, die aus Hamburg kamen, integrierte deutsche Bürger gewesen, hätte die

Bin Laden-Connection sie für diese Aktion mit Sicherheit nicht gewinnen können.

Gemeinwesen oder Balkanisierung?

Mein zentrales Argument ist, dass jedes stabile Gemeinwesen auf einer normativen Orientierung an einem Wertekonsens basiert. Im Gegensatz dazu kann multikulturelle Wertebeliebigkeit als Ideologie von Parallelgesellschaften dienen. Bei der Erörterung der möglichen Strategien zur Bewältigung der Problematik der Zuwanderung und ihrer Umwandlung in Einwanderung wird jeder Demokrat sich gleichermaßen zu Vielfalt und Gemeinsamkeit bekennen. Das ist auch der Inhalt des demokratischen Begriffs des Pluralismus, weil er die Gleichzeitigkeit von Diversität und Werteverbindlichkeit völlig deckt. Anders formuliert: Pluralismus basiert auf Vielfalt und fördert sie als demokratische Lebensform, aber zugleich setzt Pluralismus die Spielregeln fest und macht eine Werteorientierung für das Bestehen der Vielfalt zur Bedingung. Nur auf diese Weise ist es möglich, dass unterschiedliche Menschen in Frieden miteinander leben. Ist dies nicht gewährleistet, kann Vielfalt zur Fragmentierung eines Gemeinwesens und langfristig zur Balkanisierung seines Territoriums führen. Ich übertrage dieses Verständnis von Pluralismus auf die Kulturen und spreche von kulturellem Pluralismus[15] statt von Multikulturalismus.

Die multikulturelle Ideologie setzt die Akzente auf die *Rechte* der einzelnen Gruppierungen innerhalb einer multiethnischen Gesellschaft, nicht auf die *Pflichten.* Auch verlagert sie das Gewicht vom Individuum hin zum Kollektiv. Eine Balance zwischen diesen partikularen Rechten und der Gemeinsamkeit des Ganzen muss jedoch bestehen. Dies gewährt nur demokratischer Pluralismus, nicht die Wertebeliebigkeit des Multikulturalismus.[16] Der politische Pluralismus[17] in einer Demokratie ist, wie angemerkt, um einen kulturellen Pluralismus in einer Gesellschaft zu erweitern, in der Menschen leben, die aus verschiedenen Kulturen stammen.[18]

Außer den verbindlichen Spielregeln für die Konfliktaustragung in einer pluralistisch-demokratischen Gesellschaft gehören Demokratie, Toleranz und individuelle Menschenrechte zu den verbindlichen Werten einer politischen Kultur, die sich unter Bedingungen der Entfaltung der westlichen Zivilisation herausgebildet haben. Das ist der Inhalt des Pluralismus, dessen Geltung als Leitkultur voraussetzt, dass Grundwerte als verbindlich akzeptiert werden. In Parallelgesellschaften besteht diese Voraussetzung nicht, eben weil Werteverbindlichkeit fehlt. Nun ist es Mode geworden, die westlichen Werte im Namen der Öffnung gegenüber anderen Kulturen zu relativieren, ja, sogar postmodern zu verleugnen. Die Begriffe hierfür sind leider Fremdwörter: Kulturrelativismus und Postmoderne, aber sie bestimmen unseren Alltag. Obwohl Kulturrelativisten Objektivität und Verallgemeinerung ablehnen, verteidigen sie die absolute Geltung der Ansicht, dass die Werte jeder Kultur relativ seien und somit keine allgemeine Verbindlichkeit beanspruchen könnten. Diese Relativierung der Werte führt zu einer fehlenden Verbindlichkeit von Werten. Die Wertebeliebigkeit macht keinen Unterschied zwischen demokratischen Verbänden in einer pluralistischen Gesellschaft (zum Beispiel Parteien, Gewerkschaften) oder ethnischer bzw. religiöser Parallelgesellschaft. Diese Anschauung ist unhaltbar, weil sie versucht, Verbandsdemokratie mit den zahlreichen ethnischen Gruppierungen der Migrations-Diaspora gleichzusetzen.[19]

Im Zeitalter der Migration bleibt die Geltung der kulturrelativistischen Geisteshaltung nicht mehr auf Kulturen jenseits der eigenen Grenzen beschränkt; sie erweitert sich auch und vor allem auf die westlichen Gesellschaften selbst, die Migranten aus aller Welt aufnehmen. Wie können diese, einer großen ethnischen und kulturellen Vielfalt entstammenden Menschen zusammen mit der ursprünglichen Bevölkerung in Frieden leben, ohne dass verbindliche Werte zur Regulierung dieses Zusammenlebens im Rahmen eines Pluralismus anerkannt werden? Mit »Werten« meine ich nicht »Gesetze«; vielmehr beziehe ich mich auf eine ethische Weltsicht, die die Menschen jeweils als verbindliche Orientierung für ihr Leben anerkennen. Islamische Fundamentalisten bemühen sich in der Diaspora, sich nicht strafbar zu machen. Das ist keine Bejahung der Werte, die den Gesetzen als *Esprit* zugrunde liegen. Von Montesquieu wissen wir, dass die Gesetze einen Geist haben.[20]

In unserer Zeit haben Tagträumer und weltfremde Ideologen der Achtundsechziger-Generation sowie manche ihrer Nachzügler ihre einstigen abgedroschenen und utopischen Schlagwörter von einer klassenlosen Gesellschaft durch die konstruierte Idylle einer multikulturellen Gesellschaft ersetzt. Doch eine multikulturelle Gesellschaft kennt weder verbindliche Werte noch zivilisatorische Identität; somit bietet sie keine Basis für Integration. Der Vorbehalt gegen Multikulturalität bezieht sich nicht auf die Vielfalt und vor allem nicht auf Einwanderung. Jede Gesellschaft kann ihre kulturelle Vielfalt aber nur durch eine verbindliche Werteorientierung für die Gestaltung des Lebens miteinander sichern. Das ist aber kein Multikulturalismus, der Parallelgesellschaften durch seine Wertebeliebigkeit Tür und Tor öffnet. Die Alternative hierzu heißt kultureller und religiöser Pluralismus als Leitkultur (vgl. Anm. 3), der eine Orientierung für Integration bietet. Sicherlich wird diese Leitkulturdebatte nach dem 11. September neu zu führen sein.

Einige deutsche Ideologen des Multikulturalismus führen das arabische Spanien als eine Illustration für die multikulturelle Ideologie an.[21] Der Historiker, der die Fakten kennt und nicht dem Wunschdenken erliegt, weiß, dass es dort eine dominante, für alle verbindliche kulturelle Quelle für die Werteorientierung gab, nämlich die des Islam.[22] Im islamischen Spanien waren die damaligen Muslime aufgeklärt, und doch setzten sie die Geltung ihrer Werte und Normen als Leitkultur durch. Sie waren sicher keine Rassisten. Der große jüdische Historiker Bernard Lewis[23] rühmt die jüdisch-islamische Tradition jenes Spanien. Juden lebten nicht in einer Parallelgesellschaft, sondern in einer »islamisch-jüdischen Symbiose«, so Lewis. Warum wird dann von Multikulturalisten die vergleichbare Auffassung, dass in westlichen Gesellschaften die Werte der westlichen Zivilisation gelten sollten, als Rassismus verfemt?

»Multi-Kulti« ist kein Wert an sich, sondern der schlichte Tatbestand, dass Menschen aus verschiedenen Kulturen ohne Wertekonsens auskommen, nebeneinander, nicht miteinander leben. Die Wirklichkeit zeigt aber, dass beim Fehlen eines Wertekonsenses ethnische Konflikte entflammen. Anders formuliert: Weil der Multikulturalismus als Ersatz für verbindliche Werte nicht funktioniert, bedarf er deshalb eines *»Rethinking«,* also der Revision.[24] Denn wie kann ein Gemeinwesen ohne verbindliche Werte in Frieden zusammenleben, wenn dieser fragmentierende Multi-Kulti-Geist dominiert? Gerade wenn die Mehrheit der Zuwanderer aus Kulturen stammt, deren Identität eine ethnische beziehungsweise religiöse Bestimmung hat und die den Menschen als Individuum nicht kennen, kann solche Wertebeliebigkeit nur zu rivalisierenden Parallelgesellschaften, bestenfalls zu nebeneinander bestehenden Gebilden führen. Ein Gemeinwesen aber fehlt. Ich möchte an einem Ereignis, das ich selbst in Gießen erlebte, illustrieren, wie Konflikte dieser Art entstehen, die nicht rational ausgetragen werden können.

In meiner Eigenschaft als aufgeklärter Muslim lud man mich ein, im Rahmen des Collegium Gissenum über Toleranz zu sprechen. Dort wollte ich in einer Vorlesung zeigen, dass eine Synthese von Islam und Toleranz im Sinne einer Freiheit, die auch für Andersdenkende gilt, möglich ist. Diese These kann sowohl unter Bezugnahme auf die positiven Aspekte des islamischen Erbes[25] als auch durch Anleihen bei der europäischen Aufklärung eine Legitimation finden. Eine Minderheit dort anwesender islamischer Fundamentalisten hat jedoch durch ihr intolerantes Verhalten genau das Gegenteil bewiesen, ohne dass die Mehrheit der deutschen Zuhörer – mangels Zivilcourage – dies beanstandet hätte. Anschließend sagten mir Deutsche, sie hätten Angst vor dem »Vorwurf der Fremdenfeindlichkeit« gehabt! Kein Kommentar!

Der Vorfall verlief auf diese Weise: Nach islamischer Norm kann ein Muslim das Abendgebet jederzeit zwischen Sonnenuntergang und -aufgang verrichten. Abweichend davon und im Namen der Toleranz wurde jedoch von den Fundamentalisten willkürlich eine Unterbrechung der Vortragsveranstaltung für das Abendgebet verlangt; die Mehrheit sollte also erst nach Ende des Gebets mit der Veranstaltung fortfahren. Dieser Wunsch ist durch keine Vorschrift der islamischen Religion zu begründen. Die Ablehnung der Forderung mit der Begründung, für das Collegium Gissenum gelten die Werte einer säkularen Institution sowie praktische Zwänge (zum Beispiel Raumschließung gegen 22 Uhr), wurde als Intoleranz propagandistisch verfemt. Nach dem Vortrag gab es keine fruchtbare Diskussion; stattdessen wurden fundamentalistische Proklamationen und Werbung für den Islam verlesen – wiederum ohne Beanstandung der anwesenden schweigenden Mehrheit. Warum kann man solche »befremdlichen« Verhaltensweisen nicht auch ablehnen, wenn sie von Fremden kommen? Nach dem 11. September dürfte sich so ein Fall nicht wiederholen. Dessen bin ich mir in Deutschland allerdings nicht sicher!

Nicht nur für das Zusammenleben unterschiedlicher Menschen, sondern auch für die Führung eines Dialoges oder einer Diskussion werden Werte und Normen als Leitkultur benötigt, an die sich jeder zu halten hat. Denn ohne einen solchen Rahmen kann kein Miteinander entstehen. Auf solche Argumente reagierten die Islamisten mit der Keule »ausländerfeindlich«. Um nicht missverstanden zu werden: Diese Intoleranz hat nichts mit der Religion des Islam, wohl aber mit der Ideologie des Islamismus zu tun. Ich erinnere meine Leser an den vielen Deutschen nicht bekannten Unterschied zwischen Islam und Islamismus.[26] Manche Deutschen waren nach dem 11. September offen für diese Differenzierung, die hilft, vor einem »Feindbild Islam« zu schützen, andere aber nicht!

Noch alarmierender als der Gießener Vorfall war ein anderer in Nürnberg: Islamisten beanstandeten den Titel meines Vortrages »Deutsche und muslimische Einwanderer« mit dem törichten Vorwurf: Die Groß- und Kleinschreibung bringe das auch vom *Spiegel* in einem Artikel über Leitkultur vermeintlich erkannte »oben/unten« des Verhältnisses Deutsche/Muslime zum Ausdruck; daher sei der Titel eine »Diskriminierung«. Die Hinweise auf die Orthographie der deutschen Sprache nutzten nichts. Der Vorwurf »demagogisch« diente ihnen als Grundlage für eine polizeiliche Anzeige gegen mich wegen vermeintlicher »Beleidigung der Muslime«, die als höchst lächerlich von der Staatsanwaltschaft abgewiesen wurde.

Die Einwanderung und die Gefahr der Bildung von Parallelgesellschaften auf Kosten des demokratischen Gemeinwesens machen auf eine Realität aufmerksam: In unserer Welt gibt es Tausende von Lokalkulturen, die sich zu Zivilisationen mit je eigenen Anschauungen gruppieren. Die Heterogenität der Zivilisationen spiegelt sich vor allem im weltanschaulichen Bereich wider. Der Zivilisationskonflikt resultiert somit aus einer Konfrontation der Weltanschauungen, wenn keine friedliche Konfliktbewältigung möglich ist. Auch der 11. September 2001 war ein Ausdruck eines Zivilisationskonfliktes. Diese Dimension darf nicht tabuisiert werden.[27] Im Lichte des 11. Septembers müssen wir zur Erkenntnis gelangen, dass die falsch verstandene Toleranz einer Multi-Kulti-Ideologie, die eigene Werte verleugnet, übersieht, dass die anderen dies nicht tun. Das Ergebnis ist dann ein Ungleichgewicht der Akteure im Zusammenspiel von Kulturrelativismus sowie Wertebeliebigkeit auf der einen Seite und Neo-Absolutismus der Werte vormoderner Kulturen auf der anderen. Der Absolutist ist in diesem *Krieg der Zivilisationen* der Gewinner, der wertelose Relativist der Verlierer. Jene Europäer, die keine Leitkultur als Werteorientierung haben wollen, übersehen das Faktum, dass die anderen eine sehr starke Leitkultur haben (vgl. Anm. 3). Multi-Kulti wird zum Ersatz für Werte und auch zum ideologischen Instrument für die Verfolgung von Zielen, die mit dem Dialog zwischen Kulturen und Zivilisationen als Friedensinstrument nichts zu tun haben.

Ein demokratischer Pluralismus in einer Zivilgesellschaft kann kulturelle und religiöse Vielfalt nur auf der Basis der Geltung von Werten entfalten, die für alle Mitglieder des Gemeinwesens gleich welche ethnische Bestimmung sie haben -verbindlich sind. In einem Nebeneinander von ethnischen oder religiösen beziehungsweise ethno-religiösen Parallelgesellschaften ist dies nicht möglich. Nur ein verbindlicher Pluralismus ermöglicht die säkulare Demokratie und kann die Geltung ihrer Werte schützen. Menschen aus unterschiedlichen Kulturen können ihre kulturelle Vielfalt pflegen und dennoch friedlich miteinander leben. Selbst in der gefestigten US-Gesellschaft und trotz ihrer starken Identität trägt die Bildung von Parallelgesellschaften dort zu der Gefahr bei, die Arthur Schlesinger als *»Disuniting of America«* beschrieben hat.[28]

Kurzum: Zwischen den Extremen der Assimilation und der Bildung von Parallelgesellschaften bietet eine demokratische Integration den Einwanderern die Möglichkeit, die eigene kulturelle Identität zu bewahren und sie durch Bürgeridentität zu bereichern. Nach dieser Feststellung frage ich: Warum verwechseln deutsche Gesinnungsethiker diese Begriffe? Demokratische Integration und kulturelle Assimilation sind zweierlei Begrifflichkeiten und führen zu unterschiedlichen Szenarien. Auch kulturelle Vielfalt und Multikultur sind nicht dasselbe, wie aufmerksame Leser den bisherigen Ausführungen entnommen haben. Im Folgenden will ich diese Problematik an einem nichteuropäischen Beispiel veranschaulichen: Pakistan.

Eine Veranschaulichung der Problematik am Beispiel einer Parallelgesellschaft außerhalb Europas: Die Mohadjir-Gemeinschaft zwischen Karachi und London

Zunächst will ich begründen, warum ich mein Beispiel außerhalb Europas gesucht habe. Ethnische und religiöse Parallelgesellschaften bilden sich in der Diaspora, bewahren jedoch eine Verbindung zum Ursprungsland in der Dreiecksbeziehung Aufnahmestaat – Diaspora – Herkunftsstaat. Dieses Muster gilt überall, also auch in Deutschland. So versuchen gewisse Migranten das Aufnehmerland – so zum Beispiel die türkischen Kurden und *Milli Görüş*-Islamisten in Deutschland –, den Aufnahmestaat für ihre Zwecke zu instrumentalisieren. Weil ich um Distanz und Sachlichkeit bemüht bin, wende ich mich einem Beispiel außerhalb Deutschlands zu: indisch-pakistanischen *Mohadjirs,* die zwischen London und Karachi agieren. Dies kann helfen, ohne Emotionen und Voreingenommenheit in die Problematik einzudringen.

Am Beispiel der *Mohadjirs* in Pakistan sehen wir, dass Einwanderung sicherheitspolitisch relevante Konflikte mit sich bringt, selbst wenn die beteiligten Parteien dieselbe Kultur und Religion haben, wie die Situation in der pakistanischen Provinz Sindh und ihrer Großstadt Karachi zeigt. Konfliktparteien sind hier die *Sindhi,* die Urbewohner, und die *Mohadjirs* (andere Schreibweise: *Mohadschirs),* also jene Muslime Indiens[29], die nach der Aufteilung des Subkontinents 1947 aus einem säkularen, jedoch vorwiegend von Hindus bewohnten Indien in ein multiethnisches, aber bis zu 97 % muslimisches Pakistan, also in den islamischen Teil, aus allerdings unbegründeter Angst, zuwanderten. Die muslimischen Religionsbrüder der indischen *Mohadjirs* in Pakistan haben sie nicht willkommen geheißen, sondern sie als Randgruppe behandelt und sie somit als Parallelgesellschaft ethnisiert.

Ich hatte die Gelegenheit, vor Ort in Karachi die Aktualisierung der Konfliktpotentiale zu beobachten. Die aus Indien migrierten Muslime fügen dem Wort *Mohadjir*/Migrant das Wort *Qaum*/Volk hinzu und sprechen von *Mohadjir Qaum*/dem Volk der Zuwanderer. Beide, die *Sindhis* und die *Mohadjir,* sind Muslime, aber sie töten einander.

Dieses Beispiel habe ich insbesondere deshalb ausgewählt, weil ich deutsche Leser erreichen will. Denn bei uns in Deutschland gehört zur Gesinnungsethik oder besser zur deutschen Ideologie des Gutmenschen die Verneinung von Differenzen und die Verleugnung von Konflikten. Wer hierüber in Bezug auf die Fremden redet, gilt als ein Brunnenvergifter, ja Fremdenfeind. Auf einer Veranstaltung in Saarbrücken warf mir ein deutscher gesinnungsethischer Protestant vor, ich trage mit dem Aufzeigen der Konfliktpotentiale zur Polarisierung bei. »Viel wichtiger ist die menschliche Begegnung, bei der Muslime und Christen aufeinander zugehen«, sagte dieser Gesinnungsethiker, vergaß aber den Zusatz hinzuzufügen »ohne miteinander offen und ehrlich zu sprechen«, erst recht nicht über anstehende und reale Probleme und wie damit umzugehen ist. Aus dem hier ausgesuchten Beispiel geht hervor, dass es Probleme selbst unter Muslimen gibt.

Jahrelang hat in Karachi zwischen bei den Konfliktparteien ein Guerillakrieg geherrscht, der Tausende Menschenleben gekostet hat. Manchmal ruhte er, dann wurde er erneut entfacht. In Karachi konnte ich 1995 die aus *Pundschabis* zusammengesetzten furchteinflößenden militärischen Rangereinheiten aus der Nähe beobachten; sie rasen mit ihren Jeeps durch die Straßen Karachis und jagen Mitglieder des *Mohadjir*

Qaumi Movement/MQM (Bewegung des Zuwanderervolkes), auf deren Konto nicht nur Bombenanschläge, sondern auch die Entführung und brutale Hinrichtung von Rangers und Polizisten gehen. Der damalige Führer der MQM, Altaf Husain, lebte zu jenem Zeitpunkt im Londoner Exil und gab von dort per Fax seine Anweisungen nach Karachi. Ein Wort von ihm, das heißt auch von seiner Parallelgesellschaft in London, reichte aus, um einen Streik der inzwischen die Mehrheit bildenden *Mohadjirs*/Zuwanderer auszulösen, mit dem Karachi lahmgelegt werden kann. Diese Streiks veranschaulichen in ihrer Wirkung die gesamte Dreiecksbeziehung, und sie gehörten seit Jahren zum Alltag der Stadt. Trotz dieses Guerillakrieges ist die MQM nicht in jeder Hinsicht eine Untergrundbewegung. Aus Opportunität erlauben die pakistanischen Behörden politischen Führern der MQM, von Karachi nach London zu reisen, um dort Konsultationen mit ihrem Führer Altaf Husain zu führen, damit dieser zur Zurückhaltung aufruft.

Die unterprivilegierte Stellung der *Mohadjir* in Sindh – es gibt noch zahlreiche andere Beispiele – illustriert die Heuchelei vieler islamischer Politiker, die die Stellung der Muslime in Europa beklagen, aber selbst islamische Migranten in ihren Ländern offen diskriminieren. Dies ist auch der Fall in Pakistan, wie der Führer der MQM Altaf Husain in einem in DAWN veröffentlichten Interview einräumt.

»Die Herrscher Pakistans sprechen auf jedem weltpolitischen Forum von der Repression in Kaschmir und Bosnien, klagen dabei die indischen Behörden und die Serben an, übersehen aber, dass sie selbst eine ähnliche Unterdrückung der eigenen Bevölkerung betreiben ... Die *Mohadjirs* werden den Mördern ihrer Kinder nie verzeihen.«[30]

Das arabisch-islamische Wort *Mohadjir* bedeutet auch in der Urdu-Sprache Migrant/Zuwanderer; es hat jedoch eine religiöse Implikation dadurch, dass der islamische Prophet auch ein *Mohadjir* war; seine *Hidschra* (Migration) erfolgte nach der religiösen Verfolgung durch die Ungläubigen im Jahre 622 von Mekka nach Medina. Das *Hidjra*/Exodus-Jahr 622 ist das erste Jahr islamischer Zeitrechnung (vgl. Kapitel 6).

Doch das *Mohadjir Qaumi Movement*/MQM ist keine religiöse, sondern eine ethnisch-politische Bewegung, die die Interessen der betroffenen Parallelgesellschaft vertritt, für eine Separation kämpft und hierbei zu den Mitteln der Guerillakriegführung greift. Die Rechte der Zuwanderer, die Muslime sind, werden gegen die ursprünglich einheimische Bevölkerung, die ebenso muslimisch ist, mit Gewalt verteidigt. Die Urdusprechenden Zuwanderer/*Mohadjirs* haben mit den einheimischen *Sindhis* und anderen Bewohnern der Provinz Sindh zwar die Religion – also hier den sunnitischen Islam –, nicht aber die Sprache und Ethnizität gemeinsam; sie teilen aber dennoch eine relativ ähnliche Kultur.

In ihrer Eigenschaft als Angehörige einer Parallelgesellschaft sind die *Mohadjirs* ethnisch eine Gruppe mit eigener konstruierter Identität und grenzen sich von den gleichfalls muslimischen Einheimischen, den *Sindhis,* radikal ab. Ethnizität heißt hier die Bildung des Bewusstseins einer sich von allen anderen abgrenzenden »Wir-Gruppe« als »*imagined community*«[31]. Die deutsche Diskussion über die Bundesrepublik als »Einwanderungsland« klammert alle Fragen der Ethnizität und der Ethnisierung der Politik aus. Es bleibt nur der oft berechtigte Hinweis auf den Rechtsradikalismus, aber es ist keine Rede von den ethnischen Konflikten. Ich weiß, dies ist ein sensibles Thema, bei dem manches missverstanden werden kann, aber mit Rechtsradikalismus und Rassismus als Erklärungsmuster lässt sich nicht alles deuten.

Die deutschen Fernsehzuschauer kennen aus der Zeit nach Beginn des US-Krieges gegen den Terrorismus (ab 7. Oktober 2001) die Bilder der Paschtunen-Flüchtlinge aus Afghanistan nach Pakistan. Es gibt aber im Süden des Landes in Karachi eine ältere Geschichte von Relevanz für unser Thema. Karachi bietet ein Beispiel zur Illustration der Ethnizitätsproblematik im Zusammenhang mit Migration, aus dem die Europäer viel lernen können. Denn dort zeigt sich: Parallelgesellschaften sind ethnisch definierte Sozialgebilde und keine demokratischen Verbände. Das Beispiel ist deshalb nicht gefährlich, dafür aber aussagekräftig, weil beide Kontrahenten Muslime und Südasiaten sind. Also können weder Rassismus noch Rechtsradikalismus am Werk sein: Warum dann der Konflikt?

Das MQM wird seit Jahren von Altaf Husain vom Londoner Exil aus autoritativ geführt. Schon früher bestand es aus streitenden Fraktionen und hatte gleichermaßen gemäßigte lokale Führer, wie auch militante gewalttätige Untergrund-Aktivisten, die Anschläge auf die Institutionen der Sindh-Lokalregierung in Karachi sogar mit Raketen verübten. Wir wissen aus den Medien, dass ähnliches in Nord-Pakistan durch die Paschtunen-Flüchtlinge geschieht.

Obwohl der gesellschaftliche Hintergrund die entsprechende Parallelgesellschaft ist, war das MQM politisch eine Schöpfung des Diktators Zia ul Haq, der in der Provinz Sindh ein Gegengewicht zu der von ihm seinerzeit gestürzten *Pakistan People Party*/PPP von Benazir Bhutto aufbauen wollte.[32] Von Zia wird berichtet, dass er selbst ein *Mohadjir* war. Doch hat sich das MQM anders entwickelt, als seine Gründer dies im Sinn hatten. Der Versuch, nachträglich ein anderes, loyales MQM zu gründen, schlug fehl. Generell lässt sich das MQM als eine auf einem ethnischen Nationalismus basierende, teilweise separatistische, gegen das Machtzentrum der *Sindhis* gleichermaßen in Karachi und in Islamabad gerichtete gewalt bereite Bewegung definieren. Ihr Hintergrund ist die Parallelgesellschaft der *Mohadjir-Zu*wanderer in der Provinz Sindh, und sie agiert in der Dreiecksbeziehung Ursprungsland – Diaspora – Aufnahmeland, also Pakistan – London – Großbritannien. Generell ist das islamische Land Pakistan zwischen den politischen Kräften des von Staatsgründer M. A. Jinnah konstruierten pakistanischen Nationalismus, Ethnizität und vor allem politischem Islam[33] hin- und hergerissen. Bleiben wir im Süden Pakistans, wo die Hafenstadt Karachi eine moderne Stadt darstellt; sie gilt als Wirtschaftsmetropole nicht nur der Provinz Sindh, sondern ganz Pakistans. Unter den Unruhen leidet die gesamte Wirtschaft. Die Forderung des pakistanischen Business Forums, eines Gremiums der Wirtschaft des Landes, von 1995 an das MQM, auf das politische Instrument des Streiks im Interesse des wirtschaftlichen Wohlergehens aller zu verzichten, antwortete das MQM mit der Gegenforderung, die Rangers abzuziehen und den Terror gegen die *Mohadjirs* einzustellen. Seitdem hat Pakistan – unter anderem der Coup von Muscharraf 1999 – eine Reihe von Regierungen gesehen, die abwechselnd auf demokratischem oder gewaltsamem Wege an die Macht gelangten. Das Problem der *Mohadjir*-Zuwanderer, die den Anspruch erheben, ein Volk zu sein, bleibt unverändert bestehen. Es ist das Problem einer wirtschaftlich und sozial nicht integrierten ethnischen Randgruppe, die zur Parallelgesellschaft geworden ist.

Man kann in der Tat nicht nur von MQM-Terror, sondern auch vom Terror der Rangers der pakistanischen Zentralmacht sprechen, die ohne Hausdurchsuchungsbefehl Häuser der *Mohadjirs* überfallen, ohne Haftbefehl Verdächtige mitnehmen und darüber hinaus Schutzgelder erpressen. Die *Mohadjirs* müssen etwa für die Inanspruchnahme von Leistungen jeglicher Art (Wasser, Elektrizität und ähnlichem) bestimmte Geldsummen an die korrupte lokale Polizei zahlen. Diese Atmosphäre von Terror und Gegenterror sowie die Diskriminierung der *Mohadjirs* treibt die politisch Nichtaktiven unter ihnen in die Hände des MQM. Das ist eine lehrbuchartige Fallstudie für die Folgen der wildwüchsigen Zuwanderung, die, wenn Integration ausbleibt, Parallelgesellschaften mit den entsprechenden Konfliktpotentialen hervorruft.

Die MQM-Aktivisten bewegen sich in den nördlichen *Mohadjir*-Vororten von Karachi (zum Beispiel Orangi) wie ein Fisch im Wasser. Davon träumen die Islamisten in Europa, die sich dies in der Diaspora wünschen. Es gibt zwar keine zuverlässigen Statistiken, aber der Angabe, die *Mohadjirs* bildeten inzwischen die Bevölkerungsmehrheit in Karachi, ist Glauben zu schenken. Ich greife auf folgenden Vergleich zurück: Auch in den Kosovo wanderten Albaner zu, eine Integration blieb aus, sie wurden zur Mehrheit, und die Folgen sind bekannt. In Mazedonien setzte sich das Spiel 2001 mit den in früheren Zeiten zugewanderten Albanern fort. Wir sehen: Das Phänomen ist global.

Zurück zu Pakistan: Im Gegensatz zu den urbanen *Mohadjirs* zählen die *Sindhis* vor allem zur ländlichen Bevölkerung. Sie bevorzugen es, in den »*interiors*«, in den kleinen und ruralen Orten im Landesinneren von Sindh zu leben. Die Nicht-*Mohadjirs* in Karachi setzen sich aus vielen ethnischen Gruppen zusammen. Im Polizei- und Militärbereich überwiegen die *Pundschabis,* was sie sehr einflussreich macht; aus ihnen rekrutieren sich auch die Rangerkommandos. In der Provinz Sindh leben illegal zudem etwa zwei bis drei Millionen Bengalis (sie strömen zu Fuß oder auf einem Tragtier über Indien ins Land); sie kommen aus dem ehemaligen Ost-Pakistan – mit der Hoffnung auf ein besseres Leben als in ihrem Armenhaus Bangladesh. Und so entsteht eine weitere Parallelgesellschaft. Im Jahre 2001 wiederholt sich diese Geschichte im Lichte des Afghanistan-Krieges gegen den Terrorismus. Die Paschtunen-Flüchtlinge werden zu den Problemen Pakistans ein weiteres hinzufügen. Dies gehört zu den von Myron Weiner analysierten Sicherheitsproblemen unerwünschter Migration.[34]

Im Gegensatz zu den Paschtunen und Bengalis sind die *Mohadjirs* pakistanische Bürger. Den Bengalis wird die Einbürgerung, ja eine Legalisierung ihrer Arbeit (zum Beispiel den bengalischen Fischern von Karachi) verweigert. Dies wird auch den Paschtunen im Norden geschehen. Das Land Pakistan hat seine Kapazitätsgrenze erreicht.

Bis 1994 war die Armee für die Bekämpfung des MQM in Karachi zuständig. Danach wurde sie abgezogen, weil die pakistanischen Generäle erkannt hatten, dass die *Mohadjir*-Frage und die Konflikte mit ihrer Parallelgesellschaft sich militärisch nicht lösen lassen. Als 1995 die *Pa-*

kistan People Party/PPP von Benazir Bhutto und des Bhutto-Clans, der ja – wie die gesamte Regierungspartei – aus *Sindhis* besteht, regierte, warfen ihre politischen Gegner ihr einen allzu sanften Umgang mit den *Mohadjirs* vor. Seitdem hat Pakistan unterschiedliche Regierungen gehabt – und ist seit dem Sturz von Scharif, der Gegner der Bhutto-Herrschaft war, durch General Muscharaf, eine Militärdiktatur. Die Regierungen – ob gewählt oder durch Putsch an die Macht gekommen – kommen und gehen, aber die *Mohadjir*-Frage bleibt.

Nun komme ich auf Sicherheitsprobleme, die mit dieser Zuwanderung in Pakistan zusammenhängen, zurück. Die Waffen, die in Karachi und ebenso im benachbarten Afghanistan eingesetzt werden, kommen ohne Zweifel aus den Beständen des Afghanistan-Krieges gegen die sowjetischen Besatzer.[35] Es ist bekannt, dass viele MQM-Kämpfer, wie andere islamische Terroristen, seinerzeit in Peshawar, im nördlichen Pakistan an der afghanischen Grenze, mit Hilfe der amerikanischen CIA ihre Guerillaausbildung erhalten haben.[36] Die »Fragmentation von Afghanistan«[37] ist nicht nur der Hintergrund der Taliban und Bin Ladens, sondern auch des internationalen Terrorismus.[38]

Die pakistanische Regierung hat kaum eine Kontrolle über jene gebirgige Gegend des Nordens, die offiziell den Namen *Federally Administered Tribal Area*/FATA trägt. Die dort ansässigen Stämme/*Qabail* fühlen sich als jeweils eigenständige ethnische Gruppe und haben auch ihre eigenen Parallelgesellschaften; sie haben sich inzwischen zu einer Bewegung zusammen geschlossen, die sich *Tehrik Ittehad-i-Qabail*/Bewegung der Vereinigten Stämme nennt und die Bildung eines fünften Bundeslandes in Pakistan fordert. Das neue Land soll laut Forderung der Stammesbewegung *Qabailstan*/Land der Stämme, heißen. In jenem Land blüht der Waffen- und Rauschgift-Schmuggel; die Karachi-Peshawar-Connection ist für jeden Beobachter vor Ort durchschaubar. Unter der Taliban-Herrschaft in Afghanistan hat sich diese Lage verkompliziert, und dementsprechend gewinnen die Forderungen der Zuwanderer/*Mohadjirs* gegenüber den *Sindhis* und *Pundschabis* an Schärfe. Das Gewaltpotential ist viel größer und umfasst die Waffenmärkte und die Rauschgift-Mafia, deren Einflusszone bis nach Europa reicht. In diesem Rahmen haben die *Mohadjir* die separatistische Forderung nach einem eigenen *Mohadjistan* – das Land der *Mohadjirs* – entwickelt. Durch den Krieg gegen den Terrorismus von 2001 wird dieser Konflikt dramatische Züge annehmen.

Es bleibt nicht aus, dass auch die islamischen Fundamentalisten in Pakistan bei der Malaise von Karachi in diesem Dschungel von Machenschaften mitmischen wollen; sie klagen, das Problem der *Mohadjir* sei eine »amerikanisch-zionistisch-hinduistische Verschwörung« gegen den Islam. Diese Propaganda ändert nichts an der Tatsache, dass jahrelang in Karachi täglich Muslime gegen Muslime kämpften und sich gegenseitig ermordeten. Die *Jama'at-i-Islami*-Fundamentalisten[39] sprechen immer von der weltweiten Einheit der islamischen *Umma,* können aber nicht überzeugend erklären, warum diese Idee selbst innerhalb eines einzigen Landes, in Pakistan, keine Realität werden kann. Die ethnischen Kämpfe unter anderem zwischen *Sindhis, Pundschabis,* den illegalen Bengalis und in erster Linie dem »Zuwanderer-Volk«/*Mohadjir Qaumi,* haben Pakistan vor eine Zerreißprobe gestellt und sind sicherlich nicht das Werk einer Verschwörung. In Pakistan werden die Konflikte zwischen religiösen Gruppen *(Sunna* und *Schi'a)* überlagert von den Konflikten zwischen Urbewohnern und Migranten. Pakistan ist islamisch, aber nach innen ein zerrissenes Land, dessen Zerrissenheit sich durch den Beitritt zur Anti-Terror-Koalition erheblich intensiviert.

Die auf dem Boden ethnischer und religiöser Parallelgesellschaften gedeihenden Ideologien des ethnischen Nationalismus, religiösen Fundamentalismus und der religiösen Sektiererei gefährden die Idee eines einheitlichen pakistanischen Volkes, die der Gründer Pakistans, Mohammed Ali Jinnah, im Rahmen seiner Zwei-Nationen-Theorie vertreten hat. Es bleibt nicht bei der Aufteilung des indischen Subkontinents, die Konstruktion eines muslimisch definierten pakistanischen Volkes droht sich in den bestehenden Parallelgesellschaften aufzulösen. Pakistan bietet Lehren für Europa. Denn auch in Europa, konkret auf dem Balkan, haben wir vergleichbare Konflikte in Bosnien, Kosovo und Mazedonien, bei denen Gemeinwesen zerbrechen. Diese Entwicklungen hängen mit Zuwanderung ohne Integration und so mit der Bildung von Parallelgesellschaften zusammen.

Schlussfolgerungen

Multikulturalisten, die individuelle Rechte und Identität durch Kollektivrechte und rein kulturelle Identität ablösen, verwenden zwar den Begriff Parallelgesellschaft nicht, doch seinen Inhalt. Für denselben Inhalt haben sie ihren eigenen Begriff, nämlich multikulturelle *communities*/Gemeinschaften (daher der: Multi-Kulti-Kommunitarismus), geprägt.[40] Ihr Argument lautet, dass diese *communities,* nebeneinander lebend, ein Mosaik bildeten. Sie erkennen jedoch nicht, dass in diesem Rahmen ein zivilgesellschaftliches Gemeinwesen kaum möglich sein kann. Wo ein solches besteht, zerfällt es – wie beim *»Disuniting of America«* (Anm. 28) –, wenn Migration an Multi-Kulti-Kommunitarismus, das heißt an die Entstehung von Parallelgesellschaften gebunden wird. Sowohl in den westlichen als auch in nicht-westlichen multi-ethnischen Gesellschaften funktioniert die Verbindung Hauptgesellschaft – Parallelgesellschaft nicht. Daran sehen wir, dass kein Weg an der Integration vorbeiführt. Gerade nach den Ereignissen des 11. Septembers drängt sich die Perspektive der Integration nicht nur als die der Vernunft, sondern gar die der Sicherheitspolitik auf. Eine Politik der Integration gehört auch zu dem, was seit dem 11. September als *war against terrorism*/Krieg gegen den Terrorismus bezeichnet wird.

DRITTER TEIL

Die erforderliche Doppelstrategie: Kulturelle Öffnung bei gleichzeitiger Bewahrung der zivilisatorischen Identität Europas

Globale Migration führt zu der Begleiterscheinung, dass die früher in der Geschichte oft dominierende Übereinstimmung von geographischen und kulturellen Grenzen durch die Entgrenzung nicht mehr wie bisher weiterbesteht, sondern langsam verschwindet. In Bezug auf das Thema dieses Buches lässt sich feststellen: Die Welt des Islam befindet sich nicht mehr an der Grenze Europas, sondern in dessen geographischer Mitte. Ausgehend von dieser Veränderung, entwickelt sich ein neuer Typ von Gesellschaften, in denen die Angehörigen zahlreicher Kulturen auf demselben Territorium leben. Wer die vorangegangenen Teile dieses Buches genau gelesen hat, weiß schon, dass Kulturen sich trotz dieser neuen Nähe voneinander durch jeweils andere Werte und Normen unterscheiden und in der Diaspora voneinander abgrenzen. Diese Feststellung gilt in besonderem Maß für islamische Migranten. Es ist aber klar, dass für den inneren Frieden einer Gesellschaft gemeinsame Plattformen benötigt werden. Dies erfordert, Formen des Umgangs mit dem *Anderen* zu entfalten und zu institutionalisieren. Mit anderen Worten, bei allen Menschen, die in diesen Gesellschaften leben, entsteht ein Bedarf an interkultureller Kompetenz für den Umgang mit der »Differenz«. Für diese existieren klassische Begriffe wie Toleranz und Pluralismus, doch sind sie auf Individuen, nicht auf Kulturen zugeschnitten. Unter den veränderten Bedingungen müssen diese Termini neu durchdacht werden. Das ist die Aufgabe der beiden Kapitel des vorliegenden dritten Teils.

Vorab möchte ich anmerken, dass »Toleranz« seinen Ursprung außerhalb Europas hat. Die islamische Zivilisation, der etwa 15 Millionen der in Westeuropa lebenden Migranten angehören, zählt zu den ältesten, die eine Tradition für den toleranten Umgang mit dem *Anderen* vorweisen kann, und hat daher gegenüber dem Christentum einen Vorsprung. Nach den Lehren des Islam sind Andersgläubige – wenngleich mit Einschränkungen – zu dulden. Diese Lehren müssen allerdings historisiert werden, wodurch ihre Geltung im 21. Jahrhundert begrenzt wird. Andernfalls würde der Bezug auf die islamische Toleranz nur apologetischen Zwecken dienen, um Sand in die Augen der weniger Informierten zu streuen. Nur im Vergleich mit dem mittelalterlichen, noch nicht reformierten Christentum genießt die klassische islamische Toleranz Vorzüge. Bei der Gegenüberstellung des islamischen Toleranzbegriffes und dem der Aufklärung zeigen sich klar die engen Grenzen des ersteren. Die islamische Toleranz im Mittelalter gegenüber Christen und Juden in ihrer Bestimmung als geschützte Minderheiten würde bei einer Anwendung in unserer Gegenwart eher eine Diskriminierung und Verletzung der Menschenrechte bedeuten. Auch Islamreformer wie beispielsweise Abullahi An-Na'im teilen diese Ansicht.

Mit dieser Einführung möchte ich zu den beiden Kapiteln des dritten Teils einleiten, nicht aber deren Inhalt vorwegnehmen. Daher begnüge ich mich hier mit der Aussage, dass die Anerkennung von religiösen Minderheiten im Islam –womit ausschließlich Juden und Christen gemeint sind – nicht als Vorbild für eine multikulturelle Gesellschaft dienen kann, wie es von manch europäischem Islamophilen dargestellt wird.

Hier steht die Idee im Mittelpunkt, dass aus der Migration ein zunehmender Bedarf an interkultureller Kompetenz im Umgang mit dem *Anderen* entsteht, wofür ich bisher »Toleranz« als ein Erfordernis angegeben habe. Toleranz ist aber nicht nur eine persönliche Einstellung der Offenheit gegenüber anderen; sie ist auch eine gesellschaftliche Praxis, deren Ausübung institutionelle und andere soziale Voraussetzungen als Rahmenbedingungen für die Einhaltung entsprechender Spielregeln erfordert. Diese Vorbedingungen fasse ich mit dem Begriff des religiösen und kulturellen Pluralismus zusammen. Die inhaltliche Füllung dieses Terminus ist Aufgabe der Ausführungen in den folgenden Kapiteln. Eine besondere Schwierigkeit ergibt sich bei der Etablierung eines religiösen Pluralismus aus dem Charakter der Religion selbst. Es gehört zum Bestandteil *jeder* Religion, das Absolute für sich zu beanspruchen, und insofern steht sie im Widerspruch zum Gebot des Pluralismus, das die Gleichstellung der verschiedenen Kulturen und Religionen fordert.

Mit meiner Kritik am Multikulturalismus, als Ausdruck einer Wertebeliebigkeit, habe ich bereits in den vorangegangenen Teilen dieses Buches gezeigt, dass ich den kulturellen Pluralismus als Alternative vorschlage. Multikulturalisten, die alle kulturellen Werte, einschließlich die der Religionen, gleichsetzen, wissen entweder tatsächlich nicht oder wollen nicht wissen, dass absolute Werte der Religion in Konflikt mit der Grundannahme des Pluralismus stehen. Ähnlich den Multikulturalisten argumentiere ich, dass wir Vielfalt benötigen. Im Gegensatz zu ihnen halte ich es aber für wichtig, Werte und Spielregeln, das heißt verbindliche Rahmenlinien für den Umgang mit »Differenz« festzulegen. Außerdem ist meine Definition von religiösem Pluralismus eine andere, weil ich glaube, dass dieser nur auf einer säkularen Grundlage gedeihen und praktiziert werden kann. Damit ist gewährleistet, dass der Religion nicht innerhalb des Glaubens, aber in der Sphäre der Öffentlichkeit, der Anspruch auf das Absolute abgesprochen wird, denn nur dann können Angehörige unterschiedlicher Religionen in Frieden zusammenleben. Die folgenden Kapitel beanspruchen, interkulturelle Kompetenz in Bezug auf die Problematik Toleranz und Pluralismus zu vermitteln.

KAPITEL 5

Zwischen Kulturpluralismus und multikultureller Wertebeliebigkeit: Kein Raum für antiwestliche Ideologien im Namen der Toleranz

Toleranz ist ein kultureller Wert; seine inhaltliche Bestimmung und Bedeutung muss folgerichtig zwischen den Zivilisationen variieren. In der westlichen Zivilisation geht der Toleranzbegriff auf die Aufklärung zurück, ist daher auf Individuen zugeschnitten und bezieht sich auf den Umgang mit Andersdenkenden. Im Islam[1] hat der Begriff hingegen eine andere, engere Bedeutung, weil Toleranz sich allein auf die Kollektive der Monotheisten (also nur Juden und Christen) bezieht, die als Schutzbefohlene/*Dhimmi* bestimmt werden. Ein unvoreingenommener Vergleich des islamischen Verständnisses der Toleranz mit dem der europäischen Aufklärung zeigt, dass die Duldung der Christen und Juden nach islamischem Vorbild als *Dhimmi* diese zu Gläubigen zweiter Klasse macht und daher als Diskriminierung einzustufen ist. Die Duldung der Juden und der Schutz vor Massakern, der ihnen im Mittelalter gewährt wurde, war eine lobenswerte Leistung des Islam. Wie ein Rabbiner vor uns Muslimen bei der Eröffnung des »jüdisch-islamischen Dialogs« in London (Mai 1994) mit Recht forderte, wollen die Juden heute als »eine souveräne Nation« wahrgenommen werden. Der islamische Toleranzbegriff kann – ohne Reform – dies nicht leisten, deshalb ist das Verständnis, das man von diesem Terminus seit der europäischen Aufklärung hat, heute eindeutig vorzuziehen.

Es ist erstaunlich, dass in Deutschland orthodoxe Muslime der Diaspora deutsche Gerichte anrufen, um im Namen der Toleranz und Religionsfreiheit alle Rechte – von der Moschee bis zum Religionsverein – für sich einzufordern, die sie Christen und sogar islamischen Minderheiten (Aleviten in der Türkei, Bahai im Iran, Ahmadiyya in Pakistan) völlig versagen. Gilt nicht Gegenseitigkeit? Und wie ist es, wenn extrem antiwestliche, antichristliche und sogar antisemitisch orientierte Islamisten aus Europa einen Hort für ihre Aktivitäten machen? Deutschland bildete nämlich die logistische Basis für die Attentate gegen die westliche Zivilisation am 11. September 2001.

Unter diesen Bedingungen entsteht ein neuer Bedarf in Bezug auf die global gewordene Migration, und zwar vor allem die Neubestimmung des Toleranzbegriffes. Auch im 21. Jahrhundert ist die Öffnung von Grenzen und die damit verbundene globale Migration ein zentrales Thema, was nicht ohne Folgen für die davon betroffenen Menschen – gleich ob Einheimische oder Zuwanderer – geblieben ist. Sinnbildlich gesprochen rücken die Menschen einander so nahe wie noch nie in ihrer Geschichte. Toleranz wird vor diesem Hintergrund zum wichtigsten Gebot. Nur für wen soll sie gelten – etwa auch für Islamisten, die den Westen zum Niedergang bringen wollen? Die erste Voraussetzung für einen nützlichen Diskurs ist zu klären, was wir meinen, wenn wir von Toleranz sprechen. In der Diskussion um Einwanderung wird das Gebot der Toleranz beachtet, doch ohne zu erkennen, dass das Verständnis des Begriffes Toleranz keineswegs einheitlich ist, sondern von dem jeweiligen Wertesystem unterschiedlicher Kulturen bestimmt wird. Jede Zivilisation und jede Kultur innerhalb einer Zivilisation weisen ein anderes Wertesystem und damit auch ein anderes Verständnis der Bedeutung von Toleranz auf. Dieses Faktum bildet den Ausgang der folgenden Ausführungen.

Multikulturelle und westliche Toleranz

Die unterschiedliche Bedeutung des Toleranzbegriffes in der westlichen und der islamischen Zivilisation kann uns als Illustration dienen: In der westlichen Zivilisation geht der Toleranzbegriff auf die Aufklärung zurück, ist – wie angemerkt – individuell und bezieht sich auf Andersdenkende. Bei dieser Definition stellt sich die Frage nach den Grenzen der Toleranz. Gilt sie, wie dies heutzutage oftmals der Fall ist, bis zur Selbstverleugnung? Die Antwort lautet: Toleranz im Sinne der europäischen Aufklärung bedeutet nicht Selbstaufgabe.

Wie bereits erwähnt, umfasst Toleranz im Islam die Duldung der Anderen. Der Islam unterscheidet aber zwischen nicht-islamischen monotheistischen religiösen Kollektiven, die als Minderheit zu dulden sind, und den Ungläubigen, die es zu bekämpfen gilt. In der Diaspora des Westens sind die Muslime selbst in der Minderheit, und sie als Schutzbefohlene zu behandeln wäre nichts anderes als Ausgrenzung. Muslime müssen sich im Zuge der globalen Migration rapide verändernden Bedingungen des Zusammenlebens anpassen, wobei ihre religiösen Konzepte reform-islamisch überdacht werden müssen. Am Beispiel des Vergleichs dieser beiden Definitionen von Toleranz ist folgende wichtige Frage zu stellen: Welche inhaltliche Bedeutung hat dieser Begriff als einer der wichtigsten Faktoren in einem Zeitalter, in dem die Menschheit stärker vernetzt ist als je zuvor? Im Mittelpunkt muss in diesem Zusammenhang die Klarstellung der Wertefrage stehen, da Werte die Lebenseinstellungen der Menschen bestimmen. Zunächst gilt es zu erkennen, dass die Bedeutung von Toleranz abhängig ist von den Werten der jeweiligen regionalen Zivilisation[2] oder lokalen Kultur. Ist es dennoch möglich, sich auf eine kulturübergreifende Bestimmung zu einigen?

Im zu unterschiedlichen Graden säkularisierten westlichen Europa rangiert der Wert der Toleranz an höchster Stelle und gehört damit zu den wichtigsten Bestandteilen der europäischen zivilisatorischen Identität. Glaubens- und Meinungsfreiheit gehören zu den Grundrechten in jedem westlichen Gemeinwesen, und sie werden von einer toleranten Weltanschauung abgeleitet. Andere Kulturen – wie etwa die der islamischen Zivilisation – haben andere Werte, wodurch unvermeidbar Wertekonflikte entstehen. Diese werden sichtbar, sobald Menschen mit unterschiedlichen Weltanschauungen und den daraus resultierenden Werteorientierungen in einer Gesellschaft zusammenleben, was im Zeitalter der globalen Migration stets der Fall ist. Kann der so oft beschworene Multikulturalismus für dieses Problem eine Lösung bieten? Meine These lautet, dass er dieses im Gegensatz zum Kulturpluralismus nicht vermag. Wir benötigen einen Wertekonsens; andernfalls riskieren wir einen weltanschaulichen Zusammenprall der Zivilisationen, den auch die Multi-Kulti-Ideologie nicht verhindern kann.

Der Grund für dieses Unvermögen ist, dass der Multikulturalismus nichts anderes als eine Form des Kommunitarismus ist, der die Gesellschaft in mehrere Teilsysteme segmentiert, die ich Parallelgesellschaften nenne. Auf diese Weise ist kein Minimalkonsens in Bezug auf die Gültigkeit von Normen und Werten möglich. Ohne einen solchen Wertekonsens riskieren wir jedoch einen Zusammenprall der Zivilisationen. Im Gegensatz zu der Wertebeliebigkeit des Multikulturalismus vertrete ich einen Kulturpluralismus. In einem kulturpluralistischen Rahmen können Menschen aus verschiedenen Kulturen unter Beibehaltung ihrer jeweiligen kulturellen Identität zusammenleben, sofern sie die für alle bindenden Normen und Werte akzeptieren. Diesen Wertekonsens, der einem

Zusammenprall der Zivilisationen entgegenwirkt, nenne ich auf globaler Ebene *internationale Moralität*[3], innerhalb von Einwanderungsgesellschaften habe ich hierfür den Begriff der *Leitkultur* geprägt.

In der Multi-Kulti-Ideologie wird der Bedarf an einem solchen Grundkonsens oftmals im Namen der Toleranz tabuisiert und Andersdenkende mit Totschlagargumenten, die zu verbalen Keulen werden, mundtot gemacht. Auf diese Weise werden Bedenken gegen die *anything goes*-Weltanschauung, das heißt die Wertebeliebigkeit der Multikulturalisten, oft als »Fremdenfeindlichkeit« verfemt. Die Grenze zwischen seriösem Denken und Gesinnungsethik oder Propaganda wird so verwischt. Toleranz[4] als Rahmen für Glaubens- und Denkfreiheit ist eine westlich-europäische Idee der Aufklärung, die Pluralismus auf allen Ebenen, zum Beispiel auf der religiösen, ermöglicht. Meine Leser wissen bereits, dass andere Kulturen und Zivilisationen ein anderes Verständnis von Toleranz haben, das dies nicht leistet.

Wir hören oft ohne Spezifizierung und nähere Erläuterung, dass der Islam eine tolerante Religion sei. Man kann nicht redlich sein und zugleich von einer toleranten Religion des Islam ohne Einschränkung sprechen. Dies ist nicht gerechtfertigt, weil wie gesagt islamische Toleranz nicht gegenüber Anhängern nichtmonotheistischer Religionen oder Atheisten gilt. An fremden Kulturen zu beanstanden, dass sie eine solche Öffnung nicht erreicht haben, hat mit Fremdenfeindlichkeit oder »Feindbild Islam« nichts zu tun, wie von Multikulturalisten und Islamisten ständig behauptet wird. Die verbale Keule vom »Feindbild Islam« ist Teil der Propaganda der Islamisten geworden, die zudem ihr eigenes »Feindbild Westen« verschweigen.

Als Befürworter von Toleranz, so wie sie im Westen seit der europäischen Aufklärung verstanden wird, und als Reform-Muslim aus dem Orient, der aus einer der ältesten islamischen Damaszener-Gelehrtenfamilien (Banu al-Tibi) stammt, trete ich gegen multikulturelle Moden für die Bewahrung der Aufklärungsidentität Europas ein. Die islamische Bestimmung des Begriffes Toleranz ist aus der Perspektive eines religiösen Pluralismus überholt. Während Multi-Kulti-Ideologen Toleranz als Rahmen für Wertebeliebigkeit predigen, lässt kultureller Pluralismus eine solche nur im Rahmen einer Leitkultur zu, die auf einem Wertekonsens basiert. Multikulturalisten sind auf der einen Seite überzogen tolerant, auf der anderen Seite aber genauso intolerant, was sich in ihrem Umgang mit den Kritikern des von ihnen vertretenen werterelativistischen Ansatzes zeigt. Für multikulturalistische Intoleranz möchte ich folgendes Beispiel anführen: Gleichermaßen als Reform-Muslim und als aufklärerischer Kulturpluralist warne ich in meinen Schriften vor der totalitären Ideologie des Islamismus und ihrer Anerkennung im Rahmen einer Multi-Kulti-Toleranz und empfehle, zwischen ihr als politischem Totalitarismus und dem Islam als einer in den oben angezeigten Grenzen toleranten Religion zu unterscheiden. Diese Werteorientierung passte einem protestantischen Multikulturalisten nicht, weshalb er die unter Islamisten geläufige Verfemung meiner Person, ich würde »Angst vor dem Islam schüren«, anführte. Wenn ein Christ einem Muslim vorwirft, solche Feindbilder über den Islam zu verbreiten, dann haben wir es mit Komik, aber auch mit Impertinenz und Intoleranz im Umgang mit Andersdenkenden zu tun. Nach dem 11. September 2001 sind diese protestantischen Selbstverleugner, die dem Islamismus jahrelang Rückendeckung geboten haben, entblößt, und dennoch warnen sie nicht vor dem Terrorismus, sondern vor dem »Feindbild Islam«.

Meine Diskussion über den Toleranzbegriff erfolgt im Lichte unseres Zeitalters, welches eingangs als das der globalen Migration bezeichnet wurde. Um eine Abgrenzung des zu befürwortenden Kulturpluralismus von der Wertebeliebigkeit des Multikulturalismus vorzunehmen, bei der Toleranz zur *anything goes*Einstellung, also zur Werteindifferenz verkommt, möchte ich den Toleranzbegriff neu bestimmen. Großen Wert lege ich auf die Feststellung, dass es keine akademische Debatte ist, über Toleranz in unserem Zeitalter nachzudenken. Stattdessen geht es dabei um den inneren Frieden in Einwanderungsgesellschaften und generell in einer strukturell globalisierten, kulturell jedoch fragmentierten Welt. Wir müssen Toleranz schützen; aber nach dem 11. September 2001 dürfen wir ihre instrumentelle Ausnutzung durch Islamisten und Gleichgesinnte nicht mehr zulassen.

Indifferenz ist weder gegenseitige Toleranz, noch zeugt sie von Dialogfähigkeit

Unter den Zuwanderern der islamischen Diaspora-Gemeinde in Deutschland befindet sich eine kleine, aber politisch sehr effiziente Minderheit von Islamisten, das heißt religiösen Fundamentalisten. Aus diesem Kreis kamen einige der Attentäter, die für die Anschläge vom 11. September 2001 verantwortlich sind.[5] Auf die von bestimmten Europäern oft zu hörende Aufforderung, Toleranz gegenüber den Islamisten walten zu lassen, antwortete ich früher mit einem Verweis auf die von Islamisten verübten blutigen Massaker in Algerien seit 1992 und neuerdings mit der Anführung der Kriegserklärung an die westliche Zivilisation vom 11. September 2001. Der Islam ist eine Religion, der Islamismus aber eine politische Ideologie. In Algerien und anderswo haben Fundamentalisten Abertausende von Frauen und Kindern ermordet, indem sie ihnen in einer quasi rituellen Handlung die Kehlen durchschnitten. Diese Vorfälle wurden den Zeitungslesern durch ihre Häufigkeit so vertraut, dass die zu erwartende Empörung mehr und mehr ausblieb. Medienkonsumenten nahmen sie fast einem Werbespot gleich, das heißt ohne Anteilnahme zur Kenntnis. Die amerikanische Presse berichtete darüber – wenn auch unter dem dramatischen Aufmacher »*Algerian Killing*« – wie über das Wetter, und die deutsche Presse bediente sich solch lapidarer Überschriften wie »Neue Anschläge in Algerien«. Eine sachlich tiefgehende Auseinandersetzung mit der Erscheinung des Fundamentalismus blieb aus, stattdessen wurde ich als Autor mehrerer Bücher über dieses Thema sogar verfemt.

Noch vor dem 11. September 2001 wurde die Welt in demselben Jahr auf die religiöse Intoleranz der Taliban in Afghanistan durch deren Vernichtung der Buddha-Statuen aufmerksam. Störend war die Tatsache, dass sich die westliche Empörung auf die »Zerstörung des UNESCO-Weltkulturerbes«, aber nicht etwa auf die Verletzung des Grundrechts auf Religionsfreiheit richtete. Mit meinem Hinweis, dass es sich dabei um einen Angriff auf den religiösen Pluralismus handele, stand ich allein.[6] Warum gehe ich einleitend auf diese Vorfälle ein, obwohl Toleranz im Zusammenhang mit Migration und nicht die Gewalt der Islamisten mein Thema ist? Am Beispiel der Taliban wird, denke ich, der anstehende kulturelle Zusammenhang überdeutlich, denn die Intention dieser Islamisten war die Zerstörung religiöser Symbole Andersgläubiger. Also ging es hier nicht primär um die Vernichtung eines Weltkulturerbes, sondern um die Demonstration der islamistischen Intoleranz gegenüber anderen Religionen. Die Schändung der Synagogen in Düsseldorf und Essen durch Islamisten erfolgte in gleicher Absicht. Bei manchen Deutschen stoßen wir auf Gleichgültigkeit und Ignoranz gegenüber diesen dramatischen politischen Vorfällen. So hatte die Berliner Ausländerbeauftragte Barbara John, der *Süddeutschen Zeitung* vom 16. Januar 2001 zufolge, nach dem Zusammenschlagen des Reform-Rabbiners Rothschild in Berlin zum Herunterspielen aufgerufen, damit kein »Feindbild Islam« entstünde. Hier frage ich mich, ob das die postmoderne Variante von europäischer Toleranz darstellt. Ist die Gefahr des Entstehens eines womöglich falschen »Fremdbildes« tatsächlich größer als die der Veräußerung von Freiheit, Demokratie und Pluralismus? Die folgende Diagnose unserer Zeit und die daran anschließenden Überlegungen mögen diese Fragen indirekt beantworten.

Europa als zivilisatorische Einheit steuert zum Beginn des 21. Jahrhunderts nach einer fast fünfhundertjährigen Geschichte westlicher Weltherrschaft unsicheren Zeiten entgegen. Daraus entsteht eine Sinnkrise, zu der das Phänomen des Werteverlustes und der Orientierungslosigkeit vieler Europäer gehört. Die sich im Westen ausbreitende Wertebeliebigkeit ist dafür verantwortlich, dass die Grenze zwischen Tätern und Opfern immer mehr verwischt und die Dinge sogar auf den Kopf gestellt werden: Opfer der Islamisten werden abgeschoben, rechtsradikalen Fundamentalisten wird hingegen politisches Asyl mit den entsprechenden Sozialleistungen gewährt, weil sie von islamischen Staaten wegen ihrer gewaltsamen Aktivitäten belangt werden. Nach dem 11. September 2001 wird die Schuld für diese Anschläge den Amerikanern in die Schuhe geschoben, indem man behauptet, dass die US-Politik sie sich selbst zuzuschreiben habe.

Die europäische Eroberung der Welt begann im Zeitraum 1500–1800 als »Aufstieg des Westens« infolge einer »Militärischen Revolution« (G. Parker). Die daraus hervorgegangene westliche Zivilisation konnte kraft ihrer techno-wissenschaftlichen Überlegenheit, vor allem in Bezug auf Waffen, einen Prozess einleiten, der die »europäische Expansion« genannt wird. Doch nicht nur Hegemonie, die auf militärischer Überlegenheit basierte, koloniale Herrschaft, Faschismus und Völkermord brachte diese neue Zivilisation hervor, sondern sie hat nach den Worten Horkheimers wie keine andere Zivilisation solch positive Errungenschaften vorzuweisen wie die Befreiung des Menschen von der Naturgewalt und den Fesseln der Tradition. Das Stichwort hierfür lautet: die kulturelle Moderne. Die vom deutschen Selbsthass geleitete Schwarz-Weiß-Malerei wird manchmal auf die europäische Geschichte übertragen, so dass nur Kolonialismus und Faschismus, nicht aber die Verdienste der europäischen Aufklärung gesehen werden. Begangener Völkermord und das damit verbundene Schuldbewusstsein bestimmen immer häufiger das

Selbstbild der Europäer, und zwar dermaßen, dass nicht mehr zwischen Kant und Hitler unterschieden wird.

Habermas, der in der Tradition von Horkheimer Europa verpflichtet bleibt, hat das erstmals von Descartes formulierte Subjektivitätsprinzip als Substanz des neuen Menschenbildes beschrieben. Dieses hat laut Habermas die von der Aufklärung eingeleitete Befreiung ermöglicht und wird von ihm als kulturelle Moderne[7] bezeichnet. Das sind Leistungen Europas, die nicht-europäische Kulturen wiederum für ihre Befreiung – von Europa selbst – in Anspruch genommen haben. Hierzu gehört deren Berufung auf das Selbstbestimmungsrecht der Völker im Rahmen der Entkolonisierung. Mit anderen Worten, Europa hat Normen und Werte von der Individualität des Menschen zur Entfaltung gebracht, die eine Qualität von universeller Gültigkeit besitzen. Zu diesen Werten, welche die zivilisatorische Identität Europas ausmachen, gehört die kulturübergreifende säkulare Toleranz der Aufklärung. Diese gilt ebenso gegenüber Einwanderern, jedoch nur solange sie sich nicht gegen Europa wenden und das unter Berufung auf Toleranz zu legitimieren versuchen, wie dies zum Beispiel von Islamisten praktiziert wird.

Der historische Bogen vom einstigen europäischen Kolonialherren und Eroberer zum europäischen Demutsengel von heute ist sehr weit gespannt, entspricht aber einer realen Entwicklung von einem Extrem zum anderen: Von der Euro-Arroganz zur Selbstverleugnung. In Bezug auf die Migration sind die Folgen fatal. Nur eine von der europäischen Ideengeschichte geprägte Toleranz kann Schutz vor den Gegnern des Westens und seiner Werte bieten. Als ein in Europa lebender liberaler Muslim sehe ich mich mittlerweile dazu veranlasst zu fragen, ob solche im Ursprung europäischen Anschauungen als Basis einer Leitkultur überhaupt noch in Europa selbst gelten? Unterscheiden die Europäer noch zwischen Toleranz und Indifferenz? Vor dem Hintergrund meiner Erfahrungen in Deutschland habe ich meine Zweifel. Schon der einleitend festgestellte Tatbestand, dass mordende Fundamentalisten, die in ihren Heimatländern strafrechtlich verfolgt werden, in Deutschland als politisch Verfolgte anerkannt werden und Asyl erhalten, während ihre Opfer als Nicht-Verfolgte abgeschoben werden können, veranschaulicht das Ausmaß an Orientierungslosigkeit, das meine Zweifel untermauert. Sogar schlimmer ist es, wenn die berechtigte Kritik an Islamisten mit einem »Feindbild Islam« in Verbindung gebracht oder gleichgesetzt wird. Es fällt mir schwer, die Welt zu verstehen, wenn bestimmte deutsche Linksliberale genauso wie rechtsradikale Islamisten gegen meine Person und mein Konzept vom Euro-Islam als Leitkultur für Migranten eintreten und damit an demselben Strang ziehen. Ein deutscher Rezensent meines Buches *Fundamentalismus im Islam. Eine Gefahr für den Weltfrieden?* betitelte seinen Text mit der Überschrift »Inschallah aufgewacht?« *(Die Welt* vom 14.7.2001). Nach dem 11. September 2001 wachten viele auf, doch noch immer gibt es zahlreiche Publizisten, die nur die Gefahr der Entstehung eines »Feindbilds Islam« sehen. Das rechtfertigt die Frage, was geschehen muss, damit auch sie aufwachen.

Vom Eurozentrismus zum deutschen Gutmenschen

Alltagserfahrungen unter Europäern sowie meine Beobachtung, dass diese zu Beginn des neuen Millenniums im Rahmen einer Sinnkrise an sich selbst zweifeln, veranlassen mich – aus der Perspektive eines Nicht-Europäers betrachtet – zu der Vermutung, dass viele unter ihnen zu rationaler Erkenntnis nicht mehr fähig sind. Es ist nicht Vermessenheit, die mich behaupten lässt, dass mir die innere Distanz zum kriselnden Europa hilft, die Dinge mit ungetrübtem Blick zu sehen. Vorrangig kritisiere ich hier viele gesinnungsethische deutsche Intellektuelle sowie deren Denkmuster, die der jüdische Gelehrte Alfred Grosser »Selbstmitleid« genannt hat. Die Gesinnungsethik des deutschen Gutmenschen wird bis zur zerstörerischen Selbstverleugnung gesteigert. Die Folge ist die schon angeführte Unfähigkeit, zwischen Aufklärung und Faschismus, demokratischen Menschenrechten und Kultur-Imperialismus und damit auch zwischen Mördern und ihren Opfern angemessen zu differenzieren. Dieses Unvermögen war klar an den Reaktionen auf die tragischen Ereignisse des 11. September 2001 abzulesen. Das, was ich hier beanstande, gilt nicht nur für den Umgang mancher Deutscher mit Fremden, auch bei Vergewaltigung, Mord und anderen schweren Verbrechen zeigen diese häufig mehr Verständnis für die Leiden der Täter als für die der Opfer. Merkwürdiger Humanismus! Indifferenz, Werteverlust und fehlende Maßstäbe reichen einander die Hand. Dies nenne ich Sinnkrise. Wie können Europäer – vor allem Deutsche – in diesem Zustand Leitbilder für Migranten bieten?

Parallel zu der angesprochenen europäischen Orientierungslosigkeit erleben wir bei Nicht-Europäern einen genau entgegengesetzten Prozess der Selbstbehauptung, der ein ausgeprägtes Zivilisationsbewusstsein ermöglicht. Dieses nimmt zuweilen die Form des Neo-Absolutismus an und steht damit im starken Kontrast zum europäischen Kulturrelativismus. Hierbei verlangen Nicht-Europäer offensiv die *Entwestlichung der Welt.* Kulturrelativismus und Neo-Absolutismus stehen nebeneinander als eine Gleichzeitigkeit von Selbstverleugnung bei der einen Partei und überhöhtem Zivilisationsbewusstsein bei der anderen. In einer Diskussion bei der *Erasmus-Foundation* in Amsterdam über die Grenzen des Pluralismus haben wir die angeführten Begriffe Kulturrelativismus und Neo-Absolutismus in diesen Rahmen eingebettet.[8]

Lässt sich Europa selbst ins Abseits treiben? Steckt der Kontinent, der nicht nur vom eurozentrischen Weltbild her, sondern auch aufgrund seiner realen Geschichte einer globalen Hegemonie für mehrere Jahrhunderte im Zentrum der Welt gestanden hat, in einer zivilisatorischen Krise? Hat Europa seine Identität eingebüßt? Ist Toleranz der richtige Begriff, um die neuen europäischen Einstellungen zu beschreiben? Das sind harte Fragen, die jedoch nicht akademischer Natur, sondern von existentieller Bedeutung für Europa sind! Es gibt ein Novum, das als Komplikation bei der Suche nach Antworten auf die gestellten Fragen wirken mag. Dies ist die Tatsache, dass Europa unter den Bedingungen von Globalisierung und weltweiter Migration diese Fragen zum Beginn des neuen Millenniums nicht mehr nur für sich allein beantworten kann und darf. In unserer Gegenwart hat Europa nicht-europäische Nachbarn im eigenen Haus, die es in seine Überlegungen einbeziehen muss. Zu meinem Bedauern wurde in der Süssmuth-Zuwanderungskommission dieser Tatsache keine Rechnung getragen. Die Rhetorik der verordneten Fremdenliebe von Frau Süssmuth behebt diesen Mangel nicht.

Die Mehrheit der nach Europa drängenden Migranten kommt aus der islamischen Zivilisation, und dies nimmt dem Trend nach zu. Anstelle der Konfrontation suche ich in dieser Krisensituation Vermittlung und Dialog mit dem Ziel, einen Wertekonsens zu erreichen – jedoch ohne blauäugig zu sein, das heißt ohne Selbstaufgabe. Durch meine orientalische Erziehung zu einer stolzen Persönlichkeit bin ich vor einer solchen Blauäugigkeit geschützt. Dialog und Vermittlung können in Konfliktsituationen wie der vorliegenden nicht harmonisch wie etwa die Sitzung eines Gesangvereins ablaufen. Ein Dialog beinhaltet Konflikt und Streit, und sein Erfolg erfordert die Erfüllung von Bedingungen und den Willen zu einem Konsens. Europa muss in der neuen Situation eine Balance finden zwischen den Extremen der klassischen Selbstherrlichkeit (Eurozentrik) und der Selbstaufgabe im Namen der Rücksicht auf den anderen; beide Einstellungen sind für den zu führenden Dialog hinderlich. Nach meiner Auffassung stellen diese Rahmenbedingungen die Basis für einen im Sinne des Kulturpluralismus toleranten Dialog in unserer Zeit, die ich Weltzeit nenne, dar. Zur Erinnerung: Jede Zivilisation hat ihre eigene Zeitrechnung, doch die Globalisierung bringt als Nebeneffekt parallel dazu die Weltzeit hervor.

Kurz: Die Mentalität des deutschen Gutmenschen ist unter den beschriebenen Bedingungen für die Suche nach einer friedlichen Konfliktlösung schlicht unbrauchbar. Dialog erfordert das Bestehen einer Streitkultur, in der Verantwortungsethik den Platz von Rhetorik und Gesinnung einnimmt. Wer kein Selbstwertgefühl hat und die eigene zivilisatorische Identität verleugnet, wird von den anderen geringgeschätzt.

Der europäische Geist der Aufklärung und des Humanismus verpflichtet Europa ethisch besonders im Zeitalter globaler Migration zu Toleranz und zum Frieden mit sich und seinen Nachbarn. Daher ist es ratsam, auf der Suche nach Formen des erträglichen Zusammenlebens den Dialog als Instrument der Konfliktlösung mit den anderen anzustreben. Die Bedingungen für einen Kulturdialog im Rahmen einer politischen Kultur der Toleranz sollen hier pointiert genannt werden: Ein Dialog zwischen Menschen, die unterschiedlichen Zivilisationen angehören und somit unterschiedliche Normen und Werte haben, muss als Ausgangspunkt der Tatsache Rechnung tragen, dass es eben diese weltanschaulichen Unterschiede gibt; verleugnet man sie, dann wird der Dialog sinnlos, weil die Parteien über gegenseitige moralische Zusicherungen nicht hinausgehen. Zudem funktioniert der Dialog nur zwischen Partnern, die gleichermaßen kompromissbereit und sich ihrer eigenen Identität sowie deren kultureller Grundlagen sicher sind, also ohne Selbstherrlichkeit oder Selbstaufgabe auftreten. Toleranz bedeutet in diesem Zusammenhang, auf der Basis eines Wertekonsenses mit Unterschieden so umzugehen, dass man sich zur eigenen Identität bekennt und gleichzeitig die Identität des anderen wahrnimmt.

Der erste Schritt bei dem angestrebten Dialog besteht in der Einsicht, dass weltanschauliche Differenzen das gegenseitige Verständnis erschweren können. Einige darunter sind überwindbar, doch andere sind es nicht. Dennoch ist es möglich, dass eine gemeinsame Basis der Verständigung gefunden wird. Menschen sind in ihrer Humanität gleich, aber sie haben unterschiedliche Welt-, Selbst- und Fremdbilder, die miteinander in Konflikt geraten können. Der zur Beschreibung dieses Sachverhalts zitierte »Kampf der Kulturen«, der heute als sprachlich und inhaltlich falsche Übersetzung der Huntingtonschen Formel vom *Clash of Civilizations* kursiert, eignet sich weder zu einem verantwortungsethischen Verständnis noch zur Bewältigung der anstehenden Konfliktsituation. *Preventing the Clash of Civilizations* (vgl. Anm. 3) erfordert einen toleranten Dialog, nicht Verneinung der realen Zivilisationskonflikte. Es ist inhaltlich falsch, »*Preventing the Clash of Civilizations*« mit »Wider den Kampf der Kulturen« zu übersetzen.

Es gibt eine deutsche Tradition der Ich-Bezogenheit im Sinne einer Selbstanklage, die in neu belebter Form als eine Öffnung gegenüber den angesprochenen veränderten Rahmenbedingungen unserer globalisierten Welt präsentiert wird. Als Araber, der in Deutschland lebt, fällt mir eine Selbstzentrierung bei bei den Kulturen auf, jedoch mit folgendem Unterschied: Araber suchen stets die Schuld bei anderen (Verschwörungssyndrom), Deutsche aber bei sich selbst (protestantische Selbstgeißelung). Mit diesem Vergleich[9] will ich zeigen, dass beide Parteien ihre herkömmlichen Weltbilder und Anschauungen revidieren müssen, um dialogfähig zu werden. Auch die anderen Europäer müssen eine ähnliche Leistung erbringen. Die Dialogparteien haben also in Bezug auf Toleranz eine Bringschuld zu erfüllen, um ihre Dialogfähigkeit zu verbessern. Ein Gutmensch und ein Neo-Absolutist sind dazu allerdings nicht fähig.

In einer kulturell vielfältigen Gesellschaft ist eine Leitkultur als verbindlicher Wertekonsens erforderlich, den sich Deutsche und Einwanderer zu eigen machen müssen, um ein Miteinander des gegenseitigen Respekts in demokratischer Freiheit gestalten zu können. Dieses Konzept werde ich im Folgenden vorstellen.

Globalität und Lokalität

Auch ohne Migration wäre die Menschheit in unserem Zeitalter zunehmender Globalisierung zu einem Wertekonsens verpflichtet, den ich kulturübergreifende internationale Moralität nenne. Durch Migration und die dadurch entstehende kulturell zunehmend vielfältigere Bevölkerung wird dieser Bedarf noch intensiviert und zu einer nationalen Frage. In diesem Rahmen unterscheide ich zwischen zwei Ebenen, der globalen und der lokalen. Der außenpolitische Umgang der Europäer mit der islamischen Zivilisation muss anders aussehen als die Innenpolitik gegenüber den Muslimen, die als Migranten nach Europa kommen. Für die globale Ebene der Koexistenz Europas mit seiner islamischen Umwelt ist eine kulturübergreifende Moralität erforderlich, für die lokale dagegen eine Leitkultur. Der Islam beeinflusst Europa, zum einen als Nachbar in der südlichen und östlichen Mittelmeerregion, zum anderen durch seine Präsenz in Europa selbst als Folge von Migration.[10] Diese Einschätzung ist beispielhaft und generalisierbar auf andere Kulturen, aus denen Migranten nach Europa kommen. Für den globalen Umgang mit anderen Zivilisationen ist also eine kulturübergreifende internationale Moralität, für den auf lokaler Ebene eine Leitkultur vonnöten.

Genauso unterscheide ich auch zwischen zwei Mustern des Dialogs: Einmal innerhalb Europas, also mit den Migranten, und dann an den europäischen Grenzen mit den islamischen Nachbarn. Beide Dialogmuster beziehen sich auf Werte sowie die Suche nach Gemeinsamkeiten, die sich nach Austragung eines Konfliktes über die kulturelle Differenz herauskristallisieren; nach dem 11. September 2001 kommt ein weiteres Dialogmuster, nämlich der sicherheitspolitische Diskurs hinzu.

Der Ausgangspunkt ist die Tatsache, dass Menschen aus unterschiedlichen Zivilisationen nicht nur unterschiedliche Normen und Werte haben, sondern sich sogar in ihrer Denkweise grundlegend voneinander unterscheiden können. Es macht keinen Sinn, die kulturellen Unterschiede moralisierend zu verleugnen und alles zu nivellieren. Wenn das Vorhandensein von Differenzen zwischen den Zivilisationen schlicht bestritten wird, dann braucht man keine Lösungen mehr. Rhetorik und Realität sind nicht das gleiche. Das friedliche Zusammenleben von Menschen erfordert die rationale Bewältigung der Unterschiede und das Vorhandensein eines Konsenses über einen Normen- und Werte-Katalog; beides bildet den Rahmen für die Gewährung von Toleranz. Nur wenn wir Unterschiede erkennen und über sie sprechen dürfen, versetzen wir uns in die Lage, den benötigten Konsens zu erreichen. Mit Hilfe dieses Konsenses wird das friedliche Zusammenleben von Menschen, die unterschiedliche Selbst- und Weltbilder haben – ich nenne diese zivilisatorische Weltanschauungen – ermöglicht.

Kurz, innerer und sozialer Friede in Europa erfordert einen Wertekonsens, den ich »Leitkultur« auf innenpolitischer Ebene und »kulturübergreifende Moralität« auf der außenpolitischen nenne; wir müssen die bestehenden Spannungen mit Potential zur gewaltsamen Eskalation erkennen und verringern. Fest steht: Die angesprochenen Konfliktpotentiale lassen sich durch gesinnungsethisches Moralisieren nicht aus der Welt schaffen. Besonders gefährlich und für den Frieden abträglich ist die Neigung deutscher Gutmensch-Intellektuellen zu tabuisieren und diejenigen, die sich an Denkverbote nicht halten, als »Kulturrassisten« zu diffamieren. Dieser Umgang mit Andersdenkenden mittels Totschlagargumenten, die zu verbalen Keulen werden, ist für das geistige Klima in Deutschland typisch und sehr beängstigend, und er fördert zudem Intoleranz. Bei der deutschen Debatte um die Leitkultur vermisste ich jede Toleranz für Andersdenkende und war selbst Opfer deutscher Umgangsformen. Dennoch halte ich an meinem Konzept fest.

Im Gegensatz zum europäischen Umgang mit den nichteuropäischen Nachbarn, bei denen Europa gleichermaßen zu sich stehen wie in der Anerkennung *des Anderen* neue Wege beschreiten muss, haben Europäer innerhalb der Grenzen ihres Kontinents das Recht auf die Geltung ihrer eigenen zivilisatorischen Identität. Zusammengefasst: *Innerhalb Europas wird eine mit den Migranten zu teilende Leitkultur als Wertekonsens benötigt; außerhalb Europas eine internationale Moralität. Die erste muss europäisch, die zweite kulturübergreifend geprägt sein.* Das ist der Rahmen für Toleranz in unserer *Weltzeit.*

Vieles habe ich an Deutschland zu kritisieren – jedoch gewiss ohne ablehnende oder gar antiwestliche Haltung – und deshalb bestehe ich auf das Attribut »europäisch« für mein Konzept von Leitkultur. Einerseits ist es gefährlich, grob zu verallgemeinern und von »den Deutschen« zu sprechen, aber andererseits kann man ohne begründete Generalisierungen kein allgemeines Wissen erlangen. Helmuth Plessner zum Beispiel spricht verallgemeinernd von der Neigung der Deutschen, »dem Zauber der Extreme«[11], das heißt, entweder dem einen oder dem ganz anderen zu verfallen. Diejenigen Deutschen, die verantwortungsethisch geprägt sind, und andere nüchtern denkende Europäer werden hoffentlich dazu in der Lage sein, eine Leitkultur und internationale Moralität zu etablieren, weil Europa sonst unkalkulierbare Folgen bevorstehen. Toleranz bedeutet niemals »*anything goes*«! Das ist eine gefährliche Mode! Die angeführten Extreme kamen während der Leitkultur-Debatte zum Tragen. Mein Begriff löste die Debatte aus, aber ich fühlte mich fremd zwischen dem Extrem des deutschen Gutmenschen, der jede Leitkultur vor dem Hintergrund des Kulturrelativismus ablehnt, und dem anderen Extrem des deutschen Patrioten, der Leitkultur mit eigenen regionalen Gepflogenheiten verwechselt.

Die Kommunikation zwischen Menschen mit zivilisatorisch und weltanschaulich unterschiedlichem Hintergrund erfolgt als »Kulturdialog im globalen Dorf«, gewiss nicht als »Kampf der Kulturen«. Bei dem Dialog zwischen Europäern und nichteuropäischen Migranten darf Europa die Geltung seiner eigenen politischen Kultur von Demokratie und Toleranz beanspruchen. Eine Leitkultur setzt den Ansprüchen mancher Einwanderer und Zuwanderer (zum Beispiel Islamisten und ethnischen Nationalisten) auf Ablösung der europäischen Identität durch ihre eigene Grenzen. So kann im Rahmen religiöser Toleranz – dies schreibe ich als Muslim – der *Schari'a*/islamisches Gottesgesetz kein Platz eingeräumt werden.

Gerade wegen der Sensibilität der anstehenden Problematik ist es erforderlich, stets konkret zu argumentieren. Als Beispiel führe ich die Islam-Diaspora an. Die Islamisten unter den nach Europa eingewanderten Muslimen fordern im Namen kommunitaristischer Rechte und im Rahmen eines Anspruchs auf eine eigene, allerdings konstruierte kulturelle Identität die Geltung der *Schari'a* für die muslimischen Migranten innerhalb einer Parallelgesellschaft. Ausgehend von diesem »Freiraum«, den die Migranten für sich in Anspruch nehmen, erfolgte die Kriegserklärung an die westliche Zivilisation am 11. September 2001. In den USA sagt man seither: »Der Multikulturalismus ist tot«,[12] das heißt, dass man zwar noch immer die Migration bejaht, nicht aber einen Freiraum für die jeweilige Kultur der Migranten gewährt. Wie reagieren die Deutschen?

Gegen Multikulturalisten argumentiere ich: Die *Schari'a* würde mit der Identität Europas kollidieren, weil sie in diametralem Widerspruch zu den säkularen europäischen, von Menschen gestalteten Verfassungen steht; aufgrund dessen bleibt sie abzulehnen. Die Alternative zum Neo-Absolutismus der Islamisten ist ein interkultureller Dialog, der Zivilisationsbewusstsein und zugleich Kompromissbereitschaft bei der Suche nach Gemeinsamkeiten als Zeichen der Dialogfähigkeit auf beiden Seiten erfordert. Über die Trennung von Religion und Politik und über die Geltung individueller Menschenrechte kann allerdings im Namen der Toleranz nicht verhandelt werden, weil die Aufgabe dieser Werte einer Selbstaufgabe der säkularen europäischen Zivilisation gleichkäme; die Säkularität bildet die Grundlage für die Praxis des religiösen Pluralismus, und dieser gehört zur Leitkultur Europas. Als Muslim kann ich das europäische Bewusstsein für mich beanspruchen, weil es weder ethnisch exklusiv noch religiös ist. Dieses Verständnis ist vor allem auf die Deutschen und die hier lebenden Migranten zu übertragen; jede ethnische Bestimmung des Bürgers steht im Gegensatz zu den ideengeschichtlichen Grundlagen des okzidentalen Europas, das eine kulturelle Moderne hervorgebracht hat. Für eine Leitkultur innerhalb Europas zu plädieren, ist eine Denkweise, die auf dieser kulturellen Moderne und ihrer Säkularität basiert.

Warum muss ein Nicht-Europäer wie ich dies den Europäern heute sagen? Die Europäer scheinen einer zweiten Aufklärung zu bedürfen, in deren Rahmen sie im interkulturellen Dialog ihr Verhältnis zum nichteuropäischen Rest der Welt, aber vor allem zu den Einwanderern im eigenen Haus bestimmen. Zu den Aufgaben, besonders der Deutschen, gehört, ihr ethnisch-exklusives Denken zu entromantisieren. Allerdings dürfen sie damit nicht fälschlicherweise eine Selbstverleugnung verbinden. Auf dem Boden der europäischen kulturellen Moderne müssen sie einen für sich und andere verbindlichen Normen- und Werte-Katalog verlangen. Noch einmal: Diesen Katalog nenne ich bezogen auf Europa Leitkultur, und diese basiert auf einem Wertekonsens als Grundlage für die Ausübung *gegenseitiger Toleranz.*

Es ist wichtig zu wiederholen und damit erneut daran zu erinnern, dass die Forderung nach einer Leitkultur von einem semitischen Araber und somit Angehörigen der islamischen Zivilisation gestellt wird, der zugleich Migrant ist und Europa angehören will, das heißt als ein Fremder um Anerkennung mittels Einbeziehung des Anderen kämpft.[13] In dieser Eigenschaft bin ich der Auffassung, dass Europa mit seiner kulturellen Moderne die wesentlichen Bestandteile der soeben erläuterten Leitkultur bietet. Diese fasse ich mit wenigen Worten zusammen: Primat der Vernunft vor religiöser Offenbarung, das heißt vor der Geltung absoluter Wahrheiten, also Säkularität (die Franzosen sprechen von Laizität), *individuelle* Menschenrechte (also nicht multikulturelle Gruppenrechte), säkulare, auf der Trennung von Religion und Politik basierende Demokratie, *allumfassender,* also auch religiöser und kultureller Pluralismus, gegenseitige säkulare Toleranz im Rahmen einer Zivilgesellschaft.[14] Diese europäische Leitkultur, die eine an Spielregeln und Normen gebundene Toleranz beinhaltet, ist die Alternative zu Fundamentalismus und ethnischem Nationalismus der Diasporakultur. Dies ist nach dem 11. September 2001 offensichtlicher als je zuvor.

Diesen Abschnitt möchte ich mit folgender Frage abschließen: Ist es ein Widerspruch, wenn ich gleichzeitig für Kulturdialog mit nichteuropäischen Zivilisationen und für die Bewahrung der zivilisatorischen Identität Europas eintrete? Es ist wichtig zu klären, dass ein Dialog zwar eine vordringliche Aufgabe ist, zugleich aber festzustellen bleibt, dass er in der Substanz leider noch nicht vorhanden ist, auch wenn es bereits fruchtbare Ansätze dazu gab (zum Beispiel der Cordoba-Trialog im Februar 1998 sowie im März–April 2000). Niemand wird folgendes bestreiten können: Der unverzichtbare Kulturdialog mit den Migranten innerhalb Europas und der Dialog zwischen den Zivilisationen, das heißt zwischen Europa und seinen Nachbarn, sind kein »Business« für die deutsche Exportindustrie, sondern eine Voraussetzung zugleich für den inneren und den äußeren Frieden Europas. Doch warum kommt es nicht zu solch einem substantiellen Dialog? Wo liegen die Hürden?

Kulturübergreifende Moralität, Leitkultur und Dialog

Der erforderliche Kulturdialog im Rahmen gegenseitiger säkularer Toleranz muss aufrichtig und werteorientiert sein. Bisher ist er in dieser Form nicht in Gang gekommen, weil beide Seiten die hierfür erforderlichen Voraussetzungen nicht erfüllen. In ihrer Sinnkrise sowie ihrem Pendeln zwischen Euro-Arroganz und Selbstzweifeln neigen die Europäer immer häufiger zur Selbstverleugnung; besonders Deutsche verstehen die Menschen außerhalb Europas nicht. In einer solchen Gesellschaft, die zur Integration der Einwanderer unfähig ist, verkapseln sich die Einwanderer in ihrer ethnisch bzw. religiös bestimmten Diaspora-Kultur, auf deren Basis dann Parallelgesellschaften entstehen. Dialog heißt nicht einfach nur miteinander reden oder »Begegnung«, wie manche Christen sagen; er ist viel mehr als das. Er erfordert Spielregeln, setzt einen Konsens über bestimmte, auf Werten basierende Grundlagen voraus. Hierfür habe ich – wie angeführt – auf globaler Ebene den Begriff kulturübergreifende Moralität und auf lokaler Ebene den der Leitkultur geprägt.

Zentral für Europäer ist, zu verstehen, dass ein Mangel an Zivilisationsbewusstsein eine Einstellung ist, die von Nicht-Europäern entweder als Schwäche oder als Ausdruck der Dekadenz einer ohnehin kriselnden Zivilisation wahrgenommen wird. Vorurteilsbeladen schlussfolgern die

Nicht-Europäer, dass man mit Europäern alles machen kann und sie dieses hinnehmen. Gewiss: Dies trifft nur für die deutschen Gutmenschen zu und nicht für alle Europäer. Viele Nicht-Europäer, vor allem Muslime, pflegen eine – aus Höflichkeit nicht offen ausgesprochene – Geringschätzung und Verachtung der Europäer und besonders der deutschen Selbsthasser. Diese Einstellung behindert auch den Dialog und die Einigung auf einen Wertekonsens. Mit anderen Worten: Auf der europäischen Seite krankt der Kulturdialog am fehlenden Zivilisationsbewusstsein und dem Mangel an verbindlicher Moralität sowie Leitkultur, bei Nicht-Europäern genau am Gegenteil, wie durch den von ihnen häufig vertretenen Neo-Absolutismus, der die universelle Geltung ihrer Werte beansprucht, deutlich wird.

Erschwerend kommt hinzu, dass Begriffe in jeder Kultur einen jeweils anderen Sinngehalt aufweisen. So heißt *Salam*/Frieden im Islam Erweiterung von *Dar al-Islam*/Haus des Islam, und Dialog bedeutet nicht nur Austausch, sondern beinhaltet *Da'wa*/Aufruf zum Islam. Für die orthodoxen Muslime sind also nicht Austausch und kulturelle Anleihen das Ziel eines Dialogs, sondern sie verstehen darunter Missionierung. Dies kann nicht zu einer gegenseitigen Verständigung beitragen und widerspricht jedem religiösen Pluralismus, der nur auf der Basis eines säkularen Normen- und Werte-Katalogs möglich ist, durch den das Absolute in jeder Religion in die private Sphäre verwiesen wird. Besonders die Islamisten binden die Migration an das Ziel der Islamisierung. Dies möchte ich an einem eigenen Erlebnis veranschaulichen: Bei dem Cordoba-Trialog vom Februar 1998 hat der Imam von Jericho, Scheich Rajai Abdou, in aller Aufrichtigkeit und Offenheit dieses Problem angeführt und seine »Gewissensnöte« dargelegt, die ihm der Umstand bereite, dass die in Cordoba zum Trialog Versammelten Austausch wollen, während er als orthodoxer Muslim die Bekehrung der Andersgläubigen zum Islam im Sinne hätte. Das klingt seltsam, entspricht aber den Tatsachen, die viele Deutsche nicht verstehen.

Eben weil viele Muslime Europa als einen »Kontinent im zivilisatorischen Verfall« wahrnehmen (Sittenverfall, Drogensucht, Gottlosigkeit und Prostitution), glauben sie – zugleich missionarisch und gut gemeint –, durch die von ihnen angestrebte Islamisierung Europa vor der Dekadenz zu retten. Auch christliche Missionare mögen solche »ehrlichen« Absichten bei ihrer Arbeit in Asien und Afrika verfolgen; dennoch steht fest, dass Missionierung kein Dialog ist. Zu missionieren steht im

Prinzip jedem zu, aber dann sollte das Kind auch beim Namen genannt werden. Es ist sehr wichtig, und deshalb wiederhole ich es, dass Toleranz Missionierung ausschließt. Dies verlange ich von Christen und meinen Glaubensbrüdern gleichermaßen. Eine islamische Missionierung Europas ist – auch wenn sie als friedlicher *Djihad* betrieben wird – eine Bedrohung für Europa und verletzt alle Spielregeln der Toleranz.

Zusammengefasst: Die selbstverleugnende Haltung der Europäer unserer Zeit stößt auf die selbstherrliche Haltung der Islamisten und verstärkt das missionarische muslimische Bewusstsein. So entsteht eine falsche Wahrnehmung der Bedeutung von Dialog, nach der dieser als ein Mittel zur Verbreitung des Islam in Europa gesehen wird. Wiederholt habe ich die Erfahrung gemacht, dass viele protestantische Pfarrer diesen Zusammenhang nicht verstehen und eine falsche Auffassung von Dialog haben. Das ist sehr bedauerlich und von Nachteil für die praktische Umsetzung des Toleranz-Konzeptes, ein Manko, das ich aus Gründen der Integrität offen aussprechen muss.

Einleitend sprach ich von dem Bedarf an einer Diagnose unserer Zeit, die ich als *Weltzeit* deute. Im Zeitalter der Zivilisationskonflikte und dem Bestreben nach einer Entwestlichung der Welt bildet diese benötigte Diagnose die Grundlage meines Plädoyers für den Kulturdialog innerhalb und außerhalb Europas auf der Basis kulturübergreifender Moralität und Leitkultur als Wertekonsens. Dies ist der Bezugsrahmen meines Nachdenkens über Einwanderung. Die vorläufigen Antworten auf die gestellten Fragen machen deutlich, dass nicht moralisierende Gesinnungsethik, sondern ein verantwortungsethisches Ansprechen der Probleme den Zustand Europas im unterstellten »Abseits« überwinden hilft.

Dieses Kapitel wurde mit der Frage: »Was aber ist Toleranz?« eingeleitet, und eingangs habe ich darüber informiert, dass unterschiedliche Kulturen unterschiedliche Antworten auf diese Frage geben. Viele Europäer denken nicht nur eurozentrisch, sondern leider auch monokulturell. Der monokulturelle Toleranzbegriff muss kulturübergreifend erweitert werden. Wenn Europäer dies nicht verstehen und die Erweiterung ihres Horizonts im Sinne einer Öffnung für andere Kulturen und Zivilisationen unterlassen, dann bleibt es bei der beklagten Euro-Arroganz. Das Gerede über Toleranz entpuppt sich bei vielen Deutschen schnell als Heuchelei, wie ich leider oft in der von mir als Fremdem und Migranten wahrgenommenen deutschen Alltagskultur feststellen musste. Diese mit langen rationalen Begründungen verbundene Aufforderung, zu erkennen, dass eine kulturübergreifende Erweiterung der eigenen Perspektive erforderlich ist, stößt immer auf Widerstand.

Was heißt Toleranz im globalen Dorf?

Eine der Grundlagen des Toleranzbegriffes ist die Anerkennung des Rechts auf Anderssein, dies gilt jedoch nur innerhalb von verbindlichen Spielregeln. Auf deren Basis sind dann Gemeinsamkeiten zu suchen, ohne dass man dabei von der Illusion geleitet ist, dass Differenzen verschwinden. Dieses Recht auf Anderssein nehme ich auch für mich in Anspruch. Als ein in Damaskus geborener und sozialisierter semitischer Araber muslimischen Glaubens möchte ich meine Kritik persönlich, also nicht in einem deutsch-professoral abstrakten Stil, das heißt das eigene »Ich« negierend, vortragen. Vergeistigung der Argumente ist mir noch immer sehr fremd, obwohl ich bereits mit 18 Jahren aus Damaskus nach Deutschland kam, hier seit 1962 lebe und mir die deutsche Sprache in der ansonsten immer noch fremden deutschen Umwelt eine geistige Heimat geworden ist. Immer wieder muss ich meinen Stil gegen meine Lektoren verteidigen. Es sind die Deutschen, die vergeistigt sind; ihre Sprache, die auch die meine ist, erlaubt den persönlichen Stil, wie dieses Buch bereits in seiner Einleitung zeigt. Auch hier ist Toleranz im globalen Dorf gefragt.

Um zu veranschaulichen, was ich mit meinem anderen Stil und der diesem entsprechenden Argumentationsweise meine, möchte ich auf das Motto von *Europa ohne Identität?* zurückgreifen: Der in Budapest geborene und vor dem Naziterror nach Frankreich geflüchtete Psychoanalytiker Joseph Gabel zitiert in seinem Werk über *Ideologie und Schizophrenie* aus Albert Beguins *Faiblesse d'Allemagne* folgendes Urteil:

> »Mehr als die angeblich rationalistischen Völker sind die Deutschen einer so vollkommenen Unterdrückung des Subjekts fähig, dass allein der Intellekt bleibt und dass der Dämon des Abstrakten unerhörte Triumphe feiert.«[15]

Toleranz bezieht sich auch auf Konflikte, die den Gegensatz von Normen und Werten zum Gegenstand haben; sie besteht nach der Klärung des Gegenstandes in der Akzeptanz des Anderslautenden. Die Anerkennung gilt also auch für die jeweils andere Denkweise, in diesem Fall die nicht vom »Dämon des Abstrakten« versklavte, also die nicht-vergeistigte. Als ein in Damaskus aufgewachsener Araber denke ich anschaulich, an Beispielen orientiert, bringe mich und meine Erfahrungen in die sachliche Argumentation narrativ ein. Der eine nennt dies »unsachlich«, der andere »Selbstdarstellung« und ein *Spiegel*-Redakteur in der Begründung für die Abweisung eines Artikels »Ich-Stil«; ich nenne diese Qualifizierungen schlicht: intolerant. Die Welt ist viel größer als Deutschland, und die deutsche Tradition der Vergeistigung sowie die damit verbundene Ablehnung des »Ichs« steht mit der europäischen Leitkultur der Aufklärung nicht im Einklang.

Meine Kritik hängt mit meiner »Seinslage« (Karl Mannheim) als ein zwischen den Kulturen lebender Mensch zusammen. In der frühen Phase meines Lebens in Deutschland – also während meiner Anpassung – war ich ein Mensch, der dem »despotischen Orient« entfliehen wollte. Ein aus dem Sozialstaat Nutzen ziehender »Asyl-Bewerber« war ich jedoch nie, weil ich auf Kosten meines vermögenden Banu al-Tibi-Clans zum Studium nach Frankfurt kam; als diese Quelle später versiegte, bestritt ich meinen Lebensunterhalt als Arbeiter. Wer als Fremder für seinen Unterhalt arbeitet, ist kein »Gastarbeiter«! An einer anderen Stelle dieses Buches habe ich näher beschrieben, wie ich mich aus meiner Assimilation, die durch Germanisierung erfolgte, befreit habe, ohne aufzuhören, für Integration einzutreten (vgl. Kapitel 3).

Es war ein Zufall, dass meine Studienjahre in die Blütezeit der Frankfurter Schule fielen, in deren geistigem Umfeld ich meine Lehrjahre verbrachte. Damals, zwischen 1962 und 1982, hatte ich im Rahmen einer heute von mir abgelehnten Assimilation den vergeistigten deutschen Stil des Denkens angenommen. Meine zwischen den Jahren 1971 und 1981 unter anderem in streng wissenschaftlichen Reihen erschienenen frühen Bücher dokumentieren diese Neigung zur Vergeistigung, weshalb ich damals im deutschen Wissenschaftsbetrieb anerkannter war, als ich es heute bin. In jenen Büchern kommt mein »Ich« nicht vor. Heute bin ich – nach Wiederentdeckung der eigenen multiplen Identität sowie dem Gewinn der Erkenntnis, dass die sinnbildlich gesprochen zu einem globalen Dorf zusammengeschrumpfte Welt weit größer als Europa, geschweige denn als Deutschland ist – sehr bewusst ein interkulturell denkender und handelnder Mensch. Hierzu gehört, dass ich eine vergeistigende Abstrahierung von *Lebenslagen* strikt ablehne. Von manchem Leser und auch von meinem Lektor höre ich bereits die Frage: Was haben diese persönlichen Bezüge mit Ihrem Gegenstand Toleranz zu tun? In diesem Kapitel ist mein Thema Toleranz und Migration. In diesem Sinne fordere ich Toleranz für mein »Anderssein« ein und erwarte dessen Anerkennung.[16] Toleranz ist auch eine Praxis der Alltagskultur; als Pflichtrhetorik ohne Taten ist sie wertlos.

Der erste Kritikpunkt an vielen linksliberalen Deutschen bezieht sich darauf, dass sie die Toleranz in einem vergeistigten Sinne definieren, sie in der Praxis, das heißt in ihrem konkreten Verhalten, aber völlig vermissen lassen. Als Einwanderer habe ich die deutsche Universität in einem Zeitraum von mehr als drei Jahrzehnten als Ort der Intoleranz erfahren: keine Streitkultur, keine Anerkennung des Fremden. Diese mir in Deutschland oft widerfahrene Intoleranz bezieht sich auf Dinge der Alltagskultur. Als Professor an einer deutschen Universität spreche ich dennoch mit den Händen sowie mit Herz und Seele, also nicht vergeistigt, wie es sich offenbar für einen etablierten deutschen Professor geziemt, dessen Habitus ich weder annehmen kann noch will. Viele deutsche Professoren bezeichnen mich deshalb – zumeist in herabwürdigender Weise – als einen »Erzähler« aus dem Orient und nicht als Wissenschaftler. Mein Trost ist, dass ich bei meinen Vorträgen vor gebildetem deutschen Publikum besser ankomme als die Nicht-Erzähler, die ihre Zuhörer durch regungsloses Ablesen aus dem Manuskript zum Einschlafen bringen. Positiv angemerkt – es gibt auch den anderen Deutschen. Ein weiterer Trost ist mir die Übersetzung meiner auf Deutsch verfassten Arbeiten in vierzehn Sprachen, die mir jene Anerkennung im globalen Dorf bringt, welche mir an der deutschen Universität versagt bleibt. Bundeskanzler Schröder sprach mir aus dem Herzen, als er für Deutschland »mehr Internationalität« forderte. Dies gilt auch für das kulturelle Verständnis von Toleranz.

Toleranz bezieht sich nicht nur auf Wertekonflikte, sondern auch auf die Fähigkeit zur Empathie, also auf die Sensibilität, das sozialpsychologische Anderssein von Migranten aus Asien und Afrika und anderen Nicht-Europäern zu verstehen. Das bedeutet natürlich nicht, alles Fremde zu akzeptieren. Leider mündet der Mangel an dieser Fähigkeit zur Empathie in Deutschland oft in eine Fremdenfeindlichkeit des Alltags, die Fremde in ein Ghetto treibt.[17] Dies hat mit Mangel an Sensibilität, nichts mit Rechtsradikalismus zu tun; in dieser Hinsicht sollte man die Kirche im Dorf lassen. Parallel zu diesem Extrem der mangelnden Empathie bzw. Intoleranz des Alltags stoßen wir in Deutschland auf die kollektive Toleranz deutscher Gutmenschen gegenüber allem Fremden einschließlich dem Islamismus, ja sogar einschließlich der Taten des 11. Septembers 2001.

Es ist gewiss angebracht zu wiederholen, dass Deutsche nicht automatisch alles, was sie nicht verstehen, auch tolerieren müssen. Doch ist die geforderte Sensibilität eine wichtige Voraussetzung, um zur Toleranz überhaupt fähig zu sein und andere Menschen anzuerkennen. Meine Kritiker könnten mir hier vielleicht eine widersprüchliche Argumentation vorwerfen, wenn ich dafür plädiere, die *Schari'a* abzulehnen und Muslime zu akzeptieren. Bei ein wenig mehr Sensibilität und Wissen über *den Anderen* zeigt sich jedoch schnell, dass es kein Widerspruch ist, die Gefühlswelt von Nicht-Europäern zu verstehen, zu tolerieren und die Anerkennung *des Anderen nicht* mit Akzeptanz von »Gottesgesetzen« gleichzusetzen. Mehr Wissen über die *Schari'a*[18] würde zudem erkennen lassen, dass diese postkoranisch und von Menschen konstruiert, also nicht Teil der islamischen Offenbarung ist. Die islamischen Aufklärer des HochIslam im Mittelalter sind von *Schari'a*-Gelehrten inkriminiert worden. Der beste Schutz vor einem »Feindbild Islam« ist, den Islam gut zu kennen. Viele deutsche Sittenwächter, die den Islam schützen wollen, erfüllen diese Bedingung nicht.

Toleranz im globalen Dorf erfordert von den Menschen nicht nur Anpassung an gemeinsame Standards, sondern auch die Fähigkeit zu kritischer Distanz. Erst diese ermöglicht die Unterscheidung zwischen Islam und Islamismus. Bei vielen deutschen Intellektuellen, deren Denkqualität, Stringenz und hohen Grad an Reflexivität ich bewundere und von denen ich auch vieles lerne, stelle ich häufig beim Umgang mit *dem Anderen* eine monokulturelle Perspektive fest; sie ist leider oft – wie die der meisten deutschen Gelehrten – sehr eurozentrisch. Ein Beispiel hierfür ist der zitierte Philosoph Werner Becker; er schreibt über Toleranz, sein realer Kontext beschränkt sich jedoch auf Deutschland und wird nur teilweise auf den europäischen Kontinent erweitert. Wenn er schreibt: »Die Toleranz in der Welt von heute«, dann umfasst die Welt für ihn nur Europa. Aus diesem Grunde glaubt er aus der Feststellung, dass Toleranz ihre rechtsstaatliche Institutionalisierung erst in der Demokratie erhält, folgern zu können:

> »Wir befinden uns als Demokraten zum ersten Mal in diesem Jahrhundert in der glücklichen Lage, dass fundamentale Alternativen nirgendwo öffentlichkeitswirksam diskutiert werden«.[19]

Als Nicht-Europäer, der mit Becker die Demokratie als Werteorientierung teilt, kann ich seiner Feststellung – auf Basis der empirischen Fakten – nicht beipflichten. So kann ich beispielsweise für die Zivilisation, aus der ich stamme und der ein Fünftel der Menschheit angehört, eine solch »glückliche Lage« leider nicht feststellen. Dies möchte ich mit Fakten untermauern, die auch die Islam-Diaspora der Migranten betreffen.

Sehr öffentlichkeitswirksam wird in jenem Teil des Globus eine Schrift des großen geistigen Führers des Fundamentalismus Abu al-A'la al-Maududi diskutiert. In Großbritannien lernen dort geborene Muslime im Islam-Unterricht ihre Religion anhand der Schriften von Maududi kennen.[20] In einer dieser Schriften steht:

> »Ich sage es Euch Muslimen in aller Offenheit, dass die säkulare Demokratie in jeder Hinsicht im Widerspruch zu Eurer Religion ... steht ... Der Islam, an den Ihr glaubt und wonach Ihr Euch Muslime nennt, unterscheidet sich von diesem häßlichen System total ... Es kann keine Übereinstimmung zwischen Islam und Demokratie geben.«[21]

Ist diese Proklamation der Ausdruck einer »glücklichen Lage«? Und kann diese Position Toleranz im Namen von Religionsfreiheit für sich in Anspruch nehmen? Wo bleibt die Globalität, wenn in Großbritannien im Namen der Toleranz islamische Schulen zugelassen werden, die die Kinder islamischer Migranten in diesem Geist von Maududi erziehen? Am 31. Oktober wurde im ZDF-*heute-Journal* ein Bericht ausgestrahlt, demzufolge 600 Briten islamischen Glaubens – in England geboren – nach Afghanistan reisten, um aufseiten der Taliban auch gegen die britischen Soldaten, ihre Landsleute, zu kämpfen.

Berücksichtigen wir die durch Zuwanderung entstandene Islam-Diaspora, dann müssen wir sicherlich zu einer anderen Auslegung des Islam als der von Maududi zitierten gelangen, denn Islam und Demokratie sind im Rahmen einer reform-islamischen Interpretation[22] durchaus miteinander vereinbar. Es gibt sogar westliche, anscheinend gleichgültige Islamkenner, die ihre Toleranz soweit ausdehnen, dass sie die islamische Ablehnung der Demokratie als eine »islamische Spielart der Demokratie«[23] deuten. Öffentlichkeitswirksam ist in der Welt des Islam jedoch die soeben zitierte Position von Maududi, die auch an britischen islamischen Schulen gelehrt wird. Gehört es zum Verständnis von Toleranz zuzulassen, dass der Islam-Unterricht auf solchen Lehrbüchern basiert?

Welche Art von postmoderner europäischer Toleranz ist das? Wenn ein Deutscher die oben zitierten Worte Maududis in den Mund nähme, würde er gleich in die rechtsradikale Szene eingeordnet. Warum gilt dieses Urteil nicht auch für den islamischen Fundamentalismus?[24] Ein Konsens über Toleranz innerhalb eines religiösen Pluralismus würde zu einer solchen Einschätzung führen.

Mein Argument lautet, dass die »Welt von heute« sicherlich nicht mehr auf Europa konzentriert ist, sondern sinnbildlich zu einem »globalen Dorf« zusammenschrumpft.[25] Bei eurozentrisch eingestellten Menschen beschränkt sich die Wahrnehmung nur auf den eigenen Teil der realen Welt, weshalb ihre Urteile nicht mehr zutreffend sein können. Es ist bedauerlich, dass man für den Hinweis auf die veränderten Realitäten in einer globalisierten Welt von diesen Europäern die Beschimpfung erntet, »unsachlich« zu sein. Dies kann schlichtweg als eurozentrische Intoleranz bezeichnet werden. In einer globalisierten Welt gehen die Kulturen nicht ineinander auf; die ihnen eigenen Werte und ihre für sie spezifische Sinnstiftung haben weiterhin Bestand. Daher besteht der Bedarf an einem Kulturpluralismus, der einen Wertekonsens einschließt. Die Wertebeliebigkeit des Multikulturalismus führt gewiss in eine Sackgasse und resultiert in einer Rechtfertigung der Intoleranz, weil ihre Indifferenz den Unterschied zwischen Demokratie und Totalitarismus übersehen bzw. verwischen lässt. Der Islamismus ist die neueste Form des Totalitarismus.

Migration und Toleranz

Gegenseitige Toleranz ist eine Bedingung für das Leben im 21. Jahrhundert, weil durch Migration Menschen aus unterschiedlichen Kulturen in Frieden zusammenleben müssen. Toleranz bedeutet aber weder Selbstaufgabe noch den Zwang, zu allem »ja« sagen zu müssen. Die Möglichkeit »Nein, danke!« zu sagen, gehört zu einer aufgeklärten Toleranz. Im »globalen Dorf« unserer Zeit kommen Menschen aus nicht-westlichen Zivilisationen als Migranten nach Europa, verlangen Geltung für ihre Werte und auf diese Weise entstehen Wertekonflikte, die angesprochen werden müssen. In einem früheren Buch, *Im Schatten Allahs*[26], habe ich am Beispiel der Gültigkeit und Akzeptanz der Menschenrechte diese Konflikte problematisiert. Toleranz setzt die Geltung eines weltanschaulichen, also kulturellen Pluralismus voraus, dessen Spielregeln allerdings als Leitkultur von allen Parteien – also auch von den Migranten – akzeptiert werden müssen.

Im Zeitalter globaler Migration muss jede Diskussion über Toleranz eine gedankliche Verarbeitung von Alltagserfahrungen umfassen. Weder die deutsche vergeistigte Art der Diskussion über Toleranz in der multikulturellen Gesellschaft noch die deutsche Spielart der *political correctness* sind bei der Bewältigung dieser Aufgabe hilfreich. Ausgangspunkt muss die Erkenntnis sein, dass jede wirklich pluralistische Gesellschaft ohne eine Leitkultur, also ohne einen Wertekonsens nicht auskommen kann. Während der deutschen Leitkulturdebatte vom Herbst/Winter 2000 haben sich islamische Fundamentalisten über Intoleranz beklagt, weil Demokraten auf der Basis einer Leitkultur ihre fundamentalistischen Anschauungen zurückwiesen. Die Forderung von Fundamentalisten, im Rahmen der Toleranz Anerkennung für sich zu finden, verwischt die Tatsache, dass diese noch nicht einmal innerhalb ihrer eigenen Religionsgemeinschaft Reform-Muslime dulden; bei ihnen wird Toleranz zum Instrument degradiert, um sich jedes Versuches, dem Fundamentalismus Grenzen zu setzen, zu erwehren. Aus diesem fundamentalistischen Teil der Islam-Diaspora kamen einige der Attentäter vom 11. September 2001. Manche deutsche Linksliberale bieten sich im Namen der Toleranz unbewusst als Verbündete an, denn sie wissen nicht, was sie tun.

Dieses Kapitel beende ich mit der Schlussfolgerung, dass Toleranz nicht in jeder Hinsicht grenzenlos ist und auch nicht vorschreibt, alles Abweichende zu dulden. Als Muslim, der für eine kulturübergreifende, an der kulturellen Moderne orientierte Toleranz eintritt, ohne sich der Selbstverleugnung zu verschreiben, freue ich mich, wenn ich aus einer christlichen Feder die Erkenntnis vernehme, dass »das Gebot Jesu, demjenigen auch die andere Wange hinzuhalten, der einem bereits einen Schlag auf die eine Wange versetzt hat, mit Toleranz ... in diesem Sinne nicht vereinbar« (Becker, wie Anm. 4) sei.

Diesen Satz möchte ich vielen deutschen Gesinnungsethikern vorhalten. Es trifft zu, dass Toleranz zwar dazu verpflichtet, Positionen, die man nicht teilt, zu tolerieren, dies schließt aber weder eine moralische Selbstaufgabe noch die Annahme freiheitsfeindlicher Einstellungen ein. Für die Ausübung der Toleranz gilt die Grundvoraussetzung, dass die eigene Position bei geistiger Offenheit beibehalten werden kann und hierfür die Bedingung der Gegenseitigkeit gilt. Im westlichen Dialog mit nicht-westlichen Neo-Absolutisten, seien sie religiöse Fundamentalisten oder ethnische Nationalisten, sind diese Voraussetzungen nicht gewährleistet, wodurch die Leitkultur der Toleranz und ihre Spielregeln keine Geltung haben.

Viele Gegner der Demokratie instrumentalisieren Toleranz für ihre eigenen Belange. Islamisten verlangen zum Beispiel offensiv Toleranz für die eigene Intoleranz. In anderen europäischen Ländern, zum Beispiel in den Niederlanden, werden substantielle Diskussionen darüber geführt, ob die im Westen gedeihende Mode des selbstverleugnerischen Kulturrelativismus im Namen der Toleranz der Intoleranz Tür und Tor öffnet. Eine dieser großen Diskussionen ist die in Buchform erschienene und auch von mir getragene Amsterdamer Debatte über *The Limits of Pluralism: Neo-Absolutisms and Relativism* (vgl. Anm. 8). Auch für die »verspätete Nation« (Plessner, vgl. Anm. 11) Deutschland gilt es, diese internationale Debatte aufzunehmen und fortzuführen. Dies ist bedauerlicherweise bislang nicht geschehen. Jede systematische diskursive Auseinandersetzung über die Zusammenhänge Toleranz-Kulturrelativismus-Multikulturalismus muss die Gefährdung der Demokratie in Europa nach dem Slogan *Democracy Against Itself*[27] in die Argumentation einbeziehen.

Zusammenfassend möchte ich feststellen, dass jeder Entwurf über die Idee der Toleranz weit über das Ideengeschichtliche hinausgehen muss. Wenn wir die Realgeschichte zur Kenntnis nehmen, können wir feststellen, dass die Idee der Toleranz in Europa gepredigt wurde, aber nicht »zur praktizierten ethischen Kultur des europäischen Christentums gehört«[28] hat. Auch W. Becker, der dies beklagt und Toleranz predigt, aber die Aufforderung zur kulturübergreifenden Erweiterung der Perspektive als »unsachlich« ablehnt, ist mit dem Widerspruch behaftet, geistig tolerant, aber praktisch intolerant zu sein. Jede Perspektive, die nicht der Tatsache Rechnung trägt, dass die Welt in unserem *Global Age*[29] sinnbildlich gesprochen zu einem globalen Dorf geschrumpft ist, bleibt der eurozentrischen Betrachtungsweise verhaftet und führt in der Konsequenz zu falschen Schlussfolgerungen. Dazu gehört die Fehlwahrnehmung, dass alles, was in Europa bzw. im Westen gilt, auch für die übrige Welt zu gelten habe. Im Zeitalter des Strebens nach Entwestlichung der Welt gilt diese Annahme nicht mehr!

Jenseits der deutschen Liebe zur Vergeistigung und zu rein begriffslastigem Denken besteht die Welt aus einer – schon lange vor Huntington von Raymond Aron festgestellten – »Heterogenität der Zivilisationen«[30]. Auch wenn deutsche Gesinnungsethiker es nicht mögen, ist es schlicht eine Tatsache, dass jede Zivilisation ihre eigene Weltsicht hat. Daraus folgt, dass in einer zum globalen Dorf gewordenen Welt die Frage des »weltanschaulichen Pluralismus« und somit der Toleranz nicht allein auf den europäischen Kontinent beschränkt bleiben darf. Dieser Konflikt kann politisiert werden, woraus ein weltanschaulicher *Krieg der Zivilisationen*[31] erwachsen kann, der den Weltfrieden zu Beginn des neuen Millenniums gefährdet.

Die Ausführungen in diesem Kapitel gelten vor allem für die Problematik der Einwanderung, und sie veranschaulichen den großen Bedarf, in einem interkulturellen Rahmen erneut über Toleranz sowie deren Grenzen und Spielregeln nachzudenken. Zu den Grundvoraussetzungen der Integration islamischer Zuwanderer gehört deren Verzicht auf ihr längst überholtes islamisches Verständnis von Toleranz und die Akzeptanz eines europäisch bestimmten Toleranzbegriffes. Erst dadurch können sie sich in die Lage versetzen, europäische Bürger zu werden. In einer Welt, die *entwestlicht* wird, gehört die Duldung der Islamisierung nicht zur Toleranz. Die Grundvoraussetzung für Toleranz ist gegenseitiges Wissen um *den Anderen* und Verständnis für ihn. Dazu gehört die Öffnung vor dem Fremden bei gleichzeitiger Bewahrung des Eigenen. Toleranz ist ein Bestandteil der pluralistischen Demokratie und kann interkulturell erweitert werden, ohne in Wertebeliebigkeit zu verschwimmen.

KAPITEL 6

Religiöser Pluralismus erfordert die Akzeptanz von Säkularität/Laizität durch die Migranten: Die islamische Doktrin der *Hidjra* und die Grenzen der Toleranz für kulturelle Differenz

Geistesoffene und tolerante Göttinger Studenten, vorwiegend aus islamischen Migrantenfamilien, gründeten zu Beginn des Jahres 2001 einen »Verein zur Förderung des interkulturellen Dialogs«, um in ihrer Stadt und Universität kulturübergreifende Kompetenz zu fördern. Zu diesem arrangierten sie eine Podiumsdiskussion an der Universität Göttingen mit dem ersten Präsidenten der »Islamischen Republik Iran« Abul Hassan Bani-Sadr und mir als Hauptrednern.[1] Religion stand bei unserem Dialog im Mittelpunkt, und der im Pariser Exil lebende Ex-Präsident Bani-Sadr verriet seine im nachhinein gewonnene Erkenntnis: »Wir müssen zwischen Religion und Politik trennen.« Vor dem Hintergrund dieser Aussage verwies ich erneut auf die Bedeutung der Neubelebung der Religion in den letzten Dekaden des 20. Jahrhunderts sowie besonders zu Beginn des neuen Millenniums.

In einem Land wie Deutschland, für dessen junge Generation Religion nahezu irrelevant geworden ist, versteht man deren anderswo zunehmende Bedeutung nicht. Der zitierten Erkenntnis Bani-Sadrs fügte ich in Göttingen hinzu: »Es geht nicht nur um die internationale Politik oder die Welt des Islam, sondern auch um die Einwanderer hier in Europa.« Daraufhin protestierte ein deutscher Neunmalkluger, indem er laut und sehr polemisch fragte, ob ich denn im Mittelalter leben würde und nicht mitbekommen hätte, dass in Europa keiner Religion mehr Bedeutung zukäme. Der besagte Herr, der die Welt außerhalb Göttingens beziehungsweise Deutschlands nicht zu kennen scheint, wäre im Recht – zumindest ansatzweise –, wenn er seine Aussage auf sein Land beschränkt hätte. Doch selbst das heutige Deutschland kann angesichts von Globalisierung und Migration nicht isoliert vom Rest der Welt betrachtet werden. Hier lebende Migranten definieren sich über die Religion, der sie sich verpflichtet fühlen, und somit spielt dieser Gegenstand auch in Deutschland eine Rolle. In Bezug auf den Rest der Welt, besonders den außerhalb von

Westeuropa, sehen die Dinge, vor allem im Hinblick auf Religion, noch ganz anders aus. Die weltweite Krise, die durch die schrecklichen Ereignisse am 11. September 2001 ausgelöst wurde, hat diese Beobachtung aufs Neue nachhaltig bestätigt.

Religion ist nicht nur als Glaube an Gott, sondern auch als ein kulturelles System, das heißt als ein Rahmen für personale und kollektive Identitätsbildung, zu verstehen. Wenn Zuwanderer aus der islamischen Zivilisation nach Europa kommen, stellt sich die Frage, ob sie eine europäische Identität – natürlich im Rahmen multipler Identitäten, das heißt durch Integration und nicht qua Assimilation – annehmen oder im Einklang mit der noch zu erläuternden *Hidjra*-Doktrin handeln, was einer Ausweitung des *Dar-al-Islam* auf Europa gleichkäme. Die Kriegserklärung in Gestalt des Terrorismus vom 11. September 2001 aktualisiert die soeben gestellte Frage wie folgt: Stehen die muslimischen Zuwanderer auf europäisch-westlicher Seite oder auf der Seite der Bin Laden/Taliban-Front?

In der letzten Oktoberwoche des Jahres 2001 fand über diese Frage eine aufgeregte überparteiliche Debatte im britischen Parlament statt. Grund dafür war die Tatsache, dass sich etwa 600 islamische Fundamentalisten mit britischer Staatsangehörigkeit aufseiten der Taliban befanden, während die britischen Streitkräfte in Afghanistan gemeinsam mit den Amerikanern gegen die Taliban kämpften. Unter den Labour-Sozialdemokraten der Regierung Tony Blairs und der Opposition der Konservativen bestand der einhellige Konsens, dass diese Handlung islamischer Zuwanderer laut Verfassung »Hochverrat« sei. Meines Wissens war *Die Welt* die einzige deutsche Zeitung, die am 2. November 2001 einen Kommentar bezüglich dieser Angelegenheit veröffentlicht hat.[2] Einen Tag später, in *Die Welt* vom 3. November, war auf Seite 7 der Bericht enthalten »Deutsche Moslems warten in Pakistan darauf, für die Taliban zu kämpfen«.

Die Alternativen: Abschied von der islamischen Doktrin der Hidjra oder islamischer Djihad mit friedlichen Mitteln?

Es ist alarmierend, wenn in bestimmten, genauer in fundamentalistischen Kreisen der Islam-Diaspora in Europa nicht nur die Kriegserklärung vom 11. September 2001 mit Bejubelung Bin Ladens aufgenommen wird, sondern dass von dort sogar – wie berichtet – *Djihad*-Kämpfer nach Afghanistan entsandt werden. Europäer müssen die zunehmende Bedeutung der Religion in der nicht-westlichen Welt verstehen, um angemessen auf diese Zusammenhänge reagieren zu können. Obwohl in Europa die Kirchen immer leerer werden – und in Zeitungsartikeln manche sogar impertinent vorschlagen, sie in Diskotheken zu verwandeln –, lässt sich das nicht einmal für den Westen insgesamt verallgemeinern. Ein kurzer Aufenthalt in den USA, der einen Kirchenbesuch einschließt, verdeutlicht dies. In Erkenntnis dieser Tatsachen hat die Zeitschrift *Millennium* der renommierten *London School of Economics* der Thematik Religion und internationale Politik ein Sonderheft gewidmet.[3] Die neue Relevanz der Religion sowie der Ethnizität zeigt sich besonders in Bezug auf die Migrantenproblematik und die damit verbundene Entstehung von Diaspora-Kulturen. In Bezug auf die 15 Millionen Zuwanderer umfassende europäische Islam-Diaspora stellen sich die Alternativen, die in der Überschrift dieses Abschnitts genannt werden.

Wir dürfen nach dem 11. September 2001 nicht mehr in blinder Toleranz übersehen, dass einige Moscheevereine ethnische und religiöse Identitäten pflegen, die das Fremdsein der Zuwanderer nicht überwinden, sondern sogar propagieren und als Pflicht fortschreiben. Manche dieser sogenannten Moscheevereine gleichen angesichts der Kombination von fundamentalistischen und türkisch-nationalistischen Tendenzen totalitären politischen Gruppierungen mit Anspruch auf das Absolute als wesentlichem Charakteristikum der Religion, der sich jedoch mehr politisch als religiös darstellt. Wie können angesichts dieser Tatsachen Menschen unterschiedlicher Religionen in den Ein- und Zuwanderungsgesellschaften friedlich miteinander leben? Der erste Schritt lautet: Wir müssen Religion[4] von politisierter Religion unterscheiden.

Gleich wie man zur Religion steht, festzuhalten bleibt, dass wir Religionen nicht ignorieren und erst recht nicht abschaffen können; wir müssen mit ihnen und ihren Gläubigen leben. Wir dürfen nicht vergessen, dass Religionsfreiheit sogar Verfassungsrecht ist. Durch die Einwanderung erhöht sich die religiöse Vielfalt in den entsprechenden Gesellschaften und damit auch das Konfliktpotential. Was können wir dagegen tun? Den Ausweg aus diesem Dilemma bietet die Säkularität, das heißt die Trennung von Religion und Politik.[5] Diese historische Leistung hat die westliche Zivilisation erbracht; sie darf nicht leichtfertig im Namen falscher Toleranz aufgegeben werden, denn das käme einer Selbstaufgabe gleich. Dies bedeutet nicht eine vollständige Verdrängung der Religion, sondern nur deren Verweisung aus der öffentlichen in die private Sphäre. Den Bedarf an säkularer Vernunft gilt es zu erkennen und mit der religiösen Zugehörigkeit der Menschen in Harmonie zu bringen.[6] Angesichts der Tatsache, dass die Islam-Diaspora in Europa 15 Millionen Menschen umfasst und damit die größte Migranten-Gemeinde darstellt, werde ich diese Problematik an ihrem Beispiel veranschaulichen. Zunächst beginne ich allgemein und werde dann im Verlauf der Darstellung spezifisch.

Im Deutschen sagt man: »Andere Menschen, andere Sitten.« Auf unsere Thematik übertragen, muss dieser Spruch eher heißen: »Andere Kulturen, andere Religionen, andere Sitten.«[7] Eine signifikante Geltung erhält diese Volksweisheit, wenn die anstehenden Kulturen religiös, also in unserem Falle durch den Islam, bestimmt werden. Der Kulturanthropologe Clifford Geertz hat wichtige Beiträge zum Verständnis dieser auf die Religion des Islam bezogenen Kulturen vorgelegt.[8] Konkret drückt sich die kulturelle Differenz[9] – dies ist ein zentraler Begriff in der international geführten Diskussion über die Migrationsproblematik – in dem unterschiedlichen Bedeutungsinhalt von Begriffen innerhalb verschiedener Kulturen aus. Ein Beispiel: Im ersten Schritt meiner Argumentation, entfaltet in Kapitel 5, zeige ich, dass Muslime etwas anderes unter Toleranz verstehen als die Europäer seit dem Zeitalter der Aufklärung. Dies gilt auch für den Begriff »Dialog«, den Europäer als geistigen Austausch, Muslime dagegen als *»Da'wa«,* also Aufruf zum Islam, verstehen.

In diesem Kapitel werde ich in meiner Eigenschaft als Kulturdolmetscher zeigen, dass im Islam mit einem für unsere Thematik zentralen Begriff, nämlich dem der *Hidjra*/Migration, etwas anderes gemeint ist als in der westlichen Zivilisation. Aus »erkenntnisleitendem Interesse« (Habermas) unterziehe ich meine Annahme von der Notwendigkeit, den religiösen und kulturellen Pluralismus säkular zu begründen, einer Prüfung, um dann auf der Basis dieser Erkenntnis für den inneren Frieden in einer durch Migration vielfältigen Gesellschaft einzutreten. Es versteht sich von selbst, dass dies auch hier ohne Anerkennung von Tabus erfolgen muss.

Es ist mir durchaus bewusst, dass ich bei der Beschäftigung mit dieser Thematik ein Minenfeld betrete, deshalb möchte ich auch hier mit einem persönlichen Bezug einleiten. Im Dezember 2000 hatte ich die diesem Kapitel zugrunde liegende Idee, dass Angehörige der Diaspora-Kulturen trotz Bewahrung ihrer Religion und Identität sich dennoch verpflichten müssen, die Säkularität in der Sphäre der Öffentlichkeit zu respektieren. Diese Position vertrat ich in einem Essay, dem die *F.A.Z.* eine komplette Zeitungsseite widmete.[10] Darauf folgte ein diffamierender Leserbrief eines deutschen Orientalisten, der die denunzierende Überschrift »Verdacht gegen Muslime in Deutschland«[11] trug. Der Grund für diesen schwerwiegenden Vorwurf ist meine in diesem Artikel enthaltene Erläuterung der islamischen Doktrin der *Hidjra*/Migration, nach der Migration und die Verbreitung des Islam aneinander gekoppelt sind. Diese Doktrin habe ich nicht erfunden, sondern sie gehört zum islamischen Glauben, unter dessen Einfluss ich aufgewachsen bin und dessen Quellen ich als Islamologe studiert habe. Die *Hidjra* als Migration in Verbindung mit der Intention zur Missionierung ist auch in der Geschichte der Verbreitung des Islam praktiziert worden.

Von den Islamisten der deutschen Islam-Diaspora wurde der soeben zitierte Leserbrief gegen meine Ausführungen über die Bedeutung von *Hidjra*-Islam bundesweit verbreitet. Damit wurde der Versuch unternommen, meine Aufklärungsarbeit in Verruf zu bringen. Mehrmals haben die Islamisten meine öffentlichen Auftritte dadurch zu verhindern versucht, dass sie diese in der *F.A.Z.* als Leserbrief publizierte Diffamierung meiner Person meinen Gastgebern vorlegten. Dass in meiner Wahlheimat Deutschland viele meiner Gastgeber – zum Beispiel der Bürgermeister von Fellbach – Zivilcourage bewiesen, indem sie auf die Werte des Grundgesetzes hinwiesen, die Denk- und Glaubensfreiheit verbriefen, erfüllt mich mit Stolz. Diese Veranstalter luden die Islamisten ein, zu kommen und mit mir einen öffentlichen Dialog zu führen, sie erschienen jedoch nicht und stellten sich somit auch keiner Diskussion. Islamisten nehmen die Denkfreiheit nur für sich in Anspruch, während sie eine solche ihren Gegnern und Kritikern, denen sie ein »Feindbild Islam« unterstellen, versagen – auch denjenigen Muslimen, die einen offenen Reform-Islam anstatt eines Islamismus vertreten.

In meinem angeführten *F.A.Z.*-Artikel vom 18. Dezember 2000 steht geschrieben, dass der Islam beansprucht, die einzig wahre Botschaft zu sein (Koran 3/19). Muslime sind daher verpflichtet, ihren religiösen Glauben mittels *Djihad,* gleich ob in Form bloßer Anstrengung oder kriegerisch, zu verbreiten. In beiden Fällen ist die *Hidjra*/Migration das Instrument zur Erfüllung dieser Missionspflicht. *Hidjra*/Migration bezieht sich also im Islam nicht allein darauf, dass ein Mensch von einem Ort beziehungsweise einer Kultur zu einer anderen wechselt, sondern dies wird mit der Pflicht zur Missionierung für den Islam verbunden. Dies kann friedlich durch *Da'wa*/Aufruf zum Islam oder – wenn es nicht anders geht – mit den Mitteln des *Djihad* erfolgen. Der weltbekannte islamische Historiker und Philosoph Hichem Djait schreibt in seinem Standardwerk über den Früh-Islam:

»Die Migration wird im Früh-Islam zur Voraussetzung für die Erlangung von Tributen. Die *Hidjra* ist ein zentraler Begriff im Islam, weil die islamische Zivilisation ihr ihre Verbreitung verdankt. Es ist wahr, dass *Hidjra* im engen Sinne die Übersiedlung des Propheten und seiner Anhänger unter den Quraischis nach Medina bedeutet, ... aber später wird die *Hidjra* als Migration zum Ausdruck des Glaubens und der Bereitschaft zum *Djihad* ... Der wahre Islam ist eng verbunden mit der Migration.«[12]

Ich bin seit meiner Geburt in Damaskus im Jahr 1944 Muslim, habe dort in der Omaiyyaden-Moschee anhand des Korantextes Lesen und Schreiben gelernt und wurde im Rahmen meiner Zuwanderung nach Europa 1962 Wahleuropäer. Sind beide Identitäten kompatibel? Es kann niemals meine Absicht sein, islamische Mission in Europa zu betreiben. Kann ich dennoch ein Muslim bleiben, auch wenn ich weder den *Djihad* noch *Da'wa* betreibe und sogar gegen jeden Missionarismus eingestellt bin? Großen Wert lege ich auf die Feststellung, dass dies nicht mein persönliches Problem ist und ich kein Einzelfall bin, da ein Drittel, das heißt ein zahlenmäßig bedeutender Teil der Einwanderer in Deutschland aus der Welt des Islam kommt.[13] Diese Fragen stellen sich allen Muslimen in der Diaspora. Die eingangs angeführten alarmierenden Berichte darüber, dass islamische Zuwanderer aus Großbritannien und Deutschland aufseiten der Taliban gegen den Westen kämpfen, veranschaulichen diese Problematik.

Nicht nur ich, sondern auch der Bundespräsident dieses Landes, Johannes Rau (vgl. Kapitel 2), bezeichnet die Integration der Einwanderer als eine wichtige Aufgabe der Demokratie in Deutschland, weil dadurch das Konfliktpotential verringert und ein friedliches Zusammenleben möglich wird. Integration ist aber kein Zauberwort, das durch bloßes Aussprechen Wirklichkeit wird, denn diese sieht sich großen Hürden gegenüber. Für eine gelungene Integration der Migranten sind Voraussetzungen zu erfüllen, nach denen wir tabufrei fragen müssen.

Auf deutscher Seite ist es erforderlich, dass die deutsche Gesellschaft nicht nur einen Pass vergibt, sondern darüber hinaus den Migranten eine demokratische Identität bietet. Auf islamischer Seite dagegen muss ein Verzicht auf den religiösen Absolutheitsanspruch erfolgen, was, konkret bedeutet, auf die religiösen Implikationen der *Hidjra*-Migrations-Doktrin zu verzichten; dies ist eine Voraussetzung für die Integration. Die Willensbekundung zur Integration muss diesen Verzicht einschließen, sonst ist sie nicht glaubwürdig.

Debatten können nur sinnvoll auf der Basis von Fakten und Informationen geführt werden. So sollte man sowohl mit dem Anspruch des Islam, die einzig wahre Religion zu sein, als auch mit der damit verbundenen Pflicht der Muslime zur Mission vertraut sein. Dazu gehört auch die Kenntnis der religiösen Doktrin der *Hidjra.* Es ist sehr wichtig, deutschen Lesern zu erklären, welche Implikationen die *Hidjra* hat. Dies zu tun ist Aufklärung sowie Ausdruck der Ehrlichkeit und Offenheit und kein »Verdacht« gegen Muslime – wie man es mir als Muslim ohne Berechtigung vorwirft. Anhand von Fakten und deren Kommentierung bin ich als ein Reform-Muslim bestrebt, den Islam mit Europa zu versöhnen. Dies ist nach dem 11. September 2001 nötiger denn je. Die angestrebte Versöhnung ist nicht konfliktfrei, sie erfordert eine Lösung vieler Probleme, die offen anzusprechen sind. Wir müssen ehrlich sein und diese Arbeit aufnehmen, ohne Sand in die Augen zu streuen, wie es die Islamisten tun, wenn sie Unwahrheiten verbreiten und falsche Zusicherungen machen.

Das religiös Absolute und Hidjra im Islam

Im Koran steht in Sure 3, *Al-Imram*/Die Sippe Imrams, Vers 19: »Die Religion bei Gott ist der Islam.« In Vers 20 steht ferner: »Und sprich zu ... den Ungelehrten: Werdet Ihr nun Muslime werden?« Migration heißt auf Arabisch, der Sprache des Islam, *Hidjra* und diese kann auch das Mittel für die Verbreitung des Islam und damit Antwort auf die Frage sein, ob die anderen »Muslime werden«. Der Begriff *Hidjra* entstand, als der Prophet Mohammed von Mekka nach Medina auswanderte. Mit der *Hidjra* des Propheten (622) beginnt das Jahr 1 der islamischen Zeitrechnung. Von diesem Zeitpunkt an und auch nach dem Tod des Propheten 632 war die Verbreitung des Islam der Inhalt der *Hidjra* und somit die Hauptaufgabe der folgenden Migrationsbewegungen. In meinem Buch

Kreuzzug und Djihad[14] habe ich anhand von Quellentexten nachgewiesen, wie die *Hidjra* mit dem *Djihad* als Mittel der islamischen Mission/*Da'wa* in der islamischen Geschichte verbunden wurde. Islamische Eroberer errichteten in den gewonnenen Gebieten Siedlungen, von denen aus sie dieser Aufgabe nachgingen.

Es darf nicht verschwiegen werden, dass der organisierte Islam in Europa dieses *Hidjra*-Vorbild aus dem 7. Jahrhundert auf die Gegenwart überträgt; daher rührt auch der Einsatz für integrationsunwillige Parallelgesellschaften. Belassen wir dies widerspruchslos dabei, dann ist die Folge, dass ein Verständnis von Einwanderung unter den Migranten kursiert, welches mit der anzustrebenden Integrationspolitik nicht kompatibel ist. Daraus würde dann die Entstehung von den soeben angesprochenen, mit frühislamischen Siedlungen vergleichbaren Parallelgesellschaften resultieren. Die Ideologen des Islamismus pflegen die Illusion, irgendwann die gesamte Gesellschaft zu durchdringen, also Europa zu islamisieren; für sie ist der Diaspora-Islam das Instrument dafür. Im Koran bedeutet *Djihad* Anstrengung, das ist die religiöse Bedeutung, die aber auch durchaus eine kriegerische Form als *Qital* annehmen kann. Das ist in unserer Zeit in Europa (Kosovo ist eine Ausnahme) nicht mehr umsetzbar. Historisch war der *Djihad* ein Eroberungskrieg, also *Qital* zur Islamisierung der Welt. Wir müssen deshalb zwischen der religiösen und der historischen Bedeutung des *Djihad* streng unterscheiden[15], sie beinhalten nicht dasselbe. Parallel zur Entstehung und Entfaltung des islamischen Fundamentalismus ist *Djihad* als Terrorismus – so zum Beispiel von der Bin Laden-Connection – gedeutet worden. Dies dürfen wir nicht übersehen.

Die schriftgläubige, also orthodox-religiöse Auslegung der Doktrin im Islam betrachtet diesen als die einzig »wahre« Religion. Das Thema dieses Kapitels ist der religiöse Pluralismus als Rahmen für den Frieden in Einwanderungsgesellschaften. Dieser Pluralismus erfordert die Geltung des Gleichheitsprinzips für *alle* Religionen. Mit dem Glauben an den Islam als die überlegene Religion ist die religiöse Pflicht verbunden, ihn weltweit missionarisch, also durch *Da'wa* zu verbreiten. So beansprucht der Islam überall dort, wo Muslime leben, absolute Geltung. Dort dominiert das *Dar al-Islam*/Haus des Islam. Diese Auffassung hat nichts mit Fundamentalismus zu tun, sondern sie ist Inhalt der orthodoxen Doktrin von der Verbreitung des Islam, das heißt der Islamisierung, zu der die *Hidjra,* also die Migration gehört. Auf dem Weltwirtschaftsforum in

Davos 2001 hat der Londoner Imam Zaki Badawi Europa in guter Absicht nicht mehr als *Dar al-harb*/Haus des Krieges, sondern als *Dar al-Islam*/Haus des Islam bezeichnet. Darin kommt der vorhergehend aufgezeigte religiöse Anspruch auf das Absolute zum Ausdruck. Solche zeitgenössischen Spielarten dieses Anspruches bezeichne ich als Neo-Absolutismus; sie sind mit Pluralismus nicht vereinbar. Oder anders formuliert: Der Pluralismus setzt Grenzen für die Vielfalt, indem er den Neo-Absolutismus nicht zulässt.[16] Hierdurch unterscheidet sich der kulturelle Pluralismus vom Multikulturalismus, der alles zulässt und der kulturellen Differenz keine Schranken setzt. Für den Schutz der Demokratie und des Pluralismus sind solche Grenzen allerdings unabdingbar.

Als ein liberaler Kultur-Muslim, der den religiösen Anspruch auf das Absolute aufgegeben hat und somit jede Form der Missionierung ablehnt, gleich ob sie religiös, zum Beispiel islamisch ist, oder säkular, weigere ich mich, über diese Inhalte zu schweigen und sie somit zu tabuisieren. Von dieser Ausgangsposition argumentierend, finde ich es angebracht, mit den muslimischen Migranten hierüber offen zu sprechen und von ihnen im Dialog unmissverständlich zu verlangen, den Implikationen der *Hidjra-Doktrin* im Rahmen der Akzeptanz von Säkularität und religiösem Pluralismus abzuschwören. Natürlich beschränke ich diesen Aufruf auf jene Muslime, die den Vorsatz der Missionierung hegen, denn es gibt natürlich ebenso Muslime ohne missionarische Absichten. Den ersteren gegenüber müssen Europäer resolut auftreten, weil ein Dialog der Kulturen und Religionen keine Übung in Höflichkeit ist, sondern ein Instrument des Friedens durch Konfliktbewältigung. Dialog darf nicht verdeckt als Missionierung/*Da'wa* betrieben werden, und dazu gehört vor allen Dingen, über Themen dieser Art und über die mit ihnen zusammenhängenden Probleme offen zu reden. Tabus schaden dem friedlichen Zusammenleben, denn sie verhindern die Auseinandersetzung über konfliktreiche Themen, ohne die es weder eine Integration der Einwanderer noch inneren Frieden in Deutschland geben kann. Es ist wichtig, sich diese Zusammenhänge zu vergegenwärtigen.

Die Religion des Islam soll ihren Platz in Europa erhalten, aber nur im Rahmen eines religiösen Pluralismus, der Vielfalt an die Vorschrift der Gleichheit bindet. Religiöser Absolutismus sowie unterschiedliche Neo-Absolutismen sind mit missionierenden Einstellungen gegenüber den anderen, angeblich moralisch Unterlegenen, verbunden. Die Loyalität gegenüber der säkularen Zivilgesellschaft und der pluralistischen

Demokratie macht es erforderlich, solch kulturell-religiöse Einstellungen aufzugeben. Andernfalls entstehen Parallelgesellschaften als Enklaven, deren Bestehen langfristig zu Kosovo-ähnlichen Verhältnissen führen kann.[17] Kurz: Es ist eine Voraussetzung für die Integration der Muslime, den Akt der Migration von den religiösen Implikationen der *Hidjra* zu befreien. Andernfalls darf man sich über die Folgen – unter anderem die Entstehung von islamischen Siedlungen als Enklaven – nicht wundern. Kulturelle und religiöse Vielfalt kann auf Dauer nur im Rahmen von Pluralismus und Laizität bestehen.

Das Emblem des 1986 in Berlin gegründeten Islam-Rats, welcher von der islamistischen *Milli Görüş* beherrscht wird, ziert der Koran-Vers, dass bei Allah nur die Religion des Islam (Sure 3,19) gelte. Ob religiöser Pluralismus und Glaubensfreiheit, wie sie das Grundgesetz fordert, in diesen Kreisen wohl Achtung erfahren? Ähnliches frage ich mich jedes Mal, wenn ich das Londoner Bulletin der Muslimbrüder *Risalat al-Ikhwan* lese, in dem die »Vorherrschaft des Islam auf dem ganzen Globus« *(Sidayat al-dunya)* auf der Basis der »Anleitung der Menschheit zum islamischen System/*lrschad al-insaniyya ila nizam al-Islami«* als Ziel angegeben wird. Wie verlogen müssen diese Menschen sein, wenn sie bei Begegnungen mit Christen von »Dialog« sprechen, und wie uninformiert beziehungsweise blauäugig müssen jene Christen sein, die nach dem Schlag auf die eine Wange auch noch die zweite hinhalten? Im Monatsüberblick Juli 2001 »Politischer Extremismus« des Bayerischen Landesamtes für Verfassungsschutz heißt es:

> »Am 4. Juni fand in Neu-Ulm eine Veranstaltung des IGMG-Gebietes Schwaben (IGMG/Islamische Gemeinschaft *Milli Görüş* e.V./B.T.) statt. Vor 1 500 Teilnehmern referierten als Ehrengäste der IGMG-Vorsitzende Erbakan, sein Stellvertreter Yavuz Çelik Karahan und die frühere Abgeordnete der Refa Partisi (RP) im türkischen Parlament Merve Kavakçi. Erbakan rief im Sinne seiner Kampagne zur Annahme der deutschen Staatsangehörigkeit den Zuschauern zu: Ich will deutsche Muslime sehen! Durch die Heirat von deutschen Muslimen mit türkischen Staatsangehörigen und dem Familiennachzug aus der Türkei könnte das Potential von deutschen IGMG-Anhängern rasch wachsen. In einem Zeitraum von fünf Jahren sei so das Ziel zu erreichen, eine erfolgreiche islamische Wahlpartei in Deutschland zu gründen. Voraussetzung für eine Teilnahme an Wahlen sei allerdings die deutsche Staatsangehörigkeit. Auch Karahan sprach von einer islamischen Partei in Deutschland, die in wenigen Jahren den Einzug in den Berliner Reichstag schaffen könne. Denn in Deutschland hielten sich etwa 7 Millionen Moslems legal oder illegal auf. In etwa fünf Jahren werde diese Zahl auf rund 11 Millionen

> anwachsen. Und in weiteren fünf Jahren etwa 16 Millionen betragen. Dann sei man bereits so stark wie die ehemaligen Einwohner der DDR.«[18]

Diese und andere Informationen haben die Journalisten des ARD-Magazins *Report* (Sendung vom Montag, 17. September 2001), der Deutsche Stefan Meining und der liberale Türke Ahmed Senyurt, mehrfach verbreitet. Beide weisen unter anderem auf die antisemitischen Tendenzen unter den Islamisten hin, jedoch ohne Resonanz hervorzurufen. Vor dem 11. September 2001 hatten die verantwortlichen Deutschen in Kirche und Politik Angst vor dem Vorwurf der Fremdenfeindlichkeit und der Anschuldigung, ein »Feindbild Islam« zu schüren, weshalb sie schwiegen. Die Islamisten haben dies schamlos instrumentalisiert. Der teils offene, teils versteckte Einsatz der Islamisten für einen »Gottesstaat in Deutschland« scheint diese deutschen Demokraten auch nach dem 11. September 2001 nicht zu stören.

Lippenbekenntnisse zur Demokratie wirken vor diesem Hintergrund wie ein Täuschungsmanöver, vor allem dann, wenn man parallel in missionarischem Propagandamaterial auf die Aussage stößt: *»al-Islam huwa al-hall*/Nur der Islam ist die Lösung.« Ein Blick auf die Aufstellung von Gruppen des organisierten Islam, die man in der sehr aufgeklärten und autoritativen Arbeit von Ursula Spuler-Stegemann vorfindet[19], zeigt, dass kein einziger Verband existiert, der einen liberalen Islam[20] vertritt. Die Verbände des organisierten Islam vertreten ausschließlich entweder einen orthodoxen oder einen fundamentalistischen Islam. Diese Gruppen sind zwar nicht repräsentativ für alle Migranten, die mehrheitlich *nicht* organisiert sind, sie beanspruchen aber, allein Ausdruck des Islam in Deutschland zu sein. Die schweigende Mehrheit ist – wie gesagt – nicht organisiert und soll von diesen Gruppen vereinnahmt werden. Allein die Integration kann den Islamisten die Suppe versalzen; Ausgrenzung dagegen macht den Fundamentalismus besonders verlockend.

Angesichts dieser Informationen erscheint es gerechtfertigt zu fordern, dass der demokratische Staat und die Institutionen der Zivilgesellschaft das Recht beanspruchen, in Bezug auf die Gestalt des Islam in Europa mitzureden; ich weiß, dass dies nur indirekt geschehen kann und bin mir der Grenzen dieses Unternehmens bewusst. Dennoch denke ich, dass es demokratische Wege gibt, um die europäische Identität Deutschlands gegenüber bestimmten Totalitaristen und Rechtsradikalen der Diaspora-Kulturen zu verteidigen. Wie soeben gezeigt, machen die meisten hiervon jedoch keinen Gebrauch. Es ist auch für Deutsche möglich, Verbündete unter den Migranten, zum Beispiel liberale Muslime wie den zitierten türkischen Journalisten, zu finden. Tun sie dies nicht und laufen die Dinge so weiter, dann wird die *Hidjra* nach Europa im erläuterten religiösen Sinne fortgesetzt werden.

Mein Argument lautet: Die demokratische Abwehr gegen den deutschen Rechtsradikalismus muss auch auf den Rechtsradikalismus unter den Migranten ausgeweitet werden. Wie wir seit dem 11. September 2001 wissen, befinden sich unter diesen islamischen Rechtsradikalen sogar Terroristen (vgl. Einleitung). Eine rationale und demokratische Diskussion über die Integration der Einwanderer sowie über die damit verbundenen Schwierigkeiten darf nicht verhindert werden. Wenn die Aufklärung über demokratiefeindliche Bestrebungen in der Islam-Diaspora – gleich ob Orthodoxie oder Islamismus – mit Fremdenfeindlichkeit in einen Zusammenhang gebracht wird, dann verliert der demokratische Begriff der Bekämpfung derselben seinen Inhalt und seine Legitimation. Islamisten versuchen jede Aufklärung über ihre antipluralistische Ideologie – manchmal mit Rechtsmitteln – zu verhindern. Hier erscheint es angebracht, die Formel des Franzosen Jean-François Revel, »Demokratie gegen sich selbst«[21], anzuführen. Wir müssen für die Verteidigung der Denk- und Glaubensfreiheit als europäische Errungenschaften und gleichzeitig gegen alle Gegner der säkularen Demokratie – gleich ob sie ethnisch Deutsche, islamische Fundamentalisten oder Ethno-Nationalisten sind – aktiv eintreten. Hierfür ist ein Bündnis der »Anständigen« von Deutschen und Migranten erforderlich.

Religiöser Pluralismus für die Muslime in Deutschland – - Wahleuropäer oder Muhadjirun?

»Dialog« statt Zusammenprall der Zivilisationen ist eine Maxime, die auch für die Debatte über Migration gilt. Zum Dialog der Kulturen gehört es, die Geschichte dieser zu kennen und aus ihr Lehren für die Zukunft zu ziehen. Die islamisch-europäische Geschichte ist vierzehn Jahrhunderte alt und umfasst Eroberung und Migration (vgl. Anm. 14). Muslime kamen im Laufe der Geschichte zweimal als Eroberer nach Europa: im 8. Jahrhundert von Südwesten (Eroberung Spaniens) und im 14./15. Jahrhundert von Südosten (Eroberung des Balkans). Während der 2. Hälfte des 20. Jahrhunderts hat eine dritte Welle des Vordringens des

Islam nach Europa begonnen. Diese vollzieht sich im Rahmen globaler Migration und ist bisher friedlich verlaufen. Dabei ist der Islam aber nicht europäisch geworden – dies bleibt ein Ziel. Nur eine erfolgreiche Integrationspolitik und die Institutionalisierung eines Euro-Islam können gewährleisten, dass Migranten und Einheimische auch in Zukunft friedlich zusammenleben. Seit dem Zweiten Weltkrieg kommen Muslime als Migranten nach Europa und haben sich hier dauerhaft angesiedelt. Welche Optionen bestehen? Wird mein Vorschlag eines religiösen Pluralismus im Rahmen von Säkularität praktikabel sein? Oder werden islamische Enklaven entstehen, wie sie der Vorbereitung der Terroranschläge vom 11. September 2001 dienten?

Für Europa ist der Islam ein alter Bekannter, den es im Rahmen der islamischen Expansion und ihrer *Djihad*-Eroberungen kennengelernt hat. Allerdings ist die Erscheinung der Migration in einem globalen Kontext für Europäer neu. Im Laufe der Geschichte hat es zwar viele Migrationsschübe von Ost nach West gegeben, aber diese waren binneneuropäisch. Kann Europa heute die islamischen Migranten derart integrieren, dass sie Europäer werden, jedoch ohne sie, wie es einst die Rückeroberer Spaniens während der *Reconquista* mit den verbliebenen Muslimen und Juden taten, als Morisken zu behandeln beziehungsweise zwangsweise zu assimilieren? Ist es möglich, eine islamische Identität und das Konzept einer europäischen *citoyennité* miteinander zu verbinden, um die islamischen Migranten in Europa zu integrieren? Dies ist nicht nur für mich eine Existenzfrage, sondern auch für 15 Millionen muslimische Migranten.

Durch die Überwindung monokulturellen Denkens scheint es mir möglich zu sein, eine multiple Identität zu entfalten. Dieses Unterfangen hat jedoch Grenzen: Man kann zum Beispiel nicht zwei Religionen angehören, was aber bezogen auf Migranten in Europa auch nicht notwendig wäre, da europäische Gesellschaften säkulare Gemeinwesen sind. Auf diese Weise ist es also denkbar, Muslim zu bleiben und gleichzeitig Wahleuropäer zu werden. Doch welcher Art von Islam muss ein Migrant angehören, damit er dies vermag? Gibt es Anlass zur Hoffnung auf ein friedliches Zusammenleben durch diese Versöhnung des Islam mit Europa? Islamisten lehnen diese Integration ab, weil sie eine versteckte, heimtückische Christianisierung dahinter vermuten. Und noch mehr: Sie wollen, wie das zitierte Material zeigt, eine eigene Macht innerhalb der deutschen Politik durch eine eigene islamistische Partei aufbauen.

Wenn von dem Bedarf an Integration die Rede ist, stellt sich die Frage: Ist es eine Zumutung für Muslime, ihren Islam europäisch zu deuten? Bei einer vergleichenden Betrachtungsweise können wir feststellen, dass Afrikaner nach dem Übertritt zum Islam dieser Religion einen afrikanischen Charakter gegeben haben. Die Folge dieser erfolgreichen Adaption des Islam ist, dass er in einer ihm fremden Gesellschaft einheimisch wurde. In Afrika erhielt diese Religion einen afrikanischen Charakter, sie wurde zum Afro-Islam. Dagegen ist der Islam in Europa fremd und gedeiht nur in Parallelgesellschaften, solange ein Durchbruch ausbleibt. Die Verwandlung des Islam in einen Afro-Islam ist eine historische Erfahrung, bei welcher der Islam auf dem afrikanischen Kontinent kulturell integriert worden ist.[22] In ähnlicher Weise haben die Südasiaten einen Indo-Islam entfaltet, der auf dem indischen Subkontinent einheimisch ist. Warum ist der Islam in Europa dagegen fremd? Nach meinem Dafürhalten liegt dies gleichermaßen an Europäern wie Muslimen.

Können Europäer in Zusammenarbeit mit muslimischen Migranten zu einem Euro-Islam beitragen? Oder werden manche unter ihnen diese Option weiterhin als »Ein-Mann-Sekte« belächeln, wie dieses Konzept von einem deutschen Orientalisten in der *Süddeutschen Zeitung* (vom 15.2.1999) verfemt worden ist? Als Alternative zum Euro-Islam, der mit einem religiösen Pluralismus im Sinne des diesem Kapitel zugrundeliegenden Verständnisses vereinbar ist, bleibt die Parallelgesellschaft eines Ghetto-Islam. Dieser ist gegen die Integration gerichtet und dient als Legitimation für den Aufbau von Enklaven. Würde diese Variante Wirklichkeit, dann wäre ein Neo-Absolutismus die Weltanschauung der Islam-Diaspora und böte Zündstoff für Konflikte in absehbarer Zukunft. Als islamischer Aufklärer und Reform-Muslim befinde ich mich gleichermaßen im diskursiven Konflikt mit islamischen Orthodoxen und Fundamentalisten wie deutschen Gutmenschen, die unter völliger Selbstaufgabe ein Bündnis mit den ersteren schließen, und euro-arroganten deutschen Nationalisten. Das Ergebnis ist nicht selten die Diffamierung meiner Person in Deutschland. Aufklärung war aber noch nie eine bequeme Aufgabe! Der offene Islam hat seine Feinde auch im Kreis der Muslime, so zum Beispiel unter den Islamisten, mit denen einige Deutsche scheinbar sympathisieren. Gegner hat der Reform-Islam aber auch unter manchen Linksliberalen, und dies trotz der schrecklichen Attentate vom 11. September 2001.

Der Rückgriff auf die Geschichte kann zum einen der Aufklärung, zum anderen der Ideologiebildung dienen. Islamisten verbreiten unter islamischen Migranten die Wahrnehmung, sie seien im traditionellen Sinne *Muhadjirun*/Einwanderer, was im Islam, wie erwähnt, eine religiöse Bedeutung hat. Wer *Hidjra* betreibt, ist ein *Muhadjir;* diese gelten als die wahren islamischen Missionare. Die *Hidjra-Geschichte* im Islam geht auf das 7. Jahrhundert zurück, wird also in der Zeit der islamischen Religionsstiftung eingeleitet. Die islamische Offenbarung beginnt im Jahre 610, die islamische Zeitrechnung dagegen erst zwölf Jahre später, im Jahre 622. Anders formuliert: Die islamische Geschichte beginnt nicht mit der Offenbarung, sondern erst mit der *Hidjra,* also der Migration des Propheten Mohammed von Mekka nach Medina. Die Jahreszahl 622 bezieht sich allerdings – wie der Leser bereits erfahren hat – auf die christliche Zeitrechnung, auf das Jahr 622 nach Christi Geburt. Auch in der Diaspora behalten Islamisten die islamische Zeitrechnung bei und setzen das erste *Hidjra*-Jahr als Beginn ihrer Zeit. Indem sie diese Geschichte neu beleben, handeln sie symbolisch für die erfolgreiche Verbreitung des Islam durch Einwanderung. Als ein Beispiel führe ich die Muslimbrüder in London an, die zu Beginn jedes *Hidjra*-Jahres auf Arabisch gedruckte Kalender mit der islamischen Zeitrechnung versenden: Auf diesem Kalender stehen ähnliche Parolen wie die in dem Propaganda-Bulletin der Muslimbrüder, *Risalat al-Ikhwan,* das ich bereits zitiert habe. So zum Beispiel die Parole »Nur der Islam ist die Lösung/*al-Islam huwa al-hall*«, und darunter verstehen diese Islamisten »*Siyadat al-dunya*/Herrschaft über die Welt« sowie die »*Inqaz al-alamin*/Rettung der Menschheit« durch das »*Nizam Islami*/islamische System«. Gehört es zur religiösen Toleranz, diesen Neo-Absolutismus zu dulden?

Im Früh-Islam nannten Muslime ihre Eroberungen islamische *Futuhat*/Öffnungen, die den Umzug ganzer Stämme von der arabischen Halbinsel in die eroberten oder, islamisch ausgedrückt, »geöffneten« Gebiete nach sich zogen. Diese mit Siedlungspolitik verbundenen Eroberungen waren ein Bestandteil der islamischen Geschichte.[23] Wird der Traum der Islamisten, etwas ähnliches in Europa im Rahmen der Migration zu tun, wahr werden?

Die Beantwortung dieser Frage zwingt uns, die Geschichte zu vergegenwärtigen, uns also vor Augen zu führen, dass Muslime im Rahmen der religiösen Vorschrift der *Hidjra* migrierten, um den Islam zu verbreiten. Zu der eingangs erwähnten Synthese von *Djihad* und *Hidjra* kam es im islamischen Mittelalter. In unserer Gegenwart wird diese klassische religiöse Vorschrift der Migration angesichts der islamischen Einwanderung nach Europa in mehrfacher Hinsicht relevant und aktuell, da eine der Bedeutungen des *Djihad* zur Verbreitung des Islam die Anstrengung ist und Eroberung folglich friedlich erfolgen kann. Ein islamischer Scheich, Abd al-Aziz al-Siddiq, hat eine *Fetwa*/autoritatives religiöses Gutachten erstellt, in der er zur Migration nach Europa aufruft, um den Islam durch diesen friedlichen *Djihad* zu verbreiten. Ich zitiere daraus erneut:

> »Die Migration nach Europa und nach Amerika (als *bilad al-kufr*/Land des Unglaubens, B.T.) ist für Muslime nicht nur erlaubt, sondern obligatorisch ... In der Tat, die Rahmenbedingungen für die Ausübung des sowie für den Aufruf zum Islam sind in Europa und Amerika besser als in den meisten islamischen Ländern.«[24]

Wenn man parallel zu diesem Zitat das Themenheft des Magazins *Newsweek* vom 5. November 2001 »*Why Terrorists like Europe!*« liest, versteht man die Kombination von Ironie und Tragik. Auf Seite 46 dieses Heftes im Bericht von Stefan Theil »*Tolerating the Intolerable*/Das Intolerierbare tolerieren« heißt es: »Der in Syrien geborene Muslim und Islam-Experte Bassam Tibi warnt seit Jahren davor, dass die Westler zwischen guten und schlechten Muslimen unterscheiden müssen. Bis jetzt wollte dies niemand hören, weil es an das grenzt, was politisch inkorrekt ist.« Zwar ist es richtig, dass »die Ausübung des Islam« im Rahmen eines religiösen Pluralismus erfolgen kann, aber gilt dies auch für den »Aufruf zum Islam«, den der zitierte Imam im Sinn hat?

Von der islamischen Expansion zum religiösen Pluralismus

An dieser Stelle muss ich nochmals auf den Abschnitt in der Geschichte zurückgreifen, in dem der »Aufruf zum Islam« ein Bestandteil der islamischen Expansion war. Im Rahmen der islamisch-europäischen Geschichte können wir von einer historischen Kontinuität des islamischen Drangs nach Europa sprechen. Vor diesem Hintergrund wäre die zeitgenössische Migration als die dritte Welle zu bezeichnen. Bereits einleitend habe ich angeführt, dass der Islam im Rahmen seiner *Futuhat*-Kriege erstmals im 8. Jahrhundert von Südwesten durch die Eroberung Spaniens nach Europa kam (erste Welle), dann erneut von Südosten durch das

Vordringen des Osmanischen Reiches (zweite Welle). Beide Male war das Vordringen der Muslime nach Europa Teil der islamischen Expansion.

Wie steht es mit der Gegenwart? Als Historiker möchte ich die zeitgenössische *Hidjra* nach Europa ehrlicherweise als eine dritte Phase islamischer Präsenz auf diesem Kontinent bezeichnen. Der Islam soll als Religion, jedoch ohne eine gleichzeitig erfolgende islamische Expansion – gleich ob sich diese friedlich oder durch militanten *Djihad* vollzieht –, seinen Platz in Europa haben. Der einzig akzeptable Rahmen ist der des religiösen Pluralismus, den Muslime als verbindliche Plattform für den Islam in Europa akzeptieren müssen. Diese Forderung verträgt sich mit dem »Aufruf zum Islam« nicht! Europäer können auf die Auswirkungen dieses Prozesses noch immer Einfluss nehmen, insbesondere deshalb, weil Europa heute, im Gegensatz zu der Zeit, als die beiden vorherigen Wellen erfolgten, in einer stärkeren Position ist. Die Optionen sind: Muslime können sich als europäische Bürger im Rahmen eines religiösen Pluralismus integrieren, wofür ich eintrete. Die andere Möglichkeit wäre die Bildung von Parallelgesellschaften als *Hidjra*-Kollektiv und die damit verbundene Abschottung durch Selbstethnisierung. Dies sind neue Herausforderungen, für die beispielsweise die Franzosen demokratische Maßstäbe setzen, indem sie dem Islam eine euro-französische Prägung geben, die für die muslimischen Migranten verbindlich ist.[25]

Ausgehend vom Verständnis unserer Gegenwart als der Geschichte von morgen vertrete ich die Auffassung, dass Menschen ihre Historie selbst bestimmen können. Es stellt sich die Frage: Wird das Modell Cordoba, wo Juden, Christen und Muslime in Frieden miteinander lebten, oder das entgegengesetzte Modell Kosovo, wo Muslime und Christen gegeneinander kämpfen, der Zukunft Europas spätestens Ende des 21. Jahrhunderts seinen Stempel aufdrücken? Nach meiner Auffassung wird es auch von den Westeuropäern selbst abhängen, wie diese Frage in den kommenden Jahrzehnten beantwortet wird. Ich habe meine Zweifel, ob westeuropäische Politiker aus Bosnien und dem Kosovo gelernt haben, denn in Mazedonien wiederholen sie derzeit dieselben Fehler! Und in Deutschland werden Warnungen auf der Basis solider Informationen – wie zum Beispiel im ARD-*Report* – trotz Wiederholungen nicht ernst genommen.

Mittelpunkt und zugleich zeithistorischer Ausgangspunkt der anstehenden Problematik ist die Tatsache, dass seit der zweiten Hälfte des 20.

Jahrhunderts und vermehrt im Übergang zum neuen Millennium Muslime – im Gegensatz zu früher – auf friedlichem Wege nach Europa kommen, also nicht mehr als *Djihad*-Eroberer, sondern vor allem mit dem untergeordneten sozialen Status des Proletariers als »Gastarbeiter«. Entsprechend abgewertet ist leider das Ansehen der Muslime in Europa, was auch durch meine Alltagserfahrungen bestätigt wird. An der Universität in Göttingen, an der ich als Professor arbeite, fühle ich mich oft einem »Gastarbeiter« gleich behandelt.[26] In Deutschland kennt man uns Muslime als die sozial periphere Gruppe der bedauerlicherweise geringgeschätzten »Gastarbeiter«. Historisch steht die vormalige Türken-Furcht der Europäer mit dieser abwertenden Sichtweise in Verbindung, die sich parallel zum Islam-Feindbild in eine Türken-Geringschätzung verwandelt hat.[27] Obwohl im Jahre 2001 ein Drittel der in Deutschland lebenden Muslime (1 Million von 3,5 Millionen) keine Türken sind, stoßen wir auf eine Gleichsetzung des Islam mit den Türken – ein altbekanntes Muster, dem wir seit der Eroberung Konstantinopels 1453 und der Belagerung Wiens 1683 begegnen. Diese Einstellung, die im Mittelalter alle Europäer teilten (nach Rodinson, Anm. 27), gilt in unserer Gegenwart nur noch für Deutschland, wo Muslime weiterhin mit Türken gleichgesetzt werden. Dagegen versteht man unter einem »*musulman*« in Frankreich heute noch immer einen Maghrebiner, und unter »*Muslim people*« auf der britischen Insel vorwiegend Südasiaten, gleich ob Inder, Pakistani oder Bengalen.[28]

Berücksichtigt man die Tatsache, dass der Diaspora-Islam in Europa religiös und ethnisch sehr vielfältig ist, verdeutlicht dies die Gefahr der Entstehung zahlreicher islamischer Parallelgesellschaften durch Ethnisierung der Religion. Auf diese Weise entstünde – ungeachtet ihres kollektiven Auftretens nach außen eine sektiererische Fragmentierung der Islam-Diaspora zu einer Vielzahl von Parallelgesellschaften. Diese Entwicklung hat bereits begonnen, weil der Begriff »Integration« nur rhetorisch gebraucht und nicht praktisch umgesetzt wird.

Für die Islam-Diaspora in Europa bleibt trotz aller bisher vorgenommenen Spezifizierungen die Aussage zentral, dass die Mittelmeer-Muslime weitgehend das Islam-Bild in Europa beherrschen. Die Geringschätzung der Muslime als »Gastarbeiter« ist keine ausschließlich deutsche Eigenheit: Im demokratischeren Frankreich zum Beispiel nennt man eine ungelernte Putzfrau »Fatima«, auch wenn sie eine schwarze Christin aus Westafrika ist. Wenn man in Frankreich – politisch korrekt –

ausgedrückt eine Raumpflegerin benötigt, fragt man politisch inkorrekt: »Kennen Sie eine Fatima für mich?« Das ist eine Inferiorisierung der Muslime, und angesichts der Barmherzigkeit Gottes würde ich als Muslim gelassen sagen: »Allah vergebe den Europäern und erleuchte sie über die Folgen der Inferiorisierung der Muslime!« Beim Ausbleiben dieser »Erleuchtung« befürchte ich offen gestanden schwere Folgen!

Die hier angesprochene dritte Welle des Eindringens des Islam nach Europa und somit auch nach Deutschland kann im zeitgeschichtlichen Rahmen ambivalent als *Hidjra* bezeichnet werden. Es geht um Migration, die aus Armut und Elend resultiert, die jedoch gefährlich werden kann, wenn die ethnische Armutskultur von einem Missionierungsauftrag oder -vorsatz begleitet wird. Dies erfolgt, wenn eine Verbindung zwischen der Zugehörigkeit zu einer bestimmten Religion und der Zugehörigkeit zur sozialen Peripherie entsteht und auf diese Weise zur Abschottung der Migranten beiträgt. Der Islam ist seit seiner Stiftung gegen Ethnizität und Tribalismus gerichtet, weil er einen universellen Anspruch hat. In der europäischen Diaspora wird er jedoch durch die Parallelgesellschaften und ihre Diaspora-Kultur zu einer Quelle der ethnischen Identität. Anders ausgedrückt: Die Definition der islamischen Gläubigen als eine ethnische Gruppierung ist eine vollkommen neue Erscheinung, welche die islamische Geschichte in dieser Form bisher nicht kennt. Genau diese beiden Faktoren, die religiösen Implikationen der *Hidjra* und die Ethnisierung des Islam, erschweren die Integration von Muslimen in Europa. Nur ein an einem religiösen Pluralismus orientiertes Integrationskonzept bietet Lösungen. Mit meinen Ausführungen hoffe ich, eine Debatte über diese Problematik in Gang zu bringen, die sich verantwortungsethisch an den Problemen und deren Bewältigung, also nicht gesinnungsethisch an Moralisierungen orientiert.

Herausforderungen

Aus der islamischen *Hidjra* nach Europa erwachsen Herausforderungen an beide Parteien, Migranten und Aufnahmegesellschaft. Dies hängt mit folgenden Problemkomplexen, die den Bedarf an religiösem Pluralismus veranschaulichen, zusammen:

Erstens: Wir haben in den vorangegangenen Ausführungen gesehen, dass die Muslime nicht wie früher als *Djihad*-Eroberer nach Europa kommen. Anders als im islamischen Spanien oder auf dem osmanischen

Balkan können sie heute bei ihrer Migration nach Europa ihre Weltanschauung nicht zur dominanten Kultur erheben. Mehr noch: Sie sind nicht nur keine neuen Eroberer, die eine gezielte Siedlungspolitik betreiben und dadurch schnell zur Mehrheit werden, sondern nur eine sozial schwache Minderheit. In den USA nennt man solche Migranten eine ethnische *underclass.* Eine weitere Komplikation besteht darin, dass sich nach der religiösen Doktrin des Islam ein Muslim im *Dar al-kuffar*/Land der Ungläubigen nur zeitlich begrenzt und zu einem bestimmten Zweck aufhalten, sich auf Dauer einer nicht-islamischen Ordnung aber nicht unterwerfen darf. Die tatsächliche Situation stellt sich heute allerdings eher umgekehrt dar. Türken und andere Muslime in Deutschland sowie in anderen Ländern Westeuropas sind nach ihrer Migration auf Dauer in diesen Ländern und müssen sich den Rechtsvorschriften nicht-islamischer säkularer Verfassungen sowie Regierungen, die größtenteils aus Christen bestehen, unterwerfen. Beide Parteien, Europäer und Muslime, müssen sich ändern, um mit dieser Situation fertig zu werden. Der religiöse Pluralismus sowie die Säkularität bieten hierfür eine akzeptable Orientierung. Wie verhalten sich nun die Muslime unter diesen Bedingungen, die nicht im Einklang mit der islamischen Doktrin stehen? Der gemäßigte ägyptische Muslim Zaki al-Badawi hat als ein in London lebender Migrant beim Treffen religiöser *Leaders* auf dem Weltwirtschaftsforum in Davos 2001 mit gutem Willen – wie ich schon zitiert habe – vorgeschlagen, Europa nicht mehr als »Haus der Ungläubigen« zu bezeichnen, sondern stattdessen in *Dar al-Islam* umzubenennen. Akzeptieren die Europäer dies? Ist das die Reform, welche die religiöse Doktrin benötigt? Wohl kaum, denn diese Interpretation steht in krassem Widerspruch zum religiösen Pluralismus. Sie ist eine neue Spielart des orthodoxen Islam, die sich als Reform-Islam verkauft. Bereits an dieser Stelle muss ich leider konstatieren, dass es in Deutschland – etwa im Gegensatz zu Frankreich – institutionell keine Ansätze für einen Reform-Islam innerhalb der organisierten Gruppierungen gibt, noch nicht einmal einen vermeintlichen wie den des Imam Badawi.

Zweitens: Die islamische Migration als *Hidjra* ist nicht meine Erfindung oder Deutung, vielmehr handelt es sich – wie angeführt – um eine religiöse Vorschrift zur Verbreitung des Islam, die auch historisch im Rahmen der islamischen Expansion neue Realitäten geschaffen hat. Die Europäer nehmen Muslime jedoch entweder aus wirtschaftlichem Bedarf als »Gastarbeiter« oder aus humanitärer Pflicht als Asylanten und Flüchtlinge auf. Impliziert diese Aufnahme und die im Idealfall mit ihr verbundene Anerkennung des *Anderen* auch eine Anerkennung des islamischen *Da'wa*-Auftrags als Instrument der Islamisierung? Wo liegen die Grenzen des Pluralismus? Gebührt Toleranz nur Wahleuropäern oder auch *Muhadjirun*/Einwanderer mit religiöser Mission? Diese Fragen warten auf eine hoffentlich demokratische Antwort, denn sie beschreiben eine der großen Herausforderungen an die Integration!

Es ist wichtig, für bestimmte Leser zu unterstreichen, dass die Fragen, welche sich im Rahmen der erörterten Herausforderungen stellten, nicht akademischer Natur sind, sondern dass diese die Identität Europas und den Status der Muslime als Migranten gleichermaßen betreffen. Diese einander ausschließenden Optionen nenne ich: *Citoyens* oder *Muhadjirun!* Nach meinem Dafürhalten haben weder die Muslime noch die Europäer bisher auf diese Fragen und Herausforderungen eine für beide Seiten akzeptable Antwort gefunden. Auch über die angeführte Option des Euro-Islam, die im folgenden Kapitel 7 erläutert wird, scheint in der Politik keine Kenntnis zu bestehen. Darüber, wie das Nachdenken über diesen Gegenstand stets in die Schublade »umstritten«, in der negativen Bedeutung von »nicht allgemein anerkannt«, das heißt »nicht autoritativ«, eingeordnet wird, kann ich nur staunen.

Wenn ein Deutscher mit Promotion in Orientalistik mich wegen der Problematisierung dieser Zusammenhänge bereits mit dem »Verdacht gegen Muslime«-Stempel (vgl. Anm. 11) diffamiert, was soll man dann noch von den anderen PC-Wächtern, die keine Ahnung vom Islam haben, erwarten? Diese Problematik nehme ich hier auf, weil ich davon überzeugt bin, dass ihr Ausgang den Charakter der euro-islamischen Beziehungen im neuen Millennium bestimmen wird. Wie gezeigt, wird in Deutschland mit seiner politischen Kultur der Tabuzonen[29] offenes Denken über den Status des Islam in Europa immer wieder inkriminiert. Probleme werden als zu heiße Eisen betrachtet und lieber unter den Teppich gekehrt. Als Migrant gehöre ich zu den wenigen, die sie trotz aller Sanktionen mutig und offen ansprechen. Als Konsequenz werden meine Schriften über den Islam nicht nur von Islamisten, sondern auch von jenen Europäern mit schwach ausgeprägtem Zivilisationsbewusstsein verfemt, deren Wertebeliebigkeit sie jeden Einsatz für eine Leitkultur als »umstritten« abqualifizieren lässt. Islamisten bedienen sich der Äußerungen dieser Deutschen über mich, um mein Denken zu diffamieren. Als

Migrant und Muslim in Deutschland über den religiösen Pluralismus zu schreiben, ist ohne diese persönlichen Bezüge nicht möglich.

Schlussfolgerungen

Ungeachtet der mehrfach beschriebenen schwierigen Bedingungen lasse ich mich, besonders nach dem 11. September 2001, nicht entmutigen und setze mich weiter für den religiösen Pluralismus ein. Seit 1992 argumentiere ich, dass Muslime durch politische Integration als *citoyens* (dies ist nicht gleichzusetzen mit Assimilation – vgl. Kapitel 3) eine europäische Bürgeridentität annehmen können, die Religionsfreihcit einschließt. Andernfalls entstehen Islam-Ghettos als Parallelgesellschaften, die – dem Mittelmeer[30] in vergangenen Jahrhunderten vergleichbar – eher eine *Grenze* anstatt eine Brücke zwischen der Welt des Islam und Europa bilden. Beugt man dem nicht vor, dann könnte uns Muslimen in einer Krisensituation das Schicksal der Morisken widerfahren. Gegenstrategien sind erforderlich. Ganz gewiss steht keine Islamisierung Europas an, wie viele Islamisten hoffen. Mehr als die Hälfte der Migranten sind keine Muslime, und sie wünschen sich als Lösung ihrer Probleme sicherlich kein islamisches Europa, daher bedarf es eines religiösen Pluralismus.

Auf dieses Land bezogen, lässt sich feststellen: Die islamische Einwanderung nach Deutschland ist ein junges Phänomen. Älter ist sie in Großbritannien und Frankreich, wo sie ein Produkt der französischen und britischen Kolonialpolitik in der Welt des Islam ist. Auch in Frankreich gab und gibt es Rassismus. Ohne zu bestreiten, dass auch Frankreich große Probleme[31] hat, so ist doch im Land der Großen Französischen Revolution das Verhältnis zu muslimischen Migranten vom Modell des *citoyen* bestimmt.[32] Dennoch ist es bedauerlich – auch wenn es einen positiven Nebeneffekt mit sich bringt –, dass französische Kolonialinteressen mit der Vorstellung eines französischen *citoyen* islamischen Glaubens im Dienst Frankreichs verbunden wurden. Nicht so demokratisch, aber quasi-egalitär war die britische Commonwealth-Idee, die einem *»muslim subject of the Empire/*muslimischen Subjekt des Reiches« das Tragen eines britischen Commonwealth-Passes zugestand. Doch die islamischen Migranten in Großbritannien bereiten große Probleme, die Philip Lewis untersucht hat.[33]

Im Kontrast zum französischen *citoyen* und zum britischen *citizen* wird in Deutschland der Staatsbürger ethnisch-exklusiv bestimmt. Das neue Staatsangehörigkeitsgesetz hat diese Situation nur formalrechtlich modifiziert. Daher ist diese Veränderung zwar zu begrüßen, aber auch nicht zu überschätzen, denn das kulturelle Verständnis bleibt dasselbe, und dieses prägt nicht nur das Recht, sondern auch die politische Kultur Deutschlands. Mit dieser Situation bin ich durch meine Fremdbestimmung als »Syrer mit deutschem Pass«, der also nicht als *citoyen* integriert wird, bestens vertraut!

Die ersten Muslime kamen als Diener des Kaisers nach Deutschland: eine Palastwache als Geschenk des osmanischen Sultans. Auch die Muslime, die nach den sechziger Jahren des vergangenen Jahrhunderts in Massen einwanderten, kamen als Diener, obwohl diesmal »Gastarbeiter« genannt.[34] Dieser Begriff veranlasst zu der sarkastischen Frage: Gehört es in Deutschland zur Leitkultur, dass ein »Gast« die niederen Tätigkeiten eines Hilfsarbeiters verrichtet? Bei einem Vortrag im Rhein-Main-Kreis sprach mir ein Hörer wohlwollend ab, ein Ausländer zu sein. Verdutzt fragte ich, warum. Als Antwort erhielt ich folgende Erklärung: »Sie sind ein Professor und kein Gastarbeiter.« Welch eine bemerkenswerte Logik!

Und doch hat sich in den vergangenen 40 Jahren in Deutschland vieles zum Besseren geändert, wodurch insgesamt ein positiver Wandel eingetreten ist. Aus meinem eigenen Schicksal[35] und aus der Post, die ich regelmäßig – gleichermaßen anonym und unter Angabe des Absenders – erhalte, kenne ich jedoch auch Negativa, die ich nicht herunterspielen möchte. Aus dem genannten Grund weiß ich, dass die Kombination Muslim – Professor – deutscher Staatsbürger, die ich in meiner Person vereinige, für viele Deutsche alltagskulturell schwer zu verdauen ist.

In diesem Buch werden die Leser auf die Worte Helmuth Plessners gestoßen sein: »Wir Deutsche kennen kein Mittelmaß.« Früher war das Erlangen eines deutschen Passes für einen Muslim ein nahezu unerreichbares Ziel. Das Verfahren meiner Einbürgerung hat fünf Jahre (1971 bis 1976) gedauert, es war vergleichsweise leichter, auf dem Ausnahmeweg 1973 in Niedersachsen deutscher Beamter auf Lebenszeit zu werden. Schon vor der gesetzlichen Regelung einer doppelten Staatsangehörigkeit ist man dann allerdings zum Gegenextrem der quasi freien und beliebigen Verteilung von Pässen, zum Beispiel auch an Islamisten und Vorbestrafte (vgl. Kapitel 3), übergegangen. In Kapitel 2 habe ich einen Berliner Richter zitiert, der sich wundert, warum vorbestrafte Libanesen aus der Szene der organisierten Kriminalität eingebürgert worden sind. In Deutschland wird der Rassismus nicht dadurch überwunden, dass deutsche Gutmenschen so etwas veranlassen und zudem ausreichende Deutsch-Kenntnisse als Kriterium für die Einbürgerung ablehnen – ganz im Gegenteil: Die latente Fremdenfeindlichkeit nimmt durch anhaltendes Fremdsein des Fremden zu. Unter Aufgeschlossenheit verstehe ich etwas anderes! Blauäugigkeit und eine korrekte Gesinnung sind kein Ersatz für fehlende Integrationspolitik.

In Bezug auf die islamischen Migranten erfordert eine Integrationspolitik eine doppelte Kritik: am *Hidjra*-Verständnis der Muslime und an der schwachen deutschen Identität, die den Migranten keine Identifikationsmuster bietet. In diesem Kapitel habe ich die *Hidjra*-Problematik aufgenommen, um mein Eintreten für Laizität und religiösen Pluralismus zu veranschaulichen. Seit dem 11. September 2001 wird niemand mehr an Entscheidungen bezüglich dieser Fragen und an der Tatsache, dass ein Teil der Terroristen aus der deutschen Islam-Diaspora kam, vorbeikommen.

Das Ergebnis der in der zweiten Hälfte des 20. Jahrhunderts erfolgten islamischen *Hidjra* nach Europa waren im Jahr 2000 15 Millionen Muslime, die überwiegend in den drei wohl zentralsten Ländern des Kontinents, nämlich Frankreich, Großbritannien und Deutschland leben. Hochrechnungen zufolge wird ihre Zahl um das Jahr 2025 auf etwa 30 Millionen angewachsen sein, sich also verdoppelt und gegen Mitte des 21. Jahrhunderts sogar verdreifacht haben. Wie ich bereits gezeigt habe, ist die geographische Verteilung islamischer Migranten in Europa ethnisch bestimmt: In Deutschland überwiegen die Türken, in Frankreich die Maghrebiner und in Großbritannien Südasiaten (Inder, Pakistani, Bangladeschis). Es bestehen Vernetzungen, vorwiegend zwischen Islamisten, die vom Glauben besessen sind, in Europa eine Einheit der islamischen *Umma*/Gemeinschaft in der Diaspora zu bilden und Europa in das *Dar al-Islam*/Haus des Islam einzubeziehen.

Eine inner-islamische Ethnizität (Araber, Perser, Türken) hat es in der Geschichte des Islam immer gegeben, nicht aber die Bestimmung der Muslime gegenüber anderen als ethnische Gruppierung. In der europäischen Islam-Diaspora bleiben die ethnischen Grenzen zwar bestehen, aber nach außen verschwinden die inner-islamischen Spannungen, so dass die muslimischen *Muhadjirun*/Migranten als ethnisch-religiöse Gruppierung auftreten, die durch den Auftrag der *Hidjra* bestimmt wird. Nur eine gesamteuropäische Einwanderungs- und Integrationspolitik kann zur Bewältigung dieser Problematik beitragen und ein Wiederbeleben des Kreuzzug-*Djihad*-Erbes in Europa verhindern. Die christlich-islamische Geschichte war sowohl von Kreuzzug und *Djihad* als auch von Brücken geprägt (vgl. Anm. 14). Welches Element dieses Erbes wird die Zukunft bestimmen?

Die erste Lehre nach dem 11. September 2001 lautet: Tabus sind abträglich für das friedliche Zusammenleben zwischen Europäern und islamischen Zuwanderern, und deswegen müssen auch unbequeme Fragen gestellt werden. In diesem Kapitel habe ich die Erweiterung des religiösen Pluralismus in Europa auf den Islam vorgeschlagen. Dies kann von Muslimen erst dann angenommen werden, wenn sie durch reformislamische Anstrengungen ihre Religion von Politik und Ordnungsvorstellungen abkoppeln. Ein Anfreunden des Islam mit der Säkularität ist hierfür die Grundvoraussetzung. Zu den Ergebnissen dieses Kapitels gehört die Erkenntnis, dass kulturell-religiöse Vielfalt nur im Rahmen von Säkularität und religiösem Pluralismus in Frieden fortbestehen kann. Eben dieser Pluralismus setzt Grenzen in Bezug auf kulturelle Differenz. Niemand – auch kein Muslim – darf sich auf seine Religion berufen, um moralische Überlegenheit gegenüber Angehörigen anderer Religionen zu beanspruchen. Im Koran steht: »Kein Zwang in der Religion« (Sure 2, Vers 256); und außerdem: »Ihr habt eure Religion und ich habe meine« (Sure 109, Vers 6). Diese Koranstellen bieten Raum für ein Anfreunden des Islam mit einem demokratisch-religiösen Pluralismus. Der Koran verbietet auch den Terrorismus, und vor diesem Hintergrund frage ich mit *Newsweek*-Autor Stefan Theil, warum dann »*Tolerating the Intolerable?*«[36]

Zum Schluss möchte ich über diese auf den Terrorismus bezogene Frage hinaus eine Empfehlung zum Thema dieses Kapitels, der *Hidjra* nach Europa, geben: Europäer sollten nach dem 11. September 2001 aufmerksam darauf achten, wie islamistische Funktionäre der deutschen Islam-Diaspora auf die Aufforderung der säkularen Demokratie, dass Muslime sich der Rechtsordnung der Bundesrepublik fügen sollten, reagieren. Die Antwort dieser »friedlichen« Islamisten lautet in der Regel: »Natürlich, wir akzeptieren das Grundgesetz«, und dann folgt der von Deutschen oft überhörte Konditionalsatz, »solange wir eine Minderheit bilden«. Unter Vergegenwärtigung der islamischen *Hidjra*-Doktrin frage ich diese Islamisten: Planen Sie noch immer die Islamisierung Europas, wenn Sie hier die Mehrheit stellen? Was ist Ihr Verständnis von religiösem Pluralismus?

VIERTER TEIL

Lösungen für das 21. Jahrhundert – Muslime überwinden ihre Integrations-Unwilligkeit, und Deutsche bewältigen ihre Identitätsprobleme

Einführung

Bei diesem abschließenden Teil des vorliegenden Buches wiederhole ich seine zentrale These, nämlich dass die Integration muslimischer Migranten in Deutschland, ja generell in Europa, gescheitert ist. Im Lichte der von Deutschland aus vorbereiteten und in New York und Washington erfolgten Kriegserklärung islamischer Fundamentalisten an die westliche Zivilisation am 11. September 2001 ist es nun möglich geworden, relativ tabufrei über dieses Problem zu sprechen. Dies müssen wir sogar tun in einer Kriegssituation, in der Hunderte von islamischen Migranten mit britischen und deutschen Pässen auf der Seite der Taliban und Bin Ladens gegen westliches Militär im Afghanistan-Krieg gekämpft haben.

Die orthodoxe Doktrin, dass ein Muslim sich nicht in ein Gemeinwesen integrieren darf, welches nicht islamisch definiert ist, hat nichts mit Fundamentalismus zu tun. Die Lehren der islamischen Orthodoxie, die in den Moscheevereinen der Islam-Diaspora gerade angesichts fehlender Integration florieren, verpflichten zu der angeführten Geisteshaltung der Integrationsunwilligkeit. Hinzu kommen erschwerend ethnische Zugehörigkeitsgefühle und ein Kollektivbewusstsein des Nationalismus, etwa bei den Türken der Diaspora. Unter diesen Bedingungen neigen Menschen dieser im Westen beheimateten Diaspora-Kultur dazu, unter der Fahne ihres Heimatlandes zu leben. Dies tun auch manche Türken in Deutschland. So führt diese Mischung von einem nicht-reformierten Islam – sei es in Form von Orthodoxie oder Islamismus – und ethnischem Nationalismus zu einer Einstellung, die ich offen als Weigerung zur Integration oder noch deutlicher als eine Integrationsunwilligkeit bezeichne.

Auf der deutschen Seite sieht es nicht besser aus. Die These, die ich in diesem abschließenden Teil vertreten werde und die in den vorangegangenen Kapiteln schon angeklungen ist, lautet, dass jedes demokratische, also nach universellen Werten gestaltete Gemeinwesen in der Lage ist, Menschen aus anderen Kulturen, also Fremde, in sich aufzunehmen und zu integrieren. Die Voraussetzung hierfür ist jedoch neben der universellen Werteorientierung die Fähigkeit, diesen Menschen eine Identität zu bieten. Damit meine ich die Möglichkeit, ein Gefühl der Dazugehörigkeit zu vermitteln, so dass ein Migrant eine Bürgeridentität entwikkeln und sagen kann: »Ich bin Deutscher.« Ich weiß aus der öffentlichen Definition meiner Person als »Syrer mit einem deutschen Pass«, dass die Einbürgerung in Deutschland den juristischen Status der »Staatsbürgers« (das ist weder *citoyen* noch *citizen),* nicht aber eine Bürgeridentität bietet. Damit erweist sich die deutsche Gesellschaft als intergrationsunfähig.

Die vorangegangene Kurz-Diagnose lässt sich in folgenden Begriffen zusammenfassen: Integrationsunwilligkeit islamischer Migranten und eine Unfähigkeit zur Integration auf deutscher Seite. Das ist eine allgemeine Erklärung für die gescheiterte Integration, zu deren Folgen die auswuchernden islamischen Parallelgesellschaften gehören, die ich in den vorangegangenen Kapiteln untersucht habe.

Im Lichte dieser Diagnose unterstreiche ich den Bedarf an Integration. Die Alternativen lauten zugespitzt: »Euro-Islam« oder »Taliban/Bin Laden-Islam« für die deutsche Islam-Diaspora. Unter solchen Bedingungen ist es tödlich für westliche Werte, wenn wir nicht offen und tabufrei über dieses Problem reden. Dies tue ich und hoffe auf eine verantwortungsethische – im Gegensatz zu einer gesinnungsethischen – Leserschaft.

KAPITEL 7

Euro-Islam statt Taliban/Bin Laden-Islam. Die Versöhnung von religiösem Glauben und Säkularer Vernunft im Rahmen des Pluralismus: Die kulturelle Grundlage die Integration islamischer Migranten aus Asien und Afrika

In diesem Buch über islamische Zuwanderung und Integration geht es auch um die interkulturelle Kompetenz als eine Voraussetzung für ein Miteinander in Frieden und Demokratie. Unerläßlicher Ausgangspunkt für interkulturelle Kompetenz ist Wissen über den jeweils *Anderen,* das ich in mehreren Schritten vermitteln will. Im vorangegangenen Teil ist der Inhalt der Begriffe Toleranz und Pluralismus geklärt und in Hinblick auf interkulturelle Kompetenz unter Bedingungen der Migration erweitert worden, indem der Bedarf einer Berücksichtigung der Dimension der Kultur verdeutlicht wurde, die in unserer Zeit in der internationalen Politik große Bedeutung erlangt hat. Fachwissenschaftler sprechen hier vom »*cultural turn/*kulturelle Wende«[1].

Für ein besseres Verständnis der folgenden Argumentationsweise sowie meines Gedankenaufbaus muss ich an den unternommenen Denkprozess erinnern: Im ersten Schritt habe ich meinen Einsatz für Toleranz substantiell dargelegt (Kapitel 5) und im zweiten Schritt gezeigt, dass das Zusammenleben von Menschen unterschiedlicher Kulturen eine Akzeptanz des Pluralismus erfordert (Kapitel 6). Dabei wurde erläutert, dass Pluralismus nicht schlicht das formelle Vorhandensein von Vielfalt bedeutet. Im Zuge dieser beiden Schritte habe ich zugleich die Grenzen von Toleranz und Pluralismus deutlich aufgezeigt: Erstens, Toleranz bedeutet nicht Wertebeliebigkeit, sondern basiert auf konsensueller Annahme von Spielregeln; zweitens, Werte mit absoluten beziehungsweise neo-absolutistischen Ansprüchen sind schlicht mit Pluralismus nicht vereinbar, denn dieser beschränkt sich nicht auf die Beschreibung von und den bedingungslosen Schutz der Vielfalt. Vielmehr erfordert er von allen Beteiligten gegenseitige Akzeptanz. Darüber hinaus setzt dieser Pluralismus, ähnlich wie bei der Ausübung von Toleranz, Spielregeln als

Rahmen für einen Wertekonsens, welcher die Form einer Leitkultur annehmen kann, voraus. In den nun folgenden letzten Schritten der Suche nach Lösungen werde ich bei gleichzeitiger Anerkennung von Toleranz und Pluralismus die Hindernisse für Integration sowohl aufseiten der Deutschen als auch der muslimischen Migranten tabufrei ansprechen.

Der Platz der Religion in einem kulturellen Pluralismus

Die Tatsache, dass die neuen Migranten dem Islam angehören, also einer Religion, die auch zur Identitätsstiftung einer geschichtlich und weltanschaulich mit dem Westen rivalisierenden Zivilisation diente, zwingt uns, entsprechende Fragen zu stellen. Die erste Frage bezieht sich darauf, welchen Platz der *Andere* im Rahmen von Pluralismus in der Gesellschaft unter Berücksichtigung der Religion einnimmt. Hintergrund dieser Frage ist die Tatsache, dass ein wichtiger Teil der Migranten seine Identität durch die Zugehörigkeit zu einer – wenn auch konstruierten – - exklusiven Religionsgemeinschaft bestimmt. In diesem Rahmen kann Integration nur unter folgenden Voraussetzungen bewerkstelligt werden: Kein Zwang für die Migranten, sich assimilieren zu müssen, wobei gleichzeitig gilt, ihnen *nicht* das Gegenteil einzuräumen, das heißt die Migranten dürfen als Minderheit den *Anderen,* in diesem Fall der Mehrheit, nicht die eigenen religiös-weltanschaulichen Vorstellungen aufzwingen. Der faktische Ausgangspunkt ist, dass seit dem Übergang zum neuen Jahrhundert vermehrt sowohl liberal-demokratische westliche Gesellschaften als auch Migranten einem Wandel unterliegen, der Veränderungen auf bei den Seiten erfordert. Diese Veränderungen schließen folgende Punkte ein:

- Zum einen geht es um die Aufnahmegesellschaft. Durch die zunehmende Rebellion sowie Verweigerung der neuen Generation gegenüber dem Tradierten ist in Deutschland ein Konsens schwierig geworden. Große Teile der europäischen Jugend lehnen es in unserer Zeit ab, die etablierte Lebensweise zu akzeptieren und traditionelle westliche Werte und Normen zu vertreten. Intellektuelle und Wissenschaftler kultivieren diesen Trend zu einer Denkweise des »Postmodernismus«, der jede Objektivität und jeden Wertekonsens in Frage stellt und praktisch in einer Wertebeliebigkeit resultiert. Ich sehe diese Entwicklung kritisch und deute sie als Ausdruck einer Sinnkrise.[2] Unter den Bedingungen der Zuwanderung von Menschen aus anderen Kulturen ist Integration und somit innerer Friede gerade ohne einen Wertekonsens nicht möglich. Dies hat der 11. September sehr konkret veranschaulicht. Aus dieser Perspektive ist die beschriebene Entwicklung in den westlichen Kerngesellschaften als in höchstem Maße problematisch, ja gefährlich zu bewerten; die westliche Zivilisation scheint keine Vorbilder zu bieten, die Europäer den Migranten vorleben könnten. Techno und Mc-Kultur sind keine Inhalte.

- Zum anderen geht es um die Migranten, die vorwiegend aus nicht-westlichen Kulturen und Zivilisationen kommen; mit ihnen verändert sich die Zusammensetzung der Wohnbevölkerung der Aufnahmegesellschaft. In Bezug auf die hier im Mittelpunkt stehende Werteorientierung stelle ich fest, dass die neuen Migranten andere Werte und Anschauungen mitbringen, die oftmals aus einer anderen religiösen Zugehörigkeit resultieren. Die liberalen Gesellschaften des Westens, in die diese Migranten aus Asien und Afrika immigrieren, haben Werte und ein Verständnis des Menschen als eines Individuums, welche im deutlichen Gegensatz zu der kollektiven Identität dieser Migranten stehen. Denn letztere greifen auf eine Tradition der Homogenität und des ethnisch-religiösen Zusammenhalts zurück und verkörpern somit jeweils ein Kollektiv. Daraus folgt, dass die Migranten lernen müssen, mit Vielfalt im pluralistischen Sinne zu leben. Real hat es stets Vielfalt in der islamischen Geschichte gegeben, aber es gibt keine geistige Tradition, die diese Vielfalt pluralistisch legitimiert.

Beide Sachverhalte berücksichtigend, können wir generell vom Verlust an Homogenität und Konsens sprechen. Westlich-liberale Gesellschaften predigen die Anerkennung größerer Vielfalt auf Kosten des Konsenses. Die Migranten dagegen stehen zu Homogenität, allerdings nur in Bezug auf ihre partikulare Gruppe. Hier wird im tradierten Sinne und nicht im demokratischen Rahmen Konsens gebildet. Aus dieser Entwicklung leiten einige Beobachter eine Desintegration westlicher Gesellschaften ab. John Keks, der diese »Desintegrationsthese« kritisch beleuchtet, bietet einen Ausweg, bei dem die zunehmende Vielfalt an eine Kraft des

Zusammenhaltens der Gesellschaft gekoppelt wird.[3] Das Ziel ist, Vielfalt mit Einheit zu verbinden und beide miteinander zu harmonisieren. Diese einen Ausweg bietende Kraft nennt er die »Moralität des Pluralismus«. Eine Moralität, die dem Handeln der Mitglieder eines Gemeinwesens als Orientierung und zur »Leitung ihres Verhaltens« dient, braucht jede Gesellschaft, und sie steht nicht im Widerspruch zur Vielfalt, wenn diese – in der hier verwendeten Bedeutung – pluralistisch gestaltet wird. Keks hebt hervor:

> »Um in der Lage zu sein, eine akzeptable Lebensweise des Miteinanders zu finden, müssen wir moralische Werte hierfür begründen ...« (ebd. S. 3).

Auf diese Weise können Wertedifferenzen und ein Wertekonsens durch die Bindeklammer des Pluralismus positiv aufeinander bezogen werden, wobei das Konfliktpotential der »kulturellen Differenz« neutralisiert werden kann. Keks erläutert diesen Sachverhalt so:

> »Das Hauptaugenmerk des Pluralismus richtet sich auf das Verhältnis dieser Werte zueinander; das Interesse der Pluralisten richtet sich auf den Bedeutungsgehalt dieser Werte ... Dennoch ist Pluralismus wertend, weil er nicht wertebeliebig ist« (ebd. S. 9f.).

Vertreter solcher Positionen des politischen Pluralismus sind sich bewusst, dass Wertekonflikte durch unterschiedliche Ausgangslagen, das heißt normative Wertedifferenzen, entstehen. In einem *kulturell homogenen* Gemeinwesen sind diese Konflikte vorwiegend politischer Natur. Aus dieser Perspektive ist es verständlich, wenn Keks unterstreicht, dass im Pluralismus keine Werte – so zum Beispiel auf Deutschland bezogen sozialdemokratische, grüne oder christdemokratische Werte – Vorrang vor anderen haben dürfen. Im Wesentlichen geht es um das gute Leben aller, und hierfür gilt es, politisch unterschiedliche, jedoch von einem Konsens ausgehende Optionen und Werte anzuerkennen. So muss es »zu einem Gleichgewicht innerhalb der Pluralität der Werte« (ebd. S. 213) kommen. Das ist die Prämisse des politischen Pluralismus.

Anders verhält es sich mit dem Pluralismus in Gesellschaften, in die Einwanderer aus anderen Kulturen mit anderen Werten kommen; hier entsteht eine kulturelle Differenz, die Probleme mit sich bringt, die kulturell homogene Gesellschaften nicht kennen. Die Lösungen, die der politische Pluralismus bietet, reichen hier nicht aus. Dieses Problem wurde nach dem 11. September deutlich: Die amerikanische Antwort lautet seitdem: Jede kulturelle Differenz muss den Werten der US-Verfassung untergeordnet werden.

Aus diesem Grunde erfolgt mein Rückgriff auf das Konzept des Pluralismus in diesem Kapitel nicht in Bezug auf politische, sondern religiös-kulturelle Werte, und somit ist die Sachlage eine völlig andere. Zur Religion gehört Glaube an das Absolute, wie dies zum Beispiel im Islam der Fall ist. Dies steht im Gegensatz zum Pluralismus. Eine ethnoreligiöse Kultur bringt nicht Pluralität, sondern Homogenität des Kollektivs als hermetische »Wir-Gruppe« (zum Beispiel Kurden) mit Anspruch auf Exklusivität zum Ausdruck. Kann auch hier das Prinzip gelten, dass die Werte der einen – hier der die Migranten aufnehmenden Gesellschaft – die Werte der anderen – also die Zuwanderer – nicht aufheben dürfen? Konkretes Beispiel: *Schari'a* des Islam oder säkulare Werte des Grundgesetzes? Hier kann es weder Zwischenlösungen noch einen Kompromiss geben. Genau dieser Sachverhalt steht im Zentrum der folgenden Überlegungen. Am Beispiel des Wertekonflikts zwischen den Anschauungen der säkularen Demokratie und den islamischen Ordnungsvorstellungen werde ich dies veranschaulichen. Die Integrationsunwilligkeit muslimischer Migranten ist in diesen Problembereich einzuordnen.

Die Ausgangsfrage lautet: Dürfen sich islamische Migranten auf das europäische Prinzip der absoluten Gleichberechtigung der Werte berufen und hierbei Geltung der *»Hakimiyyat Allah/*Gottesherrschaft« als Alternative zur säkularen Volkssouveränität beanspruchen? Dies ist in der Tat während der britischen Parlamentswahl im Frühjahr 2001 geschehen.[4] Wie können die säkularen Demokratien in diesen Konfliktsituationen, in denen sie solchen Herausforderungen ausgesetzt sind, handeln? Jürgen Habermas hilft uns bei diesem Dilemma, indem er deutlich macht, dass die »Einbeziehung des *Anderen*«[5] keine Annahme des Fundamentalismus oder ähnlich gelagerter absolutistischer Ideologien einschließe. Habermas' Begründung lautet:

> »Fundamentalistische Weltbilder sind dogmatisch ... sie lassen keinen Spielraum für eine Reflexion auf ihre Beziehung zu anderen Weltbildern, mit denen sie dasselbe Diskursuniversum teilen und gegen deren konkurrierende Geltungsansprüche sie sich nur mit Gründen behaupten können. Sie lassen keinen Platz für *reasonable disagreement* ... Die nicht-fundamentalistischen Weltbilder ... erlauben (dagegen, B.T.) – im Geiste Lessingscher Toleranz – einen zivilisierten Streit über Überzeugungen, in dem eine Partei ohne Preisgabe des eigenen Geltungs-

anspruchs die anderen Parteien als Mitstreiter um authentische Wahrheiten anerkennen kann.«[6]

Habermas' Argument macht die eingangs vorgenommene Unterscheidung zwischen einfacher deskriptiver Vielfalt und Pluralismus deutlich. Letztere hat Spielregeln und lässt keine Wertebeliebigkeit zu. Von zentraler Bedeutung ist, dass jede Partei innerhalb der Vielfalt fähig und bereit sein muss, auf den jeweils *Anderen* einzugehen. Dieser Erkenntnis Rechnung tragend erfordert die Erweiterung der Pluralismus-Debatte unter Einbeziehung der Kultur des *Anderen,* dass wir in dem vorliegenden Zusammenhang vom kulturellen Pluralismus unter Berücksichtigung der kulturellen Differenz sprechen. Hier stellt sich die Frage, wie Angehörige unterschiedlicher Kulturen und Zivilisationen, wenn sie ein Miteinander anstreben, miteinander umgehen können. In meinen eigenen Arbeiten nehme ich die Erfordernisse des politischen Pluralismus auf und übertrage sie auf die Kultur, um das Vorhandensein der Vielfalt und den Bedarf an Konsens im Bereich der Werte aufeinander zu beziehen und zu begründen, dass beide in Einklang gebracht werden können. Meine zentrale Prämisse ist, dass es bei einem aus der kulturellen Differenz hervortretenden Wertekonflikt doch ein Veto der einen Kultur gegen die andere geben kann, zum Beispiel Grundgesetz mit dem Wert der Gleichheit der Geschlechter gegen die Diskriminierung der Frau in der *Schari'a.* Wie Ernest Gellner erkenne ich keine Wertegleichheit an und ergreife Partei für ihn in meinem Europa-Buch (vgl. Anm. 2) gegen Geertz' Kulturrelativismus.

Einer der Fortschritte in der internationalen Diskussion über diesen Gegenstand ist die Aufgabe der Strategie der Assimilation zugunsten der Integration. Jedoch wird dieser Fortschritt manchmal durch den wertebeliebigen Multikulturalismus beeinträchtigt. Daher ist es erforderlich, auf die Illusionen der Wertebeliebigkeit des Multikulturalismus, der Parallelgesellschaften zulässt, zu verzichten. Diese Wertebeliebigkeit[7] kommt zustande, wenn wir kulturrelativistisch ablehnen, dass bestimmte Werte Vorrang vor anderen haben. Auf der Basis dieses Bezugsrahmens will ich, in Vorgriff auf meine kulturpluralistische Deutung des Islam als Euro-Islam, Ansätze der aktuellen wissenschaftlichen Diskussion zu einer Harmonisierung dieser Religion mit einem religiösen Pluralismus erläutern, ohne Leser mit Fachdebatten zu belasten. In meinem Verständnis geht es um Werte und Identität; hier ist es erwähnenswert, dass im Bericht der Süssmuth-Kommission die, leider nicht näher definierte, islamische Identität einen zentralen Platz einnimmt, also eine Identität, die religiös definiert wird; und so sind wir inmitten unserer Problematik.[8]

Im Gegensatz zu dem bereits zitierten Pluralismustheoretiker John Keks bemühen sich jene Wissenschaftler, die ihren Fokus auf Migration richten, den Begriff Kultur in die Pluralismusdebatte einzubringen. Zu ihnen gehört Ralph Grillo, der von der Krise des Nationalstaats angesichts des Verlusts der kulturellen Homogenität seiner Bevölkerung ausgeht. Obwohl ihm die zahlreichen voneinander abweichenden Bestimmungen des Pluralismus bekannt sind, teilt er mit anderen Forschern die Ansicht, dass »alle Spielarten des Pluralismus den Grad und die Art des Konsenses als Voraussetzung teilen«[9].

Das Anliegen der Pluralisten besteht darin, einen Wertekonsens über grundsätzliche Fragen zu erreichen, wie zum Beispiel über die Geltung säkularer Demokratie und ihrer Werte. Das Dilemma, wie kulturelle Vielfalt mit Einheit (in Form einer allgemeinen Akzeptanz der säkularen Demokratie) zu harmonisieren ist, gehört auch zu den Anliegen von Grillo. Bei ihm – wie in der Forschung allgemein – bleibt dies generell eine offene Frage. Grillo beschränkt sich darauf, am Ende seines Buches wie die Mehrzahl anderer Beiträge zu dieser Thematik festzustellen:

> »Welche Spielart eines ethnischen und kulturellen Pluralismus ist in Gesellschaften, die sich universellen demokratischen Werten verschrieben haben, möglich? Obwohl wir klar erkennbar in multi-ethnischen und multi-lingualen Gesellschaften leben, wird dennoch nur ein eng definierter Wertekanon als legitim anerkannt« (ebd., S. 186f.).

Gehören Demokratie und Säkularität zu diesem Wertekanon? Sollen westlich-demokratische Gesellschaften ihre säkulare zivilisatorische Identität aufgeben, um sich anderen ethnischen oder religiösen Kulturen zu öffnen? Gibt es einen Weg, den beide Parteien in einem Miteinander unter Bewahrung der zivilisatorischen Identität Europas beschreiten können? Für die westliche Zivilisation handelt es sich hierbei besonders im Schatten der Kriegserklärung vom 11. September um existentielle Fragen und nicht etwa um rein akademische; sie stellen sich für Europa in einer Zeit, in der einige muslimische Migranten diesen Kontinent lieber zum *Dar al-Islam* rechnen möchten, während Europäer sich über einen Wertekonsens nicht mehr im Klaren sind. Bei der Annäherung an die Islam-Diaspora nach dem 11. September hat der britische Premier

Blair, um Unterstützung für den Krieg gegen den Terrorismus bemüht, sogar Imam Z. Badawi empfangen, der Großbritannien zum *Dar al-Islam* rechnet. Das ist besorgniserregend.

Nun will ich auf die soziale Gerechtigkeit und politische Einbeziehung eingehen; sie gehören zu den Grundfragen der Integration der Ein- und Zuwanderer. Monique Deveaux, die diese Problematik näher untersucht hat, zentriert ihre Argumentation um die Frage der »kulturellen Identität«.[10] Leider macht sie daraus ein Kollektivrecht, das sie zu den allgemeinen Grundrechten rechnet. Ich dagegen bestehe darauf, dass das Anderssein ein individuelles, kein kollektives Grundrecht ist.[11] Doch Deveaux schränkt ihren Ansatz ein und überträgt seine Geltung nur auf die gewachsenen Minderheiten wie Basken, Korsen, Quebec-Franzosen oder Kurden in der Türkei, nicht aber auf solche wie in Deutschland. Mit dieser Einschränkung will sie die Geltung ihrer These nicht auf solche Minderheiten erweitern, die durch Migration in unserer Zeit konstruiert worden sind, so zum Beispiel nicht für die muslimischen Südasiaten in Großbritannien. Für diese bietet sie keine Lösung[12], und sie entzieht sich dieser Aufgabe, indem sie sagt, dies sei eine andere Problematik. Das ist wohl zu einfach. Dagegen plädiere ich für einen Ansatz, der für alle Minderheiten gilt, weil man hier nicht zweierlei Recht für gewachsene und konstruierte Minderheiten gelten lassen darf, dies wäre eine Diskriminierung der Migranten, wenn sie von anderen ansässigen Minderheiten unterschieden werden. Ich strebe also keinen differenzierten kulturellen Pluralismus an, wie es einer für gewachsene Minderheiten und einer für Minderheiten der Migranten wäre.

Trotz meiner Kritik möchte ich die Unterscheidung von »kultureller Vielfalt« und »kulturellem Pluralismus« in der Arbeit von Deveaux für meinen Gedankengang über diese Problematik mit Einschränkungen verwenden. Deveaux schreibt:

> »Kulturelle Vielfalt stellt lediglich die Präsenz unterschiedlicher Kulturen fest. Kultureller Pluralismus ist dagegen eine normative Position, die kulturell diversen Gruppen grundsätzlichen Respekt und Anerkennung gewährt.«[13]

Nach dieser Klärung des Unterschieds zwischen zwei Konzepten müssen wir fragen: Wie weit geht die geforderte *Anerkennung?* Schließt sie auch die *Schari'a* ein? Wie sichert man, dass der erforderliche Respekt gegenseitig gilt? Bei den Befürwortern des Kollektivrechts auf kulturelle Identität geht diese Anerkennung in Bezug auf Minderheiten sehr weit. Dabei fällt kein Wort über die Erfordernis, dass auch von der Minderheit diese Leistung der Anerkennung in Bezug auf die Werte der Mehrheit zu erbringen ist. Deveaux lehnt es schlicht ab, »dafür einzutreten, dass ein einziger kulturell spezifischer Lebensstil und die darauf bezogenen Werte als verbindlich für die hiervon unterschiedlichen Teile der Bevölkerung« (ebd. S. 7) anzusehen sind.

Diese Aussage veranlasst zu der Frage: Woran orientiert sich nach Deveaux' Auffassung dann der Pluralismus? Im Gegensatz zu dieser Beliebigkeit ist eine Leitkultur geeignet, Vielfalt zu berücksichtigen, ohne die Einführung von bestimmten kulturellen Kollektivrechten als Grundrecht gelten zu lassen. Deveaux bezieht eine ambivalente Position zum Liberalismus, schränkt ihren Werterelativismus jedoch nur mangelhaft durch folgende Äußerung ein:

> »Ich trete nicht für eine umfassende Ablehnung liberaler Argumente und Prinzipien ein. Vielmehr argumentiere ich, dass einige liberale Normen unverzichtbare Bestandteile einer adäquateren Antwort auf Fragen der ethnischen, sprachlichen und religiösen Vielfalt sind« (ebd. S. 3).

Dieses ist ein Bekenntnis zu freiheitlichen Werten, verbunden mit dem Zusatz, dass die liberale Demokratie der Individuen den Kollektiven vorzuziehen ist und dennoch einer Revision bedarf, dadurch nämlich, dass wir »der Bedeutung kultureller Identitäten und Gruppenzugehörigkeit für das politische Leben ernsthafte Beachtung schenken müssen« (ebd. S. 181).

Dies ist auch von Interesse für die folgenden Ausführungen. Diese Erkenntnisse gehören – jedoch mit Abstand zu den darin vertretenen Kollektivrechten – zu den brauchbaren Ergebnissen der soeben skizzierten internationalen Diskussion. Ich hebe dies positiv hervor und bekunde gleichzeitig, wie überaus störend ich bei dieser gesamten Debatte – besonders in ihrer US-Spielart vor dem 11. September – die Unausgewogenheit empfinde. Diese kommt dadurch zum Ausdruck, dass die Befürworter des Multikulturalismus nur zeigen, was die Aufnahmegesellschaften gegenüber Migranten zu leisten haben, um deren kulturelle Identität als Grundrecht zu respektieren, aber sie äußern kein Wort über die eigene kulturelle Identität der Aufnahmegesellschaften und stellen in keiner Weise die Frage, ob es sie zu bewahren gilt. Das ist auch der Grund, weshalb ich ein früheres Buch mit der Frage *»Europa ohne Identität?«* (vgl. Anm. 2) betitelt und die zivilisatorische Selbstaufgabe im Rahmen des Multikulturalismus unterstellt habe. Selbstverleugnung ist nicht die Antwort auf die berechtigte Forderung nach einer Überwindung der Euro-Arroganz. Die Wirkung des 11. Septembers war und ist in diesem Kontext sehr ernüchternd.

Unter Berücksichtigung dieses Vorbehaltes und bei Aufnahme der positiven Resultate der erläuterten Debatte, räume ich in Bezug auf das ausgewählte Beispiel, also den Islam, das Recht der islamischen Migranten ein, ihre –wohlbemerkt wandelbare, nicht essentialisierte – islamische kulturelle Identität zu pflegen. Ich teile diese Ansicht auch mit der Süssmuth-Kommission (vgl. Anm. 8), unterscheide mich jedoch von den in ihrem Bericht vertretenen Standpunkten dadurch, dass ich auch Forderungen an die Migranten stelle, wie ich dies in Bezug auf die Europäer in den vorangegangenen Kapiteln getan habe. Einerseits sollten die Europäer die Rechte der muslimischen Einwanderer anerkennen, aber andererseits müssen die Muslime die zivilisatorische Identität Europas respektieren, zu der Säkularität, das laizistische Recht, die auf Volkssouveränität basierende Demokratie und natürlich der Pluralismus gehören. Die geforderte *Anerkennung* ist keine Einbahnstraße.

Im Gegensatz zu den kulturellen Pluralisten der amerikanischen Schule räume ich bei Wertekonflikten den europäischen Werten gegenüber Werten der Zuwanderer Vorrang ein. Weil ich Assimilation ablehne und stattdessen Integration befürworte, vertrete ich die Auffassung, dass dieses Ziel im Rahmen eines Reform-Islam erreicht werden kann, der eine Versöhnung von religiösem Glauben und säkularer Vernunft ermöglicht.[14] Dieses Zusammenspiel hat auch Vorbilder in der islamischen Geschichte selbst.[15] Die Abkopplung der Religion von der Politik gehört, wie ich im vorangegangenen Kapitel gezeigt habe, zu den Grundvoraussetzungen der Praktikabilität von religiösem und kulturellem Pluralismus, wenn dieser über die schlichte Feststellung existierender Vielfalt hinaus Gemeinsamkeiten, also einen Wertekonsens als Leitkultur, einschließen soll. *Eine* Religion kann keine Basis für Gemeinsamkeiten zwischen Angehörigen unterschiedlicher Religionen sein, weil sie als Glauben den Anspruch auf absolute Geltung erhebt.

Mit der vorangegangenen Diskussion über Kultur und Pluralismus setzte ich mich von Liberalen und Neoliberalen, die nur den Markt und seine wirtschaftlichen Bedürfnisse gelten lassen, ab. Auch wenn ich an anderer Stelle für eine Anpassung der Migration an Marktbedürfnisse plädiere, darf das nicht unser einziges Interesse sein. Politische und kulturelle Aspekte werden oft übergangen. Einer der wichtigsten dieser Aspekte ist die Tatsache, dass die europäischen Aufnahmegesellschaften durch die Migration religiös vielfältig werden, also nicht mehr nur christlich sind. Es gibt Religionen, so den Islam, die über den religiösen Glauben hinaus Ordnungsvorstellungen enthalten. Islamisten erheben diese Ordnungsvorstellung zum elementaren, unveräußerlichen Bestandteil ihres Glaubens. Wie können Glaubenssätze von Minderheiten unter diesen Bedingungen noch geschützt werden?

Die größte Leistung der liberalen Demokratie ist die Freiheit des Individuums, die auch Glaubens- und Religionsfreiheit umfasst. Beide soeben angeführten Sachverhalte zwingen zu der Frage, ob das Festhalten an religiösen Ordnungsvorstellungen zu dem Grundrecht auf Religionsfreiheit gehört? Was geschieht, wenn dieses Recht mit den Werten der Säkularität kollidiert? Solche Fragen haben keinen Platz in den Kalkulationen der Industrie, die Arbeitskräfte braucht, und der Neo-Liberalen, die nur die Interessen des Marktes kennen. Und noch weniger haben sie Platz in der Argumentation der Multikulturalisten.

Das Verhältnis von Religion und Politik gehört zu der Frage der Integration der Migranten; sie beinhaltet das Verhältnis von Bürgern und Institutionen in einer liberalen Demokratie. Einer der bedeutendsten Vordenker auf diesem Gebiet, Robert Audi, spricht zu Recht von einer »zeitgenössischen Herausforderung an die Demokratie«, und meint damit »das delikate Problem, wie eine freie und demokratische Gesellschaft eine angemessene Harmonie zwischen Religion und Politik bewerkstelligt«[16] Der säkulare Charakter der liberalen Demokratie steht außer Frage, aber die zunehmende Bedeutung der Religion, die ich zu Beginn des vorangegangenen Kapitels thematisiert habe, zwingt uns, diese Harmonie anzustreben. Areligiöse Europäer können nicht von der Annahme ausgehen, dass ihre Anschauungen auch für muslimische Migranten gelten, ebensowenig wie Muslime Europäer zwingen können, ihre religiösen Ordnungsvorstellungen zu dulden oder gar zu akzeptieren. Auf der Ebene der Ethik[17] in einer sich globalisierenden Welt ist es möglich, Annäherung zu finden. Audi spricht von einer »Ethik der Bürger«[18] als Grundlage für eine Balance zwischen Religion und Politik in einer Zivilgesellschaft. Kann diese Balance auch für den Islam erreicht werden? Um von vornherein einem Missverständnis vorzubeugen: Bürger ist hier in der Bedeutung von *citoyen/citizen* und nicht Staatsbürger gebraucht. Der erste ist Mitglied eines Gemeinwesens als Wertegemeinschaft, der letztere besitzt nur einen Pass, wie zum Beispiel ein Islamist die deutsche Staatsangehörigkeit erlangen kann, ohne die Werte des Grundgesetzes zu bejahen, und somit keine Hemmungen empfindet, am Terrorismus gegen den Westen teilzuhaben, wie dies am 11. September geschah.

Euro-Islam als kulturelle Grundlage: Die Integration islamischer Migranten aus Asien und Afrika

Die vorangegangenen Teile enthalten meinen Bezugsrahmen für die Erörterung der Probleme der Integration muslimischer Migranten. Bevor ich auf den Islam eingehe, stelle ich fest: In Europa hat die Entwicklung einer Vielfalt innerhalb des Christentums auch zu einer Entstehung eines religiösen Pluralismus beigetragen, der jedoch eine europäische Erscheinung und somit innerchristlich geblieben ist. Im Islam existiert in der Realität eine Vielfalt, die jedoch in der integralen islamischen Weltanschauung von einer einheitlichen *umma* verneint wird; die orthodox-islamische Weltanschauung ist antipluralistisch. Mit der islamischen Zuwanderung nach Europa wird eine weit über das christliche Verständnis von religiösem Pluralismus hinausgehende neue Deutung erforderlich. Dies ist die Aufgabe der europäischen Christen und der säkularen europäischen Gesellschaften, die sie zu bewältigen haben. Auch die Muslime haben ihre Hausaufgaben zu machen, um den Pluralismus im Islam zu verankern.

In den folgenden Ausführungen über das Konzept eines Euro-Islam, als Alternative zum orthodoxen Islam beziehungsweise zum Islamismus, will ich als liberaler Muslim eine Lösung dieser Aufgabe der islamischen Migranten entwerfen und die Möglichkeit einer Harmonisierung des Islam mit der liberalen Demokratie in Europa aufzeigen. Eine Institutionalisierung des Islam nach dem Muster der deutschen Kirche halte ich für einen Sonderweg und somit für fatal. Deutschland hat sich nach 1945 in vielen Bereichen europäisch entwickelt. Dies gilt jedoch leider nicht in dem Bereich des Verhältnisses von Kirche und Politik; hier beharren die Deutschen auf ihrem Sonderweg, den sie auch für die Islam-Diaspora gelten lassen. Ich insistiere auf meiner Option, und sie lautet: ein europäischer, kein deutscher Islam.[19] Welche Begründungszusammenhänge stehen hinter einer solchen Argumentation?

Meine Gründe für die Ablehnung eines deutschen Islam sind folgende: Eine »islamische Kirche« in Deutschland ist einfach undenkbar, weil der Islam in seiner Geschichte noch nie die Form einer einheitlichen kirchlichen Institution angenommen hat. Hinzu kommt, dass jede Religion ihre eigene Organisationsform hat, und diese ist für den Islam nicht die Kirche, weil diese christlich ist. Deshalb ist das Vorhaben, eine einheitliche islamische Religionsgemeinschaft öffentlichen Rechts, als Pendant zur christlichen Kirche, zu etablieren, buchstäblich ein Zwang gegenüber der Vielfalt des Islam und seiner Gläubigen. Dies läuft darauf hinaus – wie beide in Deutschland agierenden Islamräte[20] anstreben –, eine Version des orthodoxen Sunni-Islam zu erzwingen. Das ist gegen den Pluralismus innerhalb des Islam.[21] Warum bedienen sich Islamisten hier der christlichen Hilfe, während in ihrer Ideologie die Vorstellung einer christlichen Verschwörung zur Christianisierung der Muslime so dominant ist?!

Das Verordnen einer islamischen Kirche in Deutschland, wie von deutschen Politikern und Kirchenvätern gewünscht, steht weder im Einklang mit dem Bedarf nach Harmonie zwischen Religion und Demokratie noch mit den Lehren des Islam; es widerspricht jeglicher islamischer Vergangenheit und Tradition. Doch kommt es dem Wunsch der Islamisten entgegen, die Islam-Diaspora zu erobern. Deshalb sind die Islamisten in Deutschland die wichtigsten Gesprächspartner gleichermaßen der Kirchen wie der Politiker bei dem Bemühen um die Bildung einer einheitlichen islamischen Religionsgemeinschaft in Deutschland. Für die Islamisten ist dies ein Traum von der Macht. Eine solche Institution würde den Islamisten ein Instrument an die Hand geben, mit dem sie die gesamte Islam-Diaspora, die nur zu einem sehr kleinen Teil aus Islamisten besteht, in ihren Kontrollbereich einverleiben könnten. Außerdem kämen die Islamisten so in den Genuss des Rechtes auf Erhebung einer Kirchensteuer und einer Vertretung in paritätisch besetzten Gremien, zum Beispiel in den öffentlich-rechtlichen Rundfunkräten, womit für sie ein erheblicher Einfluss- und Machtzuwachs einherginge. Eine mächtige, von Funktionären angeführte religiös definierte Parallelgesellschaft im Namen der Religionsfreiheit wäre die Folge. Sind dies nicht genug Anreize für die Islamisten, den Weg der christlichen Kirchen einzuschlagen?

Diese Funktionäre des Islamismus würden bei Erfolg Strömungen des Reform-Islam verbieten und liberale Muslime verfolgen. Das ist wohl nicht die »Ethik des Bürgers« in einer liberalen Demokratie. Die deutschen Kirchenväter und Politiker hätten dann ihre institutionalisierten

Gesprächspartner, aber Religionsfreiheit, säkulare Demokratie und Integration blieben auf der Strecke. Aufgeklärte deutsche Theologen, wie Gerhard Besier, werden nicht müde, das Religionsmonopol der Kirchen zu kritisieren, und ich schließe mich ihnen an, weil dieses Monopol auch auf den Diaspora-Islam und seine Vertretung übertragen werden kann, wenn eine »islamische Kirche« in Deutschland als Sonderweg entstehen würde.[22]

Als ein in Deutschland lebender Migrant, der als Muslim und semitischer Araber von seinem jüdischen Lehrer Max Horkheimer gelernt hat, für die europäischen Werte der Freiheit einzutreten, wehre ich mich gegen das beschriebene Szenario und werde deshalb von beiden Seiten, den protestantischen Gesinnungsethikern als Spielart des deutschen Gutmenschen und im Schulterschluss mit ihnen von den Islamisten als Neo-Absolutisten, angefeindet. Mit meinem Verständnis von Islam als einem Euro-Islam versuche ich, eine Brücke zwischen islamischen Einwanderern und der deutschen säkularen Gesellschaft zu schlagen; eine solche Brücke erfordert eine Harmonie im Sinne von Robert Audi, also zwischen Religion und säkularer Vernunft. Ich spreche von Euro-Islam, nicht von »deutschem Islam«, weil Deutschland und seine noch junge Demokratie nur im europäischen Kontext, nicht aber als Sonderweg zu denken sind. Aus diesem Grunde wird die Demokratisierung der Bundesrepublik nach 1945 zu Recht als Entstehung einer »verspäteten Demokratie«[23] und oft als Verwestlichung Deutschlands gedeutet. Aus demselben Grund ist mein in eine hitzige parteipolitische Debatte geratenes Konzept einer Leitkultur nur als ein Wertekonsens auf europäischer Basis zu verstehen, sicherlich nicht als deutsche Leitkultur.

Im Lichte der in Kapitel 3 vorgenommenen Unterscheidung zwischen der *Integration* der Einwanderer als Bürger eines Gemeinwesens und der *Assimilation* als eine vollständige Anpassung an das neue kulturelle Umfeld denke ich, ein europäischer Islam muss einen Anteil der europäischen Leitkultur als normative Grundlage enthalten. Ohne diese Bindung des Diaspora-Islam an die europäischen Werte würden wir weder Assimilation noch Integration, sondern die dritte, in Kapitel 3 erörterte Option islamischer Parallelgesellschaften haben.

Integration macht es im Gegensatz zur Assimilation möglich, eine multiple, das heißt kulturell vielfältige Identität zu besitzen. Zudem beschränkt sie sich auf zivilgesellschaftlich politische Kultur, wohingegen Assimilation der vollständigen Anpassung in sämtlichen Lebenswelten und somit der Selbstaufgabe gleichkommt. Die dritte Option ist das Gegenextrem zu Assimilation: die Parallelgesellschaften einer »islamischen Kirche« enden in weitgehender Abschottung, während Assimilation totale Anpassung erfordert. Ich greife hier auf die Argumente von Kapitel 3 zurück, um deutlich zu machen, dass der Euro-Islam ein Integrations-, kein Assimilationskonzept darstellt und darüber hinaus die Alternative zu den Islam-Ghettos ist. Mein Hauptziel ist, Harmonie zwischen Islam und liberaler Demokratie herzustellen, die allerdings keine Verleugnung der zivilisatorischen Identität Europas zulässt.

Es zeugte schlicht von Ignoranz und Unverständnis, wenn manch einer während der hitzigen Debatte vom Herbst 2000 Leitkultur als »Unwort des Jahres« bezeichnete. Meine Deutung des Islam für islamische Migranten als ein Euro-Islam innerhalb eines religiösen Pluralismus ist in das von mir erörterte Verständnis von Leitkultur einzuordnen. Ich wiederhole: Diese Leitkultur ist ein Konzept politischer Ethik der *citoyennité* im europäischen und nicht im deutschen Verständnis. Wäre damals von der CDU mein Begriff richtig, das heißt als »europäische«, nicht als »deutsche Leitkultur« verwendet worden, hätten sich viele den Begriff übernehmende CDU-Politiker die unnötigen Missverständnisse, die die als neurotische Debatte geführte Diskussion dominiert haben, ersparen können.

Kurz: Ich lehne eine »islamische Kirche« in Deutschland als Sonderweg ab. Dieser Sonderweg in Bezug auf die Bildung einer islamischen Religionsgemeinschaft nach kirchlichem Modell ist gefährlich. Historiker zeigen, wie die deutsche Geschichte als solche von Staat und Nation in Europa anders als die westeuropäische Geschichte verlief.[24] Dies gilt vor allem für die Standortbestimmung von Staat – Gesellschaft – Religion. Das nicht zufällig in Paris entwickelte Konzept vom Euro-Islam[25] ist also eine europäisch geprägte Deutung. Darin sehe ich eine Voraussetzung für die Integration von Muslimen in Europa.

Als die auch heute noch junge Demokratie der Bundesrepublik auf den Trümmern des deutschen Sonderweges des Dritten Reiches errichtet wurde, orientierten sich die Väter des Grundgesetzes in allen Bereichen – leider außer im Verhältnis von Staat, Gesellschaft und Religion – nach Westen. Es ist hier nicht der Ort, näher zu erläutern, wie die Religion in Deutschland – im Gegensatz zu anderen westlichen Ländern – erheblichen Einfluss auf die Politik ausübt, indem die Kirchen das Religionsmonopol ausüben, weshalb Deutschland auch keine vollständig säkulare

Demokratie ist. Es reicht aus, auf das Beispiel Kirchensteuer hinzuweisen, das einmalig im Westen ist. Oft wird die Integration Deutschlands in den Westen von Politikern als Einordnung in die westliche Allianz verstanden und darauf beschränkt. Doch wird mit der »Verwestlichung« Deutschlands weit mehr als das zum Ausdruck gebracht, vor allem eine europäische Werteorientierung in Bezug auf Demokratie. Außer in Fragen der Religion fand nach 1945 in Deutschland ein teilweiser Abschied dieses Landes von der Tradition der Sonderwege statt. Zu diesem Abschied gehört natürlich die Entfaltung eines religiösen Pluralismus in der neuen liberalen Demokratie. Die hat am Anfang als katholisch-protestantischer Pluralismus funktioniert, auch ohne strenge Trennung von Staat und Kirche. Wie kann dieser Pluralismus ohne die angeführte Trennung beim Hinzukommen des Islam in Deutschland fortbestehen? Ähnlich wie Deutschland eine »verspätete Nation« (Plessner) ist, ist es auch eine »verspätete Demokratie« (Röhrich), und dieses Land hat in Bezug auf Demokratie viel nachzuholen. Wilfried Röhrich hat in seinem oben angeführten Buch geschrieben, dass das demokratische Bewusstsein der Deutschen nicht auf demselben sehr hohen Niveau des deutschen Grundgesetzes stehe.[26] Einiges spricht für die Triftigkeit dieser Auffassung.

Die Ergebnisse internationaler Forschung haben gezeigt, dass die deutsche Geschichte nicht die Maßstäbe für das, was als ursprünglich westlich bezeichnet wird, setzt, eher umgekehrt: Andere westeuropäische Modelle gelten für Deutschland als Vorbild, vor allem in Bezug auf Säkularität, Demokratie und Zivilgesellschaft. Wohlgemerkt: Ich spreche von deutscher Geschichte und nicht von großen deutschen Denkern wie Immanuel Kant, die die europäische Identität entscheidend mitgeprägt haben. Deutsche Philosophen des 18. und 19. Jahrhunderts waren ihrer Gesellschaft weit voraus. Geschichtlich gesehen sind es die Modelle Frankreichs und Englands, die allgemein als repräsentativ für die westliche Entwicklung angeführt werden. Dies zeigt das großartige Werk *Könige oder Volk?* des verstorbenen Reinhard Bendix, ein Berliner Jude, der den Holocaust durch die Flucht in die USA überlebte und dessen Freundschaft ich in Berkeley genossen habe. Nach der Forschung von Bendix galten das französische und britische Modell als Referenz für die Entstehung der Demokratie in Westeuropa.[27] Die Verwestlichung Deutschlands ist am Grad der Verwirklichung dieser Modelle zu messen. Dies gilt auch bei der Suche nach demokratischen Lösungen zur Bewältigung des Zustroms von Zuwanderern aus nicht-westlichen Zivilisationen nach Europa sowie für das Verhältnis von Religion, Staat und Gesellschaft.

Der erläuterte Hintergrund mag verstehen helfen, warum ich von einem Euro-Islam als Voraussetzung der Integration muslimischer Migranten und nicht von einem deutschen Islam spreche. Ich wiederhole es: Ein deutscher Islam wäre einmal mehr ein Sonderweg. Dies wäre für die deutsche Demokratie nach 1945 schädlich; sie will westlich sein, beschreitet aber Sonderwege bei der demokratischen Herausforderung der Integration der Ein- und Zuwanderer. Dies möchte ich am Beispiel des noch näher zu erläuternden Urteils des Bundesverwaltungsgerichts veranschaulichen, das uns einen Vorgeschmack dafür bietet, wie ein deutscher Islam aussehen würde: überdeutlich fundamentalistisch. Das hohe Gericht hat die Fundamentalisten der islamischen Föderation als Religionsgemeinschaft anerkannt und setzt damit in Deutschland Rechtsstandards. Dies bestärkt mich in meiner Warnung vor der multikulturellen Illusion einer islamischen Parallelgesellschaft, die mit einem religiösen Pluralismus nicht in Einklang zu bringen ist. Ein erneuter deutscher Sonderweg ist ein Irrweg und behindert jeden Versuch der Integration von Muslimen. In dem vorangegangenen Kapitel habe ich von dem von Sicherheitsdiensten enthüllten Plan der Islamisten berichtet, eine eigene politische Partei zur Durchsetzung der Ziele des Islamismus in Deutschland zu gründen.

Meine Vision vom Euro-Islam, die ich als »liberaler Muslim, der in Deutschland lehrt«, (so die New Yorker *Foreign Affairs,* Heft März/April 1999 über mich) entfalte, orientiert sich an den Werten des säkular ausgerichteten okzidentalen Europas, das auch mir Freiheit gewährt. Somit geht mein Blick nicht von irgendwelchen deutschen Sonderwegen aus. In Bezug auf den Islam bietet mir nicht der von den deutschen Gerichten anerkannte Islam der Orthodoxie oder des Islamismus eine religiöse Identität, die mit Europa vereinbar wäre, sondern der Islam der großen muslimischen Rationalisten al-Farabi, Ibn Ruschd und Ibn Sina.[28] Diese großen Muslime besserer islamischer Zeiten waren es, die die Brücken zwischen Europa und der islamischen Zivilisation am Vorabend der Renaissance geschlagen haben – nicht die islamische *Schari'a*-Orthodoxie. Diese hat die islamischen Rationalisten, die dem Europa der Renaissance ein Modell boten[29], verfolgt. Wird man in Deutschland die Lehren dieser großen islamischen Aufklärer bei einem »Islam-

Unterricht«[30] unterrichten oder einen orthodoxen Islam unterweisen? Die Süssmuth-Kommission befürwortet den Islam-Unterricht, ist jedoch uninformiert über diese Alternativen.

Mein Konzept des Euro-Islam geht politisch von den Werten europäischer Verfassungen und dem Europa der Freiheit und Aufklärung als Orientierung aus, dessen Tradition das deutsche Grundgesetz wieder aufnimmt. Ich versuche, diese europäischen Werte mit dem positiven Erbe des Hoch-Islam zu verbinden, der eine Aufklärung kannte – auch wenn sie sich nicht durchgesetzt hat. Ich verrate damit eine europäische Denkweise, die ich bei meinem jüdischen Lehrer Max Horkheimer während meiner Frankfurter Studienjahre erlernt habe. Schon durch diese Frankfurter Lehrjahre habe ich mich bei den oft antisemitisch denkenden Islamisten so verdächtig gemacht, dass sie über mich das Gerücht verbreiten, »Tibi ist in Wirklichkeit ein Jude!« Doch weist das autoritative Geschichtswerk der Stadt Damaskus *Banu al-Tibi,* meine Familie, als eine der ältesten islamischen Notabeln der Stadt aus.[31] Ich verbinde diese Herkunft mit meiner erworbenen Identität als Wahleuropäer. Der von mir empfohlene Euro-Islam ermöglicht den Muslimen beides: als individuelle Bürger ihre islamische Identität zu pflegen und zugleich die zivilisatorische Identität Europas für sich zu bejahen.

Dies ist mein Konzept vom Euro-Islam für die Versöhnung von religiösem Glauben und säkularer Vernunft im Rahmen des Pluralismus.

Die europäische Identität, die Habermas als »kulturelle Moderne«[32] bezeichnet, ist prägend für das von mir entworfene Konzept des Euro-Islam. Wie einst der islamische Rationalismus, so erkennt auch der Euro-Islam das Primat der Vernunft vor jeder religiösen Offenbarung an, versöhnt aber beide, ohne die Geltung »absoluter Wahrheiten« anzuerkennen. Zu den weiteren Bestandteilen des Euro-Islams gehören die individuellen Menschenrechte[33], insbesondere die Glaubensfreiheit, welche im Islam nicht explizit verankert sind und nur reform-islamisch eingeführt werden können. Eine Demokratie, die säkulare Vernunft mit Religion auf der Basis der Trennung des Glaubens von der Politik in Einklang bringt, macht religiösen Pluralismus möglich. Anleihen des Euro-Islam von Europa, wie sie einst auch Ibn Ruschd und Ibn Sina beim Hellenismus gemacht haben, sind anzustreben. Die Geltung dieser Werte macht die Substanz der Zivilgesellschaft[34] aus. Mit einem liberal gedeuteten Islam ist eine Synthese in diese Richtung möglich, die ich Euro-Islam nenne und die Muslimen in Europa einen Platz in einer Zivil-, nicht in einer

Schari'a-geleiteten Parallelgesellschaft gewährt. In Europa darf es keinen Platz für die *Schari'a* geben, weil sie, wie der Islam-Reformer Abullahi An-Na'im zeigt, im Widerspruch zu den Menschenrechten steht.[35]

Wie meine Leser sehen, spreche ich hier tabulos drängende Probleme der Migrationspolitik an, wie beispielsweise das Faktum, dass die gegen die Integration gerichteten Islamisten den organisierten Islam in Deutschland fest im Griff haben und jeder auf Säkularität basierenden Zivilgesellschaft im Wege stehen; ihr Lippenbekenntnis zum »Dialog« und zur »Toleranz« ist angesichts der Tatsache, dass viele unter ihnen Meister der »Täuschung der Ungläubigen/*Iham*« sind, völlig belanglos. Was die meisten von ihnen in der Öffentlichkeit (etwa im Gespräch mit Politikern und Kirchenvätern) äußern, stimmt nicht mit der Politik, die sie in ihrer Alltagspraxis ausüben, beziehungsweise mit den Inhalten, die sie intern vertreten, überein. Wer sich keinen Sand in die Augen streuen lässt, weiß, dass das einzige Recht, das diese radikalen islamischen Ideologen anerkennen, *Schari'a*/islamisches Gottesgesetz heißt. Mich überrascht jedoch nicht, dass dieselben Islamisten, die kritische Muslime und andersdenkende »Ungläubige« im Namen der *Schari'a* verfolgen, keine Hemmungen haben, deutsche säkulare – in diesem Sinne ungläubige – Gerichte für ihre Sache gegen ihre Kritiker zu bemühen. Einige Deutsche lassen sich dabei aus falsch verstandener »Toleranz«, andere aus formaljuristischen Gründen von diesen politischen Ideologen instrumentalisieren. Wichtig ist, dass jene Deutschen, die sich gegen Integration im Rahmen einer europäischen Leitkultur wenden, begreifen müssen, wie sehr sie dadurch den Islamisten in die Hände spielen, obwohl sie als »Gutmensch« subjektiv nur das Beste für die Migranten im Sinn zu haben meinen!

Bevor ich zum Abschluss dieses Kapitels dazu übergehe, skizzenhaft den Euro-Islam im Kontext der Menschenrechte zu erläutern, möchte ich auf das schon angesprochene Urteil des Berliner Oberverwaltungsgerichts von 1998 eingehen, nach dem die offiziell vom Verfassungsschutz als »extremistisch-fundamentalistisch« eingestufte Islamische Föderation fortan dazu befugt ist, muslimischen Schülern in Berlin auf Staatskosten Islam-Unterricht zu erteilen. Anstatt das Berliner Schulgesetz zu verändern und mit dem Entwurf eines euro-islamischen, vom Fundamentalismus freien Islam-Unterrichts konstruktive Politik zu betreiben, verfuhr der damalige Berliner Senat nicht anders als die Islamisten selbst: Er beließ es beim Anrufen der Gerichte. Im Februar 2000 gab das Bundesverwaltungsgericht, betont formaljuristisch, der Islamischen Föderation gegen den Berliner Senat recht und erkannte diese Organisation offiziell als »Religionsgemeinschaft« an. Wieder auf bürokratischem Weg hat sich die deutsche Politik darin erschöpft, durch Rechtskniffe ohne Reformen den Rahmenplan der Islamischen Föderation dreimal zu beanstanden. Die Islamisten waren pfiffiger als der SPD-Schulsenator und erreichten durch einen »Eilrechtsschutzantrag« beim zuständigen Verwaltungsgericht, dass sie ab September 2001 an Schulen im quasi türkischen Berlin-Kreuzberg ihre Indoktrination – sprich ihren Islamunterricht – betreiben können. Die Schulen und die liberalen Muslime mögen dies nicht, sind aber machtlos. Der Berliner *Tagesspiegel* schreibt in seiner Ausgabe vom 30. August 2001 (S. 9):

> »Die Schulen zeigen sich vom Ansinnen allerdings bisher wenig begeistert. Gemäßigte muslimische Eltern wünschen sich eine Alternative.«

Aber sie stoßen bei Politikern und Gerichten auf taube Ohren.

An diesen Beispielen sehen wir, wie die deutsche Multi-Kulti-Toleranz gegenüber der islamistischen Indoktrination muslimischer Kinder Ausdruck einer Kombination von Ignoranz und Desinteresse ist. Dies ist nicht nur eine Gefahr für die Integration, es ist auch eine solche für die Demokratie in einem Land, in dem nicht Toleranz, sondern Fremdenfeindlichkeit die politische Kultur bestimmt. Mehr Fundamentalismus in den Parallelgesellschaften zieht mehr Fremdenfeindlichkeit bei den Deutschen nach sich.

Wenn ich für einen integrativen Euro-Islam im Rahmen der Versöhnung von religiösem Glauben und säkularer Vernunft als Alternative zur islamischen Parallelgesellschaft eintrete, tue ich dies in dem Wissen, dass die Anhänger der *Schari'a* deutsches positives Recht missbrauchen, um eine Form von Islam-Unterricht durchzusetzen, die jede Integration blokkiert. Angesichts dieser Tatsache ruft die von den Ober- und Bundesverwaltungsrichtern explizit zum Ausdruck gebrachte Position Kopfschütteln hervor, da sie – wie angemerkt –formaljuristisch, also rein rechtstechnisch urteilen; der gesellschaftliche Kontext, also das Wirken von demokratiefeindlichen Kräften lassen diese Richter völlig außer Acht. Säkulare Demokratie einer pluralistischen Zivilgesellschaft ist keine Gesetzesformalie, sondern eine politische Kultur.

Der den Berliner Senat vertretende Staatsrechtler Professor Bernhard Schlink hat laut Pressemeldungen zu Recht argumentiert, dass die Islamische Föderation »vielleicht als religiöser Verein anzusehen (ist), keinesfalls aber als Religionsgemeinschaft«. Schlink hat deshalb empfohlen, »hinter die streng religiöse Fassade der Föderation zu blicken«. Tut man dies, erkennt man, »dass es hier nicht um das Bekenntnis geht«. Die Richter aber bleiben dem formal bestimmten Recht verhaftet und bringen damit ihre Unkenntnis gegenüber der Gefahr, die von diesem sensitiven Gegenstand ausgeht, zum Ausdruck. Die Demokratisierung Deutschlands nach 1945 bestand nicht in der Einführung neuer Gesetze, sondern einer demokratischen Kultur, deren Werte scheinbar noch nicht genügend verinnerlicht worden sind.

Soll man die Islam-Diaspora den Islamisten überlassen? Islam und Menschenrechte

Die Geltung der individuellen Menschenrechte, zu denen Glaubensfreiheit sowie Gleichheit aller Glaubensrichtungen gehören, ist ein Bestandteil der pluralistischen Demokratie. Seit der Rushdie-Affäre und der Verfolgung der Schriftstellerin Taslima Nasrin aus Bangladesch und nicht zuletzt des ägyptischen Professors Nasr Hamid Abu Zaid ist die westliche Öffentlichkeit in Bezug auf Islam und Menschenrechte sensibler geworden, weil bekannt geworden ist, dass auch die Religion des Islam das Verständnis von individuellen Menschenrechten nicht teilt. Zwischen Islam und Islamismus ist jedoch zu unterscheiden; Islamisten verfestigen mit ihrer Ideologie und ihren Aktionen westliche Vorurteile. Die Diaspora dient ihnen als Hinterland.[36] Nun existiert auch im orthodoxen Islam kein Recht auf Glaubensfreiheit, weshalb es in dieser Domäne zu einem Bündnis zwischen Islamismus und orthodoxem Islam kommt. Wie kann man solche Glaubenssätze mit religiösem Pluralismus und Religionsfreiheit vereinbaren? Ich denke, eine reform-islamische Deutung, die im Euro-Islam mündet, bietet eine Lösung.

Leider kommen viele Migranten aus islamischen Ländern, die die individuellen Menschenrechte, sowohl auf der Ebene von Staat als auch auf der Ebene der Gesellschaft, also als politische Kultur, nicht respektieren. Es fragt sich, ob eine solche religiös begründete menschenrechtsfeindliche Einstellung auch in Europa im Namen der Religionsfreiheit zugelassen werden darf.

Um diese Zusammenhänge besser zu beleuchten und ihre Hintergründe aufzuzeigen, muss ich weit ausholen. Der Konflikt mit der *Schari'a* existiert in der islamischen Welt selbst; liberale Muslime argumentieren gegen die Geltung der *Schari'a.* Der einflussreiche ägyptische Fundamentalisten-Scheich Mohammed al-Ghazali hat in einem 1984 in Kairo erschienenen Buch über Menschenrechte sich zwar menschenrechtsfreundlich gezeigt und dabei dem Westen vorgeworfen, dieser habe die Menschenrechtsidee aus dem Koran »gestohlen«, um sie dann in einer »verfälschten säkularen Form als eine originelle westliche Schöpfung« zu präsentieren.[37] Doch derselbe selbsternannte »Menschenrechtsscheich« hatte 1993 in einer *Fetwa (Fetwa* bedeutet islamisches Rechtsgutachten, nicht Todesurteil) vor dem ägyptischen Gericht für Staatssicherheit den Mord an dem ägyptischen Schriftsteller und liberalen Muslim Faradj Fuda als legitim gerechtfertigt.[38] Dennoch war derselbe Scheich, der für den Mord an vorgeblichen Apostaten eintritt, der Dialogpartner von Hans Küng beim Weltethos-Projekt.[39] Ghazali stützte sich bei seinem Rechtsgutachten auf seine höchstselbst geprägte Rechtsnorm: »Im Islam darf die Tötung eines vom Glauben Abgefallenen strafrechtlich nicht verfolgt werden« (vgl. Anm. 38). Ein Abfall vom Glauben liegt nach Meinung seiner *Fetwa* dann vor, »wenn ein Muslim für die Aussetzung der *Schari'a* eintritt« (ebd.). Ghazali sieht in dieser Einstellung keinen Widerspruch zu seinem Einsatz für die »islamischen Menschenrechte«. Bei dieser unterschiedlichen Deutung der Menschenrechte kommt der Wertekonflikt zum Ausdruck. Soll dieses Werteverständnis auch für die Gegner der *Schari'a* in der europäischen Islam-Diaspora gelten? Ist das mit der politischen Kultur des religiösen und kulturellen Pluralismus vereinbar?

Mehrfach habe ich in diesem Buch gezeigt, dass Menschen aus unterschiedlichen Religionen und Kulturen ein unterschiedliches Werteverständnis haben. So verstehen Muslime unter Menschenrechten etwas anderes als Europäer.[40] Obwohl es Unterschiede zwischen Muslimen und Europäern gibt, existiert weder eine einheitliche Doktrin noch »der Islam« als einheitlicher Monolith in der gesellschaftlichen Realität. Hier besteht Anlass zu fragen: Welcher Islam für Europa? Euro-Islam oder Islamismus? Wir haben uns auf der Basis realer Vielfalt jedoch mit einer Verpflichtung zu einem Wertekonsens zu einigen.

Wo sind die Grenzen des Pluralismus? Es gibt islamische Autoren, die sogar von einem islamischen Pluralismus sprechen.[41] Als die islamische Zivilisation weltweit die am weitesten entwickelte war, konnten große islamische Rationalisten den Menschen als ein vernunftbegabtes Wesen bestimmen und waren so in der Lage, ebenfalls das Primat der Vernunft anzuerkennen[42], das eine philosophische Grundlage für den Pluralismus bietet. Dagegen hat die islamische Orthodoxie, die jede Priorität der Vernunft als *Kufr*/Unglauben verdammt, Pluralität verfemt und sich einem monolithischem Verständnis vom Islam verschrieben. Als Vorbilder für die Islam-Diaspora sollten nicht die militanten Islamisten, sondern die islamischen Rechtsreformer herangezogen werden, die sich, wie zum Beispiel der Sudanese Abdullahi Ahmed An-Na'im, auf den aufklärerischen, nicht auf den orthodoxen Islam berufen.

Die vorangegangenen Ausführungen enthalten sowohl einen religiösgegenwartsbezogenen (Ghazalis *Fetwa)* als auch einen historischen Hintergrund (Konflikt zwischen Orthodoxie – Rationalismus im Islam). Jene arabischen Muslime, die in der Arabischen Organisation für Menschenrechte, zu deren Mitbegründern ich im November 1983 gehörte, wirken, sind sich dessen bewusst. In den Veröffentlichungen des Islam-Reformers und Menschenrechtsaktivisten Abdullahi An-Na'im, an denen ich mitgewirkt habe[43], haben wir beide als Reform-Muslime eingeräumt, dass es Spannungen zwischen einflussreichen Islam-Auslegungen und dem gültigen Verständnis von Menschenrechten gibt. Für Islamisten sind diese Spannungen ohne Bedeutung. Eine einheitliche und zugleich autoritative islamische Position in Bezug auf die Menschenrechte existiert jedoch nicht; die als islamische Deklaration für Menschenrechte bekannte Verkündung enthält viele Verletzungen dieser Rechte.[44] In Bezug auf Differenzierungen möchte ich drei Hauptströmungen innerhalb des Islam anführen:

Den Volks-Islam, den *Schari'a*-Islam und den Reform-Islam. Der Volks-Islam ist apolitisch und räumt gewisse Freiheiten ein, weil er flexibel und nicht dogmatisch schriftgläubig ist. Dennoch sind in ihm Volkssitten verwurzelt, die –wie zum Beispiel die Beschneidung der Frau – auf keinen Fall mit den allgemein gültigen Menschenrechtsstandards vereinbar sind. Dagegen steht der *Schari'a*-Islam eindeutig im Widerspruch zu den Menschenrechten.[45] Er wird gleichermaßen von orthodoxen Muslimen und Islamisten vertreten. Beide lehnen Glaubensfreiheit und Pluralismus ebenso wie andere Grundrechte ab. Wir sind damit konfrontiert, dass einerseits die *Ulema,* also die traditionellen islamischen Schriftgelehrten, andererseits die Fundamentalisten unter

Berufung auf ihn vereint versuchen, die Islam-Diaspora nach ihren Vorstellungen zu gestalten. Der wichtigste Unterschied zwischen beiden Gruppen besteht darin, dass die *Ulema* nicht für eine Gottesherrschaft eintreten wie die Anhänger des politischen Islam, die Islamisten. Aus taktischem Kalkül treten die in ihren Ländern verfolgten islamischen Fundamentalisten in ihrem europäischen Exil für Toleranz und Menschenrechte ein. Sie verstehen darunter aber allein ihr politisches Recht auf Aktionsfreiheit. Orthodoxe Muslime und Islamisten sind sich einig in der Ablehnung der Integration in eine pluralistische Gesellschaft mit säkularer Demokratie, weil beide darin eine maskierte Christianisierung der Islam-Diaspora sehen, deutlicher formuliert: »Eine Verschwörung der Kreuzzügler gegen den Islam.«

Vertreter der »islamischen Menschenrechte« unterscheiden eindeutig zwischen den Rechten der Muslime und denen der Nicht-Muslime. Letztere werden in zwei Kategorien unterteilt: die nicht-islamischen Monotheisten, die im Islam *»Ahl al-Kitab/*Leute des Buches« heißen, und die Nicht-Monotheisten. Christen und Juden gelten im Islam als Monotheisten und werden somit als Gläubige anerkannt; sie sind für die islamische Orthodoxie, nicht aber für die Fundamentalisten als Minderheit zu dulden. In der Diaspora sind die Muslime selbst die Minderheit. Die islamische *Schari'a* hat keine klare Antwort auf diesen Zustand.

Ist die Anwendung der *Schari'a* auf islamische Migranten die Lösung? Ein deutscher Orientalist hat dies vorgeschlagen, also islamisches Recht auf die Muslime anzuwenden. Das ist deshalb abzulehnen, weil Duldung im Islam nicht bedeutet, dass Minderheiten dieselben Rechte haben. Nun gelten Angehörige von Offenbarungsreligionen nach der islamischen Orthodoxie als geschützte Minderheiten und genießen begrenzte Rechte. Das ist eindeutig menschenrechtswidrig. Angehörige anderer Religionen außerhalb Judentum und Christentum haben gar keine Menschenrechte nach islamischem Recht.

Noch einmal: Im Islam pflegt man ein anderes Verständnis von Menschenrechten (vgl. Anm. 44). Bei den für die Muslime geltenden Rechten wird wiederum zwischen dem »Recht Allahs« und dem »Recht des Menschen« unterschieden. Die Rechte Allahs sind eigentlich Pflichten des Menschen gegenüber der *Umma,* das heißt der islamischen Gemeinschaft. Das Recht des Menschen bezieht sich nicht, wie im westlichen Verständnis, auf Garantieansprüche des einzelnen gegenüber Staat und Gesellschaft. Vielmehr definiert es das Verhältnis der Muslime untereinander nach dem Prinzip, dass Gleiches mit Gleichem (zum Beispiel »Auge um Auge ...« Koran 5/45) vergolten wird: Wer tötet, verletzt das Recht des Menschen – und darf nach dem zitierten Prinzip getötet werden. Welche Instanz vollzieht das? Das Wort »Staat« kommt kein einziges Mal im Koran vor. Ist die *Umma* oder der Betroffene der Vollzieher, oder die Parallelgesellschaft der Diaspora?

Die Reform-Muslime versuchen nun durch eine offene Deutung des Islam, die Menschenrechte, definiert im Sinne der UN-Deklaration, mit dem Islam in Einklang zu bringen: Menschenrechte als Berechtigung des Individuums gegenüber Staat und Gesellschaft – dieses Verständnis steht in krassem Widerspruch zur *Schari'a.* Dies schreibt auch der sudanesische Islam-Reformer An-Na'im, der nach der Entlassung aus sudanesischer politischer Haft heute an der Emory Universität in Atlanta/USA lehrt. So räumt er ein, dass die *Schari'a* im Widerspruch zur Gleichstellung von Mann und Frau sowie zur Gleichstellung von Muslimen und Nicht-Muslimen steht, und plädiert für Suspension (vgl. Anm. 43). Bereits mit dieser Feststellung setzt er sich der Gefahr aus, Opfer eines Mordes auf der Basis der zitierten *Fetwa* des islamistischen »Menschenrechtsscheichs« Ghazali (vgl. Anm. 38) zu werden. Denn An-Na'im tritt dafür ein, jene *Schari'a*-Vorschriften außer Kraft zu setzen, die im Widerspruch zu den individuellen Menschenrechten stehen. Angesichts der Tatsache, dass die *Schari'a* postkoranisch ist, handelt es sich schließlich bei diesen Vorschriften um menschliche und nicht, wie Islamisten behaupten, um göttliche Rechtsnormen. Ein anderer Islam-Reformer, der ägyptische Jurist und ehemalige Präsident des ägyptischen Gerichts für Staatssicherheit, Mohammed Said al-Aschmawi, stellt darüber hinaus fest: Das Wort *Schari'a* kommt nur ein einziges Mal im Koran vor, und zieht daraus die Konsequenz, dass die *Schari'a* von Menschen konstruiert worden ist.[46]

Der Reformer al-Aschmawi hat recht, denn rechtshistorisch gesehen haben orthodoxe Muslime erst ein Jahrhundert nach Abschluss der islamischen Offenbarung ein Rechtssystem konstruiert, das sie – obwohl es von Menschen entworfen wurde – »göttlich« nennen. Mit anderen Worten: Das islamische Recht beruht auf einer menschlichen Interpretation der göttlichen Offenbarung und ist mit dieser nicht zu verwechseln. Kurz: Sowohl aus der Perspektive der Identität Europas als auch der Integration der Muslime und in Betrachtung des Islam selbst sollte die *Schari'a* als Rechtsnorm der Islam-Diaspora nicht zugelassen werden.

Man tut dies aber, wenn man die islamischen Migranten den Islamisten überlässt. Orthodoxe Muslime und Islamisten fordern die *Schari'a* als Zivilrecht, und sie können auf Indien als Modell schauen, wo der islamischen Minderheit dieses Recht eingeräumt wurde.[47]

Die islamischen Fundamentalisten unserer Zeit gehen noch einen Schritt über die Position orthodoxer Muslime hinaus. Sie erheben die traditionelle *Schari'a,* die ursprünglich nur ein Instrument für die zivilrechtliche Regelung von Ehe-, Familien- und Erbangelegenheiten war, zum politischen Staatsrecht. Damit wollen sie die Legitimität einer göttlichen Staatsordnung begründen, die sie *Hakimiyyat Allah*/Gottesherrschaft nennen. Andersdenkende Muslime und Angehörige anderer Glaubensrichtungen haben darin keinen Platz. Wie soll dieses Projekt in der Diaspora bei einem Fortbestehen von Demokratie und Menschenrechten umgesetzt werden? Islamisten sind Gradualisten, keine Maximalisten; sie wollen Europa stufenweise islamisieren. Ihr erster Schritt ist es, die Islam-Diaspora selbst zu erobern. Lassen die Europäer sie im Namen der Toleranz gewähren?

In Europa leben derzeit etwa 15 Millionen Muslime als Migranten; binnen weniger Jahrzehnte wird ihre Zahl auf etwa 40 Millionen ansteigen. Die Verteufelung dieser Bevölkerungsgruppe wäre – abgesehen vom humanistischen Aspekt – nicht weniger gefährlich für den inneren Frieden, als diese Diaspora dem militanten Islamismus zu überlassen. Es gibt einen Ausweg aus diesem Dilemma, und die Lösung heißt Euro-Islam. Es gilt, ein Verständnis vom Islam zu begründen, das mit den europäischen Verfassungen und der UN-Menschenrechtsdeklaration in Einklang steht. Die Islamisten haben eine andere Vision; ich habe sie im vorangegangenen Kapitel enthüllt: *Hidjra* als Mittel der langfristigen Islamisierung Europas.

Konklusion und Zukunftsperspektiven

Migranten sind Menschen und nicht bloße Arbeitskräfte oder Lebewesen zum Schließen der demografischen Lücken in Westeuropa. Menschen gehören in der Regel Religionen und lokalen Kulturen an, und hierin besteht ein Problem für die Gesellschaften, die durch Migration religiös und kulturell sowie ethnisch vielfältig werden. Es gehört zu den Grundrechten, die eigene Religion auszuüben, es ist aber nicht Bestandteil dieses Rechts, sich auf ein Wahrheitsmonopol zu berufen und sich in diesem Rahmen anderen überlegen zu fühlen. Deshalb hat der Islam in einer pluralistischen Gesellschaft seine Grenzen. Innerer Friede erfordert einen religiösen Pluralismus und Toleranz; und nur ein Reform-Islam, also weder Orthodoxie noch Islamismus, kann einen Rahmen hierfür bieten.

Aber weder Toleranz noch religiöser Pluralismus sind in einem System denkbar, das Religion und Politik nicht trennt. Hier sind inhaltlich keine Kompromisse möglich. Diese Annahme bildete den Ausgang dieses Kapitels, in dem ich für die Versöhnung von säkularer Vernunft und religiösem Glauben plädiere. Streit und Differenz gehören zur Demokratie. Konflikte, die sowohl friedlich als auch demokratisch ausgetragen werden sollen, setzen das Vorhandensein eines Konsenses über Spielregeln und somit Normen und Werte voraus. Demokratische Konsensbildung entsteht im Rahmen von Disput, bei dem alle beteiligten Parteien kompromissfähig sein müssen. Es gehört zum Wesen der Religion, dass ihre Vorschriften ohne Reflexion geglaubt und nicht darüber verhandelt wird. Dies macht deutlich, dass politische, nicht aber religiöse Kompromisse möglich sind; aber Religion existiert, und wir können sie nicht entfernen. Dies war der Ausgangspunkt meiner Überlegungen. Als Ausweg aus diesem Dilemma biete ich die Trennung zwischen Religion und Politik im Rahmen der Versöhnung von religiösem Glauben und säkularer Vernunft. Besonders seit dem 11. September müssen wir im Westen auf dieser Grundlage des religiösen und kulturellen Pluralismus als Lebensform in einer säkularen Zivilgesellschaft bestehen. Wenn bestimmte Deutsche einen Euro-Islam, der dies bejaht, nicht wollen, müssen sie folgerichtig ja zur Orthodoxie und zum Islamismus sagen und schließlich die Identität Europas verleugnen, indem sie im Namen der religiösen Toleranz einen Taliban/Bin Laden-Islam zulassen.

KAPITEL 8

Nicht nur Deutsche, auch Muslime müssen sich verändern: Europäische Leitkultur und Integration für muslimische Migranten als Perspektive nach dem 11. September 2001

Die Tatsache, dass ein Teil der neunzehn Terroristen von New York und Washington aus Hamburg kam, sowie die Erkenntnis, dass die Bin Laden-Connection auch in Deutschland ihre Logistik hat, geben Anlass zur Wiederaufnahme der Leitkulturdebatte. Ich behaupte: Integration ist ohne Leitkultur nicht möglich. Worum geht es? Im Oktober hat der CDU-Fraktionsvorsitzende im Bundestag, Friedrich Merz, mit Bezug auf die Notwendigkeit der Integration der in Deutschland lebenden Fremden, zu denen auch dieser Autor gehört, argumentiert, dass diese eine »deutsche Leitkultur« zu akzeptieren hätten. Dies klang sehr autoritär wie eine Forderung mit erhobenem Zeigefinger nach deutscher Art und löste einen Aufschrei in der medialen Öffentlichkeit aus. Mediale Meinungsmacher, die sich wiederum auf ihre deutsche Art für »Demokraten« halten, nutzten den autoritären Stil von Merz, um die Diskussion in »ihre« Bahn zu lenken und jedes Konzept einer Leitkultur zu diskreditieren. Als Opfer dieser Diskussion sah ich mich sowohl Angriffen von der von diesen Meinungsmachern beherrschten medialen Öffentlichkeit ausgesetzt wie von seiten dessen, was man in Deutschland verächtlich Stammtisch nennt.

Begleitet von übelsten Verfemungen (so auch *Die Zeit)* fand die Leitkulturdebatte in einem »hysterischen« Klima statt, wie der Chefredakteur des *Tagesspiegel,* Giovanni di Lorenzo, sie auf der Kölner Medienmesse im *Euro-News-Panel* sehr zutreffend charakterisierte. Erstaunlich ist, dass die Debatte um die Leitkultur in den deutschen Medien, die fast ausschließlich kurzlebige Sensationsberichterstattung betreiben, immerhin von Oktober 2000 bis Frühjahr 2001 geführt, dann jedoch abrupt beendet wurde.

Die Leitkulturdebatte »revisited«: Nach dem 11. September 2001

Der deutsch-jüdische Schriftsteller Ralph Giordano, der das Dritte Reich und seine NS-Verbrechen in Hamburg erlebte und daher weiß, wovon er spricht, nannte die deutsche Leitkulturdebatte eine »Querelle allemand ... im Sinne von deutschem Stunk«[1] und fügte klärend hinzu:

> »Dabei hat das Thema deutsche Leitkultur ... wahrlich Besseres verdient ... Bei der Geschichte der Deutschen, wie sie abgelaufen ist, kann ›Identität‹ nur erlitten und erkämpft werden. Mein Schluss aus diesem lebenslangen Konflikt lautet ...: Überlassen wir Deutschland nicht wieder, nicht noch einmal, seinen potentiellen Verderbern, sondern beschützen, beschirmen und verteidigen wir diese demokratische Republik! Fest in Europa eingebettet« (ebd.).

Als Schöpfer des Begriffs Leitkultur, in dessen Rahmen ich eine gesellschaftspolitische Strategie zur Integration der Migranten entwerfe, finde ich mich in den Worten von Ralph Giordano wieder. Im Lichte des 11. Septembers gelten seine Worte nicht nur der Diaspora der Migranten. Islamisten gehören zu den Rechtsradikalen und Gegnern der Demokratie. Der Inhalt des –von mir mit »europäisch«, nicht »deutsch« apostrophierten – in meinem Europa-Buch entwickelten Konzepts von Leitkultur für die Integration der Migranten bezieht sich auf einen Wertekonsens, in dem die zivilisatorische Identität Europas auch in Deutschland bewahrt wird. Den durch die NS-Verbrechen in ihrer Identität belasteten ethnischen Deutschen sowie den Migranten als Wahldeutschen würde eine europäische Leitkultur eine gemeinsame Identität geben; ohne diese Identität gibt es keine Integration. Eine solche Identität ist nicht mehr ethnisch im Sinne von deutsch-national, sondern demokratisch an europäischen Werten orientiert, zu deren Bildung große Deutsche wie Immanuel Kant beigetragen haben. Mit anderen Worten: Ich will »deutsch« nicht mehr ethnisch, sondern in der Bedeutung von »Werten« eines Gemeinwesens europäisch sehen. Diese Werte des Gemeinwesens sind in den ersten zwanzig Artikeln des Grundgesetzes festgeschrieben. In diesem Zusammenhang stellt sich die Frage neu: »Was ist deutsch?« Eben diese Frage möchte ich im Folgenden vor der kritischen Rekonstruktion der Leitkulturdebatte näher erörtern.

Zuvor nur noch diese Bemerkung: Die Gegner der Leitkulturdebatte, die meine Arbeit, unter anderem in *Die Zeit, Süddeutsche Zeitung* und

Stern, in einer primitiv-propagandistischen Weise verfemten, argumentierten, die Kenntnis der deutschen Sprache und ein deutscher Pass reichten für eine Integration aus. Werden diese Kritiker auch nach dem 11. September auf diese Weise argumentieren können? Die Terroristen, die aus Hamburg kamen, sprachen Deutsch; ihre Hintermänner hatten deutsche Pässe!

Was ist deutsche Kultur?

Wenn man von »Kultur« redet, muss man zuvor klarstellen, wovon man redet. Kultur ist immer auf einen spezifischen Zeitraum bezogen. Als Adorno zum Beispiel im Jahre 1965 die Frage nach der deutschen Kultur stellte, war die Welt und die Diskussion über diesen Gegenstand noch eine andere. In jenem Jahr war Adorno zusammen mit Horkheimer bereits fünfzehn Jahre zurück in Deutschland[2], also in demselben Land, aus dem beide 1933 flüchten mussten, um ihr Leben zu retten. Nicht nur hatte das Land mit dem neuen Namen *Bundesrepublik Deutschland* sich außerordentlich geändert; es hatte auch offiziell eine neue politische Kultur bekommen, die primär europäisch war, nicht mehr vorrangig deutsch. Aber die neue demokratische Kultur wurde nicht vollständig oder nur langsam von der Bevölkerung verinnerlicht.[3] Mit Bezug auf die Demokratisierung Deutschlands wird von einem Prozess der Verwestlichung nach 1945 gesprochen. Hierbei hat Deutschland eine neue Identität bekommen, obgleich diese im westeuropäischen Rahmen zunächst sicherheitspolitisch definiert wurde. Westeuropa ist zivilisatorisch der Kern des Westens, und dieser war und ist der Bezugspunkt der neuen deutschen Identität, die auch Migranten als Bürgeridentität annehmen können. Aus diesem Grunde sollte der Akzent bei der westlichen Bestimmung Deutschlands auf dieser zivilisatorischen Ebene liegen. Es war dieses westliche Europa, für das einzutreten Horkheimer nach 1945 aufrief: Nach Horkheimer sollten Deutsche, die der neuen Identität verpflichtet sind, sich Europa gegenüber »kritisch verhalten und es dennoch bewundern – zu seinen Ideen stehen, sie gegen den Faschismus Hitlerscher, Stalinscher oder anderer Varianz verteidigen«[4].

Diese Worte Horkheimers ziehe ich in meinem Buch über Europa – worin ich den Begriff der Leitkultur entfalte – als Motto heran.[5] Mit dem Rückgriff auf diese Orientierung will ich begründen, warum ich Horkheimer jenes Buch widmete. Als Migrant füge ich zu den von Horkheimer angeführten Feinden der europäischen Zivilisation, also Faschismus und Stalinismus, vor denen er mit dem Zusatz »oder anderer Varianz« warnt, auch den islamischen Fundamentalismus[6] unter den Zuwanderern hinzu. Dies tat ich bereits im Jahre 1998. Damals argumentierte ich: Im Namen multikultureller Toleranz darf diese neo-totalitäre Ideologie, die die zivilisatorische Identität Europas in Frage stellt, nicht in der Islam-Diaspora zugelassen werden. Die Unterscheidung zwischen Demokraten und Feinden der Freiheit unter Deutschen gilt ebenso für die Migranten. Nach dem 11. September 2001 können nur noch deutsche Selbsthasser und Betonköpfe die Richtigkeit dieser Sätze bestreiten.

Trotz der im Jahre 1950 noch offenen Wunden in Bezug auf die NS-Verbrechen kehrten Horkheimer und Adorno nach Deutschland zurück, weil dieses Land, nun jedoch mit westeuropäischer Identität, auf beide mehr Anziehung als die kulturell anders und dennoch zivilisatorisch zum Westen gehörigen USA ausübte; für andere Mitstreiter der Frankfurter Schule, so etwa für Herbert Marcuse, war Deutschland nach Hitler für Juden nicht mehr bewohnbar. Das sagte Marcuse uns Studenten während eines Gastvortrags in Frankfurt. Horkheimer dagegen wollte Deutschland eine Chance geben. Amerika war für ihn und für Adorno nur ein Refugium vor dem NS-Terror, aber keine Heimat, wie es Europa zivilisatorisch für ihn war. Deutschland war aber für einen Juden wie Horkheimer und kann heute für einen orientalischen Einwanderer aus Damaskus, wie meine Person, nur als ein Land mit westeuropäischer politischer Kultur und entsprechender wertebezogener Identität eine Heimat sein. Wenn Deutschland nicht europäisch, sondern deutsch im ethnischen Sinne definiert wird, bleibt der *Andere,* gleich ob dieser Jude ist oder muslimischer Migrant, ausgeschlossen. Dann hätten wir Grund, Angst zu haben und auszuwandern. Deutschland lieben heißt daher für Juden wie Muslime, ein in die westeuropäische Tradition der Aufklärung und Freiheit integriertes Land mit westlicher Verfassung zu schätzen. Davon spricht der jüdische Schriftsteller Giordano mit dem »altmodischen Ausdruck – unser Vaterland – wir haben kein anderes«[7]. Ähnliche Inhalte habe ich als ein syrischer Muslim aus Damaskus von Horkheimer gelernt, der – wie Giordano – den Faschismus am eigenen Leib erlitten hat.

Der Versuch, die deutsche Identität von den NS-Verbrechen abzukoppeln, um den Migranten zu ermöglichen, sich mit Deutschland zu identifizieren, zwingt dazu, immer wieder die Fragen zu stellen: Was ist deutsch? Was ist deutsche Kultur? Auf der EXPO in Hannover trat ich neben dem nach den Botschafterjahren in Bonn heute als Vizepräsident der Uni Tel Aviv amtierenden Avi Primor auf, der auf die Dreyfus-Affäre zu sprechen kam; trotz der mit der Affäre verbundenen Schande hatte Avi Primor doch Lob für Frankreich, da Juden, wie Dreyfus, dort zu Offizieren der Landesarmee aufsteigen und somit in die französische Kultur einbezogen werden konnten; im damaligen Deutschland, sagte Primor, hätte ein Jude nie preußischer Offizier werden und zur deutschen Kultur gehören können. Leider ging Avi Primor nicht darauf ein, dass heute in Israel, wie damals in Preußen, ein Palästinenser mit israelischer Staatsangehörigkeit, das heißt ein Angehöriger der größten nichtjüdischen Minderheit, auch kein Offizier werden kann. Trotz dieses Nebenvermerks stimme ich Primor zu beim Thema Deutschland. »Deutsch sein« beschrieb vor 1945 eine völkische Exklusivität. Damit wurde auch schon lange vor dem NS-Regime die Zugehörigkeit zur Volksgemeinschaft bestimmt. So konnte selbst die christliche Taufe einer jüdisch-deutschen Größe wie Heinrich Heine nicht dazu verhelfen, die angestrebte Anerkennung und die damit verbundene Zugehörigkeit zu erlangen. Heute würde man unter den veränderten Bedingungen eher von Integration sprechen. Bleiben wir bei Heine: Zu Recht sagte Marcel Reich-Ranicki einmal in einer TV-Sendung: »Im 19. Jahrhundert konnten in Deutschland nur wenige Menschen so ein Deutsch wie Heinrich Heine aufsetzen.« Dennoch galt er nicht als Deutscher! Warum? Die Antwort ist der Hinweis auf die exklusiv-ethnische Bestimmung der Deutschen.

Nach dem Bezug auf Adornos Denken im Jahre 1965 über Deutschland mit seiner neuen westlichen, nicht mehr exklusivethnischen Identität, möchte ich bei der Erörterung der anstehenden Frage »Was ist deutsch?« einen Sprung zu der Wirkung meines Buches über Europa machen und dies im Lichte des 11. Septembers und der daraus deutlich gewordenen Notwendigkeit der Integration muslimischer Zuwanderer vergegenwärtigen. Als Ausländer mit deutscher Staatsangehörigkeit habe ich in jenem Buch den Begriff Leitkultur in die deutsche Sprache eingeführt; das war 1998, also drei Jahrzehnte nach 1965. Als Adorno damals im jungen *Deutschlandfunk* fragte: »Was ist deutsch?«, war Deutschland bereits ein europäisches Land geworden, aber bis zum Erscheinen meines Buches 1998 war eine weitere Veränderung hinzugekommen; sie betrifft die Zusammensetzung der Wohnbevölkerung Deutschlands. Etwa zehn Millionen Migranten aller komplexen deutschen Rechtskategorien leben inzwischen hier. Unter ihnen befinden sich viele wie ich, die Deutsch wie die Einheimischen sprechen, ja sogar auf Deutsch träumen, wenngleich sie ethnisch keine Deutschen sind und deshalb nicht als solche gelten. Ist das ein Beweis dafür, dass Deutsche immer noch ethnisch denken?[8] Als Angehöriger der nicht-ethnisch deutschen Wohnbevölkerung werde ich unverändert und trotz deutscher Promotion, deutscher Habilitation und Lehrtätigkeit in deutscher Sprache an einer deutschen Universität seit einem Vierteljahrhundert, ja selbst nach der Einbürgening als »Syrer mit einem deutschen Pass« angesprochen.[9]

Gestützt auf meine Lebenserfahrung in Deutschland behaupte ich: Der Begriff »deutsch« bleibt trotz aller Demokratisierung weiterhin ethnisch beladen; ich spreche von ethnisch, um nicht das grässliche, mit negativen Assoziationen verbundene Wort »völkisch« zu verwenden. Deutsch ist man durch ethnische Herkunft und von Geburt her, oder man ist es nicht; daraus folgt: Deutsch ist man, man kann es nicht werden. So werde ich regelmäßig in Briefen von ethnischen Deutschen belehrt, wenn ich zuvor öffentlich als ein »Deutscher« aufgetreten bin. Nach der ethnischen Bestimmung ist ein als »Spätaussiedler« eingestufter Mensch aus Kasachstan, der kein Deutsch spricht, dennoch ein Deutscher, wenn er mit Papieren eine ethnisch – sagen wir es offen: blutsmäßige – deutsche Herkunft nachweist. Dagegen gelten ein Türke und eine Türkin, die hier geboren wurden, von Türken in der Türkei als »*Alemanci*« verunglimpft werden und Deutsch besser als Türkisch sprechen, trotz allem noch als Ausländer, bestenfalls »mit einem deutschen Pass«. Nun hat sich Deutschland im Jahre 2000 per Gesetz von der ethnischen Bestimmung der Nation durch ein neues Staatsangehörigkeitsgesetz verabschiedet; doch die an der ethnischen Bestimmung des Menschen festhaltende politische Kultur ist in vollem Umfang vorhanden, und niemand kann mir weismachen, dass dies nicht der Fall ist. Es ist typisch für deutsche Politiker, die Illusion zu haben, man könne die Realität durch Verordnungen ändern. Das hat Tradition in der deutschen Geschichte. Nach vier Jahrzehnten meines Lebens unter Deutschen glaube ich, hierin eine Eigenart der Deutschen zu sehen, Begriffe und Rechtsnormen mit der Realität zu verwechseln, ja, sie auch mit ihr gleichzusetzen.

Als ich mein Europa-Buch über Formen des Zusammenlebens von Deutschen und Einwanderern aus nicht-europäischen Kulturen mit dem Titel *Europa ohne Identität?* schrieb und hierbei mein Konzept von Leitkultur entwickelte, dachte ich an diese Zusammenhänge in Bezug auf die

Frage: »Was ist deutsch?« Deshalb schrieb ich gleich zu Beginn jenes Buches, meinen Standort bestimmend:

> »Die Einordnung Deutschlands in Europa gehört *stets* zu meiner Perspektive, weil ich als Migrant mit allem Nachdruck eine europäische und keine deutsche Identität anstrebe. Ich identifiziere mich mit der jungen Demokratie des nach Westen orientierten Deutschlands als ein Muster einer europäischen Identität für dieses Land.«[10]

Daraus folgt: Die für Deutschland benötigte Leitkultur, für die ich als kulturell Brücken schlagender Migrant eintrete, ist europäisch und nur im Sinne von »fest in Europa eingebettet« (Giordano) deutsch. Die Aussage ist überdeutlich: Auf der Grundlage der historischen Bewältigung der Vergangenheit muss die Antwort auf die Frage »Was ist deutsch?« klar lauten: okzidental-europäisch. Und die hierauf bezogene Identität gilt es, den muslimischen Zuwanderern als Bürgeridentität verbindlich anzubieten. Geschieht dies nicht, dann dürfen die Deutschen sich nicht wundern, wenn Teile dieser Migranten von fundamentalistischen Organisationen, wie dem »Internationalen Islamischen Kampfbund gegen Juden und Kreuzritter«, der nach Erkenntnissen des Bundeskriminalamtes (Terrorismus-Konferenz, November 2001, Referat des BKA-Präsidenten) auch in Deutschland beheimatet ist, rekrutiert werden können.

Als mein semitischer Mitstreiter für ein demokratisches Deutschland, in dem Juden und Fremde in Deutschland zum Gemeinwesen gehören, Paul Spiegel, gegen das Konzept von deutscher Leitkultur polemisierte, schrieb ich ihm persönlich parallel zu der Versendung meines Europa-Buches: »Lieber Paul Spiegel, ich spreche von europäischer, nicht von deutscher Leitkultur. Sie werden mit mir darin übereinstimmen, dass die NS-Verbrechen nicht geschehen wären, wenn es in Deutschland im Jahre 1933 eine ›europäische Leitkultur‹ gegeben hätte. Hitler wäre nach okzidental-europäischen Normen und Werten einfach undenkbar. Deshalb ist eine europäische Leitkultur ein Schutz für uns, gleich ob Jude oder Fremder, vor deutschen Sonderwegen in Europa.« Um es klarzustellen: Eine europäische Leitkultur für Deutschland ist auch ein Schutz für Deutsche vor sich selbst. Ohne eine solche europäische Leitkultur wären Juden und Migranten in Deutschland existentiell bedroht! Es gehört zu den Einsichten aus den Entwicklungen nach dem 11. September, dass diese europäische Leitkultur auch ein Schutz für die deutsche Demokratie und ihrer muslimischen Migranten vor Organisationen wie dem angeführten »Internationalen Islamischen Kampfbund gegen Juden und Kreuzritter« ist. Solche Verbände sind nicht zu tolerieren. Eine europäische Leitkultur zeigt, dass sie ebenso gefährlich wie Neonazi-Kampfbünde sind.

Von Sonderwegen zur Normalität ohne Weltfrömmigkeit

Im Gegensatz zu ihren europäischen Nachbarn haben die Deutschen ihre Sonderwege beschritten und haben deshalb auch stets viele Probleme mit ihrer eigenen Geschichte zu bewältigen, wenn sie sie in einen europäischen Kontext stellen. Ich bin aufgrund meiner Vertrautheit mit Deutschland fest der Auffassung, dass die immer noch bestehende Tradition nicht alleine auf die Partikularität der NS-Verbrechen von 1933 bis 1945 zurückgeht; ihre Wurzeln reichen weit zurück bis in das 19. Jahrhundert.[11] Bei dem Versuch, die deutsche Geschichte besser zu verstehen, war mir ein großer Deutscher, der nach 1933 in die Migration ging, aber nach 1945 zurückkehrte, Helmuth Plessner, eine große Hilfe. Plessner fasste diese Probleme im Titel seines zum Klassiker gewordenen Buches »Die verspätete Nation«[12] zusammen.

Wenn behauptet wird, dass »Sonderwege« deutsch sind, müssen wir erneut fragen: »Was ist deutsch?« Bei der Suche nach einer Antwort ist darüber nachzudenken, welche Eigenarten zum Deutsch-Sein gehören. Plessner zählt darunter die Neigung der Deutschen zu einer »weltfrommen« Wahrnehmung, bei der sie es nicht verstehen und es ihnen auch nicht gelingt, »in Dingen des öffentlichen Lebens ein rechtes Maß zu finden«. Auf diese Weise verfielen die Deutschen – weiterhin nach Plessner – »immer wieder dem Zauber der Extreme«[13]. Das gilt gleichermaßen für Positives und Negatives bei der deutschen Weitsicht. So gibt es – ich bitte um Verzeihung für die Verwendung des Begriffs – den »schmierigen Gutmenschen«, der alle Probleme der Menschheit mit einer rührenden Naivität zu lösen wähnt. Das ist das scheinbar positive Extrem. Dann gibt es das andere Extrem des deutschen Machtmenschen, der nur Abscheu und Angst hervorruft. Doch beide, der »schmierige Gutmensch« und die »autoritäre Persönlichkeit« des beängstigenden Menschenverachters sind nur Gegenextreme, und sie gehören nicht zur Normalität. Diese erfordert, die Sonderwege zu überwinden, die mit bei den Extremen verbunden sind. Der westlich geführte internationale Gegen-Krieg seit dem 7. Oktober 2001 als Antwort auf die Herausforderung des

Terrorismus bot den Deutschen die Chance, sich in eine Weltgemeinschaft der Normalität einzuordnen. Und was geschah?

Zur Normalität gehört, sich nicht die Wahl aufzuzwingen: Der Deutsche als Nazi-Vollstrecker als das eine Extrem und der Gutmensch, mit dem man alles machen kann, als das Gegenextrem. Neben dem Studium bei Horkheimer bot Plessners Werk für mich, einem in Deutschland lebenden Fremden, die Inspiration, mein Buch *Europa ohne Identität?* zu schreiben. Darin argumentiere ich: Einwanderer sind eine Chance für die Deutschen, bei der Entfaltung einer neuen Identität doch eine Normalität herzustellen. Mit den angeführten Extremen ist ein Zusammenleben zwischen Deutschen und Einwanderern nicht möglich. Auch können Deutsche mit diesen Extremen keine »normalen Europäer« werden.

In dem Teil jenes Buches über Europa, in dem ich unter Annahme fehlender Normalität von Deutschland als einem »Tollhaus« spreche, gehe ich auf die soeben angesprochenen Extreme bei den Deutschen vor allem in Bezug auf die eigene Identität ein. So herrscht ein Pendeln zwischen der deutschen Exklusivität einer Kulturnation-Arroganz und nihilistischer Selbstverleugnung vor. In diesem Rahmen zeige ich, dass die kritisierte Neigung der Deutschen zu Extremen entweder – so früher – die Form eines »Am deutschen Wesen soll die Welt genesen« oder, wie gegenwärtig des »Es gibt keine deutsche Identität«[14] annimmt. Dieselben Deutschen, die ihre Identität bestreiten, treten mit dem Anspruch auf, die Verteidigung der Identität der Migranten als Menschenrecht zu ihrer Angelegenheit machen zu müssen. Bei den islamischen Zuwanderern wird dabei in Gutmensch-Mentalität nicht zwischen Muslimen und totalitären Islamisten unterschieden. Dies zu tun wäre politisch inkorrekt. Dieselben Deutschen räumen sich selbst aber kein vergleichbares Recht auf Bewahrung ihrer Identität ein. Hier haben wir es wieder mit Extremen zu tun, die das Fehlen von Normalität anzeigen: von der deutschen Arroganz zur Selbstverleugnung. Wie es funktionieren soll, dass Migranten Identität als Grundrecht eingeräumt wird, während die Deutschen sich dies versagen, weiß ich nicht. Bei der Diskussion um eine Leitkultur lassen sich alle Züge der beschriebenen deutschen Mentalität wiederfinden, die ich während der Debatte in einem Artikel mit der Überschrift »Die neurotische Nation«[15] beschrieb. Der Artikel fand große Zustimmung von wohl demokratischen und gleichermaßen normalen Deutschen, denen jedoch unter dem Druck der Medienherrschaft die Zivilcourage fehlte, die Zustimmung öffentlich zu äußern.

Die Frage »Was ist deutsch?« in der Spannung zwischen Sonderwegen und Normalität bezieht sich auf die Identitätsproblematik. Zur Normalität gehört, dass jede Nation eine vielschichtige kulturelle Identität besitzt. Auch jeder einzelne Mensch hat eine individuelle Identität, die krank oder geschädigt sein kann, aber immer vorhanden ist. Analog zu dieser personalen Identität haben Gemeinschaften und Gemeinwesen ihre jeweils kollektiven Identitäten, wenngleich auf mehreren Stufen und in unterschiedlichen Formen. In diesem Sinne haben die Deutschen wie alle anderen Gemeinwesen dieser Welt Werte und Normen. Die ideologische Behauptung von Multikulturalisten, es gäbe eine solche Identität nicht, läuft auf eine Wertebeliebigkeit hinaus, die Raum für andere Kollektividentitäten öffnet, wie z.B. die des »Internationalen Islamischen Kampfbundes gegen Juden und Kreuzritter«. Ist das wünschenswert?

Die Franzosen, die wegen ihrer Revolution und der Tradition der Aufklärung die selbstbewusstere Nation in Europa sind, haben in einem bestimmten Sinne ihre Identität und Leitkultur, auch wenn hierfür in ihrer Sprache der Begriff fehlt. Aber jeder Frankreichkenner weiß, dass dort *laïcité* und *citoyenneté* eine für alle verbindliche Leitkultur sind. Den Franzosen deshalb den Autoritarismus einer Über-/Unterordnung zu unterstellen (so *Spiegel-* und *Stern*-Jargon über Leitkultur), wenn sie totalitäre Weltanschauungen wie den Islamismus nicht zulassen, ja vehement abweisen, wäre aberwitzig. Die Verbindlichkeit der säkularen Demokratie und die Maßgabe, dass Rassismus und Diskriminierung nicht zu dulden sind, sind bereits Maßstäbe und Werte, die auf eine Leitkultur hindeuten. Wie eben angeführt, gehört vor allem die *laïcité* (Trennung zwischen Religion und Politik und radikale Entfernung aller religiösen Symbole aus dem öffentlichen Leben) zur republikanischen Identität des Landes als Erbe der französischen Revolution. Dasselbe Land bietet mit der *citoyenneté* (die Bestimmung der Menschen als Bürger unabhängig von deren Herkunft und Religion) als einem Bestandteil der französischen Leitkultur eine Identität gleichermaßen für die Einwanderer und die Einheimischen.

Im Vergleich zu Frankreich kann ein Fremder in Deutschland[16] nicht deutsch werden, weil dies – wie ich in meinem Alltag erfahre – immer noch ethnisch bestimmt ist, zwar nicht mehr gesetzlich, aber doch gemäß der vorherrschenden Kultur. Polemisch formuliert wäre dies der Ausdruck einer deutschen Leitkultur. In Frankreich hingegen bezieht sich das Französisch-Sein auf *citoyen.* Ein Fremder kann *citoyen* per Wahlakt werden; das ist eine europäische Leitkultur. Genau dies ist der Grund dafür, weshalb ich von europäischer, also nicht-ethnischer, sondern auf Werte bezogener Leitkultur für Deutschland spreche. Dies wäre ein möglicher Weg für die Integration von Migranten; wenn wir dies erreichen, können wir die Bildung von Parallelgesellschaften verhindern. Nach dem 11. September 2001 wissen wir, dass diese als »Freiraum« für Terroristen dienten, die die Islam-Diaspora missbraucht haben. Alfred Grosser, der nach 1933 als deutscher Jude seine Frankfurter Heimat verließ und – wie er wiederholt betont – französischer *citoyen* geworden ist, meldete sich während der deutschen Debatte und verteidigte ebenso wie Ralph Giordano – die Leitkultur, hielt aber den Exponenten einer »deutschen« Leitkultur vor:

> »Nicht völkische, sondern auf das Prinzip der *citoyenneté* gestaltete Nation (gehört zu) den Wesenselementen der Leitkultur ... Die Toleranz, die Ablehnung jeder Ghettoisierung oder Selbstghettoisierung, die Erziehung zur Dazugehörigkeit und nicht die Abkapselung sowie die gleiche Würde (sind) den ›Neulingen‹ als Leitkultur nahezubringen: nicht der bekehrende, der anklagende Finger ist zu erheben. Es gilt, ihnen (den Migranten/B.T.) das Modell dieser Kultur wirklich vorzuleben ... Dies geschieht am wenigsten an Stammtischen oder ... mit Säbelgerassel.«[17]

Diese Voraussetzungen haben die deutschen Exponenten der Leitkultur nicht erfüllt und somit ebenso wie ihre deutschen Gegner der Sache geschadet. Vergleichbar mit Frankreich, dem Modell von Alfred Grosser, sind die USA ein Land, in dem die Identität des »*American citizen*« politisch und nicht ethnisch definiert wird. Ein Amerikaner kann ein weißer Protestant, ein Afro-Amerikaner, ein Hispanic oder ein Asiate sein, aber er ist doch stets ein *citizen.* Die Leitkultur, auf der diese Identität fußt, ist der *»American way of life«* sowie die Bejahung der »*American Constitution*«, womit sich jeder Migrant, so schreibt der hispanische Migrant Peter Salins[18], identifizieren kann. Die Reihe für die Verbindung von Leitkultur und Identität kann durch weitere Beispiele, gleich ob in Europa, Asien oder Afrika, beliebig fortgesetzt werden. Bei der Beantwortung der Frage, was deutsch ist, müssen wir uns stets diese Zusammensetzung vergegenwärtigen, um uns in die Lage zu versetzen, Wege aufzuzeigen, die die Deutschen von ihren Sonderwegen befreien.

Schluss mit der »neurotischen Nation«

Deutsche müssen ihr Leben normalisieren, wenn sie mit den Migranten auf der Grundlage eines verbindlichen Wertekonsenses friedlich zusammenleben wollen. Dies können sie nur dann erreichen, wenn sie aufhören, eine neurotische Nation zu sein. Ist eine demokratische Werteorientierung als europäische Leitkultur für ein Gemeinwesen nicht auch in Deutschland möglich? Das Selbstverständnis der Deutschen ist das Problem! Es ist nicht mehr zu übergehen, dass nun zehn Millionen Migranten an diesem Prozess zu beteiligen sind. Eine Werteorientierung, die eine Leitkultur bietet, ist als eine interkulturelle Brücke gefragt, und dies erfordert Normalität und den Abschied von Sonderwegen. Zur Normalität gehört, zwischen guten und schlechten Ausländern, Muslimen und Islamisten unterscheiden zu dürfen. Nach dem 11. September ist dies sogar eine demokratische Pflicht.

Aus den vorangegangenen Ausführungen geht hervor, dass die Deutschen im Jahr 2001 am Beginn des neuen Jahrhunderts nicht länger unter sich sind; das angesprochene Problem betrifft nicht nur die Nachbarn jenseits der Grenzen, sondern auch die Migranten als Fremde im eigenen Haus. Ich habe bereits die Tatsache angeführt, dass unter den Deutschen zur Zeit ungefähr zehn Millionen Nicht-Deutsche unterschiedlicher Rechtskategorien leben, die über unterschiedliche Wege ins Land zugewandert sind, obwohl es bisher kein Einwanderungsgesetz gibt. Diese Fremden, zu denen auch ich gehöre, sind deshalb keine »Gastarbeiter«, weil Gäste doch in der Regel nach einer Weile gehen. Menschen, die auf Dauer hier bleiben, sind keine »Gäste«. Die Türken, die erstmals in den sechziger Jahren nach Deutschland kamen, leben hier inzwischen in der dritten Generation. Deutschland gibt ihnen keine Identität, und deshalb bleiben sie Fremde, werden also nicht deutsch, auch dann nicht, wenn sie einen deutschen Pass bekommen. Ohne Identität kann es keine Integration geben. Eine »neurotische Nation« kann dies nicht bieten, daher der Bedarf nach Normalität.

Wenn parallel zu einem Pass keine entsprechende kulturelle Identität als Gefühl der Zugehörigkeit vermittelt wird, ist eine Integration – wohlgemerkt nicht Assimilation – nicht möglich. Zwei der Hintermänner der Terroristen vom 11. September besaßen deutsche Pässe, wollen aber gegen »Juden und Kreuzritter« *Djihad* führen. Ich habe bereits gezeigt, dass die Deutschen noch nicht einmal für sich selbst Klarheit in der Frage der Identität geschaffen haben. Angesichts dieser Erkenntnis fragt es sich, wie sie dann den Migranten eine solche Identität vermitteln können? Es gehört zur Normalität, dass eine Nation ihre Identität auf einer Wertegemeinschaft aufbaut. Wenn dies in Deutschland fehlt, dann kann dieses Land gefährlich für die europäischen Nachbarn und für die in Deutschland lebenden Fremden werden! Die Last ist nicht nur die Vergangenheit. Alfred Grosser betont: »Das deutsche Laster ist das Selbstmitleid.«[19] Das ist auf die Dauer ein besorgniserregender Zustand, der unerfreuliche Folgen im Kontext der Integration der Migranten haben könnte. Also: Der Aufruf »Schluss mit der neurotischen Nation« ist ein Aufruf zum inneren Frieden.

Zur Normalität gehört, dass demokratische Deutsche eine entsprechende Identität für sich bejahen und es nicht den Rechtsradikalen als den neuen »Verderbern« (Giordano) überlassen zu sagen, was deutsch ist. Erst wenn man »deutsch« neu, also nicht mehr ethnisch bestimmt, werden die Deutschen in der Lage sein, Fremde zu integrieren. Ich möchte die Situation mit einem Vergleich veranschaulichen: In den Jahren 1998 bis 2000 lebte und wirkte ich in den USA in Harvard und habe mich dort als ein Mitglied der Harvard-Community, zu der ich seit 1982 gehöre, und der amerikanischen Gesellschaft integriert. Die Folge war, dass ich mit den Menschen die dort bestehende Identität teilte. Aber in Deutschland, dem Land, in dem ich seit 1962 lebe, dem ich mein Wirken in deutscher Sprache widme und in dem ich seit 1976 den Bürgerstatus des »Gemeinwesens« durch Staatsbürgerschaft besitze, fühle ich mich in Göttingen sowie generell an der deutschen Universität, obwohl ich seit 1973 deutscher Professor bin, unverändert sehr fremd.[20] Der Grund hierfür ist: Ich werde nicht nur in der Institution, in der ich arbeite, inferiorisiert, auch wird mir die »Dazugehörigkeit«, die Alfred Grosser fordert, verweigert. Ich habe einmal laut im *Göttinger Tageblatt* vom 18. Juli 2001 geklagt, »wie ein Gastarbeiter niedrigster Stufe« (so die Überschrift) behandelt worden zu sein. Die Folge war statt Solidarität große Empörung über mich als jemanden, der den Ruf Göttingens in den Schmutz ziehe. Dabei habe ich stets zur internationalen Reputation dieser Universität beigetragen.

Meine vorläufige Schlussfolgerung ist: Solange Deutsche nicht zur Normalität finden, können sie die unter ihnen lebenden Migranten nicht integrieren. Diese nur an der Oberfläche identitätslose deutsche Gesellschaft bringt zum Beispiel islamische Parallelgesellschaften mit starken

Partikularidentitäten hervor. Es gibt Kräfte unter den Einwanderern – so die Islamisten –, die gegen die Integration sind und die diesen Zustand der deutschen Gesellschaft nutzen, um jede Integration zu blockieren. Der Grund ist einfach: Integrierte Muslime können vom Islamismus als totalitärer Ideologie nicht angezogen werden. Wenn der Islamismus Einfluss hat, dann ist der innere Friede gefährdet.

Nun, die zentrale Frage bleibt, ob es nicht doch eine europäische Leitkultur demokratischer Werte für Deutschland geben kann, die eine gemeinsame Identität für Deutsche und Einwanderer bietet. Es ist nicht mehr wie im Jahre 1965 nur Sache der deutschen Intellektuellen zu definieren, was deutsch ist. Heute ist dies Gegenstand einer interkulturellen Politik des inneren Friedens, an der auch Migranten teilhaben sollten. Unter den islamischen Zuwanderern kommen nur Muslime, die Demokratie und Europa bejahen, also nicht die Islamisten, für diesen interkulturellen Dialog in Frage.

Bei der Debatte über Leitkultur und Normalität möchte ich noch einmal auf Frankreich zurückkommen. In Paris gibt es eine große Moschee, deren Imam Dalil Boubakir die *laïcité* eine Komponente der französischen Leitkultur -akzeptiert. Er sagt: »Wir müssen diese in das Islamverständnis jener Muslime, die in Frankreich leben, integrieren, sonst bleibt der Islam dort fremd.« Als ich ihm auf dem *World Economic Forum* im Januar 2000 mein Konzept des Euro-Islam vorstellte, sagte er, eben dies meine er, ohne den Begriff zu kennen. Wie mit dem Euro-Islam verhält es sich mit der Leitkultur. Auch ohne den Begriff zu kennen – *Le Monde* übersetzt ihn mit *culture de référence* –, wissen Muslime in Frankreich, dass es eine französische Leitkultur gibt – und sie sich diese zu eigen machen müssen. In krassem Gegensatz zu der Moschee von Paris wird laut *Der Spiegel* »die größte Moschee auf deutschem Boden« von den Anführern der »rechtsextremen Grauen Wölfe«[21] geleitet. Der demokratische deutsche Rechtsstaat darf nicht intervenieren. Die christlichen Kirchen verbieten dies mit dem Hinweis auf die Pflicht dieses Staates zur »weltanschaulichen Neutralität«. Ist die Demokratie nicht auch eine Weltanschauung? Kann der demokratische Staat neutral bleiben, wenn sie gefährdet wird? Die *Frankfurter Rundschau* veröffentlichte ein Interview unter dem Titel: »Zentralrat der Muslime erschrocken über Leitkultur.«[22] Dieser Zentralrat vertritt nur eine kleine Minderheit der in Deutschland lebenden Muslime; er wird zudem des Islamismus verdächtigt, und seine Funktionäre lehnen mein Konzept des Euro-Islam als

Leitkultur für muslimische Migranten entschieden ab. In welcher Gesellschaft befinden sich die deutschen Gegner des Leitkulturkonzeptes?

Manche sprechen von »deutschem Islam«. Ich meine, dies wäre ein Sonderweg und kein Ausdruck der Normalität, die eher von einem Euro-Islam zu vertreten wäre. Reform-Imame wie der zitierte Boubakir werden benötigt, sind aber in Deutschland nicht präsent, und das ist kein Zufall. Man wird in Deutschland weit und breit keinen Imam wie den Pariser Dalil Boubakir finden können. Deutschland ist, weil es sich selbst eine Identität abspricht, kein integrationsfähiges Land, es kann – im Gegensatz zu Frankreich und den USA – seinen Einwanderern keine Identität bieten. Hierdurch wird die Entstehung und Entfaltung von ethnisch-religiösen Parallelgesellschaften gefördert. Zwischen den Parallelgesellschaften und der deutschen Kerngesellschaft gibt es nur ein multikulturelles Nebeneinander, kein kultur-pluralistisches Miteinander. Im Gegensatz dazu steht eine Leitkultur, die auf Integration hinzielt und deren Antworten auf die Frage »Was ist deutsch?« nicht-ethnisch sind; nur sie kann eine gemeinsame Identität als Basis für ein Zusammenleben von Deutschen und Migranten bieten. Auf lange Sicht kann bei zunehmender Zuwanderung das Fehlen einer solchen Leitkultur zur Folge haben, dass Deutschland nur ein multiethnisches sowie multikulturelles Sammelwohngebiet wird. Der Islamismus hat unter solchen Bedingungen die fruchtbarsten Voraussetzungen für die Bildung seiner Ruhezonen.

Unter den Lasten ihres Hanges zu Extremen werden die Deutschen keinen Mittelweg finden: Kulturnation oder multikulturelle Wertebeliebigkeit in einem neutralen Wohngebiet ohne Leitkultur und ohne Identität mit hohen Konfliktpotentialen. Diese Alternativen als Extreme verweisen auf eine »neurotische Nation«. Ich verstehe meinen Beitrag als warnende Aufklärung gegen neurotische Gesinnungsethiker. Einwanderung kann Deutschland bereichern, wenn die Deutschen den Begriff »deutsch« entromantisieren, vom »völkischen« Inhalt befreien und eine europäische Leitkultur als Alternative zum Islamismus bieten. Eine Identität kann kulturell multipel sein. So fordere ich als ein Einwanderer die Identität des deutschen Bürgers in der Bedeutung von *citoyen,* eine europäische Identität, die ich auch mit meiner kulturellen Herkunft aus Damaskus und mit meinem islamischen Glauben verbinden kann. Mein Vorbild ist Heinrich Heine, bevor er sich taufen ließ. Das Scheitern der versuchten Assimilation durch Taufe sollte eine Warnung für uns sein. Wenn demokratische Integration auf der Basis gemeinsamer Identität und

Leitkultur misslingt, ist kulturelle Balkanisierung die Folge. Das Schicksal des Balkans sollte uns Warnung genug sein. Mit den bisherigen Ausführungen glaube ich, die Problemlage deutlich aufgezeigt zu haben, und will nun dazu übergehen zu rekonstruieren, wie die deutsche Leitkulturdebatte geführt worden ist. Ich denke, dass die tragischen Ereignisse um den 11. September Anlass dafür geben, die Debatte – ohne Hysterie – unter dem Motto aufzunehmen: Europäische Leitkultur statt Islamismus.

Zwischen Operation Sauerkraut und deutscher Gutmensch-Gesinnungsethik – Kein Wertekonsens als Leitkultur?

Nachdem der CDU-Politiker Friedrich Merz den Begriff »deutsche Leitkultur«[23] im Oktober 2000 in einer Art und Weise verwendet hatte, die Alfred Grosser als »belehrend« mit dem »anklagenden Finger« (vgl. Anm. 17) bezeichnete, wurde eine deutsche Debatte über Leitkultur entfacht, die zugleich eine längst fällige Diskussion über Einwanderung und Integration auslöste, aber leider auf allen Ebenen misslang. Das aufgeworfene Thema war und ist immer noch ein wohlgepflegtes Tabu in der deutschen Öffentlichkeit. Erstmals konnte es vom deutschen Bundespräsidenten im Mai 2000 angesprochen werden; gefeiert und ungescholten von den Medien hat Johannes Rau (vgl. oben, Kapitel 2) in seiner vorzüglichen Berliner Rede über Einwanderung das Thema enttabuisiert. Die öffentliche Debatte, zu der er aufforderte, blieb jedoch aus. Es war dennoch zu hoffen, dass der wenige Monate später entfachte Streit um die Leitkultur diese unterdrückte Diskussion wieder in das öffentliche Interesse rücken würde – aber diese Hoffnung wurde nicht erfüllt. Was war geschehen? Und warum verliefen die Ereignisse auf diese Weise? Können wir diese Debatte nach dem 11. September auf einer besseren Grundlage neu aufnehmen?

Zusätzlich ist festzustellen, dass die mehrere Monate anhaltende Auseinandersetzung auf niedrigstem Niveau geführt wurde. Als »Erfinder des Begriffs« (so die Presse[24]) musste ich viele Tiefschläge einstecken und viel Schimpf und Schmähungen von inkompetenten Trittbrettfahrern, die hier eine Chance witterten, durch die Medien »berühmt« zu werden, über mich ergehen lassen. Für deutsche Verhältnisse hielt die Debatte – wie bereits angemerkt –verhältnismäßig lange Zeit an. Sie endete mit der Entscheidung von wenigen »Medien- und Feuilleton-Herren«, die so ausfiel: »Der Begriff ist unbrauchbar und die Debatte ist zu beenden.« Tabubeladen befanden die führenden »Köpfe« der Medien, dass der Begriff Leitkultur »konfus« und »autoritär« sei, da er unter anderem einem Zwang gleichkäme, den Migranten »Sauerkraut und Sauerbraten« vorzuschreiben, wo sie doch lieber Knoblauch verzehren würden.[25] *Der Spiegel* nannte Leitkultur eine »Operation Sauerbraten«, die das »Über/Unterordnungs-Schema« in Bezug auf das Verhältnis von Deutschen und Migranten einschließe. Trotz aller Einschränkungen und trotz des deutschen Maulkorbs wurde mir gestattet, dies in einem Leserbrief in *Der Spiegel* mit der Überschrift »Im Tollhaus Deutschland« zu beanstanden[26]; doch generell hatte ich das Gefühl, als ob man mir den eben angeführten Maulkorb angelegt hätte. Deshalb begann ich zu zweifeln, ob es in Deutschland wirklich Demokratie und Redefreiheit gibt. Meine Fragen nach den Erfahrungen der deutschen Leitkulturdebatte lauten: Ist Redefreiheit die »Freiheit« der Medien und Feuilleton-Herren, die bestimmen, was in der medialen Öffentlichkeit gesagt werden darf? Belehrt uns die Erfahrung der Leitkulturdebatte, dass es zwei Öffentlichkeiten gibt, die gedruckte beziehungsweise ausgestrahlte Meinung der Medien sowie die der Mehrheit der Bevölkerung? Wenn dies zutrifft, sind mediale Meinungsmacher denn Demokraten? Ich mache nach dem 11. September wiederholt Erfahrungen mit den deutschen Medien in Bezug auf die Begriffe Islam, Islamismus, Zivilisationskonflikte und Terrorismus, die zensiert debattiert werden. Ich fühle mich in Deutschland in meiner Redefreiheit eingeschränkt.

Auf der Suche nach Antworten auf diese Fragen stelle ich zunächst fest: Außer dem Mangel an Streitkultur in Deutschland gibt es folgendes Problem: Wir leben in einem medialen Zeitalter, wobei jedes Thema zu einem Gegenstand einer fast immer kurzlebigen Sensationsberichterstattung herabsinkt. Zensur findet hier –ohne Vorhandensein einer Zensurbehörde – durch die Auswahl der Nachrichten und der Autoren beziehungsweise Inhalte statt. Ich spreche bereits in meinem Europa-Buch und so auch hier von der europäischen Leitkultur der Werte der Aufklärung, aber diejenigen, die meine Konzept ablehnen, haben nicht demokratisch widersprochen. Sie schwiegen mich tot und vertreten damit eine andere Leitkultur, in der sehr wohl autoritäre »Leitsätze« vorhanden sind, nach denen jede Diskussion nach Regeln der *political correctness* bestimmt wird. Erschwerend auf die Debatte wirkte sich hier auch die oben bereits angeführte Obsession für kurzlebige Aktualitäten in den Medien aus. Auf diese Weise werden selbst essentielle Fragen mit dauerhafter Bedeutung schnell zu »Schnee von gestern« erklärt. Nach diesem Muster wurde auch eine Problematik, die für alle freiheitsliebenden Menschen zentral ist, nämlich Einwanderung und Integration, im Rahmen der deutschen Debatte um die Leitkultur oberflächlich abgehandelt und rasch abgekanzelt. Das war und ist kein Beweis für eine lebendige demokratische Streitkultur. Nicht anders verlief es im Umgang mit Islamismus/Terrorismus nach dem 11. September 2001.

Unter den soeben beschriebenen Bedingungen war das Fazit der Debatte: Leitkultur sei als Begriff und Inhalt zu verwerfen. Die *Süddeutsche Zeitung,* die zu den schärfsten Gegnern des Leitkulturkonzeptes gehört, glaubte die Diskussion mit einer Reportage auf der *Seite Drei*[27] abschließen zu können, in der zu lesen ist, »die meisten Europäer hätten ihre Wurzeln in Asien und im Nahen Osten«. Folglich sei Europa ein Mischmasch von Kulturen; die implizite Schlussfolgerung, es habe keine eigene Identität, weshalb dann Leitkultur?

Angesicht der Verleugnung einer europäischen Identität würden die Franzosen als erste »nein danke!« sagen und diese Verleugnung eindeutig zurückweisen; andere Europäer würden folgen. Die Unterstellung, es gäbe weder eine deutsche Identität noch eine Leitkultur in Deutschland, wird von deutschen medialen Meinungsmachern auf diese Weise auf das gesamte Europa erweitert. Dies erinnert an die zitierten Worte von Alfred Grosser: »Das deutsche Laster ist das Selbstmitleid.« Dies wurde bei der Problematik Leitkultur deutlich, wobei übersehen wurde, dass diese das Schicksal Deutschlands und in gleichem Maße das seiner europäischen Nachbarn angeht. Diese Problematik wird wie bei einer Zirkusvorstellung auf diese fast schon magisch anmutende Weise weggezaubert. Im Titel meines Buches, das die Debatte auslöste, frage ich: *Europa ohne Identität?* und zeige, dass nur ein Europa, das eine eigene Identität behauptet, Fremde integrieren kann. *Quod erat demonstrandum.*

Diese Debatte wurde sowohl außerhalb Deutschlands als auch von hier lebenden Ausländern verfolgt und löste großes Unverständnis, ja viel Staunen aus. Das Schlimmste war, die Tatsache zu übersehen, dass das bestehende Problem des Zusammenlebens zwischen Deutschen und Einwanderern vor allem aus nicht-westlichen Kulturen kein Gegenstand für Aktualitäts- und Sensationshascherei ist. Hierfür benötigen wir eine normative Orientierung –nenne man diese Leitkultur oder auch anders. Die Bezeichnung für den Gegenstand ist nicht von Belang. Wir benötigen eine Politik, die ermöglicht, ein Zusammenleben friedlich zu gestalten.

Die medialen Meinungsmacher, die die Macht hatten, über die Debatte zu befinden, gelangten zu der »Erkenntnis«, es gäbe keine deutsche Identität. Im ersten Semester Psychologie habe ich jedoch bei Alexander Mitscherlich in Frankfurt gelernt, dass jeder Mensch und folglich jede Gruppierung von Menschen eine Identität[28] habe. Nur Tote haben keine Identität! Stimmt also die These von Daniel Cohn-Bendit: »Es gibt keine deutsche Identität!«? Dies hat er in seinem Streitgespräch mit mir in *Die Woche* vom 10. November gesagt. Ich habe widersprochen, aber die Redaktion von *Die Woche* hat diesen Slogan als Überschrift für den gesamten, oben angeführten zweiseitigen Artikel gewählt.[29] Ist das ein Zufall? Oder ist das die Politik der Steuerung? Nach dem 11. September hat dieselbe Zeitung Bundesinnenminister Otto Schily und seine Sicherheitspolitik angegriffen. Das Titelblatt trug die Überschrift »Der Spitzelstaat«. Das ist eine Verfemung des demokratischen Staates, der seine Bürger vor Terrorismus schützt.

Trotz aller Polemik: Leitkultur und Identität sind stets aufeinander bezogen. Beide können exklusiv oder inklusiv bestimmt werden. Jene linken Deutschen, die eine Leitkultur ablehnen und sich selbst deshalb als »offene Menschen« selbstgefällig zelebrieren, scheinen sich letztlich in diesem Punkt und in der Sache kaum von deutschen Rechtsradikalen zu unterscheiden, die sagen »Ausländer sollten unter sich bleiben«. In einem Projekt über Rassismus an der Universität Gent in Belgien vertrat ich die Auffassung, dass beide – »linke« und »rechte« – Positionen auf den ersten Blick zwar konträr sein mögen, logisch zu Ende gedacht führen sie aber zu einer ähnlichen Einordnung: exklusiver Rassismus der Rechtsradikalen und inklusiver der Gutmenschen. In Bezug auf die Leitkultur führen sie dann zu demselben Ergebnis: keine Basis für ein Miteinander, das heißt für das Zusammenleben von Deutschen und Einwanderern. Dieses wird zurückgewiesen und für eine Art Apartheid der Parallelgesellschaften – letztendlich für Segregation – argumentiert, wenn auch aus unterschiedlichen »rechten« oder »linken« Motiven. Doch ist das Ergebnis gleich. Ich schreibe dies, weil die unweigerliche Folge des Verzichts auf eine Leitkultur die Entstehung von Parallelgesellschaften und damit kein wirkliches Zusammenleben von Deutschen und Ausländern ist. Parallelgesellschaften sind nicht vergleichbar mit den »Verbänden« einer pluralistischen Demokratie. Einen solchen gewagten Vergleich präsentierte ein etablierter deutscher Professor den Lesern des Wochenmagazins *Stern* mit unhaltbaren Behauptungen.[30] Doch in einer Verbandsdemokratie teilen alle Verbände – so etwa Rivalen wie die Grünen und die CSU – dieselben Normen der Verfassung. Dagegen führen Parallelgesellschaften das ist eher ein euphemistisches Wort für Kulturghettos, wie ich in Kapitel 3 gezeigt habe – ein Eigenleben und gestalten dieses nach eigenen Normen und Werten.

Die Leser dieses Buches sind damit vertraut, dass die Anschläge von New York und Washington teilweise in der deutschen Islam-Diaspora vorbereitet wurden. Das macht kritisch gegenüber dem Multikulturalismus. Ein Mehr an Multi-Kulti-Parallelgesellschaften heißt daher nicht ein Mehr an Demokratie und Pluralismus, sondern ein Mehr an kultureller »Balkanisierung« und damit an ethnisch-religiösem Konfliktpotential, das bei jeder Krisensituation – zum Beispiel wirtschaftliche Missstände – aktiviert werden und gewaltsame Formen annehmen könnte. Gewalt und Terror gehören dazu. So wird Armutskultur beispielsweise ethnisiert und nimmt gewalttätige Formen an. Arthur Schlesinger nannte dieses Szenario für die USA: *The Disuniting of America.*[31] Kulturelle Fragmentation ist nicht mit einer Verbandsdemokratie zu verwechseln.

Gegen diese Gefahr und gegen die Potentiale einer kulturellen Balkanisierung, die die in derselben Gesellschaft lebenden Menschen auseinander dividieren würde, schützt nur ein demokratisch-pluralistischer Wertekonsens, der für alle in einem Gemeinwesen Zusammenlebenden gleichermaßen politischkulturelle Verbindlichkeit besitzt. Demokratische Integration muslimischer Einwanderer verspricht im Kampf gegen Terrorismus mehr als jede Sicherheitspolitik; auch wenn sie diese – dessen bin ich mir bewusst – nicht ersetzen kann oder sie gegenstandslos macht. In meinem Buch *Europa ohne Identität?* entwickelte ich das Konzept einer europäischen Leitkultur; es bietet einen Rahmen für einen solchen Wertekonsens und für Integration. Das Konzept richtet sich gleichermaßen gegen »völkische« Deutsche und religiöse Fundamentalisten beziehungsweise ethnische Nationalisten unter den Einwanderern. Warum also haben die von mir gescholtenen medialen Meinungsmacher in Deutschland gegen die Leitkultur argumentiert? Warum haben sie für alle in diesem Lande lebenden Deutschen und Ausländer beschlossen, dass das gesellschaftspolitische Konzept der Leitkultur »konfus« und »unbrauchbar« sei?

Unter den Vorbehalten finde ich kaum inhaltliche, geschweige denn seriöse Argumente. Als Beispiel für die Art und Weise, wie die Debatte geführt wurde, möchte ich eine der vielen Fernsehsendungen, zu denen ich als Urheber des Begriffes der europäischen (also nicht deutschen) Leitkultur eingeladen war, anführen. Zunächst ließ der Moderator mich eingangs kurz, sozusagen als Alibi- und Vorzeigestudiogast zu Wort kommen, bevor die Teilnehmer dann dazu übergingen, dem Begriff die Bedeutung von vulgär unterstellten »Über-/Unterordnungs«--Vorstellungen im Verhältnis von Deutschen und Migranten zuzuordnen und ihn somit symbolisch auf eine quasi propagandistische Weise zu entwerten. Danach durfte ich nicht mehr zu Wort kommen. Mir wurde weder erlaubt zu widersprechen noch darzulegen, dass der von mir geprägte Begriff völlig andere Inhalte aufweist – also europäische Werte, keine deutsch-nationalen Implikationen. Aus dieser Pseudodiskussion wurde der Schluss gezogen, der Begriff sei »konfus«, um ihn dann im »Konsens« für unbrauchbar zu erklären. Ich war stets das Opfer solcher Sendungen: man hat mich und meine Ideen symbolisch ermordet.

Als ein Einwanderer, dem jede »Sauerkraut- oder Sauerbraten-Mentalität« zuwider ist, durfte ich bei solchen Debatten, die das Fehlen einer Streitkultur dokumentieren, nur zusehen und hatte nicht einmal die Gelegenheit, laut zu schreien: »Nein, danke. Ohne mich!« Auf diese erbärmliche Weise musste ich zusehen, wie die deutsche Leitkulturdebatte geführt wurde. Diese Erfahrungen haben dazu beigetragen, dass ich begonnen habe, an meiner Wahlheimat Deutschland und der Fähigkeit seiner Bürger, eine politische Diskussion diskursiv und rational zu führen, zu zweifeln. Ich habe keine rationale Diskussion, sondern Ergüsse von dem, was man »deutschen Selbsthass« nennt, erlebt.

Der vorangegangene Rückblick auf die missglückte Debatte um die »Leitkultur« gibt Anlass zur Empfehlung an meine deutschen Landsleute, sie mögen die Integration von nach Deutschland eingewanderten Ausländern nicht als eine tagespolitische Angelegenheit oder Sensation im Rahmen des »deutschen Selbstmitleids« (Alfred Grosser) nur unter sich angehen. Die Warnung des 11. Septembers darf nicht verdrängt werden; sie bleibt aktuell. Die Medien müssen lernen, diese Probleme nicht so zu behandeln, wie etwa die seinerzeit parallel zur Leitkulturdebatte medial ins Rampenlicht gerückte Scheidung Boris Beckers von seiner Frau Barbara. Die Frage der Integration von Einwanderern ist existentiell für Deutschland und für seine junge Demokratie –auch für uns Migranten und Muslime. Das einzig positive Ergebnis der Debatte war, dass Themen – aber nur partiell – enttabuisiert wurden. Man durfte plötzlich, leider nur für kurze Zeit, über die Fragen der Einwanderung und über die Probleme, die damit zusammenhängen, ohne die für mich langweiligen und nicht ernst zu nehmenden Predigten der verordneten Fremdenliebe sprechen. Dann kam von der CDU-Politikerin Annette Schavan die Aufforderung, den Begriff Leitkultur aufzugeben und – wie sie sagte – »verbal abzurüsten«. Ich fragte mich damals: Heißt das Rückkehr zu den alten Tabus? Oder wie soll diese Abrüstung vor sich gehen?

Die CDU-Vorsitzende Angela Merkel hatte mein Buch *Europa ohne Identität?* und mich, einen Einwanderer, der alles andere als deutschnational sein kann, als Quelle des Begriffs angegeben.[32] Als Urheber (wohl nicht »Erfinder«, das ist falsches Deutsch) des Konzepts der Leitkultur mache ich jedoch deutlich, dass ich von einer europäischen Identität Deutschlands und somit von einer europäischen, also nicht von einer deutschen Leitkultur für die Integration der Einwanderer spreche. Polemiker und linke Propagandisten ebenso wie verschiedenste Rechtsaußen waren bei dem »deutschen Stunk« (Ralph Giordano) über Leitkultur bemüht, sich die Debatte darüber, ob Ausländer in Deutschland als Identität den Verfassungspatriotismus und einen Wertekonsens der Zivilgesellschaft annehmen sollten, zu eigen zu machen und somit nicht nur vom Gegenstand abzulenken, sondern auch eindeutig zu diffamieren. Solche Diffamierung als Diskussionsstil ohne Lektüre, deren Opfer ich wurde, veranlassen mich, polemisch zu fragen, ob wir nicht nur für bestimmte Zuwanderer (zum Beispiel Islamisten), sondern auch für bestimmte deutsche Politiker und Journalisten Sprachkurse benötigen, damit auch sie Texte lesen lernen und sich an wichtigen Debatten fruchtbar beteiligen können!

Ich komme zum Schluss auf die zentrale Frage dieses Kapitels zurück: »Was ist deutsch?« Auch die Art und Weise, wie in Deutschland über Leitkultur debattiert worden ist, gibt eine Antwort auf diese Frage. Was geschah, war schädlich für das gesellschaftspolitische Ziel der Integration von Einwanderern. Mit dem vorliegenden Buch über islamische Zuwanderung mit der Feststellung im Untertitel »Die gescheiterte Integration« will ich im Lichte des 11. Septembers die Deutschen und die in Deutschland lebenden Fremden bitten, in Zivilität eine solche Debatte zu führen. Die Deutschen bitte ich – wie Alfred Grosser es fordert –, diese Zivilität als Leitkultur erst vorzuführen. »Es gilt, ihnen das Modell dieser

(Leit)kultur wirklich vorzuleben« (wie Anm. 19), schreibt Grosser. Das ist nicht geschehen; auch nicht nach dem 11. September. Stattdessen wurden Verfemungen als Steine in einer publizistischen Straßenschlacht geworfen. In diesem Buch lade ich zu einer solchen rationalen Diskussion ein und wiederhole: »Leitkultur« meint nichts anderes als eine Orientierung, eine Art Leitfaden in Form eines Wertekonsenses. Deutsch-Sein soll nicht mehr ethnisch definiert, sondern durch diese Werteorientierung bestimmt sein.

Selbst ein ethnisch Nicht-Deutscher, der im Sinne von *citoyen* Wahleuropäer geworden ist, trete ich für die zivilisatorischen europäischen Werte wie säkulare Demokratie, individuelle *(nicht* kollektive) Menschenrechte, Zivilgesellschaft, Toleranz sowie religiösen und kulturellen Pluralismus als eine Leitkultur ein, die Migranten sich in Deutschland europäisch fühlen lässt. Um dieses Ziel zu erreichen, besteht Bedarf an einer solchen Diskussion über eine wertebezogene Grundlage für ein friedliches Zusammenleben von Deutschen und Ausländern in einem kulturell vielfältigen, jedoch auf einem Wertekonsens beruhenden, also ohne Parallelgesellschaften bestehenden demokratischen Gemeinwesen. Dies setzt Respekt vor den Regeln einer Kultur des demokratischen Debattierens voraus, also Regeln, die offenbar in Deutschland noch keine allgemeine Gültigkeit haben. In der deutschen Diskussion über Leitkultur konnte ich dies feststellen; daher mein Vorwurf, es handele sich um eine »neurotische Nation« in einem »Tollhaus Deutschland« (vgl. Anm. 15 und 20); in beiden kann keine demokratische Streitkultur gedeihen. »Deutsch« soll rational, nicht mehr »neurotisch« sein, und als Deutscher soll der gelten, der ein Bürger mit demokratischer Werteorientierung ist, also nicht der Mensch, der durch Verzehr von Sauerbraten und Sauerkraut stigmatisiert wird. Wenn Deutschen und Migranten dies in gemeinsamer Arbeit gelingt, können Fremde sich deutsch fühlen und eine Dazugehörigkeit in Bezug auf dieses Land im Verständnis von Gemeinwesen entwickeln. Dies wäre eine gelungene Integration, und sie ist für das 21. Jahrhundert für Deutschland zu wünschen. Die deutsche Nation wäre dann nicht länger eine exklusive Kulturnation, das heißt *»for members only«,* sondern ein offenes Gemeinwesen, jedoch ohne Wertebeliebigkeit, also mit verbindlicher Werteorientierung. Diese Inhalte sind bei der Leitkulturdebatte nicht angekommen. Die Debatte ist nach dem 11. September neu zu führen. Deutschland hat heute die Chance, eine normale westliche Nation zu werden. Werden die Deutschen diese Chance wahrnehmen? Als Muslim und Migrant kann ich dies nur wünschen.

FÜNFTER TEIL

Einführung

Einleitend zu diesem neuen, 2016/2017 verfassten fünften Teil möchte ich auf das bereits im Vorwort erwähnte Heft der in Washington D.C. erscheinenden US-Zeitschrift *National Geographic* (Oktober 2016) zurückkommen. Das Heftthema lautet: *The New Europeans* – mit dem Untertitel *How Waves of Immigrants are Reshaping a Continent,* begleitet von einem Bild islamischer Zuwanderer. Das englische Wort »reshape« bedeutet »neugestalten«: Wer gestaltet wen neu? Europa die islamischen Migranten, die Zuwanderer, aber keine Einwanderer sind? (Vergleiche den Unterschied zwischen Einwanderung und Zuwanderung in Kapitel 2 oben.) Oder werden die islamischen Zuwanderer Europa neu gestalten, also klar ausgesprochen: islamisieren? Das ist kein tagespolitisches, sondern ein pertinentes existentielles Thema, das Deutschland anhaltend für mindestens die nächsten Dekaden oder sogar für das ganze 21. Jahrhundert begleiten wird.

Aus dieser Perspektive war die Diskussionsveranstaltung der Bonner Akademie der Universität Bonn über das anstehende Thema Mitte Oktober 2016 von großer Relevanz. Dort hielt ich das Impulsreferat zur veranstaltungsleitenden Frage: *Wie wir leben wollen – Werte, Kultur und Tradition im Einwanderungsland Deutschland.* Dabei widersprach ich heftig dem Münkler-Buch *Die neuen Deutschen.* Die auf dem Podium anwesende Literaturwissenschaftlerin Marina Münkler hatte das mit ihrem Mann verfasste Buch demonstrativ vor sich auf dem Tisch liegen. Die Münkler-Botschaft von den »neuen Deutschen« »hör' ich wohl, allein mir fehlt der Glaube«. Dies tue ich in der Kombination meiner Persönlichkeit aus syrischem Muslim, US-amerikanisch sozialisiertem Migrationsforscher und Migrant in Deutschland. An jenem Abend erhielt ich als Geschenk der Bonner Akademie ein 2016 erschienenes Buch der *FAZ*-Journalistin Karen Krüger, das den Titel *Eine Reise durch das islamische Deutschland* trägt. Das ist ein so schlechtes Buch, wie übrigens *Die neuen Deutschen* auch, das ich nie und nimmer vom eigenen Geld kaufen würde. Ist Frau Krüger voreilig, wenn sie vom »islamischen Deutschland« bereits im Buchtitel spricht? Oder antizipiert sie ein

Deutschland der Zukunft? Einen *credit* muss man der Autorin trotz der geringen Qualität ihres Buches dafür geben, dass ihr Buchtitel einige der Szenarien für die Zukunft Deutschlands angeht; dies allerdings wurde beim Bonner Event nicht angesprochen. Das Buch wird von folgendem Glauben geleitet: Ich zitiere: »Immer mehr Menschen sind in Deutschland angekommen, die Immigration funktioniert«. Sollte ich hier Amen sagen?

Vor der angeführten Bonner Diskussionsveranstaltung war ich Referent und Gast der Evangelischen Akademie der Lutherstadt Wittenberg. Dort sprach ich über den Aufstieg des politischen Islam als einer Kraft, die die Integration verhindert. In meinen Arbeiten zeige ich seit 30 Jahren, dass Islamisten die Welt islamisieren wollen, und Deutschland ist hierbei keine Ausnahme. Bei meiner Ankunft in Wittenberg erfuhr ich, dass Frau Krüger einen Tag vor mir auf derselben Veranstaltung ihr Referat »Das islamische Deutschland« hielt. Teilnehmer berichteten mir von ihrer Empörung, die soweit ging, dass einige von ihnen den Saal aus Protest mit dem Spruch »Deutschland ist doch nicht islamisch« verließen. Ich hörte mir dies an, hielt mich aber mit meinem Urteil zurück.

Das »islamische Deutschland« kann wortwörtlich als Provokation genommen werden oder heruntergespielt und auf eine existierende Parallelgesellschaft bezogen, also limitiert werden. Es steht der *FAZ*-Journalistin frei, was sie meint oder zu sehen meint. Jedenfalls habe ich eine Alternative zu ihrem Buch, nämlich Muslime als Individuen (nicht als Umma-Kollektiv in einer islamischen Enklave) im Sinne von *citoyen* einzuordnen. Für Deutsche muss es nach Theodor W. Adorno zu den Auschwitz-Lehren gehören, Menschen als Individuen wahrzunehmen und »der blinden Vormacht aller Kollektive entgegenzuarbeiten«, um die »Gefahr einer Wiederholung« von Auschwitz auszuschließen – so Adorno in seinem Aufsatz *Erziehung nach Auschwitz*. Dies gilt auch für das islamische Umma-Kollektiv.

Die Art und Weise, wie diese neuen Muslime nach Europa kommen, ermutigt nicht zu hoffen, dass sie als *citoyens*, d.h. als Individuen, integriert werden können. Der deutsche Staat trägt dazu bei, indem er eine Islam-Gemeinde von 6,5 Millionen Menschen als Kollektiv nach dem deutschen Kirchenmodell zusammenpferchen will (vgl. hierzu das 8. Kapitel mit der Frage: *Die christliche Kirche als Modell für eine islamische Religionsgemeinde in Deutschland?* in meinem Buch *Der Islam und*

Deutschland. Muslime in Deutschland von 2000*)*. Hierdurch entsteht eine Parallelgesellschaft, aber keine Integration.

In diesem fünften Teil, den ich nach den erwähnten Veranstaltungen in Bonn und Wittenberg sowie nach der noch auszuführenden Podiumsdiskussion in München geschrieben habe, werde ich erläutern, wie islamische Zuwanderer illegal von kriminellen Schleuserbanden für hohe Geldbeträge nach Europa gebracht werden (Kapitel 9). Ferner will ich in diesem fünften Teil in Kapitel 10 der Frage nachgehen, wer diese Muslime in der Diaspora vertritt und von welchem Islam denn eigentlich die Rede ist. Denn: Einen Eintopf-Islam gibt es nicht!

Weil die Überschrift dieses neuen Teiles den Begriff Zukunft in sich trägt und Szenarien hierfür anspricht, muss ich schon hier in Bezug auf das Oktober-Heft des National Geographic die Frage stellen, wie die Zukunft aussehen wird. Das zitierte Heft stellt richtig fest, dass die neuen muslimisch-arabischen Zuwanderer dabei sind, folgendes zu tun: *reshaping a continent.* Ohne zu wiederholen, was oben schon gesagt worden ist, addiere ich zu der gestellten Frage den Text der Einladung der Bonner Akademie zur oben angeführten Diskussions-Veranstaltung. »Wieviel Islam gehört zu Deutschland?«. Dazu kommt voreilig, aber richtig der Text, dass in Deutschland eben auch eine »muslimisch geprägte Gesellschaft« entsteht. Ich würde diesem Einladungstext ergänzend hinzufügen: »als Parallelgesellschaft«. Ist das nicht die Islamisierung als eine andere Option zu der der Europäisierung? Der Untertitel der Neuausgabe meines Buches *Europa ohne Identität?*: *Europäisierung oder Islamisierung*, verweist also auf die zwei Optionen für die Zukunft, zwischen denen nun entschieden wird.

Eine freie und rational gestaltete Diskussion über diese Themen ist in Deutschland seit 2015 deshalb kaum führbar, weil die Atmosphäre in höchstem Maße vergiftet ist. Der Abend bei der Bonner Akademie war ein Beispiel hierfür. Ein anderes Beispiel waren die 44. Römerberggespräche in Frankfurt (vgl. Kapitel 10), wo das Ehepaar Münkler auch zugegen war. Als nichtdeutscher Beobachter erlaube ich mir, anzumerken, dass die Deutschen bei dieser Diskussion erneut bewiesen haben, dass sie keine Tradition einer *Debating Culture* besitzen (vgl. hierzu S. 69–79 der Neuausgabe von *Europa ohne Identität?*). Auf Argumente erhält man kein Gegenargument, sondern Keulen wie »pauschal«, »stereotyp«, »populistisch« etc. Kurzum, es fehlt an der erforderlichen Sachlichkeit und Rationalität. Die dritte und letzte Diskussionsveranstaltung, an der ich im Oktober 2016 in München teilnahm, lieferte einen weiteren Beweis für diese Beobachtung.

Bei der Diskussionsveranstaltung der Bayerischen Architekten-Kammer in München mit dem Titel *Utopia – Der Ort des kollektiven Glücks?* war auch ich auf dem Podium.

Den Begriff *Utopia* kenne ich von Thomas Morus' namengebendem Werk *Utopia* (1516), das ich im Rahmen meines Studiums bei Iring Fetcher gelesen habe, sowie von Ernst Blochs *Geist der Utopie* (1918). Durch meine Sozialisation als politischer Philosoph habe ich gelernt, dass Utopia, der »Nicht-Ort«, eine Wunschvorstellung einer freiheitlichen Gesellschaftsordnung ist, die es in der Realität so leider nicht gibt. »Glück« bezieht sich auf Freiheit und Erfüllung, die angestrebt werden. Wenn dies die Bedeutung von »Utopia« in der europäischen Philosophie ist – im Arabischen gibt es kein Wort für Utopia –, wie kommt es dann, dass sich plötzlich Architekten für Utopia interessieren, und das im Kontext der Flüchtlingskrise?

Eine auf dem Podium agierende, professorale Architektin verriet die Antwort auf die gestellte Frage mit den folgenden Worten: In den nächsten Jahren werden weitere 12 Millionen Flüchtlinge nach Deutschland kommen. Deshalb müssen die Deutschen schon heute Pläne für die Unterbringung dieser großen Zahl von Flüchtlingen schmieden. Wie? Die Architektin hatte bereits Pläne ausgearbeitet; sie schmiedete für eine Reihe deutscher Städte Entwürfe für Wohnkomplexe, die sie auf der Veranstaltung präsentierte. Zu beurteilen, ob dieses Denken ethischem Verantwortungsgefühl, moralischem Pflichtempfinden, freiheitlichem Utopie-Denken oder doch eher reinem Geschäftssinn von Architekten entsprungen ist, überlasse ich dem Leser. Doch hebe ich hervor, dass es in Bezug auf Flüchtlinge heute mitunter schwer ist, zwischen Gesinnungsethik und Geschäftssinn zu unterscheiden. Als Beispiele möchte ich folgende Geschäftsbereiche ansprechen: Vorrangig sind Immobilienbesitzer und -makler zu nennen, die Millionengeschäfte auf Kosten der Steuerzahler im Kontext der überteuerten Unterbringung für Flüchtlinge machen; dann die Anwälte, die u.a. eine Abschiebungsverhinderungsindustrie und andere Klage-Bereiche gefunden haben, die der Staat bezahlt und so den Anwälten ein lukratives Einkommen beschert. Die Liste der Profiteure ist lang; prominent erwähnen möchte ich an dieser Stelle nur noch die Tabak-Werbung, die menschenverachtend syrische und afghanische Flüchtlinge mit dem Werbeslogan »Where do you go from here«

benutzt und das Elend dieser Menschen in eine kommerzialisierte Werbung überführt. Für mich als politischen Philosoph und Anhänger von Blochs »Geist der Utopie« ist dies eine Schande. Man gibt das zivilisatorische Europa auf, wenn man es in multikulturellen Wohnsiedlungen von Flüchtlingen als Minoritäten auflöst. Für Linke dienen die Minderheiten quasi als Ersatz für das verlorene Proletariat. Wer von diesem Narrativ abweicht, wird als »rechts« ausgrenzt. Diese Ausgrenzung wird verfolgt unter Einsatz der Keule »Populismus«. Dies habe ich peinlich auf einem Event in Frankfurt erfahren, von dem ich im ersten Abschnitt des 10. Kapitels berichten werde.

Während ich dem Vortrag der Architektin zuhörte und mir Gedanken darüber machte, was diese Architekten für eine weitere demografische Welle von 12 Millionen Flüchtlinge tun würden (nach UNHCR-Angaben beträgt die Zahl der Flüchtlinge für das Jahr 2016 weltweit rund 65 Millionen), meldete sich ein ehemaliger Bundesminister mit dem Einwand, man solle die Flüchtlingsunterbringung doch entflechten, sonst würden durch diese Wohnkomplexe Ghettos entstehen. Die Replik auf die Befürchtung der Abschottung der Flüchtlinge wurde in einem »Pathos des Absoluten« folgendermaßen vorgetragen: Diese Befürchtung beruhe auf einem Vorurteil der Aufnahmegesellschaft, die Flüchtlinge ausgrenze. Man habe die Wohnkultur der Flüchtlinge als Minorität zu respektieren und es zu unterlassen, mit dem von außen herangetragenen Begriff Parallelgesellschaft »die Flüchtlinge« auszugrenzen. Utopia ist gemäß dieser Architekten-Diskussionsrunde ein Zustand der Gesellschaft, in dem Flüchtlinge in ihren eigenen, abgesonderten Wohneinheiten leben. Utopisch ist das Zusammenleben der Minoritäten ohne Leitkultur. Ich war eingeladen als Schöpfer des Begriffes *Leitkultur*, um vorzutragen, warum Leitkultur und Multi-Kulti einander widersprechen. Ich bin gegen eine Gesellschaft der Minoritäten in Wohnsilos als Perspektive der postmodernen Architektur. Die Alternative der von mir vertretenen Idee der kulturübergreifenden Leitkultur als Wertekonsens wurde abgelehnt. Auf dem Weg zu meinem Hotel nach der Veranstaltung schlug ich die Hände über dem Kopf zusammen angesichts dieser Entstellung des Utopie-Begriffes, den ich im Philosophie-Studium in Frankfurt als Vorstellung einer Befreiung der Gesellschaft von Zwängen kennengelernt hatte.

Im ersten der beiden folgenden Kapitel 9 und 10 stehen drei Länder im Mittelpunkt. Zwei davon sind Transitländer für Flüchtlinge: Libyen und die Türkei. Das dritte Land – Syrien – hat durch seinen schwer zu lösenden inneren ethnisch-religiösen Krieg (der alles andere als ein Bürgerkrieg ist) 12 Millionen Flüchtlinge hervorgebracht, deren Mehrheit am liebsten nach Deutschland kommen würde, nicht nur wegen Merkels »Willkommenskultur«, sondern auch, weil in Deutschland angekommene Flüchtlinge elektronisch in ihren Herkunftsländern verbreiten, in welchem Schlaraffenland sie leben. Die Gruppe der 12 Millionen Syrer ist nur ein kleiner Teil der aktuell weltweit 65 Millionen Menschen auf der Flucht, die laut UNHCR ein Aufnahmeland suchen. Das ist das Thema des 9. Kapitels.

Darauf folgt in Kapitel 10 eine Analyse und ein Nachdenken über die Frage: Wie reagiert Europa auf diese islamische Zuwanderung? Wer vertritt die als »neue Deutsche« deklarierten muslimischen Neuankömmlinge? Sind die Islamfunktionäre hierfür geeignet? Und schließlich die Fragen: Welcher Islam für Europa? Wie sieht die Zukunft aus?

In dieser Einführung zum fünften Teil muss ich die wissenschaftlich abgesicherte Prognose für die MENA-Region (Middle East and North Africa) präsentieren, weil alle Zukunftsszenarien auch für Europa folgenreich sind. Die MENA-Region wird in den nächsten Dekaden weiterhin von zwei Merkmalen gekennzeichnet sein: 1. Krisen und Staatszerfall, 2. eine weitere Vertiefung der Kluft zwischen massiver demografischer Entwicklung und niedrigem wirtschaftlichem Wachstum. Diese sich vertiefende Kluft steigert die Armut, die eine der zentralen Fluchtursachen bleibt. Das hat mit dem Recht auf Asyl nichts zu tun.

Die Prognose ist in einer Studie über die Entstehung von Flüchtlingswellen enthalten, die das Berliner Institut für Bevölkerung und Entwicklung angefertigt hat. Darin wird folgendes festgestellt: Nur 40 % der Menschen, die arbeiten könnten, haben in der MENA-Region einen Job (zitiert nach der *Welt* vom 25.05.2016). Der Bericht trägt den Titel *Die Krisen werden sich verschärfen ... Es wird dramatisch.* Nun die Frage: Was machen die restlichen 60%? Kommen sie nach Europa und machen es zu einem »Utopia des kollektiven Glücks«, wie die Münchner Veranstaltung hieß?

Die zentralen Krisenländer der MENA-Region haben bereits heute eine Bevölkerung von rund 363 Millionen. Die erwähnte Berliner Studie prognostiziert: »Bis 2030 ist ein Wachstum auf 458 Millionen zu erwarten«. Das ist der Gesamtkontext der islamischen Zuwanderung nach Europa. Unermüdlich wiederhole ich auch hier, dass der Ernst der Lage zur Verantwortungsethik zwingt, weil gesinnungsethische Vorschläge keine brauchbaren Ergebnisse nach sich ziehen.

KAPITEL 9

Die geopolitischen Standorte und die Routen der demografischen Völkerwanderungen aus Nahost, Afghanistan und Afrika nach Europa: Libyen, Syrien und die Türkei

Die illegalen, von Schleuserbanden organisierten Flüchtlingsströme und Migrationsschübe aus Asien und Afrika in Richtung West- und Nordeuropa sind älter als die Flüchtlingskrise von 2015/2016. Als Massenphänomen können sie auf das Jahr des Arabischen Frühlings von 2011 zurückgeführt werden. Die damit korrespondierenden Zusammenhänge sind in Europa sowohl wegen der dominierenden Unkenntnis über die vorhandenen Strukturen als auch wegen der selbstauferlegten Quasi-Zensur unklar. Die erhoffte Demokratisierung trat nicht ein. Anstatt von Demokratie war das Ergebnis des Arabischen Frühlings Staatszerfall, Chaos und innere Kriege.

Bereits 2013 habe ich in meinem in den USA und in Großbritannien veröffentlichten Buch *The Sharia State* mit dem Untertitel *Arab Spring and Democratization* die folgende Deutung und die damit verbundene Prognose vorgetragen: In allen arabischen Ländern fehlen die Institutionen, die demokratisch organisierte politische Opposition und die politische Kultur, die Grundvoraussetzungen für eine Demokratisierung sind. Fakt ist, dass die einzig relevante Opposition islamistisch ist: die undemokratische Bewegung der Muslimbruderschaft – neben Al-Qaida und dem IS.

Der Zerfall der Staatsmacht nach dem Sturz der Diktaturen bzw. der autoritären Regimes erzeugt ein Macht-Vakuum, das nur durch islamistische Bewegungen gefüllt werden kann – nur sie sind aktuell dazu in der Lage. Diese Bewegungen sind jedoch untereinander zutiefst zerstritten, und hinzu kommen noch weitere Kräfte, die auf der Bühne wirken. Einen einheitlichen Islamismus gibt es nicht. Somit entsteht eine fragmentierte Gewaltsituation des *bellum omnium contra omnes* im Hobbes'schen Sinne, also des fiktiven Hobbes'schen Urzustandes des Krieges aller gegen alle vor dem Zusammenschluss zu einem modernen Staat, und dies oft als *protracted conflicts*, d.h. in Form von langjährigen Konflikten, deren Lösung nicht absehbar ist.

In vier arabischen Ländern gibt es keine Staatsautorität mehr, die das gesamte Territorium des Landes zu kontrollieren vermag. Krieg und Gewalt erzeugen Massenflucht. Als Zufluchtsort aus diesem hoffnungslosen Zustand gibt es nur Europa, vor allem Deutschland mit seiner Willkommenskultur. Es gibt aber nicht nur die Menschen, die vor den ethno-religiösen Kriegen, die alles andere als Bürgerkriege sind, fliehen, sondern auch die Millionen Armutsflüchtlinge aus Asien und Afrika, die durch Chaos und Zerfall von Staatsstrukturen über Transitländer, vor allem Libyen, nach Europa kommen; sie nutzen die aktuelle Situation, um ein besseres Leben in Europa zu suchen. Daher ist Libyen das Transitland für die ca. 20 Millionen Afrikaner, die künftig ebenfalls nach Europa kommen wollen (s. *Süddeutsche Zeitung* vom 08./09.10.2016) – zusätzlich zu den vom UNHCR angegebenen 65 Millionen Menschen.

In diesem Kapitel stehen drei wichtige Transitländer für die islamische Zuwanderung nach Europa im Mittelpunkt: Libyen, Türkei und Syrien, die je in einem Abschnitt behandelt werden. In zweien dieser drei Länder ist der Staatszerfall so weit fortgeschritten, dass die nur noch nominell existierenden Regierungen ihr Landesterritorium nicht mehr kontrollieren können. In der Türkei existiert dagegen ein noch starker, jedoch nach innen zerrissener Staat. Diese innere Zerrissenheit werden wir im dritten Abschnitt näher kennenlernen – mit der Prognose, dass die Türkei sich möglicherweise wie Syrien entwickeln wird, wenn es so weitergeht.

Libyen: Staatszerfall, bewaffnetes Chaos und Transit für afrikanische Armutsflüchtlinge

Heute ist Libyen das zentrale Transitland für Armutsflüchtlinge aus Afrika. Dort stoßen wir auf einen zerfallenen Staat, ein Land der Stämme ohne Staatsvolk. Die Folgen des Zerfalls des dortigen nur noch nominellen Staates (s. Einführung, S. 70) sind erheblich für das Land, seine Bevölkerung und weit mehr für seine internationale Umwelt; dies macht die große weltpolitische Bedeutung Libyens aus.

Um die angesprochene Situation auf solider Basis über die Tagespolitik hinaus zu erklären, ist es erforderlich, auch auf den historischen Hintergrund einzugehen.

Aus Libyen kommen – im Gegensatz zu Syrern aus Syrien – nur ganz wenige Libyer nach Europa; es sind in der Regel Subsahara-Afrikaner. Es gibt keine zuverlässigen Zahlen über den Anteil dieser Afrikaner an den 2 Millionen Flüchtlingen, die von September 2015 bis Ende 2016 nach Europa kamen. Die *Süddeutsche Zeitung* vom 08./09.10.2016 gibt für die ersten neun Monate des Jahres 2016 die Zahl der afrikanischen Armutsflüchtlinge mit 280.000 an, also rund eine Drittelmillion Menschen, und schreibt im Bericht auf der Titelseite: »Aus Afrika könnten noch Millionen Armutsflüchtlinge nach Europa kommen«. Es warten 50 Millionen Menschen, heißt es.

Aus diesem Grunde reiste Bundeskanzlerin Merkel Mitte Oktober 2016 zu Staatsbesuchen nach Niger, Mali und Äthiopien, um in diesen Hauptherkunftsländern der afrikanischen Flüchtlinge Maßnahmen zur Bekämpfung der Fluchtursachen zu besprechen. Kann man so die Schleuserbanden in den Griff bekommen? Wohl kaum. Die EU muss ihre Grenzen schützen und darf nicht aus Seenotrettung eine Transferpolitik hin nach Europa machen. Was aber soll die EU tun?

Es steht fest, dass es in Libyen seit dem Zusammenbruch der auf einem Stammesbündnis unter der Führung des Qadhafi-Stammes basierenden Qadhafi-Diktatur im Jahr 2011 keinen funktionierenden Staat mehr gibt. Der Staatszerfall generiert ein Macht-Vakuum, welches den Menschenschmuggel aus Afrika (West-, Südostafrika, vor allem Eritrea) nach Europa ermöglicht, der durch Schleuserbanden abgewickelt wird. So sieht die Tagespolitik in Libyen aus. Weder Deutschland noch die EU haben in Libyen einen verlässlichen staatlichen Partner, mit dem sie die demografischen Schübe von Armutsflüchtlingen regulieren können.

Libyen ist ein Land ohne *statehood* (s. Einführung, S. 70); autoritative staatiche Institutionen, einen sinnvollen Ansprechpartner, mit dem man verhandeln könnte, gibt es nicht mehr. Der nominelle Staat Libyen hat kein Staatsvolk und keine funktionierenden staatlichen Institutionen; Er stand und fiel mit seinem diktatorischen Herrscher. Das ist eine totale Personifizierung der Macht – ein Charakteristikum nahöstlicher Politik.

Auch unter Qadhafi gab es eine illegale, von kriminellen Banden organisierte Zuwanderung nach Europa. Aber der Diktator hatte das erste und letzte Wort, und die Zuwanderung hielt sich bis zu seiner Ermordung in Grenzen; seit 2015 aber nimmt diese die Form demografischer Lawinen von Armutsflüchtlingen aus Afrika nach Europa an. Früher kamen diese Menschen zu Hunderten in größeren Zeitabständen in einzelnen

Booten. Im Gegensatz dazu kommen heute täglich Dutzende Boote, darunter auch nur begrenzt seetüchtige, mit Abertausenden von Menschen. Wie ist das möglich? Trägt Europa die Schuld daran, dass diese Menschen sich freiwillig in Lebensgefahr begeben? Europa wird jedenfalls moralisch mit dem Vorwurf erpresst, dass es nicht genug Menschen aus diesen Booten rette. Sogar der Papst hat nach einem Unfall auf Lampedusa am 03.10.2013, dem »Tag der Tränen«, Europa vorgeworfen, seine Seele verloren zu haben. Seitdem schickt die EU bzw. Deutschland Schiffe bis an die libyschen Hoheitsgewässer, um Afrikaner nach Italien zu bringen.

Die EU bezeichnet das als Schutz der äußeren Grenzen der EU, doch die Frontex-Schiffe der EU, die diese Aufgabe haben, schützen nicht die Grenzen, sondern unterstützen die Menschschmuggler sogar noch bei ihrer Arbeit. *Der Spiegel* (39/2016) zitiert einen libyschen Offizier, der verächtlich über die EU redet, indem er die Frontex-Schiffe mit einem Taxi-Unternehmen vergleicht, das die Flüchtlinge von der Küste Libyens nach Italien bringt. Der libysche Colonel Naji sagt in Sawija dem *Spiegel*: »Die Schlepper benutzen euch inzwischen wie ein Taxiunternehmen, das die Kundschaft sicher und kostenlos kurz vor der libyschen Küste abholt.« Früher mussten die kommerziellen Schlepper große Boote bereitstellen, die die Armutsflüchtlinge bis zur nächsten italienischen Insel bringen konnten; heute reicht es, kleine, brüchige Boote oder gar nur Schlauchboote einzusetzen, die nur bis zur libyschen Hoheitsgrenze paddeln, wo dann die Frontex-Schiffe auf sie warten und sie weiter nach Europa befördern. Dies nennen die EU-Politiker dann *Schutz der Grenzen Europas* und verdummen auf diese Weise die eigene Bevölkerung, die diese Entwicklung mit großer Sorge und mit Ängsten verfolgt

Neben der Aufgabe, einen realen Schutz der Grenzen Europas zu gewährleisten, ist die wichtigste Voraussetzung für die Eindämmung des Flüchtlingsstromes, die staatliche Ordnung in Libyen wiederherzustellen. Nur so kann Europa das Phänomen der illegalen Migration in den Griff bekommen. Eine solche Erkenntnis macht erst dann Sinn, wenn sie mit einer *policy* der EU verbunden wird, die auf dem Wissen über zwei Bereiche fußt: 1. Wissen über die *statehood* in Libyen und 2. Wissen über die Machbarkeit der politischen Absicht, wie der libysche Staat wiederherzustellen ist, also eine *Feasibility*-Analyse. Über beide Bereiche scheint in Brüssel jedoch nicht das geringste Wissen zu bestehen.

Für jeden Umgang mit Libyen muss man wissen, dass dieses Land eine koloniale bzw. postkoloniale Konstruktion ist; es ist ein Land ohne Staat. Libyen war bis zum Sturz Qadhafis ein staatlich-territoriales Gebilde, das in der Geschichte nur dreimal existiert hat. Einmal unter italienischer Kolonialherrschaft, dann als Monarchie unter der religiöstribalistischen Herrschaft des Sanusi-Clans und zum Schluss unter »prätorianischer Ordnung« (so nennt Samuel P. Huntington in seinem Buch *Political Order in Changing Societies* (1968) solche Staaten), d.h. unter der Diktatur Qadhafis. Vor der italienischen Kolonialherrschaft hat es nie einen Staat oder ein staatliches Gebilde oder Territorium namens Libyen gegeben. Unter der mehrere Jahrhunderte andauernden imperialen türkisch-osmanischen Herrschaft war das heutige Gebiet Libyens in kleine territoriale Gebiete unter lokaler Stammesherrschaft unterteilt, die dem Osmanischen Reich untergeordnet wurden.

Die Italiener kamen seit 1911 graduell als Kolonialmacht nach Nordafrika und besetzten die libysche Küste. Unter italienischer Kolonisation erfolgte ab 1922 die Schaffung eines künstlichen geografischen Gebietes aus den bestehenden drei osmanischen Provinzen Cyreneika, Tripolitanien und Fezzan. Die Italiener verwendeten für dieses Gebiet die aus der Antike übernommene Bezeichnung für Nordafrika: »Libia«. Hieraus ist später der künstliche bzw. nominelle Staat hervorgegangen, der den Namen Libyen trägt. In diesem Gebiet leben Aberdutzende von Stämmen; nach innen sind sie tribalistisch konstituiert, aber nach außen haben sie den Islam und die arabische Sprache als eine Gemeinsamkeit. »Libia« war für die Italiener eine Siedlungskolonie; dort stellten die Italiener bis zum Zweiten Weltkrieg ca. 18 % der Gesamtbevölkerung. Während des Zweiten Weltkrieges verloren die Italiener die Kontrolle über Libyen. Großbritannien nahm Tripolitanien und die Cyreneika ein, die Franzosen besetzen Fezzan. Dann folgte eine Übergangsperiode von 1943–1951, bis die Vereinten Nationen 1951 beschlossen, dass ein Staat bzw. eine souveräne staatliche Ordnung in diesen Gebieten entstehen solle. Das heutige Gebiet Libyens geht geschichtlich auf die territoriale Abgrenzung zurück, die in der italienischen Kolonialzeit zustande kam.

Der erste in Libyen 1951 entstandene, formal souveräne Staat war eine traditionelle tribalistische Monarchie; diese existierte bis 1969. Der religiös-tribalistische Führer Idris von dem als Orden organisierten Stamm der Sanousi avancierte 1951 im Einvernehmen mit der westlich dominierten internationalen Gemeinschaft zum neuen König des neuen nominellen Staates namens Libyen. Im Jahre 1969 putschte gegen diese Monarchie ein Offizier namens Qadhafi, der wegen seiner komödiantischen Eigenarten später Weltruhm erlangte. Seine in seinem Stamm beruhende Herrschaft ersetzte die des Stammes, der die Monarchie getragen hatte. Zusammengehalten wurde der Staat mit Zwangsmitteln wie der Geheimpolizei. Diese *prätorianische Herrschaft* dauerte bis zum Arabischen Frühling 2011. Nach der Ermordung Qadhafis in Sirte 2011 löste sich der libysche Staat auf, weil er mit der Person Qadhafis bzw. der Vorherrschaft eines Stammes stand und fiel. Heute hat in Libyen beinahe jeder Stamm seine eigene, schwer bewaffnete Miliz und sein eifersüchtig bewachtes Territorium; die Waffen stammen aus den Lagern der aufgelösten libyschen Armee sowie aus westlichen Waffenlieferungen für die Unterstützung der Aufständischen gegen Qadhafi. Dazu kommt der internationale Waffen-Schwarzmarkt, aus dem die Milizen die Waffen beziehen; sie finanzieren sich heute über den Menschenschmuggel nach Europa, für den Europa den Begriff Willkommenskultur erfunden hat.

Es ist für mich unfassbar, dass Deutschland – natürlich ungewollt – diese kriminellen Strukturen auf allen Ebenen fördert. Das ist keine Polemik; die Fakten sprechen eine klare Sprache. Unsere Zeit nennt man jedoch postfaktisch, was wohl auch bedeutet, dass deutsche *opinion leaders* diese Fakten nicht wahrnehmen möchten.

Fangen wir damit an, uns mit den Milliarden, die die Menschenschmuggler und Schlepperbanden verdienen, zu befassen. *Der Spiegel* (39/2016) enthält zwei relevante Recherchen. Der erste Bericht bescheinigt Deutschland, »einer der fruchtbarsten Böden« für die Mafia zu sein. »Geldwäsche in Deutschland« erfolge ohne Störung durch den Rechtsstaat. *Spiegel* und *Bild* ziehen Roberto Saviano als Experten heran. In der *Bild*-Zeitung vom 16.09.2016 sagt Saviano, dass »in Deutschland […] die Gesetze nicht hart genug [sind], die Polizei übt zu wenig Druck aus. Geldwäsche wird nicht gestoppt und Ermittlungsergebnisse werden nicht offengelegt. Deutschland ist ein El Dorado für Mafiosi. Das ist die Wahrheit.«

Es ist erstaunlich, wie es gelingt, durch Moralisieren vom »Tod durch Ertrinken im Mittelmeer« die mafiösen Aktivitäten völlig in den Hintergrund zu drängen und zu verdecken. Islamistische Milizen arbeiten eng mit Menschenschmugglern zusammen und betreiben Geldwäsche des kriminell erworbenen Geldes in Deutschland. *Der Spiegel* schreibt: »Die

Millionen der Schleuser fließen … [nach] Deutschland … die Main-Metropole Frankfurt ist zweifelsfrei einer der deutschen Schwerpunkte der eritreischen Schlepper. Die Deutschen sind blind für … das Zusammenspiel von Menschenschmugglern, Milizen und politischen Extremisten.« (Bericht im *Spiegel* unter dem Titel *Die Spur des Geldes*, Heft 39/2016).

Auch unter Qadhafi war Libyen ein Transitland für den Schmuggel von Afrikanern nach Italien; dies geschah jedoch unter Kontrolle und nur mit Zustimmung des Diktators, der dies erfolgreich als Erpressungsinstrument gegen die EU einsetzte. Es ist beschämend, dass die EU diesen Erpressungen stets nachgab und Qadhafi gehorchte, aber eben weil der Menschenschmuggel damals unter der Kontrolle des Diktators stand, war er noch steuerbar und hielt sich in Grenzen, solange Europäer Flüchtlingsgelder entrichteten. Die Parallelen zum heutigen Umgang mit der Türkei sind unübersehbar.

Seit der Auflösung der libyschen Staatsmacht 2011 ist der Menschenschmuggel außer Kontrolle geraten; niemand weiß heute genau, wie groß die Zahl der Organisatoren ist – Hunderte oder Tausende. Im bereits zitierten *Spiegel*-Heft (39/2016) wurden die Recherche-Ergebnisse eines Spiegel-Teams in Libyen veröffentlicht, wonach allein in den ersten zehn Monaten dieses Jahres 130.000 Armutsflüchtlingen die Flucht aus Libyen übers Mittelmeer nach Europa gelang. Die *Süddeutsche Zeitung* vom 08./09.10.2016 gibt dagegen die Zahl von 280.000 Flüchtlingen an. Die reale Zahl liegt sicher weit darüber; offizielle Zahlen sind unzuverlässig.

Ich fasse diesen Abschnitt über Libyen so zusammen: Damals und heute haben arabisch-islamische Gesellschaften eine Stammesordnung gepflegt, jedoch oft unter der Führung eines mächtigen Stammes versucht, die tribalistischen Strukturen abzuschaffen. Auch Qadhafi war, wie Lisa Anderson in ihrem Teil der erwähnten Harvard-MIT-Studie schreibt, »opposed to tribalism« (S. 297), aber stützte seine Herrschaft nichtsdestotrotz »on his tribe Qadadfa«. Trotz allen rhetorischen Geredes vom Islam und Panarabismus war die Herrschaft unter Qadhafi so gestaltet: »Tribal relationships retained much of their importance«. So wie sich in alten Zeiten der Kalif mit eigenen Stammesleuten umgab, so tat dies auch der moderne Diktator Qadhafi, der eine tribalistische Politik des *recruiting staff* betrieb, nämlich die Heranziehung des Staatspersonals aus dem eigenen Stamm bzw. aus verbündeten Stämmen.

Libyen hat heute keinen funktionierenden Staat mehr. Islamische Milizen, die Mafia, afrikanisch-eritreische Menschenschmuggler bringen in Zusammenarbeit mit der Küstenwache und dem »Taxi-Unternehmen« EU Afrikaner für viel Geld nach Europa. Demokratie, eine politische Kultur des Pluralismus und staatliche Institutionen sind in Libyen Fremdwörter. In meinem Buch über den Arabischen Frühling *The Sharia State* habe ich die Ergebnisse einer Oxford-Studie erläutert, wonach sich die heutigen Libyer nach der Ermordung Qadhafis keinesfalls nach Demokratie sehnen, sondern eher einen starken politischen Imam als Herrscher herbeisehnen; für sie war Qadhafi (wie Saddam Hussein für die Sunniten im Irak) besser als die kriminellen Milizen und die Schia-Diktatur.

Wenn man das Wunschdenken ablegt und von den bestehenden Realitäten ausgeht, dann gibt es nur dieses, allerdings unter den beschriebenen Bedingungen kaum realisierbare Szenario für ein geordnetes Libyen: Nur eine starke Persönlichkeit, gestützt auf einen stammesübergreifenden Konsens, mit Charisma und mit entsprechender Machtbasis kann die libyschen Stämme einen und eine Form staatlicher Ordnung herstellen. Wahlen und Demokratie sind in einem Land wie Libyen eine Karikatur.

Entgegen der Behauptung des Ehepaars Münkler sind Islam und islamische Geschichte nicht nur wichtig, sondern zentral für das Verständnis der Länder, aus denen die »neuen Deutschen« kommen. Für Muslime ist der Anführer der Umma ein Imam, der die »federation of the tribes« anführt. Libyen ist hierbei keine Ausnahme. Der ersehnte Imam ist jedoch nicht in Sicht, und so werden auch in Zukunft weitere Hunderttausende Afrikaner mit Hilfe von Kriminellen den Weg nach Europa finden über das Transitland Libyen. Im Namen von Wissenschafts- und Meinungsfreiheit äußere ich meinen cartesianischen Zweifel, ob diese aus dem islamischen Land Libyen ohne Imam kommenden Armutsflüchtlinge als Schwarzafrikaner »neue Deutsche« werden; sie werden eher ihre eigene Parallelgesellschaft bilden. Solche sind, wie John Kelsay in seinem 1993 erschienenen Buch *Islam and War* schreibt, »a sort of sectarian enclave existing in the West, but not of it«. Mehr als *period*, d.h. zu Deutsch *Punkt, Schluss, Aus*, kann man zu diesem Fachurteil nicht hinzufügen.

Syrien: ein endloser Krieg und endlose Flüchtlingsströme

Weil ich ein in Damaskus geborener Syrer bin, hat dieser Teil des Kapitels eine besondere Bedeutung. Von 1962 bis heute, 2017, – trotz der Veröffentlichung von dreißig Büchern in deutscher Sprache und weiteren elf in den USA in englischer Sprache, Bundesverdienstkreuz 1. Klasse und verbeamteter Professur – habe ich es nicht geschafft, einer der »neuen Deutschen« zu sein oder zu werden. Wenn das bei mir so ist, wie können dann rund eine Million Syrer, die heute in Deutschland als Flüchtlinge leben – neben einer weiteren Million Muslime aus aller Welt –, dies schaffen?

Die bei Erscheinen des Buches *Die neuen Deutschen* (2016) noch amtierende Bundeskanzlerin ist den Autoren dieses »im Geiste ihrer Kanzlerin« (so der Rezensent Ulrich Berls) verfassten Buches voraus, denn sie spricht nicht mehr, wie früher, vom »freundlichen Gesicht« einer »Willkommenskultur«; auch sagt sie nicht mehr »Wir schaffen das«. Das Münkler-Buch war in dieser Hinsicht gleich bei seinem Erscheinen veraltet; es widmet sich einem Thema, das die Kanzlerin nicht mehr interessiert. Die Parole »Wir schaffen das« ist inzwischen von zwei anderen abgelöst worden: 1. Fluchtursachen bekämpfen (hauptsächlich in Syrien), 2. Fluchtrouten mit Hilfe der Türkei kontrollieren. Das Münkler-Buch hat zu diesen neuen Themen nichts zu sagen und ist allein schon deshalb in seinem Ansinnen der Rechtfertigung des *Wir schaffen das* und der *Willkommenskultur* Makulatur.

Meine Position ist diese: Anlässlich der Verleihung des Ringier-Preises für politischer Kultur an den 2016 amtierenden deutschen Außenminister Frank-Walter Steinmeier bat dieser mich als Syrien- und Nahostexperte, ihm eine Perspektive für eine Lösung des Blutvergießens zu geben. Ich erklärte Herrn Steinmeier die sehr komplexen Zusammenhänge und fügte hinzu, dass es zurzeit keine Lösung gebe, weil es sich um einen *protracted conflict* handelt. Ich behalte den englischen Fachausdruck bei, weil sein Inhalt bei jeder Übersetzung verfälscht würde.

In meinem akademischen Fach Internationale Beziehungen gibt es die Unterscheidung zwischen lösbaren und nicht lösbaren Konflikten. Die Lösung von Konflikten kann militärisch – der Sieger diktiert dem Verlierer eine Lösung – oder friedlich durch Verhandlungen unter den klar definierbaren Konfliktparteien erfolgen. In beiden Fällen müssen zwei Grundvoraussetzungen erfüllt sein: 1. das Vorhandensein von klaren

Fronten der Konfliktparteien als Akteure, 2. eine Messung der Stärke der involvierten Parteien, also klare Machtverhältnisse. Bei einer Diffusion der Macht und Fragmentation der Akteure, so, wie es in Syrien der Fall ist, ist weder eine militärische noch eine diplomatische Lösung möglich.

Anders formuliert: In Syrien gibt es keine klar definierten Konfliktparteien, die miteinander verhandeln könnten, zumal es bei diesen Bedingungen keinen Sieger geben kann. Formal ist die Staatsfront in Syrien klar definiert: Die Alawiten besitzen ein Monopol sowohl des politischen Apparates als auch der militärischen Macht. Armee, Luftwaffe, Geheimdienste und Polizei werden von alawitischen Offizieren dominiert, die Söldner aus anderen Ländern anführen. Aber diese Staatsmacht ist zerfallen und nur auf wenige Teile des Landes begrenzt. Die Opposition ist dagegen fragmentiert, sie hat ihre irregulären Djihadisten und enge Territorien. Es gibt drei große sunnitsche militärische Akteure: Zwei sind islamistisch: IS und Jabhat Fatah al-Sham (früher al-Nusra); die dritte ist nur islamisch, nämlich die freie syrische Armee. Dazu kommen ca. 105 unüberschaubare Milizen aller Couleurs, über die keiner einen Überblick hat. Das einzige, worüber sich diese Gruppierungen einig sind, ist das Ziel: »Weg mit den Alawiten!«

Es ist bedauerlich, dass die westliche Front USA-EU allein die islamistischen Krieger als »Terroristen« betrachtet, diese Einstufung aber nicht für die alawitische Luftwaffe des syrischen Staates vornimmt, die regelmäßig die Zivilbevölkerung, Schulen, Krankenhäuser und UNO-Hilfskonvois bombardiert. Die Barbareien in Aleppo 2016 illustrieren dies.

International gilt es als ein Kriegsverbrechen, Zivilisten zu bombardieren. Wenn sich russische und amerikanische Flugzeuge bei der beschriebenen innersyrischen Sachlage als externe Akteure mit militärischer Gewalt einmischen, dann handelt es sich um Kriegsverbrechen dieser Art. Mich empört nicht nur dies, sondern auch das dumme Geschwätz von sogenannten westlichen Experten, wonach es in Syrien um einen Stellvertreterkrieg gehe. Auf regionaler Ebene sind die schiitischen Alawiten kein *proxy* des Iran, ebensowenig wie die Sunniten ein *proxy* Saudi-Arabiens und Qatars sind. Richtig ist, dass diese Staaten als externe Akteure (dazu gehört an vorderster Stelle auch die Türkei) sich in die innersyrische Politik einmischen, wozu noch Russland und die USA als internationale Akteure kommen.

Obwohl die russische Luftwaffe im Bündnis mit der alawitischen Staatsarmee von Assad in Syrien Krieg führt, ist dieser im Wesentlichen ein irregulärer Krieg, der im Gegensatz zu zwischenstaatlichen Kriegen nicht leicht entschieden werden kann. Das ist die Logik des modernen irregulären Krieges, den ich mit zwei Kollegen aus der internationalen Wissenschaftsszene der Kriegsforschung in den vergangenen zwanzig Jahren beleuchtet habe. Zwei dieser Kriegsforscher sind Kalevi Holsti (Kanada) und Martin van Creveld (Israel). Weil sich das vorliegende Buch mit einem als »Star« in der deutschen Politikwissenschaft und in den Medien gefeierten Professor auseinandersetzt, nämlich mit Herfried Münkler, ist es angebracht, sein diesbezügliches Buch *Die neuen Kriege* (2002) zu erwähnen, weil es wie sein Buch *Die neuen Deutschen* die einschlägige wissenschaftliche Diskussion einfach übergeht. Münkler präsentiert sich als originellen Denker des »asymetrischen Krieges«, was einfach falsch ist. Andere haben lange vor 2002 das Ende des zwischenstaatlichen Krieges vorausgesagt, welcher dem irregulären Krieg weicht. Münkler übersieht beispielsweise die Bücher von Holsti über die nichtstaatlichen Kriege (1996), von van Creveld (1991) und auch von Tibi (*Conflict and War in the Middle East. From Interstate War to New Security*, Harvard University, 1993 [St Martin's Press], erweitert 1998 [Palgrave Macmillan]). In dieser Manier übergeht er ebenfalls in seinem Buch *Die neuen Deutschen* die Grundlagenforschung der Migration Studies.

Stellen wir in diesem Kontext *Die neuen Deutschen* des Ehepaars Münkler beiseite zugunsten des Fokus auf Syrien und auf die Strategie der Kanzlerin zur Bekämpfung der Fluchtursachen, d.h. der Lösung des Konflikts in Syrien, um den Zustrom von Flüchtlingen einzudämmen. Für diese gut gemeinte Erwartung habe ich leider *bad news*: Der Konflikt ist unlösbar. Hierfür steht der Begriff des *protracted conflict,* der sich schlecht ins Deutsche übersetzen lässt. Ich habe bereits ausgeführt, warum dieser Konflikt nicht lösbar ist. Die militärischen Fronten sind diffus, und buchstäblich entstehen jede Woche neue militärische Allianzen. Keine der Parteien kann über die anderen siegen. Eine friedliche Lösung ist deshalb nicht möglich, weil es keine klar definierbaren Akteure gibt, die als »Negotiators«, als Verhandlungspartner, konfliktlösend agieren können.

Im Verlauf des Jahres 2016 habe ich in der *Basler Zeitung,* in der *Wirtschaftswoche* sowie in Vorträgen die Deutung und Erklärung von *protracted conflicts* vorgenommen, und stets wurde ich mit der Erwartung konfrontiert, eine Lösung des Konfliktes aufzuzeigen – so auch bei meiner Begegnung mit Bundesaußenminister Frank-Walter Steinmeier in Ascona. Eine effektive Konfliktlösung für Syrien ist jedoch nur dann möglich, wenn die betroffenen Akteure in der Lage sind, die folgenden drei Ebenen des Konfliktes in den Griff zu bekommen:

Intern. Hier gilt dieser Befund: Alawiten kämpfen gegen fragmentierte Sunniten und umgekehrt; beide Communities können nicht mehr miteinander in einem Land zusammenleben. Die Zahl der gegenseitig zu beklagenden Toten beträgt gegenwärtig weit mehr als eine halbe Million Menschen; die Ablehnung und der Hass, die mittlerweile der jeweiligen Gegenseite entgegengebracht werden, sind für die aktuell lebenden Generationen unüberbrückbar. Jeder Syrer muss als Gewaltmensch agieren, einfach um in einer Situation des *bellum omnium contra omnes* zu überleben. Frieden erfordert, dass dieser Gewaltzustand beendet wird. Ich wünsche mir dies, aber ich kann eine realistisch gangbare und erfolgversprechende Lösung nicht erkennen.

Regional. Der Befund lautet: Die sunnitischen Staaten Türkei, Saudi-Arabien und Qatar sowie die schiitischen Staaten Iran und Irak mischen auf allen Ebenen mit, sie vertreten ihre eigenen strategischen Interessen, sind untereinander verfeindet, und sie haben kein Interesse daran, den Krieg zu beenden.

Auf *internationaler* Ebene gilt dies: Neben der mörderischen Luftwaffe der USA hat sich die russische Luftwaffe noch blutiger, noch barbarischer und noch menschenverachtender profiliert. Das Kalkül von Putin besteht darin, den Westen zu zwingen, ihn als wichtigen Spieler im Konflikt anzuerkennen, nicht zuletzt, um vom Ukraine-Konflikt abzulenken. Dieses Spiel ist bei dem schwachen und aus dem Amt geschiedenen US-Präsident Obama voll aufgegangen. Die schwächelnden USA unter Obama und die EU, die außer der AWACS-Überwachung keine Zähne gezeigt hat, fügten sich Putin. Dennoch hört das Putin-Russland nicht auf, in Syrien zu morden, und stärkt Assad den Rücken. Im Dezember 2016 hat sich Putin in Syrien als Mörder wie Hitler erwiesen.

In diesem Dickicht ist es den USA, der EU und der UNO noch nicht einmal auf diplomatischem Wege gelungen, im September einen humanitär konzeptualisierten Waffenstillstand zugunsten der zivilen Bevölkerung durchzusetzen. Wie soll dann erst eine diplomatische Lösung des

Gesamtkonflikts zustande kommen? Eine militärische Lösung ist ausgeschlossen.

Syrien ist wie Libyen ein Land, aus dem bzw. durch das die Völkerwanderung nach Europa stattfindet, es ist heute ein Land, in dem es keine staatlich funktionierende Instanz mehr gibt. Der Staat besitzt nicht die Autorität, um sein gesamtes Territorium kontrollieren zu können. Ich erinnere erneut daran: In Syrien kämpft die sunnitische Mehrheit der Bevölkerung (ca. 75%), die wiederum in zahlreiche Fraktionen als Kollektive gespalten ist (von der »Freien Syrischen Armee« bis hin zu IS), gegen die schiitisch-alawitische Diktatur des Al-Assad-Clans. Weder Alawiten, die als ein Kollektiv einer Minderheit über die reguläre Armee verfügen, noch die sunnitische Mehrheit mit ihren irregulären Kriegen des Djihadismus kann hierbei militärisch siegen. Um es klarzustellen: In Syrien findet kein Religionskrieg, sondern seit 1970 ein Konflikt um die Ressourcenverteilung im Lande statt. Dieser wird jedoch religionisiert. Zu einer detaillierten Erörterung der Religionisierung des Konflikts verweise ich auf mein Buch *The Sharia State* (2013).

Auf der Grundlage der bisher geleisteten Analyse der Komplexität der Lage in Libyen und in Syrien vertrete ich die Auffassung, dass in beiden Ländern *protracted conflicts* ausgetragen werden, die nahezu unmöglich zu lösen sind. Zu einer möglichen Lösung gehört es, die lokale und regionale Dynamik in den Griff zu bekommen. Weder die lokalen noch regionalen bzw. internationalen Akteure sind hierzu 2017 in der Lage. Von außen lässt sich ein solcher Konflikt nicht lösen. Die heutige Einmischung der USA und Russlands durch Bombardierungen kann nur dazu führen, dass nicht nur die menschlichen Tragödien noch dramatischer werden und der Hass der Bevölkerung auf beide Länder weiter wächst, sondern auch die Flüchtlingsströme weiter anschwellen. Die Komplexität der Lage nimmt weiter zu. Zu einer Konfliktlösung trägt dies sicherlich nicht bei. Auch die EU erweist ihre Unfähigkeit, sowohl im Umgang mit dem Syrien-Konflikt als auch mit der globalen Flüchtlingskrise. Die EU kann strenge Regulierungen für Bagatellen erlassen, etwa für neue Beleuchtungsmittel (nämlich dem in detaillierten Stufen erfolgenden Verbot der Glühbirne) oder die maximale Leistungsfähigkeit von Staubsaugern, versagt aber, wenn es um eine unmittelbar wichtige, Menschenleben betreffende *policy* oder um erforderliche Konzepte für Außen-, Sicherheits-, Finanz- und Migrationspolitik geht. Der Umgang der EU mit Syrien und der globalen Flüchtlingskrise sowie zuvor mit der

Finanzkrise seit 2008 gleicht einer Bankrotterklärung. Für die Regulierung der demografischen Lawinen aus Nahost und Afrika verfügt die EU über kaum mehr als hohle Sprüche wie Merkels »Wir schaffen das« sowie über den Aufruf zur Solidarität mit Merkels Politik, die ich als deutschen Sonderweg deute, der anderen europäischen Staaten aufgezwungen wird.

Der Staatszerfall in Syrien und Libyen ist die Hauptfluchtursache für Flüchtlingsströme. Diese Fluchtursache kann nach meiner Einschätzung als Nahostexperte nur auf der Basis der Herstellung einer staatlicher Ordnung in Libyen und Syrien behoben werden. Es werden jedoch Jahre vergehen, bis auch nur absehbar ist, wie diese *protracted conflicts* gelöst werden können. Ich kann keinerlei rational gerechtfertigte Grundlage dafür erkennen, wie die ehemalige Physikerin Angela Merkel die Fluchtursache beseitigen will. Es bleibt bei der Durchhalteparole »Wir schaffen das«.

Der Staatszerfall in Syrien ist keine tagespolitische Angelegenheit; hintergründig hängt er mit der Entstehung der alawitischen Alleinherrschaft zusammen. Er begann 1970, als alawitische Offiziere die Macht eroberten (nur ein knappes Jahr nach dem Putsch Qadhafis in Libyen). Daraufhin erfolgte eine starke alawitische Zuwanderung aus den nördlichen Dörfern in alle syrischen Großstädte, jedoch hauptsächlich nach Damaskus. Der Ressourcenkampf wurde auf allen Ebenen zugunsten der Alawiten entschieden. Bis Beginn des arabischen Frühlings 2011 wuchs Syriens Wohnbevölkerung von drei bis vier Millionen um 1960 bis auf heute rund 30 Millionen an (die von der Weltbank angegebene Zahl von 20 Millionen ist falsch). Damaskus expandierte zu einer Millionenstadt mit zahlreichen Slums.

Nebeneffekt der demografischen Explosion ist das neue Phänomen des *youth bulge* (s. Einführung, S. **Error! Bookmark not defined.**). Diese jugendlichen Männer – nicht Frauen – migrieren heute aus dem syrischen *youth bulge* nach Deutschland und maskulinisieren die deutsche Gesellschaft. (Mehr dazu im ersten Abschnitt von Kapitel 10.)

Unter dem Mörder Hafiz al-Assad stiegen alawitische Bauern zur neuen Oberschicht in Damaskus auf. Die ursprünglich nordsyrischen alawitischen Bauern sind somit seit 1970 die sozialen Aufsteiger. Die alawitischen Armeeoffiziere, die aus den nördlichen Dörfern Syriens stammen, sind seit dem Assad-Putsch von 1970 nicht nur diktatorische Herrscher, sie haben auch den Platz des sunnitischen Großbürgertums von Damaskus und Aleppo buchstäblich eingenommen und sunnitische Aleppiner und Damaszener sozial und politisch marginalisiert. Das ist der Kern des Konflikts. Wer dies nicht versteht bzw. nicht verstehen will, der kann den Syrien-Krieg als *protracted conflict* nicht begreifen.

Der trotz zahlreicher Militärputsche seit Erlangung der Unabhängigkeit von der französischen Kolonialmacht Frankreich 1945/1946 bis 1970 vorhandene innere Frieden fußte auf einem durch Zivilität gekennzeichneten, friedlichen und funktionierenden Gemeinwesen. Obwohl die Mehrheit (ca. 75%) aus arabischen Sunniten besteht, gab es in den Großstädten Frieden unter den religiösen und ethnischen Minderheiten. Diese sind Christen (ca. 8 %), Kurden (ca. 5 %), ferner Drusen, Armenier, Assyrer u.a. Diese lebten miteinander nicht nur in Frieden, sondern auch in gegenseitigem Respekt. Ich habe dies in meinen Schulklassen in Damaskus intensiv erlebt. Bis 1970 lebten die schiitischen Alawiten in den Dörfern im Norden, in Damaskus gab es sie nicht. Wodurch ergab sich der Wandel, der das Land zerstört hat und den Staatszerfall bedingt?

Anders als in den Jahren nach der Unabhängigkeit schickten die bürgerlichen Familien der Großstädte ihre Kinder zum Studium an europäische und US-Universitäten und nicht mehr auf die Militärakademien. Meine eigene Biografie ist Beispiel hierfür. Der größte Andrang auf die Offiziers-Ausbildung kam seitdem von den alawitischen Dorfbewohnern des Nordens. Diejenigen ihrer Kinder, die das Abitur (damals das frz. Baccalaureate) schafften, eigneten sich somit für die Aufnahme in die Militärakademie. Einer dieser Alawiten war der Luftwaffenoffizier Hafiz al-Assad. In den Jahren seiner Diktatur 1970–2000 hatte er Syrien total und negativ dadurch verändert, dass er die Bevölkerung in verfeindete Ethnien und Sekten unter alawitischer Herrschaft fragmentiert hatte. Ich nenne diesen Prozess Alawitisierung des syrischen Staates parallel zur ethnisch-religiösen Fragmentierung der Gesellschaft. Was 2011 als Ausbruch geschah, war daher keine Überraschung, sondern die Folge des beschriebenen Prozesses. In jenem Jahr 2011 kam es gleichsam zur Explosion.

Um den Kern der Syrienproblematik zu begreifen, muss man wissen: Zwischen 1970, dem Jahr des Assad-Putsches, und 2011, dem Ausbruch der Rebellion des Arabischen Frühlings, wurde der gesamte Staatsapparat in Syrien im Rahmen eines Elitenwechsels alawitisiert. Vor allem in den Streitkräften wurden die Führungspositionen im Offiziers-Corps fast ausschließlich von Alawiten besetzt. Alawiten sind eine rurale schiitische

Sekte, die zutiefst feindlich gegen die sunnitische urbane Bevölkerung gesinnt ist. Nur mit dem Wissen um den tödlichen Hass kann man begreifen, wie alawitische Luftwaffen-Piloten es schaffen, Tausende von sunnitischen Zivilisten in ihren Wohngegenden zu bombardieren und zu ermorden. Diese Mörder kennen keine religiöse Toleranz. An zweiter Stelle steht der Sicherheitsapparat (Mukhabarat), dessen Mitarbeiter teilweise von Stasi-DDR-Offizieren ausgebildet worden sind. Ich habe genaue Kenntnisse darüber, wie Mukhabarat-Agenten noch fürchterlicher agierten als die Nazi-Schergen und KGB-Mörder. Töchter von Sunniten-Familien waren wie Freiwild und wurden von diesen Verbrechern vergewaltigt. Nur Menschen aus dem Orient können emotional nachvollziehen, welche Demütigung dies für eine Familie bedeutet. Syrische Flüchtlinge berichteten mir glaubwürdig, wie alawitisch besetzte Ämter in Damaskus und Aleppo systematisch Sunniten ermorden lassen, um anschließend ihre inneren Organe auf dem internationalen Transplantationsmarkt zu verkaufen. In meinem Beitrag *Syrer und Deutsche* in Alice Schwarzers Buch *Der Schock* (2016) habe ich diese Gewalt beschrieben, die Syrer nicht nur als Opfer erleiden, sondern die sie gleichermaßen auch als Täter als Kultur mit nach Deutschland bringen. Das vorherrschende Mantra Merkels: »Wir wollen ein freundliches Gesicht zeigen« verbietet es, diese bittere Wahrheit auszusprechen.

Nach 41 Jahren (1970–2011) alawitisch-schiitischer diktatorischer Terrorherrschaft erreichte der Arabische Frühling 2011 Syrien. In Kenntnis der Unbarmherzigkeit alawitischer Geheimdienste hatte ich kaum an ein solches Wunder geglaubt. Zu Beginn gab es friedliche Demonstrationen mit dem Aufruf »al-Scha'b yurid isqat al-Nizam« (»Das Volk möchte den Sturz des Regimes«). Die mörderische Antwort des Alawiten-Staates erfolgte durch Artillerie und den Einsatz von Giftgas und Napalm-Bomben sowie durch Angriffe der Luftwaffe. Hama 1982, d.h. das vielen Menschen einen grausamen Tod bringende Vorgehen seines Vaters dort, gilt für den jungen Assad-Diktator als Vorbild. Damals haben alawitische Truppen in einer einzigen Nacht ca. 30.000 rebellierende Sunniten in jener Stadt getötet und damit äußerst blutig den Hama-Aufstand beendet.

Die Zeiten haben sich jedoch nach dem Arabischen Frühling geändert, der Massenmord von 1982 in Hama ließ sich nicht wiederholen. Diesmal ging es nicht so einfach wie 1982. Heute kontrollieren die Alawiten nur noch rund ein Drittel des Landes. Damit ist die lokale Ebene des Konflikts angesprochen – mit ca. einer halben Million Toten und ca. 12 Millionen Sunniten, Kurden und Christen auf der Flucht. Fairerweise muss ich einräumen: Die Gräueltaten sind gleichermaßen von beiden Seiten verübt worden. Mir als Humanisten liegt es fern, die syrischen Sunniten freizusprechen. Unter den Todesopfern sind ca. 70.000 Alawiten. Aber die alawitischen Militärs, unterstützt von der schiitischen Hisbollah und vom Iran, haben 500.000 Sunniten ermordet. Die sunnitischen Djihadisten sind ebenso grausam; ihre Rachsucht kennt keine Gnade und ist erbarmungslos.

Die Zwischenbilanz des innersyrischen, bisher fünf Jahre andauernden ethnisch-religiösen Krieges lautet, dass syrische Sunniten und Alawiten nicht mehr zusammenleben können. Eine Versöhnung wäre moralisch wünschenswert, aber sie ist realpolitisch unter diesen Bedingungen undenkbar, ja völlig ausgeschlossen nach der Ermordung von 500.000 Menschen. Um es noch deutlicher auszusprechen: Das Problem ist nicht nur der Assad-Clan, sondern vorrangig die gesamte alawitische, auf Armee, Luftwaffe und Sicherheitsdiensten basierende Minderheitenherrschaft über die sunnitische Bevölkerung. Allein die Entfernung des Diktators Assad ist keine Lösung. Die von Alawiten besetzte Armee und der Sicherheitsapparat müssen aufgelöst werden. Wer das nicht sieht, versteht nicht, was in Syrien vor sich geht. Auch stellt die Ablösung des Alawiten-Staates durch einen sunnitischen Scharia-Staat keine Lösung dar. Mich hat es unendlich wütend gemacht, als die »in der SED-Diktatur sozialisierte« Angela Merkel, so Hans-Hermann Tiedje in der *Neuen Zürcher Zeitung* (08.08.2016), erwog, Assad als Gesprächspartner zur Konfliktlösung heranzuziehen.

Die Tatsache, dass dem Konflikt auch eine religiöse Dimension von Alawiten und Schiiten gegen Sunniten innewohnt, führt die Analyse von der lokalen zur regionalen Ebene, die gleichfalls religiös gelagert ist. Das regionale Umfeld des Konflikts ist dieses: Im westlichen Nachbarland Libanon kämpfen schiitische Hisbollah-Milizen als Sunniten-Killer auf der Seite der syrischen Alawiten-Armee. Im Norden befindet sich ein vorwiegend sunnitisches Land, die Türkei, das von einer sunnitisch-islamistischen Partei, der AKP, autoritär bis diktatorisch regiert wird. Im Osten stehen zwei schiitisch beherrschte Staaten, Irak und Iran, auf der Seite der Alawiten-Diktatur. Der Iran unterstützt Assad militärisch sowie auf allen anderen Ebenen. Die sunnitischen Akteure Saudi-Arabien und Qatar stehen geografisch fern, aber beide wirken als Verbündete der

Sunniten gegen den Iran und gegen die alawitische Diktatur. Dennoch sind die gegeneinander kämpfenden lokalen Akteure auf keinen Fall Stellvertreter der staatlichen regionalen Akteure. Diese mischen sich kräftig ein und verkomplizieren die auf der Ebene der regionalen Dynamik bestehende lokale ethnisch-religiöse Fragmentation Syriens und seiner Bevölkerung, sind aber keine Verursacher des Konflikts und können ihn nicht beenden. Damit wird jede Konfliktlösung weiter erschwert. Kurz und bündig: Von außen ist dieser Konflikt nicht lösbar. Der Glaube der EU-Politiker wird durch die Tatsachen vor Ort Lügen gestraft. Frau Merkel wird diese Fluchtursache nicht meistern, es sei denn, man glaubt an Magie.

Nun komme ich zu den internationalen Akteuren, die sehr viel Schaden – wie ein Elefant im Porzellanladen – in Syrien anrichten. Dies tun die USA gleichermaßen wie Russland. Seit dem militärischen Aufstieg des IS scheint nicht mehr Assad der Täter zu sein, sondern nur noch die irregulären Krieger, also die Djihadisten. Trotz Neubelebung des Kalten Krieges bombardieren die USA und Russland gemeinsam vermeintliche IS-Basen. Russland bombardiert gezielt auch Zivilisten und jede Opposition von Assad. Und was tut die EU? Ihre Außenminister, die in den Nahen Osten reisen, um eine islamisch-türkisch-saudische Annäherung auf den Weg zu bringen, wirken einfach lächerlich. Sie reisen im festen Glauben, der Konflikt könne sich durch ihre Aktivitäten lösen lassen; sie erweisen sich schlicht als Simplificateurs, die anscheinend nichts von Nahost-Politik verstehen.

Diese kritische Bemerkung über die auswärtigen Akteure führt uns unmittelbar zur dritten Ebene, nämlich die der Weltpolitik. Die USA bombardieren Syrien, haben den IS geschwächt, aber nicht beseitigt. Die vom IS vorangetriebene antiamerikanische Mobilisierung lässt sich nicht aus der Luft besiegen. Die EU ist durch den Zustrom von Flüchtlingen aus der Kriegsregion in Mitleidenschaft gezogen, ohne dass EU-Politiker auch nur verstünden, was im Nahen Osten vor sich geht. Dagegen scheint Russland das außenpolitische Ziel der Überwindung seiner Isolierung vor dem Hintergrund des Ukraine-Konfliktes erreicht zu haben. Putins Rechnung ist voll aufgegangen, vorrangig eine Anerkennung als Akteur im Nahen Osten vom Westen zu erzwingen und dabei die Schwächung europäischer Sanktionen seit der Ukraine-Krise voranzutreiben. Die nicht mit besonderen außenpolitischen Kompetenzen ausgestattete deutsche Bundeskanzlerin hat die harte Linie gegen Russland in der naiven Illusion aufgegeben, dass die EU im Dialog mit Putin und seinem Verbündeten Assad eine Lösung für den höchst komplexen Konflikt von außen aufoktroyieren kann. Das alleinige Motiv der Kanzlerin scheint dabei zu sein, eine Lösung für die globale Flüchtlingskrise zu finden, die sie selbst mit unverantwortlichen Sprüchen der Einladung zur Willkommenskultur mitausgelöst hat. Die Kanzlerin taktiert zwischen einer Appeasement-Politik gegenüber Russland und verbaler Politik der »Fluchtursachen-Bekämpfung«. Politik ist wie Fußball, sie wird an ihren Ergebnissen gemessen. Merkels Erfolgsbilanz liegt bei null Treffern.

Die aufgezeigte Komplexität auf lokaler, regionaler und weltpolitischer Ebene untermauert die Einschätzung, dass der Syrien-Konflikt ein *protracted conflict* ist. Es gibt dabei nicht klare Täter und Opfer, sondern es wird an allen Fronten und auf allen Seiten gemordet – ein Hobbes'scher *bellum omnium contra omnes*. Einfache Lösungsvorschläge beweisen nur eines: die Naivität ihrer Urheber und wie wenig diese von Politik im Nahen Osten verstehen.

Zu den zentralen Ergebnissen der hier geleisteten Analyse der Nahostpolitik seit dem Arabischen Frühling gehört die Feststellung des Staatszerfalls sowie seiner Folgen als Ursprung der globalen Flüchtlingskrise. Als der Arabische Frühling, der den Ausgang dieser Krise bildete, ausbrach, jubelten Politiker der EU einer vermeintlichen großen Demokratisierung der Region zu. Stattdessen trat jedoch Staatszerfall ein, worauf eine millionenstarke Völkerwanderung nach Europa einsetzte. Keiner dieser EU-Politiker ahnte, dass alle erforderlichen Voraussetzungen für eine Demokratisierung in Nahost fehlten. Dies gilt vor allem für Syrien und Libyen, also für die zwei Länder, von denen aus die massenhafte, von kriminellen Schleuserbanden sowie von Islamisten organisierte illegale Migration nach Europa generiert wird. Das alte Märchen von der Demokratisierung in Nahost wurde von einem neuen Märchen abgelöst. Dieses auf der Merkel-Parole »Wir schaffen das« basierende Märchen unterstellt, dass Europa, dass Deutschland eine millionenstarke Zuwanderung von Sozialhilfeempfängern bewältigen kann. Nun, nachdem sich auch dies immer deutlicher als eine bloße Illusion entblößt, folgt das nächste Märchen: Merkels Deutschland und Obamas USA wollen die Fluchtursachen an den Wurzeln packen, also die Instabilität in Syrien und Libyen beenden, um somit die massenhafte Zuwanderung in den Griff zu bekommen.

Anders als Merkel und die anderen EU-Politiker sehe ich in Syrien einen blutigen Konflikt, der noch sehr lange anhalten wird. Ich wiederhole die Formel vom *protracted conflict.* Wie gehen europäische Politiker mit den sich daraus ergebenden politischen Herausforderungen um?

Mit Hilfe von Max Weber will ich abschließend einige Worte über die Eignung der EU-Politiker, über Nahost zu urteilen, verlieren. In seinem berühmten Essay *Politik als Beruf* (1919) meint Max Weber, dass ein erfolgreicher Politiker folgende drei Qualitäten vorweisen müsse: Leidenschaft in der Sache – Verantwortungsgefühl – Augenmaß. Weber beeilt sich hinzuzufügen, dass er unter Leidenschaft keine Sentimentalitäten versteht: »Denn mit der bloßen, als noch so echt empfundenen Leidenschaft ist es freilich nicht getan. Sie macht nicht zum Politiker, wenn sie nicht, als Dienst an einer ›Sache‹, auch die *Verantwortlichkeit* gegenüber ebendieser Sache zum entscheidenden Leitstern des Handelns macht. Und dazu bedarf es – und das ist die entscheidende psychologische Qualität des Politikers – des *Augenmaßes*, der Fähigkeit, die Realitäten mit innerer Sammlung und Ruhe auf sich wirken zu lassen, also: der Distanz zu den Dingen und Menschen.«

Nur diese drei Qualitäten befähigen Politiker dazu, »ein langsames Bohren von harten Brettern« als Politik vorzunehmen; ich vermisse dies bei der Syrien-Politik sowohl Frau Merkels als auch anderer EU-Politiker. Auch in den nächsten Jahren werden weitere Millionen Flüchtlinge aus Syrien und Libyen kommen, und die EU hat weder ein *Policy*-Konzept, um mit dem Staatszerfall als Fuchtursache, noch eines dafür, um mit dem Flüchtlingsstrom als solchem verantwortungsvoll umzugehen.

Die Ankündigung, die Flüchtlingskrise durch »Bekämpfung der Fluchtursachen« zu bewältigen, wird nicht erfüllt werden können,. Kann das eher bescheidene Ziel, die Balkan-Route unter Kontrolle zu bringen, erreicht werden? Dies ist nur mit Hilfe der Türkei machbar. Zu beleuchten, ob dies möglich sein kann, ist die Aufgabe des folgenden Abschnitts.

Türkei: Die Balkanroute, illegale Zuwanderung und die AKP-Erpressung der EU

Die Türkei ist für Europa das geopolitisch wichtigste Land aller 57 islamischen Staaten der Welt. Der Grund hierfür ist die geopolitische Tatsache, dass die Türkei drei regionale Subsysteme als Knotenpunkt miteinander verbindet: 1. den Nahen Osten, 2. Zentralasien, 3. den Balkan. Für eine detaillierte Analyse dieser geopolitischen Lage verweise ich auch auf mein Türkei-Buch *Mit dem Kopftuch nach Europa.* (2005), Kapitel IV.

Seit der Flüchtlingskrise hat die Türkei weiter an Bedeutung gewonnen, weil von dort nicht nur syrische Kriegsflüchtlinge, sondern auch die *youth bulges* aus Afghanistan, dem Irak, ja aus allen Teilen der Welt, unter anderem auch aus Nordafrika nach Europa kommen. Die Türkei ist noch ein stabiler Staat, der in der Lage ist zu helfen, diese demografischen Ströme zu steuern. Tut die von der AKP regierte Türkei dies als Politik jedoch aufrichtig? Bis 2002, also bis zum Aufstieg der AKP als islamistische Herrschaftspartei, hatte die Türkei eine kemalistische, proeuropäische Orientierung. Diese ist seit dem AKP-Aufstieg von einer islamistischen Weltanschauung abgelöst worden. Den Unterschied zwischen Islam und Islamismus habe ich auch unter Bezug auf die Türkei in meinem Buch *Islamism and Islam* (2012) erklärt; dort unterscheide ich zwischen zwei Formen des Islamismus: 1. dem gewaltförmigen und radikalen djihadistischen Islamismus und 2. dem gemäßigten institutionellen Islamismus.

Institutionelle Islamisten wie die AKP unterscheiden sich von Djihadisten dadurch, dass sie durch Wahlen und nicht durch Djihad an die Macht kommen. Trotz dieses Unterschiedes streben beide gleichermaßen eine islamische Scharia-Ordnung für den Staat an. Das Verhältnis der AKP zur Demokratie kommt am besten durch eine Äußerung Erdogans in einer Rede vom Dezember 2000 zum Ausdruck: »Die Demokratie ist ein Zug, in den wir einsteigen, ihn aber verlassen, wenn wir unser Ziel erreicht haben.« In Deutschland herrschen erhebliche Blockaden gegen ein angemessenes Verständnis der Türkei vor, aus Gründen der politischen Korrektheit. Bis heute, 2017, weigern sich die Medien, die AKP als islamistische Partei einzuordnen; sie bestehen auf der falschen Bezeichnung »islamisch konservativ«. Der europäisch-demokratische Kurs der Türkei existiert jedoch schon lange nicht mehr. Aus der Perspektive des Bedarfs der EU, die Balkanroute unter Kontrolle zu bekommen und hierfür selbst mit der AKP Erdogans zusammenzuarbeiten, werde ich in diesem Abschnitt die Zusammenhänge erklären.

Bei dieser dritten Fallstudie, mit der dieses Kapitel über die geopolitischen Standorte der islamischen Zuwanderung nach Europa abschließt, nämlich der Türkei, liegen die Probleme anders als im Falle Libyens und

Syriens, wo der Staatszerfall das zentrale Thema ist. Die Türkei war vor dem Machtaufstieg der islamistischen AKP das Modell in der islamischen Zivilisation für Modernisierung und für die Trennung der Sphären Religion und Politik. Heute befindet sich die Türkei in einem blutigen Konflikt zwischen dem fundamentalistischen Islamismus und säkularen Kemalismus.

Es schmerzt, beobachten zu müssen, dass das Scheitern Deutschlands bei der Aufgabe, den türkischen Migranten mehr als Pass und Arbeitsplatz zu geben, diese in die Hände der AKP und der Islamisten treibt. Nach Umfragen treten 70 % der Deutsch-Türken für die Scharia ein, und 60 % von ihnen wählen Erdogans AKP. Den deutlichen Beweis für die gescheiterte Integration lieferten Deutsch-Türken in Köln am 31.07.2016, als ca. 40.000 von ihnen unter türkischen Flaggen und Pro-AKP-Rufen auch für die Todesstrafe und für die Diktatur Erdogans protestierten. Die deutschen Meinungsmacher des herrschenden Narrativs haben nichts gesehen und nichts gehört; sie blieben taub und stumm, ja auch blind gegenüber diesem sonderbaren Ereignis; sie verlautbaren im Geiste der Appeasement-Politik der Kanzlerin, wie wichtig die Türkei für die Eindämmung der demografischen Lawinen aus Nahost und Zentralasien sei. Das stimmt nur begrenzt und wird durch die von der AKP regierte Türkei eingeschränkt.

Die Experten-Weisheit lautet, dass alles durch die persönliche Eigenart der unsympathischen Person Erdogans verschuldet sei. Doch klar ist, dass es nicht um die Person Erdogans geht, sondern um die Partei, mit der er regiert – die AKP –, und um die politische Orientierung, für die sie steht. Warum wird diese AKP in den westlichen Medien islamisch-konservativ genannt und nicht als das, was sie wirklich ist, nämlich als islamistisch-fundamentalistisch, eingeordnet? Im nächsten Kapitel werde ich darauf eingehen, wie die AKP-Regierung die Diyanet-Behörde, der der türkisch-westeuropäische Islam unterstellt ist, nicht nur eine Verhinderung der Integration, sondern auch eine Politik der teils versteckten, teils offenen Islamisierung betreibt.

Die seit 2002 in der Türkei vorherrschende AKP ist nicht islamisch-konservativ, sondern islamistisch; sie gehört zur Geschichte des politischen Islam in der Türkei. Diese Geschichte umfasst fünf Parteien: Nizam Partisi (1970), Selamet Partisi (1973), Refah Partisi (1983), Fazilit Partisi (1997); die 2001 gegründete AKP ist das fünfte Glied in der Kette dieser Parteiengeschichte; ein Jahr später, 2002, gelang es ihr auf formaldemokratische Weise, die Macht zu erobern, die sie bis heute ohne eine politische Kultur der Demokratie ausübt. Das oberste Ziel der AKP seit 2002, also dem Jahr der Machteroberung, heißt: Entkemalisierung von Staat und Gesellschaft in der Türkei. Der Putsch vom 15. Juli 2016 ist ein entscheidendes Datum und nur deshalb die Spitze des Eisberges, weil es das endgültige Ende des Kemalismus und den Sieg des Islamismus in der Türkei markiert.

Der zentrale Konflikt in der Türkei ist also ein solcher zwischen Islamismus und Kemalismus; es geht nicht um einen Showdown zwischen Erdogan und Gülen. Die Auseinandersetzung mit der Gülen-Bewegung ist ein Nebenschauplatz. Seit 2002 bis heute übernehmen die deutschen Medien die AKP-Erdogan-Vision und verbreiten die falsche Nachricht, die AKP sei islamisch-konservativ. Der institutionelle Islamismus ist auch ein politischer Islam. Der wichtigste Unterschied zwischen dem djihadistischen und dem institutionellen Islamismus besteht in der Wahl der Mittel. Institutionelle Islamisten-Bewegungen wie die AKP und gleichermaßen die Gülen-Bewegung treten für den friedlichen Marsch durch die Institutionen ein, wohingegen die Djihadisten sich für Gewalt als Mittel der Machteroberung einsetzen. Wenn es um das Ziel geht, nämlich die Errichtung des islamischen Scharia-Staates, gibt es keine Unterschiede zwischen Djihadisten und institutionellem Islamismus. Auch die institutionellen Islamisten wollen Europa islamisieren; mehr hierüber werde ich in Kapitel 10 berichten.

Als Islamologe, Nahost- und Türkeiexperte mit fünfzigjähriger Forschungserfahrung über Islam und Politik stelle ich fest:

- Erstens: Es gibt eine Kontinuität im politischen Islam in der Türkei, die von der ersten islamistischen Partei Nizam Partisi (1970) bis hin zur AKP von heute reicht, also von 1970 bis 2017 mit fünf islamistischen Parteien reicht.
- Zweitens: Auch innerhalb der Geschichte der AKP seit ihrer Gründung 2001 bis heute gibt es eine politische Kontinuität; Erdogan und die AKP hatten 2002, als sie an die Macht kamen, dieselbe Agenda, die sie heute nach dem Putsch-Versuch von Mitte Juli 2016 haben. Das ist also nichts Neues in der Türkei. Die AKP hat im vergangenen Jahrzehnt genug Macht erlangt, um sich nicht mehr verstecken zu müssen. Wer den AKP-Autoritarismus erst auf Mitte Juli 2016 datiert, hat keine Ah-

> nung vom Islamismus in der Türkei. Dazu gehören EU-Politiker, die sich weigern, diese Realitäten zur Kenntnis zu nehmen; sie haben der AKP-Türkei 2005 durch Beitrittsverhandlungen zur EU die Tür nach Europa geöffnet, ohne zu wissen, was sie da hereinlassen wollen. Die Ereignisse nach dem Putschversuch vom 15. Juli veranlassen dieselben EU-Politiker jetzt, die Tür – so im Dezember 2016 geschehen – wieder zu verschließen.

Der einzige EU-Politiker, der die Bedenken offen artikuliert, ist der dreißigjährige Außenminister Österreichs Sebastian Kurz. Hierfür erntete er den Vorwurf der islamistischen AKP, er und ähnlich denkende EU-Politiker seien »Rechtspopulisten«. Es ist lächerlich, dass gerade die fundamentalistische AKP sich einer solchen Sprache bedient, die sonst europäische Linke gegen ihre Kritiker benutzen.

Der gescheiterte Putsch des Militärs vom 15. Juli ist nicht von der Gülen-Bewegung, sondern von kemalistischen Militärs durchgeführt worden – leider auf dilettantische Art und Weise. Was selbst die islamistische AKP Erdogans im faschistischen Sprachjargon »Säuberung« nennt, zielt nicht nur auf die Gülen-Bewegung, sondern auch und vor allem auf die Kemalisten in der Justiz und den Streitkräften. Mich hat es erschüttert, in den ZDF-Nachrichten einen EU-Politiker zu sehen, der in Ankara den AKP-Politikern das Verständnis der EU für »Säuberungen« übermittelt, jedoch mit der Bitte, diese müssten »rechtsstaatlich vollzogen werden«. Säuberungen rechtsstaatlich? Wie? Deutschland und die EU wollen sich die Zusicherung der AKP-Türkei, die Balkan-Route für Flüchtlinge zu blockieren, nicht verscherzen. Darum geht es.

Heute kann man der Frage nicht mehr entrinnen: Warum war der Westen von der politischen Entwicklung in der Türkei im Jahr 2016 überrascht? Gibt es keine kompetenten Türkei-Experten im Westen, die diese Entwicklung hätten voraussagen können? Ich erlaube mir eine Analogie zur Finanzkrise. Damals hatte die *Financial Times* auf dieselbe Frage die Antwort in einem klugen Editorial mit diesem Wortlaut gegeben: »People ignore predictions they dislike«. Ich als ein auf Englisch und Deutsch publizierender Türkei-Experte habe das, was das zitierte *FT*-Editorial angibt, am eigenen Leib in Bezug auf die Türkei erfahren. Im Jahre 2005 habe ich mein Buch »Mit dem Kopftuch nach Europa. Die Türkei auf dem Weg in die Europäische Union« veröffentlicht und musste entweder feindliche Kommentare oder totales Ignorieren ertragen. Die Politiker wollten es nicht wissen. Das ist die erste große Erkenntnis.

Die zweite Erkenntnis betrifft die politische Sprache, die in Deutschland im vorherrschenden Narrativ verwendet wird; ich beziehe mich vor allem auf den Begriff *Populismus,* den Linke und Grüne gegen »unbequeme Gedanken« (Adorno) wie ein Schwert erheben, um Schweigen zu erzwingen. Die AKP-Islamisten sind *smart people* und verfolgen genau, was im Westen geschieht. Nun haben sie zusätzlich zu den Vorwürfen der Islamophobie des Christen-Clubs auch den Vorwurf des Populismus von europäischen Linken gelernt, den sie gegen sich offen artikulierende europäische Politiker wie den österreichischen Bundeskanzler Kern und seinen Außenminister Kurz verwenden. Reicht dieses Beispiel nicht aus, die schändliche Keule *Populismus* endlich zugunsten von sachlichen Argumenten aus dem Verkehr zu ziehen?

Die dritte Erkenntnis betrifft die AKP selbst. Bisher haben sich Deutsche gleichermaßen in Wissenschaft, Politik und Journalismus die AKP-Täuschung zu eigen gemacht, mit der sich die AKP nach außen präsentierte, nämlich als demokratische Partei, genauer gesagt: als Parallele zur deutschen CDU. Als Türkei- und Islamismus-Experte habe ich dagegen die AKP seit ihrer Gründung 2001 als islamisch-fundamentalistisch gekennzeichnet und sie in die oben angeführte türkische Geschichte der fünf islamistischen Parteien eingeordnet. Zu dieser dritten Erkenntnis gehört die Einschätzung des Verhältnisses von Islamismus zu Demokratie – die Demokratie als ein nur vorübergehendes Mittel, um zum eigentlichen Ziel zu gelangen. Heute erleben Europäer diese Geisteshaltung offen.

Kurz, diese dritte Erkenntnis zeigt: Islamismus und Demokratie *do not mix*, wie man im Amerikanischen sagt. Einer der größten außenpolitischen Fehler der Obama-Administration war und bleibt die enge Zusammenarbeit mit friedlichen Islamisten, von den ägyptischen Muslimbrüdern bis hin zur AKP. Dies tat Obama in der Illusion, die friedlichen Islamisten gegen die djihadistischen Islamisten für die eigene Politik mobilisieren zu können. Er nahm dafür in Kauf, im Bündnis mit Islamisten gegen die alten Verbündeten, also gegen die Kemalisten, zu operieren. Gegen Trump kann man viel anführen, aber hier wird er die bisherige Außenpolitik entsprechend den Erfordernissen korrigieren müssen.

Für einen Deal in der Flüchtlingsfrage ist das Ende der säkular-kemalistischen Türkei tragisch. Die Diktatur einer islamistischen Partei, der AKP, ist nicht die Autokratie einer Person, wie westliche Medien suggerieren. Wenn heute deutsche Islamwissenschaftler einen alten Begriff aus ihrer Mottenkiste ziehen, um Erdogan als neuen Sultan zu charakterisieren, dann liegen sie falsch. Das Sultanat hat mit totalitärer Herrschaft nicht notwendigerweise etwas zu tun. Seit 2002 klagen türkische Demokraten in persönlichen Gesprächen darüber, dass man in der Türkei unter der AKP nicht mehr öffentlich frei sprechen kann. Journalisten wurden in den vergangenen zehn Jahren zu Dutzenden ohne Prozess ins Gefängnis verschleppt. Was ist das für ein Rechtsstaat, mit dem die EU seit 2005 über einen Beitritt zur EU verhandelt und dem sie sogenannte *Heranführungshilfen* in Milliardenhöhe zahlt?

Die AKP-Regierung hat 2016 den Ausnahmezustand ausgerufen. Die EU hat in diesem Rahmen einen erheblichen Beitrag zur Stärkung der Macht der AKP Erdogans geleistet. Das gilt auch für die deutsche Bundesregierung, deren Kanzlerin am Tage des Putsches eine Solidaritätsbotschaft gegenüber der türkischen Regierung mit der Begründung abgab, Erdogan sei »gewählter Präsident«, womit sie der AKP-Herrschaft Rückendeckung gab. Die EU und besonders Deutschland haben sich unnötig in ein Abhängigkeitsverhältnis von der Türkei begeben.

Der Putschversuch vom 15. Juli wurde nicht von Gülen-Anhängern getragen. Es waren Kemalisten. Diese ließen von der Moderatorin eines besetzten zentralen TV-Senders eine Verlautbarung verlesen, worin sie sich gegen Diktatur und Islamisierung der Türkei erheben. Das ist kemalistischer Jargon und nicht die Sprache von Gülen. Europäische Politiker, die heute mit Krokodilstränen auf die Demokratie in der Türkei nach der Erklärung des Ausnahmezustandes reagieren, haben einen Tag nach dem Ersticken des Widerstandes Erdogans Politik als »Sieg der Demokratie« gefeiert. Unmittelbar danach wurde nicht nur die kemalistische Führung der türkischen Streitkräfte, sondern wurden darüber hinaus Tausende kemalistische Richter und Staatsanwälte sowie Hunderte von Journalisten verhaftet. Was ist das für ein Sieg der Demokratie? Es folgten zahlreiche Repressionen in der Türkei sowie vieltausendfache Verhaftungen und Entlassungen. Im Rahmen dieser Praxis werden alle Kemalisten zu Terroristen abgestempelt. Im Sog dieser totalitären Politik wurde auch gegen den gesamten Lehrkörper aller türkischen Universitäten ein Ausreiseverbot verhängt, damit sie nicht fliehen können. Hitler hatte so etwas 1933 noch nicht getan, so dass meine jüdischen Lehrer Adorno und Horkheimer und viele andere deutsche Demokraten Deutschland ungehindert verlassen konnten. Erdogan handelt hier repressiver als Hitler; seine Anhänger nicht nur in der Türkei – auch die 40.000 in Köln – fordern die Todesstrafe für Erdogan-Gegner. Sind diese die »neuen Deutschen«?

Die Türkei wird seit 2002 von einem AKP-Islamismus gesteuert, nicht von Erdogan allein. Analog dazu war die NS-Diktatur in Deutschland 1933–1945 nicht nur eine persönliche Diktatur Hitlers, sondern, wie Hannah Arendt gezeigt hat, eine totalitäre Herrschaft der NSDAP. In der Türkei geht es nicht um einen persönlichen Kampf zwischen Erdogan und Gülen um die Macht. Ein politisch-gesellschaftlicher Konflikt zwischen Islamismus und Kemalismus ist im Gang. Die AKP Erdogans nutzt den Putsch dazu, die Reste des Kemalismus mit Erfolg auszumerzen. Seitdem die AKP an der Macht ist, gehört die Entkemalisierung der Türkei zur Agenda des türkischen Islamismus, der keine »islamische Demokratie«, sondern eine totalitäre Herrschaft in der Türkei etabliert hat. Der Begriff »islamische Demokratie« ist nichts anderes als eine Mogelpakkung zur Täuschung der »Ungläubigen«.

Warum vertragen sich Kemalismus und Islamismus nicht? Die 1923 gegründete kemalistisch-säkulare Republik der Türkei, die bis zum formal-demokratisch legitimierten Machtaufstieg der AKP in der Türkei 2002 andauerte, war säkular und prowestlich, das ist die Republik unter der AKP nicht mehr. Für die gesamte Welt des Islam war die Türkei der modernste, fortschrittlichste und demokratischste Staat Schon lange vor dem Putsch vom 15.07.2016 aber ist es der AKP gelungen, den gesamten Charakter der kemalistischen Republik radikal zu verändern. Der Kemalismus stand für demokratische Modernisierung und Säkularisierung des Landes. Der Islamismus ist das Gegenprogramm. Deshalb haben die Islamisten unter ihrem Führer Erdogan eine institutionell-graduelle Politik des Abbaus von allem vorangetrieben, was Kemal Atatürk und seine Anhänger seit der Gründung der Republik geleistet haben. Übrig gebliebenen sind bis zum Juli-Putsch nur Teile der rechtsstaatlichen Justiz, die wie Stolpersteine Erdogans Anordnung zur Verhaftung von Journalisten als verfassungswidrig erklärten. Diese kemalistischen Richter sitzen heute allesamt im Gefängnis. EU-Politiker müssen nicht bei Sinnen sein, wenn sie vom Erhalt des Rechtsstaates unter der AKP-Herrschaft in der Türkei sprechen. Die heutige EU ist nicht mehr als eine Karikatur ihrer selbst.

Es ist keineswegs eine Verschwörungstheorie zu behaupten, dass die islamistische AKP ihren Aufstieg zur Macht auch der EU, teilweise auch den USA verdankt. Die Fehleinschätzung des Islamismus in der westlichen Außenpolitik ist eines der dunkelsten Kapitel der Beziehung des Westens zur Welt des Islam. Präsident Barack Obama und seine damalige Außenministerin Hillary Clinton gehören neben der EU zu den Hauptpromotern des Islamismus, nicht aus Überzeugung, sondern aus falscher taktischer Berechnung.

Zum Verständnis des zentralen Konflikts in der Türkei sei daran erinnert, dass der Kemalismus die Staatsphilosophie des Gründers der modernen Türkei Kemal Atatürk ist; sie fußt auf folgenden sechs Prinzipien, die die Kemalisten vertreten:

1. Republikanismus;
2. Etatismus, also der Staat als Träger des Wandels;
3. Populismus, und zwar im Sinne von Rousseaus *volonté générale,* nicht etwa im Sinne des Schwachsinns, der im deutschsprachigen Raum aktuell dem Begriff zugeschrieben wird;
4. Laizismus, orientiert am französischen Gesetz von 1905 als *lois en France*, d.h. Trennung von Religion und Politik und säkulare Neutralität der öffentlichen Sphäre;
5. Nationalismus für alle Türken ohne ethnische Untergliederung; und schließlich
6. Reformismus.

Zwischen 1993 und 2008 habe ich regelmäßig die Türkei besucht, dort Vorlesungen gehalten, geforscht und als Gastprofessor gelehrt. Hierbei habe ich kemalistische Türken als fortschrittliche Modernisierer erlebt. Deshalb empöre ich mich unendlich über deutsche Publizisten, die den Kemalismus mit Faschismus (so zum Beispiel in einer TV-Dokumentation) gleichsetzen. Das ist eine schwachsinnige Bewertung anderer Kulturen, die durch die Brille der eigenen NS-Vergangenheit betrachtet werden. Für liberale Muslime, die im Kemalismus ein Modell für die gesamte Zivilisation sehen, ist es eine deutsche Impertinenz, Kemal Atatürk mit Nazi-Schmutz zu bewerfen. Es ist richtig: Atatürk war kein Jefferson'scher Demokrat, und dennoch bleibt er der größte Modernisierer in der Welt des Islam seit der Krise der islamischen Zivilisation im 19. Jahrhundert.

Ich habe in der Türkei vier Bereiche beobachtet, die als gesellschaftliche Grundlage des Kemalismus gelten:

1. eine säkulare Justiz;
2. die an Staatsräson orientierte säkulare Armee; ich habe mehrfach im Rahmen von NATO-Projekten in der Türkei unter türkischen Offizieren gelebt, und mir ist kein einziger Faschist unter ihnen begegnet; diese Offiziere bekommen eine staatsbürgerliche Erziehung in Demokratie und Laizismus, und das ist kein Faschismus;
3. Institutionen der säkularen kemalistischen Erziehung (Schule, Universität);
4. der Sicherheitsapparat.

Die AKP-Islamisten betreiben seit 2002 eine systematische Politik zunächst der Schwächung, dann der Abschaffung aller oben angegebenen Säulen des Kemalismus. Erdogans AKP folgt auf vier islamistische Vorgängerparteien. Alle diese vier Parteien endeten mit einem Verbot durch das Verfassungsgericht wegen ihrer Verfassungsfeindlichkeit. Auch die AKP hätte aus verfassungsrechtlichen Gründen verboten werden können, weil die türkische Staatsanwaltschaft ein Verfahren wegen Verdachts auf Islamismus eingeleitet hatte. Bei der Entscheidung im Verfassungsgericht fehlte nur eine einzige Stimme für das Verbot. Alle betroffenen Staatsanwälte und Richter sitzen heute im Gefängnis. Die Reue wird den Verfassungsrichtern nicht helfen. Mit einer einzigen Stimme hätten man das AKP-Erdogan-Unheil vorab unterbinden können. Zum Vergleich: Wenn die Militärs in Ägypten die Muslim-Bruderschaft unter Präsident Mohammed Mursi nicht beendet hätten, entspräche der politische Zustand Ägyptens dem der Türkei heute. Ich lehrte im März und April 2016 an der American University of Cairo und stellte fest, dass die Mehrheit der Ägypter glücklich über das Ende der islamistischen Herrschaft der Muslimbrüder ist.

Wenn ich stets wiederhole, dass der anstehende Konflikt nicht zwischen der AKP und der Gülen-Bewegung stattfindet, dann muss ich auf die Gülen-Bewegung eingehen, besonders deshalb, weil die westlichen Medien in ihrer bedauerlichen Ignoranz gegenüber der Türkei in die AKP-Falle geraten sind und die Propaganda verbreiten, die aus Erdogans Büro stammt. Es wird behauptet, dass die Gülen-Bewegung hinter dem

Putsch gestanden habe. Nun ist der heute im US-Exil lebende Prediger Gülen global gesehen weitaus mächtiger und bei weitem intelligenter als Erdogan; er ist eigentlich ein weitaus gefährlicherer Islamist als Erdogan selbst. Bayram Balci belegt in seiner Dissertation *Missionnaires de l'Islam en Asie centrale: Les écoles turques de Fethullah Gülen* (2003), dass die Gülen-Bewegung zunächst eine Islamisierung der Türkei und dann eine globale Verbreitung des Islam, also Islamisierung, als Ziel verfolgt. Die Stärke der Gülen-Bewegung, die Experten mit einer giftigen Schlange vergleichen, ist das leise Hineinschleichen in Institutionen auf der Basis der islamistischen Indoktrination vor allem in Schulen. Nach außen zeigt die Gülen-Bewegung ein anderes Gesicht, nämlich das des »Dialogs der abrahamitischen Religionen«. In diesem Rahmen ist es Gülen sogar gelungen, eine Audienz beim Papst zu bekommen, welche als Propaganda verwendet wird. Parallel zum guten Gesicht des Dialogs betreibt die Gülen-Bewegung jedoch eine Politik der Islamisierung. Die Repressionspolitik von Erdogan richtet sich aber gar nicht so sehr gegen Gülen-Anhänger, sondern, wie ausgeführt, gegen Kemalisten. Es liegt ganz und gar jenseits jeder Vorstellungskraft, dass Kemalisten Anhänger der islamistischen Gülen-Bewegungen sein könnten. Gülen und Erdogan waren bis 2013 alte Freunde und sogar Verbündete. Im besten Aufsatz, den ich je über die Gülen-Bewegung gelesen habe – Rachel Sharon-Krespin: *Fethullah Gülen's Grand Ambition* (2009, erschienen in der schon oben zitierten Zeitschrift Middle East Quarterly [16:1], in der auch 2009 mein AKP-Artikel erschienen ist) – wird folgendes an türkischen Quellen nachgewiesen: AKP und Gülen-Bewegung verfolgen dieselben Ziele und haben dieselbe Ideologie. Ich kann hier nur knapp die Auffassung vertreten, dass die seit 2013 bestehende Feindschaft zwischen Erdogan und Gülen lediglich eine innerislamistische persönliche Fehde, aber kein politischer Konflikt ist. Ich wiederhole: Der Hauptkonflikt findet in der Türkei entlang der Konfliktlinie Islamismus – Kemalismus statt. Die AKP-Erdogan-Propaganda, die kritiklos von den westlichen Medien übernommen wird, lenkt bewusst von diesem Konflikt ab. Es geht nicht um die Gülen-Bewegung, es geht um die Entkemalisierung der Türkei.

Für die Bewältigung des Problems der Balkan-Route für illegale Migration ist diese Frage entscheidend: Was sind die Zukunftsperspektiven für die Türkei?

Die heutige Türkei befindet sich nunmehr seit über einem Jahrzehnt im Griff der islamistischen AKP. Erdogan nutzt den Putschversuch von Mitte Juli 2016 dazu, alle noch bestehenden Reste des Kemalismus auszuradieren. Erdogan ist Vollstrecker der Agenda des Islamismus der totalitären AKP. Die AKP stellt dabei auch ein riesiges Wirtschaftsunternehmen dar, und das ist nicht mit der Person Erdogans zu identifizieren.

Angesichts der Tatsache, dass ethnische Kurden und die Aleviten zusammen mindestens 40 % der türkischen Bevölkerung ausmachen und gegen die AKP sind, ist es nur eine Frage der Zeit, bis diese sich erheben. Auf rein ethnisch-türkisch-sunnitischer Basis wird die AKP die Stabilität der Türkei langfristig nicht aufrechterhalten können. Derzeit aber ist der türkische Staat *noch* stabil.

Global gesehen muss ich als säkular denkender Muslim und Bewunderer des Kemalismus festhalten, dass die Türkei für den Westen – vor allem für Europa – unwiderruflich ein verlorenes Land ist und insbesondere nicht mehr als verlässlicher Partner fungieren kann. Der Verlust betrifft auch die säkularen Muslime, für die die Türkei bisher als herausragendes Modell galt.

Es ist vorbei. Eine säkulare Staatsordnung, in der eine Trennung zwischen Religion und Politik vorhanden ist, hat die AKP höchst effizient begraben. Dieses säkulare Modell ist gescheitert zugunsten eines »islamischen Staates«. Das ist besonders für Europa folgenreich. Man beachte: 60 % der in Deutschland lebenden Muslime sind AKP-Wähler, bieten also kein Potential für Integration, *citoyenneté* und Euro-Islam.

Es ist ein Fakt, mit dem Europa leben muss; nämlich, dass die Islamisten der AKP die Zukunft der Türkei weiterhin bestimmen werden. In diesem Kontext stellt sich die Frage, ob die von den Islamisten diktatorisch regierte Türkei willens ist, dazu beizutragen, die Probleme der demografischen Wellen aus Nahost und Zentralasien zu bewältigen. Zurzeit bekommt dieses Land sozusagen ein Erpressungsgeld von sieben Milliarden Euro, um diese Aufgabe zu erfüllen. Diese Tatsache zwingt zu einem Vergleich in der Art des Umgangs mit Libyens Qadhafi mit der heute von Erdogan betriebenen EU-Politik in Bezug auf Flüchtlinge. Man kann sagen, dass sich Erdogan nicht besser als Qadhafi verhält. Zur Kontrolle der Balkanroute gehört auch Griechenland, dessen linke Regierung sich nicht als kooperativ erwiesen hat, obwohl sie ebenso wie die Türkei Milliarden von der EU zur Stabilisierung der maroden Wirtschaft erpresst hat. Es muss hier zwei unangenehmen Fakten ins Auge geschaut werden:

1. Griechenland schickt nicht alle nichtsyrischen Flüchtlinge, wie es der Vertrag vorsieht, zurück in die Türkei, viele werden einfach weiter nach Westeuropa durchgewinkt. Die Zahl der von Griechenland in die Türkei zurückgeschickten Flüchtlinge übersteigt nicht die Zahl von 1000–2000 Personen im Gesamtjahr 2016 bei einer Gesamtzahl von Hunderttausenden von Flüchtlingen. Griechenland selbst beherbergt nur ca. 60.000 Flüchtlinge, also weniger als die Stadt Berlin. Zudem betreibt die linke griechische Regierung eine äußerst destruktive Politik parallel zur Propaganda des Beklagens mangelnder Solidarität der EU mit Griechenland, um mehr Geld zu erpressen.
2. Die zweite unangenehme Tatsache ist, dass die Zahl der Flüchtlinge über die Balkanroute nicht deshalb zurückgegangen ist, weil die Zusammenarbeit mit der Türkei Früchte trägt; vielmehr ist die Grenzschließung durch südosteuropäische Staaten der Grund hierfür. Diese verdienen die Anerkennung, nicht die Türkei.

Wie verlässlich ist die AKP-Türkei als Verhandlungspartner? Kemal Atatürk schaffte das Kopftuch ab, um eine Brücke nach Europa zu bauen. Die AKP tut genau das Gegenteil. Sie führt das Kopftuch wieder ein als sichtbare Grenze zu Europa. Europäische Meinungsmacher wollen diese weltanschauliche Funktion der Kleidung nicht verstehen; sie markiert eine weltanschauliche Grenze, trennt den Islam vom Westen (s. dazu auch Nilüfer Göle, hier auf S. 58 bereits zitiert). Das Kopftuch, so Göle, dient der Verkündung, »dass die Grenzen zwischen der islamischen und der westlichen Zivilisation unüberwindbar sind«. Anders formuliert: Das Kopftuch ist nicht Bekleidung, sondern Symbol für die Weltanschauung des Islamismus. Wer sich als Politiker in Europa weigert, diesen Umstand auch nur zu verstehen zu versuchen, handelt unverantwortlich.

Die AKP-Türkei hat nicht nur sieben Milliarden Euro von der EU erpresst, sie verlangt darüber hinaus auch, die Visapflicht für Türken in der EU abzuschaffen. Bei ihrer Gründung 1923 hatte die Türkei ca. 25–30 Millionen Einwohner. Diese Zahl ist bis zum Jahr 2000 auf 65 Millionen angestiegen. Heute, 2017, hat die Türkei ca. 90 Millionen Einwohner. Ich habe dort gelebt und weiß von einer Untersuchung türkischer Kollegen an der Middle East Technical University (METU), nach der 40 % der Türken lieber in Deutschland leben würden, allerdings nicht aus Liebe zu Deutschland, sondern in Kenntnis der sozialstaatlichen Generosität. Ich habe in Ankara, Istanbul und Izmir beobachten können, wie Deutsch-Türken, die in Deutschland keine reichen Arbeiter sind, im Sommerurlaub in der Türkei mit ihrem Mercedes protzen und demonstrieren, dass es besser ist, in Deutschland zu leben. Dieser »Demonstrationseffekt« der Deutsch-Türken (in der Türkei nennt man sie Almançi) trägt dazu bei, dass eine Vielzahl der anderen Türken wie die Almançi in Deutschland leben möchte. Eine Visafreiheit der EU für Türken würde daher große Migrationsströme verursachen.

Anders formuliert: Wenn die EU dem Verlangen der Türkei nachkommt, Visafreiheit für die Türken zu schaffen, dann würde sich die demografische Lawine von syrisch-irakisch-afghanischen Flüchtlingen um türkische Migranten ergänzen. Das bedeutet, dass dann noch weit mehr Türken als Syrer und Afghanen zusammen kommen.

Meine Schlussfolgerung für dieses Kapitel auf der Basis obiger Untersuchungen über Libyen, Syrien und die Türkei lautet schlicht, dass Europa aus eigener Kraft, d.h. ohne die Türkei, Syrien und Libyen, seine Grenzen und auch seine Identität sichern muss. Tut es das nicht, dann ist Europa verloren.

Der Leser des ersten Abschnittes von Kapitel 10 weiß, dass die Begriffe »Grenzziehung« und »Identität« bei den 44. Römerberggesprächen als Populismus verfemt wurden. Dies möchte ich nicht weiter kommentieren außer mit diesen Informationen: Im Jahr 1998 habe ich die Frage *Europa ohne Identität?* zum Titel eines in der Folgezeit unterdrückten Buches erhoben. Diese Frage stellte ich wieder 2016 in der erheblich erweiterten Neuausgabe jenes Buches mit dem neuen Untertitel *Europäisierung oder Islamisierung*. Es ist Max Horkheimer gewidmet, der das westliche Europa als »eine Insel der Freiheit in einem Ozean der Gewaltherrschaft« bezeichnet hat. War der jüdische Holocaust-Überlebende Max Horkheimer als Begründer der Kritischen Theorie ein Populist? Wenn das, was Horkheimer und ich vertreten, »Populismus« ist, dann weiß ich nicht mehr, was in Europa der Unterschied zwischen rational und postrational sowie zwischen faktisch und postfaktisch ist. Horkheimer untersucht in seinem Buch *Eclipse of Reason* (1947; deutsch *Zur Kritik der instrumentellen Vernunft*, 1967) unter anderem, dass die Nazis ihr Handeln als »vernünftig« darstellten und betrachteten; Horkheimer prägt in diesem Zusammenhang den Terminus der *instrumentellen Vernunft.* Unter Bezugnahme auf einen Buchtitel von Georg Lukács, nämlich der *Zerstörung der Vernunft* (1954), fühle ich mich im aktuellen deutschen Kontext an Horkheimers *Eclipse of Reason* erinnert und zweifle in diesem Geist an Europa, an den postmodernen Europäern und an dem, was sie als *vernünftig* und was sie als *unvernünftig* ansehen.

KAPITEL 10

Illegale Zuwanderung aus der Welt des Islam, Flüchtlinge und ihre Integration sowie Konflikte im Lichte des herrschenden Narrativs – Konklusionen und Zukunftsperspektiven

Zum Abschluss dieses Buches will ich in diesem 2017 verfassten zehnten und letzten Kapitel zwei weitgehend tabuisierte Themen enttabuisieren. Ich tue dies unter Ablehnung jeder aufoktroyierten inneren oder äußeren Zensur. Dies geschieht im Wissen darüber, dass das vorherrschende Narrativ solch freies Denken ächtet und als Abweichung »gereizt ahndet« (Adorno). Im Folgenden werde ich mich in einem ersten Abschnitt mit der Einschränkung der Freiheit auseinandersetzen. Zunächst möchte ich aber die anstehenden zentralen Themen erläutern. Jedem dieser Gegenstände wird ein Abschnitt gewidmet.

Das erste Thema ist die Bestimmung dessen, was ›Migration‹ ist. In diesem Buch habe ich in Kapitel 2 eine grundsätzliche Unterscheidung zwischen Einwanderung und Zuwanderung getroffen. Einwanderung ist eine regulierte, rechtlich und volkswirtschaftlich strukturierte Migration im Gegensatz zur Zuwanderung, die unkontrolliert verläuft und eine gesetzlose Öffnung der Grenzen für Armutsflüchtlinge unter Missbrauch des Asylrechts und ohne *policy* miteinschließt. Ich werde zwischen unterschiedlichen Formen der Newcomer differenzieren und argumentieren, dass eine humanitäre Politik, die ich ich nicht nur befürworte, sondern angesichts der katastrophalen Entwicklungen in vielen Teilen der Welt auch ausdrücklich fordere, eine temporäre Aufnahme von Kriegsflüchtlingen sehr wohl zulässt, dass sie aber keine Einwanderungspolitik ist. Es handelt sich um grundsätzlich unterschiedliche Kategorien, die analytisch und politisch auseinander gehalten werden müssen.

Gesellschaften, die sich als Einwanderungsgesellschaften verstehen, so, wie die USA, Kanada und Australien es sind, wickeln Migration im Rahmen einer *policy* ab (also im Rahmen einer Politik mit einem kurz-, mittel- und langfristigen Konzept – im Gegensatz zu einer Politik von der Hand in den Mund wie beispielsweise in Deutschland). Diese Länder verfolgen auch eine Integration der Newcomer, gleichfalls im Rahmen der *policy*. Integration bedeutet, dass die Newcomer nicht nur formalrechtlich, sondern auch gesellschaftspolitisch *citoyens / citizens* werden. Diesen Status zu erwerben erfordert weit mehr als die formalrechtliche Bestimmung des Staatsbürgers. In Deutschland meinen nicht nur Politiker, sondern auch Medien und Wissenschaftler, dass Integration durch Unterbringung, Behausung, Alimentierung und Sprachkurse erfolgt. Im Deutschen bedeutet »Integrationskurs« nicht mehr als einen Sprachkurs. Genuine Integration meint dagegen den Erwerb des gesellschaftlichen Status der *citoyenneté / citizenship*, der auch eine Identität und Werteorientierung einschließt. Die letzten beiden Begriffe Identität und Werte lehnt das an den Nihilismus angelehnte vorherrschende linksgrüne Narrativ ab und bringt diese Ablehnung totalitär in einem »Pathos des Absoluten« (Adorno) zum Ausdruck.

Gerade weil rund 95 % der Newcomer aus der Welt des Islam kommen, ist eine wertebezogene Integration unabdingbar. So ist nur ein europäisierter Reformislam in einer modernen Gesellschaft freier Individuen integrationsfähig. Ich werde im dritten Teil dieses Kapitels zeigen, dass der organisierte Islam in Europa von Fremdstaaten (vor allem Saudi-Arabien und der Türkei) gesteuert wird – mit dem Ergebnis, dass islamische Enklaven und Sicherheitsprobleme entstehen. Die Marschroute dieses Kapitels ist daher erstens eine Problematisierung des vorherrschenden Narrativs und des von ihm ausgehenden Zensurdrucks, zweitens die inhaltliche Bestimmung der Migrationsproblematik und schließlich eine Diskussion über den organisierten Islam in Europa als eine Gefahr für das westliche Europa, das Horkheimer als »Insel der Freiheit in einem Ozean der Gewaltherrschaft« würdigte und zu dessen Verteidigung gegen Totalitarismen er aufrief.

Das vorherrschende Narrativ und die Problematik der Migration und der Flüchtlinge

Es ist schier unmöglich, über den hier im Mittelpunkt der Analyse stehenden Gegenstand seriös zu arbeiten, wenn die durch das Grundgesetz formaljuristisch verbürgte Wissenschaftsfreiheit in der Realität faktisch fehlt. Der Leser der 2002 geschriebenen Teile dieses Buches ist damit vertraut, dass die islamische Zuwanderung und die gescheiterte Integration die zentralen Themen von Kapitel 1 bis 8 bilden. Schon 2002 konnte ich meinen Anspruch auf Wissenschaftsfreiheit nur durch das Brechen von Tabus ausüben. Im vorangegangenen neuen Kapitel 9 habe ich in diesem Geist der normativen Wissenschaftsfreiheit drei Länderstudien vorgelegt; nun will ich drängende Themen ansprechen und weiß, dass ich die Schranken der politischen Korrektheit durchbrechen muss, so etwa, wenn ich unzensiert über die islamische Weltanschauung spreche, in die Muslime hineinsozialisiert wurden und die ich als Integrationshindernis diagnostiziere. Das zentrale Element dieser Weltanschauung ist die geglaubte Überlegenheit des Islam über Nicht-Muslime. So heißt es im Koran: »Religion bei Allah ist nur der Islam« (Sure 3, Vers 19). Auch bezeichnet der Koran die Muslime als *Khair Umma* (Sure 3, Vers 110), d.h. überlegene Gemeinschaft. Hieraus wird der Anspruch der *Siyadat al-Islam* (Vorherrschaft des Islam) abgeleitet. Das ist ein Absolutismus, der mit einer pluralistischen Zivilgesellschaft unvereinbar ist, die alle Religionen als gleich einordnet. Der mächtigste und bekannteste Muslim bzw. Islamist in Europa ist Tariq Ramadan; er steht global für diese Weltanschauung, wenn er so doppelzüngig verfährt: Einmal sagt er, der Islam sei überlegen und nichts könne über ihm stehen: *al-Islam ya'lu wa la yu'la alaihi* – wenn er in der islamischen Gemeinde spricht; das Gegenteil aber äußert er gegenüber Europäern. Die französische Publizistin Caroline Fourest hat in ihrem Buch *Frere Tariq* (2007) diese Doppelzüngigkeit demaskiert und offengelegt. Wenn Ramadan mit Europäern redet, spricht er von Pluralismus und Dialog; im islamischen Kreis predigt er dagegen Überlegenheit. Ich habe dies in Jakarta und Madrid persönlich miterlebt. Fourest nennt dies *double speak* und Ramadans Verhalten ein *global phenomenon* (so in der amerikanischen Ausgabe *Brother Tariq,* New York 2008).

Solange die beschriebene islamische Weltanschauung nicht durch einen Reformislam, der diesen Namen verdient, reformiert, d.h. klar revidiert wird, ist der Islam eine Bedrohung für Europa. Man muss die Freiheit und den Mut haben, offen zu sagen, dass Flüchtlinge aus der Welt des Islam diese religiös begründete Weltanschauung mitbringen. Europa muss das Recht haben, nein zu dieser Weltanschauung zu sagen. Vertreter der politischen Korrektheit verbieten dies jedoch und schreiben etwas vor, das Adorno offen »innere Zensurinstanz« nennt, die er strikt ablehnt. In seinem Aufsatz *Auf die Frage: Was ist deutsch?* weiß Adorno, dass es sich nicht um einen Einzelfall, sondern um eine deutsche Tradition handelt, wenn Abweichung »gereizt geahndet« wird in einem »Pathos des Absoluten«. Deshalb besteht er darauf, dass freies Denken »unbequeme

Gedanken« einschließt. Die im Folgenden zu artikulierenden Gedanken beanspruchen solche zu sein, die in Adornos Sinne entfaltet werden.

Im Dezember 2016 habe ich musterhaft das vorherrschende Narrativ bei den 44. Römerberggesprächen in Frankfurt am Main unter dem Titel *Sehnsucht nach Grenzen – Identitätssuche in Zeiten des Populismus* erlebt und möchte es in dieser Qualität für meine Argumentation heranziehen. Vorab möchte ich eine ehemalige Bundesministerin zitieren, die politische Korrektheit offen als Gesinnungsdiktatur beschreibt und anprangert. Kristina Schröder bemängelt zu Recht, dass *PC*-Ideologen es verbieten, Minderheiten zu kritisieren, weil man sie dann angeblich »in ihren Gefühlen verletzt« (*Die Welt* vom 11.11.2016, S. 2); hierzu gehören vorrangig die Muslime. Schröder weiter: »Wer sich kritisch mit der Gewalt und dem Sexismus junger Migranten auseinandersetzt, ist ein rassistischer Islamhasser. [...] Es muss aber möglich sein, solche Dinge zu äußern. [...] Da brauchen Sie verdammt viel innere Stärke, wenn Sie sich derart gegen den Mainstream stellen.« Ich behaupte, diese innere Stärkere zu haben; ich bin bin froh darüber, dass ich kein ethnischer Deutscher, sondern ein Muslim aus Syrien bin, der sich die Freiheit nehmen kann, Islam- und Islamismuskritik im Kontext der Migration zu formulieren, ohne in die deutsche »rechte Schmuddelecke« eingeordnet zu werden. Diese Freiheit lasse ich mir nicht nehmen.

Als Vertreter des *Enlightened Muslim Thought*, d.h. eines Aufklärungsislam (vgl. hierzu mein Buch *The Sharia State* von 2012, Kapitel 2), bin ich alles andere als ein »Populist«. Ich trete für kulturelle Vielfalt jedoch im Rahmen eines Wertekonsens ein, lehne also nicht nur Monokulturalismus, sondern auch jeden wertebeliebigen Multikulturalismus ab. Meine Autoritäten, auf die ich bei der Auseinandersetzung mit dem vorherrschenden Narrativ Bezug nehme, sind John Stuart Mill, Theodor W. Adorno, Karl Popper und natürlich auch Max Weber.

Mein Lehrer Adorno sah in »begrifflichen Schlampigkeiten« die Ursache für »schlampiges Denken«. Daher fange ich an mit der Erklärung und Schärfung meiner Begriffe, um ein klares Denken zu sichern. Zur grundsätzlichen Begrifflichkeit gehört, die im Postmodernismus verlorene Unterscheidung zwischen Glauben und Wissen wiederzuerlangen. Religiöse Weltanschauungen bringen einen Glauben und keinen Diskurs zum Ausdruck, eben weil sie ihrer dogmatischen Natur nach nicht diskursiv verfahren und nichts zur Diskussion stellen. Dagegen kann Wissen Grundlagen für Diskussionen anbieten. Jedes Wissen kann und soll der kritischen Reflexion unterworfen werden. Brauchbares Wissen kann nur dasjenige sein, das auf Rationalität beruht, so, wie diese von Descartes, Kant und Weber begründet worden ist. Allerdings kann Wissen auch zur Ideologie verkommen – wie beispielsweise das Denken von Karl Marx im Marxismus-Leninismus oder die Idee der kulturellen Vielfalt im Multikulturalismus. Daniel Bell verkündete einst das Ende der Ideologien, aber diese kehren heute zurück und drängen in die, ja, dominieren sogar die universitäre Wissenschaft, so dass die Grenzen zwischen dem, was rational, und dem, was ideologisch ist, total verwischt worden sind.

Neben den Begriffen Glauben, Wissen, Weltanschauung, Rationalität und Ideologie möchte ich noch den Begriff der Werte im Sinne von *values* anbringen. Vom großen muslimischen Philosophen des 14. Jahrhunderts Ibn Khaldun bis Montesquieu im 18. Jahrhundert haben große Denker der Menschheit das Zusammenleben von Menschen als Gemeinwesen, verstanden als *polity,* bestimmt. Beide großen Denker setzen im Gemeinwesen geteilte Werte, *shared values*, voraus. Ibn Khaldun nennt dies *assabiya,* Montesquieu *esprit de corps.* Im Gegensatz zu vormodernen ethnisch-exklusiven Gemeinwesen wie beispielsweise der sogenannten »deutschen Kulturnation« zeichnet sich das moderne Gemeinwesen nach Popper als *open societey* aus. Die französische Nation ist eine solche offene Gesellschaft, die auf einem Plebiszit und freiwilliger Zugehörigkeit durch Willensentscheid *(nationalité électif),* nicht auf ethnischer Herkunft basiert. Dieses Plebiszit muss täglich erneuert werden: *plébiscite de tous les jours*, heißt es bei Ernest Renan in seinem berühmten Aufsatz *Qu'est-ce qu'une nation?* Das moderne demokratische Gemeinwesen ist inklusiv und hat auch eine inklusive Identität. Ein Gemeinwesen ohne Identität gibt es nicht. Weil deutsche Ideologen jedoch – gleich, ob sie links oder rechts sind – ihr exklusives »Volk« mit offener Nation sowie Ethnizität mit Identität verwechseln, kommen sie zu ungeheuren Konklusionen, wie der nachfolgende Bericht aus Frankfurt veranschaulicht.

Die 44. Römerberggespräche in Frankfurt von 2016 standen in einem diametralen Gegensatz zum soeben skizzierten Vorverständnis von geistiger Offenheit und Diskursivität. Dort wurde pauschal jede Sehnsucht nach Grenzen, jede Identitätssuche, jede Werteorientierung und sogar die Idee einer Leitkultur als Wertkonsens unter abscheulichen Populismusverdacht gestellt. Klare Begrifflichkeiten wurden durch begrifflichen

Nihilismus ersetzt. Das dort vorherrschende links-grüne Narrativ impliziert eine spezifisch deutsche politische Kultur.

Bereits im Vorwort zu dieser 2017er-Ausgabe habe ich ausgeführt, dass John Stuart Mill im 19. Jahrhundert die angeprangerte politische Kultur als »Tyrannei der herrschenden Meinung« bezeichnete. Diese »Tyrannei [...] in politischen Auseinandersetzungen gehört allgemein zu den Übeln, gegen welche die Gesellschaft auf der Hut sein muss«. Zu dieser »Gesinnung« gehört die »Neigung der Gesellschaft, ihre eigenen Ideen auch durch andere Mittel als bürgerliche Strafen den Widerstrebenden aufzunötigen«. Zu diesen Waffen gehört Ausgrenzung, etwa mit der in den vergangenen Jahren geschmiedeten Keule des Populismus-Vorwurfs, mit der die Grün-Linken alle, die nicht wie sie denken, erschlagen. Der *Welt*-Journalist Ulf Poschardt hat in seinem Leitartikel *Populistische Anti-Populisten* (*Welt* vom 06.12.2016) gezeigt, wie Begriffe von Links-Grünen erfunden und dann zu »Totschlagargumenten umgeschmiedet« werden. Es sei an der Zeit, so folgert er, solche Begriffe »zu entsorgen«. Ich frage: Warum? Und ich gebe diese Antwort: Um »unbequeme Gedanken« (Adorno) zu ermöglichen. Adorno kritisiert die Unterdrückung solcher Gedanken als die Erzwingung einer Zensur.

In seinem Aufsatz *Auf die Frage: Was ist deutsch?* führt Theodor W. Adorno aus, durch Autoritarismus entstehe eine »innere Zensurinstanz, die schließlich nicht nur die Äußerung unbequemer Gedanken, sondern diese selbst verhindert«. Links-Grüne Ideologen erzwingen eine solche Zensur in einer zunehmend autoritäreren politischen Kultur, die – ich wiederhole es – in einem »Pathos des Absoluten« spricht. Das ist auch der Zeitgeist, den ich bei den 44. Römerberggesprächen beobachten konnte. Die Römerberggespräche waren früher anders: ein respektables Forum einer *Debating Culture*. 2016 habe ich mich nicht mehr dazugehörig gefühlt. Die Kultur, die Adorno in seinem angeführten Aufsatz von 1965 so eindringlich beschrieben hat, war dort so dominant, dass ich mich fragte: Was haben die Deutschen aus ihrer Vergangenheit gelernt?

Zusätzlich zu Adorno und Mill möchte ich Karl Popper als weitere Referenz zitieren; er warnte davor, Freiheit mit Herrschaft der Mehrheitsmeinung zu verwechseln; für Popper ist Freiheit die »Vermeidung von Despotie«. Eine Tyrannei des vorherrschenden Narrativs ist eine moderne Despotie. Popper hat eine Werteorientierung der Toleranz vertreten, die jedoch nur für Rationalität und Aufklärung gilt. Nach Popper »gehört es nicht zur Toleranz, Intoleranz zu dulden«, sei diese eine multikulturelle Ideologie oder ein religiöser Fundamentalismus wie der Islamismus.

Freiheit bedeutet stets die Freiheit, anders zu denken als das vorherrschende Narrativ. Deshalb haben Menschen, die anders denken als die Meinungsherrscher, das Recht, ihre »unbequemen Gedanken« zu äußern, ohne dafür umgehend diffamiert, also beispielsweise als Populist beschimpft zu werden. In Frankreich existiert hierfür der demokratische Begriff *le droit à la différence*. Wir Aufklärungsmuslime haben diesen ins Arabische übersetzt mit *al-haqq fi al-ikhtilaf* und als Orientierung angenommen. Einer unserer Mitstreiter – Ali Oumlil aus Rabat – hat sogar 1991 ein arabisches Buch unter diesem Titel veröffentlicht. Wie in den paternalistischen arabischen Ländern existiert dieses Recht *à la différence* zur Zeit auch in Deutschland nicht.

Bei den 44. Römerberggesprächen konnte ich beobachteten, wie heute in Deutschland alle Grenzen zwischen Wissen, Glauben und Ideologie abgeschafft werden. Der erste Referent, ein Frankfurter Philosophie-Professor, setzte diese Begriffe als gleichberechtigte Diskurse ein. Ich frage mich beim Zuhören rational: Wie kann ein religiöser Absolutismus ein *Diskurs* sein? Wenn ich den Begriff *Diskurs* verwende, denke ich vorrangig an Descartes' *Discours de la méthode*, worin er auf den ersten Seiten schreibt, dass er einen geistigen Entwurf zur Diskussion anbietet. Den Begriff *Diskurs* so zu verwenden, wie dies bei den 44. Römerberggesprächen geschah, läuft seiner eigentlichen Bedeutung zuwider, und am Ende bleibt nur der begriffliche Nihilismus. Adorno würde sich im Grabe umdrehen, vernähme er, welcher Unsinn heute an seiner Universität als Philosophie gelehrt wird. Wäre ich Anfang der 1960er auf solche Philosophieprofessoren gestoßen, wäre ich sofort nach Damaskus zurückgekehrt.

Der zentrale Widerspruch des Multikulturalismus als Kulturrelativismus besteht darin, dass alles relativiert wird bis auf die eigene Position, die absolut gilt. Der erste Referent bei den 44. Römerberggesprächen hatte alles kulturrelativistisch zu einem »Diskurs« erklärt; dies gelte aber nicht für die Idee der Leitkultur, die er als »Phantasma« und darüber hinaus beleidigend und propagandistisch schon im Titel seines Referats verfemte, ja ihr sogar ausdrücklich die Diskursivität absprach. Die von mir entfaltete Idee einer Leitkultur, verstanden als *esprit de corps* bzw. als eine Hausordnung für Menschen aus unterschiedlichen Kulturen, die in einem Gemeinwesen leben, wurde nihilistisch und herabwürdigend als

»Hirngespinst« abgewiesen. Das war kein lapsus intellectualis; das Schimpfwort »Hirngespinst« stand im Redemanuskript. Ohne mich auf diesen Philosophieprofessor persönlich zu beziehen, habe ich danach auf dem Podium argumentiert, dass meine Kritiker mein Buch *Europa ohne Identität?*, in dem ich das Konzept der Leitkultur entwickelt habe, in der Regel nicht kennen, aber dennoch unglaublich anmaßend darüber urteilen. Der erwähnte Philosophie-Professor nannte sein Referat über Leitkultur »Karriere eines Hirngespinsts«. Das ist, milde formuliert, ein primitiver Sprachgebrauch.

Obwohl ich mir meiner hybriden Identität als Wahleuropäer bewusst bin, fühle ich mich zusätzlich mit ganzem Herzen als Muslim. Ich habe in Frankfurt den Beginn der islamischen Offenbarung zitiert, als Allah Mohammed den Befehl: »iqra'« gab, d.h. auf Deutsch: »Lies!« Daraus ist der Koran hervorgegangen, der ›Lesung‹ heißt. Im Islam wird jedem, der nicht liest, der Vorwurf »djahil« gemacht, d.h. ein Unwissender bzw. ein Ignorant zu sein. Der Moderator hat mich in einer sehr unangenehmen Weise bei der Ausführung dieser Argumentation unterbrochen und mich effektiv daran gehindert, diesen Aspekt des islamischen Glaubens als Argument gegen meine Kritiker anzuführen.

Anders als der Frankfurter Philosophieprofessor, der mein Denken als »Hirngespinst« verschmäht, hat Francis Fukuyama mein Buch *Europa ohne Identität?* gelesen und in seiner Lipset Lecture gewürdigt. Fukuyama liest, er ist also kein »djahil«; er zitiert ausführlich aus meinem Buch in seiner angeführten Lipset-Vorlesung, die unter dem Titel *Identity, Immigration and Liberal Democracy* in der international führenden Zeitschrift *Journal of Democracy* erschienen ist, auch versteht er meine Argumente. Auf Seite 17 dieses Artikels schreibt Fukuyama: »The term ›Leitkultur‹ (a term that can be translated as a ›guiding‹ or ›reference culture‹) was invented by Bassam Tibi, a Syrian academic living in Germany, precisely as a non-ethnic, universalist conception of citizenship that would open up national identity to non-ethnic Germans«, d.h. als Integrationskonzept. Fukuyama ist alles anderes als ein Populist, aber bei den 44. Frankfurter Römerberggesprächen wäre er als ein solcher verdächtigt worden, eben weil er den Begriff Identität positiv verwendet. Ohne den zitierten Frankfurter Professor zu kennen, verteidigt mich Fukuyama, indem er betont, dass mein Konzept universalistisch und inklusiv sowie darauf angelegt ist, es Migranten zu ermöglichen, auf zivilgesellschaftlicher Basis deutsche Bürger zu werden. Fukuyama ist klüger als meine deutschen Kritiker, musste aber leider auch feststellen: »Despite these origins, the idea [Leitkultur] was immediatly denounced by the Left as racist and a throwback to Germany's unhappy past«. Genau das geschah erneut 2016 in Frankfurt, also in der Stadt, in der ich als Muslim aus Damaskus mit Hilfe Adornos und Horkheimers ein Wahleuropäer geworden bin. Mit Freude zitiere ich Fukuyamas Schlussfolgerung: »But Tibi's original notion was exactly on the mark, and its short shelf-life only serves to indicate how big an obstacle political correctness is to open discussion of national identity.« Ist Fukuyama ein »Identitärer«?

Besagter Philosophieprofessor predigte Respekt für alle Diskurse; wie verlogen dies ist, zeigt sein Redemanuskript, in dem er die Idee einer *Leitkultur* polemisch mit Beschimpfungen wie »Hirngespinst« und »Phantasma« belegt. Ein solcher Vortrag und ein solches Agieren stehen unter der Würde eines Philosophieprofessors, zumal wenn er dies in dem ausdrücklichen Wissen tut, dass ein arabisch-syrischer Muslim aus Deutschland als Schöpfer des Begriffes nicht nur im Publikum, sondern in der ersten Reihe sitzt. Dieses Verhalten darf als Ausduck einer beklagenswerten »deutschen Leitkultur« betrachtet werden, wenn man denn den Terminus verwenden möchte; eine solche meine ich mit *Leitkultur* ausdrücklich nicht. Mein Begriff einer europäischen Leitkultur ist universalistisch und inklusiv angelegt, als Grundlage für eine erfolgreiche Integration, die diese Bezeichnung verdient, und nicht ausgrenzend und diskriminierend wie das politisch korrekte Verhalten dieses deutschen Philosophieprofessors, der dem positiven Begriff einer Leitkultur die Diskursfähigkeit abspricht, ihn als »Hirngespinst« verspottet und zugleich, indem er dies vorträgt, unreflektiert eine negative, ausgrenzende »deutsche Leitkultur« praktisch vorlebt.

Der magische Begriff der postmodernen Multikulturalisten ist *Diversity.* Diese löst ein Gemeinwesen auf in Minoritäten, die unversöhnlich nebeneinander mit ihren je eigenen ›Diskursen‹ existieren. Diese Minderheiten sollen Respekt gegeneinander praktizieren, tun es aber in der Realität nicht: Man schaue nach Nahost. Wer dies als Bedrohung von Identität wahrnimmt, wird verdächtigt, ein Populist zu sein. Ein Teilnehmer der Römerberggespräche wagte es, sich zu erheben, und gab zu bedenken, dass viele Menschen, die als Populisten beschimpft werden, dieses ›Label‹ für sich nicht akzeptieren wollten, und wenn es so auf den Respekt ankomme, den man den Menschen und ihrer Selbstsicht entgegenbringen müsse: Warum gelte dann nicht auch gegenüber diesen Menschen, dass man respektieren müsse, dass sie sich *nicht* als Populisten sehen? Es kam kein Gegenargument, sondern ein postmoderner Wortschwall.

In einem weiteren Schritt folgte ein Nachsinnen über das islamische Kopftuch und Polygamie. Dies geschah formalrechtlich und ideologisch, ohne Fachwissen über den Islam oder über das islamische bzw. islamistische Kopftuch. Auch die Fähigkeit zu unterscheiden, was Scharia ist und was Aufklärungsislam bedeutet, fehlte vollständig. Ein Höhepunkt dieser postmodernen Absurditäten war die Bestimmung von Fremdheit und Identität. Ich wurde als Schöpfer des Begriffes der Leitkultur auf dem Podium gleichsam als Angeklagter gegenüber einer indischen Diskussionspartnerin positioniert, die mir – ohne meinen Hintergrund zu kennen oder meine Bücher gelesen zu haben – arrogant-belehrend Populismus und implizit Rassismus sowie Eurozentrismus vorwarf – weil ich mich einsetze für europäische Werte in einem inklusiven europäischen Gemeinwesen als einer offenen Gesellschaft im Sinne von Karl Popper. Wikipedia gibt eine prägnante Kurz-Erklärung zu Poppers *offener Gesellschaft*:

> In Offenen Gesellschaften ist im Gegensatz zu ideologisch festgelegten, geschlossenen Gesellschaften, die einen für alle verbindlichen Heilsplan verfolgen, ein intellektueller Meinungsaustausch gestattet, der auch kulturelle Veränderungen ermöglicht. Daher sind Meinungs-, Vereinigungs- und Versammlungsfreiheit sowie eine strikte religiöse Neutralität von grundlegender Bedeutung für Offene Gesellschaften.

Ich bin selbst kein Europäer, aber ich kann beim besten Willen nichts populistisches, rassistisches, eurozentristisches oder sonstwie Falsches darin erkennen, sich für eine offene Gesellschaft in Poppers Sinne einzusetzen.

Gegenüber einem mir offensichtlich feindlich gesinnten Publikum – überwiegend vergreiste 1968er – musste ich ironisch-defensiv anmerken, dass ich während eines Forschungsaufenthaltes in Neu-Delhi von einem indischen Kollegen belehrt wurde, dass meine Heimat Syrien von Indien aus gesehen nicht »der Nahe Osten«, sondern »West Asia« sei. Ich wies daher die indische Diskussionsteilnehmerin darauf hin, dass ich wie sie Asiate sei; sie hat die Ironie allerdings wohl nicht verstanden.

En passant erlaube ich mir folgenden Kommentar: Ich finde es schlicht impertinent, wenn ein Gast aus Indien den Europäern untersagt, sich auf europäische Werte für ihre Gesellschaften zu berufen. Das ist keine antikoloniale Haltung, sondern eine Umkehrung des Kolonialismus.

Ich habe in Indien gelebt und dort beobachtet, dass unter den gebildeten Indern zwei Werte als Leitkultur gelten: Seniorität des Alters und Würde des Wissens; beides beachtete die indische Teilnehmerin der Römerberggespräche nicht. Das ist eine Erscheinung, die ich auch unter Migranten-Jugendlichen beobachtet habe und in meinem *SZ*-Artikel *Wenn ich kein Deutscher bin, was dann?* (*Süddeutsche Zeitung* vom 25.08.2016) beschrieben habe: Wenn die Aufnahmegesellschaft keine Identität bietet und die Zugewanderten ihre Herkunftswerte einbüßen, dann sind die Folgen dramatisch. Das scheinen die in ihrer deutschen Welt eingeengten linksintellektuellen Referenten, die Menschen mit Identität mit dem neuen Schimpfwort »identitäre Populisten« versehen, nicht zu begreifen; sie schieben alles, was mit ihnen nicht übereinstimmt, in die rechte Schmuddelecke. Ich habe mehrfach die Erfahrung auch in Frankfurt gemacht, dass diese Gesinnungsethiker weder die Texte Andersdenkender lesen noch ihnen auch nur zuhören. Daher ist es kaum möglich, mit ihnen rational zu argumentieren.

Es war nicht immer so in Deutschland, und dies weiß ich, da ich seit 1962 hier lebe. Ich neige wie mein Lehrer Adorno dazu, ein laudator temporis acti zu sein. Und noch ein Rückgriff auf Adorno: In seinem Aufsatz über Lehrer verschweigt er nicht, dass er den Lateinunterricht besser findet als eine Klassenfahrt nach Rom. Er leitet das frech mit dem Satz ein: »Ich geniere mich nicht, insofern mich als reaktionär zu bekennen.« (Adorno, Stichworte, Suhrkamp 1969, S. 82). In diesem Geiste denke ich, dass es früher an der Universität und in der öffentlichen Sphäre in Deutschland mehr Zivilität als Leitkultur gegeben hat, und bedauere die Verrohung der Manieren. Wenn das reaktionär ist, dann bin ich ebenso wie mein Lehrer auch reaktionär. Wenn gesunde Identität sowohl auf der persönlichen als auch auf der kulturellen Ebene »identitär« ist, dann bin ich halt insofern ein »Identitärer«.

In Kenntnisnahme des Umstands, dass es querlesende Schnellleser / *skimming readers* geben mag, die möglicherweise die Ironie in Adornos obigem Zitat, in dem er sich reaktionär nennt, übersehen könnten, fühle ich mich mit Blick auf die Analogie zu meiner Person, wenn ich mich »identitär« nenne, gezwungen zu explizieren: Ebensowenig, wie Adorno reaktionär ist, bin ich identitär. Die rechtsextreme ›Identitäre Bewegung‹ in Deutschland lehne ich ebenso wie die ähnlich gesinnte französische Gruppe ›Bloc identitaire‹ total ab – ebenso wie Adorno Reaktionäre ablehnt. Mir geht es hier um die Perfidie bei den 44. Römerberggesprächen, die darin bestand, alle, die über Identität sprechen, mit dem Makel, ›identitär‹ zu sein, abzustempeln. Adornos Einsatz für den Lateinunterricht hat mit ›reaktionär‹ ebensowenig zu tun wie mein Einsatz für Identität etwas mit der ›identitären Bewegung‹ zu tun hat (vgl. auch den *FAZ*-Artikel *Rechtsextreme Hipster. Aktivisten der identitären Bewegung* vom 01.02.2017). Bei der Diskussion über Identität ist es zwingend erforderlich, zwischen ethnisch-exklusiver Identität und alternativ dazu offen inklusiver Identität im Sinne von *citoyenneté* zu differenzieren. Es ist übel, wie Linksgrüne verfahren, wenn sie all jene, die von Identität sprechen, ohne nähere Bestimmung mit der kontaminierenden Keule ›identitär‹ angreifen.

Frühere, weit schätzenswertere Römerberggespräche, an denen ich in den 1990er-Jahren viermal als Redner mitwirken durfte, waren ein offener Markt der Ideen und freien Debatten. Dagegen waren die 44. Römerberggespräche 2016 total vom herrschenden links-grünen Narrativ dominiert. Es gab keine fruchtbaren Dispute, und eine *Debating Culture* war nicht im Geringsten zu erkennen. Das ist der bedauerliche Wandel in der politischen Kultur der Bundesrepublik Deutschland als Folge der linksgrünen Dominanz.

In den bisherigen Ausführungen wollte ich nur das vorherrschende Narrativ nochmals vor- bzw. in den Mittelpunkt stellen, also nur Narrative besprechen und keinen Bezug auf Personen nehmen, weshalb ich auch keine Namen genannt habe. Ich mache jedoch eine einzige Ausnahme aus folgendem, berechtigten Grunde: Dieses Buch versteht sich, wie bereits dem Vorwort zu entnehmen, auch als Gegenargument zu dem Buch *Die neuen Deutschen* von Marina und Herfried Münkler. Daher muss ich auf die Bemerkung der Referentin über Fremdheit und Identität, Marina Münkler, eingehen und widersprechen. Auf ihre Schönreden über Flüchtlinge reagierte ein Teilnehmer mit folgendem Beitrag: »Ich habe mich eineinhalb Jahre lang als Helfer in der Flüchtlingshilfe engagiert und viele Flüchtlinge betreut, mit dem Ergebnis einer Desillusionierung: Diese Menschen haben eine ganz andere Weltanschauung, die uns völlig fremd ist und die nicht wird integriert werden können.« Marina Münkler erwiderte, auch sie habe Flüchtlingsarbeit betrieben und nehme dies zum Anlass, die vorgetragene kritische Beobachtung zurückzuweisen. Münkler argumentierte, viele der Flüchtlinge seien junge Männer, die gerade die deutsche Gesellschaft benötige. Natürlich verwies sie auf das eigene Buch *Die neuen Deutschen*, das sie mit ihrem anwesenden Ehemann »im Geiste ihrer Kanzlerin« (*The European*) geschrieben hat. In dem Buch ist aber nichts über die Problematik der *youth bulges* zu finden; ein Terrain, das ihre Verleugnung der Probleme offenbaren würde.

Es ist kein Populismus, auf diese Probleme hinzuweisen (s. auch die Einführung zu diesem Buch), Probleme, deren Existenz von Marina und Herfried Münkler einfach ignoriert wird. Bei den Römerberggesprächen machten sie keine Ausnahme davon, wie Münklers Referat zeigte. Am darauffolgenden Tag, dem 04.12.2016, stand folgendes als Gegenargument zu Münklers Kleinreden und Ignorieren von Problemen in der *Frankfurter Allgemeinen Sonntagszeitung:* Ein jugendlicher Afghane wurde in Freiburg unter erdrückender Beweislast verhaftet, weil er eine 19-jährige Medizinstudentin vergewaltigt und anschließend ermordet hatte. Vergewaltigungen durch jugendliche Flüchtlinge – vor allem durch Eritreer – gehören seit 2015 zum Alltag und sind keine Einzelfälle; der Einzelfall besteht hier in der Verbindung von Vergewaltigung mit Mord. Ich möchte im Folgenden diesen Fall in das Phänomen der *youth bulges* einordnen. Ich bin Sozialwissenschaftler und befasse mich mit sozialen und politischen Erscheinungen, nicht mit Einzelfällen.

Youth bulges verursachen Konflikte aller Art. Jugendliche kommen seit 2015 aus Afghanistan, Irak, Syrien, Eritrea und Nordafrika nach Deutschland. Die Schätzziffer beträgt aktuell 100.000 Personen. Die *Süddeutsche Zeitung* vom 22.11.2016 gibt im Artikel *Die Wirklichkeit als Sackgasse* nur die offizielle, aber unzuverlässige Zahl von 63.000 Personen an. Obwohl der Artikel das Phänomen herunterspielt, wird folgendes eingeräumt: »Etwa zehn Prozent der jungen Flüchtlinge wurden auffällig oder gerieten in kriminelle Strukturen«.

Nun zum Freiburger Fall, der kein Einzelfall war, folgender Bericht aus der *Frankfurter Allgemeinen Sonntagszeitung* vom 04.12.2016 von Rüdiger Soldt (S. 24): »In Freiburg gibt es zudem seit einiger Zeit Probleme mit minderjährigen unbegleiteten Ausländern. [...] Es kam zu sexuellen Belästigungen [...] Diese Flüchtlingsgruppe ist auch immer wieder durch Körperverletzungen und Drogenhandel aufgefallen. [...] [Es gibt] Stoff für eine Debatte [...].« Am nächsten Tag sah die benötigte

Debatte so aus, dass der grüne Freiburger Oberbürgermeister davor warnte, aus dem Fall etwas »pauschal abzuleiten«. Der ebenfalls grüne Integrationsminister von Baden-Württemberg warnte gebetsmühlenartig vor einem Generalverdacht. Fakt ist jedoch, ebenfalls nach einem Bericht der *FAZ* über Freiburg (05.12.2016), dies: »Minderjährige Ausländer [...] Flüchtlinge aus Nordafrika terrorisieren seit Jahren Anwohner und Passanten [...] die Polizei zählte im Mai 2014 232 Straftaten [...] Grund war die Zunahme von Taschendiebstählen und sexuellen Belästigungen«. Die Medien, vor allem die ARD, haben diese Dinge schlicht ignoriert. Die ARD argumentiert, dies sei ein lokales Ereignis; die *FAZ* führt im Bericht *Wir sehen, was wir nicht zu sehen bekommen* (06.12.2016) über die ARD aus: »Freiburg hat ein Thema und das ganze Land schaut darauf. Die Tagesschau hatte das Thema nicht.« Der Deutschlandfunk hatte in einer Sendung Hörer sagen lassen »das tun Deutsche auch«, um den Fall kleinzureden. Nach dieser Logik dürfen die Flüchtlinge vergewaltigen und morden, weil auch Deutsche das tun. Welch zwingende Logik!

Es geht nicht nur um Freiburg, sondern auch um Vergewaltigungen durch *youth bulges* fast in allen großen Städten, nicht nur in Deutschland, sondern auch in Österreich, besonders in Wien. Anlässlich des CDU-Parteitages Anfang Dezember in Essen hat der *FAZ*-Journalist Julian Staib eine Recherche in Essen durchgeführt, aus der die kriminellen Strukturen und die mangelnde Integrationsbereitschaft der Migranten hervorgeht. Er berichtet unter anderem, dass die Hälfte der in dritter Generation der in Essen lebenden libanesischen Gemeinde »nur geduldet« ist, aber dennoch nicht abgeschoben wird. Die Libanesen leben in kriminell-mafiösen Strukturen und sind eingebettet in eine Parallelgesellschaft. Die neuen Flüchtlinge, die nach diesem Bericht »in Wohnungen ziehen, [sind] für Integrationsbemühungen zumeist kaum mehr zu erreichen«. Es ist dies zu befürchten: »Die neuen Flüchtlinge werden das Geschäftsmodell der Libanesen schnell übernehmen«. Der vom *FAZ*-Journalisten Rüdiger Soldt festgestellte »Bedarf an einer Debatte« wird, wie oben zitierte grüne Politiker belegen, nicht erfüllt.

Mein Anklage gegen das zur Zeit in Deutschland erdrückend vorherrschende Narrativ möchte ich auf diese Weise zum Ausdruck bringen: Ich verließ die 44. Römerberggespräche in Trauer darüber, dass in meiner intellektuellen Heimatstadt Frankfurt, wo ich bei großen deutschen Geistern Kritik, Individuation, Freiheit und Rationalität gelernt habe, diese Werte heute dort durch ein links-grünes Narrativ abgelöst werden, dem ich nichts abgewinnen kann. Die reale Angst der Bevölkerung vor den unkontrollierten Migrationsströmen wird als Populismus verfemt, und Dissidenten werden in die rechte Schmuddelecke verwiesen. Ich weigere mich, diese Haltung mitzutragen.

Als ein Syrer, der in den USA zwischen 1982 und 2010 höchst erfreuliche akademische Jahre in Harvard, Princeton, Yale, Cornell und zuletzt am Center for Advanced Holocaust Studies in Washington D.C. verbringen durfte, bin ich den USA höchst dankbar. Weder bin ich ein Populist noch ein Gefolgsmann von Trump, aber es hat mich heftig gestört, dass der letzte deutsch-professorale Referent bei den 44. Römerberggesprächen 60 Millionen amerikanische Wähler dadurch beleidigt hat, dass er den demokratisch gewählten Präsidenten buchstäblich als »Faschist« beschimpfte. Man kann seine Ablehnung gegenüber Trump anders kundtun, aber nicht so. Ein Politikprofessor analysiert, er beschimpft nicht!

Zwei Tage nach den Römerberggesprächen kehrte ich am 08.12.2016 in meine deutsche intellektuelle Heimatstadt Frankfurt zurück, um unter gebildeten und zivilisierten Flüchtlingen aus meinem islamischen Kulturkreis einen Tag an der Schule zu verbringen, wo ich einst das deutsche Abitur für Ausländer erworben hatte. Ich sprach zu ihnen und fühlte mich unter ihnen sehr wohl im Gegensatz zu der Gesellschaft der kulturprotestantischen Gesinnungsethiker und vergreisten Altachtundsechziger, die nicht dazulernen wollen oder können. Am 08.12.2016 hatte diese Schule, also das Frankfurter Studienkolleg für ausländische Studierende (heute heißt es Internationales Studienzentrum der Universität Frankfurt), für mich als Alumnus eine Begegnung mit neuen Schülern und Studenten aus der islamischen Welt arrangiert. Es bereitete mir Freude, mit diesen Menschen aus Nahost, Zentralasien und Afrika zu diskutieren, weil sie mir zuhörten und meine Argumente mit Argumenten erwiderten. Den undifferenzierten »Flüchtling« gibt es nicht, weil es solche und solche gibt. Die deutsche Flüchtlingseuphorie verbietet jedoch Differenzierungen als »Stereotypisierung«.

Die Frankfurter Studenten und Schüler mit Flüchtlingshintergrund waren überaus interessiert an meiner Lebensgeschichte und reagierten mit Empathie auf meine Erfahrungen als Muslim in der europäischen Zivilisation. Die dort Versammelten waren tatsächlich die gebildeten und zivilisierten Flüchtlinge, die Deutschland im Gegensatz zu jenen, die »Taschendiebstähle und sexuelle Belästigung« (*FAZ* vom 05.12.2016) begehen, benötigt. Wenn deutsche Politiker sagen, man solle nicht »pauschal urteilen«, dann sollen sie nicht pauschal behaupten, alle »Flüchtlinge« seien edel; ich wiederhole: Es gibt solche und solche. Die Frankfurter Flüchtlinge aus der Welt des Islam, die mich am 08.12.2016 zutiefst beeindruckten, kamen aus dem *Academic Welcome Program* der Universität Frankfurt, nicht aus den afghanischen und marokkanischen Slums; sie sind also keine Armutsflüchtlinge.

Flüchtlinge nach Deutschland – Zwischen Ein- und Zuwanderung im Zivilisationskonflikt

Die deutsche Diskussion über den Zuzug von ca. zwei Millionen Menschen samt Familien aus Nahost und Afrika nach Deutschland im Zeitraum vom 04.09.2015 bis Ende 2016, die als Flüchtlinge kamen, ist stark von der Vorstellung eines schon zuvor existierenden Manichäismus von Gut und Böse geprägt. Ich widerspreche diesem simplifizierenden, zutiefst unangemessenen deutschen Manichäismus im Geiste von Max Weber. Auf die Frage nach der Angabe der Zahl von zwei Millionen Flüchtlingen antworte ich, dass offizielle Zahlen frisiert, ja teilweise verfälscht sind; die genaue Zahl, d.h., ob eine oder zwei Millionen Menschen kamen, ist kaum verifizierbar. Ich beobachte, sammle Zahlen, vergleiche sie, dann aggregiere ich sie, und auf dieser Basis erstelle ich *estimates*, Schätzziffern. Das ist wissenschaftlich zulässig.

In diesem hochideologischen Kontext berufe ich mich zur Neutralisierung auf die Ermahnung des renommierten britischen Soziologen Anthony Giddens (London School of Economics), die im Titel seines Buches *Beyond Left and Right* (1994; deutsch *Jenseits von Links und Rechts, 1997*) zum Ausdruck kommt; er veröffentlichte es nach dem Ende des Ost-West-Konflikts. Wie der Buchtitel vorschlägt, sollte man die ideologische Polarisierung von Links und Rechts zugunsten von Sachlichkeit aufgeben. In diesem Geist möchte ich erneut auf Max Webers Unterscheidung zwischen Gesinnungs- und Verantwortungsethik zurückgreifen, auf die Thematik anwenden und jede gesinnungsethische und moralisierende Betrachtungsweise bei der Beantwortung der eingangs gestellten Frage, ob die Flüchtlinge gut oder schlecht für Deutschland seien, zurückweisen. Zur Weber-Diskussion verweise ich auf meine Ausführungen dazu auf den Seiten 29 bis 32 der 2016er-***ibidem***-Ausgabe meines Buches *Europa ohne Identität?*.

Das Buch *Die neuen Deutschen* von Marina und Herfried Münkler, mit dem ich mich auseinandersetze, ist kein Beitrag zur Migrationsforschung. Es befasst sich mit Menschen, die ohne rechtliche Bestimmung, in der Regel illegal, das Land betreten und von den Gesinnungsethikern der Willkommenskultur als die »neuen Bürger« gefeiert werden. Wenn man unter Bürger *citoyen / citizen* versteht, dann erfüllt keiner der ein bis zwei Millionen Flüchtlinge diese Bestimmung. Denn nur durch die Erfüllung zahlreicher Bedingungen kann ein Mensch den Anspruch erwerben, Mitglied einer *citoyenneté / citizenry* zu sein. Dieses Verständnis von »Bürger« muss in die politische Kultur Deutschlands erst eingeführt werden.

Eine seriöse Analyse mit wissenschaftlichem Anspruch muss im Gegensatz zu Münklers Buch zwei Leistungen im Vorfeld erbringen. Es müssen erstens Kategorien zur rechtlichen, sozialen und politischen Einordnung der Flüchtlinge aufgestellt werden, dann ist es zweitens von zentraler Bedeutung, die Aufnahmegesellschaft selbst zu definieren. Weil es einen Unterschied zwischen Einwanderung und Zuwanderung gibt, den die Münklers in den »Neuen Deutschen« ausblenden, muss klargestellt werden, ob die Aufnahmegesellschaft ein Ein- oder ein Zuwanderungsland ist. Diese begriffliche Unterscheidung einer bestehenden Realität habe ich bereits in der 2002er-Ausgabe dieses Buches (oben in Kapitel 2) erläutert. Die gescheiterte Integration ist ein empirischer Befund meiner Forschung.

Nach der oben in Kapitel 2 unternommenen Differenzierung ist Deutschland kein Einwanderungs-, sondern ein Zuwanderungsland. Der Unterschied zwischen beiden Begriffen besteht in Folgendem: Ein Einwanderungsland ist ein solches, das aus Migranten in spe nach Bedarf die gewünschten aussucht und in einem rechtstaatlichen Verfahren unter der Voraussetzung aufnimmt, dass diese *citoyens / citizens* werden, d.h., als Individuen in das Gemeinwesen eingegliedert werden.

Im Gegensatz zur obigen Bestimmung eines Einwanderungslandes lässt Deutschland Millionen Menschen ohne Kontrolle in sein Territorium. Ein Zuwanderungsland lässt nicht nur beliebig Menschen, die keine Bürger sind bzw. keine werden, hinein, sondern hat auch darüber hinaus keine *policy* für den Umgang mit diesen Menschen bzw. wie sie in das bestehende Gemeinwesen eingegliedert werden können. Die USA, Kanada und Australien sind klassische Einwanderungsländer. Dagegen ist Deutschland das prominenteste Zuwanderungsland der Welt geworden.

Allein Hamburg hat 2016 bereits halb so viele Migranten aufgenommen, wie die USA in einem Jahr aufnehmen.

Zudem lassen Zuwanderungsländer wie Deutschland Fremde in das Territorium hinein, die rechtlich nicht klar bestimmt sind. Für diese Fremden gibt es sechs Kategorien:

1. Gastarbeiter,
2. Migranten als Einwanderer,
3. Migranten als Zuwanderer,
4. Armutsflüchtlinge,
5. Kriegsflüchtlinge und
6. politisch verfolgte Individuen, die das Recht haben, nach Artikel 16 des Grundgesetzes Asyl zu erhalten.

Diese Kategorien sind nicht vertauschbar; ein Asylsuchender beispielsweise ist kein Migrant. Humanitäre Politik ist erstrebenswert und laudabel, hat aber erstmal nichts mit Einwanderungspolitik zu tun. Dieser internationale Wissensstandard gilt im Land der Sonderwege – in Deutschland – nicht, wo die Linksgrünen unter Ausblendung klaren Denkens postfaktisch argumentieren; Ideologie ersetzt nicht nur Wissenschaft, sondern auch jede rationale *policy*.

Bis auf Kategorie 1 – die Gastarbeiter, beispielsweise Türken, Spanier und Italiener, die nach 1960 nach Deutschland kamen – werden alle verbliebenen fünf Kategorien durcheinander gebracht und in den Topf »Asylsuchende« hineingeworfen. Es ist einfach lächerlich, wie der deutsche Staat kostspielige und aufwendige Verfahren zur Stellung und Überprüfung von Asylanträgen durchführt, die im Resultat wertlos bleiben. Denn ein negatives Ergebnis ändert in der Praxis zumeist nichts daran, ob die abgelehnten Asylsuchenden im Lande bleiben dürfen oder nicht. Abgelehnte Asylbewerber (zur Zeit eine gute halbe Million) bekommen zunächst Duldungsstatus, der außer bei Straftätern nach wenigen Jahren über Bleiberechtsregelungen in ein Daueraufenthaltsrecht mit einem weiteren Recht auf vollen Zugang zu sozialstaatlichen Leistungen mündet. Selbst wenn sie wie etwa die erwähnten Libanesen einer Parallelgesellschaft in Essen »zum Teil in dritter Generation nur geduldet« werden (Julian Staib in der *FAZ* vom 05.12.2016, S. 3), gelingt es doch aus rechtlichen oder tatsächlichen Gründen nicht, ihren Aufenthalt zu beenden und sie in den Herunftsstaat oder ein Drittland abzuschieben.

Von 13.000 im Jahr 2015 illegal eingereisten Nordafrikanern, deren Asylanträge abgelehnt wurden, sind nur 28 abgeschoben worden (s. *Welt* vom 10.12.2016). Sie werden geduldet, obwohl sie mehrheitlich als kriminell ausgewiesen worden sind, weil sie falsche Angaben über ihre Identität machen, ihre Pässe vernichtet haben und die vermuteten Herkunftsstaaten die Aufnahme verweigern.

Die Diskussion darüber, ob die Flüchtlinge gut oder schlecht für Deutschland seien, wird vorwiegend gesinnungsethisch, nicht verantwortungsethisch geführt. Diese Denkweise dominiert nicht nur das Denken vieler Meinungsmacher, so auch das des Ehepaars Münkler; beide haben einen »Katechismus« unter dem Titel »Die neuen Deutschen« als »Apologie auf die Regierung Merkel« (*The European*) verfasst.

Gesellschaftlich ist es neben der Differenzierung zwischen Ein- und Zuwanderung erforderlich, auch zwischen humanitärer und Einwanderungspolitik zu unterscheiden. Als Menschenrechtsaktivist stehe ich dafür ein, dass politisch Verfolgte ein Recht auf Asyl haben – dieses Recht ist aber ein individuelles und kein Gruppenrecht. Politisch verfolgt zu sein verleiht dem Antragsteller zudem keinen Dauerstatus, ist also keine Einwanderung, denn das Asylrecht berechtigt nicht von vornherein zu einem Daueraufenthalt: Es kann widerrufen werden. Einwanderung erfolgt dagegen erstens nach Bedarf der Aufnahmegesellschaft und zweitens mit dem Ziel, die eingewanderte Person auf Dauer als ein individuelles Mitglied des Gemeinwesens als *citoyen* zu integrieren und anzuerkennen. Ein Bürger-Status als *citoyen* muss jedoch durch Leistungen erworben werden; dieser kann nicht verschenkt werden, so wie Gesinnungsethiker dies tun, wenn sie Flüchtlinge, die noch nicht einmal rudimentär die Landessprache sprechen, zu »neuen Bürgern« hochstufen.

Außer der Unterscheidung zwischen Einwanderungspolitik und humanitärer Politik kommt noch folgender Faktor hinzu: Als Wissenschaftler des Fachs Internationale Beziehungen habe ich vierzig Jahre lang zwischen Berkeley, Harvard, Göttingen, Wien, Singapur und Jakarta, insgesamt an 18 Universitäten auf allen Kontinenten gelehrt, dass jeder Staat ein *national interest* hat und seine Politik dementsprechend gestaltet. So werden Islamisten in vielen ihrer eigenen islamischen Länder verfolgt. Dennoch sollte man ihnen kein Asylrecht in Deutschland gewähren, weil sie ein Risiko für das *national interest* des Landes bilden. Man muss dieses Tabu brechen und sagen, dass auch bei der humanitären

Politik Sicherheitspolitik gleichrangig eine Rolle spielen muss, wenn der Rechtstaat keine Selbstverleugnung betreiben will.

Ich möchte folgende drei Gefahren für das *national interest* eines demokratischen Rechtstaates anführen, die durch Migration entstehen:

1. Parallelgesellschaften, besonders islamische Parallelgesellschaften, die in Europa existieren, »but not of it«, d.h. nicht zu Europa gehören, wie der amerikanische Islamwissenschaftler John Kelsay in seinem Buch *Islam and War* es formuliert.
2. *Security* ist ein zentraler Aspekt der Ein- und Zuwanderungspolitik. Der in meinen Augen wichtigste Migrationsforscher Myron Weiner, der zu seinen Lebzeiten am MIT gelehrt hat, veröffentlichte 1995 das großartige Buch *The Global Migration Crisis*. Darin nimmt das Thema *security* ein ganzes Kapitel ein. Das ist echte verantwortungsethische Wissenschaft. Im Gegensatz dazu verbietet das vorherrschende Narrativ in Deutschland die Verbindung von Migration und Sicherheit und macht daraus ein Tabu-Thema. Wer sich daran nicht hält, wird als islam- und fremdenfeindlich eingestuft.
3. Ich möchte den Begriff »ethnische Armut« von Anthony Giddens als gesellschaftliches Sicherheitsrisiko angeben, weil diese Konflikte hervorruft, die nicht lösbar sind. Zum Sicherheitsaspekt der »ethnischen Armut« kommt noch ein wirtschaftliches Problem hinzu. Denn die Zuwanderung von Menschen, die keinerlei berufliche Qualifikation haben (beispielsweise analphabetische somalische Nomaden, die es auch in Göttingen gibt), bildet eine Dauerbelastung für jeden Sozialstaat.

Zusätzlich zu dem »national interest«-Argument kommt der Bedarf nach einer *policy* der Begrenzung sowohl von Einwanderung als auch von Asyl aus Kapazitätsgründen. Nach den Angaben des Hohen Kommissars der Vereinten Nationen (UNHCR) waren 2015 58 Millionen Menschen auf der Flucht. Im Jahr 2016 ist die Zahl sprunghaft auf 65 Millionen Menschen angestiegen. Dieser steigende Trend wird auch in den folgenden Jahren anhalten. In der ersten Oktoberwoche 2016 hat Amnesty International einen Anklagebericht gegen »reiche Länder« veröffentlicht, die nicht bereit sind, diese Flüchtlinge unbegrenzt aufzunehmen. Meine Reaktion darauf ist: Das ist der reine Wahnsinn. Jeder Mensch, der ein wenig Ahnung von sozialen Systemen hat, muss doch wissen, dass jedes soziale System *self-maintanance* erfordert, also Selbstbehauptung zur weiteren Existenz. In der Neuausgabe meines Buches *Europa ohne Identität?* habe ich im neuen Untertitel und neuem Text *Europäisierung oder Islamisierung* argumentiert, dass Europa im Falle der Aufnahme von 65 Millionen Flüchtlingen aus Nahost und Afrika nicht mehr als zivilisatorische Entität existieren würde. Diese Tatsache muss man zur Kenntnis nehmen und Konsequenzen daraus ziehen.

Eine große Gefahr für Europa, also auch für Deutschland, kommt aus dem Inneren dieses Kontinents selbst, nämlich aus dem postmodernen kulturrelativistischen Nihilismus, der jeden Wertebezug als Rahmen für Identität nicht nur verleugnet, sondern auch als »Populismus« verwirft. Wenn Nihilisten zwei zentrale Eigenschaften der kulturellen Moderne Europas, nämlich Laizität und säkulare Demokratie der Individuen, nicht der Kollektive, verwerfen, dann vernichten sie Europa als zivilisatorisches Projekt. Die »neuen Deutschen« bringen eine Weltanschauung mit, die beide Elemente europäischer Identität verleugnet. Integration erfolgt immer *in* etwas, d.h. in ein Gemeinwesen mit kultureller Identität. Wenn Deutschland seine eigene Identität und ein vorhandenes Gemeinwesen verleugnet, dann ist die Folge klar eine Unfähigkeit zur Integration. Die Frage stellt sich dann: Wohin gehören die regierungspropagandistisch als »die neuen Deutschen« deklarierten Menschen, wenn das Land ihnen keine Identität im Sinne eines *sense of belonging* bieten kann?

Dass Deutschland rund zwei Millionen Menschen unvorbereitet aufgenommen hat, war eine humanitäre Tat; schlecht ist jedoch, dass Deutschland ihnen außer Unterbringung, Alimentierung und Sprachkursen nichts anzubieten hat. In meinem *SZ*-Artikel *Wenn ich kein Deutscher bin, was dann?* habe ich ein Problem erläutert, das deutsche Gesinnungsethiker wie die Münklers nicht verstehen. In diesem Kontext werden die »neuen Deutschen«, die sich ausgegrenzt fühlen, eine Alternative suchen: Diese ist der Scharia-Kopftuch-Islam als Identität. Die größte Herausforderung an Europa ist die, sich selbst als eine säkulare, republikanische, demokratische Zivilisation zu bestimmen. Mit der unkontrollierten Zuwanderung aus der Welt des Islam entstehen Wertekonflikte. Was ist das? In meinem *Cicero*-Artikel *Ich kapituliere* (06/2016) habe ich mein Konzept des Euro-Islam vorgestellt und erklärt, dass ein europäisierter Islam eine friedliche Lösung der Wertekonflikte wäre. Ich habe jedoch meine Niederlage gegenüber dem Kopftuch-Islam eingeräumt.

Das ist geschehen in einem Wertekonflikt. Dieser wird ausgetragen zwischen drei Ausrichtungen, die zurzeit in Europa existieren:

1. Die Vertreter der *open society*, die in Poppers Sinne argumentieren: »keine Toleranz den Intoleranten« (Alexander Kissler).
2. Die postmodernen Kulturrelativisten, die ich in Poppers Sprache als »Feinde der offenen Gesellschaft« einstufe (im Allgemeinen Linke und Grüne).
3. Die islamischen und anderen Neoabsolutisten, die eine kompromisslose Weltanschauung nach Europa einführen, für die sie im Namen des Respekts für andere Kulturen Geltung beanspruchen (organisierter Verbands-Islam).

Im Amerikanischen ist in den vergangenen zehn Jahren der Begriff *war of ideas* für solche Konflikte geprägt worden. Einer der Exponenten dieser Diskussion ist der Amerikaner Eric Patterson (besonders in seinem Buch *Debating the War of Ideas*, zu dessen Mitautoren ich gehöre). Ich argumentiere mit ihm, dass in diesem weltanschaulichen Krieg Keulen eingesetzt werden, die u.a. diese sind: Vorwurf in Bezug auf Islamophobie, Populismus, Stigmatisierung, *profiling* und nicht zuletzt Pauschalisierung. Der große Anthropologe Ernest Gellner hat in seiner Kontroverse mit Clifford Geertz in Amsterdam 1994, an der ich damals beteiligt war, diesem vorgeworfen, dass er jedes Anderssein anderer Kultur als eine Eigenart kulturrelativistisch rechtfertigt und sie mit Keulen verteidigt. Der jüdische Holocaust-Überlebende Gellner hat polemisch gegenüber Geertz angeführt: »Wollen Sie den Mord an Juden als deutsche Eigenart rechtfertigen?« Das ist ein prototypisches Beispiel für das, was als *war of ideas* über die Zukunft Europas entscheidet.

Zur Klarstellung: Ich verzichte nicht auf meine Vision eines europäischen Islam; ich räume allein die mangelnde Durchführbarkeit in Deutschland ein. Ich bin kein Pessimist und erst recht kein Defätist. Deshalb biete ich auf der Basis der vorgelegten Problemdiagnose fünf Lösungsvorschläge an:

1. Eine Lösung kann nur auf dem Boden einer *Debating Culture* über die anstehende Problematik, d.h. in einer Kultur der Redefreiheit gefunden werden. Also keine Keulen, keine *battle slogans* (Kampfbegriffe) und keine »innere Zensur« (Adorno), die »unbequeme Gedanken« unterdrückt oder gar eliminiert, und

keine deutsche politische Kultur, die »jede Abweichung gereizt ahndet« (Adorno).

2. Deutschland muss sich von einem Zuwanderungs- zu einem Einwanderungsland entwickeln und eine *policy* für diesen Wandel entfalten. Auch muss zwischen Einwanderung und humanitärer Politik unterschieden werden. Humanitäre Politik ist eine Pflicht, aber hierfür gibt es Kapazitäten, die der globale besorgte Gutmensch nicht anerkennt, weil dieser die Probleme aller Welt auf deutschem Territorium lösen will.
3. Ein Integrationskonzept, das politische, wirtschaftliche und kulturelle Voraussetzungen erfüllt; Unterbringung, Alimentation und Sprachkurse allein bewirken noch keine Integration.
4. Deutschland muss seine durch den NS-Faschismus beschädigte Identität besser verarbeiten und nicht wie bisher krankhaft kompensieren. Adorno schreibt, dass es zwei deutsche Traditionen gibt: die eine von Kant als die des vernunftbegabten Individuums und die andere als die des »Pathos des Absoluten« – die Deutschen müssen sich zwischen diesen beiden entscheiden, welche sie als Basis für die Entfaltung einer neuen inklusiven Identität auswählen. Ohne ein solches Identitätsangebot kann und wird es Deutschland nicht gelingen, Fremde aufzunehmen, zu integrieren und ihnen einen *sense of belonging* zu vermitteln.
5. Aufgabe der Gesinnungsethik und der manichäischen Zweiteilung der Welt in Gut und Böse (das »helle und dunkle Deutschland«, so Bundespräsident Gauck). Ich habe Max Weber zitiert, dass nach dem Gesinnungsethiker »aus Gutem nur Gutes und aus Bösem nur Böses« entstehen könne. Doch »oft ist das Gegenteil« wahr. Weber fügt hinzu: »Wer das nicht sieht, ist in der Tat politisch ein Kind.«

Die gute Intention der Anhänger der Willkommenskultur, Flüchtlinge aus der Welt des Islam unbegrenzt und ohne Wahl aufzunehmen, führt nicht nur zu Parallelgesellschaften, ethnischer Armut und Sicherheitsproblemen (wie etwa dem des djihadistischen Islamismus), sondern auch zum Import des Antisemitismus. Ich habe diesen »zugewanderten Judenhass« als Gefahr bereits in Abschnitt 9 der Einführung thematisiert. Auf Einladung der Israelitischen Kultusgemeinde (IKG) in Wien war ich dort, um über diese Problematik aufzuklären. Eine Analyse hierüber habe ich in einem Buch der Wiener Jüdischen Gemeinde veröffentlicht. Über muslimischen Antisemitismus zu sprechen ist keineswegs Ausdruck von Islamophobie, wie Linksgrüne in Deutschland behaupten, sondern eine notwendige Debatte.

In diesem Zusammenhang habe ich mit meinem deutschen Kollegen Thorsten Hasche eine Studie über die Funktion der Anschuldigung mit Islamophobie durch Islamisten und Islamfunktionäre geschrieben; darin haben wir beide nachgewiesen, wie instrumentell diese Anschuldigung ist. Die Studie ist 2014 in dem Buch *Freedom of Speech and Islam* (Routledge) von Erich Kolig erschienen. Im Mittelpunkt dieser Studie steht die Zuweisung einer Opferrolle an alle islamischen Migranten. Dies geschieht in einer segregativen Kultur der Islamvereine, die Parallelgesellschaften als »Enklaven, die in Europa existieren, nicht aber dazugehören«, kultivieren. Die in Europa aktiven Islam-Funktionäre erheben den Anspruch auf Deutungshoheit, d.h. darauf, als Instanz dafür anerkannt zu werden, die entscheidet, was als islamisch gilt und was nicht; sie haben den Begriff »Islam-kompatibel« erfunden, um auf dieser Basis Macht darüber auszuüben, was zugelassen werden darf und was abzulehnen ist.

Die organisierten Islamverbände betreiben Täuschung – *iham* – Die Verdeckung der Islamisierungspolitik als Dialog

Als europäisch orientierter Reform-Muslim syrischer Herkunft bin ich gegen jede Islamophobie, wenn es um Anfeindung der in Europa lebenden Muslime geht. Der Vorwurf der Islamophobie wird jedoch von Islamfunktionären als Waffe zur Verhinderung jeder Kritik eingesetzt. So behaupten die Funktionäre der Verbände des organisierten Islam, die Kritik an ihrer antisäkularen und zugleich antieuropäischen segregativen Moscheen-Kultur sei Islamophobie. Sie kämpfen mit allen Mitteln, leider mit Erfolg, für Sonderrechte der Islamgemeinden; die Islamfunktionäre behaupten von sich, die gesamte Islam-Gemeinde zu vertreten, obwohl sie weder eine demokratische Legitimation für eine solche Vertretung haben noch von irgendjemandem dazu bestellt worden sind. Faktisch, d.h. statistisch, vertreten sie eine Minderheit von maximal 10–15 %. Islamfunktionäre verfügen über politische und institutionelle Macht; sie verfolgen jedoch nicht allein religiöse, sondern gerade auch politische Ziele – sie betreiben aktiv eine Religionisierung der Politik. Diese Funktionäre erhalten vermutlich »Sold« entweder von der islamistischen AKP, die seit 2002 die Türkei regiert, oder vom wahhabitischen Saudi-Arabien. Es sei nebenbei angemerkt, dass Islamismus und Wahhabismus völlig unterschiedliche Richtungen innerhalb des zeitgenössischen Islam sind, aber in Europa arbeiten die islamistische Türkei und das wahhabitische Saudi-Arabien eng zusammen für eine Agenda der Islamisierung Europas.

Es sei klargestellt: Islamfunktionäre sind in der Regel keine Theologen; sie praktizieren ihre Tätigkeit vielmehr, wie es scheint, als einen gut bezahlten Beruf. Eine der vielen Waffen der Islamfunktionäre ist der Vorwurf der Islamfeindlichkeit bzw. der Islamophobie gegenüber Europäern, verbunden mit politischen Forderungen. Zweifelsohne gibt es eine abzulehnende Islamfeindlichkeit in Europa, über die man aufklären und die man bekämpfen muss; aber diese Funktionäre ziehen den Begriff der Islamophobie heran, um damit Politik zu machen, keineswegs um Aufklärung über Islamfeindlichkeit zu betreiben. Auf der Basis der Opferrolle, die die Islamfunktionäre den einfachen Muslimen der Islam-Diaspora als Kollektiv zuschreiben, fordern sie mehr Rechte für den organisierten Islam, ja, sie erstreiten sogar Sonderrechte für Muslime, die andere Minderheiten nicht haben. Somit wird klar, dass die unterstellte Opferrolle die Funktion einer taktischen Waffe hat, um Macht für den organisierten Islam zu erlangen.

Im Kampf um Legitimität mobilisieren diese gut betuchten Islamfunktionäre europäische wissenschaftliche Meinungsforschungsinstitute, indem sie sie gut bezahlen und instrumentalisieren. Diese Institute bekommen von den Islam-Verbänden die Aufgabe, den Nachweis zu erbringen, dass eine Islamophobie besteht. Ein Schweizer Beispiel hierfür ist die Politik der »Union europäischer türkischer Demokraten« (UETD), die als Handlanger der AKP in der Schweiz wirkt. Der UETD-Präsident hat im Mai 2016 dem Meinungsforschungsinstitut GfS den gut bezahlten Auftrag gegeben, den Nachweis zu erbringen, dass Muslime in der Schweiz diskriminiert werden. Mit solcherart erkauften Forschungsergebnissen geht die UETD dann an die Öffentlichkeit und betreibt einen weltanschaulichen Krieg gegen Europa, der von Forderungen begleitet wird.

Wie im Türkei-Abschnitt von Kapitel 9 erläutert, ist im Islamismus zwischen einer djihadistischen, d.h. gewaltförmigen, und einer friedlich-moderaten institutionellen Ausrichtung zu differenzieren. Organisierte

Islamfunktionäre leisten Lippenbekenntnisse zum demokratisch-gemäßigten Islam, praktizieren jedoch *iham* (Täuschung), um ihre Islamisierungspolitik zu verdecken. Ich möchte hierfür ein Beispiel aus Deutschland anführen. Am 3. Oktober 2016 hat die Bundesrepublik die Wiedervereinigung gefeiert, die organsierten Islamverbände haben diesen Tag zum »Tag der offenen Moschee« erklärt und nannten dies: »Hidjra-Tag«. Das arabische Wort *Hidjra* bedeutet im Koran-Text: Migration zur Verbreitung des Islam. Eine ausführliche Darlegung hierzu enthält auch mein Buch *Europa ohne Identität?*; siehe auch Kapitel 6. Den »Tag der offenen Tür« zugleich »Hidjra-Tag« zu nennen bedeutet klar übersetzt: Islamisierungs-Tag! Die Europäer fallen in ihrer Unkenntnis darauf herein. In einem Interview mit dem Deutschlandfunk habe ich auf die Frage über den Islamunterricht geantwortet, dass in Deutschland, aber auch in der Schweiz eher ein großer Bedarf an Islamunterricht für Politiker und christliche Kirchenmänner besteht, damit diese endlich merken, wann sie getäuscht werden; sie fallen auf Täuschung, *iham,* nur allzu leicht herein, weil ihnen Wissen über den Islam fehlt.

Die Islamfunktionäre sehen als Hauptfeind nicht die »Ungläubigen«, sondern Reform-Muslime an; diese grenzen sie aus und feinden den Euro-Islam an. Sie exkommunizieren sie sogar aus Islam-Gemeinden. Die Politik der organisierten Islam-Verbände besteht darin:

1. Die Integration der islamischen Zuwanderer zu *citoyens* zu verhindern und darauf zu bestehen, dass Muslime Mitglieder eines islamischen Umma-Kollektivs sind.
2. Die Islam-Diaspora, in den Worten des amerikanischen Islamwissenschaftlers John Kelsay, zu einer »Enklave« zu organisieren.
3. Die Islamophobie-Keule gegen Meinungsfreiheit und Islam-Kritik einzusetzen.

Um nicht zu pauschalisieren, hebe ich hervor, dass es einzelne Privatmoscheen gibt, die unabhängig sind. Doch wird der größte Teil der in der Schweiz und in Deutschland existierenden Moscheen von Saudi-Arabien und der Türkei direkt oder indirekt finanziert und ebenso kontrolliert. Das ist eine Fremdbestimmung des Islam in Europa. Die türkischen Moscheen sind offiziell der staatlichen Diyanet-Behörde in Ankara untergeordnet. Von dort aus werden vom türkischen Staat bezahlte Imame geschickt. Ein Großteil der arabischen Moscheen steht unter dem Einfluss der islamischen Weltliga (al-Rabitah al-islamiyyah). Die Diyanet-Behörd ist eine staatliche Instanz, die total von der islamistischen AKP kontrolliert wird. In der Schweiz heißt der Handlanger der Diyanet-Behörde »Türkisch-Islamische Stiftung für die Schweiz«. In Deutschland dagegen wird die Diyanet von DITIB vertreten. Jene nichttürkischen Moscheen, die unter dem Einfluss der islamischen Liga stehen, betreiben undurchsichtige Finanzierungsgeschäfte, aber mit einiger Sicherheit fließt das Geld aus Saudi-Arabien und den Golfstaaten. Die wahhabitische, d.h. islamisch-orthodoxe Monarchie Saudi-Arabiens und die islamistische AKP in der Türkei haben sich inzwischen darüber verständigt, bei der religiösen Eroberung Europas, d.h. bei der Islamisierung, zusammenzuarbeiten. Als Vertreter des Aufklärungs-Islam nenne ich deren Politik religiöse Indoktrination und bemühe mich, sie als Islamisierungspolitik zu dechiffrieren. Die Tatsache, dass auch Rechtsradikale in der Schweiz und in Deutschland diese Islamisierung instrumentell für ihre islamfeindliche Propaganda missbrauchen, darf nicht als Vorwand für ein Verbot verwendet werden, über Islamisierung als Gefahr für Europa zu sprechen.

In der Schweiz haben die AKP-regierte Türkei und das wahhabitische Saudi-Arabien eine Institution installiert, welche die beschriebene, auf Europa gerichtete Politik der Islamisierung verfolgt; sie heißt »Europäische Organisation Islamischer Zentren« mit Hauptsitz in Genf. Die personalpolitische Verzahnung von türkischer Diyanet und saudisch kontrollierter Islamischer Weltliga zeigt sich darin, dass der Diyanet-Chef Mehmet Görmez im Zentralrat der Islamischen Liga sitzt. Die Agenda der »europäischen Organisation« ist nicht neu, sie stammt von der der Islamischen Liga. Ich zitiere hier ein Dokument der Islamischen Weltliga, das in der *al-Scharq al-Ausat* am 28.07.1993 erschienen ist: »Die Islamische Weltliga hat auf ihrer Arbeitstagung in Kairo eine neue Strategie gefordert für die *Da'wa* [Aufruf zum Islam, Missionierung][...] Hierzu gehört der Aufbau islamischer Zentren in Europa, [...] um die dort lebenden Muslime auf ihre Rolle in der Zukunft vorzubereiten. [...] Die Anwendung der Scharia als Richtschnur im Leben der Muslime ist zu fordern.« Ich füge hinzu, dass das Spiel mit der Opferrolle der Muslime eben gerade mit der Forderung nach der Scharia zusammenhängt: Solange die Scharia nicht gilt, werden Muslime als Opfer gesehen. Aus diesem Zitat geht eindeutig hervor, dass die Islamfunktionäre für *Da'wa* und für die Durchsetzung der Scharia eintreten und hierbei einen Missbrauch islamischer Migranten als Missionare für eine Islamisierungspolitik betreiben.

Die Islamisierungspolitik wird durch den Einsatz der Islam-Gemeinde zur Etablierung islamischer Strukturen in Europa mit folgenden zwei Haupt-Instrumenten betrieben:

Zum einen mit einem Propaganda-Krieg im Sinne des erwähnten *war of ideas*). Dabei wird gezielt das Instrument des *iham* (Täuschung) zum Schutz vor Enthüllung der eigenen Agenda eingesetzt, und zwar im wesentlichen mit zwei Behauptungen: Die Muslime werden als Opfer des Westens dargestellt, und gleichzeitig wird diesemeine systematische Islamophobie unterstellt. Auf beiden Ebenen sollen die Europäer eingeschüchtert werden, um so Sonderrechte zu erstreiten.

Das andere Instrument ist das des sogenannten christlich-islamischen Dialogs bzw. des Dialogs der abrahamitischen Religionen, der von Täuschung im Sinne von *iham* dominiert wird. Dialog ist eine noble Angelegenheit, wenn er dazu dient, über existierende Probleme und Vorurteile zu sprechen, um gemeinsam Lösungen zu finden. Das ist jedoch nicht der Fall bei den organisierten Islamverbänden, die Täuschung betreiben, aber keinen Dialog.

Die türkischen und saudischen Islamisten sowie die schriftgläubigen Muslime verfemen jene Muslime, die Aufklärung über diese Täuschungen betreiben, und beanstanden, dass diese keine Legitimation haben, im Namen des Islam aufzutreten. So wird beispielsweise unterstellt, dass diese liberalen Muslime, zu denen auch ich gehöre (ich stamme aus der Damaszener Aschraf-Familie, d.h. Notabeln von Kadis und Muftis), gar keine Muslime seien. Islamisten berufen sich auf die europäische Norm der Religionsfreiheit, um genau diese auf allen Ebenen zu vernichten. Muslimem wird der Status als Muslim aufgrund von politischen Äußerungen abgesprochen, und europäische Politiker und Meinungsmacher schweigen darüber im Namen der *Political Correctness* und des Respekts für den Islam.

Ich erlaube mir, im Folgenden über eine Erfahrung zu berichten, die ich im Jahr 2002 machte. Damals hatte ich noch Zugang zur deutschen Presse und konnte einen Artikel in der *Zeit* unter dem Titel *Selig sind die Belogenen. Der christlich-islamische Dialog beruht auf Täuschungen – und fördert westliches Wunschdenken* veröffentlichten. Darin betrieb ich Aufklärungsarbeit darüber, wie Islamfunktionäre mit doppelter Zunge sprechen. Ich wurde daraufhin belästigt, bedrängt und auch bedroht. Damals existierte der propagandistische Begriff der »Islamophobie« noch nicht. Mein Artikel wurde damals mehrfach in Zeitungen und Büchern nachgedruckt, breit diskutiert und genoss eine große Öffentlichkeit. Das ist heute kaum denkbar.

Vierzehn Jahre später, 2016, erfuhr ich durch eine Leserzuschrift, dass mein Artikel aus dem Zeit-Archiv entfernt worden sei. Dieser Leser hat Recherchen betrieben, die ohne Erfolg blieben, da die *Zeit* Informationen verweigerte. Als Autor habe ich jedoch das Recht, solche Informationen zu bekommen. Mit meiner Anfrage an die *Zeit* wurde ich an deren Rechtsabteilung verwiesen, die mir nur ausweichende Informationen gab, mit denen ich nichts anfangen konnte. Doch wurde eingeräumt, dass der Artikel auf der Basis einer Unterlassungsaufforderung nicht mehr zugänglich sei. Klar und eindeutig war, dass hier verdunkelt wird. Dieser Vorfall überzeugt mich davon, dass Europäer den islamischen Angriff auf die höchsten Güter ihrer Zivilisation, hier das Recht auf Rede- und Meinungsfreiheit und auf Kritik, weder verstehen noch ernst nehmen. Respekt für den Islam, so argumentiere ich in der 2016er-Neuausgabe meines Buches *Europa ohne Identität?*, kann nicht »Verleugnung der Werte der eigenen Zivilisation« heißen. Doch leider geschieht genau das.

Nichts hat sich an der Aktualität der Aufklärung jenes *Zeit*-Artikels von 2002 geändert, in dem sachlich Strategie und Taktik organisierter Islamverbände, die unverändert weiterhin bestehen und agieren, dekodiert werden.

Mit dem Titel *Selig sind die Belogenen* des *Zeit*-Artikels von 2002 führe ich – so auch der Untertitel – Folgendes aus: *Der christlich-islamische Dialog beruht auf Täuschungen – und fördert westliches Wunschdenken.* Das Ziel der Islam-Verbände ist die graduelle Islamisierung Europas, diesmal jedoch friedlich durch *Da'wa*, also zwar auf dunklen Wegen, allerdings ohne *Djihad*-Krieg zu führen. Der niederländische Soziologieprofessor Pim Fortuyn, der diese Absicht erkannte, schrieb ein Buch mit dem Titel *Gegen die Islamisierung unserer Kultur* (1997), woraufhin er nicht nur der Islamophobie bezichtigt, sondern später auch ermordet wurde. Diese Geschichte gehört zum Thema »Dialog mit dem Islam«. Pim Fortuyn war einer der ersten in Europa, der es wagte, ein Denkverbot in Bezug auf den Islam zu durchbrechen. Heute gibt es wenige Europäer, die den Mut dazu haben. Vorrangig haben wir Politiker und Journalisten, die Angst vor der Islamophobie-Keule haben.

Als Muslim und Begründer der Islamologie weiß ich, dass der Begriff *Islamisierung* ein Bestandteil der islamischen Religion ist. Schriftgläubige Muslime wollen, dass das *Dar al-Islam* (Haus des Islam) auf die gesamte Erde ausgeweitet wird. Selbst Vertreter der islamischen Reformtheologie heben *al-Taghallu*b (Dominanz), also die Überlegenheit des Islam, als Wesensmerkmal ihrer Religion hervor. Eine solche Weltanschauung, die die Überlegenheit der eigenen über alle anderen Religionsgemeinschaften lehrt, ist weder mit dem Kultur- noch mit dem Religionspluralismus westlicher Gesellschaften vereinbar. Offen gesagt: Der dogmatische Islam predigt einen Religionsimperialismus.

Ich habe in den Jahren 2007 bis 2010 an einem Trialog-Projekt von Juden, Christen und Muslimen (je sechs Personen) beim Holocaust-Museum in Washington D.C. mitgewirkt. Die Ergebnisse sind in dem Buch *Encountering the Stranger* (2012) nachzulesen. In meinem Beitrag zu diesem Buch argumentiere ich, dass es im Islam einen Bedarf an Pluralismus gibt, damit die Muslime in die Lage versetzt werden, in Frieden mit Nichtmuslimen zu leben. Bei der oben unter Bezug auf Tariq Ramadan diskutierten islamischen Weltanschauung der Überlegenheit habe ich bereits ausgeführt, dass es zum islamischen religiösen Glauben gehört, die einzige wahre Religion zu sein und sich anderen Religionen überlegen zu fühlen.

Mancher könnte mich mit dieser Frage konfrontieren: »Mit welcher Motivation lehnen Sie als Muslim eine potentielle Islamisierung Europas ab?« Als ein europäisch-liberaler Muslim ziehe ich ein laizistisches einem islamisierten Europa vor, weil dies meine Freiheit gewährleistet. Durch Reform muss der Islam von seinem universalistischen Absolutheitsanspruch befreit und an die pluralistische europäische Moderne angepasst werden. Mein Konzept des Euro-Islam (vgl. Kapitel 7) sieht einen Platz für den Islam als religiösen Glauben vor, lässt aber dessen angestrebte weltanschauliche Vormachtstellung nicht zu.

Ich lehne Tabus ab und spreche offen darüber, dass es zwischen dem Islam und Europa Wertekonflikte gibt, die auf die bestehenden grundlegenden weltanschaulichen Differenzen zurückzuführen sind. Dialog kann helfen, zu problematisieren und Differenzen zu verringern. Wenn der Dialog aber von Täuschung bestimmt wird und von Missionierung, getreu dem Koranvers: »Und sprich ... zu den Ungelehrten: Werdet Ihr nun Muslime werden?« (Sure Al-Imran, Vers 20), d.h. als *Da'wa* betrieben wird, dann ist es besser, von vornherein darauf zu verzichten. Ein ehrlicher Dialog erfordert eine moderne Denkweise, die vom religiösen Pluralismus ausgeht, gemäß dem alle Religionen als gleichwertig gelten und daher miteinander in Frieden leben können. Die Imame der türkisch und saudi-arabisch dominierten Moscheen gehen jedoch vom Gebot des folgenden Koranverses absolut aus: »Die Religion bei Gott ist der Islam« (Al-Imran, Vers 19) und erziehen in Europa geborene Muslime im Geiste der Exklusion und Segregation, bis eine Islamisierung Realität wird. Europäer haben das Recht, diesen Religionsimperialismus des Islam zu verweigern. Meine Werte-Orientierung ist Horkheimers »Europa als Insel der Freiheit«, nicht diese *Da'wa* / Missionierung durch den Islam.

Ich lehne die postmoderne postfaktische Denkweise ab und gehe von dem Faktum aus, dass die historische Beziehung zwischen der christlich-europäischen und der islamischen Zivilisation gleichermaßen durch gegenseitige Bedrohung, aber auch durch gegenseitige Faszination gekennzeichnet war. In meinem Buch *Kreuzzug und Djihad. Der Islam und die christliche Welt* (1999), das Ergebnisse meiner Forschungszeit an Harvard präsentiert, habe ich gezeigt, wie beide Parteien mit kriegerischen Mitteln – *Djihad* einerseits, Kreuzzüge andererseits – versuchten, die jeweils andere zu unterwerfen. Dieses kriegerische Bewusstsein ist im Islam bis heute lebendig geblieben. Auf westlicher Seite hat dagegen die Säkularisierung obsiegt, auch ist das Christentum durch religiöse Reformen gezähmt worden; es ist sogar so zahm, dass etwa die höchsten deutschen Vertreter der evangelischen und katholischen Kirche sich dadurch erniedrigen, dass sie nach Aufforderung durch einen Imam ihr Kreuz ablegen – so geschehen in Jerusalem (vgl. den *Bild*-Online-Artikel von Michael Wolffsohn vom 03.11.2016).

Es ist bedauerlich, dass Muslime Europäer bis heute als *Kuffar* (Ungläubige) oder als *Dhimmi* (Gläubige, jedoch zweiter Klasse), also als geschützte, aber unmündige Minderheiten einordnen. Es führt kein Weg daran vorbei, von den Muslimen zu fordern, ihr Verständnis von Toleranz und Frieden im Sinne einer Akzeptanz des Pluralismus zu revidieren und auf die Doktrin des *Djihad* als Eroberung zu verzichten. Diese Forderung wird in meiner Vision eines europäischen Islam in meinem Buch *Euro-Islam* (2009) besonders für Muslime erhoben, die in Europa leben wollen; Islamfunktionäre jedoch lehnen sie eindeutig ab. Unter sich verachten sie Christen als *Salibiyyun* (Kreuzzügler), im Dialog aber sprechen sie verlogen. Was ist zu tun?

Solange es als Tabu gilt, über Probleme zu reden, und das islamische Ritual einseitiger Schuldzuweisungen dominiert, kann es keine zivilgesellschaftlichen Gemeinsamkeiten geben. Es kommt dabei nur ein verlogener Dialog heraus. Unter sich betrachten Islamisten, auch orthodoxe Muslime in Europa, Christen als ›Kreuzzügler‹, *Salibiyyun,* – und zwar selbst dann, wenn deren Kirchenväter sich auf anbiedernd-demütige Weise vor dem Islam verbeugen.

Christen müssen sich mit dieser feindseligen Einstellung offen auseinander setzen, statt sie weiterhin zu verdrängen und von Nächstenliebe zu sprechen. Warum geschieht dies nicht? Ich sehe dafür drei Gründe, mit denen sich Europäer ernsthaft auseinandersetzen müssen, wenn sie ehrlich eine Integration der Muslime zu europäischen Bürgern wollen:

Erstens die Schuldgefühle der europäischen Christen, so beispielsweise der deutschen Kulturprotestanten, in Bezug auf die unrühmliche Vergangenheit ihrer Kirche im ›Dritten Reich‹. Nie wieder will man in die Gefahr kommen, andere Religionen zu diskriminieren. Hier stellt sich freilich die Frage, warum es Islamisten, die ja militante Antisemiten sind, gestattet sein soll, moralisches Kapital aus dem vergangenen Leid der Juden zu schlagen.

Zweitens die gesinnungsethisch verordnete Fremdenliebe der Deutschen, die es ihnen verbietet, zwischen demokratischen und antidemokratischen Ausländern und Kulturen zu unterscheiden.

Drittens die Angst der christlichen Kirchen vor Machtverlust. Wenn nämlich der Anspruch des organisierten Islam, alle Muslime im Rahmen einer Körperschaft des öffentlichen Rechts zu vertreten, zurückgewiesen wird, bliebe dies im Sinne der Gleichbehandlung nicht ohne Folgen für die christlichen Kirchen. Wer den Monopolanspruch der orthodoxen Muslime bestreitet, gefährdet das entsprechende christliche Monopol. Ich schrieb 2000 in meinem Buch *Der Islam und Deutschland. Muslime in Deutschland*: »Die christliche Kirche ist kein Modell für die islamischen Religionsgemeinden in Deutschland« (Kapitel VIII).

Auf der Basis der vorangegangen Ausführungen lautet meine Konklusion: Ein aufrichtiger Dialog muss einige Mindestkriterien als Voraussetzung erfüllen: Beide Dialogpartner müssen sich vorurteilsfreies theologisches und historisches Wissen über den anderen aneignen. Als auf »Mediation« im Konflikt spezialisierter Sozialwissenschaftler deute ich Dialog als *conflict resolution*, d.h. als friedliche Konfliktbewältigung. Also: Weder brauchen wir interreligiöse Schmusestunden noch einen

Austausch von Beweihräucherungen oder verlogenen Zusicherungen des guten Willens der abrahamitischen Religionen. Ehrlichkeit gibt es nur, wenn man ohne Selbstzensur, ohne Tabus und ohne Duckmäuserei miteinander reden kann.

Die Geschäftsgrundlage eines friedlichen Zusammenlebens mit dem Islam in Europa kann nur auf der islamischen Akzeptanz des religiösen Pluralismus fußen. Dies erfordert von den Muslimen die Anerkennung der Gleichberechtigung nichtislamischer Religionen. Weder Beschuldigungen noch Selbstbezichtigungen helfen dabei weiter. Weder Islamisten noch schriftgläubige Muslime und erst recht nicht Islam-Funktionäre erfüllen diese Bedingungen. Missionarische *Da'wa*-Muslime sind Religionsimperialisten und deshalb keine *citoyens*. Wie könnten solche Missionare »neue Deutsche« werden? Die muslimischen Zuwanderer sind in einem patriarchalischen Wertesystem sozialisiert, das ihnen zudem noch Überlegenheit gegenüber anderen vorgaukelt. Erst durch eine Umerziehung können die muslimischen Zuwanderer *citoyens* werden. Bislang sind sie dies aber noch nicht. Das ist meine Antwort auf die im Untertitel dieses Buches gestellte Frage.

OFFENE FRAGEN UND SCHLUSSBETRACHTUNGEN

Werden muslimische Flüchtlinge »einen Traum für Deutschland, [das] seine besten Zeiten noch vor sich hat« *(FAZ)*, erfüllen in einer Bundesrepublik als »dem besten Deutschland, das wir je hatten« (Joachim Gauck)? – Die postfaktische deutsche Debatte über islamische Zuwanderung.

Nun komme ich zum Abschluss dieses islamologischen Fachbuchs über islamische Zuwanderung, welches allerdings von einem Wissenschaftler, der selbst in diese gesellschaftliche Entwicklung eingebunden ist, verfasst wurde; daher die berechtigten persönlichen Bezüge, für die ich die Leser um Verständnis bitte.

Meine Geschichte beginnt am 26.10.1962, als ich aus Damaskus nach Frankfurt kam. Damals war ich weder Migrant noch Gastarbeiter, sondern nur Student mit Finanzierung durch meine vermögende aristokratische Damaszener Familie Banu al-Tibi. Der Aufenthalt in Deutschland folgte dem soliden Plan, nach dem Studium in die Heimat zurückzukehren. *Das Unglück* Syrien, das durch in Militärputsche ausgetragenen Konflikten innerhalb der panarabisch-faschistischen Ba'th-Partei politische Realität wurde, zerstörte den Plan einer Rückkehr nach Syrien. Der Höhepunkt dieses Unglücks ereignete sich parallel zu meiner Promotion 1970, als die schiitisch-alawitische Militärfraktion der Ba'th-Partei unter Hafiz al-Assad die Macht ergriff.

Seit 1970 hält sich die schiitisch-alawitische Minderheit nun an der Macht; zunächst herrschte sie diktatorisch durch politische Repression, aber seit 2011 geht sie mit nahezu unvorstellbar brutaler Gewalt gegen die sunnitische Bevölkerung des Landes vor – zu der prominent auch das sunnitische Notabeln-Aschraf-Haus Banu al-Tibi, aus dem ich stamme, gehört. Das ist die Kurzgeschichte des Wandels von einem syrischen Studenten mit Promotion zu einem Flüchtling und Migrant in Deutschland seit 1970. Ich wollte danach deutscher Bürger werden. Zwar bekam ich den Pass, nicht aber die *citoyenneté*. Also: Ich scheiterte. Mit diesem

Hintergrund habe ich die islamische Zuwanderung nach Deutschland studiert und biete im Folgenden mein Resümee.

Aus den vorangegangenen Teilen dieses Buches geht hervor, dass Deutschland keine an *citoyenneté* gebundene Einwanderungstradition hat. Der Begriff »deutsch« ist stofflich durch die ethnische Herkunft bestimmt. Wie mein einstiger jüdischer Freund und DFG-Habilitand Dan Diner in seiner unter meiner Betreuung entstandenen und 1980 erschienenen Habilitationsschrift *Israel in Palästina* (dort im Vorwort auf S. 7) die jüdisch-israelische »stoffliche Bestimmung des Bürgers« beschreibt, ist auch das Attribut »deutsch« ähnlich, also gleichfalls stofflich-ethnisch bestimmt. Dies bedeutet, dass man nicht durch freie Entscheidung die Wahl treffen kann, ein Deutscher zu werden, wenn man nicht ethnisch-deutsch ist. Anders ist das französische Modell der *nationalité électif* in einem *plébiscite de tous les jours* – so Ernest Renan in *Qu'est-ce qu'un nation?* Die Hürden der Integration durch Erlangung von Bürgeridentität als *citoyen* liegen somit eindeutig auf der deutschen Seite. Ich bin aber fair und räume ein, dass es auch islamische Hürden gibt, weil nach dem islamischen Dogma ein Muslim zum Umma-Kollektiv gehört, sich also nicht als Bürger einer Gesellschaft von Ungläubigen identifizieren *darf.*

Als ich 1970 für mich entschieden habe, dass eine Rückkehr nach Damaskus klar versperrt ist, habe ich die Wahl getroffen, ein europäischer Bürger zu werden; ich musste deshalb in Deutschland einen doppelten Kampf aufnehmen: Erstens gegen die deutsche »stoffliche Bestimmung« des Bürgers, zweitens gegen die Einordnung der Muslime in ein Umma-Kollektiv, und zwar ohne jede Ambiguität. Was der deutsche Islamwissenschaftler Thomas Bauer über den Islam als »Kultur der Ambiguität« schreibt, ist purer Unsinn.

Seit 1992 gehört dieser doppelte Kampf zur Geschichte des Euro-Islam. Letzterer ist ein Konzept, für das ich in Paris in jenem Jahr im Papier *Les conditions d'un Euro-Islam* das Fundament bereitet habe. Für mich dauerte diese Geschichte von 1992 bis 2016; sie endet mit der Veröffentlichung meines Artikels *Warum ich kapituliere. Der Kopftuch-Islam hat den Euro-Islam besiegt* (im Juni-Heft 2016 der Zeitschrift *Cicero*). Parallel zu meiner Kapitulation kamen seit August 2015 gleichermaßen irregulär wie illegal zwei Millionen neue Muslime nach Europa, die nach den etablierten Kriterien der Disziplin der *Migration Studies* als sogenannte unerwünschte Zuwanderer (*unwanted migrants,* Myron Weiner) einzustufen sind.

Meine im Text *Warum ich kapituliere* implizit enthaltene Verzweiflung erreichte dramatische Züge des Staunens, als ich 2016 das Buch *Die neuen Deutschen* des Ehepaars Münkler las. Darin werden die muslimischen Neuankömmlinge, die weder deutsch sprechen noch eine Bürgeridentität haben, aber eine antieuropäische Werteorientierung vertreten, in die fiktive Kategorie *der neuen Deutschen* eingeordnet. Ich werde noch fragen, ob dies faktisch oder postfaktisch ist!

Zusätzlich zu dem angeführten Buch des Ehepaars Münkler las ich am 19.01.2017 der *Bild*-Zeitung den Bericht über den Abschied von Joachim Gauck aus dem Amt des Bundespräsidenten, der schon als Titel Gaucks Behauptung trägt, die Bundesrepublik sei in seiner Amtszeit »das beste Deutschland, das wir je hatten,« gewesen. Ich war erstaunt, nicht nur über die wenig reflektierte Aussage, sondern auch über die mangelnde Bescheidenheit eines ehemaligen protestantischen Pastors, der seine Amtszeit und die Gegenwart ohne jede Demut in grellen Farben als die des »besten Deutschlands« überhaupt beschreibt. Es gibt wohl nur wenige Epochen, in denen die politischen Eliten ihr jeweiliges Land nicht als im besten Zustand aller Zeiten beschrieben hätten. Es ist politische Hybris oder schlicht Propaganda, sich eine solche Feststellung über die Gegenwart anzumaßen.

Thomas Schmid schrieb in der *Welt* vom 07.06.2016: »Es ist gut, dass Joachim Gauck geht«, weil er, so Schmid, zu einem »allzu großen ›Wir‹ neigt«. Dieser »Wir«-Vorwurf erinnert mich an Adornos *Erziehung nach Auschwitz*, worin er vor dem »Wir-Kollektiv« als Gefahr der Wiederholung warnt und empfiehlt, »der blinden Vormacht aller Kollektive entgegenzuarbeiten.« Diese Gefahr besteht, gerade auch dann, wenn die Haltung »Gut gegen Böse« von einem Gutmenschen-Kollektiv vorgetragen und empfunden wird. Schmid fühlt sich durch das »Wir«, das Gauck so inflationär gebraucht hat, an schlechte Zeiten, an eine »erdrückende Großgemeinschaft«. Schmid zitiert den Cheflektor von Suhrkamp, Raimund Fellinger, mit folgenden Worten: »Gauck habe die Rolle des Predigers, der immer etwas Bigottes anhaftet, nicht ablegen können.« Als Gauck bei einem Staatsbesuch in der Türkei war, fiel er gerade in dieser Eigenschaft des Pastors sehr unangenehm auf, dermaßen, dass ich sogar den von mir ansonsten zutiefst abgelehnten Islamisten Erdogan zitiere: »Gauck spricht zu uns wie ein Pastor, nicht wie ein Staatspräsident.« Gauck hat diesen Vorwurf überhaupt nicht verstanden und sein Agieren trotzig verteidigt – die Tatsache ignorierend, dass Muslime gereizt reagieren, wenn ein Christ ihnen pastoral predigt.

Es ist gut, dass Gauck geht. Gut wäre auch, wenn die protestantische Pfarrerstochter Angela Merkel ebenfalls ginge, aber sie klebt an ihrem Machtsessel. In dem Artikel *Wird sie springen?* (in der *Zeit* vom 28.01.2016) stand folgendes über Frau Merkel: »Du kriegst die Frau aus dem Pfarrhaus, aber du kriegst das Pfarrhaus nicht aus der Frau.« Mir als muslimischem Bürger der Bundesrepublik gefällt es nicht, wenn ich von einer Ex-DDR-Elite im vereinigten Deutschland regiert werde, die aus einer Mischung aus Klerikalprotestantismus und DDR-Kommunismus besteht.

Auf der Basis der vorliegenden, wesentlich erweiterten Neu-Ausgabe stelle ich sachlich und wissenschaftlich begründet fest, dass Europa – besonders Deutschland – durch neue Völkerwanderungen in die schwerste Krise seit dem Zweiten Weltkrieg gezogen wird, aber nicht die benötigte politische Führung hat, die damit kompetent umgehen kann. In der 2016 gleichfalls bei ***ibidem*** erschienenen Neuausgabe von *Europa ohne Identität?* spreche ich von einer Krise der europäischen Identität zwischen Europäisierung und Islamisierung. Um mich zu schützen, habe ich hinzugefügt und wiederhole hier: Diese Formel von der Islamisierung hat mit der AfD nichts zu tun. Sie beruht auf Forschungsarbeiten an drei großen amerikanischen Universitäten (Berkeley, Cornell, Stanford), noch bevor es diese Partei überhaupt gab. So trägt beispielsweise bereits mein Beitrag zu dem von Timoth Byrnes und Peter Katzenstein herausgegebenen Buch *Religion in an Expanding Europe* (Cambridge University Press, 2006) den Titel: *Europeanization of Islam or the Islamization of Europe*.

Es ist in hohem Maße verantwortungslos, Menschen, die in diesem Kontext nach Europa kommen, voreilig und gedankenlos als »die neuen Deutschen« zu bezeichnen.

Sowohl die These des Ehepaars Münkler in *Den neuen Deutschen* als auch die zitierte Aussage des einstigen Bundespräsidenten Gauck scheinen mir Beispiele für das zu bieten, was ich als *postfaktisch* beschreiben möchte. Postfaktisch ist eine Weltanschauung der kulturrelativistischen Linksgrünen, mit der sie die Objektivität und die objektive Welt abschaffen wollen; ich wünsche diesem Projekt keinen Erfolg. Davor, dieser postfaktischen Weltanschauung anheimzufallen, schützen mich Bildung und Vernunft: Als arabischer Muslim aus Damaskus war mein Philosophiestudium in Frankfurt das Wertvollste, was mir Deutschland je gegeben hat. Während dieses Studiums habe ich Immanuel Kant gelesen und gelernt, dass es eine objektive Welt gibt, die Kant das »Ding an sich« nennt. Die entsprechende philosophische Erkenntnistheorie verfolgt das Ziel, dieses »Ding an sich« auf der Basis der Vernunft zu erkennen. Zudem habe ich in meinem Soziologie-Studium in Frankfurt Max Weber gelesen und seine Begriffe Rationalität und Objektivität nicht nur kennengelernt, sondern auch verinnerlicht.

Wenn ich mit diesem philosophisch-soziologischen Rüstzeug auf mein Leben in Deutschland seit 1962 zurückblicke, dann war die Bundesrepublik der letzten vier Jahre nicht das »beste Deutschland, das wir je hatten«, sondern mit Blick auf die Zeit nach 1945 und die Bundesrepublik genau das Gegenteil hiervon, nämlich das schlechteste. Auch sind »die neuen Deutschen« alles andere als europäische *citoyens*. Ich argumentiere faktisch, aber das Ehepaar Münkler und Bundespräsident Gauck postfaktisch.

Es beunruhigt mich zu sehen, wie sozialwissenschaftliche Modemacher vom Postfaktischen reden, um die Objektivität abzuschaffen. Was ist postfaktisch? Der Ursprung des Begriffes postfaktisch ist der englische Begriff post-truth, »nach-wahrheitlich«. Das Präfix *post-* bedeutet auch, dass es keine Fakten und keine Wahrheiten mehr gibt. Wir leben in ungeahnten Zeiten des Irrsinns. Max Webers Objektivität, selbst Wissenschaft, die Kritik und Wahrheitssuche anstrebt, wird abgeschafft. Kritik zu äußern wird verfemt als Ausdruck einer Geisteskrankheit, einer *Phobie* – wie bei der Islamophobie. Geisterfahrer werden zu normalen Menschen; sie bestimmen den Zeitgeist, der – wie noch zu zeigen sein wird – totalitäre Züge annimmt. Der religiöse islamische Absolutismus wird hiernach ins Gegenteil verkehrt, also kulturrelatvistischen zu einer »Kultur der Ambiguität« (so der Islamwissenschaftler Thomas Bauer) erklärt. Unter diesen Bedingungen wird es schwierig bis unmöglich, sachlich und wissenschaftlich über islamische Zuwanderung zu forschen und zu berichten. Ich schwimme dennoch gegen den soeben beschriebenen Strom und gebe die Hoffnung nicht auf, dass es noch rational denkende Menschen gibt, die dem Wahlspruch der Aufklärung, zu denken zu wagen (Sapere aude!), folgen, mir zuhören, die vorgetragenen Fakten und Schlussfolgerungen überprüfen und sich selbst eine sachlich begründete Meinung bilden.

Wie schön war doch die alte Bundesrepublik, gleichermaßen unter dem CDU-Kanzler Adenauer oder dem SPD-Kanzler Helmut Schmidt. Die Republik war nicht nur deshalb schön, weil sie demokratisch und westlich war, sondern auch, weil sie eine bessere, also demokratischere politische Kultur hatte. Auch wir Ausländer – »Gastarbeiter« der damaligen Deutschen – fühlten uns wohler damals als im »neuen Deutschland« der im SED-Kommunismus sozialisierten Merkel. Für die jungen Leser, die dies nicht mehr erlebt haben, füge ich an: »Neues Deutschland« war auch der Name der von der totalitären SED der alten DDR herausgegebenen Zeitung. Mancher nennt die Regierungszeit Merkels eine Rache der DDR an der westdeutschen Demokratie. Die alte Bundesrepublik besteht heute nicht mehr. Für mich ist Merkels Deutschland, in dem das demokratische westliche durch das östliche Deutschland abgelöst wird, ein Unglück. Auch der Umstand, dass es von den politischen Eliten zum »besten Deutschland, das wir je hatten«, hochgejubelt wird, erinnert an Berichte aus dem *Neuen Deutschland* über die DDR. In der Schweiz habe ich diese Einschätzung in meinem Artikel in der Basler Zeitung vom 26.08.2016 veröffentlicht. Dort gebe ich meinem Essay den Titel *Die Tyrannei der Willkommenskultur* und den Untertitel *Über die Veröstlichung der Politik in Deutschland unter Angela Merkel*, um der neuen Richtung einen Namen zu geben.

Auf Basis der vorangegangenen Ausführungen möchte ich nun zu einer abschließenden Bewertung der Diskussion um die Frage: *Wer sind »die neuen Deutschen«?* kommen. Die Kanzlerin hatte im September 2015 das kulturprotestantische Bedürfnis, »ein freundliches Gesicht zu zeigen«. Sie tat dies durch eine Willkommenskultur der offenen Grenzen, welche de facto das Aufgeben der Souveränität der Bundesrepublik Deutschland miteinschließt. Die Nachricht ging elektronisch als Einladung in alle Welt. Das ist faktisch, nicht postfaktisch. Nach der Ankündigung der Kanzlerin, »ein freundliches Gesicht zu zeigen«, geschah laut einer *Zeit*-Recherche (18.08.2016) Folgendes: »In den folgenden Wochen kommen Zehntausende ins Land, weithin unkontrolliert und unregistriert. Faktisch verliert der Staat die Kontrolle. […] die geordnete Registierung aller Zuwanderer kollabiert nun auch in Deutschland. Erst im Dezember […], das wird auch im Kanzleramt heute eingeräumt, gewinnt der Staat die Steuerungsfähigkeit zurück. […] Merkels Fehler sei es gewesen […], immer auf eine gemeinsame europäische Lösung der Flüchtlingsfrage gesetzt zu haben. Dabei habe sich lange […] abgezeichnet, dass ihre europäischen Kollegen das gar nicht wollten«. Und was ist das Ergebnis?

Bis Anfang 2017, beim Schreiben dieser Zeilen, kamen weit mehr als zwei Millionen Armutsflüchtlinge, vorwiegend Muslime aus Nahost, Nord- und Westafrika sowie Zentralasien (Afghanistan und Pakistan), nach Europa, von denen jedoch mehr als 90% von Anfang an Deutschland als ihr Ziel angaben. Weitere Millionen Angehörige werden nachziehen.

Hat die Europäische Union nicht 27 Mitglieder? Entspringt der von den deutschen Entscheidungen abweichende Wunsch der anderen EU-Mitglieder nur einem Mangel an Solidarität? Oder ist es mehr als das? Wie lässt sich das erklären? Und was wird aus den zwei Millionen Menschen, die voller Hoffnung nach Deutschland gekommen sind, wenn sie nicht integriert werden können (was leider die traurige Realität sein wird)? Postfaktisch – simsalabim – verwandelt das Ehepaar Münkler die *unwanted migrants* der Fachsprache zu »neuen Deutschen«.

Ich möchte mit folgenden vier zentralen wissenschaftlichen Beobachtungen ein Resümee ziehen:

1. Meine erste Feststellung ist das tiefe Staunen darüber, wie ein als politischer Philosoph ausgebildeter Politikwissenschaftler alle Maßstäbe über Bord wirft und nicht mehr zwischen Ideologie und Theorie, zwischen Gesinnungsethik und Verantwortungsethik, zwischen Wunschdenken und Realität, zwischen Propaganda für die Regierung und wissenschaftlicher Analyse unterscheidet, ja diese geradezu miteinander verwechselt. Was stattfindet und worum es geht, ist das, was ich in meinem Essay *Die große Völkerwanderung. Europa muss sich wandeln: Es braucht einen Diskurs ohne Tabus und neue Konzepte für Einwanderung und Integration* (*Basler Zeitung* vom 09.01.2017) beschreibe. Wir brauchen einen sachlichen, faktenorientierten Diskurs über die umwälzenden Geschehnisse. All das fehlt in Münklers Buch. Mit Ideologie und Propaganda werden wir die Herausforderungen nicht bewältigen können. So schaffen wir das nicht.
2. Was 2015/2016 geschah, ist faktisch eine Katastrophe, ja die größte Herausforderung an Europa seit dem Zweiten Weltkrieg. Aus dieser überaus schweren Belastung macht das Ehepaar

Münkler mit Hilfe der *FAZ* vom 26.08.2016 einen »Traum für Europa«, so der Titel des Feuilleton-Gesprächs. Das ist – wohl nicht ironisch – ein Beispiel für postfaktische »Wissenschaft«. Beide prognostizieren nämlich, dass »das Land seine besten Zeiten noch vor sich hat«. Das so in der aktuellen Situation festzustellen ist purer Unsinn. Mir verschlägt es die Sprache, denn für die absehbare Zukunft trifft genau das Gegenteil dieser postfaktischen Behauptung zu. Deutschland steht vor dem Verlust seiner europäischen Identität und vor dem Zerbrechen seines Gemeinwesens; es wird sicherheitspolitische Gefahren, ethnisch-religiöse Konflikte und weitere ernste gesellschaftliche Probleme geben. Wenn in einer solchen Situation Ideologie und Analyse nicht auseinander gehalten werden, führt dies nur zu einer Verschlimmerung der Probleme, nicht zu deren Lösung. Aber alle großen Medien dieser Republik feiern diese »eclipse of reason« (Horkheimer).

3. Herfried Münkler ist, wie auch ich, ein politischer Philosoph, ausgebildet bei demselben Professor – Iring Fetscher –, bei dem ich Thomas Morus' *Utopia* gelesen haben. Damals, vor mehr als fünfzig Jahren, habe ich unter dem Begriff Utopie bessere Zeiten und Befreiung verstanden. Wenn nun das Ehepaar Münkler eine Präsentation macht, die die *FAZ* in das »Genre der Sozialutopie« einordnet, dann frage ich mich, ob ich Thomas Morus während meines Studiums nicht verstanden habe. Ich weiß aufrichtig nicht, ob der schon angeführte Terminus Horkheimers »*eclipse of reason*« geeignet wäre, das erwähnte *FAZ*-Interview geistig zu qualifizieren. Ein Interview, das ein Buch über Völkerwanderungen mit katastrophalen gesellschaftlichen Folgen in das »Genre der Sozialutopie« einordnet, empört – was soll das sein? Nur Allah weiß es / *Allah 'alam,* sagen wir Muslime – und das auch nicht ironisch, sondern in purem Ernst!
4. Schließlich greife ich auf mein eigenes Plädoyer für die Einführung einer *Debating Culture* zurück, die es in Deutschland so nicht gibt (s. dazu auch die Neuausgabe meines Buches *Europa ohne Identität?* 2016, S. 69–79). Es geht dabei darum zu prüfen, ob Marina und Herfried Münkler »die Fragen der Flüchtlingspolitik in einen diskursiven Rahmen stellen« – so der Interviewtext in der *FAZ*. Angesichts der Beobachtung, so, wie es im Inter-

view festgestellt wird, dass man in der politischen Auseinandersetzung vergeblich einen solchen Diskurs sucht, frage ich: Tut dies auch das Ehepaar Münkler, dem der *FAZ*-Journalist unterstellt: »In der Flüchtlingsfrage stünden die Gutwilligen den Böswilligen gegenüber«. Herfried Münkler widerspricht und gibt als Ursache für das Fehlen von Rationalität »die tiefe Gespaltenheit, die sich in der Flüchtlingsfrage hierzulange beobachten lässt« an. Nach der Lektüre des Münkler-Buches stelle ich fest, dass dieses Buch erheblich zu der »Gespaltenheit« beiträgt. Denn jeder, der mit der Weltanschauung der Münklers nicht übereinstimmt, wird in die rechte Schmuddelecke geschoben. Als muslimischer Aristokrat aus Damaskus habe ich genug Selbstwert, um niemandem zu erlauben, mir dies anzutun: Ich stimme Münkler hundertprozentig nicht zu! Und das macht mich weder zu einem Rechtspopulisten noch zu einem sonstwie Rechten, sondern es ist lediglich Ausdruck der Vernunft.

Unbestreitbarer Fakt ist, dass das Buch *Die neuen Deutschen* nicht nur jeglichen Ansatz von *Debating Culture* in Deutschland zu vernichten trachtet, sondern auch Polarisierung betreibt. Es enthält weder eine Analyse, noch bietet es eine Utopie besserer Zeiten. Es ist eher ein ideologisches Konstrukt, das Sand in die Augen streut, um die Katastrophe der Völkerwanderung postfaktisch in einen Traum für Deutschland zu verwandeln.

Die neuen Deutschen, die weder Deutsch sprechen noch europäische Werte in ihrer Weltanschauung vertreten, werden nicht integriert; sie werden Europa auch kein Glück bringen, sondern es mit Parallelgesellschaften belasten. Bisher gab es in Deutschland vorwiegend türkische, kurdische und libanesische Enklaven. Durch die erwartungsgemäß scheiternde Integration wird es in Zukunft weitere syrische, afghanische, nord- und westafrikanische Parallelgesellschaften geben. Dürfen wir hierüber frei diskutieren? Die Antwort lautet: Nein, wir dürfen nicht. Im Folgenden liefere ich die Begründung hierfür.

Jan Fleischhauer schreibt bei *Spiegel online* nach dem islamistisch-djihadistischen Terroranschlag von Berlin, dass die Bürger ein Recht haben, nicht nur »Trauer und Mitgefühl«, wie die Grünen es verlangen, sondern auch »Wut und Empörung« zu zeigen; aber sie dürfen das nicht. Dann schreibt Fleischhauer: »Dass Politiker uns mitteilen, wie wir reden sollen […], was wir zu denken haben […]«, sei schon hinlänglich bekannt. Neu sei dies: »Dass einem vorgeschrieben wird, was man fühlen soll.« Das Grundgesetz gewährt Rede- und Denkfreiheit, von Gefühlsfreiheit findet sich kein Wort, weil dies selbstverständlich ist. Für die grüne Politikerin Karin Göring-Eckhardt ist es das offensichtlich nicht.

Kürzlich hat der ehemalige Kanzleramtschef von Gerhard Schröder, Bodo Hombach, im *Handelsblatt* (vom 20.01.2017) einen klugen Gastkommentar mit dem Titel *Die Populismuskeule* geschrieben, worin er Ralf Dahrendorf mit folgendem Wortlaut zitiert: »Populisten sind immer die anderen«. Ralf Dahrendorf gehört zu den anständigsten Deutschen; er war der größte Nachkriegssoziologe Deutschlands, der das Land mangels Toleranz und Debattierkultur in Richtung Großbritannien verlassen hat, wo er schnell den Titel »Sir« erlangte, an der London School of Economics und an der Oxford University lehrte und bis zu seinem Lebensende als britischer Lord Mitglied im House of Lords wurde. Dahrendorf kennt die deutsche politische Kultur, wie es das Zitat veranschaulicht. Im zitierten Artikel von Hombach wird »fremdbestimmtes Denken« mit folgendem Argument beschrieben und beanstandet: »Verordnung von richtigem Denken und Sprechen ist immer falsch. Es ist fremdbestimmt und kennzeichnet Ismen und ideologische Systeme. Totalitäre Staaten definieren sich gerade dadurch, dass sie von und für sich ein korrektes Sprachbild entwickeln. Sie erklären zum Feind, wer nicht schnell genug die fälligen Vokabeln lernt.« Nach dieser Bestimmung ist *political correctness* eine Form der totalitären Zensur.

Ich war parallel zum Schreiben dieser Zeilen auf einer dienstlichen Tagung für hundert Verwaltungsbeamte Unterfrankens und beobachtete dort, wie diese Administratoren rein administrativ unter Integration verstehen: Registrierung, wohnungspolitische Unterbringung, Sprachkurse (diese werden falsch als »Integrationskurse« qualifiziert) und berufliche Ausbildung. Alle anderen Fragen der Bürgeridentität, der politischen Kultur bzw. Europäisierung des Islam interessierten diese höheren bürokratischen Verwaltungsbeamten als nicht nur Sache gehörig nicht und wurden abgekanzelt. Warum? Den Begriff Parallelgesellschaft gibt es weder im Verwaltungsrecht noch in der Verwaltungspolitik, und deswegen können Formaljuristen solche Realitäten nicht zulassen. Wenn ein Quäntchen Hoffnung auf Integration bestanden hätte, dann wäre es spätestens nach diesem Tage zerronnen.

Ich staune: Was für ein »Traum für Deutschland«, was für »beste Zeiten«, was für eine »Sozialutopie«! Ich erforsche seit Jahrzehnten faktenbasiert Migration nicht nur in Deutschland, sondern international vergleichend, und stelle faktisch, nicht postfaktisch, fest: Der uns präsentierte »Traum für Deutschland« ist eher ein Albtraum, und zwar nicht nur für Deutsche, sondern auch für uns Ausländer, die wir seit vielen Jahrzehnten in diesem Lande mit einer wackligen Integration, jedoch in Frieden leben, gleich, ob wir einen deutschen Pass besitzen oder nicht. Wir fürchten zu Recht um diesen Frieden, weil ungeahnte, auch gewaltförmige Konflikte mit den Neuankömmlingen ins Land kommen, auf die weder Staat noch Gesellschaft vorbereitet sind. Am 19.01.2017 erschien im Bonner *Generalanzeiger* ein Interview mit mir, worin ich auf die Frage »Und was sagen Sie denjenigen, die Ihnen schlichtweg Schwarzmalerei vorwerfen?« antwortete: »Zu diesen Leuten sage ich: Weder hören Sie mir zu, noch lesen sie, was ich schreibe. Deshalb ist ihr Vorwurf bodenlos.« Leider scheinen solche bodenlosen Vorwürfe heute die politische Kultur dieses Landes entscheidend zu prägen.

ANMERKUNGEN

Einleitung: Muslime im Westen nach der Kriegserklärung vom 11. September: Globalisierung, Migration, Terrorismus und Sicherheitspolitik im 21. Jahrhundert

1 Nach den Anschlägen von New York und Washington hielt ich mich in den USA, unter anderem am *Center for European Studies* der Harvard-Universität, auf und gab nach meiner Rückkehr das Interview: Der Multikulturalismus ist tot. Volker Isfort fragt Bassam Tibi, in: *Abendzeitung* (München), 6./7. Oktober 2001, S. 13.

2 Sayyid Qutb, *Ma'alim fi al-tariq* (Wegzeichen), Neudruck (13. Aufl.), Kairo 1989. In seiner Djihad-Rede vom 7. Oktober 2001 übernimmt Bin Laden aus dieser Schrift die Formel: »Es ist ein Krieg des Glaubens/*Iman* gegen den Unglauben/*Kufr.*«

3 Bassam Tibi, *Fundamentalismus im Islam. Eine Gefahr für den Weltfrieden?*, Darmstadt 2000, 3. erweiterte Ausgabe 2002, und ders., *Die neue Weltunordnung. Westliche Dominanz und islamischer Fundamentalismus,* Berlin 1999 und zwei Neuausgaben in 2001. Das zweite Mal mit einem Vorwort zum 11. September.

4 Zu Bin Laden vgl. Yossef Bodansky, *Bin Laden: The Man Who Declared War on America,* Rocklin, CA 1999.

5 Steven Erlanger, Extremists Found a Haven in Liberal and Open Germany, in: *International Herald Tribune,* 6./7. Oktober 2001, S. 2.

6 Matthias Iken, Attah, Schlüsselfigur. Student bekannte sich schon 1993 zu *al-Qaida,* in: *Die Welt,* 2. Oktober 2001, S. 2.

7 M. Lutz, Schily plant neues Sicherheitspaket, in: *Die Welt,* 2. Oktober 2001, S. 2.

8 Myron Weiner, *The Global Migration Crisis: Challenge to States and to Human Rights,* New York 1995, S. 131.

9 Zum Euro-Islam vgl. Bassam Tibi, *Der Islam und Deutschland. Muslime in Deutschland,* München 2000, Neuauflage, 2001, Kapitel XI, S. 325 ff.

10 Samuel Huntington, *The Clash of Civilizations,* New York 1996, der Titel wurde mit »Kampf der Kulturen« falsch ins Deutsche übersetzt. Zuvor erschien Bassam Tibi, *Krieg der Zivilisationen. Politik und Religion zwischen Vernunft und Fundamentalismus,* Hamburg 1995. Die erweiterte Ausgabe erschien in München 1998 und enthält ein neues Kapitel über Huntington. Neuausgabe mit Vorwort zum 11. September, München 2001.

11 Zur europäischen Selbstverleugnung vgl. Bassam Tibi, *Europa ohne Identität? Leitkultur oder Wertebeliebigkeit,* Neuausgabe, München 2001, besonders die Einleitung, S. 33 bis 58.

12 Robert Bistolfi/François Zabbal (Hg.), *Islams d'Europe. Intégration ou insertion communautaire?,* Paris 1995. Darin: Bassam Tibi, Conditions d'un Euro-Islam, S. 230 ff.

13 Vgl. den Bericht zu dem in Anm. 12 zitierten Pariser Projekt von Bassam Tibi, Euro-Islam oder Ghetto-Islam, in: *F.A.Z.,* 7. Dezember 1992, S. 14; sowie Anm. 9.

[14] E. B. Smith, European Police Cast Wide Dragnet, in: *USA Today,* 1. Oktober 2001, S. 3A.

[15] Helmuth Plessner, *Die verspätete Nation,* Neuauflage, Frankfurt/M. 1982.

[16] Zu den »Schläfern« vgl. Bassam Tibi, Deutsche Behörden haben viel verschlafen, in: *Focus,* Heft 41/01, 8. Oktober 2001, S. 82.

[17] Norman Daniel, *Islam and the West: The Making of an Image,* Neuauflage, Oxford 1993.

[18] Eine islamische Quelle dazu ist: Djarisha, Ali M./Zaibaq, Muhammad S., *Asalib al-ghazu al fikri li al-alam al-Islami* (Methoden der intellektuellen Invasion der islamischen Welt), Kairo 1978.

[19] Zu diesen Selbst- und Fremdbildern vgl. Kapitel 1 in B. Tibi, *Der Islam und Deutschland* (wie Anm. 9), S. 57 bis 90.

[20] Dies ist das Thema meiner Bücher: *Kreuzzug und Djihad. Der Islam und die christliche Welt,* München 1999, Neuauflage, 2001, *Fundamentalismus im Islam* (wie Anm. 3), sowie *Der Islam und Deutschland* (wie Anm. 9). Vgl. dazu die beiden Besprechungsartikel von H. Reitz, in: *Die Furche* (Wien), 25. November 1999, S. 20 und 24. Mai 2001, S. 21.

[21] Ursula Spuler-Stegemann, *Muslime in Deutschland. Nebeneinander oder Miteinander?* Freiburg/Br. 1998, Neuauflage 2001.

[22] Bassam Tibi, Der Islamismus ist genauso gefährlich wie Rechtsradikalismus. Der Aufstand der Anständigen darf nicht nur gegen die deutschen Feinde der Demokratie und des Pluralismus sein, in: *Die Welt,* 15. Januar 2001, S. 2.

[23] Vgl. die Artikel in Anm. 5 und 16.

[24] Vgl. die entsprechenden Kapitel hierüber in B. Tibi, *Der Islam und Deutschland* (wie Anm. 9).

[25] Bassam Tibi, *Vom Gottesreich zum Nationalstaat,* Neuauflage, Frankfurt/M. 1991.

[26] Vgl. den Bericht, Kalif von Köln hatte Kontakt zu Bin Laden, in: *Die Welt,* 2. Oktober 2001, S. 4.

[27] Mark Juergensmeyer, *The New Cold War?: Religious Nationalism Confronts the Secular State,* Berkeley 1994.

[28] Vgl. das Kapitel »Fundamentalisten gegen den Nationalstaat«, in: B. Tibi, *Fundamentalismus im Islam* (wie Anm. 3), S. 55 bis 72.

[29] Mark Juergensmeyer, *Terror in the Mind of God,* Berkeley 2000 und das Kapitel über Terrorismus in B. Tibi, *Fundamentalismus im Islam* (wie Anm. 3).

[30] Zur Doktrin des Djihad vgl. B. Tibi, *Krieg der Zivilisationen* (wie Anm. 10), erweiterte Ausgabe, München 1998, Neuausgabe, 2001, hier Kapitel 4, S. 191 ff.

[31] Eric Hobsbawm, *The Invention of Tradition,* Neuausgabe, Cambridge/UK 1995.

[32] Zum Neo-Djihad vgl. B. Tibi, *Kreuzzug und Djihad* (wie Anm. 20), Kapitel 8.

[33] Zum Dijhad-Kämpfer als »irregular warrior« vgl. John Kelsay, *Islam and War: A Study in Comparative Ethics,* Louisville, KY 1993, Kapitel 5.

[34] Hierzu B. Tibi, *Europa ohne Identität?* (wie Anm. 11).

[35] Udo Ulfkotte, Islamisten in Deutschland gemeinnützig?, in: *F.A.Z.,* 2. Oktober 2001, S. 3.

[36] Terror and Immigration, abgedruckt auch in: *International Herald Tribune,* 6./7. Oktober 2001, S. 6.

[37] Bassam Tibi, *Im Schatten Allahs. Der Islam und die Menschenrechte,* München 1994 (SP-Ausgabe 1996). Es beglückt mich, dass Miriam Lau in ihrem Debattenartikel, Gegen-Aufklärung, in: *Die Welt,* 6. Oktober 2001, S. 9, dieses Buch im Lichte des 11. September ausführlich gewürdigt hat.

[38] *Süddeutsche Zeitung,* 17./18. September 1994, Feuilleton.

[39] *Die Welt,* 2. Oktober 2001, S. 2.

[40] Ebd., S. 2.

[41] Der Kalif aus Köln, in: *Die Welt,* 2. Oktober 2001, S. 4.

[42] Hierzu: *Der Spiegel,* 4. Februar 2001, und *Focus,* Heft 27/01, S. 41.

[43] So das *Göttinger Tageblatt,* 6. Juli 2001, S. 11.

[44] Bassam Tibi, *Die Verschwörung. Das Trauma arabischer Politik,* Hamburg 1993, erweiterte und aktualisierte Neuausgabe, München 1994.

[45] Heuchelei in der Moschee?, in: *Welt am Sonntag,* 22. September 2001, S. 13.

[46] Interview mit Mehmet Erbakan in: *Die Welt,* 2. Oktober 2001, S. 10.

[47] Zum diametralen Kontrast zwischen Demokratie/Menschenrechten und Schari'a vgl. Kapitel 7 in B. Tibi, *Im Schatten Allahs* (wie Anm. 37).

Kapitel 1
Die Turbulenzen der Migration: Eine globale Erscheinung im 21. Jahrhundert und ihre Sicherheitsrisiken

[1] Bassam Tibi, *Der Islam und Deutschland. Muslime in Deutschland,* München 2000, Neuauflage, 2001, Vorrede.

[2] Nikos Papastergiadis, *The Turbulence of Migration,* Cambridge/UK 2000.

[3] *Die Woche,* 14. Juli 2000, Rubrik »Wochenspiegel«, S. 5.

[4] Zu dieser Problematik Bassam Tibi, *Europa ohne Identität? Die Krise der multikulturellen Gesellschaft,* München 1998, (Taschenbuch-Ausgabe, Berlin 2000, und erweiterte Neuausgabe, Berlin 2001, mit neuer Einleitung und dem neuen Untertitel »Leitkultur oder Wertebeliebigkeit«), vgl. hierzu auch Anm. 18 unten.

[5] So waren die frühen islamischen Eroberungen zur Verbreitung des Islam seit dem 7. Jahrhundert mit der Migration/*Hidjra* ganzer Stämme von Arabien zum Vorderen Orient und nach Nordafrika verbunden. Vgl. Fred M. Donner, *The Early Islamic Conquests,* Princeton, NJ 1981.Vgl. ferner Anm. I sowie Bassam Tibi, *Kreuzzug und Djihad. Der Islam und die christliche Welt,* München 1999, Kapitel I und auch Khalid Blankinship, *The End of the Jihad State,* Albany, NY 1994.

[6] Vgl. Kapitel 4 in meinem Buch *Kreuzzug und Djihad* (wie Anm. 5), Taschenbuch-Ausgabe, 2001.

[7] Najib Armanazi, *al-Schar' al-duwali fi al-Islam* (Völkerrecht im Islam), Damaskus 1930, Neuauflage, London 1990.

[8] Peter H. Schuck, *Citizens, Strangers, and In-Betweens: Essays on Immigration and Citizenship,* Boulder, Col. 1998. Vgl. auch Emmanuel Todd, *Das Schicksal der Migranten,* München 1998.

[9] Michael Bommes/Andrew Geddes (Hg.), *Immigration and Welfare: Challenging the Borders of the Welfare State,* London und New York 2000; vgl. auch Anm. 18 unten.

[10] Mehr hierüber in Kapitel 10 meines Europa-Buches (wie Anm. 4), S. 273 bis 308.

[11] Myron Weiner, *The Global Migration Crisis: Challenge to States and to Human Rights,* New York 1995, hierzu Kapitel 6 »Security, Stability and International Migration«, S. 131 bis 149.

[12] Vgl. Klaus J. Bade, *Vom Auswanderungsland zum Einwanderungsland? Deutschland 1880–1980,* Berlin 1983. Vgl. auch das neue Buch von K. J. Bade, *Europa in Bewegung,* München 2000, sowie Ulrich Herbert, *Geschichte der Ausländerpolitik in Deutschland,* Neuauflage, München 2001, Kapitel 1 und 2.

[13] Saskia Sassen, *Guests and Aliens,* New York 1999, S. 56 f.

[14] Hierzu vorzüglich Rogers Brubaker, *Citizenship and Nationhood in France and Germany,* 3. Aufl., Cambridge, Mass. 1996, hier besonders Kapitel 4 (eine deutsche Übersetzung liegt u. d. T. »Staatsbürger«, Hamburg 1994, vor).

[15] B. Tibi, *Europa ohne Identität?* (wie Anm. 4), S. 28, S. 92 und S. 180 ff.

[16] E. Todd, *Das Schicksal der Migranten* (wie Anm. 8), Kapitel 8 zu Deutschland, Kapitel 9 zu Frankreich.

[17] Ivan Hannaford, *Race: The History of an Idea in the West,* Washington/DC 1996, S. 264 ff.

[18] George J. Borgas, *Friends or Strangers,* New York 1990, sowie Anm. 9 und 10 oben.

[19] David Gress, *From Plato to NATO: The Idea of the West and its Opponents,* New York 1998, S. 21.

[20] Ernest Gellner, *Postmodernism: Reason and Religion,* London 1992, S. 85. Vgl. den Nachruf auf Gellner von Jan Ross, in: *F.A.Z.,* 8. November 1995, S. 37.

[21] Wayne A. Cornelius, u.a. (Hg.), *Controlling Immigration: A Global Perspective,* Stanford 1994; dies ist ein Reader mit repräsentativer Textauswahl aus der amerikanischen Einwanderungsdebatte.

[22] N. Papastergiadis, *Turbulence of Migration* (wie Anm. 2), S. 1.

[23] Ein wichtiges Werk der »cultural analysis« ist Robert Wuthnow, *Meaning and Moral Order: Explorations in Cultural Analysis,* Berkeley 1987. Vgl. auch Robert Wuthnow/James D. Hunter, u.a., *Cultural Analysis,* London 1984.

[24] B. Tibi, *Europa ohne Identität?* (wie Anm. 4), Kapitel 2.

[25] N. Papastergiadis, *Turbulence of Migration* (wie Anm. 2), S. 14 und S. 20.

[26] Ebd., S. 113.

[27] Arthur M. Schlesinger, *The Disuniting of America: Reflections on a Multicultural Society,* erweiterte Neuausgabe, New York 1998.

[28] James Hollifield, The Politics of International Migration, in: Caroline Brettell/James Hollifield (Hg.), *Migration Theory,* New York 2000, S. 137 ff.

[29] M. Weiner, *The Global Migration Crisis* (wie Anm. 11), vgl. ferner die Beiträge in dem von Weiner herausgegebenen Band, *International Migration and Security,* Boulder, Col. 1993.

[30] Zu jeder der folgenden disziplin-bezogenen Positionen ist jeweils ein Kapitel in dem Band von C. Brettell/J. Hollifield, *Migration Theory* (wie Anm. 28) enthalten.

[31] J. Hollifield, The Politics of International Migration (wie Anm. 28), S. 141.

[32] Michael S. Teitelbaum/Jay Winter, *A Question of Numbers: High Migration, Low Fertility and the Politics of National Identity,* New York 1998.

[33] Vgl. das Streitgespräch zwischen Daniel Cohn-Bendit und Bassam Tibi unter dem Titel: Es gibt keine deutsche Identität, in: *Die Woche,* 10. November 2000. Die Überschrift wählte die Redaktion. Ich hatte darauf keinen Einfluss.

[34] Vgl. George Steinmetz (Hg.), *State/Culture: State-Formation after the Cultural Turn,* Ithaca 1999. Darin wird gezeigt, dass es »passe« ist, die Kultur als zentralen Bestimmungsfaktor bei der politischen Analyse zu übergehen und so wie früher alles aus der Ökonomie »abzuleiten«. Unsere Welt ist kulturell vielfältig, und dies kommt auf allen Ebenen, besonders durch Migration, zum Ausdruck.

[35] Bassam Tibi, *Krieg der Zivilisationen. Politik und Religion zwischen Vernunft und Fundamentalismus* (zuerst 1995), erweiterte Heyne-Ausgabe, München 1998 mit Kapitel 7 über Huntington. Die neueste 2001-Ausgabe enthält ein neues Vorwort mit einer Deutung des Anschlags vom 11. September 2001 als Ausdruck eines militarisierten Zivilisationskonfliktes.

Kapitel 2
Was ist Einwanderung? – Was ist Zuwanderung? Ernüchterung nach dem 11. September 2001?

[1] Ulrich Herbert, *Geschichte der Ausländerpolitik in Deutschland* (zuerst als Taschenbuch 1986), revidierte Neuausgabe, München 2001.

[2] Zur amerikanischen Welfare Bill vom Oktober 1996 vgl. Bassam Tibi, *Europa ohne Identität? Die Krise der multikulturellen Gesellschaft,* München 1998, (Taschenbuch-Ausgabe, Berlin 2000 und erweiterte Neuausgabe, Berlin 2001, mit neuer Einleitung und dem neuen Untertitel »Leitkultur oder Wertebeliebigkeit«), hier: Unterkapitel »Von Amerika lernen«, S. 302 ff.

[3] Zu dieser Problematik Michael Bommes/Andrew Geddes (Hg.), *Immigration and Welfare: Challenging the Borders of the Welfare State,* London und New York 2000, vgl. auch das Unterkapitel »Ärgernis Sozialhilfe«, in: B. Tibi, *Europa ohne Identität?* (wie Anm. 2), S. 296 ff.

[4] Zum Inhalt und Ursprung des wirklichen Rassismus vgl. Ivan Hannaford, *Race: The History of an Idea in the West,* Washington/DC 1996.

[5] Vgl. Interpol-Bericht in: *Die Woche,* 14. Juli 2000, S. 5, sowie den Bericht des Europa-Rats, *Clandestine Migration from the South of the Mediterranean into Europe,* verfasst von Ana Guirado vom 21. Dezember 1999 (14 Manuskriptseiten).

[6] Otto Schily möchte ... ein weltoffenes modernes Deutschland, in: *Süddeutsche Zeitung,* 10. Juli 2001, S. 7.

[7] Andrew Geddes, *Immigration and European Integration,* Manchester und New York 2000.

[8] Friedrich-Ebert-Stiftung (Hg.), *Identität und Integration. Spannungsfelder zwischen Anpassung und Abgrenzung* (29. Juni 2000), Berlin 2000 (Broschüre, 84 Seiten), Referate und Diskussion des entsprechenden Berliner Workshops.

[9] Der Libanese Ralph Ghadban, *Die Libanon-Flüchtlinge in Berlin. Zur Integration ethnischer Minderheiten,* Berlin 2000, legt mit dieser veröffentlichten Dissertation eine grundsätzliche Fallstudie vor. Darin besonders Kapitel 2 zur Migration aus dem Libanon und Kapitel 4 zur gescheiterten Integration, S. 189 ff.

[10] Zur Armutskultur vgl. B. Tibi, *Europa ohne Identität?* (wie Anm. 2), S. 312 ff.

11 Bundespräsident Johannes Rau, Berliner Rede, Text in der *F.A.Z.,* 13. Mai 2000, wonach hier und im Folgenden zitiert wird.

12 Zu dieser Sozialhilfe-Statistik mit Quelle, B. Tibi, *Europa ohne Identität?* (wie Anm. 2), S. 292 ff.

13 Bassam Tibi, Vor den Dumpfbacken kann ich die Straße wechseln. Als Ausländer in Deutschland. Die alltägliche Fremdenfeindlichkeit, in: *Frankfurter Allgemeine Sonntagszeitung,* 13. August 2000, S. 4 bis 5. Und der Bericht von Ilse Stein, Wie ein Gastarbeiter auf niedrigster Stufe behandelt, in: *Göttinger Tageblatt,* 18. Juli 2001, S. 18.

14 Anthony Giddens über Armutskultur in *Jenseits von Links und Rechts,* Frankfurt/M. 1997, S. 203 ff.

15 Ebd., S. 204.

16 Ebd., S. 325.

17 Ebd., S. 327.

18 So der Richter Walter Jentsch in: Friedrich-Ebert-Stiftung (Hg.), *Identität und Integration* (wie Anm. 8), S. 75.

19 Mehr hierüber in Bassam Tibi, *Fundamentalismus im Islam. Eine Gefahr für den Weltfrieden?,* Darmstadt 2000, Neuauflage, 2001.

20 Vgl. Wilhelm Heitmeyer, *Verlockender Fundamentalismus,* Frankfurt/M. 1997, sowie meine Arbeit über den *Fundamentalismus* (wie Anm. 19).

21 Hella Kaiser, Verordnete Fremdenliebe. Bassam Tibi macht sich Sorgen um Europa, in: *Tagesspiegel* (Berlin), 22. Februar 1999

22 Vgl. H. Herles, Wie Begriffe laufen lernen. Der Jogger Friedrich Merz hat der Leitkultur Beine gemacht, in: *Generalanzeiger* (Bonn), 8. November 2000. Nachdem ich mich von Friedrich Merz in einem Interview in der *Hannoverschen Allgemeinen Zeitung,* »Merz hat mich falsch zitiert«, vom 8. November distanziert habe, gab er Theo Sommer als Quelle an. Doch dieser schrieb in *Die Zeit* vom 16. November 2000, S. 9: »Woher ich den Begriff hatte, vielleicht ja von Bassam Tibi, der ihn 1998 in seinem Buch *Europa ohne Identität?* formulierte.« Zu der im Oktober ausgebrochenen Debatte, vgl. unter anderem, Regierung und Union streiten über »deutsche Leitkultur«, in: *Tagesspiegel,* 26. Oktober 2000. Darin steht: »Der aus Syrien stammende Politologe Bassam Tibi, der den Begriff in seinem Buch *Europa ohne Identität?* einführte, sieht Leitkultur als Alternative zur multikulturellen Gesellschaft«, S. 1 und Interview S. 4.

23 Angela Merkel, Interview in: *Der Spiegel,* 44/2000.

24 Bassam Tibi, Die neurotische Nation, in: *Welt am Sonntag,* 3. Dezember 2000, und ders., Eine europäische Leitkultur für die deutsche Nation? Wege und Irrwege einer neurotischen Debatte, in: Dagmar Ottmann/Markus Symmank (Hg.), *Poesie als Auftrag. Festschrift für Alexander von Bormann,* Würzburg 2001, S. 337 bis 350

25 Bundespräsident Rau, Berliner Rede (wie Anm. 11).

26 Bassam Tibi, Islamismus ist genauso gefährlich wie Rechtsradikalismus. Der Aufstand der Anständigen darf nicht nur gegen die deutschen Feinde der Demokratie und des Pluralismus sein, in: *Die Welt,* 15. Januar 2001, S. 2. Vgl. auch meinen Beitrag zu dem u.a. von Otto Schily mitverfassten Buch von Ulrich Wank (Hg.), *Neuer alter Rechtsradikalismus,* München 1993.

[27] Myron Weiner, *The Global Migration Crisis: Challenge to States and to Human Rights,* New York 1995, S. x.

[28] Wayne A. Cornelius, u.a. (Hg.), *Controlling Immigration: A Global Perspective,* Stanford 1992. Dieses Buch ist eine Textauswahl, zu der der Herausgeber Cornelius sowie J. Hollifield ein Originalkapitel verfasst haben.

[29] M. Weiner, *The Global Migration Crisis,* (wie Anm. 27).

[30] Unabhängige Kommission, Zuwanderung/Berlin: Zuwanderung gestalten, Integration fördern – Bericht vom 4. Juli 2001, Zusammenfassung (16 Seiten).

[31] Interview mit Rainer Münz, Wir müssen uns öffnen, in: *Die Zeit,* 5. Juli 2001, S. 4. Münz war Mitglied der Süssmuth-Kommission.

[32] Die Kommission bestand aus zwanzig Mitgliedern. Erst nach Protesten der Muslime hat Frau Süssmuth den türkischen Unternehmer Vural Öger als *einzigen* Migranten in ihre Kommission aufgenommen. Alle anderen 19 Mitglieder waren Deutsche. Ein Zufall?

[33] R. Münz, Wir müssen uns öffnen (wie Anm. 31).

[34] Dieser UN-Direktor ist auch der Buchautor. Vgl. Joseph Chamie, *Religion and Fertility: Arab Christian-Muslim Differentials,* Cambridge/UK 1981.

[35] Zitiert nach dem ausführlichen Bericht von Marlène Schnieper, Die Weltordnung der Milliarden von Armen, in: *Tages-Anzeiger* (Zürich), 29. Juni 2001, S. 2.

[36] M. Weiner, *The Global Migration Crisis* (wie Anm. 27).

[37] Michael S. Teitelbaum/Jay Winter, *A Question of Numbers: High Migration, Low Fertility and the Politics of National Identity,* New York 1998.

[38] Das ist das Thema der neuen Ausgabe des Buches *Europa ohne Identität?* (wie Anm. 2).

[39] Vgl. den etwas polemischen Beitrag von George Borjas, Know the Flow, in: N. Capaldi (Hg.), *Immigration: Debating the Issues,* S. 188 bis 196. Sachlicher das Buch von M. Bommes/A. Geddes (Hg.), *Immigration and Welfare* (wie Anm. 3).

[40] M. S. Teitelbaum/J. Winter, *A Question of Numbers* (wie Anm. 37).

Kapitel 3
Für Integration und gegen Assimilation, aber auch gegen Ghetto-Bildung als Freiraum für den Islamismus. Sind islamische Parallelgesellschaften ein Sicherheitsrisiko?

[1] Vgl. hierzu Bhikhu Parekh, *Rethinking Multiculturalism: Cultural Diversity and Political Theory,* Cambridge, Mass. 2000.

[2] Benjamin Barber, *Jihad vs. McWorld,* New York 1996 (deutsche Übersetzung: *Coca-Cola und Heiliger Krieg. Wie Kapitalismus und Fundamentalismus Demokratie und Freiheit abschaffen,* Bern 1997).

[3] Diese These ist in meinem amerikanischen Buch *The Challenge of Fundamentalism: Political Islam and the New World Disorder,* Berkeley 1998 (deutsche Übersetzung: *Die neue Weltunordnung. Westliche Dominanz und islamischer Fundamentalismus,* Berlin 1999 und zweimal 2001) in Kapitel 1 und 5 entfaltet worden. In der zweiten Ausgabe von 2001 ist ein neues Vorwort zum 11. September enthalten.

[4] Jacob T. Levy, *The Multiculturalism of Fear,* New York 2000, Einleitung und Kapitel 1.

[5] So, systematisch, in Bassam Tibi, *Europa ohne Identität? Die Krise der multikulturellen Gesellschaft,* München 1998, (Taschenbuch-Ausgabe, Berlin 2000, und erweiterte Neuausgabe, Berlin 2001, mit neuer Einleitung und dem neuen Untertitel »Leitkultur oder Wertebeliebigkeit«).

[6] Bassam Tibi, Wie Feuer und Wasser, in: *Der Spiegel,* 37/1994, S. 170 bis 172.

[7] So Dieter Oberndörfer in: *Stern,* 2. November 2000, S. 54.

[8] Ausführlich in Bassam Tibi, *Fundamentalismus im Islam. Eine Gefahr für den Weltfrieden?,* Darmstadt 2000, Neuauflage, 2001.

[9] Said M. al-Aschmawi, *al-Islam al-Siyasi* (Der politische Islam), Neuauflage, Kairo 1989.

[10] Vgl. Siegfried Kohlhammer, *Die Freunde und die Feinde des Islam,* Göttingen 1996.

[11] So Barbara John in Friedrich-Ebert-Stiftung (Hg.), *Identität und Integration. Spannungsfelder zwischen Anpassung und Abgrenzung* (29. Juni 2000), Berlin 2000 (Broschüre, 84 Seiten), hier S. 29.

[12] Vgl. hierzu das Kapitel über den Islam im Senegal in: Bassam Tibi, *Die Krise des modernen Islam,* (erstmals 1981) Neuausgabe, Frankfurt/M. 1991, S. 94 ff.

[13] Bassam Tibi, *Der Islam und Deutschland. Muslime in Deutschland,* Stuttgart 2000, Neuauflage, 2001.

[14] Hierzu Kapitel XI in meinem in Anm. 13 nachgewiesenen Buch; der Ursprung des in Paris entwickelten Konzepts ist: Bassam Tibi, Les conditions d'un Euro-Islam, in: Robert Bistolfi/François Zabbal (Hg.), *Islams d'Europe. Intégration ou insertion communautaire?,* Paris 1995, hier S. 230 ff.

[15] Gegen dieses Verständnis argumentiert der aufgeklärte Muslim Ozay Mehmet, *Islamic Identity and Development,* London 1990.

[16] Zum psychologischen Identitätsbegriff vgl. Erik Erikson, *Identität und Lebenszyklus,* 5. Aufl., Frankfurt/M. 1979.

[17] B. Tibi, *Europa ohne Identität?* (wie Anm. 5).

[18] Jürgen Habermas, *Der philosophische Diskurs der Moderne,* 3. Aufl., Frankfurt/M. 1986.

[19] Vgl. das Nachwort zur 2001-Ausgabe von B. Tibi, *Europa ohne Identität?* (wie Anm. 5), S. 394 ff., worin diese Erfahrung beschrieben wird.

[20] Vgl. hierzu Monique Deveaux, *Cultural Pluralism and Dilemma of Justice,* Ithaca 2000.

[21] Erasmus Foundation (Hg.), *The Limits of Pluralism: Neo-Absolutisms and Relativism,* Amsterdam 1994.

[22] Roman Herzog, *Preventing the Clash of Civilizations: A Peace Strategy for the 21st Century,* hrsg. von Henrik Schmiegelow, New York 1999. Darin Bassam Tibi, International Morality and Cross-Cultural Bridging, S. 107 ff.

[23] Jean-François Revel, *Democracy against itself: The Future of the Democratic Impulse,* New York 1993.

[24] Vgl. dazu in B. Tibi, *Europa ohne Identität?* (wie Anm. 5), das Kapitel über die islamische Minderheit in Indien, die nach der Schari'a lebt, S. 223 bis 240.

[25] Koran-Sure al-Djathiya, Nr. 45, Vers 18, vgl. auch das Schari'a-Kapitel in Bassam Tibi, *Im Schatten Allahs. Der Islam und die Menschenrechte,* München 1994, S. 194 bis 216.

[26] Abdullahi A. An-Na'im, *Toward an Islamic Reformation: Civil Liberties, Human Rights, and International Law,* Syracuse 1990.

Kapitel 4
Wie entstehen Parallelgesellschaften?
Nachdenken über den Multikulturalismus als Ideologie der Balkanisierung

[1] Nikos Papastergiadis, *The Turbulence of Migration,* Cambridge/UK 2000, S. 198.

[2] Diesen Begriff in Bezug auf Europa prägte John Kelsay in seinem Buch, *Islam and War: A Study in Comparative Ethics,* Louisville, KY 1993, S. 118, »Enklaven im Westen, aber nicht dazugehörig«: Das sind die Parallelgesellschaften in der Sprache meines vorliegenden Buches

[3] Bassam Tibi, *Europa ohne Identität? Die Krise der multikulturellen Gesellschaft,* München 1998 (Taschenbuch-Ausgabe, Berlin 2000, und erweiterte Neuausgabe, Berlin 2001, mit neuer Einleitung und dem neuen Untertitel »Leitkultur oder Wertebeliebigkeit«).

[4] Zu der Problematik Ethnizität und Zerfall des Staates vgl. Milton Esman, *Ethnic Politics,* Ithaca 1994, darin zu Migration/Ethnizität Kapitel 7, ebenso den Reader von Anthony Smith/John Hutchinson (Hg.), *Ethnicity,* Oxford 1996 (darin Bassam Tibi, S. 168 ff.), sowie die Fallstudie über Frankreich von Alec Hargreaves, *Immigration, ›Race‹ and Ethnicity in Contemporary France,* London 1995. Der Franzose Gilles Kepel nennt schon im Titel seines Buches, *Les Banlieus d'Islam,* Paris 1987, diese Enklaven, »Vororte des Islam«, die Parallelgesellschaften sind.

[5] Zur These von der Gleichzeitigkeit von struktureller Globalisierung und kultureller Fragmentation vgl. Bassam Tibi, *The Challenge of Fundamentalism: Political Islam and the New World Disorder,* Berkeley 1998 (deutsche Übersetzung, *Die neue Weltunordnung. Westliche Dominanz und islamischer Fundamentalismus,* Berlin 1999, und Neuausgabe, 2001), hier Kapitel 1 und 5.

[6] Vgl. auch Roy Koslowski, *Migrants and Citizens: Demographie Change in the European State System,* Ithaca 2000.

[7] Siegfried Kohlhammer, *Die Freunde und die Feinde des Islam,* Göttingen 1996.

[8] Jürgen Habermas, *Der philosophische Diskurs der Moderne,* 3. Aufl., Frankfurt/M. 1986.

[9] So zum Beispiel bei dem Multikulturalisten Will Kymlicka, *Multicultural Citizenship,* Oxford 1999 (ursprünglich 1995, danach viermal verlegt).

[10] J. Kelsay, *Islam and War* (wie Anm. 2), S. 118.

[11] Vgl. das Kapitel »Was ist Schari'a?« in Bassam Tibi, *Im Schatten Allahs. Der Islam und die Menschenrechte,* München 1994 (Serie-Piper-Ausgabe, 1996, 1999), Kapitel 7.

[12] Zur Kritik an der Essentialisierung vgl. N. Papastergiadis, *Turbulence of Migration* (wie Anm. 1), S. 156 ff.

[13] Beide Positionen wurden in verschiedenen Ausgaben der Londoner Zeitung der Islam-Diaspora *The Muslim News* vom 27. April 2001 dokumentiert. Der aufgeschlossene Muslim A. El-Effendie fragt nach dem Sinn des islamischen »Wisdom of Self-Exclusion« (S. 4), während die Islamisten I. Patei und R. Ali klar antworten »Democracy is a system of disbelief/Demokratie ist ein System des Unglau-

bens« (S. 5). Diese Behauptung erfolgt im Mutterland der Demokratie, was für eine Toleranz!

14 Hierzu zum Beispiel der Essay von Bassam Tibi, Wie Feuer und Wasser, in: *Der Spiegel,* 37/1994, S. 170 bis 172.

15 Anders verfährt Monique Deveaux, *Cultural Pluralism and Dilemmas of Justice,* Ithaca 2000.

16 Vgl. Christian Joppke/Steven Lukes (Hg.), *Multicultural Questions,* Oxford 1999.

17 Hierzu John Keks, *The Morality of Pluralism,* Princeton, NJ 1993. Die Fragestellung wird kulturell erweitert bei Ralph D. Grillo, *Pluralism and the Politics of Difference: State, Culture, Ethnicity in Comparative Perspective,* Oxford 1998, sowie in der Arbeit von M. Deveaux, *Cultural Pluralism and Dilemmas of Justice* (wie Anm. 15).

18 Peter Schuck, *Citizens, Strangers and In-Betweens: Essays on Immigration and Citizenship,* Boulder, Col. 1998.

19 Dies tut zum Beispiel der Freiburger Politik-Professor Dieter Oberndörfer in seinem fragwürdigen Essay, Vom Unsinn der Integration, in: *Stern,* 2. November 2001, S. 54.

20 Charles-Louis de Montesquieu, *Gesetze und Prinzipien der Politik* (Original: *De l'esprit des lois),* Wien 1949.

21 So der stark umstrittene Claus Leggewie, *Alhambra. Der Islam im Westen,* Reinbeck 1993.

22 Vgl. Bassam Tibi, *Kreuzzug und Djihad. Der Islam und die christliche Welt,* München 1999, Kapitel 5, sowie William M. Watt/Piere Cachia, *A History of Islamic Spain,* Neuausgabe, Edinburgh 1992.

23 Bernard Lewis, *Die Juden in der islamischen Welt,* München 1987, vgl. dazu auch Bassam Tibi, Die Geschichte einer Symbiose, in: *F.A.Z.,* 24. Mai 1989, S. 14. Das ist auch der Grund, warum jüdische Gelehrte die Geschichte des Islam aufwerten. Vgl. Martin Kramer, *The Jewish Discovery of Islam,* Tel Aviv 1999.

24 Bhikhu Parekh, *Rethinking Multiculturalism: Cultural Diversity and Political Theory,* Cambridge, Mass. 2000.

25 Franz Rosenthal, *The Classical Heritage in Islam,* London 1992.

26 Bassam Tibi, *Fundamentalismus im Islam. Eine Gefahr für den Weltfrieden?,* Darmstadt 2000, Neuauflage, 2001.

27 Vgl. das neue, in Bezug auf den 11. September geschriebene Vorwort zu Bassam Tibi, *Krieg der Zivilisationen. Politik und Religion zwischen Vernunft und Fundamentalismus* (zuerst 1995, erweiterte Ausgabe, München 1998), 3. Aufl., München 2001.

28 Arthur M. Schlesinger, *The Disuniting of America: Reflections on a Multicultural Society,* erweiterte Neuausgabe, New York 1998.

29 Vgl. die grundlegende Arbeit des bekannten Experten zu der Problematik der indischen Muslime Mushirul Hasan, *Legacy of a Divided Nation: India's Muslims since Independence,* Boulder, Col. 1997.

30 *DAWN* ist die größte pakistanische Zeitung in englischer Sprache; sie erscheint in Karachi, und ich habe sie dort ausgewertet – daher stammen die zitierten Stellen.

31 Zu dieser Problematik die Arbeit von Benedict Anderson, *Imagined Communities,* (zuerst 1983), Neuausgabe, London und New York 1991.

[32] Vgl. die Aufsätze über Pakistan von Fred Halliday/H. Alavi (Hg.), *State and Ideology in the Middle East and Pakistan,* New York 1988.

[33] Vgl. Nasim A. Jawed, *Islam's Political Culture: Religion and Politics in Predivided Pakistan,* Austin, TX 1999.

[34] Myron Weiner, *The Global Migration Crisis: Challenge to States and to Human Rights,* New York 1995, S. 131 ff.

[35] Ralph H. Magnus/Eden Naby, *Afghanistan: Mullah, Marx and Mujahid,* Boulder, Col. 1998.

[36] Hierzu Kurt Lohbeck, *Holy War, Unholy Victory: Eyewitness to the CIA's Secret War in Afghanistan,* Washington/DC 1993.

[37] Barnett R. Rubin, *The Fragmentation of Afghanistan: State Formation and Collapse in the International System,* New Haven 1995.

[38] Hierzu vgl. Ahmed Rashid, *Taliban: Militant Islam, Oil and Fundamentalism in Central Asia,* New Haven 2000, und Yossef Bodansky, *Bin Laden: The Man Who Declared War on America,* Rocklin, CA 1999.

[39] Hierzu Seyyed V. R. Nasr, *The Vanguard of Islamic Revolution: The Jama'at-i-Islami of Pakistan,* Berkeley 1994.

[40] Hierzu das Kapitel über Multi-Kulti-Kommunitarismus in B. Tibi, *Europa ohne Identität?* (wie Anm. 3), S. 161 bis 175.

Kapitel 5
Zwischen Kulturpluralismus und Multikultureller Wertebeliebigkeit: Kein Raum für antiwestliche Ideologien im Namen der Toleranz

[1] Adel Khoury, *Toleranz im Islam,* München 1980. Hier wird ein völlig anderes Toleranz-Verständnis einer anderen Zivilisation dokumentiert.

[2] Unter Kultur verstehe ich lokale Sinnproduktion bzw. Sinnstiftung, unter Zivilisation eine Gruppierung verwandter lokaler Kulturen in Bezug auf Werte und Weitsicht. Zu diesem vom üblichen deutschen Sprachgebrauch abweichenden Verständnis vgl. Bassam Tibi, *Krieg der Zivilisationen. Politik und Religion zwischen Vernunft und Fundamentalismus* (zuerst 1995), erweiterte Ausgabe, München 1998. Neuausgabe mit Vorwort zum 11. September, München 2001.

[3] Vgl. hierzu Bassam Tibi, International Morality and Cross-Cultural Bridging, in Roman Herzog, *Preventing the Clash of Civilizations: A Peace Strategy for the 21st Century,* hrsg. von Henrik Schmiegelow, New York 1999, S. 107 bis 126. Deutsche Übersetzung mit dem falschen Titel: *Wider den Kampf der Kulturen,* Frankfurt/M. 2000, S. 139 bis 168.

[4] Aufklärerisch, wenngleich eurozentrisch Werner Becker, Toleranz: Grundwert der Demokratie?, in: *Ethik und Sozialwissenschaften,* Bd. 8 (1997), Heft 4, S. 413 bis 423.

[5] Vgl. Bassam Tibi, Deutschland ist Ruhezone für Terror, in: *Rhein-Zeitung,* 25. Oktober 2001, S. 5.

[6] Vgl. Bassam Tibi, Die Taliban bedrohen den religiösen Pluralismus in der Welt, in: *Die Welt,* 7. März 2001, vgl. ferner John Keks, *The Morality of Pluralism,* Princeton, NJ 1993. Die Diskussion über Pluralismus wird in Kapitel 5 und 6 geführt.

[7] Das Buch von Jürgen Habermas, *Der philosophische Diskurs der Moderne,* 3. Aufl., Frankfurt/M. 1986, prägt mein Denken über die Moderne.

[8] Erasmus-Foundation (Hg.), *The Limits of Pluralism: Neo-Absolutisms and Relativism,* Amsterdam 1994 (darin Bassam Tibi, S. 29 ff., Ernest Gellner, S. 163 ff., Clifford Geertz, S. 167 ff.). Diese Debatte wird wiedergegeben in Bassam Tibi, *Europa ohne Identität? Die Krise der multikulturellen Gesellschaft,* München 1998 (Taschenbuch-Ausgabe, Berlin 2000, und erweiterte Neuausgabe, Berlin 2001, mit neuer Einleitung und dem neuen Untertitel »Leitkultur oder Wertebeliebigkeit«).

[9] In meinem Essay, Wo die Deutschen das Böse suchen, habe ich zu Weihnachten 2000 meine deutschen Mitbürger angeregt, darüber nachzudenken, in: *Welt am Sonntag,* 24. Dezember 2000, S. 43. Zu den Arabern vgl. Bassam Tibi, *Die Verschwörung. Das Trauma arabischer Politik,* Hamburg 1993, erweiterte und aktualisierte Neuausgabe, München 1994.

[10] Bassam Tibi, *Der Islam und Deutschland. Muslime in Deutschland,* Stuttgart 2000, Neuauflage, 2001.

[11] Helmuth Plessner, *Diesseits der Utopie,* Frankfurt/M. 1974, S. 9. Vgl. auch ders., *Die verspätete Nation,* Neuauflage, Frankfurt/M. 1974.

[12] Vgl. die Interviews mit mir nach zwei Aufenthalten in den USA in Folge des Terroranschlags vom 11. September 2001. Der Multikulturalismus ist tot, in: *Abendzeitung* (München), 6./7. Oktober 2001, S. 3, und *Format* (Wien), 41/01, S. 50 bis 51.

[13] Zu dieser Problematik vgl. Jürgen Habermas, *Die Einbeziehung des Anderen. Studien zur politischen Theorie,* Frankfurt/M. 1999.

[14] Vgl. die Diskussion hierüber in den Beiträgen des Bandes von John Hall (Hg.), *Civil Society: Theory, History, Comparison,* Cambridge/UK 1999.

[15] So Joseph Gabel, *Ideologie und Schizophrenie. Formen der Entfremdung,* Frankfurt/M. 1962, 3. Aufl., 1967, S. 152, und entsprechend die Vorrede zu B. Tibi, *Europa ohne Identität?* (wie Anm. 8), dort auch das Motto auf S. 15.

[16] Zur Diskussion vgl. Charles Taylor, *Multikulturalismus und die Politik der Anerkennung,* Frankfurt/M. 1992. Zu den Erfahrungen an der deutschen Universität vgl. Bassam Tibi, Nicht über Bagdad, sondern direkt. Die Schwierigkeit, an der deutschen Universität heimisch zu sein, in: Namo Aziz (Hg.), *Fremd in einem kalten Land. Ausländer in Deutschland,* Freiburg 1992, S. 121–36.

[17] Bassam Tibi, Als Ausländer in Deutschland. Der Rechtsextremismus und die alltägliche Fremdenfeindlichkeit, in: *Frankfurter Allgemeine Sonntagszeitung,* 13. August 2000, S. 4 bis 5.

[18] Vgl. das Kapitel 7 über Schari'a in Bassam Tibi, *Im Schatten Allahs. Der Islam und die Menschenrechte,* München 1994.

[19] W. Becker, Toleranz (wie Anm. 4).

[20] Hierzu Gilles Kepel, *Allah im Westen,* München 1996, besonders S. 121 ff. und S. 143 ff

[21] So der geistige Vater des Islamismus Abu al-A'la al-Maududi, *al-Islam wa al-madaniyya al-haditha* (Islam und die moderne Zivilisation), Kairo o. J., S. 41 bis 44.

[22] Zum Beispiel Bassam Tibi, Democracy and Democratization in Islam: The Quest of Islamic Enlightenment, in: Michèle Schmiegelow (Hg.), *Democracy in Asia,* New York 1997, S. 147 bis 174. Vgl. auch meinen Themenartikel hierzu in

Encyclopedia of Democracy, 4 Bde., Washington/DC 1995, hier Bd. 2, S. 507 bis 512.

23 John Esposito/John Voll, *Islam and Democracy,* New York 1996; vgl. meine kritische Rezension, in: *The Journal of Religion* (Chicago), Bd. 78 (1998), S. 667 bis 669.

24 Bassam Tibi, *Fundamentalismus im Islam. Eine Gefahr für den Weltfrieden?,* Darmstadt 2000, Neuauflage, 2001.

25 Hierzu das Standardwerk der Disziplin der internationalen Beziehungen von Hedley Bull, *The Anarchical Society: A Study of Order in World Politics,* New York 1977, zum »Global Village« ohne parallele globale Weltanschauungen vgl. darin S. 273 ff.

26 B. Tibi, *Im Schatten Allahs* (wie Anm. 18), Kapitel 6.

27 Jean-François Revel, *Democracy Against Itself: The Future of Democratic Impulse,* New York 1993, besonders S. 199 ff.

28 Vgl. den Artikel von W. Becker über Toleranz (wie Anm. 4).

29 Martin Albrow, *The Global Age,* Stanford 1997.

30 Raymond Aron, *Frieden und Krieg,* Frankfurt/M. 1986, S. 468. Zur Spannung von »global/local« vgl. Bob Wilson/W. Dissanayake (Hg.), *Global-Local: Cultural Production and the Transnational Imaginary,* Durham and London 1996.

31 B. Tibi, *Krieg der Zivilisationen* (wie Anm. 2).

Kapitel 6
Religiöser Pluralismus erfordert die Akzeptanz von Säkularität/Laizität durch die Migranten: Die islamische Doktrin der Hidjra und die Grenzen der Toleranz für kulturelle Differenz

1 Vgl. den Bericht, Kulturenmesse des Göttinger Vereins für interkulturellen Dialog mit Bani Sadr und Tibi eröffnet: Tibi vermisst Dialogkultur an dieser Universität, in: *Göttinger Tageblatt,* 15. Juni 2001, S. 24.

2 Thomas Kielinger, Britanniens afghanischer Bürgerkrieg. Am Hindukusch kämpft das Einwandererland gegen sich selbst, in: *Die Welt,* vom 2. November 2001, S. 9. Über die Bedeutung der Religion in der neuen Weltpolitik Jeff Haynes, *Religion in Global Politics,* London und New York 1998, nach einer thematischen Einleitung enthält dieses Buch Kapitel über Kontinente, Regionen und Länder.

3 Vgl. die Londoner Zeitschrift *Millennium,* hrsg. von der *London School of Economics,* Sonderheft: *Religion and International Relations,* Heft 3, 2000. Darin mein Aufsatz auf S. 834 bis 859.

4 Winfried Cantwell Smith, *The Meaning and the End of Religion,* New York 1962, Neuausgabe, 1978, besonders S. 170 ff. Zu den einzelnen Religionen vgl. Arvind Sharma (Hg.), *Our Religions,* San Francisco 1993 (536 Seiten mit je einem Kapitel zu den großen Weltreligionen). Zum Islam: Kapitel 7.

5 Heinz-Horst Schrey (Hg.), *Säkularisierung,* Darmstadt 1981

6 Dies ist das Thema von Robert Audi, *Religious Commitment and Secular Reason,* Cambridge/UK 2000, welches auch das zentrale Anliegen dieses Kapitels ist.

7 Hierzu Kapitel 5 in Bassam Tibi, *Im Schatten Allahs. Der Islam und die Menschenrechte,* München 1994 (auch 1996, 2. Auflage der Serie-Piper-Ausgabe, 1999), S. 158 bis 183.

[8] Vgl. zum Beispiel Clifford Geertz, *Religiöse Entwicklung im Islam beobachtet in Marokko und Indonesien,* Frankfurt 1988, Neuausgabe, 1991. Darin: Bassam Tibi, Gespräche mit Clifford Geertz in Princeton, S. 185 bis 200.

[9] Ralph D. Grillo, *Pluralism and the Politics of Difference. State, Culture, Ethnicity in Comparative Perspective,* Oxford 1998. Vgl. auch den Band von Seyla Benhabib (Hg.), *Democracy and Difference,* Princeton, NJ 1996. Benhabib hat es Ende September 2001 in einer Harvard-Debatte nach dem 11. September strikt abgelehnt, dass kulturelle Differenz einer Verfassungsleitkultur unterzuordnen ist, und sich damit ins Abseits begeben.

[10] Bassam Tibi, Hidschra nach Europa. Probleme der Integration islamischer Einwanderer in Deutschland, in: *F.A.Z.,* 18. Dezember 2000, Rubrik »Die Gegenwart«, S. 15.

[11] Erschienen in der *F.A.Z.* vom 4. Januar 2001 und dazu der *Gegen*leserbrief von Peter Eibel, Euro-Islam oder radikaler Islamismus, vom 16. Januar 2001. Der besagte Orientalist heißt Udo Steinbach. Als eine Autorität gegen mich führte Steinbach meinen Mitstreiter und Freund im Reform-Islam, den ehemaligen indonesischen Staatspräsidenten Abdul-Rahman Wahid an. Er schreibt den Namen jedoch falsch als »Abdul Wahid«. Dies gibt Anlass zu der Vermutung mangelnder Arabisch-Kenntnisse. Diese Annahme basiert auf folgendem: Allah hat 99 Namen (z.B. al-Karim/Der Großzügige oder al-Rahman/der Barmherzige). Muslime schmücken sich im Vornamen mit Abdul (bedeutet Diener von), wonach ein Name Gottes folgt, so dass z.B. folgende Kombination entsteht: Abdul-Rahman. Der »Islam-Experte« Steinbach schrieb in seinem Leserbrief Abdul Wahid (sic!), aber so kann kein Muslim heißen!

[12] Hichem Djait, *al Fitna/La grande discorde* (arabisch), Beirut 1992, S. 49.

[13] Mehr hierzu in Bassam Tibi, *Der Islam und Deutschland. Muslime in Deutschland,* Stuttgart 2000, Neuauflage, 2001.

[14] Bassam Tibi, *Kreuzzug und Djihad. Der Islam und die christliche Welt,* München 1999, Neuauflage, 2001, Kapitel 1.

[15] Zur religiösen Bedeutung, Kapitel 2 in Bassam Tibi, *Der wahre Imam. Der Islam von Mohammed bis zur Gegenwart,* 2. Aufl., München 1997 (Serie-Piper-Ausgabe, 1998), S. 83 bis 99. Zur historischen Bedeutung, B. Tibi, *Kreuzzug und Djihad* (wie Anm. 14), Kapitel 2, S. 86 ff. Zum Djihad als Terrorismus vgl. Bassam Tibi, *Fundamentalismus im Islam. Eine Gefahr für den Weltfrieden?,* Darmstadt 2000, 3. Neuauflage, 2002.

[16] Vgl. hierzu: Erasmus Foundation (Hg.), *The Limits of Pluralism: Neo-Absolutisms and Relativism,* Amsterdam 1994, darin mein Beitrag über den politischen Islam auf S. 29 ff.

[17] David Fromkin, *Kosovo Crossing: American Ideals meet Reality at the Balkan Battle Fields,* New York 1999.

[18] Monatsüberblick Juli 2001 (Landesamt für Verfassungsschutz/München).

[19] Ursula Spuler-Stegemann, *Muslime in Deutschland. Nebeneinander oder miteinander?,* Freiburg/Br. 1998, S. 101 ff., neu: 2001.

[20] Charles Kurzman (Hg.), *Liberal Islam: A Source Book,* Oxford und New York 1998. Leider werden in diesem Band Islamisten, die den 11. September rechtfertigen, zum Beispiel Scheich Yusuf al-Qaradawi, fälschlich als liberale Muslime angeführt.

21 Jean-François Revel, *Democracy Against Itself,* New York 1993.

22 Ich habe dies am Beispiel Westafrikas vor Ort erforscht; vgl. Bassam Tibi, *Die Krise des modernen Islams,* Neuausgabe, Frankfurt 1991, Kapitel 5.

23 Bassam Tibi, *Einladung in die islamische Geschichte,* Darmstadt 2001, Kapitel 1 und 2.

24 Zitiert nach Dale Eickelmann/James Piscatori (Hg.), *Muslim Travellers,* Berkeley 1990, S. 42 f.

25 Robert Bistolfi/François Zabbal (Hg.), *Islams d'Europe. Intégration ou insertion communautaire?,* Paris 1995, darin: Bassam Tibi, Condition d'un Euro-Islam, S. 230 ff.

26 Vgl. den Bericht über mich von Ilse Stein, Wie ein Gastarbeiter niedrigster Stufe behandelt. Nahostexperte Prof. Tibi, in: *Göttinger Tageblatt,* 18. Juli 2001, S. 18.

27 Vgl. hierzu Maxime Rodinson, *Die Faszination des Islam,* München 1985, S. 54 f., sowie Norman Daniel, *Islam and the West: The Making of an Image,* Neuauflage, Oxford 1993.

28 Vgl. die beiden Bände von W. A. R. Shahid/P. S. van Koningsveld (Hg.), *Muslims in the Margin* sowie *Political Participation and Identities of Muslims,* beide Kampen, Niederlande 1996.

29 Hierzu Arnulf Baring, *Scheitert Deutschland? Abschied von unseren Wunschwelten,* Stuttgart 1997, S. 289 ff.

30 Vgl. Fernand Braudel, *The Mediterranean,* 2 Bde., Berkeley 1995. Zur christlich-islamischen Dimension der Mittelmeergeschichte und ihrer Bedeutung für unsere Gegenwart, vgl. B. Tibi, *Kreuzzug und Djihad* (wie Anm. 14), besonders die Einleitung.

31 Alec G. Hargreaves, *Immigration, »Race« and Ethnicity in Contemporary France,* London 1995, S. 85 ff. Zum Vergleich mit Deutschland siehe meine in Anm. 13 nachgewiesene Arbeit.

32 Rogers Brubaker, *Citizenship and Nationhood in France and Germany,* Cambridge, Mass. 1992, Neuauflage, 1996, S. 165 ff. In Harvard sagte mir Brubaker Ende September 2001, dass der 11. September den gesamten Kurs der Diskussion über diesen Gegenstand verändern wird.

33 Philip Lewis, *Islamic Britain: Religion, Politics and Identity among British Muslims,* London 1994.

34 B. Tibi, *Der Islam und Deutschland* (wie Anm. 13).

35 So schreibt das *Göttinger Tageblatt* in dem Bericht von Katrin Noack vom 6. Juli 2000, Ein Fremder, der dazugehören möchte: »Tibis persönlichen Werdegang in Göttingen muss man paradoxerweise wohl als die Geschichte einer gescheiterten Integration bezeichnen.«

36 Stefan Theil, Tolerating the Intolerable?, *Newsweek,* 5. November 2001, S. 46 ff.

Kapitel 7
Euro-Islam statt Taliban/Bin Laden-Islam. Die Versöhnung von religiösem Glauben und säkularer Vernunft im Rahmen des Pluralismus: Die kulturelle Grundlage für die Integration islamischer Migranten aus Asien und Afrika

1 Mit dem Begriff *cultural turn,* der unter anderem auf dem Jahreskongress der *International Studies Association* in Chicago (Februar 2001) fiel, wird die Tatsa-

che angesprochen, dass im 21. Jahrhundert der Komplex Kultur/Zivilisation den gleichen Rang wie Politik und Ökonomie im internationalen Rahmen bekommt.

2 Hierzu Bassam Tibi, *Europa ohne Identität? Die Krise der multikulturellen Gesellschaft,* München 1998 (Taschenbuch-Ausgabe, Berlin 2000, und erweiterte Neuausgabe, Berlin 2001, mit neuer Einleitung und dem neuen Untertitel »Leitkultur oder Wertebeliebigkeit«), neu nach dem 11. September 2001.

3 John Keks, *The Morality of Pluralism,* Princeton, NJ 1993.

4 Hierzu unter anderem die Position in der Zeitung der Londoner Islam-Diaspora, *The Muslim News* (London), von J. Patei/R. Ali, Democracy is a System of Disbelief, vom 27. April 2001, S. 5.

5 Jürgen Habermas, *Die Einbeziehung des Anderen. Studien zur politischen Theorie,* Frankfurt/M. 1999.

6 Jürgen Habermas, Anerkennungskämpfe im demokratischen Rechtsstaat, in: Charles Taylor, *Multikulturalismus und die Politik der Anerkennung,* Frankfurt/M. 1992, hier S. 177.

7 Wertebeliebigkeit bedeutet nicht Pluralismus. Zu letzterem vgl. Ralph D. Grillo, *Pluralism and the Politics of Difference: State, Culture, Ethnicity in Comparative Perspective,* Oxford 1998, S. 167 ff.

8 Zum Bericht der Süssmuth-Kommission, der haarsträubend falsche Vorstellungen über Islam-Unterricht und die Religionsgemeinschaft enthält. Vgl. dazu Kapitel 2 sowie ferner Bassam Tibi, *Der Islam und Deutschland. Muslime in Deutschland,* Stuttgart 2000, Neuauflage, 2001. Ich staune, wie deutsche Politiker Politik ohne Beratung betreiben.

9 R. D. Grillo, *Pluralism and the Politics of Difference* (wie Anm. 7), S. 5.

10 Monique Deveaux, *Cultural Pluralism and Dilemmas of Justice,* Ithaca 2000.

11 Bassam Tibi, Anderssein, ein individuelles oder kollektives Menschenrecht, in: Hilmar Hoffmann/Dieter Kramer (Hg.), *Anderssein ein Menschenrecht, Römerberg-Gespräche,* Weinheim 1995, S. 65 bis 72.

12 M. Deveaux, *Cultural Pluralism and Dilemmas of Justice* (wie Anm. 10) S. 7 und 8.

13 Ebd., S. 6.

14 Robert Audi, *Religious Commitment and Secular Reason,* Cambridge/UK 2000.

15 Zum islamischen Rationalismus vgl. Herbert A. Davidson, *Alfarabi, Avicenna and Averroes on Intellect,* Oxford 1992, ferner Bassam Tibi, *Der wahre Imam. Der Islam von Mohammed bis zur Gegenwart,* 2. Aufl., München 1997 (Serie-Piper-Ausgabe, 1998, Neuauflage, 2001).

16 R. Audi, *Religious Commitment and Secular Reason* (wie Anm. 14), S. 3.

17 Zur neueren Diskussion vgl. Mervyn Frost, *Ethics in International Relations: A Constitutive Theory,* Cambridge/UK 1996, und Gordon Graham, *Ethics and International Relations,* Cambridge, Mass. 1997. Vgl. meinen Begriff der kulturübergreifenden internationalen Moralität, auch enthalten in meinem in Roman Herzog, *Preventing the Clash of Civilizations: A Peace Strategy for the 21st Century,* hrsg. von Henrik Schmiegelow, New York 1999, publizierten Ethik-Ansatz, International Morality and Cross-Cultural Bridging, S. 107 bis 126.

18 R. Audi, *Religious Commitment and Secular Reason* (wie Anm. 14), S. 81 ff., Teil 2 sowie Teil 3 über »Political Activism in a religiously pluralist democracy«, S. 145 ff.

[19] B. Tibi, *Der Islam und Deutschland,* (wie Anm. 8), hier Kapitel 8.

[20] Zu den beiden Räten: Ursula Spuler-Stegemann, *Muslime in Deutschland. Nebeneinander oder miteinander?,* Freiburg/Br. 1998, S. 115 ff.

[21] Abdulaziz Sachedina, *The Islamic Roots of Democratic Pluralism,* New York 2001.

[22] Vgl. hierzu mein Kapitel in G. Besier (Hg.), *Die neuen Inquisitoren,* 2 Bde., Zürich 1999, hier Bd. I, S. 53 bis 77.

[23] Wilfried Röhrich, *Die verspätete Demokratie. Zur politischen Kultur der Bundesrepublik Deutschland,* Köln 1983, besonders S. 354 ff.

[24] Hierzu Hagen Schulze, *Staat und Nation in der europäischen Geschichte,* München 1999.

[25] Zum Ursprung in Paris, B. Tibi, Les conditions d'un Euro-Islam, in: Robert Bistolfi/François Zabbal (Hg.), *Islams d'Europe. Intégration ou insertion communautaire?,* Paris 1995, zuvor im Bericht von Bassam Tibi, Euro-Islam oder Ghetto-Islam, in: *F.A.Z.,* 7. Dezember 1992, S. 14 über die Pariser Debatte.

[26] W. Röhrich, *Die verspätete Demokratie* (wie Anm. 23), S. 354.

[27] Reinhard Bendix, *Könige oder Volk?,* 2 Bde., Frankfurt/M. 1980.

[28] Hierzu H. A. Davidson, *Alfarabi, Avicenna and Averroes on Intellect,* (wie Anm. 15), ferner B. Tibi, *Der wahre Imam* (wie Anm. 15), Kapitel 3 und 4.

[29] Dazu das Kapitel 5 über die Renaissance in Bassam Tibi, *Kreuzzug und Djihad. Der Islam und die christliche Welt,* München 1999, Neuauflage, 2001, S. 168–87.

[30] Zum Islam-Unterricht vgl. Rolf Busch (Hg.), *Integration und Religion. Islamischer Religionsunterricht an Berliner Schulen,* Berlin 1999 (darin mein Kapitel auf S. 83 bis 99).

[31] Vgl. Geschichte der Stadt Damaskus von Mohammed Adib T. al-Husseini, *Kitab muntakhbat al-tawarikh li Dimaschq,* Damaskus 1928, S. 877 ff.

[32] Jürgen Habermas, *Der philosophische Diskurs der Moderne,* 3. Aufl., Frankfurt/M. 1986. Habermas anerkennt auch die Identität des Anderen. Vgl. seine Essay-Sammlung, *Die Einbeziehung des Anderen* (wie Anm. 5).

[33] Zu Islam und Menschenrechten vgl. Bassam Tibi, Islamic Law Shari'a and Human Rights, in: *Human Rights Quarterly,* Bd. (1994), S. 277 bis 299, sowie Bassam Tibi, *Im Schatten Allahs. Der Islam und die Menschenrechte,* München 1994.

[34] Zur Zivilgesellschaft vgl. John Ehrenburg, *Civil Society: The Critical History of an Idea,* New York 1999. Bezogen auf den Islam, vgl. mein Kapitel in E. Ozdalga/S. Persson (Hg.), *Civil Society, Democracy and the Muslim World,* Istanbul 1997, hier S. 23 bis 32.

[35] Abdullahi A. An-Na'im, *Toward an Islamic Reformation: Civil Liberties, Human Rights, and International Law,* Syracuse, NY 1990. In diesem Geist habe ich an zwei Büchern von An-Na'im als Autor mitgewirkt: *Human Rights in Africa: Cross-Cultural Perspectives,* Washington/DC 1990 (mein Kapitel, S. 104 bis 132), und in dem von Tore Lindholm/Kari Vogt (Hg.), *Islamic Law Reform and Human Rights,* Oslo 1993 (mein Kapitel, S. 75 bis 96).

[36] Bassam Tibi, Islamisten schaden dem Islam, in: *Rheinischer Merkur,* 6. Juli 2001, S. 6.

[37] Mohammed al-Ghazali, *Huquq al-insan* (Menschenrecht), 3. Aufl., Kairo 1984.

[38] Deutsche Übersetzung in B .Tibi, *Im Schatten Allahs* (wie Anm. 33).

[39] Vgl. den Beitrag von M. al-Ghazali, in: Hans Küng (Hg.), *Ja zum Weltethos. Perspektiven für die Suche nach Orientierung,* München 1996.

[40] Bassam Tibi, *Krieg der Zivilisationen. Politik und Religion zwischen Vernunft und Fundamentalismus* (zuerst 1995), erweiterte Ausgabe, München 1998, Neuauflage, 2001.

[41] Vgl. A. Sachedina, *The Islamic Roots of Democratic Pluralism* (wie Anm. 21).

[42] Vgl. Anm. 28.

[43] Bassam Tibi in An-Na'im, *Toward an Islamic Reformation* (wie Anm. 35).

[44] Zu dieser Deklaration vgl. Ann Elizabeth Mayer, *Islam and Human Rights: Tradition and Politics,* Boulder, Col. 1999, sowie B. Tibi, *Im Schatten Allahs* (wie Anm. 33).

[45] Vgl. A. An-Na'im, *Toward an Islamic Reformation* (wie Anm. 35).

[46] Said al-Aschmawi, *al-Islam al-siyasi* (Der politische Islam), Kairo 1989.

[47] B. Tibi, *Europa ohne Identität?* (wie Anm. 2), dazu das Kapitel über die islamische Minderheit in Indien, S. 223 bis 40.

Kapitel 8
Nicht nur Deutsche, auch Muslime müssen sich verändern: Europäische Leitkultur und Integration für muslimische Migranten als Perspektive nach dem 11. September 2001

[1] So Ralph Giordano, Die Last ein Deutscher zu sein, in: *Welt am Sonntag,* 1. April 2001, S. 39.

[2] Hierzu der Berkeley-Professor Martin Jay, *Dialektische Phantasie. Die Geschichte der Frankfurter Schule 1923–1950,* Frankfurt/M. 1976, zur Migration S. 48 ff.

[3] Das ist auch das Argument von Wilfried Röhrich, *Die verspätete Demokratie. Zur politischen Kultur der Bundesrepublik Deutschland,* Köln 1983, zur Entnazifizierung Kapitel V, S. 91 ff., über die Situation nach 1945 und die Schlussfolgerungen auf S. 354 ff.

[4] Max Horkheimer, *Kritische Theorie,* 2 Bde., Frankfurt/M., hier Vorwort, S. XIII.

[5] Bassam Tibi, *Europa ohne Identität? Die Krise der multikulturellen Gesellschaft,* München 1998, (Taschenbuch-Ausgabe, Berlin 2000, und erweiterte Neuausgabe, Berlin 2001, mit neuer Einleitung und dem neuen Untertitel »Leitkultur oder Wertebeliebigkeit«), hier Motto S. 15.

[6] Vgl. hierzu detailliert Bassam Tibi, *Fundamentalismus im Islam. Eine Gefahr für den Weltfrieden?,* Darmstadt 2000, Neuauflage, 2001. Der Rezensent Gert Ueding schrieb in *Die Welt* dazu unter dem Titel, Inschallah aufgewacht: »Ginge es bei uns so autoritär wie im Islam zu, könnte man die Lektüre dieses überlebenswichtigen Buches allen, die es angeht –Politikern, Journalisten, Lehrern, Wissenschaftlern –, verordnen: zu ihrer Erneuerung und Rettung zugleich.«

[7] R. Giordano, Die Last ein Deutscher zu sein (wie Anm. 1).

[8] Katrin Noack, Ein Fremder, der dazugehören möchte, in: *Göttinger Tageblatt,* 6. Juli 2001, S. 11.

[9] »Der syrische Politikwissenschaftler Bassam Tibi aus Göttingen«, so laut: *Der Spiegel,* 31. Oktober 2000, Heft 44/2000, S. 32.

[10] B. Tibi, *Europa ohne Identität?* (wie Anm. 5), S. 22.

[11] Hierzu u.a. das Kapitel »Über einige Eigentümlichkeiten der geschichtlichen Entwicklung Deutschlands«, in: George Lukacs, *Die Zerstörung der Vernunft*, Werke, Bd. 9, Neuwied 1962, S. 37 ff.

[12] Helmuth Plessner, *Die verspätete Nation*, Neuausgabe, Frankfurt/M. 1974, S. 73.

[13] Helmuth Plessner, *Diesseits der Utopie*, Frankfurt/M., 1974, S. 9.

[14] So – leider – die von Daniel Cohn-Bendit übernommene Überschrift »Es gibt keine deutsche Identität« des Streitgespräches mit Bassam Tibi, in: *Die Woche*, 10. November 2000, S. 6 bis 7.

[15] Bassam Tibi, Die neurotische Nation, in: *Welt am Sonntag*, 3. Dezember 2000, Kulturseite 1.

[16] Zu diesem Vergleich das zentrale Werk von Rogers Brubaker, *Citizenship and Nationhood in France and Germany*, 3.Aufl., Cambridge, Mass. 1996.

[17] Alfred Grosser, Und es gibt sie doch, die deutsche Leitkultur, in: *Welt am Sonntag*, 29. Oktober 2000.

[18] Peter D. Salins, *Assimilation American Style: An impassioned Defense of Immigration*, New York 1997.

[19] A. Grosser, Und es gibt sie doch, die deutsche Leitkultur (wie Anm. 17), zur Holocaust-Vergangenheit und deutschen Identität vgl. Mary Fullbrook, *German National Identity after the Holocaust*, Cambridge, Mass. 1999.

[20] Vgl. den Bericht zitiert in Anm. 8 oben, sowie den Bericht über mich, Wie ein Gastarbeiter niedrigster Stufe behandelt. Nahostexperte Prof. Tibi, in: *Göttinger Tageblatt*, 18. Juli 2001, S. 1 und S. 18.

[21] So der Bericht, Ausländer: Mit den Wölfen heulen, in: *Der Spiegel*, 17/1998, S. 58 f.

[22] So die *Frankfurter Rundschau*, vom 31. Oktober 2000, S. 4.

[23] Vgl. die Berichte von Helmut Herles, Wie Begriffe laufen lernen. Der Jogger Friedrich Merz hat der Leitkultur Beine gemacht, in: *General-Anzeiger* (Bonn), 8. November 2000, und Guido Heinen, Ein Begriff macht Karriere, in: *Die Welt*, 1. November 2000, S. 3.

[24] Vgl. den abschließenden Bericht von Christian Siedenbiedel, Der Leitkultur-Erfinder leidet unter der Debatte, in: *F.A.Z.*, 6. Februar 2001, S. 62, und Stefan Brams, Erfinder der Leitkultur: Medientag beim Querdenker, in: *Neue Westfälische*, 21. März 2001, S. 3.

[25] So zum Beispiel die Wochenzeitung *Die Woche* während der Leit(d)kulturdebatte.

[26] Vgl. den Leserbrief, Tollhaus Deutschland, von Bassam Tibi, in: *Der Spiegel*, Heft 47/2000, S. 14.

[27] So in *Süddeutsche Zeitung*, 28. November 2000.

[28] Zur Identität vgl. Erik Erikson, *Identität und Lebenszyklus*, 5. Aufl., Frankfurt/M., 1979.

[29] Vgl. Anm. 14 oben.

[30] So Dieter Oberndörfer im *Stern*, 2. November 2000, S. 54.

[31] Arthur Schlesinger, *The Disuniting of America: Reflections on Multicultural Society*, revidierte Neuausgabe, New York 1991.

[32] Angela Merkel, Interview in: *Der Spiegel*, 31. Oktober 2000.

ibidem.eu